Hau/Kurz

Allgemeine Wirtschaftslehre
für Büroberufe

W0312810

umweltfreundlich
... weil auf chlor- und säurefrei
gefertigtem Recyclingpapier gedruckt

Das ganze Buchprogramm auf einen B(K)lick:
www.kiehl de

Testen Sie das neue Kiehl-Portal:
Fachinfos und mehr rund um die Ausbildung.

azubee.de
Mein Azubiweb

www.kiehl.de

Lehrbücher für kaufmännische Ausbildungsberufe

Allgemeine Wirtschaftslehre für Büroberufe

Von
Diplom-Handelslehrer Studiendirektor Werner Hau und
Diplom-Handelslehrer Diplom-Betriebswirt Lothar Kurz

9., aktualisierte Auflage

kiehl

Zur Herstellung dieses Buches wurde chlor- und säurefrei gefertigtes Recyclingpapier, zur Umschlagkaschierung eine Folie verwendet, die bei der Entsorgung keine Schadstoffe entstehen lässt. Auf diese Weise wollen wir einen aktiven Beitrag zum Schutz unserer Umwelt leisten.

ISBN 978-3-470-**45189**-3 · 9., aktualisierte Auflage 2009

© Friedrich Kiehl Verlag GmbH, Ludwigshafen (Rhein), 1991

Das Werk und seine Teile sind urheberrechtlich geschützt. Jede Nutzung in anderen als den gesetzlich zugelassenen Fällen bedarf der vorherigen schriftlichen Einwilligung des Verlages. Hinweis zu § 52 a UrhG: Weder das Werk noch seine Teile dürfen ohne eine solche Einwilligung eingescannt und in ein Netzwerk eingestellt werden. Dies gilt auch für Intranets von Schulen und sonstigen Bildungseinrichtungen.

Gesamtherstellung: Präzis-Druck GmbH, Karlsruhe

Vorwort

Grundlage für dieses Lehr- und Arbeitsbuch sind die bundeseinheitlichen Ausbildungsordnungen für die Berufe „Bürokaufmann/Bürokauffrau“ und „Kaufmann/Kauffrau für Bürokommunikation“ sowie die Rahmenlehrpläne der Kultusministerkonferenz für den Wirtschaftslehreunterricht in der Berufsschule.

Die Leser sollen beim Arbeiten mit diesem Buch in die grundlegenden Probleme der Betriebswirtschaftslehre, der Volkswirtschaftslehre sowie in die wirtschaftlich relevanten Teile des Rechts eingeführt werden.

Die Autoren und der Verlag haben sich bemüht, den umfangreichen Stoff schülergerecht und praxisnah darzustellen. Deshalb wurden

- zentrale Begriffe durch Fettdruck hervorgehoben,
- wichtige Inhalte der jeweiligen Absätze in farbigen Marginalien am Rande jeder Seite zusammengefasst und
- über 300 Schaubilder, Grafiken, Struktogramme und Abbildungen eingefügt.

In vielen Fällen erfolgt die Hinführung zum Thema mit einem situationsbezogenen Praxisbeispiel. Am Ende der Lernabschnitte werden wesentliche Lerninhalte in grün unterlegten Merksätzen zusammengefasst.

Die Wiederholungsfragen am Ende der einzelnen Themengebiete dienen sowohl der Selbstkontrolle als auch der Vorbereitung auf Klassenarbeiten, Zwischen- oder Abschlussprüfungen. Diese Fragen sind in der Regel ohne zusätzliche Informationen anhand der durchgearbeiteten Textaussagen zu beantworten. Durch die selbstständige Bearbeitung von weiteren Aufgaben und Fällen zur Sicherung des Lernerfolges am Ende aller zwölf Hauptkapitel, sollen die Leser ihr Wissen festigen und vertiefen. Ein separates Lösungsheft dazu ist lieferbar.

Die 9. Auflage wurde gründlich überarbeitet, aktualisiert und auf den neuesten Rechtsstand gebracht. Sie berücksichtigt neben dem neuen GmbH-Gesetz auch zahlreiche Änderungen im Arbeits-, Steuer- und Sozialversicherungsrecht sowie die aktuellen wirtschaftlichen Daten.

Wir hoffen, dass dieses Buch zu einer qualifizierten Berufsausbildung in den modernen Büroberufen beiträgt. Verlag und Autoren sind im Hinblick auf zukünftige Bearbeitungen dieses Lehrbuches für konstruktive Kritik und Verbesserungsvorschläge aus dem Leserkreis dankbar.

Mainz und Neustadt/Weinstraße, im Februar 2009

Werner Hau
Lothar Kurz

Abkürzungsverzeichnis

Abb.	Abbildung
AG	Aktiengesellschaft
AGB	Allgemeine Geschäftsbedingungen
ADSp	Allgemeine Deutsche Spediteur-Bedingungen
AktG	Aktiengesetz
AO	Abgabenordnung
ArbZG	Arbeitszeitgesetz
ASchG	Arbeitsschutzgesetz
BBiG	Berufsbildungsgesetz
BEEG	Bundeselterngeld- und Elternzeitgesetz
BetrVerfG	Betriebsverfassungsgesetz
BGB	Bürgerliches Gesetzbuch
BIP	Bruttoinlandsprodukt
BSP	Bruttosozialprodukt
BUrlG	Bundesurlaubsgesetz
bzw.	beziehungsweise
CPU	Central Processing Unit
d.h.	das heißt
EAN	Europäische Artikel-Nummerierung
EDV	Elektronische Datenverarbeitung
EStG	Einkommensteuergesetz
EZB	Europäische Zentralbank
GebrMG	Gebrauchsmustergesetz
GenG	Genossenschaftsgesetz
GG	Grundgesetz
GmbH	Gesellschaft mit beschränkter Haftung
GmbHG	Gesetz betreffend die Gesellschaft mit beschränkter Haftung
GuV-Rechnung	Gewinn- und Verlustrechung
GWB	Gesetz gegen Wettbewerbs-beschränkung
HGB	Handelsgesetzbuch
i.Allg.	im Allgemeinen
i.d.R.	in der Regel
i.e.S.	im engeren Sinn
inkl.	inklusive
InsO	Insolvenzordnung
i.S.d.	im Sinne des
ISDN	Integrated Services Digital Network
i.S.v.	im Sinne von
i.w.S.	im weiteren Sinne
JArbSchG	Jugendarbeitsschutzgesetz
KG	Kommanditgesellschaft
KGaA	Kommanditgesellschaft auf Aktien
KSchG	Kündigungsschutzgesetz
KStG	Körperschaftsteuergesetz
MarkenG	Markengesetz
MitbestG	Mitbestimmungsgesetz
MS-DOS	Microsoft-Disk Operating System
MuSchG	Mutterschutzgesetz
OHG	Offene Handelsgesellschaft
PartGG	Partnerschaftsgesellschaftsgesetz
p.a.	per anno (= jährlich)
PIN	Persönliche Identifikations-Nummer
PR	Public Relations
PrAngVO	Preisangabeverordnung
ProdHaftG	Produkthaftungsgesetz
ScheckG	Scheckgesetz
SGB	Sozialgesetzbuch
sog.	so genannte(r, s)
StWG	Gesetz zur Förderung der Stabilität und des Wachstums (= Stabilitäts-gesetz)
u.a.	unter anderem
UG	Unternehmergesellschaft
UPS	United Parcel Service
UStDVO	Umsatzsteuerdurchführungs-verordnung
UStG	Umsatzsteuergesetz
UStR	Umsatzsteuerrichtlinien
u.u.	unter Umständen
UWG	Gesetz gegen den unlauteren Wettbewerb
ZPO	Zivilprozessordnung

Inhaltsverzeichnis

1. Die Berufsausbildung

1.1 Grundsatzfragen vor Aufnahme der Berufsausbildung

Eva's Pilsstube heißt die Kneipe, in der sich die beiden Freundinnen Arianna und Vera zu einem Drink treffen. Arianna absolviert im zweiten Ausbildungsjahr eine Berufsausbildung in einem Unternehmen der chemischen Industrie in Saarbrücken, in dem insbesondere Medikamente und Körperpflegemittel hergestellt werden. Sie hat das Ziel, Bürokommunikationskauffrau zu werden. Vera hingegen steht kurz vor dem Abschluss der mittleren Reife. Sie beabsichtigt, ebenfalls eine kaufmännische Berufsausbildung zu beginnen, allerdings ist sie sich noch nicht schlüssig, welchen Beruf sie ergreifen soll. Ein wenig hat sie sich bereits informiert über die Ausbildung zur Bürokommunikationskauffrau, Industriekauffrau und zur Bürokauffrau.

Begriff: Berufsausbildungssystem

Der Begriff duales Berufsausbildungssystem, den Arianna während des Gesprächs nennt, ist für Vera neu. Deshalb möchte sie von ihrer Freundin nicht nur erfahren, was dieser Begriff beinhaltet, sondern auch, worauf während der Berufsausbildung ansonsten noch zu achten sei. – Nach ihrer bereits zweijährigen Ausbildung kann Arianna einige Auskünfte erteilen. Sie kann u. a. Antworten auf folgende Fragen geben:

- *Was versteht man unter dem dualen Ausbildungssystem?*
- *Welche in verschiedenen Gesetzen enthaltene Vorschriften sind während der Berufsausbildung zu beachten?*
- *Welche Bedeutung hat die Probezeit?*
- *Welche Rechte und Pflichten haben Auszubildende und Arbeitgeber während der Berufsausbildung?*
- *Kann ein Berufsausbildungsverhältnis während der Ausbildungszeit durch den Auszubildenden beendet werden?*
- *Kann der Arbeitgeber einem/einer Auszubildenden kündigen?*
- *Welchen Anspruch auf Erholungsurlaub haben Auszubildende?*
- *An wen kann sich ein Auszubildender/eine Auszubildende wenden, wenn während der Ausbildungszeit Probleme mit dem Arbeitgeber entstehen?*
- *Welche Inhalte sollte ein Zeugnis enthalten, das der Arbeitgeber am Ende der Ausbildung ausstellt?*

Bei all diesen Überlegungen stellt sich für Vera nun zunächst die grundsätzliche Frage, welche Berufswahl sie treffen soll.

Ausbildungsberuf

Die **Wahl des Ausbildungsberufes** hängt insbesondere von der Neigung des Einzelnen für ein bestimmtes Ausbildungsziel und der am Arbeitsmarkt zur Verfügung stehenden Ausbildungsplätze ab.

Berufsfeld

Da sich Vera noch nicht für eine bestimmte Ausbildung entschieden hat, kann sie verschiedene Möglichkeiten der Berufswahl wahrnehmen. Neben der Möglichkeit der Beratung durch Lehrer oder durch einen Berufsberater bei einer Arbeitsagentur bietet sich auch die Möglichkeit an, sich in Tageszeitungen, insbesondere an Wochenenden, zu in-

formieren, welche Ausbildungsplätze wo angeboten werden. Bei der Durchsicht der Inserate wird deutlich, in welchen Berufsfeldern (wie z. B. im Berufsfeld Metalltechnik, Elektrotechnik, Gesundheit, Körperpflege oder Agrarwirtschaft) Ausbildungsmöglichkeiten bestehen.

Die Ausbildung zum Bürokaufmann/zur Bürokauffrau und die zum/zur Kaufmann/Kauffrau für Bürokommunikation ist dem **Berufsfeld „Wirtschaft und Verwaltung"** zugeordnet.

Querschnittsberufe

Die Ausbildung zum Bürokaufmann/zur Bürokauffrau und die zum/zur Kaufmann/Kauffrau für Bürokommunikation findet in allen Wirtschaftszweigen, Branchen und Betrieben statt. Deshalb, weil die Wirtschaft „querfeldein" Ausbildungsmöglichkeiten für diese beiden Ausbildungsberufe anbietet, nennt man sie **Querschnittsberufe**. Im Gegensatz hierzu gibt es **wirtschaftszweigspezifische Ausbildungsberufe**, wie beispielsweise die Ausbildung zum Bankkaufmann/zur Bankkauffrau.

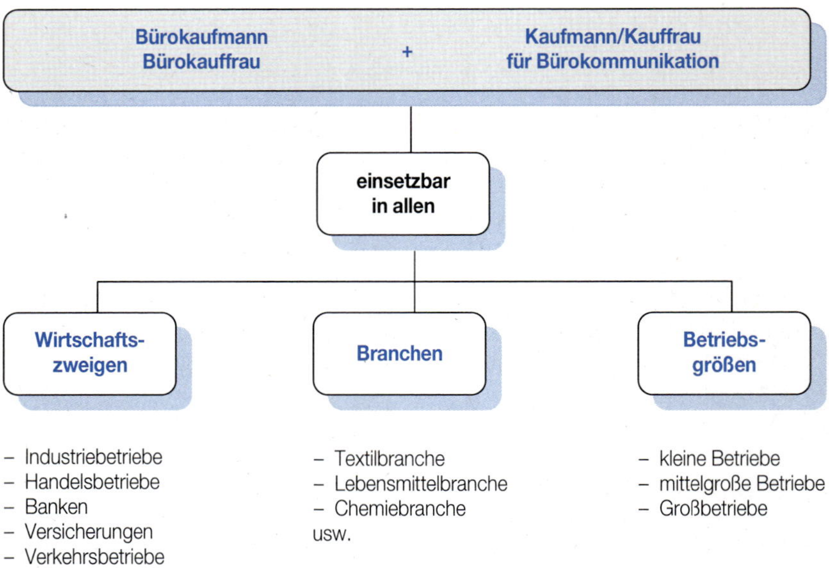

Abb. 1.1: Ausbildung in verschiedenen Wirtschaftszweigen, Branchen und Betriebsgrößen

1.2 Duale Berufsausbildung

duales System

Ausbildung

In den allgemeinbildenden Schulen sind - wie der Name schon sagt - Vera allgemein bildende Inhalte wie Geschichte, Erdkunde, Biologie usw. vermittelt worden. Mit dem Beginn der Ausbildung in einem anerkannten Ausbildungsberuf, wie z. B. dem Beginn der Ausbildung zum Bürokaufmann bzw. zur Bürokauffrau, werden neben allgemein bildenden Inhalten wie Politik, Sport, Deutsch oder Religion zusätzliche Inhalte vermittelt, die spezifisch auf den jeweiligen Ausbildungsberuf zugeschnitten sind. Diese Inhalte sind Gegenstand der Berufsausbildung.

Die Berufsausbildung ist gemäß Berufsbildungsgesetz (= BBiG) gleichzeitig Bestandteil der Berufsbildung.

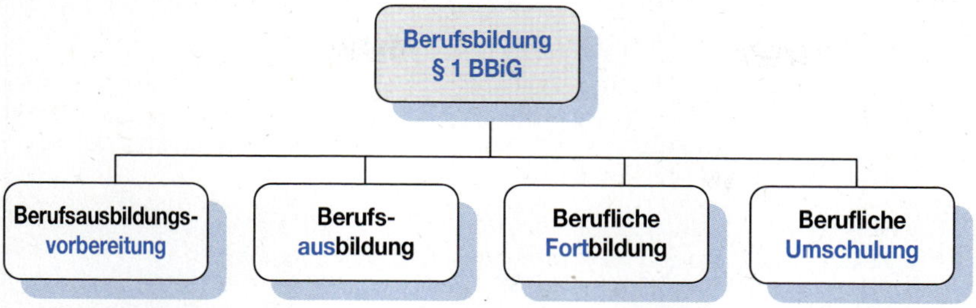

Abb. 1.2: Berufsbildung

- **Berufsausbildungsvorbereitung** dient dem Ziel, durch die Vermittlung von Grundlagen für den Erwerb beruflicher Handlungsfähigkeit an eine Berufsausbildung in einem anerkannten Ausbildungsberuf oder eine gleichwertige Berufsausbildung heranzuführen.

- **Die Berufsausbildung** erfolgt – anders als in anderen Ländern – in der Bundesrepublik Deutschland im Rahmen des so genannten „dualen Systems". Unter „**dual**" versteht man eine **Ausbildung**, die einerseits **in Betrieben und** andererseits **in der Berufsschule** stattfindet. Man spricht in diesem Zusammenhang auch von einer zweigleisigen Ausbildung. ***duale Ausbildung***

- **Berufliche Fortbildung** kann erst nach dem erfolgreichen Abschluss eines Ausbildungsberufs erfolgen. Sie soll es ermöglichen, die berufliche Handlungsfähigkeit ***Fortbildung***
  - *zu erhalten*
  - *anzupassen oder*
  - *zu erweitern*

  und beruflich aufzusteigen.

- **Berufliche Umschulung** kann erforderlich werden, wenn Arbeitsplatzverlust, Ortswechsel oder Krankheit dazu führen, dass Arbeitnehmer ihre bisherige berufliche Tätigkeit nicht mehr ausüben können, aber auch dann, wenn Arbeitnehmer zur Vermeidung von Arbeitslosigkeit eine andere Arbeit suchen. Grundsätzlich soll die berufliche Umschulung zu einer anderen beruflichen Tätigkeit befähigen. ***Umschulung***

betriebliche Ausbildung

Die **Ausbildung im Betrieb** ist dadurch gekennzeichnet, dass die Vermittlung von Kenntnissen (z.B. Besonderheiten der Bankcard) und Fertigkeiten (z.B. Arbeiten am Computer) mit dem Erwerb der erforderlichen Berufserfahrungen verbunden wird. Die Ausbildung soll unter denselben Bedingungen stattfinden, unter denen der erlernte Beruf später ausgeübt werden muss. Um dieses Ziel zu erreichen, muss der Arbeitgeber oder ein von ihm eingesetzter Ausbilder den Auszubildenden im Sinne der für den jeweiligen Ausbildungsberuf geltenden Ausbildungsordnung ausbilden.

Ausbildungsordnung

Die **Ausbildungsordnung** muss gemäß *§ 5 BBiG* mindestens festlegen:

1. die Bezeichnung des Ausbildungsberufes, der anerkannt wird,
2. die Ausbildungsdauer,
3. die beruflichen Fertigkeiten und Kenntnisse, die mindestens Gegenstand der Berufsausbildung sind (Ausbildungsberufsbild),
4. eine Anleitung zur sachlichen und zeitlichen Gliederung der Vermittlung der Fertigkeiten, Kenntnisse und Fähigkeiten (Ausbildungsrahmenplan),
5. die Prüfungsanforderungen (für die Zwischenprüfung in der Mitte des zweiten Ausbildungsjahres und der Abschlussprüfung am Ende der Berufsausbildung).

Berufsschule Lehrplan

Berufsschulen vermitteln den Auszubildenden allgemeine und berufsbezogene Lerninhalte für die Berufsausbildung, die Berufsausübung und die berufliche Weiterbildung. Die Lehrer, die in den verschiedenen Klassen unterrichten, orientieren sich bei der Vermittlung des Unterrichtsstoffs an dem geltenden **Lehrplan**. Dieser ist nach Ausbildungsjahren gegliedert. Er baut grundsätzlich auf dem Hauptschulabschluss auf.

Ausbildungsinhalte

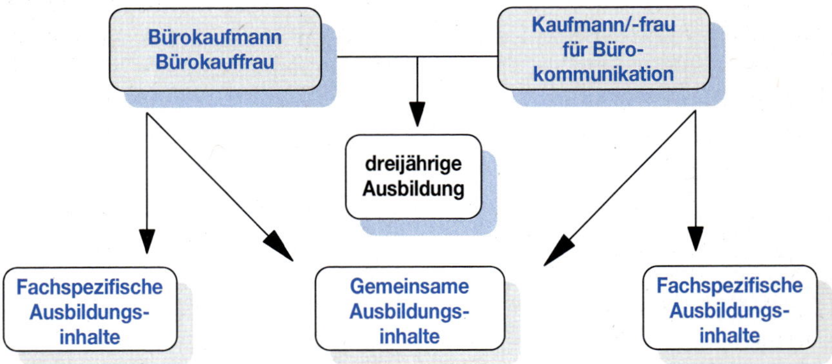

1. Kostenrechnung
2. Personalverwaltung
3. Abrechnung von Gehältern, Löhnen und Ausbildungsvergütungen
4. Lagerhaltung

.
.

usw.

1. Der Ausbildungsbetrieb
2. Erstellen von Statistiken
3. Arbeitssicherheit, Umweltschutz, Energieverwendung

.
.
.

usw.

1. Textformulierung/ Textgestaltung
2. Textverarbeitung
3. Sekretariatsaufgaben

.
.
.
.

usw.

Abb. 1.3: Gemeinsame und fachspezifische Ausbildungsinhalte der neuen Büroberufe

Wiederholungsfragen

Wiederholungsfragen

1. *Nennen Sie zwei Berufsfelder!*
2. *Welchem Berufsfeld ist der Ausbildungsberuf „Bürokauffrau“ zugeordnet?*
3. *Was versteht man unter der „Berufsbildung“ im Sinne des Berufsbildungsgesetzes?*
4. *Erläutern Sie den Begriff „Duale Berufsausbildung“!*
5. *Nach welchen „Unterlagen“ werden Auszubildende ausgebildet:*
   a) in der Berufsschule,
   b) im Betrieb?

1.3 Rechtsgrundlagen der Berufsausbildung

Wenn Vera mit ihrem Arbeitgeber ein Berufsausbildungsverhältnis eingeht, müssen beide Vertragspartner die in verschiedenen Rechtsgrundlagen enthaltenen Vorschriften beachten.

Rechtsgrundlagen

Rechtsgrundlagen sind grundsätzlich Gesetze, Verordnungen, Verträge (wie z.B. der Berufsausbildungsvertrag), aber auch mündliche Abreden. Für die in diesem Buch angesprochenen beiden Ausbildungsberufe sind die Vorschriften u.a. folgender Rechtsgrundlagen zu beachten:

- *der Berufsausbildungsvertrag*
- *das Berufsbildungsgesetz (= BBiG)*
- *das Jugendarbeitsschutzgesetz (= JArbSchG)*
- *das Arbeitszeitgesetz (= ArbZG)*
- *die Ausbildungsordnung*
- *der Lehrplan für die Berufsschule*
- *das Bundesurlaubsgesetz (= BUrlG)*
- *das Betriebsverfassungsgesetz (= BetrVG)*
- *das Mutterschutzgesetz (= MuSchG)*
- *das Bundeselterngeld- und Elternzeitgesetz (= BEEG)*
- *das Sozialgesetzbuch (= SGB)*
- *das Arbeitsgerichtsgesetz (= ArbGG)*

1.4 Berufsausbildungsvertrag

1.4.1 Vertragspartner

Vertragspartner

Wer andere Personen zur Berufsausbildung einstellt, hat mit dem Auszubildenden einen Berufsausbildungsvertrag zu schließen. Mit anderen Personen, so wie die Formulierung in *§ 10 BBiG* lautet, sind Auszubildende gemeint. Sind Ausbildende selbst nicht fachlich geeignet, eine Person auszubilden, etwa weil ihnen die erforderlichen beruflichen Fertigkeiten und Kenntnisse oder die berufs- und arbeitspädagogischen Kenntnisse fehlen, dann berührt dies die Wirksamkeit des Ausbildungsvertrages. Um zu gewährleisten, dass der abgeschlossene Vertrag wirksam wird, kann beispielsweise der Ausbilder, sofern ihm der Berechtigungsnachweis zur Ausbildung fehlt, persönlich einen fachlich geeigneten Ausbilder bestellen *(§ 28 BBiG).*

Betriebsrat

In verschiedenen Betrieben gibt es einen Betriebsrat[1]. Dies ist entweder eine Person oder es sind mehrere Personen, die im Rahmen einer Betriebsratswahl dazu gewählt wurden, die Interessen der Beschäftigten eines einzelnen Betriebes gegenüber dem Arbeitgeber zu vertreten. Zu diesen Interessen gehören u.a. auch betriebliche Bildungsmaßnahmen. Gibt es in dem Ausbildungsbetrieb einen Betriebsrat, so hat dieser ein Mitbestimmungsrecht bei der Durchführung von Maßnahmen der betrieblichen Berufsbildung. Unter anderem hat er das Recht, der Bestellung einer mit der Durchführung der betrieblichen Berufsbildung beauftragten Person zu widersprechen oder ihre Abberufung zu verlangen, wenn diese die persönliche oder fachliche, insbesondere die berufs- und arbeitspädagogische Eignung im Sinne des Berufsbildungsgesetzes nicht besitzt oder ihre Aufgaben vernachlässigt *(§ 98 BetrVG).*

Einwilligung des gesetzlichen Vertreters

Im Zusammenhang mit dem Abschluss eines Ausbildungsvertrages war bisher nur die Rede von zwei Vertragspartnern, nämlich dem Ausbilder und dem Auszubildenden. Ist die Auszubildende, wie Vera, jedoch noch minderjährig, d.h. noch nicht voll geschäftsfähig im Sinne des Bürgerlichen Gesetzbuches *(= BGB),* also noch keine 18 Jahre alt, so hängt die von der Auszubildenden abgegebene Willenserklärung, ein Berufsausbildungsverhältnis eingehen zu wollen, von der **Einwilligung des gesetzlichen Vertreters ab** *(§ 107 BGB).* Schließt der/die minderjährige Auszubildende einen Berufsausbildungsvertrag ohne Einwilligung ab, so hängt die Wirksamkeit dieses Rechtsgeschäfts von der nachträglichen Genehmigung des gesetzlichen Vertreters ab. Diese muss allerdings innerhalb von zwei Wochen erfolgen; wird die Genehmigung nicht erklärt, so gilt sie als verweigert. Ein rechtsgültiger Vertrag käme somit also nicht zu Stande *(§ 108 BGB).*

1.4.2 Mindestinhalte und Schriftform

Schriftform

Grundsätzlich besteht beim Abschluss eines Berufsausbildungsvertrages kein Formzwang. Es gilt also im Sinne der Vertragsfreiheit der Gesichtspunkt der Formfreiheit. Ein Berufsausbildungsvertrag kann also auch mündlich rechtswirksam zu Stande kommen. Allerdings schreibt das *BBiG* zwingend vor, dass der/die Ausbildende unverzüglich nach Abschluss des Berufsausbildungsvertrages, spätestens aber vor Beginn der Berufsausbildung, den wesentlichen **Inhalt des Vertrages schriftlich** niederzulegen hat. Die Niederschrift muss mindestens die in *§ 11 BBiG* vorgeschriebe-

---

[1] Siehe hierzu Betriebsverfassungsgesetz

nen acht Angaben enthalten. In der betrieblichen Praxis dürfte es in der Regel zu keinem Verstoß gegen diese Vorschrift bzgl. der Nennung der Mindestangaben kommen, da die zuständige Stelle, d.h. die Industrie- und Handelskammer oder die Handwerkskammer, bereits vorgedruckte Verträge zur Verfügung stellt, die dann nur noch mit den persönlichen Angaben und Einzelvereinbarungen, wie z.B. über die Höhe der Ausbildungsvergütung oder die Anzahl der Urlaubstage, zu ergänzen sind.

Unterschrift

Die Niederschrift ist von dem/der Ausbildenden, dem Auszubildenden und gegebenenfalls dem gesetzlichen Vertreter zu unterzeichnen. Veras Eltern müssen den Berufsausbildungsvertrag also unterzeichnen, da sie noch minderjährig ist. Danach ist der Ausbildende verpflichtet, dem Auszubildenden und dessen gesetzlichem Vertreter eine Ausfertigung der unterzeichneten Niederschrift unverzüglich auszuhändigen *(§ 11 BBiG).*

1.5 Probezeit und Kündigung während der Berufsausbildung

Probezeit

Mit dem Beginn der Berufsausbildung ist zwingend eine **Probezeit** zu vereinbaren. Sie ist Bestandteil der im Berufsausbildungsvertrag aufzuführenden Mindestinhalte. Zu berücksichtigen ist, dass sie gemäß *§ 20 BBiG* **mindestens einen Monat** und **höchstens vier Monate** betragen darf. Kommt eine dieser Vorschrift zuwiderlaufende Vereinbarung zu Stande, so ist sie gemäß *§ 25 BBiG* nichtig.

Während der Probezeit kann das Berufsausbildungsverhältnis **jederzeit** von jedem der Vertragspartner **ohne** Einhaltung einer **Kündigungsfrist gekündigt** werden. Es ist nicht erforderlich, einen Grund für die Kündigung anzugeben.

Kündigungsschutz

Ist **die Probezeit beendet, so unterliegt der/die Auszubildende einem besonderen Kündigungsschutz**. Dies bedeutet, dass der Arbeitgeber keine ordentliche Kündigung gegenüber dem Auszubildenden aussprechen kann. Eine außerordentliche, d.h. fristlose Kündigung ist jedoch grundsätzlich jederzeit ohne Einhaltung einer Kündigungsfrist durch beide Vertragspartner unter der Voraussetzung möglich, dass ein wichtiger Grund vorliegt. – Eine Kündigung aus einem wichtigen Grund ist allerdings unwirksam, wenn die ihr zu Grunde liegenden Tatsachen dem zur Kündigung Berechtigten länger als zwei Wochen bekannt sind.

Kündigung

Nach Ablauf der Probezeit kann der/die Auszubildende nur unter Einhaltung einer vierwöchigen Kündigungsfrist und unter der Voraussetzung kündigen, dass er/sie

- die **Berufsausbildung aufgeben** oder
- sich für eine **andere Berufsausbildung** ausbilden lassen will.

Kündigung

In allen Fällen besteht bei einer **Kündigung** nach der Probezeit Formzwang, d.h. die Kündigung muss **schriftlich** erfolgen. Außerdem sind in beiden Fällen die **Kündigungsgründe** anzugeben *(§ 22 BBiG).*

Beendigung des Ausbildungsverhältnisses

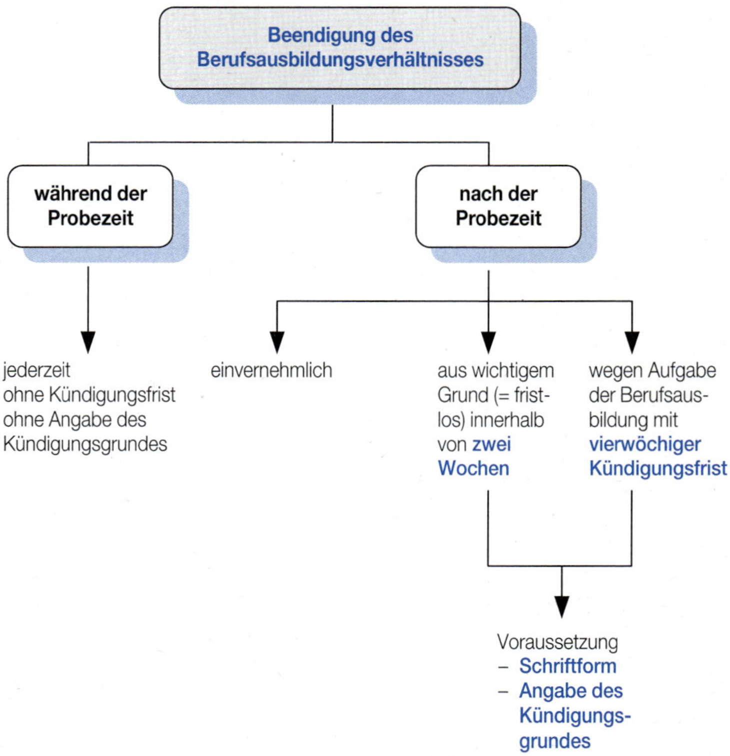

Abb. 1.4: Beendigung des Ausbildungsverhältnisses

Verfahren vor den Gerichten in Arbeitsangelegenheiten

• *Außerordentliche Kündigung während der Berufsausbildung*

außerordentliche Kündigung

Jeder/jede Auszubildende weiß, dass während der Zeit der Berufsausbildung die Möglichkeit der Kündigung des Ausbildungsverhältnisses besteht. Grundsätzlich ist die Kündigung von beiden Vertragspartnern, also sowohl durch den Arbeitgeber als auch durch den Auszubildenden bzw. die Auszubildende möglich. Allerdings sind hierbei die gesetzlichen Bestimmungen zu beachten, die sich aus dem Berufsbildungsgesetz ergeben. Dabei ist zu berücksichtigen, dass für die Kündigung während der Probezeit andere Rechtsnormen gelten, als nach der Probezeit. Im Gegensatz zur Probezeit, wäðhrend der eine Kündigung sowohl vom Arbeitgeber als auch von Seiten des/der Auszubildenden jederzeit ohne Beachtung der Einhaltung einer Kündigungsfrist möglich ist, ist eine ordentliche

Kündigung des Arbeitgebers gegenüber dem Auszubildenden nach der Probezeit nicht möglich. Allerdings können Auszubildende selbst auch nach der Probezeit,

- unter Beachtung der Kündigungsfrist von vier Wochen,
- mit Angabe des Kündigungsgrundes und
- durch schriftlich eingereichte Kündigung,

gegenüber dem Arbeitgeber kündigen, ohne dass ihnen in der Regel finanzielle Nachteile entstehen könnten *(§ 22 BBiG).*

ordentliche Kündigung

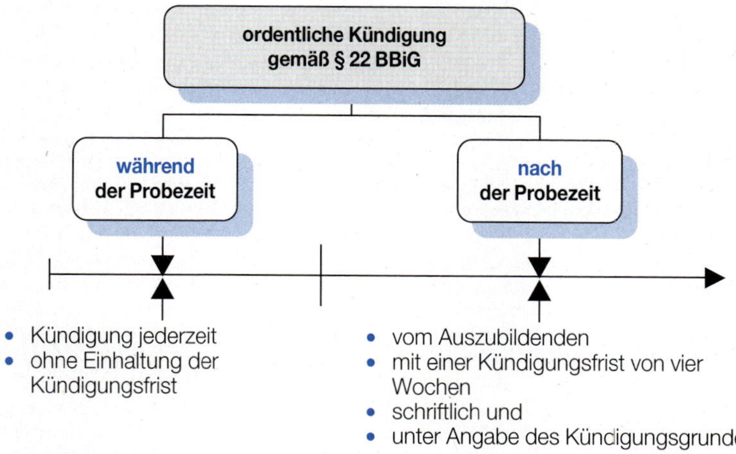

Abb. 1.5: Ordentliche Kündigung während der Berufsausbildung

Nach der Probezeit ist eine so genannte **außerordentliche Kündigung** vonseiten des Arbeitgebers oder vonseiten der Auszubildenden nur noch möglich, wenn ein wichtiger Grund vorliegt. Eine Kündigungsfrist ist dann nicht mehr einzuhalten.

außer-ordentliche Kündigung

Nach der Probezeit ist eine Kündigung **durch den Arbeitgeber** also nur noch aus einem wichtigen Grund möglich. Dabei ist zu beachten, dass die der **außerordentlichen Kündigung,** (man spricht auch von der fristlosen Kündigung) zu Grunde liegenden Tatsachen dem zur Kündigung Berechtigten nicht länger als **zwei Wochen** bekannt sind. Für die fristlose Kündigung durch den Arbeitgeber gibt es sicher unterschiedliche Gründe, so z.B. Diebstahl. Im Jahre 1999 wurde ein anderer Kündigungsfall während einer Berufsausbildung bekannt, der zu einer außerordentlichen Kündigung wegen rassistischen Verhaltens durch den Arbeitgeber geführt hat.

Bundesarbeitsgericht

Pressemitteilung Nr. 49/99

Außerordentliche Kündigung eines Berufsausbildungsverhältnisses wegen rassistischen Verhaltens.

Der im März 1980 geborene Kläger befand sich seit September 1996 bei der Beklagten in der Ausbildung zum Industriemechaniker. Im Februar 1997 fertigte er zusammen mit einem anderen Auszubildenden ein 5 x 25 cm großes Blechschild mit dem Text „ARBEIT MACHT FREI – TÜRKEI SCHÖNES LAND" und dem handschriftlichen Zusatz „Döner" und schraubte dieses Schild an die Werkbank eines türkischen Auszubildenden. Im Zuge der daraufhin aufgenommenen Ermittlungen der Beklagten stellte sich ferner heraus, dass im Dezember 1996 von dem Kläger und anderen Auszubildenden mehrmals neonazistische[2)] Lieder mit antisemitischem[3)] Inhalt gesungen worden waren, u.a. ein Lied mit dem Titel „Auschwitz wir kommen"

Die Beklagte erklärte am 12. März 1997 die außerordentliche Kündigung des Berufsausbildungsverhältnisses. Hiergegen richtet sich die Kündigungsschutzklage des Klägers.

Arbeitsgericht und Landesarbeitsgericht haben nach Vernehmung mehrerer Zeugen der Kündigungsschutzklage stattgegeben. Das Landesarbeitsgericht ist davon ausgegangen, dass das Verhalten des Klägers an sich einen wichtigen Grund für eine außerordentliche Kündigung des Berufsausbildungsverhältnisses darstelle, im konkreten Einzelfall sei aber eine vorherige Abmahnung erforderlich gewesen, zumal auch das jugendliche Alter des Klägers zu berücksichtigen sei.

Die Revision der Beklagten hatte Erfolg. Bei besonders schwerwiegenden Pflichtverletzungen, deren Rechtswidrigkeit dem Auszubildenden ohne weiteres erkennbar und bei denen eine Hinnahme durch den Ausbildenden offensichtlich ausgeschlossen ist, bedarf es vor dem Ausspruch der Kündigung keiner Abmahung. Dies hat das Landesarbeitsgericht nicht ausreichend berücksichtigt. zudem hat es bei der Interessenabwägung die über die Einzelprüfung der Kündigungsgründe hinaus gebotene Gesamtabwägung nicht vorgenommen.

Der Senat konnte allerdings die Sache nicht selbst abschließend entscheiden, weil das Landesarbeitsgericht die durchgeführte Beweisaufnahme entgegen § 160 Abs. 3 ZPO nicht protokolliert hat, sodass der zu beurteilende Sachverhalt nicht vollständig festgestellt ist. Dies führte zur Aufhebung des Urteils und zur Zurückweisung an das Landesarbeitsgericht.

BAG, Urteil vom 1. Juli 1999 - 2 AZR 676/98 - Vorinstanz: LAG Berlin, Urteil vom 30. Januar 1998 - 16 Sa 128/97. Datum: 01. Juli 1999, Autor: Pressestelle;

Festzustellen zu dieser durch den Arbeitgeber aus einem wichtigen Grund erfolgten außerordentlichen Kündigung ist, dass der Gerichtsweg beschritten wurde, weil der Auszubildende die Entscheidung des Arbeitgebers nicht akzeptiert hatte.

Der Auszubildende klagte vor dem zuständigen Arbeitsgericht und beschritt dabei den gesamten Instanzenweg im so genannten **Urteilsverfahren.** Neben diesem gibt es ein weiteres Verfahren. Beide Verfahren sind im **Arbeitsgerichtsgesetz** geregelt.

Je nachdem, um welche Angelegenheit es sich handelt, werden zwei Verfahrensarten unterschieden.

---

2) Der Neonazismus ist eine rechtsradikale Bewegung (nach 1945) zur Wiederbelebung des Nationalsozialismus.

3) Der Antisemitismus ist eine Abneigung oder gar Feindschaft gegenüber den Juden.

Arbeitsgerichtsprozess

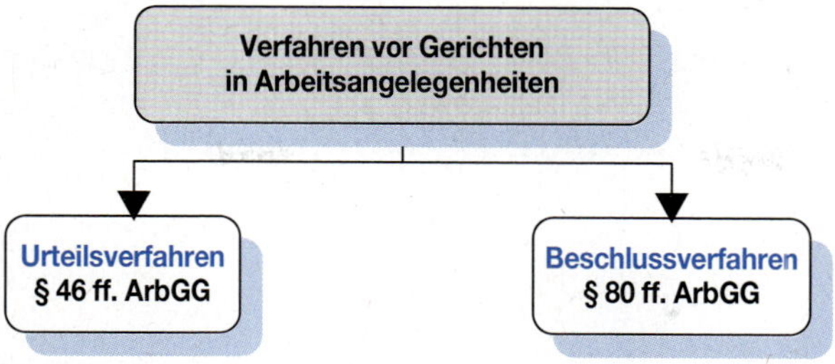

Abb. 1.6: Verfahrensarten in Arbeitsgerichtsprozessen

Urteilsverfahren	Es werden bürgerrechtliche Streitigkeiten u.a. aus dem **Berufsausbildung-** und Arbeitsverhältnis verhandelt, so z.B. im Falle von Lohn- und Gehaltsklagen. In den meisten Fällen werden die Rechtsstreitigkeiten in einem **Güteverfahren** geklärt, sodass es ein Urteil in der ersten Instanz vor dem Arbeitsgericht nicht gibt.
Beschlussverfahren	Es wird über Angelegenheiten des Betriebsverfassungsrechts, der Mitbestimmung und der Tariffähigkeit und Tarifzuständigkeit gestritten. Bsp.: Es soll festgestellt werden, ob dem Betriebsrat bei Regelungen hinsichtlich der Überwachung der Einhaltung des betrieblichen Alkoholverbots ein Mitbestimmungsrecht zusteht. Der Vorsitzende kann ein Güteverfahren ansetzen.

Im Rahmen des Urteilsverfahrens erfolgt zunächst eine Güteverhandlung, in der in den meisten Fällen die Angelegenheit beigelegt wird, sodass es erst gar nicht zur Ingangsetzung des Verfahrens kommt. Damit gilt der Konflikt als beigelegt.

Im **Urteilsverfahren** steht am Ende des Arbeitsgerichtsprozesses ein **Urteil,** im **Beschlussverfahren** ein **Beschluss.**

Wer mit der Entscheidung des Arbeitsgerichts in erster Instanz nicht einverstanden ist, hat die Möglichkeit, dagegen ein **Rechtsmittel** in zweiter Instanz vor dem **Landesarbeitsgericht** einzulegen, je nach Verfahrensart „Berufung“ oder „Beschwerde“.

Rechtsmittel

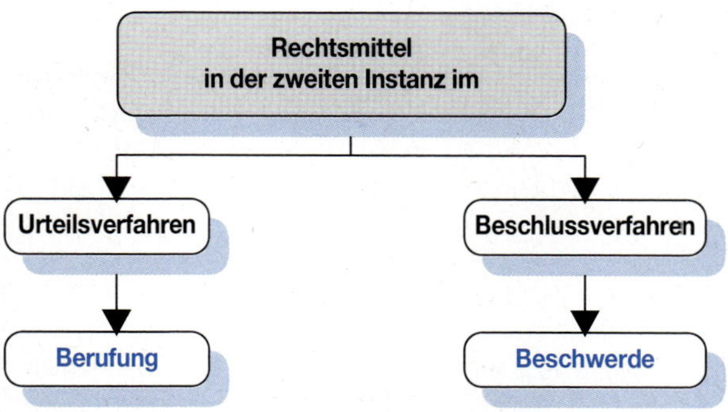

Abb. 1.7: Rechtsmittel in der Arbeitsgerichtsbarkeit, zweite Instanz

Ist einer der Beteiligten mit einem **Urteil** im Urteilsverfahren oder einem **Beschluss** am Ende des Beschlussverfahrens des Landesarbeitsgerichts in der zweiten Instanz nicht einverstanden, so kann er ein weiteres, aber letztes Rechtsmittel vor dem **Bundesarbeitsgericht** in Erfurt einlegen.

Rechtsmittel

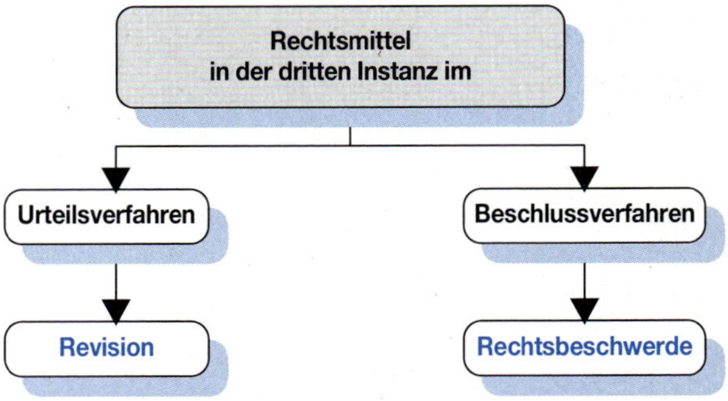

Abb. 1.8: Rechtsmittel in der Arbeitsgerichtsbarkeit, dritte Instanz

1.6 Pflichten der Vertragspartner während des Ausbildungsverhältnisses

Rechte und Pflichten

Mit der Unterschrift unter den Berufsausbildungsvertrag gehen die Vertragspartner Pflichten ein. Die **Hauptpflicht** des Ausbildenden ist die Ausbildungspflicht, die des Auszubildenden die Pflicht, sich zu bemühen, die Fertigkeiten und Kenntnisse zu erwerben, die erforderlich sind um das Ausbildungsziel zu erreichen.

Neben den beiden Hauptpflichten hat der Ausbildende die in den *§§ 14, 15, 16 und 17 BBiG* genannten Pflichten (Fürsorgepflicht, Vergütungspflicht, Zeugnispflicht usw.) zu erfüllen, der Auszubildende hingegen die in *§ 14 BBiG* genannten Pflichten (Besuch der Berufsschule, Ausbildungsnachweise erstellen usw.).

Alle im Berufsbildungsgesetz enthaltenen Pflichten sind in der Regel im Vordruck der von den Industrie- und Handelskammern herausgegebenen Berufsausbildungsverträge enthalten, sodass der/die Auszubildende aus dem eigenen Vertrag seine/ihre Pflichten und die des Ausbilders ableiten kann.

Wiederholungsfragen

Wiederholungsfragen

1. *Unter welchen Voraussetzungen spielt die Einwilligung des gesetzlichen Vertreters beim Abschluss eines Berufsausbildungsvertrages eine Rolle?*
2. *Gemäß Berufsbildungsgesetz besteht beim Abschluss eines Berufsausbildungsvertrages Formzwang. – Was bedeutet dies?*
3. *Während der Berufsausbildung unterliegt der/die Auszubildende einem besonderen Kündigungsschutz. – Was beinhaltet diese gesetzliche Regelung?*
4. *In Abhängigkeit von den vor Arbeitsgerichten verhandelten Angelegenheiten werden zwei Verfahrensarten unterschieden – Nennen und erläutern Sie die beiden Verfahren!*
5. *Nennen Sie Rechtsmittel, die in den beiden arbeitsgerichtlichen Verfahren in den verschiedenen Instanzen eingelegt werden können!*
6. *Wo hat das Bundesarbeitsgericht seinen Sitz?*

1.7 Arbeitsschutzrechte

Jeder Arbeitnehmer, so auch Auszubildende, unterliegt bestimmten arbeitsrechtlichen Schutzbestimmungen. Diese Vorschriften, die dem Schutze des Arbeitnehmers dienen sollen, sind aus verschiedenen Gesetzen abzuleiten.

1.7.1 Jugendarbeitsschutz

Kinderarbeit im 19. Jahrhundert

Viele haben früher im Unterricht erfahren, dass im Zeitalter der Industriellen Revolution die ersten Fabriken entstanden sind und dass zu jener Zeit Kinderarbeit durchaus nichts Ungewöhnliches war. Welche gesundheitlichen Auswirkungen Kinderarbeit jedoch mit sich bringt, wird in dem Buch von Adelheid Popp „Jugend einer Arbeiterin“ beschrieben. Die Verfasserin wurde im 19. Jahrhundert als 15. Kind einer Weberfamilie geboren. Bereits im Säuglingsalter starben jedoch zehn ihrer Geschwister. Als Adelheid Popp sechs Jahre alt war, starb ihr Vater. Zuvor hatte er ihre Familie tyrannisiert. Er war Alkoholiker und zur Arbeit nicht mehr fähig. So musste die Mutter dafür sorgen, dass die Familie ernährt wurde. Da das Einkommen, das die Mutter durch ihre Arbeit erzielte, nicht ausreichend war, musste Adelheid Popp nach dreijährigem Schulbesuch mit bereits zehn Jahren verschiedene Arbeiten aufnehmen, um so die Familie finanziell unterstützen zu können. Sie war unter anderem als Näherin und Fabrikarbeiterin tätig. Die schwere körperliche Arbeit, 12 Stunden täglich oder mehr, führte dazu, dass Adelheid Popp bereits mit 13 Jahren gesundheitlich stark geschädigt war. In ihren Aufzeichnungen, die zu den wichtigsten autobiographischen Schriften über Arbeiter und Arbeiterinnen zählen, schreibt Adelheid Popp: „Damals nahm ich mein Los als etwas Selbstverständliches hin, nur ein heißer Wunsch überkam mich immer wieder: mich nur einmal ausschlafen zu können. Schlafen wollt' ich, bis ich selbst erwachte, das stellte ich mir als das Herrlichste und Schönste vor. Wenn ich dann manchmal das Glück hatte, schlafen zu können, dann war es erst kein Glück, dann war Arbeitslosigkeit oder Krankheit die Veranlassung." – Und an anderer Stelle schrieb sie: „Und wenn ich dann endlich nach Hause ging, an schönen warmen Sommertagen oder im bitterkalten Winter, musste ich oft, wenn viel zu tun war, noch Arbeit für die Nacht mit nach Hause nehmen. ... In späteren Jahren überkam mich oft ein Gefühl grenzenloser Erbitterung, dass ich gar nichts, so gar nichts von Kinderfreuden und Jugendglück genossen hatte."

geschichtliche Entwicklung

Eine gesetzliche Regelung, welche die von Adelheid Popp beschriebenen Missstände hätte verhindern können, gab es zu jener Zeit noch nicht. Allerdings hatten Gewerbeärzte im 19. Jahrhundert Fabrikarbeiter untersucht. Die Ärzte kamen zu dem Ergebnis, dass eine regelmäßige, immer wiederkehrende Belastung der körperlichen und geistigen Kräfte von Kindern zu baldigen, intensiven Erkrankungen führt. Dieses war wohl auch mit der Grund dafür, dass im Jahre 1839 das „preußische Regulativ über die Beschäftigung jugendlicher Arbeiter in Fabriken" in Kraft gesetzt wurde. Es beinhaltete das Verbot der Fabrikarbeit von Kindern unter neun Jahren und beschränkte die Arbeit Jugendlicher unter 16 Jahren auf zehn Stunden täglich. Auch die Nachtarbeit und die Arbeit Jugendlicher an Feiertagen wurde verboten. Im Jahre 1863 rief **Ferdinand Lasalle** den so genannten Arbeiterverein ins Leben. **August Bebel** und **Wilhelm Liebknecht** gründeten in dieser Zeit weitere Arbeitervereine mit dem Ziel, gemeinsam zu bewirken, die Arbeitsbedingungen der Arbeiter zu verbessern. Aus diesen Arbeitervereinen gingen dann die Gewerkschaften hervor, die bis heute unter anderem wesentlich dazu beigetragen haben, dass die Arbeitsbedingungen verbessert wurden.

Jugendarbeitsschutzgesetz

Das **Inkrafttreten des Jugendarbeitsschutzgesetzes im Jahre 1960** brachte wesentliche Verbesserungen der Situation jugendlicher Arbeitnehmer mit sich. So wurde die wöchentliche Arbeitszeit von 48 Stunden auf 40 Stunden für Jugendliche unter 16 Jahren und auf 44 Stunden für Jugendliche über 16 Jahren herabgesetzt.

Arbeitgeber, die Auszubildende beschäftigen, die das 18. Lebensjahr noch nicht vollendet haben, müssen darauf achten, dass auf die Arbeitsbedingungen dieser Jugendlichen die Vorschriften des Jugendarbeitsschutzgesetzes angewendet werden. Die wichtigsten Vorschriften werden im nachfolgenden Text kurz vorgestellt. Vorweg ist aber schon zu sagen, dass es sinnvoll ist, wenn sich jeder Auszubildende selbst nicht nur mit dem Berufsbildungsgesetz, sondern auch mit dem **Gesetzestext dieser Rechtsgrundlage auseinandersetzt.**

- ***Verbot der Beschäftigung von Kindern***

Verbot der Kinderarbeit

Das Jugendarbeitsschutzgesetz beinhaltet ein grundsätzliches Verbot der Beschäftigung von Kindern. Dieses Verbot erfordert zugleich eine Abgrenzung des Begriffs „Kind" von dem Begriff „Jugendlicher".

- **Kind** ist, wer noch nicht 15 Jahre alt ist *(§ 2 JArbSchG),*
- **Jugendlicher** ist, wer 15 aber noch nicht 18 Jahre alt ist.

Das grundsätzliche Verbot der Beschäftigung von Kindern schließt bestimmte **Ausnahmeregelungen** nicht aus *(§§ 5, 6 JArbSchG).*

- ***Dauer der Arbeitszeit und Ruhepausen***

Arbeitszeit

Jugendliche dürfen nicht länger als 8 Stunden täglich und nicht mehr als 40 Stunden wöchentlich beschäftigt werden. Ist an einzelnen Werktagen die Arbeitszeit auf weniger als 8 Stunden verkürzt, so kann an den übrigen Tagen derselben Woche 8 ½ Stunden gearbeitet werden *(§ 8 JArbSchG).*

Um jugendliche Arbeitnehmer vor körperlichen und psychischen Schäden zu bewahren, müssen ihnen im voraus feststehende Ruhepausen von angemessener Dauer gewährt werden *(§ 11 JArbSchG).*

Das Bundesarbeitsgericht (BAG) hat mit Beschluss[4)] am 26.03.2001 über die Anrechnung des Berufsschulunterrichts und die Wegezeiten für Auszubildende entschieden.

Nunmehr ist auch für erwachsene Auszubildende der Berufsschulunterricht einschließlich der Pausen auf die wöchentliche Arbeitszeit anzurechnen. Sofern die Berufsschule an zwei Tagen in der Woche stattfindet, gilt diese Regelung für beide Berufsschultage. Die Freistellung umfasst nicht nur die Anwesenheit in der Berufsschule, sondern auch die notwendigen Wegezeiten zwischen Berufsschule und Ausbildungsbetrieb.

Das BAG begründet die Anrechnung mit der Konstruktion der § 15 Satz 1 i.V.m. § 19 Abs. 1 Nr. 1 Berufsbildungsgesetz (BBiG), wonach der Auszubildende unter Fortzahlung der Vergütung für die Teilnahme am Berufsschulunterricht freizustellen ist.

- ***Fünf-Tage-Woche***

Fünf-Tage-Woche

Jugendliche dürfen nur an fünf Tagen in der Woche beschäftigt werden *(§ 15 JArbSchG).*

- ***Anspruch auf Erholungsurlaub***

Urlaub

Dass jugendliche Arbeitnehmer, die sich noch in der körperlichen Wachstumsphase befinden, besonders geschützt werden sollen, wird auch in der in *§ 19 JArbSchG* vorgeschriebenen Regelung den Erholungsurlaub betreffend deutlich. Die Anzahl der Erholungsurlaubstage richtet sich nach dem Alter des Jugendlichen. Dabei gilt: Je jünger der jugendliche Arbeitnehmer, um so mehr gesetzliche Erholungsurlaubstage stehen ihm zu (siehe hierzu Kapitel „1.8. Urlaubsansprüche").

---

4) Az.: 5 AZR 413/99

- ***Besuch der Berufsschule***

Freistellung für Berufsschulbesuch

Jeder Jugendliche, ob in der Berufsausbildung oder nicht, ist in der Regel bis zur Vollendung des 18. Lebensjahres verpflichtet, die Berufsschule zu besuchen. Die Berufsschulpflicht ist in den länderspezifischen Schulpflichtgesetzen geregelt. Im Falle eines bestehenden Ausbildungsverhältnisses ist der Arbeitgeber verpflichtet, den Jugendlichen für die Teilnahme am Berufsschulunterricht freizustellen

- vor einem vor 9 Uhr beginnenden Unterricht und
- **einmal** wöchentlich an einem Berufsschultag mit mehr als 5 Unterrichtsstunden von mindestens je 45 Minuten *(§ 9 JArbSchG).*

- ***Gesundheitliche Betreuung***

Gesundheitliche Betreuung

Für jugendliche Arbeitnehmer besteht vor Antritt der Arbeitsstelle die Verpflichtung, sich von einem Arzt untersuchen zu lassen. Ein Arbeitgeber darf einen Jugendlichen nur dann beschäftigen, wenn der Jugendliche innerhalb der letzten 14 Monate von einem Arzt untersucht worden ist (sog. Erstuntersuchung) und wenn dem Arbeitgeber eine vom Arzt ausgestellte Bescheinigung vorliegt. In jedem Jahr nach Aufnahme der Beschäftigung (bis zur Volljährigkeit) hat sich der Arbeitgeber die Bescheinigung des Arztes darüber vorlegen zu lassen, dass der Jugendliche nachuntersucht worden ist *(§ 32 ff. JArbSchG).*

1.7.2 Mutterschutz

Die Ausbildungsordnung sieht vor, dass Azubis während ihrer Ausbildung auch die Personalabteilung durchlaufen. Häufig tauchen dort Fragen der Schwangerschaftsvertretung und der Elternzeit auf. Es ist daher wichtig, Grundkenntnisse zum Mutterschutzgesetz und Bundeselterngeld- und Elternzeitgesetz zu haben.

- ***Beschäftigungsverbote und Mutterschaftsgeld***

Schutz von Mutter und Kind

Da sich das ungeborene Kind während der Schwangerschaft aus dem Stoffwechsel der Mutter ernährt, entsteht ein erhöhter Bedarf an Vitaminen und an Mineralien, wie z.B. Eisen, Calcium und Phosphor. Insofern ist es biologisch bedingt, dass sich während der Schwangerschaft, aber auch während der Stillzeit, die Leistungsfähigkeit der Schwangeren bzw. der jungen Mutter verändert. Schonung ist also angebracht.

Aus diesen Gründen bestehen gesetzlich festgeschriebene **Beschäftigungsverbote**, um so das Leben und die Gesundheit von Mutter und Kind nicht zu gefährden.

Schutzfristen

- *Sofern sich eine werdende Mutter nicht ausdrücklich zur Arbeitsleistung bereit erklärt, darf sie in den letzten* ***sechs Wochen vor der Entbindung*** *nicht beschäftigt werden.*
- *Mütter dürfen bis zum Ablauf von* ***acht Wochen*** *– im Falle von Früh- oder Mehrlingsgeburten sind es* ***zwölf Wochen – nach der Entbindung*** *nicht beschäftigt werden (§§ 3 (2), 6 (1) MuSchG).*

Neben diesen bestehen weitere gesetzlich garantierte Beschäftigungsverbote, wie z.B. das Verbot von Fließbandarbeit (siehe nächste Seite).

Mutterschaftsgeld

§ *Während der beiden Schutzfristen vor und nach der Geburt besteht ein Anspruch auf Mutterschaftsgeld, je nach Einkommensverhältnissen maximal 13 Euro für den Kalendertag. Außerdem erhält die betroffene Arbeitnehmerin während dieser Zeit einen Zuschuss vom Arbeitgeber (bzw. seiner Versicherung) bis zur Höhe des um die gesetzlichen Abzüge verminderten durchschnittlichen kalendertäglichen Arbeitsentgelts. Die vom Arbeitnehmer monatlich zu entrichtenden gesetzlichen Abzüge sind die Lohnsteuer, Kirchensteuer, der Solidaritätszuschlag und jeweils die Hälfte des Beitrags zur Kranken-, Pflege-, Arbeitslosen- und Rentenversicherung. Den Beitrag zur Unfallversicherung hat der Arbeitgeber in voller Höhe zu zahlen.*

Frauen, die in der gesetzlichen Krankenversicherung versichert sind, erhalten neben dem Mutterschaftsgeld auch die folgenden Leistungen bei Schwangerschaft und Mutterschaft:

1. ärztliche Betreuung und Hebammenhilfe,
2. Versorgung mit Arznei-, Verband- und Heilmitteln,
3. stationäre Entbindung,
4. häusliche Pflege,
5. Haushaltshilfe *(§§ 14, 15 MuSchG, §§ 196 ff. RVO).*

- ***Besonderer Kündigungsschutz***

Kündigungsschutz

Der Arbeitgeber darf einer Arbeitnehmerin während der Schwangerschaft und bis zum Ablauf von 4 Monaten nach der Entbindung nicht kündigen, wenn ihm zur Zeit der Kündigung die Schwangerschaft oder Entbindung bekannt war oder er innerhalb zweier Wochen nach Zugang der Kündigung darüber informiert wird, dass die Frau schwanger ist *(§ 9 MuSchG).*

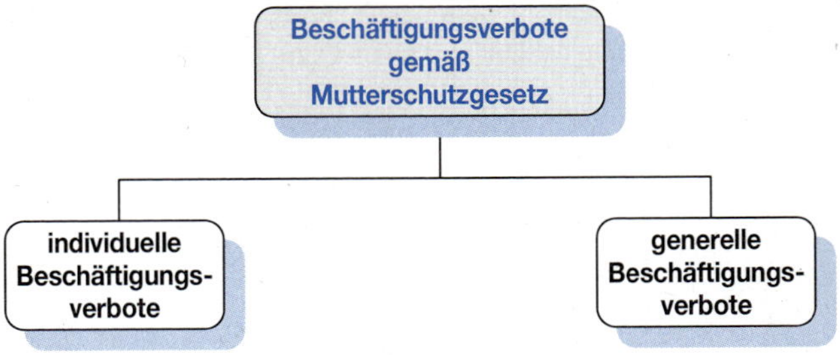

Beschäftigungsverbote

Individuelle Beschäftigungsverbote:

- Keine Beschäftigung werdender Mütter, so weit nach ärztlichem Zeugnis *Leben und Gesundheit von Mutter und Kind bei Fortdauer der Beschäftigung gefährdet sind.*
- Keine Beschäftigung werdender Mütter *sechs Wochen vor der Entbindung, es sei denn, dass sich die Schwangere zur Arbeitsleistung ausdrücklich bereit erklärt.*

Generelle Beschäftigungsverbote:

- Keine Beschäftigung mit Arbeiten, bei denen werdende Mütter schädlichen Einwirkungen von *gesundheitsgefährdenden Stoffen oder Strahlen, von Staub, Gasen oder Nässe, von Erschütterungen oder Lärm ausgesetzt sind.*
- Keine *Fließbandarbeit.*
- Keine Beschäftigung mit Arbeiten, bei denen *erhöhte Unfallgefahr besteht.*
- Mütter dürfen bis zum Ablauf von acht Wochen nach der Entbindung nicht beschäftigt werden. Bei Früh- oder Mehrlingsgeburten erhöht sich diese Frist auf zwölf Wochen.
- *Befreiung von der Arbeit (mindestens zweimal täglich eine halbe Stunde) zum Stillen des Kindes.*
- *Keine Beschäftigung werdender oder stillender Mütter*
  - *mit Mehrarbeit,*
  - *in der Nacht zwischen 20 Uhr abends und 6 Uhr am Morgen, an Sonn- und Feiertagen.*

Abb. 1.9: Beschäftigungsverbote gemäß Mutterschutzgesetz

1.7.3 Elterngeld und Elternzeit

Elterngeld

In Deutschland sind oftmals Mütter und Väter nicht frei darin, ihre Berufstätigkeit und ihr Familienleben so miteinander in Einklang zu bringen, wie es für sie notwendig ist und wie sie es sich vorstellen. Viele Familien sind langfristig darauf angewiesen, zwei Einkommen zu beziehen. Deshalb schieben manche Paare die Familiengründung auf. Und wie die Bundesregierung feststellt, ist in den letzten Jahren das durchschnittliche Lebensalter der Frauen bei der Geburt ihres ersten Kindes beständig gestiegen. Bei verheirateten Müttern liegt es derzeit bei nahezu 30 Jahren. Mit 1,36 Kindern pro Frau hat Deutschland eine der niedrigsten Geburtenraten der Welt. – Aus dieser Erkenntnis heraus ist zu Beginn des Jahres 2007 das Bundeselterngeld- und Elternzeitgesetz in Kraft getreten. Mit diesem Gesetz soll erreicht werden, den Menschen mehr Mut zu mehr Kindern zu machen und einen Beitrag zur Sicherung ihrer Zukunft zu leisten.

Aus der ausführlichen Bezeichnung des Bundeselterngeld- und Elternzeitgesetzes, nämlich „Gesetz zum Elterngeld und zur Elternzeit" *(= BEEG)*, lässt sich ableiten, dass der Kern des Gesetzes aus zwei Bereichen besteht. Es handelt sich dabei um

1. das *Elterngeld (§ 1 ff BEEG) und*
2. *die Elternzeit (§ 15 ff BEEG).*

Anspruch auf Elterngeld

Zunächst stellt sich die Frage, wer Anspruch auf Elterngeld hat. Die Lösung zu dieser Frage lässt sich aus *§ 1 BEEG* ableiten. Danach hat Anspruch auf Elterngeld, wer

1. einen Wohnsitz oder seinen gewöhnlichen Aufenthalt in Deutschland hat,
2. mit seinem Kind in einem Haushalt lebt,
3. dieses Kind selbst betreut und erzieht und
4. vor der Geburt seine Erwerbstätigkeit reduziert oder aufgibt.

Wer einen Anspruch auf Elterngeld geltend machen will, muss zunächst das gesamte durchschnittlich erzielte monatliche Einkommen aus Erwerbstätigkeit der 12 Kalendermonate vor dem Monat der Geburt des Kindes ermitteln. Als Einkommen aus Erwerbstätigkeit ist die Summe der positiven Einkünfte aus vier Einkunftsarten im Sinne von § 2 Abs. 1 Nr. 1 bis 4 des Einkommensteuergesetzes zu verstehen. Konkret bedeutet dies:

- Einkünfte aus Land- und Forstwirtschaft (z. B. Einkünfte aus Imkerei)
- Einkünfte aus Gewerbebetrieb (z. B. Gewinn einer OHG)
- Einkünfte aus selbstständiger Arbeit (z. B. Einkünfte von selbstständigen Ärzten)
- Einkünfte aus nichtselbstständiger Arbeit (Gehälter).

Elterngeld wird in Höhe von **67 Prozent** dieses Einkommens bezahlt, allerdings bis zu einem **Höchstbetrag** von **1.800,– €** monatlich für volle Monate. – Je niedriger das Einkommen ist, desto schwerer wiegt in der Regel der nicht vollständige Ersatz des wegfallenden Einkommens durch das Elterngeld. Liegt das zu berücksichtigende monatliche Nettoeinkommen unter 1.000,– €, wird daher der Anteil, zu dem das Elterngeld an die Stelle des wegfallenden Erwerbseinkommens tritt, erhöht. Dazu wird die Differenz ermittelt, um die das Einkommen unter der Grenze von 1.000,– € liegt (siehe hierzu *§ 2 BEEG)*.

Elterngeld wird **mindestens** in Höhe von **300,– €** gezahlt. Dies betrifft Personen, die vor der Geburt des Kindes nicht erwerbstätig, aber berechtigt sind, Elterngeld zu beziehen. Dabei handelt es sich um Berechtigte, die sich um die Betreuung des Kindes kümmern.

Kommen bei der Geburt **mindestens zwei Kinder** zur Welt, so erhöht sich das zustehende Elterngeld um je 300,– € für das zweite und jedes weitere Kind.

Elterngeld kann nur im Laufe der ersten **14 Lebensmonate** des Kindes bezogen werden. Mit dieser gesetzlichen Regelung knüpft das Elterngeld an den besonderen Betreuungsbedarf des neugeborenen Kindes an. **Ein Elternteil** kann **längstens** für **12 Monate** Elterngeld beziehen. Konkret bedeutet dies, dass von den 14 Monaten Elterngeldanspruch, die beiden Eltern gemeinsam zustehen, zwei dem anderen Elternteil vorbehalten sind **(Partnermonate)**. Damit wird erreicht, dass jede anspruchsberechtigte Person nur für einen auf 12 Monate begrenzten Zeitraum das Elterngeld erhält *(§ 4 BEEG).*

Anspruch auf Elternzeit

Unter den im Gesetz näher geregelten Bedingungen haben Arbeitnehmerinnen und Arbeitnehmer, einschließlich die zu ihrer Berufsbildung Beschäftigten, Anspruch auf Elternzeit. Dieser Anspruch besteht **bis zur Vollendung des dritten Lebensjahres** eines Kindes; ein Anteil von bis zu **zwölf Monaten** ist – mit Zustimmung des Arbeitgebers – auf die Zeit **bis zur Vollendung des achten Lebensjahres übertragbar**. Die Elternzeit kann – auch anteilig – von jedem Elternteil oder von beiden Elternteilen gemeinsam genommen werden *(§§ 15, 20 BEEG).*

Während der Elternzeit ist **Erwerbstätigkeit** zulässig, wenn die vereinbarte Arbeitszeit für jeden Elternteil, der eine Elternzeit nimmt, **nicht 30 Stunden übersteigt**. Teilzeitarbeit bei einem anderen Arbeitgeber oder als Selbstständiger bedarf der Zustimmung des Arbeitgebers. – Über den Antrag auf eine Verringerung der Arbeitszeit und ihre Ausgestaltung sollen sich Arbeitnehmer und Arbeitgeber innerhalb von vier Wochen einigen.

Der Arbeitgeber kann den **Erholungsurlaub**, der dem Arbeitnehmer für das Urlaubsjahr aus dem Arbeitsverhältnis zusteht, für jeden vollen Kalendermonat, für den der Arbeitnehmer Elternzeit nimmt, **um ein Zwölftel kürzen**. Diese Regelung gilt nicht, wenn der Arbeitnehmer während der Elternzeit bei seinem Arbeitgeber Teilzeitarbeit leistet *(§ 17 BEEG).*

Besonderer Kündigungsschutz

Kündigungsschutz

Der **Arbeitgeber** darf das Arbeitsverhältnis ab dem Zeitpunkt, von dem Elternzeit verlangt worden ist, höchstens jedoch acht Wochen vor Beginn der Elternzeit und während der Elternzeit nicht kündigen. Allerdings kann die für den Arbeitsschutz zuständige oberste Landesbehörde in Ausnahmefällen die Kündigung für zulässig erklären, so z. B. bei Teilstilllegung eines Betriebes *(§ 18 BEEG).*

Wenn ein **Arbeitnehmer** oder eine **Arbeitnehmerin** das Arbeitsverhältnis zum Ende der Elternzeit kündigen will, muss beachtet werden, dass eine **Kündigungsfrist** von **drei Monaten** einzuhalten ist *(§ 19 BEEG).*

Wiederholungsfragen

Wiederholungsfragen

1. *Zeigen Sie an einem Beispiel auf, wie sich das Jugendarbeitsschutzgesetz seit seinem Inkrafttreten entwickelt hat!*
2. *Nennen Sie Vorschriften des Jugendarbeitsschutzgesetzes, die für jugendliche Auszubildende von Bedeutung sind!*
3. *Für Schwangere und Mütter bestehen gemäß Mutterschutzgesetz Beschäftigungsverbote. – Worum handelt es sich dabei?*
4. *Nennen und beschreiben Sie Inhalte, die im Wesentlichen im Bundeselterngeld- und Elternzeitgesetz geregelt sind?*

1.8 Urlaubsansprüche

verschiedene Grundtypen der Urlaubsansprüche

Wenn Menschen sich nach Urlaub sehnen, dann meinen sie im Allgemeinen den Erholungsurlaub. Neben diesem speziellen Anspruch gibt es aber weitere Urlaubsansprüche.

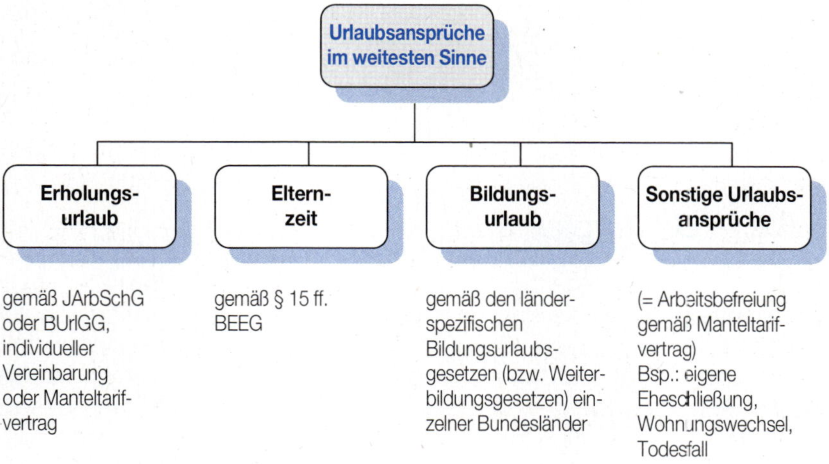

Abb. 1.10: verschiedene Urlaubsansprüche

1.8.1 Erholungsurlaub

Erholungsurlaub

Der Erholungsurlaub soll – im wahrsten Sinne des Wortes – der Erholung dienen. Deshalb ist er normalerweise im laufenden Kalenderjahr zusammenhängend zu gewähren. Bei einer Übertragung auf das nächste Kalenderjahr muss er in den ersten drei Monaten des folgenden Jahres gewährt werden. Während des Urlaubs besteht ein Anspruch auf **Urlaubsentgelt**. Dieses ist eine Vergütungsfortzahlung und zu unterscheiden vom **Urlaubsgeld**, das eine zusätzliche freiwillige Vergütung des Arbeitgebers oder gemäß Tarifvertrag darstellt.

Mindesturlaub lt. JArbSchG

Auszubildende, die das 18. Lebensjahr noch nicht vollendet haben, haben einen Anspruch auf die Tage Erholungsurlaub, die laut *§ 19 Jugendarbeitsschutzgesetz* vorgeschrieben sind. Danach beträgt der Urlaub jährlich

1. *mindestens 30 Werktage, wenn der Jugendliche zu Beginn des Kalenderjahres noch nicht 16 Jahre alt ist,*
2. mindestens 27 Werktage, wenn der Jugendliche zu Beginn des Kalenderjahres noch nicht 17 Jahre alt ist,
3. mindestens 25 Werktage, wenn der Jugendliche zu Beginn des Kalenderjahres noch nicht 18 Jahre alt ist.

Mindesturlaub nach BUrlG

Ab der Vollendung des 18. Lebensjahres beträgt der Urlaub jährlich mindestens *24 Werktage, nicht Arbeitstage (§ 3 BUrlG).*

Als Werktage gelten alle Kalendertage, die nicht Sonn- oder gesetzliche Feiertage sind, also auch Samstage.

Die genannten Urlaubsansprüche gemäß *Jugendarbeitsschutzgesetz* und *Bundesurlaubsgesetz* sind Mindestansprüche. Der Arbeitgeber kann also zusätzliche Urlaubstage gewähren. Dies können auch – zu Gunsten der Auszubildenden – Arbeitstage sein. Im Übrigen hat der Arbeitgeber unter Umständen zu beachten, dass in einem etwaig existierenden Tarifvertrag eine günstigere Urlaubsregelung vorgesehen ist.

1.8.2 Bildungsurlaub

Bildungsurlaub

In einigen Bundesländern (wie z. B. im Saarland oder in Hessen) haben Arbeitnehmer, die in diesen Bundesländern arbeiten, einen Anspruch auf bezahlten Bildungsurlaub. Dieser beträgt in der Regel jährlich zwischen 5 und 6 Tage. Bildungsurlaub dient der Weiterbildung der Arbeitnehmer. Je nach Bildungsurlaubsgesetz (bzw. Arbeitnehmerweiterbildungsgesetz oder ähnliche Bezeichnungen) wird Auszubildenden die allgemeine oder politische Weiterbildung ermöglicht. Für Angestellte und Arbeiter besteht in der Regel zusätzlich die Möglichkeit der beruflichen Weiterbildung.

1.8.3 Elternzeit

Elternzeit

Neben dem Anspruch auf Erholungsurlaub und je nach Bundesland Bildungsurlaub haben alle personensorgeberechtigten Arbeitnehmer zusätzlich einen Anspruch auf Elternzeit (siehe Kapitel 1.7.3).

1.9 Probleme während der Berufsausbildung

Während der Berufsausbildung kann es zu **Konflikten zwischen Arbeitgeber und Auszubildendem** kommen, etwa weil die Ausbildungsvergütung nicht rechtzeitig bezahlt, die wöchentliche Arbeitszeit von maximal 40 Stunden für jugendliche Auszubildende erheblich überschritten wird oder eine schwangere Auszubildende entgegen den Bestimmungen des Mutterschutzgesetzes gefährliche Arbeiten ausführen soll, die die Gesundheit von Mutter und Kind gefährden.

Konflikt-abbau

In solchen Konfliktfällen kann es erforderlich werden, dass der/die **Auszubildende** seine/ihre ausbildungsrechtlichen Ansprüche durchzusetzen versucht. Er/Sie kann sich, je nach Problemfall, **an verschiedene Institutionen wenden**, so z.B. an

- den Betriebsrat
- die Jugend- und Auszubildendenvertretung
- das Gewerbeaufsichtsamt
- den Ausbildungsberater bei der zuständigen Stelle, d.h. (hier) an die Industrie- und Handelskammer oder Handwerkskammer
- eine Gewerkschaft (z.B. an die ,,Vereinte Dienstleistungsgewerkschaft (= verdi)“
- das Arbeitsgericht.

- ***Das Arbeitsgericht***[5]

Arbeits-gerichte

Wer wegen einer Rechtsstreitigkeit vor Gericht klagen will, der muss für den spezifischen Fall zwei Fragen stellen:

1. *Welches Gericht ist für den Streitfall zuständig, so z.B. das Amtsgericht oder Verwaltungsgericht oder Sozialgericht oder das Arbeitsgericht? – Bei der Beantwortung dieser Frage geht es um die sachliche Zuständigkeit des Gerichts.*
2. *In welcher Stadt muss geklagt werden. - Hier geht es um die örtliche Zuständigkeit des Gerichts.*

Soll Klage erhoben werden, weil beispielsweise eine Auszubildende seit Monaten keine Ausbildungsvergütung erhalten hat, so ist dies eine Angelegenheit der Arbeitsgerichtsbarkeit.

Örtlich zuständig ist grundsätzlich der Gerichtsstand des Beklagten *(§ 12 ff. ZPO).*

- **Natürliche Personen**: Zuständig ist das Gericht, an dem der Beklagte seinen Wohnsitz hat; dabei handelt es sich um den ,,allgemeinen Gerichtsstand des Wohnsitzes“ *(§ 13 ZPO).*
- **Juristische Personen** (z.B. AG oder GmbH): Der Gerichtsstand ist der Ort, wo die Verwaltung geführt wird *(§ 17 ZPO).*

Die Antwort auf die Frage nach der **sachlichen Zuständigkeit** lässt sich ableiten aus *§ 2* ***Arbeitsgerichtsgesetz*** *(= ArbGG).*

[5] Siehe hierzu das Kapitel 1.5

1.10 Beendigung des Berufsausbildungsverhältnisses

Ablauf der Ausbildungszeit

Das Berufsausbildungsverhältnis endet regelmäßig grundsätzlich mit der vertraglich festgelegten Ausbildungszeit laut Berufsausbildungsvertrag. Besteht ein Auszubildender jedoch vor Ablauf der vereinbarten Ausbildungszeit die Abschlussprüfung, so endet das Berufsausbildungsverhältnis mit Bekanntgabe der Ergebnisse durch den Prüfungsausschuss. Besteht er die Abschlussprüfung nicht, so verlängert sich das Berufsausbildungsverhältnis auf sein Verlangen bis zur nächstmöglichen Wiederholungsprüfung, höchstens um ein Jahr *(§ 21 BBiG).*

Wird der Auszubildende im Anschluss an das Berufsausbildungsverhältnis (weiter-)beschäftigt, ohne dass hierüber ausdrücklich etwas vereinbart worden ist, so gilt ein (Voll-)Arbeitsverhältnis auf unbestimmte Zeit als begründet *(§ 24 BBiG).*

einfaches Zeugnis/ qualifiziertes Zeugnis

Wird der Auszubildende nach abgeschlossener Berufsausbildung nicht weiterbeschäftigt, so ist der Arbeitgeber verpflichtet, dem Auszubildenden – auch ohne ausdrückliches Verlangen – zumindest ein **einfaches Zeugnis** auszustellen. Haben Ausbildende die Berufsausbildung nicht selbst durchgeführt, so soll der Ausbilder oder die Ausbilderin das Zeugnis unterschreiben. Dieses muss Angaben enthalten über Art, Dauer und Ziel der Berufsausbildung sowie über die erworbenen Fertigkeiten, Kenntnisse und Fähigkeiten des Auszubildenden. – Auf Verlangen muss der Arbeitgeber ein **qualifiziertes Zeugnis** formulieren. Dieses enthält neben den Angaben, die auch im einfachen Zeugnis enthalten sind, zusätzliche Informationen über Führung und Leistung des Auszubildenden *(§ 16 BBiG).*

Wiederholungsfragen

Wiederholungsfragen

1. *Nennen Sie mögliche Urlaubsansprüche, die ein Arbeitnehmer in Anspruch nehmen kann und erläutern Sie die jeweilige Bedeutung!*
2. *Nennen Sie Gesetze, in denen die Dauer des Erholungsurlaubs festgelegt ist!*
3. *Worin besteht der Unterschied zwischen Urlaubsgeld und Urlaubsentgelt?*
4. *Nennen Sie Institutionen, die angesprochen werden können, wenn Auszubildende während der Berufsausbildung Probleme haben!*

Wiederholungsfragen

5. *Erläutern Sie Zuständigkeit und Aufbau des Gerichts für Arbeitsangelegenheiten.*

6. *Welche Zeugnisarten sieht das Berufsbildungsgesetz vor, die der Arbeitgeber am Ende der Berufsausbildung ausstellt?*

Aufgaben und Fälle

Aufgaben und Fälle zur Sicherung des Lernerfolges

1. Chlariklia Mousaki besucht ihre Brieffreundin Monique Chevalier in der Stadt Metz in Frankreich. Sie teilt ihr mit, dass die schöne Zeit der Vollzeitschule nun vorüber sei und sie eine Ausbildung zur Bürokauffrau im Rahmen des dualen Berufsbildungssystems begonnen habe.
   a) In welchem Fall spricht man von der so genannten Vollzeitschule?
   b) Was ist eine Teilzeitschule?
   c) Erklären Sie das Wesen der dualen Berufsausbildung!

2. In der Ausbildungsordnung, die für Bürokaufleute und Bürokommunikationskaufleute gilt, sind Kenntnisse und Fertigkeiten ausgewiesen, die dem/der Auszubildenden während der betrieblichen Ausbildung zu vermitteln sind. – Schauen Sie sich diesen individuellen Ausbildungsplan an und nennen Sie einige der darin enthaltenen Inhalte!

3. Josephine Orlando hat soeben einen Berufsausbildungsvertrag unterschrieben. Sie teilt ihrem zukünftigen Arbeitgeber mit, dass sie nun froh sei, einen Ausbildungsplatz gefunden zu haben. Nach ihrem 18. Geburtstag in 8 Monaten wolle sie den Führerschein erwerben um dann – wenn sie ein Auto habe – schneller an ihrer Arbeitsstätte und wieder zu Hause sein zu können. Ihre Eltern, die zurzeit in Urlaub seien, hätten ihr versprochen, ihr einen Teil des Geldes zu geben, das sie zum Führerschein benötigte. – Beurteilen Sie die Rechtslage!

4. Der Arbeitgeber Karl Schnabel legt Sara Wunderlich einen Berufsausbildungsvertrag vor, in dem eine Probezeit von sechs Monaten ausgewiesen ist. Sara weigert sich, den Vertrag zu unterschreiben. Sie begründet ihr Verhalten damit, dass dieser Gesichtspunkt im Vertrag gesetzwidrig sei.
   a) Aus welcher Rechtsgrundlage leitet Sara ihre Ansicht ab?
   b) Welche Probezeit ist gesetzlich grundsätzlich erlaubt?

Aufgaben und Fälle

c) Könnte Sara zwei Monate nach ihrer Unterschrift unter dem ihr vorgelegten Vertrag und nach sechswöchiger Tätigkeit in dem Betrieb Schadensersatz geltend machen mit der Begründung, das zu Stande gekommene Rechtsgeschäft sei unwirksam?

5. Welche Institution ist zuständig für die Abnahme der Zwischen- und Abschlussprüfung, bei folgenden Auszubildenden
   a) Bankkaufleute
   b) Groß- und Außenhandelskaufleute
   c) Rechtsanwaltsfachangestellte
   d) Medizinische Fachangestellte?

6. Beurteilen Sie folgende Situationen, die sich während eines bestehenden Berufsausbildungsverhältnisses ergeben können:
   a) Die 16-jährige Angelika Reich ist in einem Handwerksbetrieb tätig, wo sie eine Berufsausbildung zur Bürokommunikationskauffrau absolviert. Die tägliche Arbeitszeit in diesem Betrieb liegt zwischen 7:15 Uhr und 16:30 Uhr. Sie teilt ihrem Arbeitgeber am Montag mit, dass die Berufsschule am Mittwoch dieser Woche erst um 8:45 Uhr beginne. Ihr Chef verlangt daraufhin von ihr, dass sie an diesem Berufsschultag vorher noch in den Betrieb kommen solle. Sie könne dann ab 8:15 Uhr in die Schule gehen.
   b) Der 17-jährige Peter Tischbein erzählt seinem Freund Jakob, dass der Arbeitgeber von ihm verlange, morgens erst zwanzig Minuten später als üblich im Betrieb zu erscheinen, um die ihm zustehende Ruhepause vorzuziehen und somit den Geschäftsbetrieb nicht zwischendurch zu beeinflussen.
   c) Beim Abschluss eines Ausbildungsvertrages schlägt der zukünftige Arbeitgeber vor, seiner Auszubildenden während der dreijährigen Ausbildung monatlich 600,– Euro zu zahlen.

7. Angelika befindet sich im ersten Ausbildungsjahr. Ihre Ausbildung begann sie am 1. Juni. Am 12. August wird Angelika 18 Jahre alt.
   a) Wie viel Tage Erholungsurlaub stehen ihr im ersten Ausbildungsjahr gesetzlich zu?
   b) Wie viel Tage Erholungsurlaub stehen ihr gesetzlich im dritten Ausbildungsjahr zu, wenn ihre Berufsausbildung am 30. Juni endet und sie aus dem Betrieb ausscheidet?

8. Der 24-jährige Paul King befindet sich in der Ausbildung zum Bürokaufmann. Ist die im Berufsausbildungsvertrag festgeschriebene Regelung erlaubt, wonach er in allen drei Ausbildungsjahren einen Anspruch auf 25 Arbeitstage Erholungsurlaub hat?

9. Für die Berufsausbildung gilt, dass Auszubildende einem besonderen Kündigungsschutz unterliegen. – Was bedeutet das?

Aufgaben und Fälle

10. Ingo Wolf absolviert seit 8 Monaten eine Ausbildung als KfZ-Mechaniker. Nun hat er Aussicht, seinen früheren Wunsch zu erfüllen und eine Büroausbildung zum Bürokaufmann zu beginnen.
    a) Kann Ingo von heute auf morgen bei seinem bisherigen Arbeitgeber kündigen, um ein anderes Berufsziel anzustreben? – Begründung!
    b) An welche zuständige Stelle muss sich der bisherige Arbeitgeber wenden, um das Ende der Berufsausbildung von Ingo mitzuteilen?
    c) Bei welcher zuständigen Stelle ist Ingo anzumelden, wenn er die Ausbildung zum Bürokaufmann beginnen will?
11. Hans-Theo Bärenmaul stiehlt bei seinem Arbeitgeber, Herrn Tim Kleidernass, am 12. März 4.000 amerikanische Dollar aus dem offenen Panzerschrank. Am gleichen Tag wird der Verlust des Geldes bemerkt. Hans-Theo gesteht die Straftat. – Am nächsten Morgen fliegt sein Arbeitgeber dienstlich nach New York und kommt am Freitag, den 25. März, wieder zurück. Am 29. März bittet Herr Kleidernass darum, dass Hans-Theo die außerordentliche Kündigung zum 30. März wegen Diebstahl gegenzeichnet. – Beurteilen Sie die Rechtslage!
12. Aufgrund großer betrieblicher Aktivitäten bittet der Arbeitgeber Jupp Schwarz seine 16-jährige Auszubildende Birgit Schwimmer von Mittwoch bis Freitag von 8 Uhr bis 18 Uhr ohne Pause durchzuarbeiten. Er bietet ihr an, in der kommenden Woche erst um 10 Uhr mit ihrer Arbeit beginnen zu müssen. – Beurteilen Sie die Rechtslage!
13. In einem Gespräch behauptet Arianna, dass es grundsätzlich drei gesetzlich garantierte Urlaubsansprüche i.w.S. gäbe. Einen dieser Ansprüche können Arbeitnehmer in bestimmten Bundesländern jedoch nicht wahrnehmen.
    a) Nennen Sie die drei möglichen Urlaubsansprüche und die zugehörigen Rechtsgrundlagen!
    b) Begründen Sie im jeweiligen Fall, welchen Sinn die Wahrnehmung dieser Urlaubsansprüche hat!
    c) Nennen Sie ein Bundesland, in dem es einen länderspezifischen Urlaubsanspruch gibt und ein anderes Bundesland, in dem Arbeitnehmer diesen Urlaubsanspruch nicht wahrnehmen können!
14. Johannes Dachstein erfährt am 12. Juli durch den Prüfungsausschuss, dass er an diesem Tag die Prüfung bestanden hat. Wie bisher üblich geht er ab 13. Juli, ohne dass mit dem Arbeitgeber etwas vereinbart war, zur Arbeit und nimmt von diesem Anweisungen entgegen. – Beurteilen Sie die Rechtslage!

Aufgaben und Fälle

15. Renate Orschel hat ihre Abschlussprüfung zur Bürokommunikationskauffrau erfolgreich abgelegt. – Sie bittet ihren Arbeitgeber, ihr ein qualifiziertes Zeugnis auszustellen.

    a) Worin besteht der Unterschied zwischen einem einfachen und einem qualifizierten Zeugnis?

    b) Der Arbeitgeber lehnt es ab, ihr ein qualifiziertes Zeugnis auszustellen. – Beurteilen Sie die Rechtslage!

16. Der in Frankfurt am Main lebende Swen Sörgensohn hat nach Beendigung der Berufsausbildung in einem Papier-Großhandel in Wiesbaden vom Arbeitgeber mehrfach verlangt, dass dieser ihm ein qualifiziertes Zeugnis ausstellt, in dem auch die nachweisbare Tatsache enthalten ist, dass Swen die Vertriebsabteilung maßgeblich so umorganisiert hat, dass der Vertriebsweg effektiver gestaltet werden kann. Aus diesem Grunde beabsichtigt er, seinen Anspruch im Wege eines arbeitsgerichtlichen Verfahrens einzuklagen.

    a) Um welchen Anspruch handelt es sich?

    b) In welcher Rechtsgrundlage ist geregelt, welches Gericht für Arbeitssachen zuständig ist?

    c) Welches Gericht in Arbeitssachen ist örtlich zuständig?

    d) In welchem Verfahren ist diese Rechtswegzuständigkeit geregelt?

    e) Nennen Sie zwei mögliche arbeitsrechtliche Streitpunkte, die in dem anderen vom Arbeitsgerichtsgesetz her vorgesehenen arbeitsgerichtlichen Verfahren entschieden werden müssen!

    f) Welche Rechtsmittel kann Swen einlegen, wenn er mit der Entscheidung des Gerichts in erster und zweiter Instanz nicht einverstanden ist?

2. Grundlagen des Wirtschaftens

2.1 Wirtschaft betrifft uns alle

Wirtschaftsschlagzeilen

Wirtschaftlich relevante Vorgänge, Sachverhalte und Probleme begegnen uns täglich: in der Presse, im Rundfunk oder im Fernsehen, beim Einkaufen und am Arbeitsplatz. Ein Blick in die Schlagzeilen verschiedener Tageszeitungen zeigt die Vielfalt:

Einzelhandel beklagt Umsatzeinbruch

Benzinpreise steigen auf breiter Front

Gewerkschaften gegen Sozialabbau

Proteste gegen Hartz IV

Finanzmarktkrise trifft Autoindustrie

Wohnraum in Ballungsgebieten nicht mehr bezahlbar

50.000 Arbeitsplätze in Gefahr

Deutschland sackt in die Rezession

Multimedia – Markt der Zukunft

Teuere Büroflächen stehen leer

wirtschaftliche Überlegungen

Auch im persönlichen Bereich spielen wirtschaftliche Überlegungen häufig eine Rolle. So z. B. bei der Wahl des Ausbildungsberufes oder des Arbeitsplatzes, bei der Wohnungssuche oder beim Kauf eines neuen Autos, bei der Urlaubsplanung, bei der Kapitalanlage oder bei der Aufnahme eines Kredites.

wirtschaftliches Handeln

Außerdem nimmt jeder von uns am wirtschaftlichen Leben in unterschiedlichen Rollen teil: als Arbeitnehmer, als Konsument, als Steuerzahler, als Sparer oder als Azubi. Ein sinnvolles Verhalten setzt somit in allen genannten Situationen und Rollen wirtschaftliche Grundkenntnisse voraus.

Im folgenden Kapitel wird daher erklärt, was man unter „Wirtschaft" versteht, warum wir alle wirtschaftlich Handeln müssen und welche Probleme sich daraus ergeben. Zunächst geht es dabei um einige Grundbegriffe.

2.2 Die Notwendigkeit zu wirtschaftlichem Handeln

2.2.1 Bedürfnisse

Freitag gegen 17:30 Uhr: Endlich Feierabend. Die beiden Azubis Oliver und Kristina sitzen in Charlys Bistro, als Kristinas Freundin Ute herein kommt. Hören wir den Dreien einmal kurz zu:

Ute: „Mensch, ich bin völlig fertig, seit sechs Uhr auf den Beinen und im Betrieb nur Stress. Zwei Kollegen krank und heute Mittag sind die PCs abgestürzt. Mir reichts für heute. Noch'n Kaffee und dann will ich nur noch nach Hause und mich auf's Ohr hauen."

Kristina: „Jetzt setz dich erst 'mal hin und beruhige dich".

Oliver: „Hey Charly, ich habe Durst, bring mir mal noch'ne Cola und einen Kaffee für Ute."

Kristina: „Ich hatte heute Mittag gar keine Zeit um etwas Richtiges zu essen. Charly, könnte ich bitte ein Salamibaguette haben?"

Oliver: „Mensch schau 'mal zum Fenster raus. Es gießt in Strömen. Und ich wollte heute Abend noch zum Joggen. Hat jemand von euch einen Schirm dabei?"

Ute: „Mistwetter. Ich sag euch nur eins. Noch zwei Wochen, dann geht's ab nach Südfrankreich. Nur noch Sonne, Wind und Wellen..."

Bedürfnisse

Können Sie herausfinden, welche verschiedenen Bedürfnisse in dem Gespräch angesprochen werden? Haben Sie sich schon einmal überlegt, was der Mensch zum Leben alles braucht? Sind alle diese Bedürfnisse gleich wichtig?

Jeder Mensch hat Bedürfnisse und das von Geburt an. Bereits der Säugling tut das lautstark kund, indem er schreit, wenn er Hunger hat oder wenn er sich nicht wohlfühlt und sich nach der Geborgenheit seiner Mutter sehnt.

Mit zunehmendem Alter werden die Wünsche des kleinen Erdenbürgers größer und anspruchsvoller. Die **Bedürfnisstruktur** eines Kindes im Schulalter sieht anders aus als die eines Teenagers und diese wiederum unterscheidet sich doch häufig von der Wunschpalette eines Erwachsenen.

Unter einem Bedürfnis versteht man das Gefühl eines Mangels, verbunden mit dem Wunsch, diesen Mangel zu beseitigen.

- **Dringlichkeit der Bedürfnisse**

Wenn wir uns die Bedürfnisse einmal näher anschauen, stellen wir fest, dass es besonders dringende, ja existenznotwendige Bedürfnisse gibt und solche, die weniger dringend sind, das Leben jedoch angenehmer gestalten. Man **unterscheidet nach der Dringlichkeit** daher

Dringlichkeit

- *Existenzbedürfnisse,*
- *Kulturbedürfnisse und*
- *Luxusbedürfnisse.*

Die **Existenzbedürfnisse** müssen unbedingt befriedigt werden, damit das menschliche Überleben gesichert ist.

Existenzbedürfnisse

Beispiele:

- *Aufnahme von Grundnahrungsmitteln und Flüssigkeit,*
- *ausreichende Kleidung, die vor Kälte und Nässe schützt,*
- *Schlaf, Unterkunft.*

Die Aufnahme von Grundnahrungsmitteln, das Tragen einfachster Kleidung und das Bewohnen primitiver Unterkünfte befriedigt jedoch den modernen Menschen unserer Tage nicht. Er strebt nach einem abwechslungsreichen Speisezettel, nach modischer Kleidung, nach bequemem Wohnen, nach Unterhaltung, Bildung und Reisen. Da diese Bedürfnisse, die über die lebensnotwendigen Existenzbedürfnisse hinausgehen, vom jeweiligen Kulturkreis abhängen, bezeichnet man sie auch als **Kulturbedürfnisse**.

Kulturbedürfnisse

Beispiele:

- *Kleidung, Nahrung und Wohnung eines Eskimos unterscheiden sich sehr stark von denen eines Mitteleuropäers, eines Afrikaners oder eines Chinesen.*
- *Die Bedürfnisse unserer Großeltern waren andere als unsere heutigen Wünsche.*

Selbst wenn die Kulturbedürfnisse überwiegend befriedigt sind, stellen viele Menschen noch weitergehende Ansprüche. Sie können jedoch von einem Großteil der Bevölkerung nicht ständig befriedigt werden. Man bezeichnet sie als **Luxusbedürfnisse**.

Luxusbedürfnisse

Beispiele:

- *Es reicht nicht ein abwechslungsreicher Speiseplan, es soll ein Fünf-Gang-Schlemmer-Menü im Luxusrestaurant sein.*
- *Man ist nicht mit einer Zwei-Zimmer-Wohnung in der Stadt zufrieden, sondern wünscht sich eine Villa in hervorragender Wohnlage.*
- *Die Kleidung wird nicht im Kaufhaus von der Stange gekauft, sondern man sucht nach Designermode aus der Nobelboutique.*

Die genannten **Bedürfniseinteilungen** sind **nicht immer eindeutig zu trennen**, ihre Grenzen sind fließend. Sie **unterliegen** im Laufe der Zeit auch durchaus **Veränderungen**.

Veränderungen

Bedürfnis-hierarchie

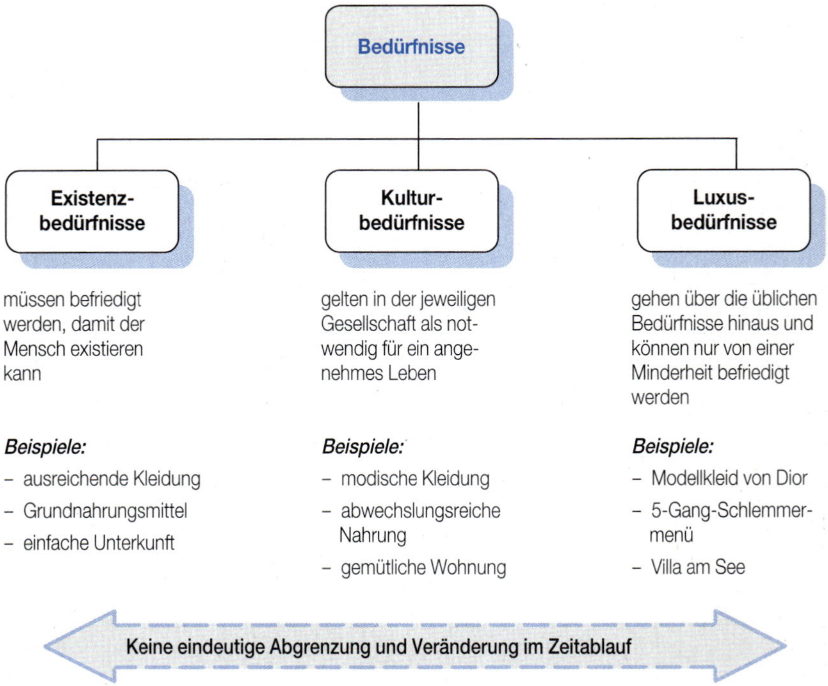

Abb. 2.1: Einteilung der Bedürfnisse nach der Dringlichkeit

• *Bedürfnisstuktur*

Bedürfnis-struktur

Die Struktur der Bedürfnisse, also das, was wir als lebensnotwendig, als „normal" oder als Luxus ansehen, ist **nicht angeboren**. Der Mensch empfindet nicht von vornherein ein Bedürfnis nach Kaffee, Milch, Tee, Wein, Bier oder Whisky, sondern es existiert lediglich das Grundgefühl des Durstes.

Eine wesentliche **Ursache** für die konkrete Ausgestaltung der Bedürfnisse bzw. **für** deren **Veränderung** ist die Umwelt und **technische, soziale** und **wirtschaftliche Entwicklung einer Gesellschaft**.

> ***Beispiel:*** *Vor der industriellen Revolution ernährte sich die Bevölkerung meist mit selbst hergestellten, einfachen Speisen. Heute stehen jedem Haushalt eine Fülle von Nahrungsmitteln und Getränken aus vielen Ländern der Erde zur Verfügung. Die Industrie stellt darüber hinaus zunehmend Tiefkühlkost, Fertigprodukte und mikrowellengerechte Nahrungsmittel zur Verfügung. Wer nicht selbst kochen will, dem bietet die Gastronomie vom Fast-Food-Restaurant bis zum Gourmet-Tempel ein reichhaltiges Angebot.*

Die Veränderung der Ernährungsgewohnheiten über einen Zeitraum von rund 100 Jahren zeigt die folgende Grafik.

verändertes Verbraucherverhalten

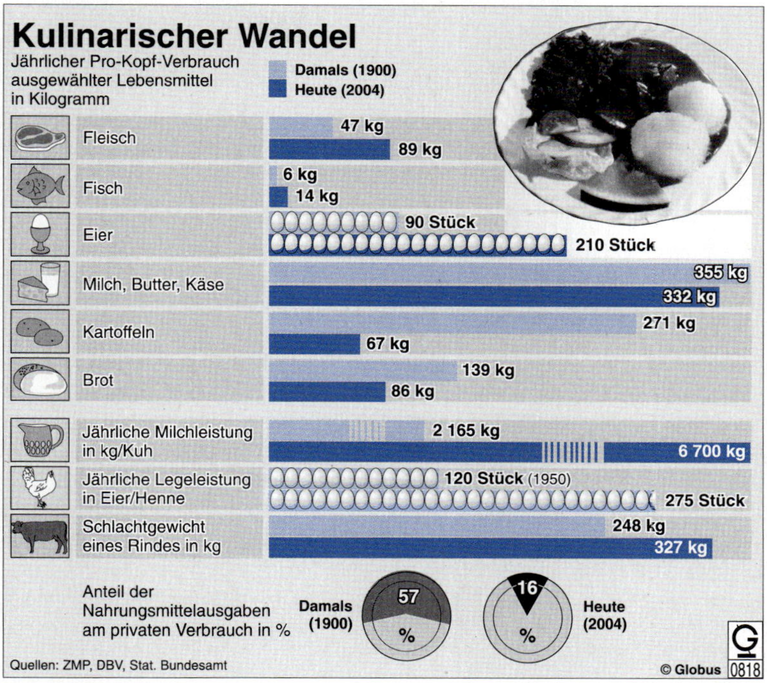

Die kulinarischen Vorlieben der Deutschen haben sich im Laufe von 100 Jahren deutlich gewandelt. Fleisch war um 1900 für viele Menschen ein teures Gut, das höchstens an Wochenenden auf dem Tisch stand. Entsprechend niedrig lag der Fleischverbrauch: 47 Kilogramm jährlich verzehrte der Deutsche damals im Durchschnitt mittlerweile ist es fast doppelt so viel. Auch Eier und Fisch stehen heute viel öfter auf dem Speisezettel als vor 100 Jahren. Abgenommen hat dagegen die Menge verzehrter Kartoffeln und Getreideprodukte. Die größte Veränderung ergab sich bei den Preisen: Statt wie 1900 fast zwei Drittel geben die Deutschen heute gerade mal 16 Prozent ihrer privaten Ausgaben für Lebensmittel her. Ein Grund dafür, dass tierische Erzeugnisse mittlerweile zu Dumpingpreisen auf den Markt kommen, ist die gestiegene Effizienz landwirtschaftlicher Produktion: Statt 120 legt eine Henne nun durchschnittlich 275 Eier im Jahr, die Milchleistung hat sich verdreifacht und das Schlachtgewicht eines Rindes liegt heute um fast 80 Kilogramm höher als noch vor einem Jahrhundert.

Abb. 2.2: Zeichen des Wohlstands – Vom Kartoffelesser zum Feinschmecker

technischer Fortschritt

Die Weiterentwicklung der Technik, neue Werkstoffe und Produktionsverfahren verbunden mit dem Wunsch nach besserer Qualität, führen zu einem immer größeren und differenzierteren Produktangebot. Dadurch wiederum werden neue Bedürfnisse geweckt.

> ***Beispiel:*** *Zur Befriedigung des Bedürfnisses nach Fortbewegung stand früher nur das Pferd als „Hilfsmittel" zur Verfügung. Später kamen Fahrrad und Eisenbahn hinzu. Heute benutzen wir Mofa, Mountainbike, Motorrad, Auto, Bus, U-Bahn und Flugzeug.*

gesellschaftliche Einflüsse

Es ist zu beobachten, dass sich die Bedürfnisse des Menschen anscheinend permanent vermehren.

Diese Erkenntnis hatte bereits *Wilhelm Busch,* wenn er sagt:

„Wonach Du sehnlichst ausgeschaut, es wurde Dir beschieden. Du triumphierst und jubelst laut: Jetzt hab' ich endlich Frieden.	*Ach Freundchen, rede nicht so wild, bezähme Deine Zunge; ein jeder Wunsch, wenn er erfüllt, kriegt augenblicklich Junge!"*

Nicht nur die wirtschaftliche Entwicklung bestimmt unsere Bedürfnisse. Die **Gesellschaft** stellt oft Regeln auf, aus denen dann **bestimmte Bedürfnisse hervorgehen**.

Beispiele:

- *Es gibt bestimmte Vorstellungen, wie man sich bei festlichen Anlässen, im Schwimmbad, beim Karneval, beim Hochzeiten oder bei Beerdigungen zu kleiden hat. Daher empfinden wir bei der Teilnahme an einer solchen Veranstaltung ein Bedürfnis nach entsprechender Garderobe.*
- *Auch kennen wir bestimmte Spielregeln über die Verwendung von Messer und Gabel, Fischbesteck und Servietten bei unterschiedlichen Anlässen. Diese Erwartungen beeinflussen ebenfalls unsere Bedürfnisse.*

Werbung

Eine ganz wichtige Stellung nimmt in diesem Zusammenhang die **Werbung** ein (siehe Kapitel 5.1.4). Durch sie sollen **neue Bedürfnisse** geweckt und bestehende Bedürfnisse verändert werden. Sie will durch psychologisch geschickte Ansprache erreichen, dass Mangelgefühle entstehen oder verstärkt werden und sie zeigt durch ihre Produktinformation natürlich gleich den Artikel, mit dem das Bedürfnis befriedigt werden kann.

Einfluss auf die Bedürfnisstruktur

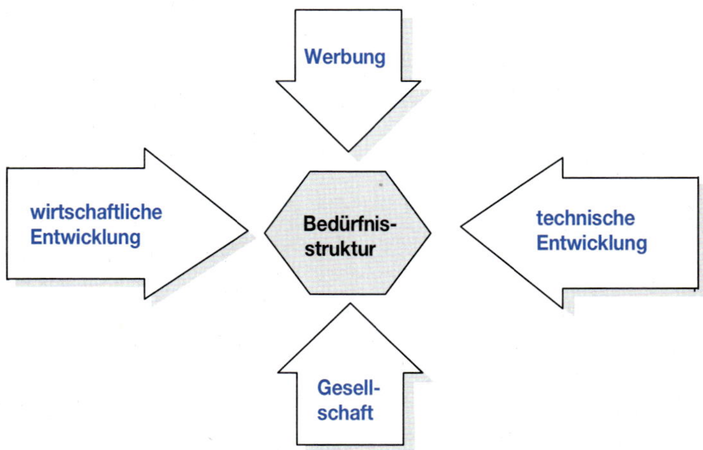

Abb. 2.3: Beeinflussung der Bedürfnisse

- **Individual- und Kollektivbedürfnisse**

Individualbedürfnisse

Es gibt Bedürfnisse, die richten sich auf Güter, die jeder Einzelne (jedes Individuum) für sich allein konsumieren kann (z.B. Nahrung, Getränke, Kleidung, Auto). Wir sprechen von **Individualbedürfnissen**.

Kollektivbedürfnisse

Andere Bedürfnisse werden mit Gütern befriedigt, die vielen Menschen gemeinsam zur Nutzung zur Verfügung stehen sollen (z.B. Straßen, öffentliche Verkehrsmittel, Krankenhäuser, Schulen oder eine lebenswerte Umwelt). Man nennt sie **Kollektivbedürfnisse**. Mit fortschreitender wirtschaftlicher Entwicklung ist zu beobachten, dass auch die Kollektivbedürfnisse wachsen. Man fordert mehr Straßen, bessere Schulen, aber auch ein erhöhtes Maß an Umweltschutz.

Güter zur Befriedigung der Kollektivbedürfnisse werden meist vom Staat zur Verfügung gestellt, der diese vor allem durch Steuern finanziert. Dies muss jedoch nicht immer so sein. So gibt es in Italien und Frankreich beispielsweise private Autobahnen oder seit einigen Jahren auch bei uns private Telefon- und Eisenbahngesellschaften. In Deutschland existieren neben den staatlichen Schulen zahlreiche private Bildungseinrichtungen.

Viele Bedürfnisse des Menschen lassen sich durch gegenständliche (materielle) Güter befriedigen. Neben diesen materiellen Bedürfnissen existieren bei jedem Menschen aber auch Wünsche, zu deren Erfüllung keine körperlichen Gegenstände zur Verfügung stehen.

Immaterielle Bedürfnisse

Man nennt sie **immaterielle Bedürfnisse**. Beispiele hierfür sind der Wunsch nach Zärtlichkeit, die Sehnsucht nach Liebe und Geborgenheit, das Streben nach Glück oder Selbstverwirklichung.

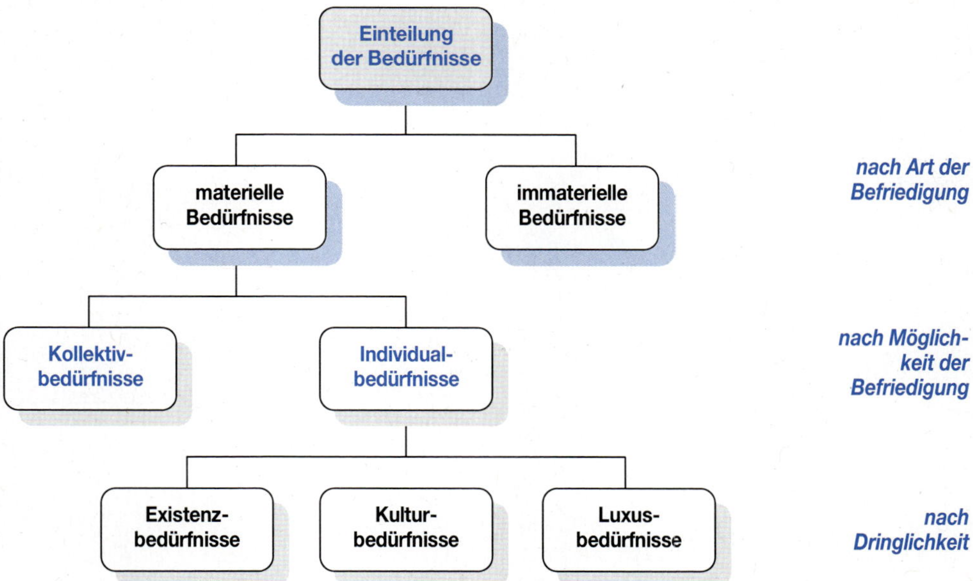

Abb. 2.4: Einteilung der Bedürfnisse

Bedarf

Die Bedürfnisstruktur eines Menschen insgesamt ist vor allem auch für Psychologen interessant. Kaufleute und Betriebswirte interessieren sich speziell für solche Bedürfnisse, die durch Güter und Dienstleistungen befriedigt werden können.

2.2.2 Vom Bedürfnis zur Nachfrage

Bedarf

Die nahezu unbegrenzten Bedürfnisse können nicht alle befriedigt werden, weil die Mittel hierfür begrenzt sind. Jeder muss für sich entscheiden, welche Bedürfnisse befriedigt werden sollen oder können und welche nicht. Es muss eine Auswahl getroffen werden. Den Teil der Bedürfnisse, für deren Befriedigung finanzielle Mittel (Kaufkraft) zur Verfügung gestellt werden, bezeichnet man als **Bedarf**.

Unter Bedarf versteht man die Summe der Bedürfnisse, die in einem bestimmten Zeitraum aufgrund vorhandener finanzieller Mittel mit Kaufkraft versehen werden.

Nachfrage

Denjenigen Teil des Bedarfs, der dann tatsächlich zu einem bestimmten Zeitpunkt am Markt durch die Beschaffung von Gütern und Dienstleistungen befriedigt wird, nennt man Nachfrage. **Nachfrage** ist der Bedarf, der tatsächlich zu Ausgaben führt. Der Nachfrage steht auf dem Markt das Angebot an Gütern und Dienstleistungen gegenüber.

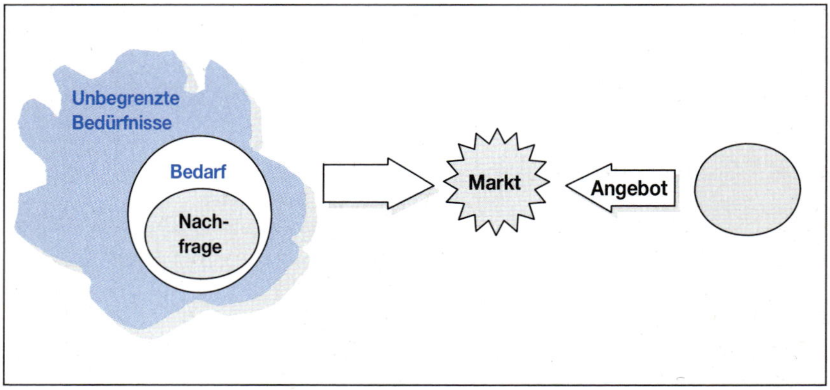

Abb. 2.5: Bedürfnisse – Bedarf – Nachfrage

2.2.3 Güter

Güter

Mittel zur Befriedigung materieller Bedürfnisse fasst man unter dem Oberbegriff **Güter** zusammen. Er umfasst die Güter im engeren Sinne (Sachgüter, Waren) und die Dienstleistungen.

Güter im wirtschaftlichen Sinne sind alle Mittel, die dazu dienen, menschliche Bedürfnisse zu befriedigen.

• *Freie und knappe Güter*

Einen Teil der Güter stellt die Natur zur Verfügung. Sie müssen also nicht erst hergestellt werden. Man spricht von **freien Gütern**. *freie Güter*

Beispiele: *Luft, Meerwasser, Tageslicht, Sand am Strand.*

Die meisten Güter sind jedoch nicht frei, sondern **knapp**. Sie sind entweder in der Natur nur begrenzt vorhanden (z. B. Bodenschätze) oder müssen erst ver- oder bearbeitet bzw. hergestellt werden. Und das kostet Geld. *knappe Güter*

Diese knappen Güter sind Gegenstand des Wirtschaftens (**wirtschaftliche Güter**). **Knappe Güter** haben daher einen **Preis**, der um so höher ist, je knapper das entsprechende Gut ist. Freie Güter hingegen kosten nichts.

In vielen Regionen ist sauberes Trinkwasser heute schon nicht mehr frei, sondern knapp, d.h. es muss in aufwendigen Anlagen erst aufbereitet werden und wird so zum wirtschaftlichen, oft teueren Gut. Da dieses Gut bei den Stadtwerken gekauft werden muss, also einen Preis hat, kann man Wasser nicht mehr als freies Gut bezeichnen. Andererseits ist in einem Wüstengebiet das Wasser einer Oase nie ein freies Gut. Quellen waren daher immer kostbarer Besitz und heiß umkämpft.

• *Güter und Dienstleistungen*

Güter im engeren Sinne (Sachgüter) sind körperlich greifbare, **materielle Gegenstände** (Lebensmittel, Autos, Einrichtungsgegenstände, Kleidung, aber auch Flüssigkeiten wie Erdöl, Benzin, Bier, Wein, Chemikalien). Neben den Sachgütern dienen auch **Dienstleistungen** der Bedürfnisbefriedigung. Dienstleistungen sind immaterieller Natur. Zu den immateriellen Gütern zählen auch die Rechte. *Güter und Dienstleistungen*

Beispiele:
- *die Beratung durch einen Rechtsanwalt,*
- *die Leistung eines Zahnarztes,*
- *das Recht, laut Mietvertrag in einer Wohnung zu wohnen,*
- *die Überweisung eines bestimmten Geldbetrages durch eine Bank,*
- *das Absichern des Haftpflichtrisikos durch eine Versicherung.*

Die Vielzahl der Güter kann man nach unterschiedlichen Kriterien **einteilen**, etwa nach ihrem Verwendungszweck, nach ihrer Lebensdauer oder nach ihrer Beziehung zueinander. *Einteilung*

Übersicht

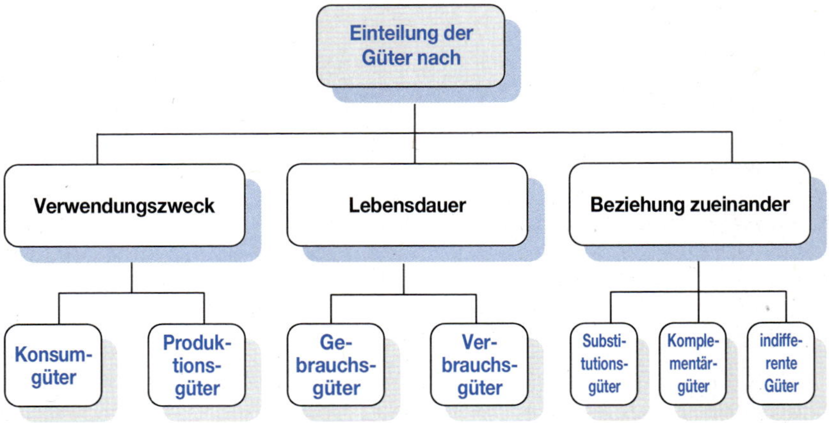

Abb. 2.6: Einteilung der Güter

- ***Produktions- und Konsumgüter***

Konsumgüter

Konsumgüter sind für den Ge- oder Verbrauch durch Konsumenten in den Haushalten bestimmt. Sie dienen der unmittelbaren Bedürfnisbefriedigung.

> ***Beispiele:***
>
> Schuhe, Jeans, Bier, Möbel, privater Pkw, Kühlschrank, Einfamilienhaus.

Produktionsgüter

Produktionsgüter dienen nicht dem privaten Konsum, sondern der Herstellung anderer Güter. Sie sind daher nicht für den Endverbraucher, sondern für den Einsatz in den Betrieben bestimmt. Somit dienen sie nur mittelbar der Bedürfnisbefriedigung. Man unterscheidet dabei noch zwischen Investitionsgütern (Gebrauchsgüter) und Werkstoffen (Verbrauchsgüter).

> ***Beispiele:***
>
> – *Maschinen, Werkzeuge, Fabrikanlagen, Fertigungsstraßen (Gebrauchsgüter);*
>
> – *Rohstoffe, Mineralöl, Strom (Verbrauchsgüter).*

Rüstungsgüter

Eine besondere Stellung nehmen in diesem Zusammenhang Rüstungsgüter (Panzer, Raketen, Maschinenpistolen, Kriegsschiffe, Flugzeuge) ein, da sie weder für den Konsum in den Haushalten noch für die Produktion anderer Güter verwendet werden.

- ***Verbrauchs- und Gebrauchsgüter***

Verbrauchsgüter

Verbrauchsgüter sind kurzlebige Waren, die nur einmal genutzt werden und durch die Nutzung untergehen.

> ***Beispiele:*** *Nahrungsmittel, Getränke, Zahnpasta, Benzin für Pkw, Rohstoffe.*

Gebrauchsgüter sind langlebig und werden über einen längeren Zeitraum mehrfach genutzt. **Gebrauchsgüter**

Beispiele:
Auto, Fernsehgerät, PC, Wohnungseinrichtung, Eigentumswohnung.

- ***Substitutions- und Komplementärgüter***

Substitutionsgüter dienen dem gleichen Zweck bzw. der Befriedigung des gleichen Bedürfnisses. Sie sind gegeneinander austauschbar und konkurrieren auf dem Markt miteinander. **Substitutionsgüter**

Beispiele:
- *Kaffee oder Tee fürs Frühstück,*
- *Butter oder Margarine als Brotaufstrich,*
- *Auto oder öffentliche Nahverkehrsmittel als Fortbewegungsmittel,*
- *Heizöl oder Erdgas als Energieträger.*

Komplementärgüter ergänzen sich gegenseitig. Die Benutzung des einen Gutes setzt vielfach die Verwendung des Zweiten voraus. **Komplementärgüter**

Beispiele:
- *Auto und Benzin,*
- *DVD-Player und DVD,*
- *PC und Laserdrucker,*
- *iPod und Kopfhörer.*

Indifferente Güter sind voneinander unabhängig und haben nichts miteinander zu tun. Es besteht keine Beziehung zwischen ihnen. **Indifferente Güter**

- ***Homogene und heterogene Güter***

In manchen Fällen ist die Unterscheidung in **homogene** und **heterogene Güter** wichtig (vgl. Kapitel 2.6.6). Homogene Güter sind gleichartige Produkte, heterogene Güter sind ähnliche, aber verschiedenartige Produkte. **Homogene Güter**

Beispiele:
- *homogene Güter: 5.000 Bücher des gleichen Titels in gleicher Auflage, 100 Fotokopien des gleichen Originals, 1.000 Aktien der gleichen Aktiengesellschaft.*

Heterogene Güter

Beispiele:
- *heterogene Güter: Verschiedene Ausführungen eines bestimmten Autotyps: Golf, Golf L, Golf LS, Golf GTI, zweitürig, viertürig etc.*

Eine Übersicht über die verschiedenen Güter zeigt Abb. 2.7 auf Seite 52.

Überblick über Güter

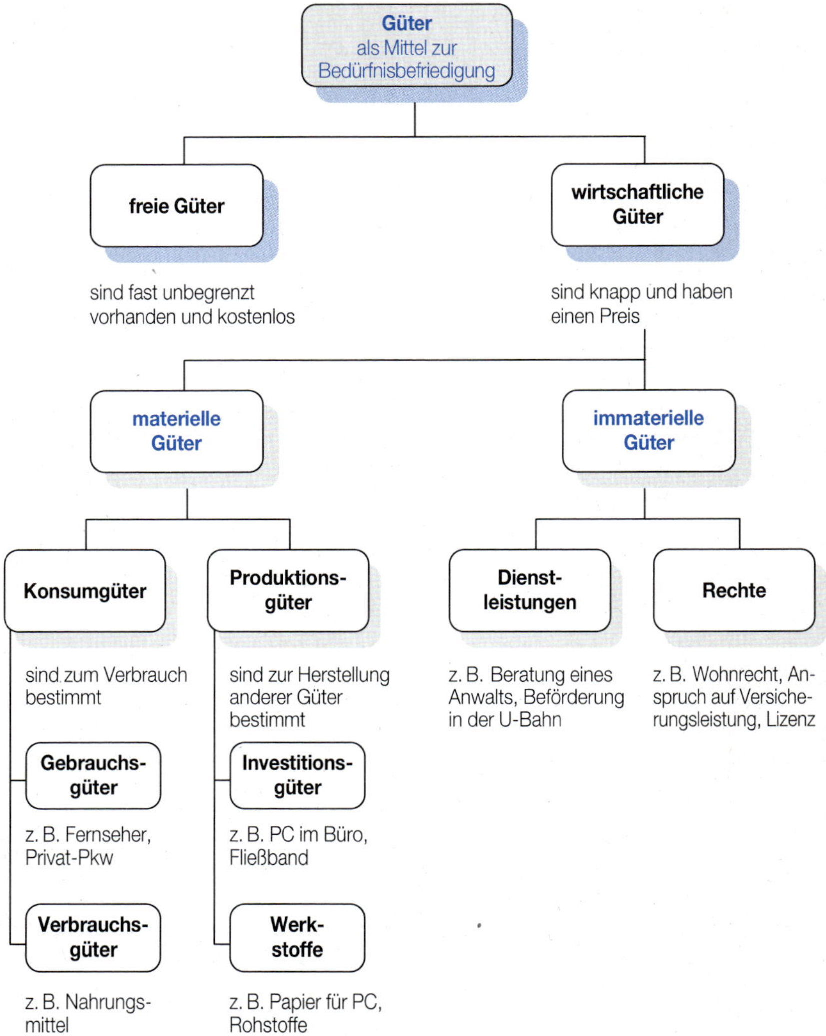

Abb. 2.7: Überblick über Güter

- ***Die Notwendigkeit des Wirtschaftens***

Notwendigkeit des Wirtschaftens

Wie bereits erwähnt, vermehren sich einerseits die menschlichen **Bedürfnisse fast unbegrenzt**. Auf der anderen Seite kann ein Betrieb oder eine Volkswirtschaft nur eine **begrenzte Anzahl von Gütern** herstellen. Es besteht daher ein natürliches **Spannungsverhältnis** zwischen den

- *unbegrenzten menschlichen Bedürfnissen und*
- *der begrenzten Anzahl von Gütern und Dienstleistungen (Knappheit).*

Diese Tatsache zwingt alle am Wirtschaftsprozess Beteiligten zu **planvollem, sinnvollem Handeln**. Wirtschaften ist daher nichts anderes als die Überwindung der Güterknappheit zur Befriedigung der Bedürfnisse.

Spannungsverhältnis

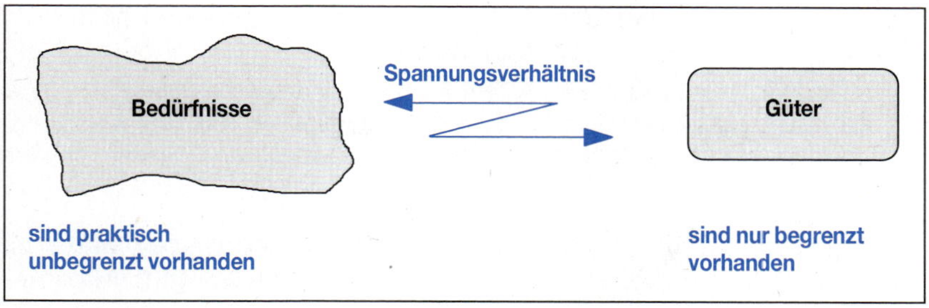

Abb. 2.8: Zwang zu wirtschaftlichem Handeln

Wirtschaften

Wirtschaften heißt, planvolles Beschaffen, Produzieren und Verwenden von knappen Gütern und Dienstleistungen zur Befriedigung menschlicher Bedürfnisse.

Dass die **Notwendigkeit wirtschaftlichen Handelns** in fast allen Bereichen menschlichen Lebens stattfindet, zeigt der folgende Text:

> *Wirtschaftsfreie Räume gibt es praktisch nicht. Man mag sich das Paradies vor dem Sündenfall (Garten Eden) oder das imaginäre Schlaraffenland als solche vorstellen; ansonsten „wirtschaftet" jeder Mensch, wenn auch in unterschiedlichster Intensität.*
>
> *So beschränkt sich die wirtschaftliche Tätigkeit des Bewohners einer paradiesischen Südseeinsel, „wo einem alles in den Mund wächst", Bekleidung und Behausung vom Klima her überflüssig sind, eventuell darauf, Tiere zu halten, zu schlachten und damit eine willkommene Ergänzung zur freien Früchtenahrung zu schaffen.*
>
> *Das „Wirtschaften" der Clochards besteht darin, die günstigsten Standorte mit der höchsten Spendenfreudigkeit zu finden und dann die Spenden entsprechend einzuteilen (etwa für Essen, Alkohol, Nachtlager).*
>
> *Dagegen versucht der durch Werbeeinflüsse aller Art hochgezüchtete Konsument der westlichen Industriegesellschaft mit seiner praktisch endlosen Bedürfnisskala durch Zusatzeinkommen aller Art (Nebentätigkeiten, Mitarbeit der Ehefrau, Schwarzarbeit) die Knappheitssituation zu überwinden, also zu wirtschaften.*
>
> Quelle: Geml/Dremel/Wolf, Grundlagen der Volkswirtschaftslehre, Ludwigshafen 1987

2.2.4 Das ökonomische Prinzip

Im vorangegangenen Kapitel wurde gezeigt, warum der Mensch gezwungen ist, wirtschaftlich zu handeln. Die Frage, wie wirtschaftliches Handeln zu verwirklichen ist, wurde jedoch noch nicht beantwortet.

ökonomisches Prinzip

Will man das oben beschriebene Spannungsverhältnis zwischen begrenzten Gütern und unbegrenzten Bedürfnissen lösen, gilt es, sich vernünftig (rational) zu verhalten. Als Grundsatz gilt dabei das sog. ökonomische Prinzip (Wirtschaftlichkeitsprinzip). Dieses Prinzip stellt sich in zwei Varianten dar.

Minimalprinzip

Wird versucht, ein **gegebenes Ziel** mit möglichst **geringen Mitteln** zu erreichen, so spricht man vom **Minimalprinzip**.

Beispiele: *Eine Hausfrau will die Zutaten für eine bestimmte Mahlzeit so günstig wie möglich erwerben. Ein Arbeitnehmer versucht, für ein bestimmtes Entgelt so wenig Stunden wie möglich zu arbeiten. Ein Hauseigentümer will seine 12 Fenster in möglichst kurzer Zeit anstreichen.*

Maximalprinzip

Wird versucht, exakt **vorgegebene Mittel** so einzusetzen, dass ein **höchstmögliches Ziel** erreicht wird, so sprechen wir vom **Maximalprinzip**.

Beispiele: *Eine Hausfrau versucht, mit ihrem Haushaltsgeld von 1.000,– € möglichst viele Güter zu erwerben. Ein Akkordarbeiter versucht, in 8 Stunden möglichst viel zu verdienen. Ein Hauseigentümer will in 2 Stunden möglichst viele Fenster streichen.*

Prinzip	**Input** (Mitteleinsatz)	**Output** (Ziel/Zweck/Ergebnis)
Minimalprinzip	variabel	konstant
Maximalprinzpip	konstant	variabel

Das Wirtschaftlichkeitsprinzip ist der Verhaltensgrundsatz für alle wirtschaftlichen Entscheidungen in Betrieben und Haushalten, wobei entsprechend der einsetzbaren Mittel und der angestrebten Ziele die Handlungen nach dem Minimal- oder Maximalprinzip bestimmt werden.

Handeln nach dem ökonomischen Prinzip

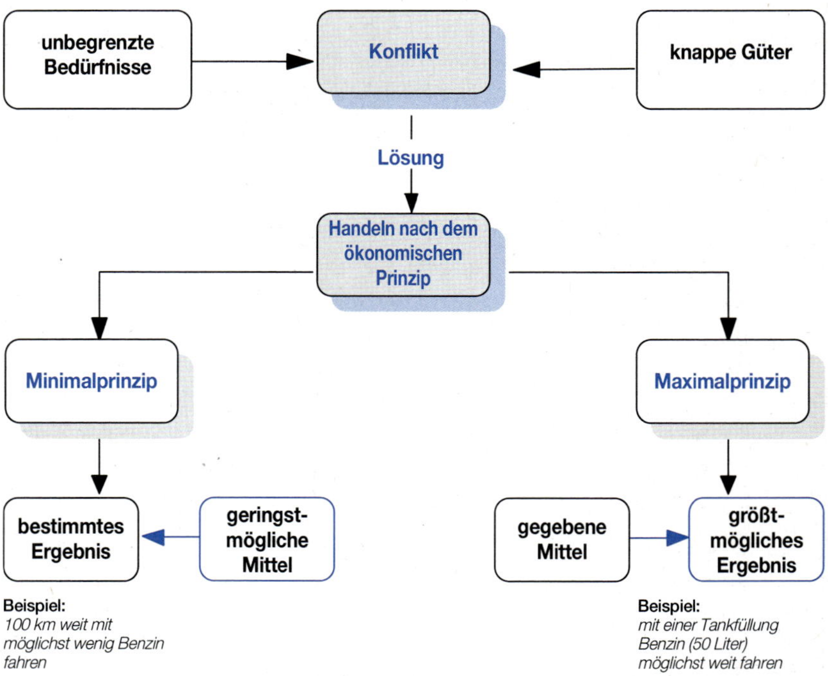

Abb. 2.9: Ökonomisches Prinzip als Minimal- und Maximalprinzip.

2.2.5 Erwerbswirtschaftliches und gemeinwirtschaftliches Prinzip

erwerbswirtschaftliches Prinzip

Ein Unternehmer, der versucht, seine **Kosten** gering zu halten und seine **Erträge** zu steigern, damit ihm ein möglichst **hoher Gewinn** verbleibt, von dem er leben muss, handelt nach dem **erwerbswirtschaftlichen Prinzip der Gewinnmaximierung**. Dieses Handeln ist für private Betriebe in der Marktwirtschaft selbstverständlich. Es gibt jedoch auch Betriebe, die nicht in erster Linie Gewinn erwirtschaften sollen, sondern bei denen die Bereitstellung öffentlicher Güter zur Deckung kollektiver Bedürfnisse der Gemeinschaft im Vordergrund steht.

Beispiele: *Die Deutsche Bahn AG erhält auch unrentable Strecken im öffentlichen Nahverkehr ländlicher Räume aufrecht um die Bevölkerung in der Region mit Transportleistungen zu versorgen.*

gemeinwirtschaftliches Prinzip

Betriebe, bei denen die Deckung des öffentlichen Bedarfs das vornehmliche Ziel ist, handeln nach dem **gemeinwirtschaftlichen Prinzip** (Versorgungsprinzip).

Wiederholungsfragen

Wiederholungsfragen

1. *Was versteht man unter einem Bedürfnis?*
2. *Grenzen Sie die Bedürfnisse nach ihrer Dringlichkeit gegeneinander ab und geben Sie jeweils ein Beispiel.*
3. *Erläutern Sie an drei Beispielen, auf welche Weise die Bedürfnisstruktur des Menschen veränderbar ist.*
4. *Unterscheiden Sie Individual- und Kollektivbedürfnisse.*
5. *Worin besteht der Unterschied zwischen Bedürfnissen und Bedarf?*
6. *Welche Aufgaben haben die Güter in einer Wirtschaft?*
7. *Stellen Sie die Unterscheidungsmerkmale von knappen und freien Gütern gegenüber.*
8. *Unterscheiden Sie die Begriffe Produktionsgut, Konsumgut, Gebrauchsgut und Verbrauchsgut.*
9. *Woraus ergibt sich letzten Endes die Notwendigkeit zu wirtschaftlichem Handeln?*
10. *Erläutern Sie das sog. ökonomische Prinzip.*
11. *Was versteht man unter dem gemeinwirtschaftlichen Prinzip?*

2.3 Produktionsfaktoren

Sicher kennen Sie Robinson Crusoe, den Helden aus Daniel Defoes Roman, den es als Schiffsbrüchigen auf eine einsame Insel verschlagen hat. Ihm blieb nichts, als sein Leben und die Kleiderfetzen, die er am Leib trug. Um überleben zu können, fing er mit den bloßen Händen Fische im flachen Wasser. Eine recht mühsame Methode und es dauerte oft den ganzen Tag, bis er fünf Fische gefangen hatte.

Um seine Fangquote zu verbessern, will Robinson ein Netz einsetzen. Das notwendige Material liefert ihm die Natur in Form von Hanf. Er flechtet damit ein Netz, über das notwendige handwerkliche Geschick verfügt er. Allerdings entsteht ein Problem: In der Zeit, in der Robinson an dem Netz arbeitet, kann er keine Fische fangen. Er muss also für eine begrenzte Zeit auf den Fischfang verzichten, also Hunger leiden. Danach ist es ihm aber durch das Netz möglich, in nur wenigen Stunden genauso viel Fische zu fangen wie vorher an einem ganzen Tag. In der verbleibenden Zeit kann er daher Beeren sammeln um seine Ernährung abwechslungsreicher zu gestalten oder er kann sich Pfeil und Bogen bauen um auf die Jagd zu gehen.

Um sich zu ernähren, greift Robinson auf verschiedene Produktionsfaktoren zurück. Überlegen Sie, welche das sind.

2.3.1 Die betriebswirtschaftlichen Produktionsfaktoren

Produktionsfaktoren

Wir haben es besser als Robinson, die Güter- und Dienstleistungen, die wir zur Befriedigung unserer unterschiedlichen Bedürfnisse benötigen, werden in vielen tausend Betrieben her- bzw. bereitgestellt. Die Leistungserstellung, d.h. die **Produktion von Gütern und Dienstleistungen**, erfolgt dabei **in** den **Betrieben** – genau wie im einführenden Beispiel – durch die **Kombination** verschiedener **elementarer grundlegender Faktoren** (Produktionsfaktoren). Robinson produzierte seine Nahrung durch die Kombination seiner menschlichen Arbeitskraft mit dem Faktor Natur (Fische im Wasser). Später kam als Werkzeug das Netz hinzu.

Die betrieblichen Produktionsfaktoren, durch deren Kombination Konsum- und Investitionsgüter entstehen sind

- **Betriebsmittel** (Grundstücke, Gebäude, Maschinen und Anlagen, Einrichtungsgegenstände, Werkzeuge, Computer, Fahrzeuge)
- **Werkstoffe** (Rohstoffe, Hilfsstoffe, vorgefertigte Teile, Betriebsstoffe, Energie)
- **menschliche Arbeitsleistungen**.

Kombination der Produktionsfaktoren

Damit die Kombination der elementaren Faktoren, also die Produktion, wirtschaftlich sinnvoll abläuft, ist eine planende, entscheidende und kontrollierende Stelle notwendig. Man bezeichnet diese **leitende Tätigkeit** als den **dispositiven Faktor**. Die leitende Funktion wird in der Regel durch die Geschäftsführung ausgeübt.

dispositiver Faktor

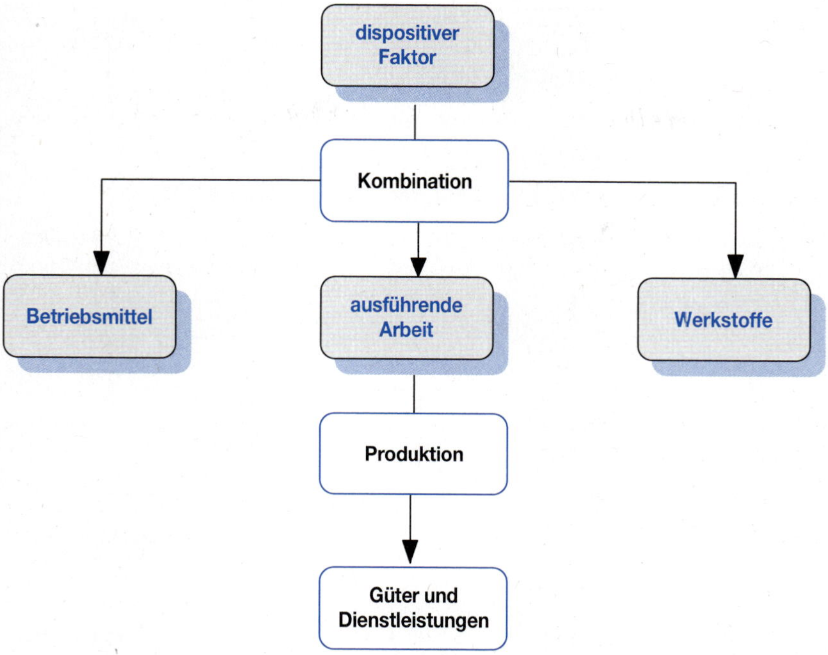

Elementarfaktoren

Abb. 2.10: betriebswirtschaftliche Produktionsfaktoren

Kombinationsprozess

Wir können uns den oben beschriebenen Kombinationsprozess nochmals an einem Beispiel veranschaulichen.

Beispiel: *Ein Betrieb produziert mit rund 35 Mitarbeitern Schul- und Büromöbel. Die* ***Geschäftsleitung*** *trifft* ***grundsätzlich die Entscheidung****, welche Produkte in welcher Ausführung überhaupt produziert werden, z.B. Schulbänke aus Holz oder Kunststoff, Stühle mit Stahlrohrrahmen und Kunststoff- oder Leinenauflage, Schreibtische aus Kunststoff, aus Nussbaum, Kiefer- oder Eichenholz etc. Sie überwacht die gesamte Produktion und plant den Verkauf. Ferner stellt sie die dafür notwendigen Arbeitskräfte ein (****dispositive Tätigkeit****).*

Bei der Produktion der Möbel werden unterschiedliche ***Rohstoffe*** *wie Holz, Kunststoffteile, Metalle verwendet, die wesentliche Bestandteile des Endprodukts sind. Darüber hinaus sind* ***Hilfsstoffe*** *(z.B. Leim, Lack, Schrauben, Scharniere, Blenden, etc.) notwendig, die ebenfalls in die Endprodukte eingehen. Schließlich benötigt man bei der Produktion auch* ***Betriebsstoffe*** *für die verwendeten Maschinen und Werkzeuge, z.B. Öl, Strom, Gas. Die Roh-, Hilfs- und Betriebsstoffe fassen wir unter dem Begriff* ***Werkstoffe*** *zusammen.*

Für die Herstellung der Möbel sind neben dem Betriebsgrundstück, den entsprechenden Gebäuden auch unterschiedliche Werkzeuge und Maschinen notwendig. Für den Einkauf der Werkstoffe und die Bezahlung der Mitarbeiter benötigt der Betrieb zusätzlich Kapital. Grundstück, Gebäude, Maschinen, Werkzeuge und Kapital bilden den Produktionsfaktor ***Betriebsmittel****. Schließlich sind für die Leistungserstellung in unserem Betrieb auch zahlreiche Arbeiter und Angestellte notwendig, die unterschiedliche Tätigkeiten aufgrund der Vorgaben der Geschäftsleitung ausführen (****ausführende Arbeitsleistung****).*

- **Güter und Dienstleistungen zur Bedürfnisbefriedigung entstehen durch Produktion.**
- **Alle Produktionsvorgänge lassen sich auf verschiedene Produktionsfaktoren zurückführen.**
- **Produktion heißt Kombination von Produktionsfaktoren.**
- **Die betriebswirtschaftlichen Produktionsfaktoren sind Betriebsmittel, Werkstoffe, ausführende Arbeit sowie der dispositive Faktor.**

Elementarfaktoren

Ausführende Arbeit, Betriebsmittel und Werkstoffe fasst man unter dem Begriff **Elementarfaktoren** zusammen. Ihnen steht der **dispositive Faktor** gegenüber.

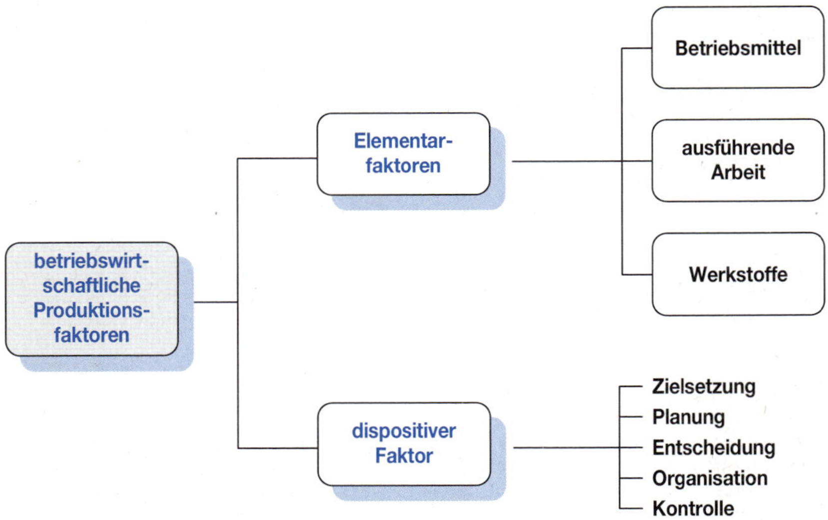

Abb. 2.11: Elementarfaktoren und dispositiver Faktor

Das Beispiel beschreibt die Möbelproduktion in einem Industriebetrieb. Aber auch im Handel und in Dienstleistungsbetrieben lässt sich die Leistungserstellung auf die Produktionsfaktoren zurückführen, wobei der Faktor Arbeit häufig im Vordergrund steht (vgl. auch Kapitel 3).

Beispiel: *Im Bankbetrieb umfassen die* ***Betriebsmittel*** *im Wesentlichen Gebäude, Ausstattung sowie Kassen- und EDV-Anlagen. Als „****Werkstoffe****" könnte man die Kundeneinlagen bezeichnen, unter deren Verwendung die Bank ihre Dienstleistung „Kreditvergabe" produziert. Einen ganz wesentlichen Anteil nimmt dabei die Beratungs- und Serviceleistung des Faktors* ***Arbeit*** *ein.*

Bildung als Produktionsfaktor

Die ständig komplexer werdende Berufs- und Arbeitswelt stellt an die Qualifikation arbeitender Menschen immer größere und sich schnell verändernde Anforderungen. Das durch **Aus- und Weiterbildung** oder Erfahrung erworbene menschliche „Know-how" wird daher zunehmend zum **eigenständigen Faktor** bei der Leistungserstellung in den Betrieben.

- ***Faktorkombination***

Substitution

Die einzelnen **Produktionsfaktoren** können in **unterschiedlicher Art** und Weise **kombiniert** werden. So lässt sich z. B. der Faktor menschliche **Arbeit durch** den Faktor **Betriebsmittel** teilweise oder ganz **ersetzen** (**Faktorsubstitution**). Dem Betrieb stehen demnach verschiedene Produktionsverfahren (mögliche Kombinationen der Produktionsfaktoren) zur Verfügung.

Substitution bei unterschiedlicher Fertigung

Die folgende Abbildung zeigt den Anteil der Produktionsfaktoren Arbeit und Betriebsmittel bei unterschiedlichen Fertigungsverfahren. Bei der manuellen Fertigung (Handarbeit) steht die menschliche Arbeitsleistung eindeutig im Vordergrund. Ihr Anteil sinkt zu Gunsten des Faktors Betriebsmittel (Maschinen, Anlagen, Kapital) von der Werkzeugfertigung über die Fließbandfertigung bis zur vollautomatischen Produktions- oder Montagestraße immer weiter ab. Man spricht hier von einer kapitalintensiven Produktion im Gegensatz zur arbeitsintensiven Fertigung bei der Handarbeit.

Faktor-Substitution

Verfahren	Faktorkombination	Beispiel
Manuelle Fertigung		Schmuckherstellung
Werkzeugfertigung		Hausbau
Maschinenfertigung		Druck eines Schulbuches
Fließbandfertigung		Getränkeabfüllung
Produktionsstraßen		Autoindustrie
Automation		Fertigung von Computerchips

Abb. 2.12: Faktorsubstitution zwischen Arbeit und Betriebsmitteln

□ = Faktor Arbeit   ■ = Faktor Betriebsmittel

Minimalkostenkombination

Langfristig wird ein Unternehmen nach der Faktorkombination, d. h. nach dem Produktionsverfahren suchen, das bei einer bestimmten Ausbringungsmenge die geringsten Kosten verursacht (Verhalten nach dem ökonomischen Prinzip). Diese Faktorkombination nennt man **Minimalkostenkombination**.

Faktorsubstitution

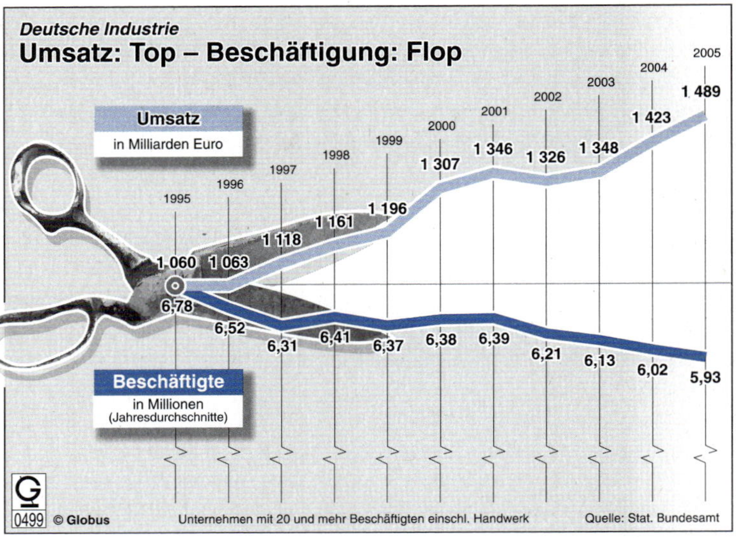

Die deutsche Industrie erzielt immer mehr Umsatz mit immer weniger Arbeitskräften. Eine Folge von gesteigerter Produktivität, leistungsfähigerer Maschinen und Rationalisierungsmaßnahmen. Der Produktionsfaktor Arbeit wird durch den Faktor Betriebsmittel teilweise ersetzt.

Abb. 2.13: Umsatz steigt, Mitarbeiter werden weniger

Produktionsfaktoren sind teilweise gegeneinander austauschbar

2.3.2 Die volkswirtschaftlichen Produktionsfaktoren

Volkswirtschaftliche Produktionsfaktoren

Während die Betriebswirtschaftslehre einzelne Betriebe untersucht, betrachtet die Volkswirtschaftlehre die gesamte Wirtschaft eines Landes. Auch aus gesamtwirtschaftlicher Sicht lässt sich die Produktion von Gütern und Dienstleistungen auf Produktionsfaktoren zurückführen. Es sind dies

- **Boden** oder besser gesagt Natur,
- **Arbeit** und
- **Kapital**.

Natur

Ohne die Natur, ohne menschliche Arbeitsleistung und ohne den Einsatz technischer Hilfsmittel ist in keiner Volkswirtschaft eine Güterproduktion möglich.

Auch in unserem Einführungsbeispiel von Robinson auf seiner Insel wird dies deutlich. Er nutzte die Natur (Fische im Wasser, Hanfpflanzen auf der Insel), seine menschliche Arbeitskraft (Fischfang mit den Händen, Knüpfen des Netzes) und technische Hilfsmittel (Netz, Pfeil und Bogen).

Ursprünglich standen ihm nur die zwei Produktionsfaktoren Natur und Arbeit zur Verfügung. Durch den Verzicht auf den Konsum und verstärkten Einsatz von Arbeit schuf sich Robinson einen dritten Faktor, nämlich das Netz, als Werkzeug. Es ist Hilfsmittel bei der Nahrungsproduktion. Man könnte auch sagen, sein Kapital. Der Begriff Kapital meint hier Sachkapital (Produktionsmittel). Geldkapital in Form von finanziellen Mitteln gab es auf der Insel nicht.

Die Natur und die menschliche Arbeitskraft sind die **ursprünglichen** Produktionsfaktoren. Mit ihrer Hilfe wird Kapital (Sachkapital oder Geldkapital) erst geschaffen. Der Produktionsfaktor Kapital wird deshalb auch als **abgeleiteter** Produktionfaktor bezeichnet. Auch das „Know-how" kann man als abgeleiteten Produktionsfaktor ansehen.

- ***Der Produktionsfaktor Natur***

Die Natur wird wirtschaftlich in unterschiedlicher Art und Weise genutzt.

- für die Land- und Forstwirtschaft → *zum Anbau*
- als Rohstoffquelle → *zum Abbau*
- als Standort für Betrieb und Wohnungen → *als Standort*

- ***Anbau***

Anbau

Wenn es nach der **Nutzung des Bodens** geht, ist die Bundesrepublik noch immer überwiegend Agrarland. Von den 357.050 km^2 Gesamtfläche entfallen 53,5 % auf Äcker und Wiesen, Weinberge, Obstplantagen, Gärten und andere landwirtschaftlich genutzte Flächen. Knapp ein Drittel (29,8 %) ist mit Wald bedeckt. 12,8 % dienen als Siedlungs- und Verkehrsfläche, unter anderem für Gebäude, für Straßen, Wege, Eisenbahntrassen, Park- und Grünanlagen. Seit fünfzig Jahren haben sich die Städte mit unerbittlicher Gefräßigkeit ausgedehnt. Allein seit Mitte der 80er Jahre ist in der Bundesrepublik Tag für Tag fast ein Quadratkilometer zusätzlich „verbaut" worden. Dies entspricht der Fläche von mehr als 100 Fußballplätzen täglich.

Die Tabelle zeigt, was die deutschen land- und forstwirtschaftlichen Betriebe vorwiegend erzeugen, angegeben sind auch die pro Jahr produzierten Mengen.

Landwirtschaftliche Produktion

Produkte	Mengen
Getreide	40.632.000 Tonnen
Kartoffeln	11.644.000 Tonnen
Zuckerrüben	25.139.000 Tonnen
Baumobst	1.254.400 Tonnen
Gemüse	3.179.000 Tonnen
Weinmost	10.365.000 Hektoliter
Holzeinschlag	76.728.000 m^3
Milch	28.402.000 Tonnen
Eier	9.578 Millionen Stück

Land- und forstwirtschaftliche Produktion 2007

(Quelle: Statistisches Bundesamt, www.destatis.de)

• *Abbau*

Abbau

Auch durch den **Abbau von Rohstoffen** macht man sich die Natur wirtschaftlich zu Nutze. Obwohl die Bundesrepublik Deutschland im Vergleich zu anderen Ländern nur über sehr wenig Rohstoffe verfügt, fördert man u. a. Stein- und Braunkohle, gewinnt Sand, Kies und Kali, oder man baut Ton, Kalkstein und Schiefer ab.

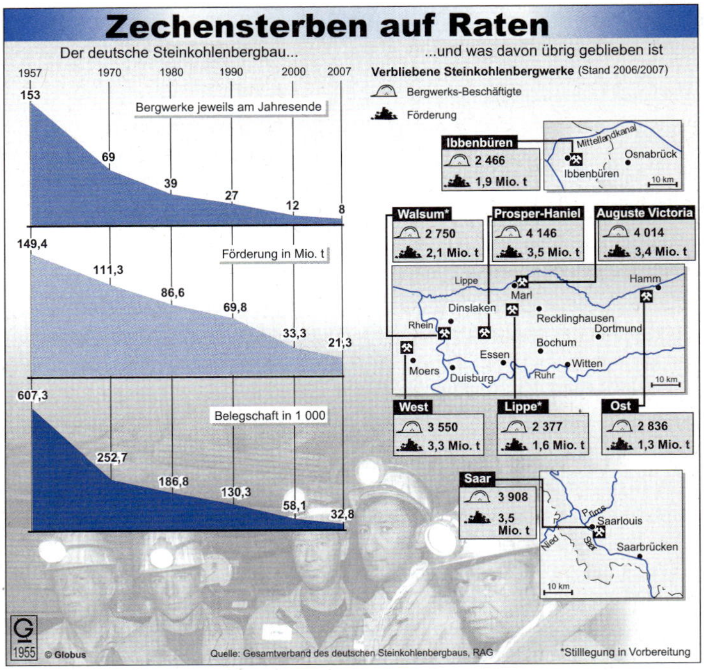

Bis Ende 2018 soll die subventionierte Steinkohleförderung in Deutschland sozialverträglich beendet werden. Für die Restlaufzeit wurden letztmalig Beihilfen in Höhe von 21,6 Milliarden Euro beschlossen. 2012 soll noch einmal überprüft werden, ob nicht doch noch ein Restbergbau erhalten bleiben soll. Bis dahin ist die Stillegung von vier Zechen geplant.

• *Standort*

Standort

Eine ganz wichtige Funktion kommt der Natur bzw. dem **Boden als Standort** für Betriebe, Wohnungen oder Verkehrsanlagen zu.

Materialorientierung

Jedes Unternehmen wird sich an dem Ort ansiedeln, der den größten wirtschaftlichen Nutzen verspricht. Von der **Art des Betriebes** wird die Wahl des Standortes entscheidend bestimmt. So sind reine Gewinnungsbetriebe auf ganz bestimmte Standorte angewiesen: Sie können Kohle, Erdöl, Gas, Erze, Kies usw. nur dort fördern, wo diese Naturschätze vorkommen. Aber auch andere **materialorientierte Betriebe,** z. B. Eisen- und Stahlwerke, Ziegeleien, Holz oder Kalkstein verarbeitende Betriebe, siedeln sich in der Nähe der Rohstoffquellen an um die Transportkosten für die Rohstoffe möglichst niedrig zu halten.

Arbeitsorientierung

Arbeits- und lohnorientierte Betriebe fällen ihre Standortentscheidung im Hinblick auf das vorhandene Angebot menschlicher Arbeitskraft und deren Preis. Die Lohnkostenvorteile, die sich in ländlichen Gegenden oder im Ausland bieten, können die Wahl des Standortes entscheidend beeinflussen. In Unternehmen, die hohe Ansprüche an die Qualifikation ihrer Arbeiter stellen, wird es in erster Linie darauf ankommen, entsprechend ausgebildete Fachkräfte zu finden.

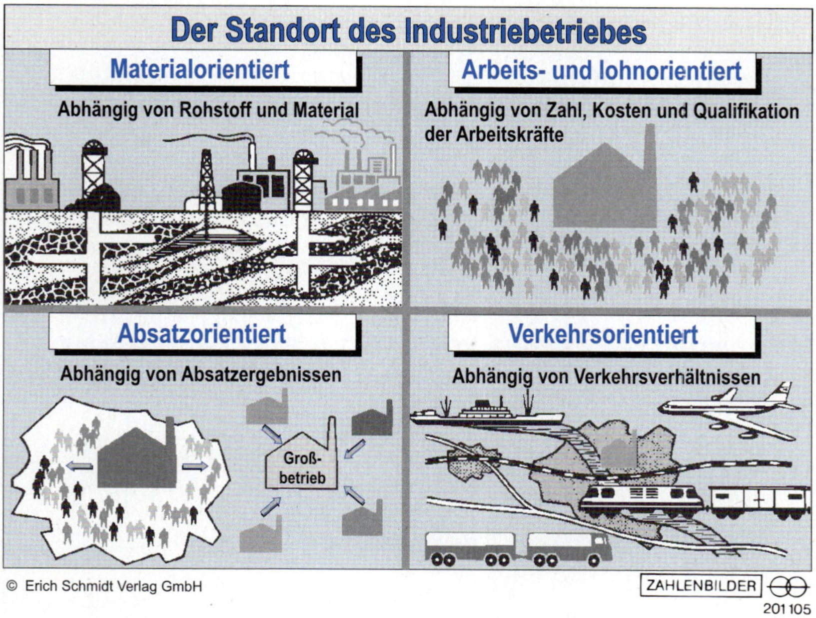

Abb. 2.14: Standortfaktoren

Absatz-orientierung

Absatzorientierte Betriebe richten sich bei der Standortwahl nach ihrem wichtigsten Absatzgebiet. Sie sind vornehmlich in dichtbesiedelten Gegenden anzutreffen, wie z. B. das Baugewerbe, das Nahrungsmittelgewerbe, die Brauereien oder auch der Einzelhandel. Zulieferbetriebe entscheiden sich oft für einen Standort in der Nähe der von ihnen bedienten Großunternehmen.

Verkehrs-orientierung

Verkehrsorientiert sind mehr oder weniger alle Industriebetriebe. Handelsbetriebe oder Unternehmen, die ihre Erzeugnisse über weite Entfernungen und an einen großen Abnehmerkreis versenden, bevorzugen als Standort Verkehrsknotenpunkte, Umschlagplätze an Wasserstraßen usw. Günstige Verkehrswege gleichen bisweilen andere Standortmängel aus.

Neben den genannten Faktoren können noch weitere Gründe für die Standortwahl entscheidend sein, so zum Beispiel die Strom- und Wärmeversorgung, die zu beachtenden Umweltschutzbestimmungen, die staatlichen Subventionen, die bei der Ansiedlung in bestimmten Gebieten gewährt werden, die kommunalen Förderungsmaßnahmen, die Grundstücksverhältnisse und die Boden- und Baupreise.

Im internationalen Vergleich genießt die Bundesrepublik Deutschland aus der Sicht der Investoren einen durchaus guten Ruf.

Standortvorteile

Als **Standortvorteile** werden

- die gute Infrastruktur,
- die vergleichsweise hohe Kaufkraft,
- das hohe Qualifikationsniveau der Arbeitnehmer,
- die hohe Produktivität und
- die stabilen wirtschaftlichen und politischen Verhältnisse

genannt.

Standortnachteile

Nachteilig auf Standortentscheidungen wirken sich allerdings die

- hohen Lohn- bzw. Lohnnebenkosten,
- kurze Arbeitszeiten und
- zu hohe Steuern

aus.

Umwelt

- ***Umwelt***

Unsere natürliche Umwelt nutzen wir wirtschaftlich schließlich auch für die Naherholung oder den Tourismus. Ganze Regionen leben vom Fremdenverkehr.

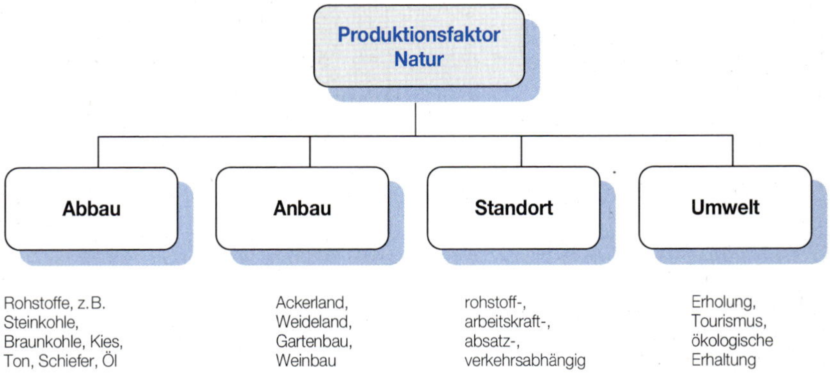

Abb. 2.15: wirtschaftliche Nutzung des Faktors Natur

Nichtvermehrbarkeit

Nichttransportierbarkeit

Der **Boden** als Standort für die Wirtschaft ist **nicht vermehrbar**, auch in seiner Funktion als Rohstofflieferant ist er beschränkt. So reichen nach heutigem Stand die bekannten Weltvorräte an Erdöl, Erdgas, Kupfer oder Eisen nur noch ca. 50 bis 70 Jahre. Die Nichtvermehrbarkeit unterscheidet den Produktionsfaktor Boden bzw. Natur grundsätzlich von den beiden anderen Faktoren Arbeit und Kapital. Außerdem lässt sich der **Produktionsfaktor Boden nicht** von einem Ort zum anderen „**transportieren**".

Diese beiden Besonderheiten haben einen entscheidenden Einfluss auf den Preis dieses Faktors Boden, wie man beim Vergleich der Quadratmeterpreise für baureifes Land in verschiedenen Regionen und Städten der Bundesrepublik Deutschland leicht nachvollziehen kann.

- ***Ökonomie und Ökologie***

Konflikt Ökonomie Ökologie

Die **Natur wird** zu wirtschaftlichen Zwecken nicht nur genutzt, sondern wie viele Kritiker behaupten, auch **ausgebeutet bzw. regelrecht zerstört**.

- Wir verseuchen unseren Boden mit Chemikalien und Abfällen bzw. schädigen die Natur durch rigorose Ausbeutung von Rohstoffen.
- In den tropischen Regenwäldern wird durch die Abholzung riesiger Flächen ein teilweise nicht mehr gutzumachender Schaden für das Weltklima verursacht.
- Unser Wasser ist durch zahlreiche Giftstoffe und Schwermetalle in vielen Fällen bereits verseucht.
- Kraftwerke und Chemiebetriebe heizen unsere Flüsse auf, sodass sie biologisch umkippen.

Produktion und Umwelt

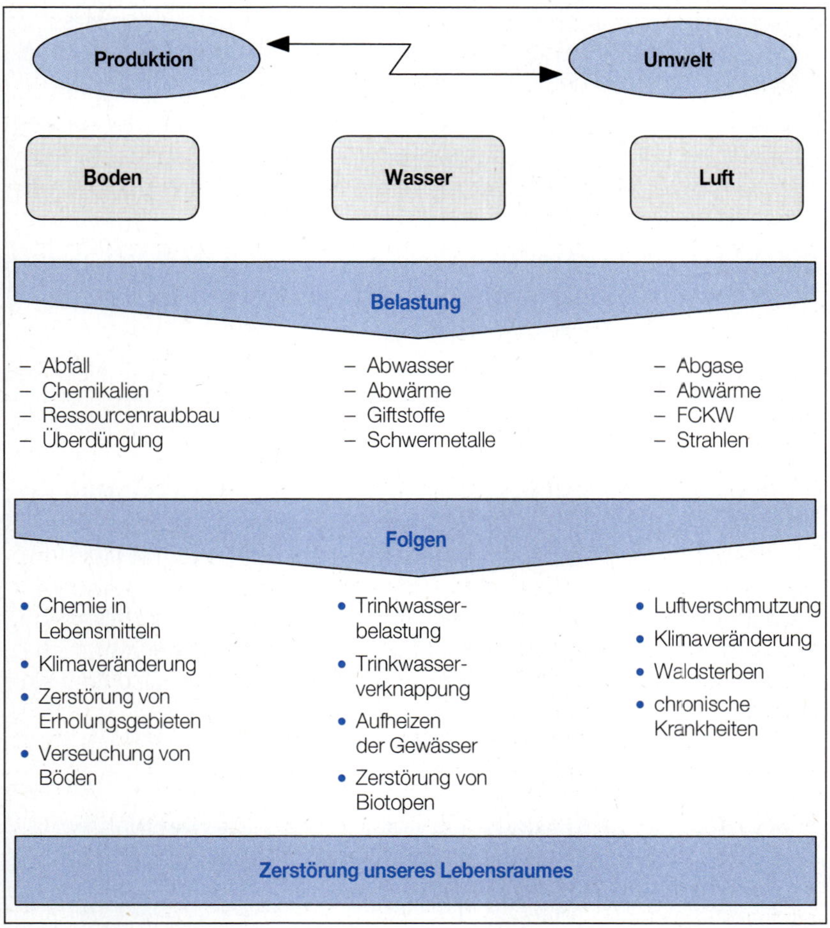

Abb. 2.16: Ökonomie und Ökologie

- Unsere Luft ist durch Abgase – vor allem aus unseren Autos – verpestet, der Treibhauseffekt führt zu Klimaveränderungen.

Umweltschäden

Die Folgen der Umweltbelastung sind vergiftete Lebensmittel, belastetes Trinkwasser, verschmutzte Luft, erhöhte Zahl chronischer Krankheitsfälle, Veränderung des Klimas bzw. die Zerstörung unseres eigenen Lebensraums.

Diese kurze Aufzählung zeigt, dass die wirtschaftliche Nutzung der Natur durchaus nicht unproblematisch ist. Es entsteht immer mehr ein **Konflikt zwischen Ökonomie** *(Lehre von der Wirtschaft)* **und Ökologie** *(Lehre von den Beziehungen der Lebewesen zu ihrer Umwelt).*

Umweltprobleme

Die Bewältigung dieses Konflikts ist eine der zentralen Aufgaben unserer Zeit. Mögliche Ansatzpunkte hierfür sind

- verantwortungsvoller und schonender Umgang mit natürlichen Ressourcen, z. B. durch Einsparung von Rohstoffen und Energie oder Ersatz knapper Rohstoffe durch weniger knappe;
- umweltfreundliche Produktionsverfahren, z. B. durch Verminderung oder Vermeidung von Schwefeldioxyd-, Stickoxyd-, Ruß- oder Feinstaubemissionen, durch Verbesserung des Gewässerschutzes oder den Ersatz gefährlicher bzw. schädlicher Werkstoffe;
- gesteigertes Umweltbewusstsein bei den Verbrauchern durch verstärkte Aufklärung und Information, aber auch durch höhere Strafen für Umweltsünder;
- Vermeidung von Müll und Abfall durch häufigere Wiederverwendung von Rohstoffen (Recycling) oder Mehrwegverpackungssysteme;

etc.

- ***Der Produktionsfaktor Arbeit***

Arten von Arbeit

Arbeit ist ein sehr vielfältiger Begriff, denn in vielen Bereichen wird täglich – und vielfach auch nachts – gearbeitet, also durch unterschiedliche Tätigkeiten eine Arbeitsleistung erbracht. Um sich eine Vorstellung über den volkswirtschaftlichen Produktionsfaktor Arbeit zu verschaffen, müssen wir uns zunächst einmal auf eine Definition des Begriffes einigen.

Die Volkswirte verstehen unter Arbeit jede wirtschaftliche Tätigkeit, die vom Menschen ausgeht und eine Einkommenserzielung beabsichtigt.

Man geht also davon aus, dass durch Arbeit ein Einkommen erzielt werden soll.

> **Beispiel:** *Die Mitarbeiter eines großen Automobilwerkes stellen ihre Arbeitskraft als Produktionsfaktor zur Verfügung und erhalten am Monatsende dafür Löhne und Gehälter. Mit diesen Einkommen können sie Güter und Dienstleistungen kaufen (vgl. Kapitel 2.5 Wirtschaftskreislauf).*

Aber nicht alle wirtschaftlichen Tätigkeiten dienen der Einkommenserzielung.

> **Beispiel:** *Bereitet ein Koch in einem Restaurant ein Menü zu, so leistet er volkswirtschaftlich gesehen Arbeit, für die er auch entlohnt wird. Kocht er aber am Wochenende für seine Familie oder Freunde, so geht er seinem Hobby nach. Volkswirtschaftlich liegt keine Arbeit vor, weil durch die Tätigkeit kein Einkommen erzielt werden soll.*

Folgt man dieser Abgrenzung, so leisten auch die Hausfrau und Mutter, der Student an der Hochschule oder der ehrenamtliche Feuerwehrmann keine Arbeit. Eine doch etwas problematische Sichtweise.

Arten von Arbeit

Arbeit kann man nach unterschiedlichen Kriterien einteilen, z. B. in

- körperliche und geistige Arbeit,
- leitende und ausführende Arbeit,
- gelernte und ungelernte Arbeit,
- selbstständige und unselbstständige Arbeit.

Bei der körperlichen Arbeit werden vor allem die Muskelkräfte des Menschen beansprucht, während bei der geistigen Arbeit eher Denk- und Verstehensprozesse im Vordergrund stehen. Reine körperliche Tätigkeiten rücken durch den verstärkten Maschineneinsatz immer mehr in den Hintergrund. Auch der Facharbeiter übernimmt immer mehr Kontroll-, Wartungs- und Überwachungsfunktionen und arbeitet daher mehr geistig.

Von gelernter Arbeit spricht man dann, wenn für die Tätigkeit eine abgeschlossene Berufsausbildung erforderlich ist. Bei ungelernter Arbeit werden lediglich die natürlichen oder angelernten Fähigkeiten des Menschen beansprucht.

qualifizierte Tätigkeiten nehmen zu

Der Anteil der qualifizierten Arbeit nimmt ständig zu. Im Jahr 1975 waren 35 % aller Erwerbstätigen ungelernte Arbeitskräfte, 51 % verfügten über eine abgeschlossene Lehre. 7 % waren Meister und 7 % konnten ein abgeschlossenes Hochschulstudium vorweisen. Für das Jahr 2010 schätzen Experten den Anteil der ungelernten Kräfte auf nur noch 13 %, den der Akademiker auf 18 % und den der Meister auf 11 %. 50 % der Berufstätigen werden eine Berufsausbildung absolviert haben.

Produktionsfaktor Arbeit

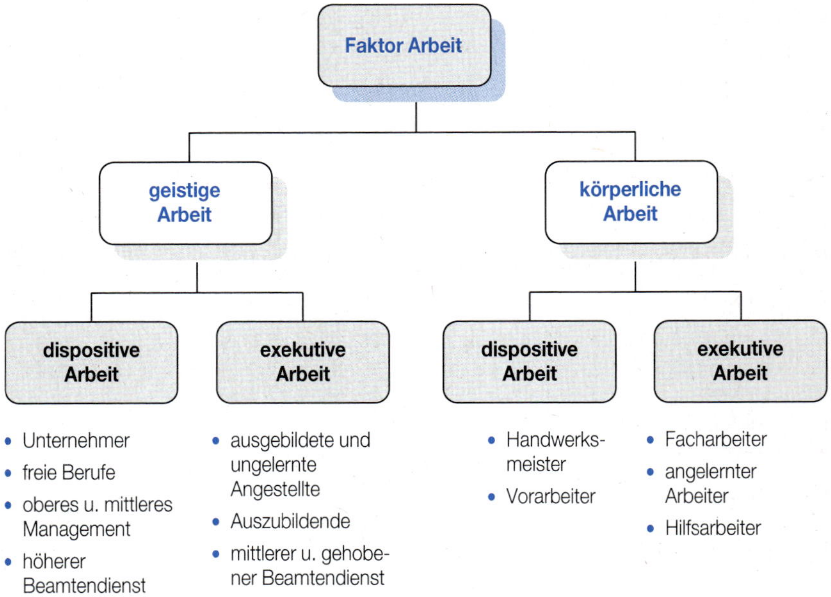

Abb. 2.17: Produktionsfaktor Arbeit

Die genannten Einteilungskriterien überschneiden sich teilweise auch. So ist z.B. die Anfertigung einer Plastik durch einen Bildhauer körperliche und selbstständige Arbeit zugleich. Das Erstellen eines Briefes mithilfe eines Textverarbeitungsprogramms durch eine angestellte Sekretärin ist geistige, ausführende und unselbstständige Arbeit. Das Fällen einer Standortentscheidung durch das Management eines Betriebes ist geistige, dispositive und selbstständige Arbeit.

Arbeitslosigkeit

Das Hauptproblem des Faktors Arbeit liegt in der seit langem herrschenden **Arbeitslosigkeit**. Bereits seit Mitte der 90er-Jahre bewegt sich die Zahl der Arbeitslosen im Jahresdurchschnitt um die Vier-Millionen-Marke (siehe Abbildung 2.18).

Es gab einmal eine Zeit in Deutschland, da war der Arbeitsmarkt noch in Ordnung. Von Anfang der 60er- bis Anfang der 70er-Jahre herrschte Vollbeschäftigung in der Bundesrepublik; Arbeitslosigkeit war ein Fremdwort. Beinahe jeder, der arbeiten wollte und konnte, hatte einen Job. Mit Ausnahme der ersten Rezession 1967 waren stets weniger als 200.000 Männer und Frauen im Jahresdurchschnitt arbeitslos gemeldet. Den tiefsten Stand der Arbeitslosigkeit meldet die Statistik für das Jahr 1965 mit 147.400 Job Suchenden und einer Arbeitslosenquote von 0,7 Prozent.

Von solchen geradezu paradiesischen Verhältnissen sind wir heute weiter entfernt denn je. Nach der deutschen Vereinigung und einer kurzen Erholungsphase führte der Umbau der Wirtschaft in Ostdeutschland zu einem steilen Anstieg der Arbeitslosenzahlen. Zu Beginn des Jahres 2005 wurde erstmals seit Bestehen der Bundesrepublik Deutschland die Fünf-Millionen-Schreckensgrenze überschritten.

Die Überwindung der Arbeitslosigkeit bleibt eine der wichtigsten Aufgaben in unserer Gesellschaft.

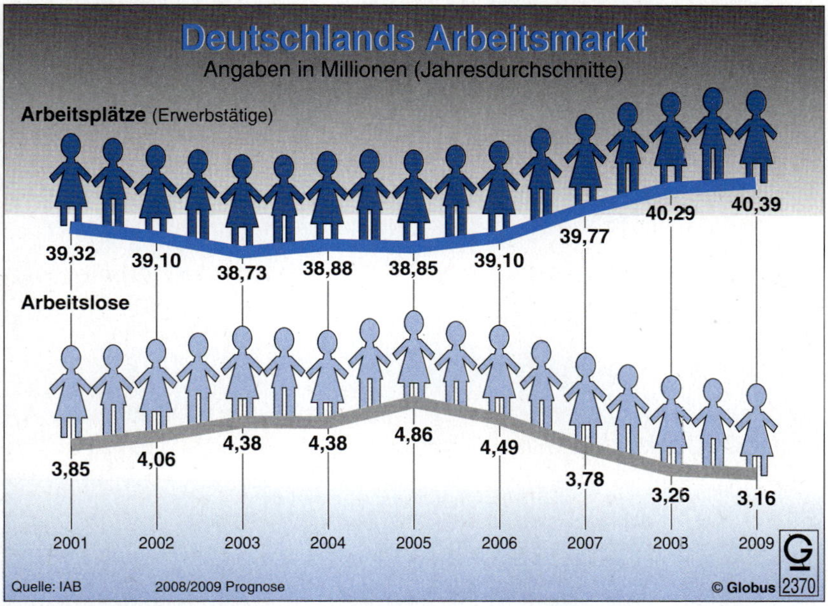

Abb. 2.18: Arbeitslosigkeit in Deutschland

Die **Arbeitslosigkeit** hat unterschiedliche **Ursachen**, wobei man strukturelle, konjunkturelle, saisonale und friktionelle Arbeitslosigkeit unterscheidet.

Saisonale Arbeitslosigkeit

- **Saisonale Arbeitslosigkeit** tritt in Berufen auf, die überwiegend von den Jahreszeiten abhängig sind, vor allem in der Landwirtschaft, dem Baugewerbe und der Touristikbranche.

Strukturelle Arbeitslosigkeit

- **Strukturelle Arbeitslosigkeit** entsteht, wenn eine ganze Branche ihre Wettbewerbsfähigkeit einbüßt oder vom technischen Fortschritt überrollt wird. Der gleiche Effekt tritt ein, wenn durch Rationalisierung und/oder Automation Arbeitskräfte freigesetzt werden, die anderswo keine neue Arbeit finden, sei es, weil andere Wirtschaftszweige nicht aufnahmefähig sind, sei es, weil Umschulungen auf eine höhere Qualifikation – z. B. einen EDV-orientierten Beruf – zu hohe Anforderungen stellen.

Konjunkturelle Arbeitslosigkeit

- **Konjunkturelle Arbeitslosigkeit**: Durch die zyklischen Schwankungen im Wirtschaftsgeschehen (Konjunkturzyklen) steigt und fällt der Arbeitskräftebedarf meist über mehrere Jahre hinweg. Die Schwankungen erfassen nacheinander mehr oder weniger alle Wirtschaftszweige. Das allgemeine Erscheinungsbild der Volkswirtschaft zeigt einen gesamtwirtschaftlichen Nachfrage-, Produktions-, Investitions- und Beschäftigungsrückgang.

Friktionelle Arbeitslosigkeit

- **Friktionelle Arbeitslosigkeit**: Auch in Zeiten der Vollbeschäftigung gibt es Arbeitslose, weil Angebot und Nachfrage am Arbeitsmarkt nie völlig reibungslos ineinander greifen. Betriebsschließungen finden immer wieder statt. Demgegenüber stehen in wirtschaftlich normalen Zeiten aber auch Betriebsvergrößerungen und Neugründungen, die die freigewordenen Kräfte aufnehmen können. Friktionelle Arbeitslosigkeit ist im Normalfall daher für den Einzelnen meistens von kurzer Dauer.

Die Problematik besteht darin, dass die einzelnen **Arten der Arbeitslosigkeit** sich in der Regel **überlagern** und gegenseitig **verstärken**.

- ***Folgen der Arbeitslosigkeit***

Folgen

Arbeitslosigkeit hat schwerwiegende, gesamtwirtschaftliche, betriebliche, individuelle und politische **Folgen**.

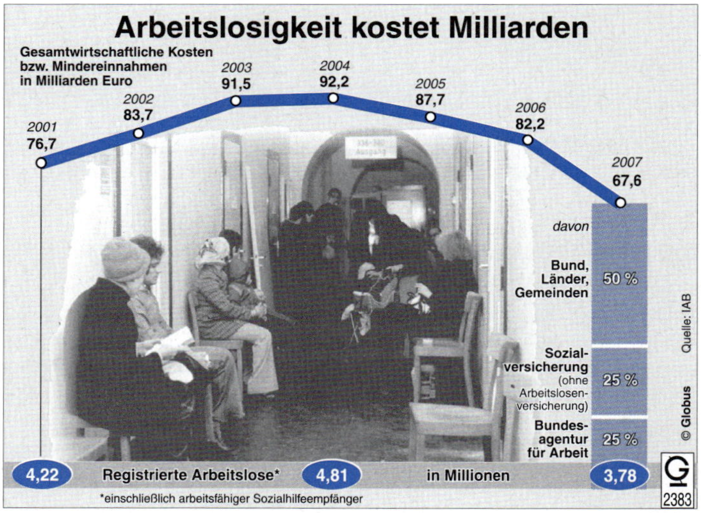

Die Arbeitslosigkeit bedeutet für den Staat und seine Bürger eine milliardenschwere Belastung. Das Institut für Arbeitsmarkt- und Berufsforschung hat errechnet, dass die Arbeitslosigkeit 2007 gesamtwirtschaftliche Kosten in Höhe von 68 Milliarden Euro verursacht hat.

Abb. 2.19

Kosten der Arbeitslosigkeit

- Rund 68 Milliarden kostet den Staat – und damit den Steuer- und Beitragszahler – die Arbeitslosigkeit pro Jahr (Stand Ende 2007). Zu diesen Kosten zählen nicht nur die direkten Leistungen, die Arbeitslose von der Bundesagentur für Arbeit erhalten. Eine Untersuchung zeigt, dass andere Kosten weitaus höher zu Buche schlagen als das Arbeitslosengeld. So übernimmt der Staat beispielsweise die Beiträge der Arbeitslosen zur Renten- und Krankenversicherung. Schließlich entstehen durch die hohe Arbeitslosigkeit beträchtliche Mindereinnahmen für die öffentlichen Kassen, denn wer keine Arbeit hat, entrichtet keine Lohn- oder Einkommensteuer, er kauft weniger und zahlt dadurch auch weniger Umsatzsteuer bzw. Verbrauchsteuern (vgl. Kapitel 12.3).

freie Kapazitäten

- Aufgrund der hohen Arbeitslosigkeit liegen in Betrieben Kapazitäten brach, die früher einmal für teures Geld aufgebaut wurden. Die Anlagen, die nicht genutzt werden, produzieren nicht und sind insofern totes Kapital.

persönliche Folgen

- Anhaltende Arbeitslosigkeit führt beim Einzelnen zu materiellem Abstieg und zu persönlicher Unzufriedenheit. Die Folgen sind oft Prestigeverlust, sozialer Abstieg, teilweise auch Abgleiten in die Kriminalität.

politische Folgen

- Politische Folgen einer länger anhaltenden Arbeitslosigkeit können soziale Unruhen, ansteigende Kriminalitätsrate oder Radikalisierung sein.

Die volkswirtschaftlichen Produktionsfaktoren sind Boden (Natur), Arbeit und Kapital.

Der Faktor Natur wird genutzt zum Anbau, zum Abbau, als Standort und Umwelt.

Bei der Produktion kommt es häufig zu Konflikten zwischen Ökonomie und Ökologie.

Arbeitsleistung kann körperlich und geistig, dispositiv und exekutiv sein.

Man unterscheidet saisonale, konjunkturelle, strukturelle und friktionelle Arbeitslosigkeit.

- ***Der Produktionsfaktor Kapital***

Geldkapital

Sachkapital

Der Begriff **Kapital** hat eine doppelte Bedeutung: Zum einen versteht man darunter im allgemeinen Sprachgebrauch Geld (**Geldkapital**), zum anderen bezeichnet man in der Volkswirtschaft damit allgemein die Produktionsanlagen vom Werkzeug über die Maschine bis zum Fabrikgebäude oder Bürohaus. In diesem Zusammenhang spricht man von **Sach- oder Realkapital** (englisch: capital-stock).

Die beiden Produktionsfaktoren Natur und Arbeit sind ursprüngliche *(originäre)* Faktoren, denn sie sind seit jeher in allen Volkswirtschaften vorhanden. Der Faktor Kapital hingegen wird erst durch die Kombination der ursprünglichen Faktoren geschaffen (abgeleiteter, *derivativer* Faktor).

Beispiel: *Robinson hat auf seiner Insel bei der Herstellung seines Netzes die beiden originären Faktoren Natur und Arbeit (Hanf, seine Arbeitskraft und sein Wissen) eingesetzt. Das Ergebnis dieser Produktion brachte ihm aber kein Konsumgut (keine Nahrung), sondern ein Produktionsgut, mit dessen Hilfe er dann wesentlich einfacher Konsumgüter produzieren (Fische fangen) konnte.*

volkswirtschaftliche Produktionsfaktoren

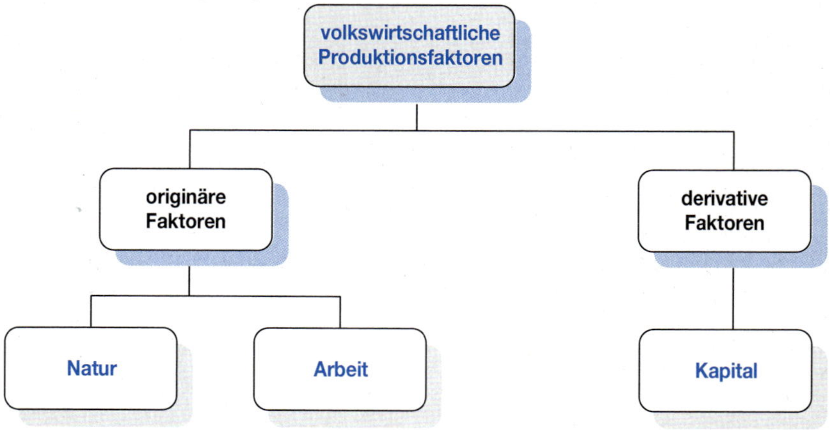

Abb. 2.20: Originäre und derivative Produktionsfaktoren

Die Erzeugung von Produktionsgütern führt somit zu einer verbesserten Konsumgüterproduktion. Diese Erkenntnis haben die Menschen schon sehr früh gewonnen. Sie haben gelernt, dass man eine größere Menge an Konsumgütern erzeugen kann, wenn man sich zuerst durch einen zeitlich begrenzten Konsumverzicht Werkzeuge (Realkapital) schafft und dann mit deren Hilfe die Konsumgüter herstellt. Diese *Umwegproduktion* ist daher wirtschaftlich von Vorteil.

Vom Grundprinzip her passiert in einer modernen Volkswirtschaft genau das Gleiche wie in unserem Robinson-Beispiel, wenn auch die Vorgänge insgesamt wesentlich komplizierter sind. Dies liegt vor allem daran, dass Sparen (Konsumverzicht) und Bildung von Sachkapital von getrennten Personengruppen vorgenommen werden und dass in einer modernen Volkswirtschaft Geld verwendet wird.

Der Vorgang der Kapitalbildung läuft in zwei Teilschritten ab:

Konsumverzicht

1. durch Konsumverzicht wird gespart und
2. die ersparten Mittel werden in Realkapital investiert.

Viele Millionen von Haushalten leisten Konsumverzicht, d. h. sie sparen einen Teil ihrer Einkommen und verzichten auf den Kauf von Konsumgütern. Die gesparten Beträge werden bei Banken auf Konten eingezahlt.

Kapitalbildung

Die Banken stellen Teile dieser Einlagen den Unternehmen als Kredite zur Verfügung. Die Unternehmen wiederum schaffen mit diesen Krediten Produktionsgüter (Investitionsgüter) an und produzieren Konsumgüter.

Auch in den Unternehmen findet ein Sparen statt, wenn Gewinnanteile nicht an die Eigentümer ausgeschüttet, sondern für Investitionen verwendet werden.

Bedeutung von Investitionen

Die Bedeutung der Investitionen macht die folgende Grafik deutlich:

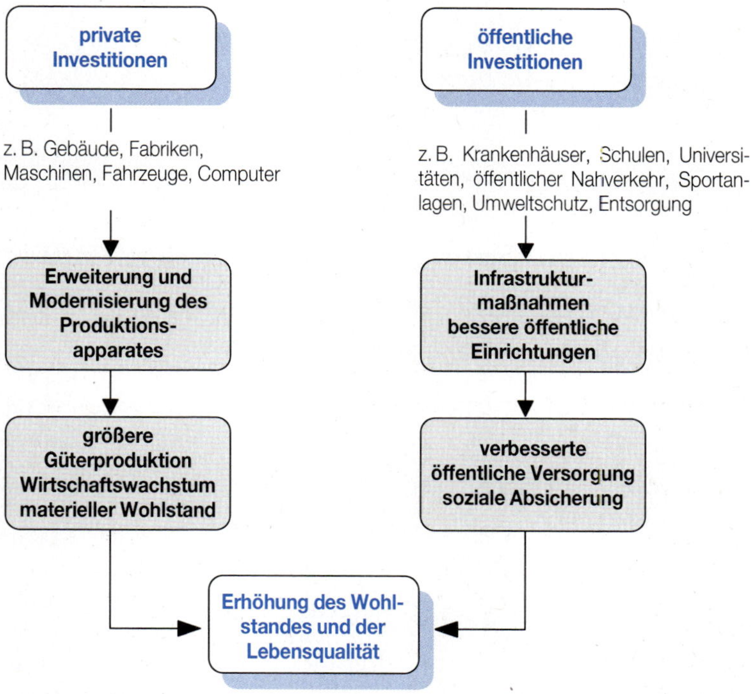

Abb. 2.21: Was bedeuten Investitionen?

- **Kapital entsteht durch Kombination der ursprünglichen Produktionsfaktoren Boden und Arbeit. Kapital ist ein abgeleiteter Produktionsfaktor. Voraussetzung für die Kapitalbildung sind Konsumverzicht und Investitionen.**
- **Man unterscheidet Geldkapital und Sachkapital.**
- **Die Umwandlung von Geldkapital in Sachkapital nennt man investieren.**
- **Investitionen führen zur Vergrößerung des gesamtwirtschaftlichen Güterangebots, zu besserer Infrastruktur und somit zur Erhöhung des Lebensstandards.**

Wiederholungsfragen

Wiederholungsfragen

1. *Was versteht man unter einem Produktionsfaktor?*
2. *Nennen Sie die betriebswirtschaftlichen Produktionsfaktoren.*
3. *Welche Produktionsfaktoren unterscheidet man in der Volkswirtschaft?*
4. *Welche Aufgaben hat der dispositive Faktor?*
5. *Warum bezeichnet man Arbeit und Natur als originäre Faktoren und Kapital als abgeleiteten Faktor?*
6. *Was versteht man wirtschaftlich unter dem Begriff Produktion?*
7. *Nennen Sie je drei Beispiele für Betriebsmittel und Werkstoffe!*
8. *Was bedeutet Faktorsubstitution?*
9. *In welcher Art und Weise wird die Natur als Produktionsfaktor genutzt?*
10. *Worin besteht grundsätzlich der Konflikt zwischen Ökonomie und Ökologie?*
11. *Welche Arten von Arbeit unterscheidet man?*
12. *Was versteht man unter*
    a) saisonaler
    b) struktureller
    c) konjunktureller
    d) friktioneller
    Arbeitslosigkeit?
13. *Unterscheiden Sie die Begriffe Geldkapital und Sachkapital!*
14. *Worin liegt die gesamtwirtschaftliche Bedeutung von Investitionen?*
15. *Wieso erfolgt die Kapitalbildung durch Konsumverzicht?*

2.4 Die Arbeitsteilung

Bedeutung der Arbeitsteilung

Ein Porsche, einer unserer bekanntesten Sportwagen, setzt sich wie ein Puzzle aus rund 6.000 Einzelteilen zusammen. Porsche produziert jedoch nicht alle Teile selbst. „Was andere besser können, wird außer Haus erledigt", so ein Unternehmenssprecher. Rund zwei Drittel aller Teile kauft Porsche daher von anderen Firmen ein. „Ohne die Denkarbeit unserer qualifizierten Zulieferer müsste Porsche allein 600 Ingenieure zusätzlich einstellen" heißt es in dem Stuttgarter Unternehmen. Auch andere Automobilhersteller denken ähnlich und teilen sich die Arbeit mit ihren Zulieferern auf. Der Anteil der Eigenfertigung schwankt bei den einzelnen Produzenten zwischen rund 33 % bei Audi und circa 50 % bei Daimler Benz.

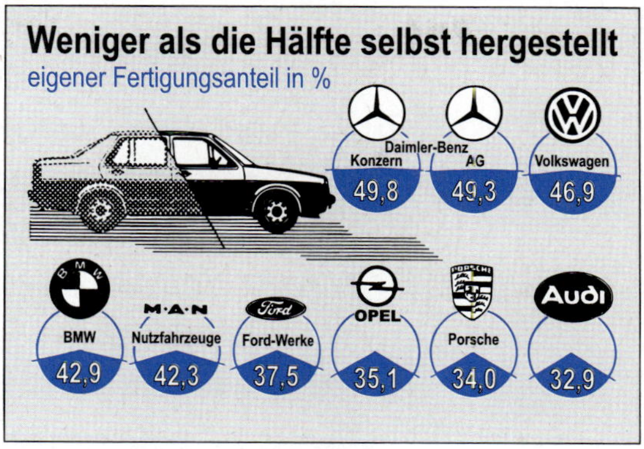

Abb. 2.22: Anteil der Eigenfertigung verschiedener Kfz-Hersteller (Quelle IMU)

Aus der Abbildung wird deutlich, welchen Stellenwert die **Arbeitsteilung** zwischen verschiedenen Betrieben in unserer modernen Volkswirtschaft einnimmt. Doch blicken wir zunächst in die Vergangenheit.

2.4.1 Die hauswirtschaftliche Arbeitsteilung

Arbeitsteilung zwischen Mann und Frau

Die ursprünglichste Form der Verteilung von Aufgaben ist die **Arbeitsteilung zwischen Mann und Frau**. Bereits zu Urzeiten waren die Männer aufgrund ihrer körperlichen Konstitution eher für körperlich schwerere Aufgaben zuständig. Sie besorgten den Hausbau, stellten Waffen her und gingen auf die Jagd bzw. zum Fischfang. Die Frauen hingegen waren mit körperlich weniger anstrengenden Arbeiten betraut und bereiteten die Nahrung zu, fertigten Kleidung und betreuten die Kinder.

Aus heutiger Sicht sieht die häusliche Arbeitsteilung zwischen Mann und Frau zwar etwas anders aus (vgl. Abb. 2.23), dennoch sind Kochen und Putzen typische Frauenarbeiten, Renovierungs- und Reparaturarbeiten im Haushalt werden hingegen überwiegend von Männern erledigt.

Häusliche Arbeitsteilung

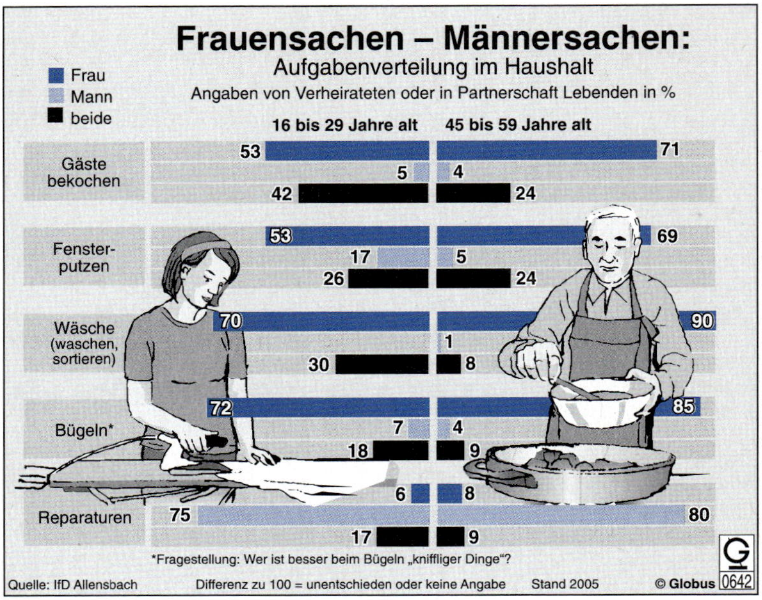

Sind wir auf dem Weg zur Gleichberechtigung im Haushalt? Schaut man sich die Ergebnisse der Allensbach-Umfrage aus dem Jahr 2005 für alle Altersgruppen gemeinsam an, muss man die Frage verneinen. Denn gegenüber der Umfrage 1998 hat sich kaum etwas verändert. Für die meisten Hausarbeiten sind die Frauen zuständig, für die Reparaturen die Männer. Aber es gibt Hoffnung, wenn man die Aufgabenverteilung zwischen Männern und Frauen in verschiedenen Altersgruppen betrachtet. So ist es für die jüngeren viel selbstverständlicher als für die älteren, dass zumindest beide mit anpacken. Vielleicht hilft ja auch das neue Elterngeld etwas nach, den Männern die Domäne „Haushalt" zu öffnen.

Abb. 2.23: Haushalt immer noch Frauensache

2.4.2 Berufsbildung und Berufsspaltung

Berufsbildung

Im Laufe der Zeit wurden die Aufgaben nicht nur zwischen den Mitgliedern einer Familie, sondern auf weitere Personen verteilt und aufgrund individueller Fähigkeiten und Fertigkeiten bildeten sich erste **Grundberufe** heraus. So entstanden etwa die Berufe Töpfer, Weber, Schmied, Bauer etc.

Da jetzt nicht mehr jeder Haushalt alles produzierte, was er verbrauchte und andererseits die Handwerker nur noch den geringsten Teil der Güter, die sie herstellten, für sich selbst verwendeten, entstand eine gegenseitige Abhängigkeit. Die Handwerker waren darauf angewiesen, dass sie als Gegenleistung für ihre Erzeugnisse Güter erhielten, die sie benötigten, aber nicht selbst herstellen konnten (z. B. Nahrungsmittel). Die berufliche Arbeitsteilung brachte daher den Zwang zum Austausch von Gütern mit sich.

Mit der Weiterentwicklung von Wirtschaft und Technik sowie mit einsetzender Industrialisierung spalteten sich die Grundberufe immer weiter auf. Eine zunehmende Spezialisierung war die Folge, die man auch als **Berufsspaltung** bezeichnete. **Berufsspaltung**

> ***Beispiele:*** *Aus dem Grundberuf des Schmieds entwickelten sich der Hufschmied, der Waffenschmied, der Kesselschmied, der Goldschmied etc. Aus dem Grundberuf des Schlossers gingen der Bauschlosser, der Maschinenschlosser, der Werkzeugschlosser und der Kfz-Schlosser hervor.*

Auch der Grundberuf des Kaufmanns ist heute in eine Vielzahl kaufmännischer Ausbildungsberufe aufgespalten. Wir kennen u. a. Bürokaufleute, Kaufleute für Bürokommunikation, Bankkaufleute, Industriekaufleute, Kaufleute im Groß- und Außenhandel, Einzelhandelskaufleute, Versicherungskaufleute, Reisebürokaufleute, Verwaltungsfachangestellte, Steuerfachangestellte etc. **Kaufmännische Berufsspaltung**

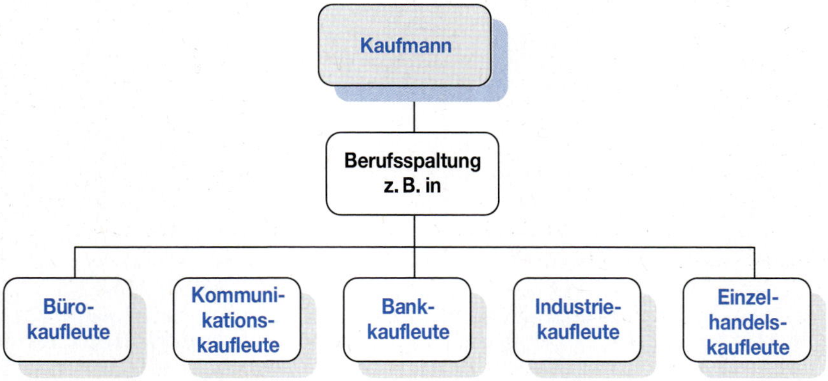

Abb. 2.24: Berufsspaltung im kaufmännischen Bereich

Berufsbildung und Berufsspaltung könnte man auch als **überbetriebliche** Arbeitsteilung bezeichnen.

2.4.3 Die innerbetriebliche Arbeitsteilung

Eine zunehmende Spezialisierung zeigt sich nicht nur bei den verschiedenen Berufen – in Deutschland kennt man etwa 25.000 Berufsbezeichnungen – sondern auch bei den unterschiedlichen Tätigkeiten in den Betrieben. Arbeiten, die früher von einer Person ausgeführt wurden, werden heute zerlegt und verschiedene Personen verrichten jetzt unterschiedliche Teilarbeiten. **Arbeitszerlegung**

Arbeitszerlegung

Durch diese technische **Arbeitszerlegung** (technische Arbeitsteilung) erreicht man die Aufspaltung eines Produktionsvorganges (z. B. Herstellung eines Autos) in selbstständige Teilabschnitte (Montage der Kotflügel, Einsetzen der Scheinwerfer, Montage des Motors, Einbau der Sitze, Anbringen der Räder etc.). Der einzelne Arbeiter ist nicht an allen Arbeitsgängen beteiligt, sondern er führt lediglich einzelne Teilschritte aus, die sich ständig wiederholen. **Ziel** dieser **innerbetrieblichen Arbeitsteilung** im Fertigungsbereich ist die **Steigerung der Produktivität**.

Die Vorteile der Arbeitszerlegung hat bereits Adam Smith 1776 in seinem bekannten Buch „Der Wohlstand der Nationen“ beschrieben[1]. Er zeigt die betriebliche Arbeitsteilung am Beispiel der Herstellung von Stecknadeln.

„Stecknadelbeispiel“

Wir wollen als Beispiel die Herstellung von Stecknadeln wählen, ein recht unscheinbares Gewerbe, das aber schon häufig zur Erklärung der Arbeitsteilung diente. Ein Arbeiter, der noch niemals Stecknadeln gemacht hat und auch nicht dazu angelernt ist, so daß er auch mit den dazu eingesetzten Maschinen nicht vertraut ist, könnte, selbst wenn er sehr fleißig ist, täglich höchstens eine, sicherlich aber keine zwanzig Nadeln herstellen. Aber so, wie die Herstellung von Stecknadeln heute betrieben wird, ist sie nicht nur als Ganzes ein selbständiges Gewerbe. Sie zerfällt vielmehr in eine Reihe getrennter Arbeitsgänge, die zumeist zur fachlichen Spezialisierung geführt haben. Der eine Arbeiter zieht den Draht, der andere streckt ihn, ein dritter schneidet ihn, ein vierter spitzt ihn zu, ein fünfter schleift das obere Ende, damit der Kopf aufgesetzt werden kann. Auch die Herstellung des Kopfes erfordert zwei oder drei getrennte Arbeitsgänge. Das Ansetzen des Kopfes ist eine eigene Tätigkeit, ebenso das Weißglühen der Nadel, ja, selbst das Verpacken der Nadeln ist eine Arbeit für sich. Um eine Stecknadel anzufertigen, sind somit etwa 18 verschiedene Arbeitsgänge notwendig, die in einigen Fabriken jeweils verschiedene Arbeiter besorgen, während in anderen ein einzelner zwei oder drei davon ausführt. Ich selbst habe eine kleine Manufaktur dieser Art gesehen, in der nur 10 Leute beschäftigt waren, so daß einige von ihnen zwei oder drei solcher Arbeiten übernehmen mußten. Obwohl sie nun sehr arm und nur recht und schlecht mit dem nötigen Werkzeug ausgerüstet waren, konnten sie zusammen am Tage doch etwa 12 Pfund Stecknadeln anfertigen, wenn sie sich einigermaßen anstrengten. Rechnet man für ein Pfund über 4.000 Stecknadeln mittlerer Größe, so waren die 10 Arbeiter imstande, täglich etwa 48.000 Nadeln herzustellen, jeder also ungefähr 4.800 Stück. Hätten sie indes alle einzeln und unabhängig voneinander gearbeitet, noch dazu ohne besondere Ausbildung, so hätte der einzelne gewiß nicht einmal 20, vielleicht sogar keine einzige Nadel am Tag zustande gebracht.

Quelle: Adam Smith: Der Wohlstand der Nationen. München: Deutscher Taschenbuch Verlag, 1978, S. 8 f.

---

[1] Der Schotte Adam Smith (1723–1790) gilt als Begründer der modernen Wirtschaftswissenschaft. Sein Hauptwerk „An inquiry into the Nature and Causes of the Wealth of Nations“ erschien 1776.

Mit dem Einsatz moderner Fließbänder konnte man die einzelnen Arbeitsschritte immer weiter zerlegen. Auf diese Art und Weise wurde die Produktion von Massengütern ermöglicht. Jeder Arbeiter führt nur noch einen kleinen Handgriff oder eine Reihe bestimmter Handgriffe aus. Durch die so hergestellten großen Mengen gleichartiger Güter können die Kosten pro Stück erheblich gesenkt werden.

Kaufmännische Arbeitszerlegung

Eine Arbeitsteilung bzw. **Arbeitszerlegung** ist aber nicht nur in der Fertigung möglich und notwendig. Auch **im kaufmännischen** Bereich lassen sich Arbeiten aufteilen. Bei dieser kaufmännischen Arbeitsteilung werden innerhalb verschiedener Abteilungen (Einkauf, Verkauf, Rechnungswesen, Personalabteilung) bestimmte Arbeiten in Teilverrichtungen aufgelöst. Abb. 2.25 zeigt dies am Beispiel der Postbearbeitung.

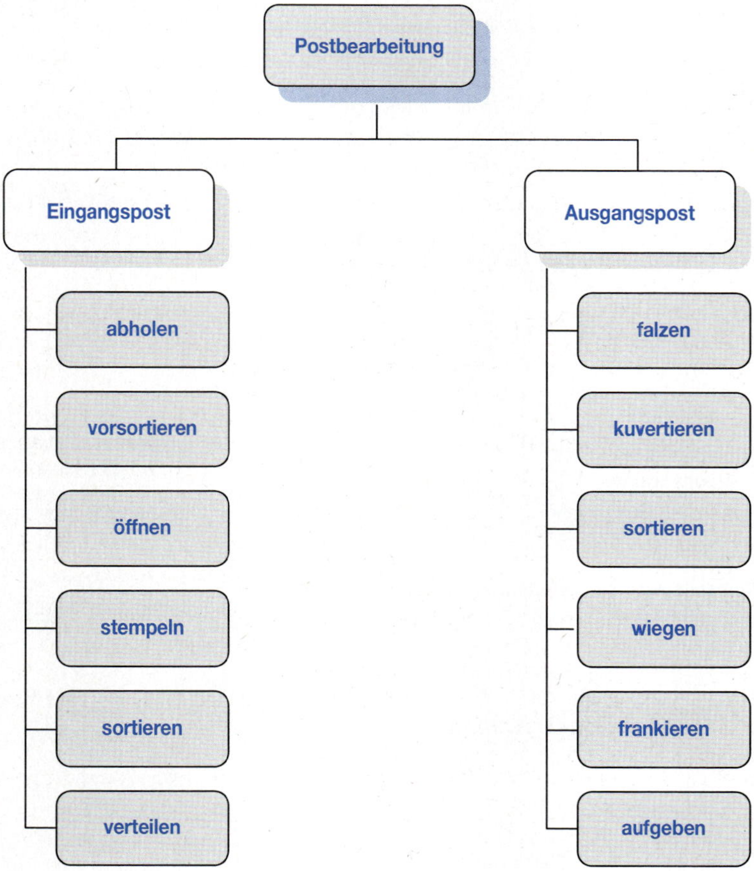

Abb. 2.25: Arbeitszerlegung bei der Postbearbeitung

Die immer stärkere **Zergliederung von Arbeitsabläufen** weist **Vor- und Nachteile** auf.

Vorteile der Arbeitsteilung

Vorteile

- *Arbeitsteilung ermöglicht im industriellen Bereich Massenproduktion,*
- *durch hohe Stückzahlen lassen sich die Produktionskosten je Stück senken,*
- *durch vereinfachte Arbeitsgänge wird die Arbeitszeit insgesamt verkürzt,*
- *Arbeitsteilung steigert somit die Produktivität,*
- *Arbeitsteilung ermöglicht den Einsatz von Arbeitskräften nach Fähigkeiten und Neigungen,*
- *Arbeitsteilung ermöglicht ein vielfältiges Güterangebot.*

Die weitgehendste Form der Arbeitsteilung, die Arbeit am Fließband, wo jeder nur noch einen bestimmten Handgriff ausführt, zeigt auch die Grenzen bzw. die Nachteile der Arbeitsteilung.

Nachteile der Arbeitsteilung

Nachteile

- *Monotonisierung der Arbeit,*
- *immer wiederkehrende Tätigkeiten führen zu einseitiger Belastung,*
- *starke Zergliederung verhindert Identifikation mit der Arbeit,*
- *Arbeitsteilung führt so zu Unzufriedenheit und evtl. zu sozialen Spannungen,*
- *die Arbeitsteilung ist im Fertigungsbereich sehr kapitalintensiv.*

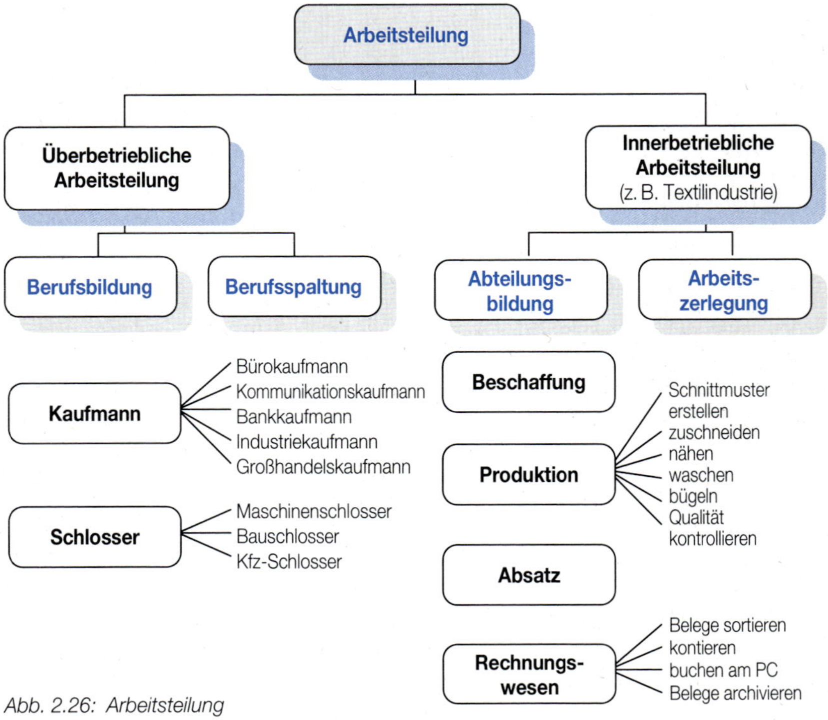

Abb. 2.26: Arbeitsteilung

2.4.4 Die volkswirtschaftliche Arbeitsteilung

Wirtschaftsbereiche

Die meisten Güter werden nicht in der Form verbraucht, wie sie in der Natur vorkommen. Sie müssen erst durch einen Produktionsprozess umgewandelt werden um für den Konsum geeignet zu sein. Man spricht in diesem Zusammenhang auch von der Konsumreifung der Güter. Diese Konsumreifung geschieht in drei unterschiedlichen Wirtschaftsstufen oder Wirtschaftssektoren. Es sind dies

- *Urerzeugung (**primärer Bereich**),*
- *Weiterverarbeitung (**sekundärer Bereich**) und*
- *Verteilung bzw. Dienstleistung (**tertiärer Bereich**).*

Bedeutung der Wirtschaftsbereiche

Zur **Urerzeugung** oder Gütergewinnung zählen die Betriebe der Land- und Forstwirtschaft, der Fischerei und des Bergbaus. Die **Weiterverarbeitung** der Güter erfolgt in Industrie- und Handwerksbetrieben. Zum **Dienstleistungsbereich** gehören Groß- und Einzelhandelsbetriebe, Verkehrsbetriebe, Kreditinstitute, Versicherungsbetriebe, Betriebe der Nachrichtenübermittlung und auch die freien Berufe.

Zu Beginn des 20. Jahrhunderts verlagerte sich der Schwerpunkt von der Landwirtschaft zur **industriellen Produktion**.

Nachdem die industrielle Entwicklung ein hohes Niveau erreicht hat, ermöglicht der technische Fortschritt die Güterproduktion zu steigern, ohne zusätzliche Arbeitskräfte in Anspruch zu nehmen. Im **Dienstleistungsbereich** führen die wachsende Nachfrage und die Erweiterung des Leistungsangebots zu einem weiteren personellen Ausbau, da die Rationalisierungsmöglichkeiten auf diesem Sektor relativ begrenzt sind.

Das Industriezeitalter ist in Deutschland zu Ende – immer weniger Menschen arbeiten in der Produktion und immer mehr in Handels- und Dienstleistungsunternehmen (siehe Abb. 2.27).

Von der Industrie- zur Dienstleistungsgesellschaft

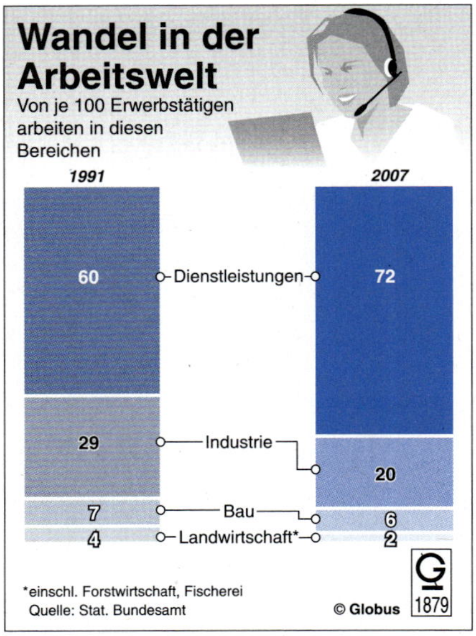

Abb. 2.27: Arbeitsmarkt damals und heute

Die Arbeitswelt verändert sich. Die Landwirtschaft verliert weiter an Bedeutung. Seit Anfang der 90er-Jahre ging die Zahl der Beschäftigten von vier Prozent auf nur noch zwei Prozent zurück. Auch am Bau und in der Produktion gingen Arbeitsplätze verloren. In den verschiedenen Dienstleistungsbereichen für Unternehmen oder im persönlichen Bereich entstanden dagegen viele neue Arbeitsplätze, sodass heute fast drei Viertel aller Beschäftigten dort arbeiten. Auch im Vergleich zum Vorjahr legten die Dienstleistungsarbeitsplätze 2006 zu um 1,3 Prozent auf heute 28,3 Millionen Beschäftigte.

2.4.5 Die internationale Arbeitsteilung

internationaler Warenaustausch

Die meisten Länder können nicht alle Güter herstellen, die ihre Verbraucher konsumieren möchten. Durch Ex- und Import, d.h. durch gegenseitigen Warenaustausch, betreiben viele Nationen daher eine internationale Arbeitsteilung.

Die Ursachen hierfür sind vielfältig:

- *bestimmte Rohstoffe müssen vom Ausland bezogen werden, da sie im eigenen Land nicht oder nicht ausreichend vorkommen, z.B. in Deutschland Erze, Erdöl, Erdgas;*
- *bestimmte Güter können aufgrund klimatischer oder geologischer Bedingungen bei uns nicht produziert werden, z.B. Orangen, Zitronen, Reis;*
- *bestimmte Güter können im Ausland billiger produziert werden als im Inland, z.B. Fotoapparate aus Japan, Textilien aus Honkong;*
- *trotz vergleichsweise höherer Preise werden inländische Waren aufgrund ihrer besonderen Qualität ins Ausland geliefert, z.B. deutsche Maschinen und Fahrzeuge.*

Import und Export

Insgesamt lieferte die deutsche Wirtschaft im Jahre 2008 Waren für rund 992 Mrd. Euro ins Ausland. Umgekehrt wurden Güter im Wert von 814 Mrd. Euro vom Ausland bezogen.

Wichtigster Handelspartner ist dabei Frankreich, gefolgt von den USA, Großbritannien, den Niederlanden und Italien. (Siehe auch Kapitel 11.1.4).

Wiederholungsfragen

Wiederholungsfragen

1. *Was versteht man unter Arbeitsteilung?*
2. *Wie entwickelte sich die Arbeitsteilung im Zeitablauf?*
3. *Unterscheiden Sie Berufsbildung und Berufsspaltung.*
4. *Erklären Sie den Begriff Arbeitszerlegung.*
5. *Nennen Sie Beispiele für Arbeitszerlegung im kaufmännischen Bereich.*
6. *Was versteht man unter volkswirtschaftlicher Arbeitsteilung?*
7. *Nennen Sie die drei Wirtschaftsbereiche und geben Sie jeweils zwei Beispiele für Betriebe aus diesen Bereichen.*
8. *Nennen Sie drei Gründe für die internationale Arbeitsteilung.*

2.5 Der Kreislauf der Wirtschaft

Haushalte/ Unternehmen

Ursprünglich waren die Menschen Selbstversorger. Was konsumiert wurde, wurde selbst erzeugt, was erzeugt wurde, wurde selbst verbraucht. Arbeitsstätte und Haushalt waren eine Einheit. Heute sind Produktion und Konsum arbeitsteilig voneinander getrennt.

Die **Haushalte** bieten den Unternehmen Produktionsfaktoren (Arbeitskraft, Boden, Kapital) an und erzielen daraus Einkommen (Lohn oder Gehalt, Miete oder Pacht, Zinsen). Für Arbeitnehmerhaushalte ist Lohn oder Gehalt die wichtigste, oft sogar die ausschließliche Einkommensart.

In den **Unternehmen** werden mithilfe der Produktionsfaktoren nach dem ökonomischen Prinzip Güter und Leistungen erstellt, die von den Haushaltungen nachgefragt, d.h. gekauft und aus ihrem Einkommen bezahlt werden.

einfacher Wirtschaftskreislauf

Um die Vielfalt der Beziehungen zwischen produzierenden Betrieben und konsumierenden Haushalten verständlich darzustellen, bedient man sich eines **vereinfachenden Modells**. Der Begründer dieser modellhaften Betrachtung war der Franzose *François Quesnay (1694–1774), der Leibarzt der Marquise Pompadour und Ludwig XV.* Er verglich die Abhängigkeit der Geld- und Güterströme in der Wirtschaft mit dem Blutkreislauf des Menschen und entwickelte aus dieser Überlegung sein *„Tableau economique"*, ein stark vereinfachtes **Schema eines Wirtschaftskreislaufs**, das die gegenseitigen Beziehungen zwischen **Geld-**

Güter- und Geldströme

und Güterströmen aufzeigt. Die einfache Modellbetrachtung wurde später von *Karl Marx (1818–1883)* und *John Maynard Keynes (1883–1946)* weiterentwickelt.

Es gibt nur **zwei Gruppen** von Beteiligten im Wirtschaftsleben, die **privaten Haushalte** und die **Unternehmen**. Die Vielzahl der privaten Haushalte sowie die Gesamtzahl der Unternehmen werden jeweils **zu** einem **Sektor zusammengefasst**.

- Um Güter zu produzieren, setzen die Unternehmen Arbeitskräfte, Grundstücke, Gebäude etc. (Produktionsfaktoren) ein. Diese Produktionsfaktoren werden ihnen von den Haushalten angeboten.

Im Modell des einfachen Wirtschaftskreislaufs werden folgende Annahmen zu Grunde gelegt:

- *Für die Bereitstellung ihrer Arbeitskraft (und der anderen Produktionsfaktoren) erhalten die Haushalte von den Unternehmen Einkommen.*
- *Die den Haushalten zugeflossenen Einkommen werden dazu verwendet um die von dem Unternehmen angebotenen Güter und Dienstleistungen zu kaufen.*
- *Somit fließen die Geldbeträge von den Haushalten wieder zurück an die Unternehmen. Es ergibt sich ein **geschlossener Kreislauf** (Abb. 2.28).*

einfacher Wirtschaftskreislauf

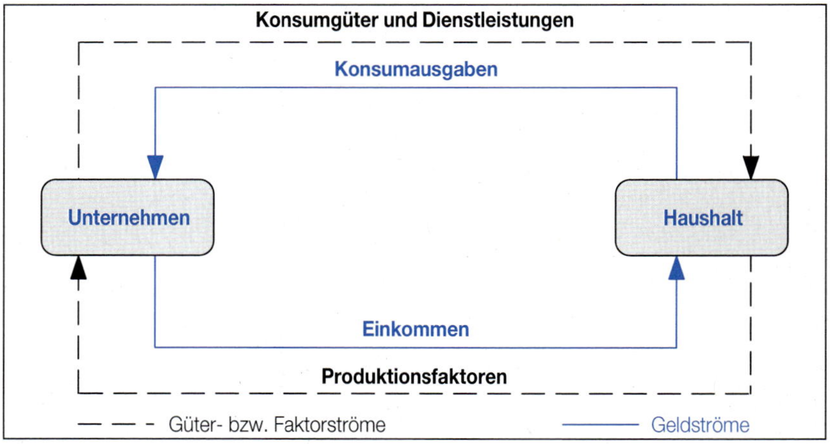

Abb. 2.28: Der einfache Wirtschaftskreislauf

Aus diesem einfachen Beispiel wird deutlich, dass es zwei unterschiedliche Arten von Strömen gibt:

- **Güter- oder Warenströme** (*Realströme) und*
- **Geldströme** (*monetäre Ströme; englisch money = Geld).*

Aus Gründen der Anschaulichkeit geht unser Kreislaufmodell von einigen grundlegenden Vereinfachungen aus. So findet in dem geschlossenen Kreislauf kein Außenhandel statt, auch greift der Staat nicht in das Wirtschaftsgeschehen ein. Die Haushalte verwenden ihr gesamtes Einkommen zum Kauf von Konsumgütern, es gibt daher weder

Ersparnisse noch Banken. Außerdem besteht die gesamte Produktion der Unternehmen aus Konsumgütern, daher gibt es auch keine Investitionen.

Trotz dieser Vereinfachung zeigt das Modell wesentliche Zusammenhänge in einer Volkswirtschaft auf.

Einbeziehung der Banken

Im Baukastensystem lässt sich das Modell weiter ausbauen. Eine wichtige Ergänzung ist die Einbeziehung der **Banken** (Kreditinstitute). Sie haben in dem Modell die Funktion von „Kapitalsammelstellen". Man geht davon aus, dass die **Haushalte** nicht mehr ihr gesamtes Einkommen konsumieren, sondern einen Teil bei den Banken **sparen** (vgl. Kapitel 2.3.2, Seite 71). Die Banken verwenden die Einlagen ihrer Kunden zur Vergabe von **Krediten an Unternehmen**. Mit den Krediten können die Unternehmen ihre **Investitionen** finanzieren. Die Abbildung 2.29 zeigt, dass Sparen somit eine wesentliche Voraussetzung für das Investieren der Unternehmen in der Volkswirtschaft ist.

Wirtschaftskreislauf

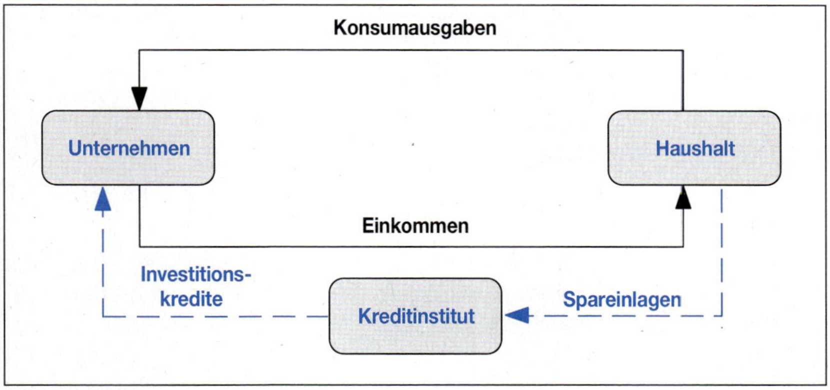

Abb. 2.29: Wirtschaftskreislauf mit Bankensystem

Das Modell des Wirtschaftskreislaufs gibt zwar nicht die komplexe wirtschaftliche Realität wieder, es kann aber helfen, wirtschaftliche Grundzusammenhänge zu erklären und zu verstehen.

Will man das Modell noch etwas mehr an die Realität anpassen, muss man es weiter ausbauen. Die nächste wichtige Ergänzung ist die **Einbeziehung des Staates**. Der Staat erzielt im Geldkreislauf vor allem Einnahmen aus Steuern sowohl von den Haushalten als auch von den Unternehmen. Um seine vielfältigen Aufgaben zu erfüllen, benötigt er von den Kreditinstituten aber auch zusätzliche Kredite. Seine Einnahmen verwendet der Staat u.a. zur Bezahlung seiner Beamten, zum Erwerb von Gütern und Dienstleistungen (Staatsaufträge), für soziale Zwecke (Sozialleistungen) sowie für die Subventionierung der Betriebe. Abb. 2.30 zeigt das Modell eines erweiterten Wirtschaftskreislaufs.

erweiterter Wirtschaftskreislauf

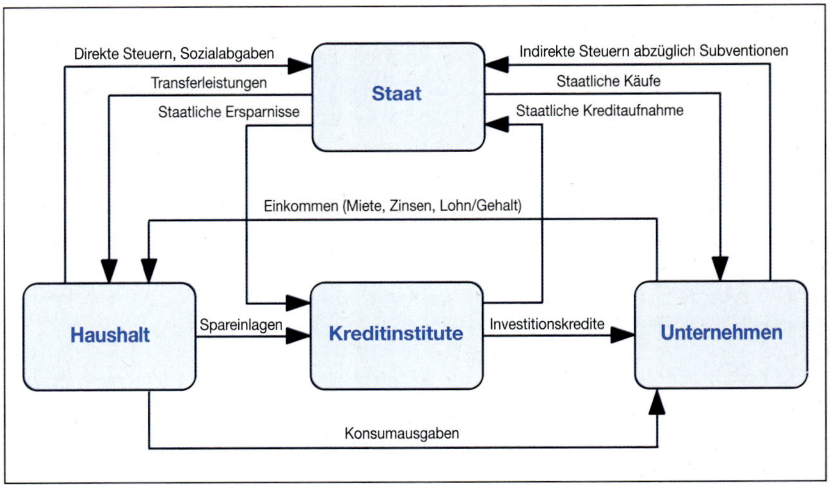

Abb. 2.30: Der erweiterte Wirtschaftskreislauf

Staat und Ausland

In einem noch weiter ausgebauten Schema ist neben dem Staat auch die **Verflechtung mit dem Ausland** zu berücksichtigen. Aus dem Ausland beziehen wir durch Importe Güter und Dienstleistungen (Güterstrom). Dafür fließen Einkommen ins Ausland (Geldstrom). Umgekehrt strömt durch Ausfuhren (Exporte) von Gütern und Dienstleistungen Geld aus dem Ausland ins Inland. Der Staat erhebt Steuern, Gebühren und stellt dafür öffentliche Güter und Sozialleistungen zur Verfügung.

Wiederholungsfragen

Wiederholungsfragen

1. *Nennen Sie die beiden Sektoren des einfachen Wirtschaftskreislaufs.*
2. *Beschreiben Sie den Fluss der Güterströme.*
3. *Beschreiben Sie den Fluss der Geldströme.*
4. *Welche Funktionen haben die Banken im Wirtschaftskreislauf?*
5. *Welche Rolle spielt das Ausland im Wirtschaftskreislauf?*

2.6 Markt und Preis

Beispiel

Jeden Sonntagmorgen um 5:00 Uhr erwartet die Frühaufsteher der Freien und Hansestadt Hamburg ein eigenartiges Schauspiel - Attraktion für Einheimische und Besucher, für übriggebliebene Nachtschwärmer und biedere Hausfrauen: der Fischmarkt.

Für wenige Stunden erwachen die stillen Straßen und Gassen nahe des Fischereihafens zu geschäftiger Betriebsamkeit: Buden und Stände schießen wie Pilze nach einem warmen Sommerregen aus dem Boden; Fischfrauen schleppen in mächtigen Kübeln frisch angelandete Schollen herbei; Bauern aus den benachbarten Vierlanden türmen Äpfel und Kohlköpfe zu appetitlichen Pyramiden, öffnen Butterfässer und Körbe mit nestwarmen Hühnereiern; Aalhändler richten ihre fettglänzenden Delikatessen ordentlich auf ihren Tischen aus; Blumenfrauen arrangieren Nelken, Astern und Rosen zu bunten Sträußen.

Die Masse der Passanten drängt sich durch die Stände, Hausfrauen prüfen kritisch, wählen zwischen Kabeljau und Butt, zwischen Lachs und Aal, zwischen Orangen und Bananen, zwischen Eiern der Klasse A und B . . .

(Quelle: Im Kreislauf der Wirtschaft, Bankverlag Köln).

Marktbegriff

Das Beispiel zeigt einen typischen **Markt**, einen Platz, **an dem sich** Verkäufer und Käufer, **Angebot und Nachfrage** zu einem ganz bestimmten Zeitpunkt **treffen**.

Solche Treffpunkte sind auch die Wochenmärkte in unseren Städten oder die Börsen für Devisen, Wertpapiere oder Waren. Auch hier treffen sich Käufer und Verkäufer zu festgelegten Zeiten an festgelegten Plätzen um Wertpapiere, ausländische Zahlungsmittel oder Waren zu kaufen oder zu verkaufen.

Zusammentreffen von Angebot und Nachfrage

Die beschriebenen Beispiele zeigen aber nicht die gesamte wirtschaftliche Bedeutung des Begriffes Markt. Der Ausdruck **Markt kennzeichnet** vielmehr **jedes Zusammentreffen von Angebot und Nachfrage**. Hierbei ist es nicht notwendig, dass sich Anbieter und Nachfrager persönlich gegenüberstehen. Die Marktteilnehmer können auch telefonieren oder sich schriftlich verständigen.

Beispiel: *Eine Auszubildende bestellt schriftlich aufgrund des Angebots im Versandhauskatalog eine Bluse Größe 36 zum Preis von 49,00 € sowie einen passenden Gürtel für 19,90 €. Eine Woche später trifft ein Paket des Versandhauses bei der Bestellerin ein. Auch hier haben sich Angebot und Nachfrage getroffen und es wurden Waren ausgetauscht.*

Anbieter und Nachfrager haben sich nie persönlich getroffen, dennoch entstand ein Warenaustausch auf einem Markt. Mit dem Begriff Markt bezeichnet man daher nicht nur den geografischen Ort von Angebot und Nachfrage, sondern die **gedankliche Zusammenfassung des** gesamten **Angebots** an **bzw. der** gesamten **Nachfrage** nach bestimmten Gütern und Dienstleistungen.

Definition des Marktes

Der Markt ist jedes Zusammentreffen von Angebot und Nachfrage.

2.6.1 Marktarten

Marktarten

Je nachdem, welche Güter oder **Leistungen** gehandelt werden, sprechen wir vom **Konsumgütermarkt**, vom **Investitionsgütermarkt**, vom **Dienstleistungsmarkt**, vom **Arbeitsmarkt**, vom **Kapitalmarkt** oder vom **Immobilienmarkt**.

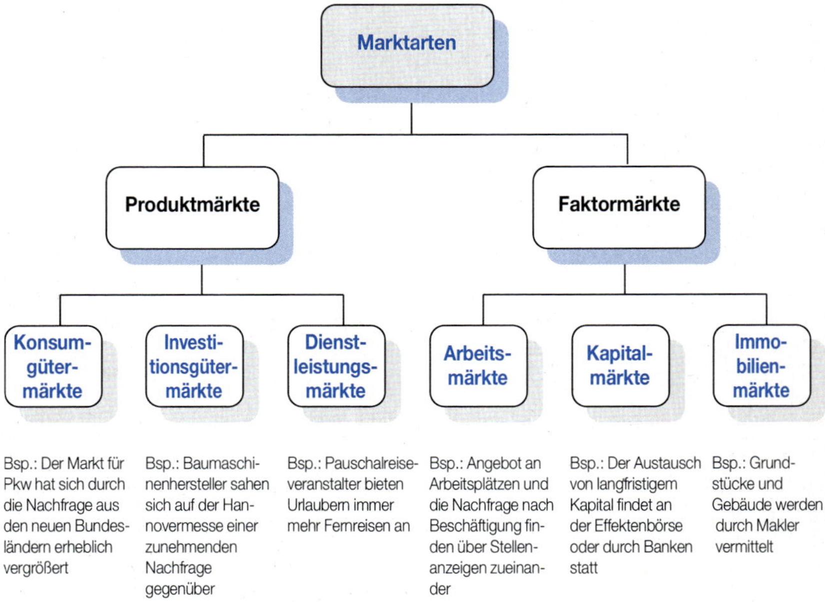

Abb. 2.31: Produkt- und Faktormärkte

Die Vielzahl der **Märkte** lässt sich aber auch **nach räumlichen** bzw. geografischen **Gesichtspunkten** gliedern.

räumliche Gliederung

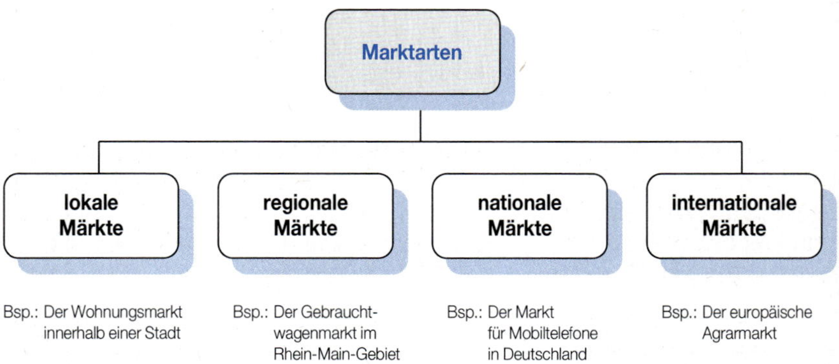

Abb. 2.32: Marktarten nach räumlicher Gliederung

2.6.2 Marktformen

Beispiel

Wer sich für sein neues Haus Wasseranschluss installieren lassen will, muss sich an das örtliche Wasserversorgungsunternehmen wenden. Diese Unternehmen besitzen ein Monopol, d. h. ausschließlich sie liefern Wasser innerhalb der Kommune. Einen Wettbewerb wie bei der Stromversorgung gibt es nicht. Ein Verhandeln über die Gebühren ist nicht möglich, sie sind in einer Gebührenordnung festgelegt.

Zahl der Marktteilnehmer

Wer sich für seine neue Wohnung eine Stereoanlage zulegen will, hat die Qual der Wahl. Eine Vielzahl von deutschen und ausländischen Herstellern bieten diese Anlagen an. Preisvergleiche und -verhandlungen scheinen geboten.

Je nach **Anzahl der Marktteilnehmer** und der sich daraus ergebenden **Marktmacht**, unterscheidet man unterschiedliche **Marktformen**. Diese Marktformen hat *Heinrich von Stachelberg* erstmals in seinem **Marktformenschema** zusammengestellt (Abb. 2.33).

Anbieter / Nachfrager	einer	wenige starke	viele
einer	bilaterales Monopol	beschränktes Nachfragemonopol	Nachfragemonopol
wenige starke	beschränktes Angebotsmonopol	bilaterales Oligopol	Nachfrageoligopol
viele	Angebotsmonopol	Angebotsoligopol	Polypol

Abb. 2.33: Marktformen (schematische Übersicht)

Polypol

Existieren auf einem Markt **viele Anbieter** und **viele Nachfrager** und hat jeder Einzelne so wenig Macht, dass ihm nur die Anpassung an den Markt (Anpassung an den Marktpreis) übrig bleibt, spricht man vom **Polypol** *(poly = viel).*

Beispiele: *Lebensmittelmarkt in einer Stadt, Gebrauchtwagenmarkt in einer Region.*

Oligopol

Treten auf einem Markt auf der **Angebotsseite** oder auf der **Nachfrageseite** nur wenige Marktteilnehmer auf, kann der Einzelne in **begrenztem Umfang Marktmacht** ausüben. Er kann die Preisbildung mit einer bestimmten Marktstrategie beeinflussen. Diese Marktform nennen wir **Oligopol**.

Beispiele: *Automobilhersteller, Mineralölkonzerne, Tabakindustrie, Großbrauereien.*

Gibt es auf einem Markt auf der **Angebotseite** oder auf der **Nachfrageseite nur einen einzelnen** Marktteilnehmer, besitzt dieser eine relativ

Monopol

große Marktmacht. In einem bestimmten Rahmen kann er den Preis bestimmen. Diese Marktform nennt man **Monopol**. Je nach Marktseite unterscheiden wir Angebotsmonopole und Nachfragemonopole.

Beispiele: *Deutsche Bahn AG als alleiniger Anbieter im Fernverkehr bzw. als Anbieter des Schienenetzes (Angebotsmonopol), Zuckerrübenanbauer einer Region und einzige Zuckerfabrik (Nachfragemonopol).*

2.6.3 Das Verhalten von Nachfragern und Anbietern

Beispiel

Berufsschule Neustadt, 13:10 Uhr: Die Azubis Oliver und Kristina wollen in ihrer Mittagspause kurz etwas essen. Oliver hat fürchterlichen Hunger und holt sich deshalb in einem Fastfood-Restaurant gegenüber einen Hamburger.

Das Lokal macht einen sauberen Eindruck und die Preise sind relativ niedrig. Es wird von Berufsschülern daher gerne besucht.

Kristina würde lieber eine Pizza und einen knackigen Salat essen. Doch zur nächsten Pizzeria sind es zu Fuß gut 20 Minuten. Außerdem ist Kristina wieder einmal zur Monatsmitte fast blank. Es ist halt kein Auskommen mit dem Einkommen. Auch sie entschließt sich daher zu einem Hamburger.

• Nachfrageverhalten

Nachfrager-entscheidung

An dem Beispiel können wir die **Einflussfaktoren auf das Nachfrageverhalten** erkennen. Die **Entscheidung** unserer Berufsschüler, einen Hamburger zu essen, wurde u. a. **bestimmt** durch

- *den empfundenen Hunger,*
- *den Preis des Hamburgers,*
- *den Preis der Pizza,*
- *das geringe Einkommen,*
- *die günstige Lage und die Sauberkeit des Restaurants,*
- *die knappe Zeit während der Mittagspause.*

Einfluss-größen der Nachfrage

Allgemein kann man sagen: Das **Verhalten der Nachfrager** – d. h. der Entschluss, ein bestimmtes Gut (z. B. einen Hamburger) zu kaufen – wird u. a. **durch** folgende **Einflussgrößen bestimmt**:

- *den Preis des jeweiligen Gutes (des Hamburgers),*
- *den Preis anderer Güter (der teureren Pizza),*
- *die Dringlichkeit der Bedürfnisse (starker Hunger),*
- *das Einkommen (Geld reicht nicht für eine Pizza),*
- *sonstige Faktoren (räumliche Nähe, saubere Ausstattung).*

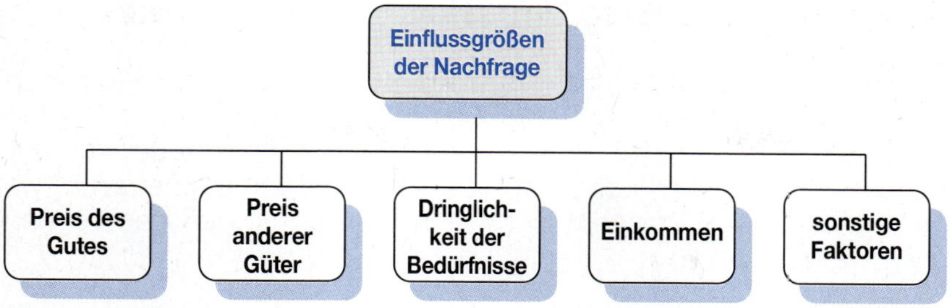

Abb. 2.34: Einflussfaktoren der Nachfrage

- ***Anbieterverhalten***

Beispiel

Die Geschäfte des Hamburger-Restaurants gehen gut, denn Hamburger sind bei den Schülern beliebt. Während der Mittagsstunden beschäftigt der Wirt sogar eine Aushilfskraft um den Andrang zu bewältigen. Dennoch ist unser Wirt nicht zufrieden. Der Hausbesitzer hat bereits die nächste Mietpreiserhöhung angekündigt und auch die Fleischpreise steigen ständig. Eine Preiserhöhung lässt sich bei seiner Kundschaft aber nur schwer durchsetzen. Außerdem zieht die Mensa der nahegelegenen Fachhochschule immer mehr seine Kunden an. Er überlegt daher, ob er sich nicht einen anderen Standort in der Innenstadt suchen soll.

Anbieterentscheidung

Die Entscheidung unseres Wirts, gegenüber der Berufsschule ein Hamburger-Restaurant zu betreiben, wird durch folgende Punkte beeinflusst.

- *die Beliebtheit von Hamburgern,*
- *die Höhe der Lokalmiete,*
- *die Höhe der Fleischpreise,*
- *die Mithilfe der Aushilfskraft,*
- *die günstige Lage gegenüber der Schule,*
- *das bisherige Fehlen von direkter Konkurrenz.*

Das Verhalten der Anbieter ist also abhängig von den **Kosten**, vom **erzielbaren Preis** des angebotenen Guts, von den **Gewinnerzielungsmöglichkeiten**, den **Preisen** und der Verfügbarkeit der benötigten **Produktionsfaktoren** und schließlich von der **Konkurrenz** (vgl. Abb. 2.35).

Einflussgrößen des Angebots

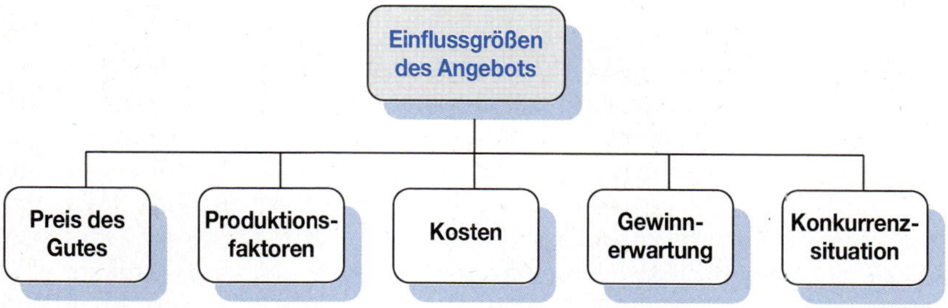

Abb. 2.35: Einflussfaktoren des Angebots

2.6.4 Preisbildung und Gleichgewichtspreis

Ziele von Anbietern und Nachfragern

Die verschiedenen Marktteilnehmer (Anbieter und Nachfrager) verfolgen **unterschiedliche Ziele** am Markt. Die **Konsumenten** wollen möglichst **preiswert einkaufen, die Produzenten** aber möglichst **teuer verkaufen**; die Arbeitnehmer wollen möglichst hohe Einkommen erzielen, die Arbeitgeber aus Kostengründen aber mit möglichst geringen Löhnen auskommen.

Die Aufzählung lässt sich beliebig fortsetzen. Wer kauft, ist an einem möglichst niedrigen, wer verkauft, ist an einem möglichst hohen Preis interessiert. Diese verschiedenen **Interessen** zum **Ausgleich** zu bringen, ist in einer Marktwirtschaft Aufgabe der **Preisbildung**.

• Gesetz der Nachfrage

Untersuchen wir diesen Vorgang wiederum an einem einfachen Beispiel:

Beispiel

Max Müller isst für sein Leben gerne Kartoffeln. Seine Frau Susanne serviert ihm daher häufig Bratkartoffeln, Kartoffelbrei, Pellkartoffeln, Kartoffelgratin, Kartoffelauflauf und sonstige Kartoffelgerichte. Ende März geht der Kartoffelvorrat, den sich die Familie im letzten Herbst zugelegt hatte, zu Ende. Susanne Müller bringt daher, zum Leidwesen von Max, häufiger Nudeln, Reis, Knödel und sonstige „Ersatzgüter" für Kartoffeln (Substitutionsgüter) auf den Tisch. Neue Kartoffeln sind ihr als preisbewusster Hausfrau in dieser Jahreszeit noch zu teuer. Als die Preise in den nächsten Wochen stark sinken, kauft sie immer häufiger kleinere Mengen der von ihrem Mann so begehrten Knolle auf dem Wochenmarkt ein. Sie wird noch mehr nachfragen und auf die Zubereitung von Nudeln, Reis und ähnlichen Beilagen immer mehr verzichten, wenn die Preise für Kartoffeln im Mai und Juni stark zurückgehen.

Nachfrage und Preisänderung

Der hier angedeutete **Zusammenhang** zwischen **Nachfrage** nach einem Gut (im Beispiel Kartoffeln) **und** der **Preisveränderung** kann durch folgendes Beispiel veranschaulicht werden.

Preis in €/kg (P)	4,00	3,50	3,00	2,50	2,00	1,50	1,00	0,50	0,00
Nachfragemenge in kg/Woche (X)	0	2	4	6	8	10	12	14	16

Gesetz der Nachfrage

In einer **Nachfragekurve** lässt sich dieser Zusammenhang grafisch darstellen (vgl. Abb. 2.36). Auf der senkrechten Achse wird der **Preis** (P), auf der waagrechten die **Menge** (X) angegeben. Der Verlauf der Kurve zeigt, dass sich bei einem Preis von z. B. 3,00 € pro kg eine Nachfragemenge von 4 kg ergibt. Bei einem Kilopreis von 2,00 € liegt die Nachfrage bei 8 kg, bei 1,00 € pro kg werden 12 kg nachgefragt. Bei einem Preis von 4,00 € findet keine Kartoffelnachfrage mehr statt. Andererseits wird Susanne Müller bei einem theoretischen Preis von 0,00 € nicht mehr als 16 kg pro Woche nachfragen.

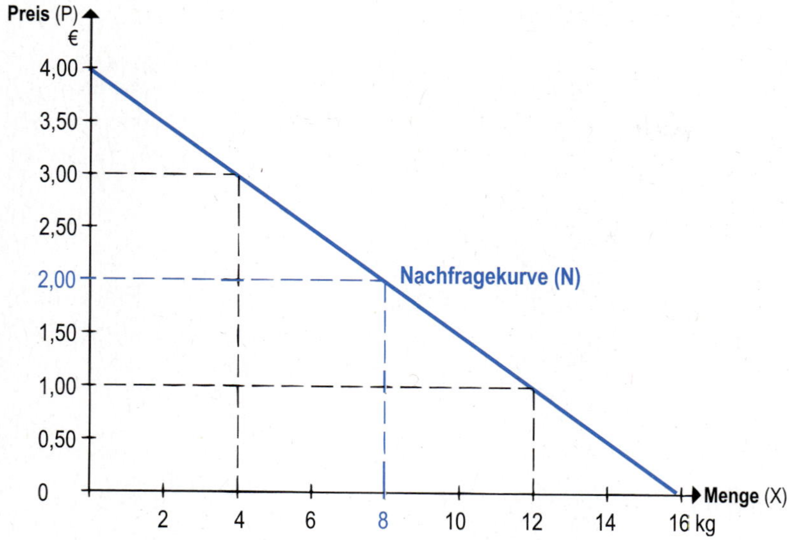

Abb. 2.36: Nachfragekurve

Nachfragekurve

Verlauf der Nachfragekurve

Im Regelfall hat die **Nachfragekurve** den in Abb. 2.36 dargestellten Verlauf. Sie fällt **von links oben nach rechts unten** und zeigt das „**Gesetz der Nachfrage**“:

- Wenn der Preis steigt (z. B. von 2,00 € auf 3,00 €), sinkt die Nachfrage (von 8 kg auf 4 kg).
- Wenn der Preis sinkt (z. B. von 2,00 € auf 1,00 €), steigt die nachgefragte Menge (von 8 kg auf 12 kg).

Es gibt jedoch auch **Ausnahmen**, z. B.

- bei Prestigegütern, die verstärkt nachgefragt werden, nur weil sie teuer sind (Snobeffekt).
- bei Aktienkäufern, die bei steigenden Kursen mehr Aktien nachfragen um an weiteren Kurssteigerungen zu verdienen oder
- bei Panikkäufen aufgrund steigender Preise.

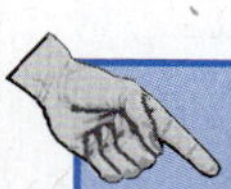

Mit steigendem Preis sinkt die Nachfrage und mit sinkendem Preis steigt die Nachfrage nach einem bestimmten Gut.

Die Nachfragekurve ist die grafische Darstellung dieser Gesetzmäßigkeit. Sie verläuft von links oben nach rechts unten.

• Gesetz des Angebots

Gesetz des Angebots

Auch die Anbieter zeigen in Abhängigkeit des Preises ein typisches Verhalten auf dem Markt. Bei **hohen Preisen** werden sie **große Mengen** anbieten, da es mit dem entsprechenden Gut viel zu verdienen gibt (Gewinnmaximierung nach dem ökonomischen Prinzip). Bei **fallenden Preisen** werden sich nach und nach einzelne Anbieter aus dem Markt zurückziehen, da die Produktion des entsprechenden Gutes sich nicht mehr lohnt. Das **Angebot geht** insgesamt **zurück**.

Verlauf der Angebotskurve

Allgemein gilt das „**Gesetz des Angebots**": Je höher der Preis, desto höher die angebotene Menge. Grafisch kann auch dieser Zusammenhang in der **Angebotskurve** veranschaulicht werden.

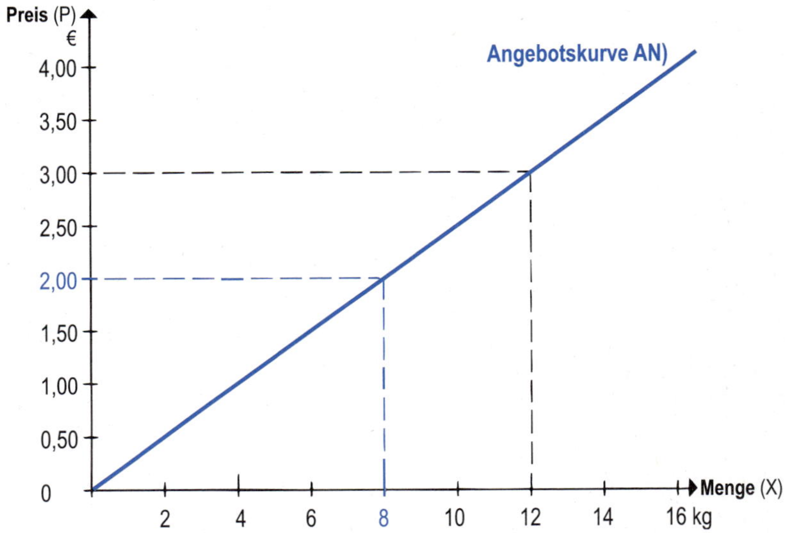

Abb. 2.37: Angebotskurve

Mit steigendem Preis steigt das Angebot und mit sinkendem Preis sinkt das Angebot eines bestimmten Gutes.

Die Angebotskurve ist die grafische Darstellung dieser Gesetzmäßigkeit. Sie verläuft von links unten nach rechts oben.

Ausgleich von Interessen

Angebot und Nachfrage treffen am Markt aufeinander. Dabei stellt sich die Frage, welcher Preis sich bei den gegensätzlichen Interessen von Anbietern und Nachfragern letztlich einstellt. Um diese Frage beantworten zu können, müssen wir Angebots- und Nachfragekurve zusammenführen.

Bildung des Gleichgewichtspreises

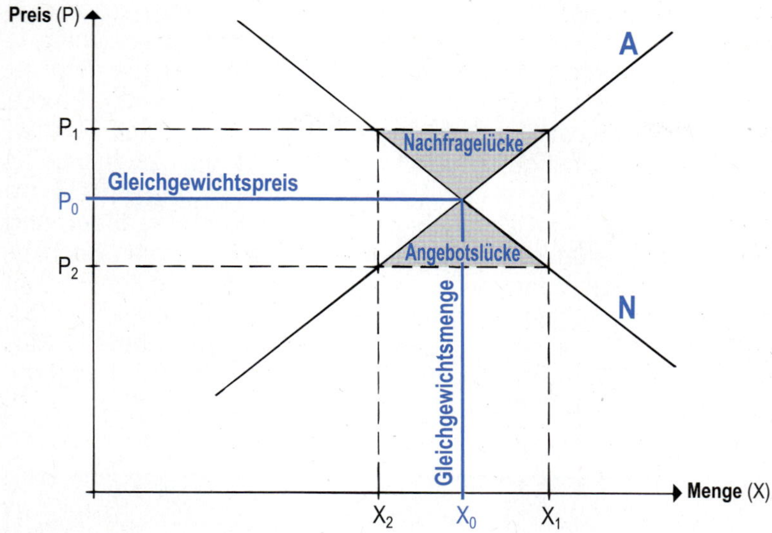

Abb. 2.38: Bildung des Gleichgewichtspreises

- ***Gleichgewichtspreis***

Gleichgewichtspreis

Am Markt wird sich bei freiem Spiel der Kräfte der **Preis** einstellen, **bei dem Angebot und Nachfrage gleich groß sind**. Mathematisch gesehen: am Schnittpunkt von Angebots- und Nachfragekurve. Man nennt diesen Preis den **Gleichgewichtspreis** (in unserer Abbildung $\mathbf{P_0}$), die dazugehörige Menge **Gleichgewichtsmenge** ($\mathbf{X_0}$).

> **Der Gleichgewichtspreis ist der Preis, bei dem die angebotene Menge gleich der nachgefragten Menge ist.**

Wie kommt es nun zum Gleichgewichtspreis?

Preis über dem Gleichgewichtspreis

Gehen wir zunächst einmal von einem relativ hohen Preis P_1 aus, wie sich ihn die Anbieter wünschen würden. Bei diesem Preis würden sie zwar die hohe Menge X_1 anbieten (Schnittpunkt des Preises P_1 mit der Angebotskurve A), die Nachfrager würden aber nur die geringe Menge X_2 (Schnittpunkt des Preises P_1 mit der Nachfragekurve N) nachfragen. Folge: die Anbieter bleiben auf dem Großteil ihrer Produkte sitzen. Es entsteht eine **Nachfragelücke** bzw. ein **Angebotsüberhang**.

Können die Anbieter ihre Waren aber nur teilweise absetzen, werden sie die **Preise senken**. Sie wissen, dass bei niedrigeren Preisen die Nachfrager eine größere Menge abnehmen (Gesetz der Nachfrage). So pendelt sich stufenweise der Gleichgewichtspreis ein. Ist dieser erreicht, besteht keine weitere Veranlassung, den Preis weiter zu verändern, da Angebot und Nachfrage deckungsgleich sind. Der Markt ist geräumt.

Preis unter dem Gleichgewichtspreis

Wir können das Erreichen des Gleichgewichtspreises auch ausgehend von einem niedrigen Preis P_2 nachvollziehen. Bei diesem für sie günstigen Preis fragen die Nachfrager die relativ große Menge X_1 nach (Schnittpunkt des Preises P_2 mit der Nachfragekurve N), aber nur wenige Produzenten bieten zu diesem für sie ungünstigen Preis die Ware an (Schnittpunkt des Preises P_2 mit der Angebotskurve A). Die Angebotsmenge X_2 ist daher wesentlich kleiner als die Nachfragemenge X_1. Folge: nicht alle Nachfrager kommen zum Zuge. Es entsteht ein **Nachfrageüberhang** bzw. eine **Angebotslücke**. Die hohe Zahl der nicht versorgten Nachfrager wird die Anbieter veranlassen, die **Preise anzuheben** (ihr Produkt lässt sich ja gut verkaufen). Dadurch werden neue Anbieter angelockt, während Nachfrager bei höheren Preisen vom Markt ausscheiden. Stufenweise bauen sich Angebotslücke und Nachfrageüberhang ab und der Gleichgewichtspreis pendelt sich ein.

Bei einem Preis über dem Gleichgewichtspreis entsteht eine Nachfragelücke bzw. ein Angebotsüberhang. Die nachgefragte Menge ist kleiner als die angebotene Menge.

Bei einem Preis unter dem Gleichgewichtspreis entsteht eine Angebotslücke bzw. ein Nachfrageüberhang. Die nachgefragte Menge ist größer als die angebotene Menge.

Funktion des Gleichgewichtspreises

Aus den dargestellten Zusammenhängen lassen sich verschiedene **Funktionen des Gleichgewichtspreises** zeigen:

- **Signalfunktion**: Der Preis zeigt die Knappheitsverhältnisse am Markt. Die Preise von knappen, begehrten Gütern steigen, während die Preise von wenig gefragten, in großen Mengen vorhandenen Gütern fallen.
- **Abstimmungsfunktion**: Die Planungen und Wünsche der einzelnen Konsumenten und Produzenten weichen in einer freien Marktwirtschaft voneinander ab. Über den Preisbildungsmechanismus werden die Einzelpläne ins Gleichgewicht gebracht.
- **Lenkungsfunktion**: Der Gleichgewichtspreis lenkt die Güterproduktion. Er veranlasst langfristig die Anbieter, die Güter herzustellen, die die Konsumenten nachfragen.

2.6.5 Verschiebung des Gleichgewichtspreises

Verschiebung des Gleichgewichts

Das beschriebene Marktgleichgewicht bleibt so lange bestehen, wie sich das Verhalten von Anbietern und Nachfragern nicht ändert. Fragen die Konsumenten bei unverändertem Angebot mehr nach, kommt es zu **Verschiebungen des Gleichgewichts**. Um zu sehen, welche **Auswirkungen auf Preis und Menge** solche Verschiebungen haben, gehen wir wiederum von einem Beispiel aus.

- ***Nachfragesteigerung***

Erhöhung der Nachfrage

Auf einem Markt herrscht Gleichgewicht. Der Gleichgewichtspreis P_0 liegt im Schnittpunkt von Angebots- und Nachfragekurve. Es wird die Menge X_0 abgesetzt, d.h. angeboten und auch nachgefragt (vgl. Abb. 2.39 a). **Fragen** die **Konsumenten** jetzt eine **größere Menge** als vorher **nach**, etwa weil

- *sie durch Steuersenkungen höhere Einkommen zur Verfügung haben,*
- *ein Produkt besonders in Mode gekommen ist,*
- *ein Substitutionsgut durch starke Preissteigerungen nicht mehr das Interesse der Konsumenten findet usw.*

verschiebt sich die **Nachfragekurve nach rechts** (aus der Kurve N_0 wird die Kurve N_1). Der **Preis steigt** von P_0 auf P_1. Bei diesem höheren Preis wird von den Produzenten natürlich auch mehr angeboten. Aus der Menge X_0 wird die Menge X_1 (vgl. Abb. 2.39 a).

- ***Nachfragerückgang***

Rückgang der Nachfrage

Umgekehrt führt ein **Rückgang der Nachfrage**, etwa weil die

- *die Nachfrager durch Steuererhöhungen weniger Einkommen zur Verfügung haben,*
- *ein Produkt aus der Mode gekommen ist,*
- *ein Substitutionsgut durch starke Preissenkungen immer mehr das Interesse der Konsumenten findet usw.*

zu einer **Verschiebung der Nachfragekurve nach links** (N_0 wird zu N_2). Der **Preis fällt** ausgehend von P_0 auf P_2, die Menge von X_0 auf X_2 (vgl. Abb. 2.39 b).

Nachfrage-verschiebung

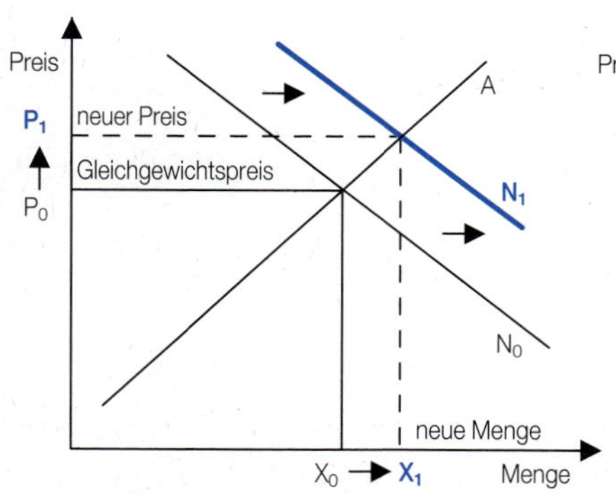

Abb. 2.39a: Nachfragesteigerung

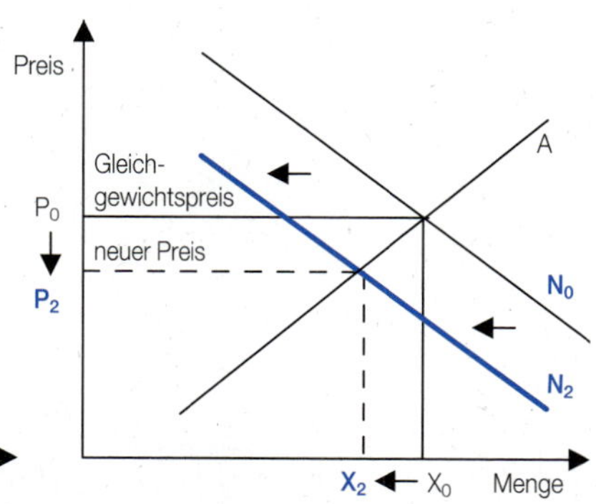

Abb. 2.39b: Nachfragerückgang

Eine steigende Nachfrage führt bei gleichbleibendem Angebot zu Preissteigerungen. Eine fallende Nachfrage führt bei gleichbleibendem Angebot zu Preissenkungen.

- ***Angebotsausweitung***

Erhöhung des Angebots

Wird das **Angebot** eines Gutes auf dem Markt **größer**, z.B. weil immer mehr Hersteller dieses Gut produzieren, verschiebt sich die **Angebotskurve nach rechts** (aus A_0 wird A_1). Auch hierbei entsteht ein **neues Gleichgewicht**. Die Menge hat zugenommen (von X_0 auf X_1), gleichzeitig **fällt der Preis** von P_0 auf P_2.

- ***Angebotssenkung***

Senkung des Angebots

Schränken die **Unternehmen ihr Angebot ein** (z.B. infolge Rohstoffknappheit), verschiebt sich die **Angebotskurve nach links** (aus A_0 wird A_2). Die Menge hat abgenommen (von X_0 auf X_2). Anders ausgedrückt: Das angebotene Gut wird in Bezug auf die Nachfrage knapp, der **Preis steigt** von P_0 auf P_1.

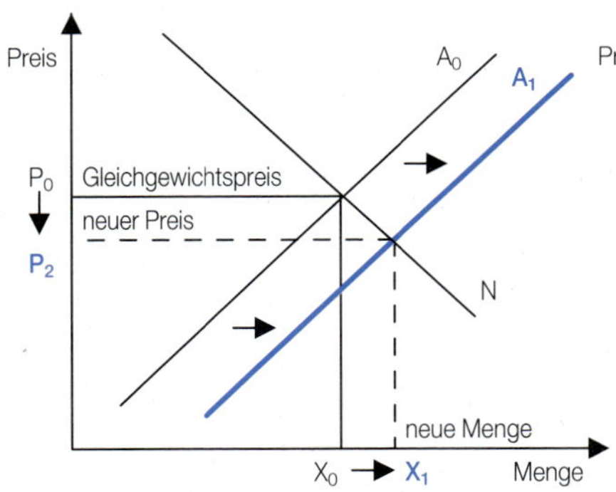

Abb. 2.39c: Angebotsausweitung

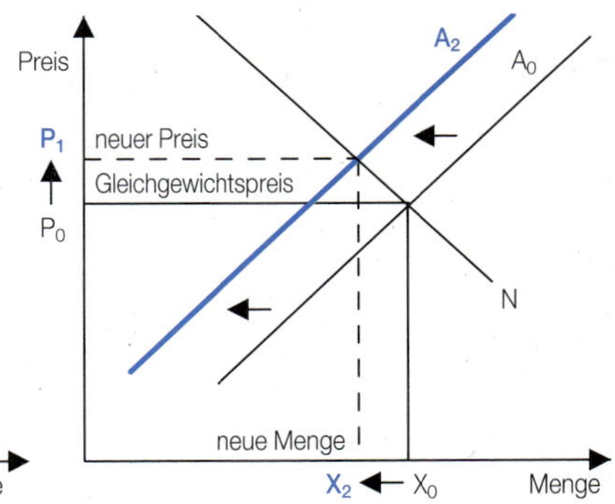

Abb. 2.39d: Angebotsrückgang

Ein steigendes Angebot führt bei gleichbleibender Nachfrage zu Preissenkungen, ein zurückgehendes Angebot führt bei gleichbleibender Nachfrage zu Preissteigerungen.

2.6.6 Der vollkommene Markt

Modell vollkommener Markt

Die beschriebenen Zusammenhänge bei Angebots- und Nachfrageveränderungen sind in der Praxis wesentlich komplizierter. Aus Vereinfachungsgründen stützten wir uns daher wieder auf eine modellhafte Betrachtung. Man bezeichnet diesen modellhaften Markt als **vollkommenen Markt**.

Auf einem **vollkommenen Markt** bildet sich durch die Gesetze von Angebot und Nachfrage unter folgenden **Bedingungen** ein einheitlicher **Gleichgewichtspreis**:

Bedingungen des vollkommenen Marktes

- *Die Produzenten verfolgen das Ziel der Gewinnmaximierung, die Haushalte das der Nutzenmaximierung, d.h. Anbieter und Nachfrager handeln nach dem ökonomischen Prinzip.*
- *Der Zugang zum Markt darf weder für neue Anbieter noch für neue Nachfrager behindert werden.*
- *Der Markt muss für die Marktteilnehmer überschaubar sein, d. h. Markttransparenz muss vorliegen. Die Nachfrager müssen sich über Preise, Qualitäten usw., die Anbieter über Marktbedingungen, Mitbewerber usw. informieren können.*
- *Die Marktteilnehmer dürfen weder sachliche noch persönliche Präferenzen haben. Ein Käufer sollte z. B. einem Produkt, einer Marke, einem Geschäft nur aus ökonomischen Gründen den Vorzug vor anderen geben und nicht etwa, weil das Geschäft gerade um die Ecke liegt, weil man dort auch donnerstags bis 22:00 Uhr einkaufen kann oder weil dort eine besonders attraktive Verkäuferin arbeitet.*
- *Die Marktteilnehmer müssen sich den Marktbedingungen und ihren Veränderungen schnell anpassen können.*

unvollkommener Markt

Die theoretischen Voraussetzungen für den **vollkommenen Markt** sind nur selten erfüllt. **Unvollkommene Märkte** sind in der Realität deshalb häufiger als vollkommene. Vor allem fehlt häufig die Markttransparenz oder es bestehen Präferenzen.

Dem Modell kommen aber die Wertpapier-, Devisen- und Warenbörsen relativ nahe. So weist die Wertpapierbörse folgende Merkmale auf:

- *Die behandelten Güter (Aktien bestimmter Gesellschaften, Bundesanleihen eines bestimmten Typs) sind homogen.*
- *Angebot und Nachfrage der Wertpapierhändler kommen zu einer bestimmten Zeit an einem bestimmten Ort zusammen (Punktmarkt), sodass fast eine völlige Markttransparenz herrscht.*
- *Persönliche oder räumliche Präferenzen kommen in der Regel nicht vor.*

Wiederholungsfragen

Wiederholungsfragen

1. *Was versteht man wirtschaftlich unter dem Begriff Markt?*
2. *Welche Märkte lassen sich unterscheiden?*
3. *Was ist*
   a) ein Monopol,
   b) ein Oligopol,
   c) ein Polypol?
4. *Von welchen Bestimmungsgrößen hängt das Verhalten*
   a) der Nachfrager,
   b) der Anbieter ab?
5. *Was besagt das Gesetz der Nachfrage?*
6. *Was besagt das Gesetz des Angebots?*
7. *Geben Sie eine ökonomische Erklärung für den typischen Verlauf einer*
   a) Nachfragekurve,
   b) Angebotskurve.
8. *Was versteht man unter dem Gleichgewichtspreis bzw. der Gleichgewichtsmenge?*
9. *Erklären Sie die Begriffe Nachfragelücke und Angebotslücke.*
10. *Welche Funktion hat der Gleichgewichtspreis?*
11. *Nennen Sie mögliche Gründe für einen Nachfragerückgang nach einem bestimmten Gut!*
12. *Nennen Sie mögliche Gründe für eine Angebotsausweitung.*
13. *Was ist ein vollkommener Markt?*
14. *Nennen Sie die Voraussetzungen für einen vollkommenen Markt.*
15. *Erläutern Sie, weshalb man in der Volkswirtschaftslehre Modelle zur Erklärung der Realität verwendet.*

Aufgaben und Fälle

Aufgaben und Fälle zur Sicherung des Lernerfolgs

1. Ist das Bedürfnis nach einer qualifizierten Ausbildung Ihrer Meinung nach ein Existenz-, Kultur- oder Luxusbedürfnis?

2. Notieren Sie 15 Ihrer persönlichen Bedürfnisse und ordnen Sie diese nach ihrer Dringlichkeit.

3. Beschreiben Sie an selbstgewählten Beispielen, dass die Bedürfnisse des Menschen vom Alter, Geschlecht, vom Klima, von der Erziehung und vom Einkommen beeinflusst werden.

4. Werden mit den folgenden Gütern und Dienstleistungen Individual- oder Kollektivbedürfnisse befriedigt?
   - Unterricht in der Berufsschule
   - Eigenheim
   - Swimmingpool im Garten
   - öffentliches Freibad
   - Privatflugzeug
   - Eisenbahnbrücke von Ludwigshafen nach Mannheim
   - Personalcomputer
   - Krankenhaus

5. Die Personen in den folgenden Beispielen verhalten sich entweder nach dem Maximal- oder nach dem Minimalprinzip. Geben Sie das jeweilige Verhaltensprinzip an.
   a) Die preisbewusste Auszubildende Steffi möchte für eine Sommerparty 10 Flaschen Sekt einkaufen. Nach einem gründlichen Preisvergleich kauft sie ihn zum Sonderangebotspreis in einem Supermarkt.
   b) Rosi Renner ist handwerklich sehr geschickt und näht sich ein Sommerkleid. Da sie dazu einen passenden Schal haben möchte, versucht sie durch geschicktes Zuschneiden des vorhandenen Stoffes einen entsprechenden Rest übrig zu behalten.
   c) Rudi Ratlos macht sich in mehreren Geschäften auf die Suche nach dem Parfüm „Moonlight", das sich seine Freundin Susi zu ihrem Geburtstag so sehr gewünscht hat um es so günstig wie möglich zu erstehen.
   d) Auf der Autobahn, nachts um halb eins, bemerkt Fritz Flink, dass er nur noch sehr wenig Benzin im Autotank hat. Durch eine sparsame Fahrweise versucht er, so weit wie möglich damit zu kommen.

6. Interpretieren Sie das folgenden Zitat des griechischen Philosophen Epikur: „*Willst du jemanden reich machen, musst du ihm nicht das Gut mehren, sondern seine Bedürfnisse mindern.*"

Aufgaben und Fälle

7. Kreuzen Sie in folgender Aufgabe alle Felder an, die für die vorgegebenen Güter jeweils zutreffend sind!

Güter	materielles Gut	immaterielles Gut	Sachgut	Dienstleistung	Konsumgut	Produktionsgut
Abendkleid						
Lkw eines Bauunternehmers						
Pkw einer Hausfrau						
Videorekorder im Einfamilienhaus						
Vertretung eines Unternehmers durch einen Rechtsanwalt						
Beratung einer Privatperson durch einen Steuerberater						
Nutzung einer Wohnung für private Zwecke gemäß Mietvertrag						

8. a) Zwei Azubis diskutieren in der Berufsschule darüber, ob ein Pkw ein Konsumgut oder ein Investitionsgut ist. Nehmen Sie Stellung zu dieser Frage!
   b) In Deutschland werden jährlich hunderttausende neuer Pkws angeboten. Sind Autos somit kein knappes Gut mehr?

9. Nehmen Sie kritisch Stellung zu der Behauptung, Sonnenlicht und Luft seien freie Güter!

10. Beschreiben Sie kurz, wie sich das Verhältnis der Produktionsfaktoren Arbeit und Kapital im Lauf der Geschichte entwickelt hat!

11. Listen Sie zehn Produktionsfaktoren aus Ihrem Ausbildungsbetrieb auf und unterteilen Sie diese unter betriebswirtschaftlichen Aspekten!

12. Das Prinzip der Faktorsubstitution besagt, dass menschliche Arbeit z. B. durch den Faktor Betriebsmittel ersetzt werden kann. Erläutern Sie diesen Effekt am Beispiel eines modernen Büros!

Aufgaben und Fälle

13. Die Produktion von 10 Holzstühlen kann durch unterschiedlichen Einsatz der Produktionsfaktoren Arbeit und Betriebsmittel erfolgen. Die möglichen Kombinationen zeigt die folgende Tabelle.

Faktorkombination	Arbeitsstunden	Maschinenstunden
A	20	30
B	40	20
C	50	16
D	60	10
E	80	6

Eine Arbeitsstunde kostet 20,00 €, eine Maschinenstunde 45,00 €.

Ermitteln Sie die kostengünstigste Kombination zwischen Arbeit und Betriebsmitteln.

14. Die folgende Grafik beschreibt den sog. Treibhauseffekt.

a) Erläutern Sie, wie es zum Treibhauseffekt kommen kann!

b) Beschreiben Sie kurz die wichtigen Ursachen!

c) Diskutieren Sie Möglichkeiten, die Umweltbelastungen, die zum Treibhauseffekt führen, zu verringern.

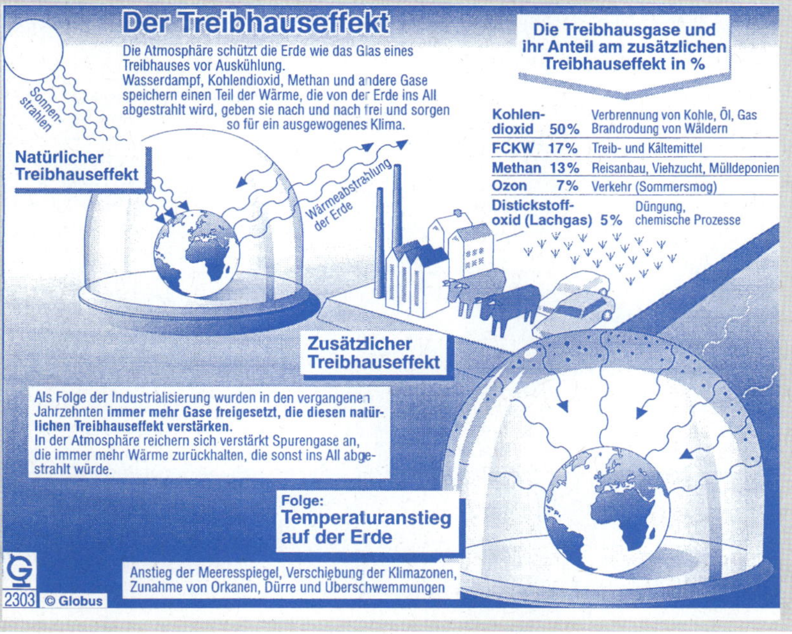

Aufgaben und Fälle

15. Stellen Sie in einer Tabelle die Vor- und Nachteile einer immer stärkeren Arbeitsteilung in den Betrieben aus Sicht der Unternehmen und der Arbeitnehmer gegenüber.

16. Das folgende Modell zeigt einen einfachen Wirtschaftsverlauf.

    Ordnen Sie den Ziffern ① – ⑥ der Abbildung die folgenden Begriffe zu: Güterangebot, Faktorangebot, Haushalte, Unternehmen, Güterentgelt, Faktorentgelt.

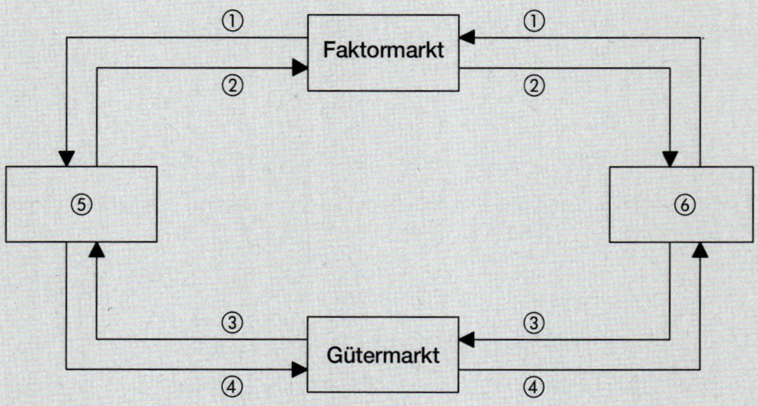

17. Märkte lassen sich, je nach Anzahl der Marktteilnehmer, in verschiedene Formen einteilen. Ergänzen Sie die richtige Marktform in der folgenden Tabelle:

Marktform	Anbieter	Nachfrager
	Zigarettenhersteller	Raucher
	Anbieter von Spiegelreflexkameras in einer Kleinstadt	Fotoamateure
	Erfinder der kalorienfreien Sahnetorte	kalorienbewusste Kuchenliebhaber
	Restaurants in Berlin	private Konsumenten
	Kfz-Versicherer	Kfz-Halter

Aufgaben und Fälle

18. Die Grafiken zeigen beispielhaft die Angebotskurve A_0 und die Nachfragekurve N_0 für Geflügelfleisch.

   a) Tragen Sie den Gleichgewichtspreis P_0 und die Gleichgewichtsmenge X_0 in die Grafiken ein.

   b) Tragen Sie in die erste Grafik die neue Nachfragekurve N_1 für den Fall ein, dass aufgrund einer extremen Preissteigerungsrate bei anderen Fleischsorten plötzlich mehr Geflügelfleisch nachgefragt wird.

   c) Bestimmen Sie den neuen Gleichgewichtspreis P_1 und die dazugehörige Menge X_1.

   d) Tragen Sie in die zweite Grafik die neue Angebotskurve A_1 für den Fall ein, dass immer mehr Bauern Geflügel züchten und dadurch das Angebot ausgeweitet wird.

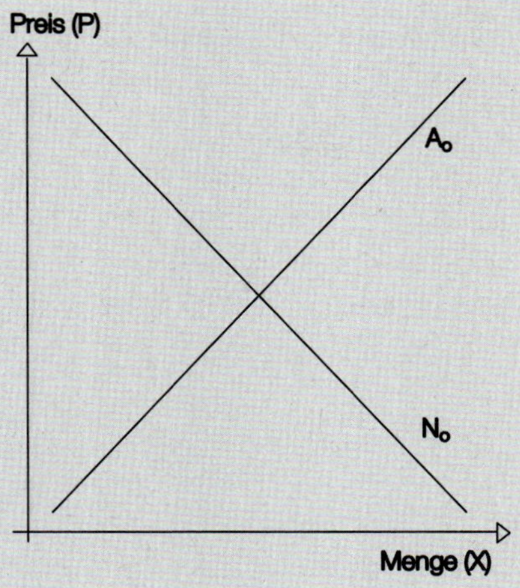

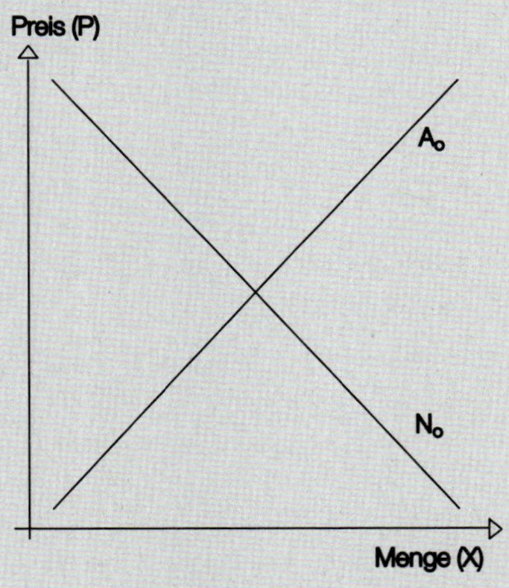

   e) Bestimmen Sie den neuen Gleichgewichtspreis P_2 und die Menge X_2.

19. An der Börse liegen die in der folgenden Tabelle abgedruckten Kauf- bzw. Verkaufsaufträge vor. Dabei haben die meisten Anbieter bzw. Nachfrager ihre Verkauf- bzw. Kaufaufträge limitiert (z. B. Kauf bis zu einem Kurs von max. 276,00 €; Verkauf zu einem Kurs von mindestens 271,00 €). Einige Marktteilnehmer wollen auf alle Fälle (zu jedem Kurs) kaufen oder verkaufen. Sie bieten Aktien ,,bestens" an oder fragen sie ,,billigst" nach.

Aufgaben und Fälle

Nachfrage (Kaufaufträge)	**Angebot** (Verkaufsaufträge)
35.000 Stück billigst	50.000 Stück bestens
5.000 Stück zu maximal 276,00 €	
30.000 Stück zu maximal 275,00 €	15.000 Stück zu mindestens 272,00 €
20.000 Stück zu maximal 274,00 €	55.000 Stück zu mindestens 273,00 €
30.000 Stück zu maximal 273,00 €	15.000 Stück zu mindestens 274,00 €
20.000 Stück zu maximal 272,00 €	11.000 Stück zu mindestens 275,00 €
12.000 Stück zu maximal 270,00 €	2.000 Stück zu mindestens 277,00 €

a) Stellen Sie Angebot und Nachfrage (jeweils in Stück) für jeden möglichen Kurs von 270,00 € bis 277,00 € in einer Tabelle gegenüber!
b) Errechnen Sie die maximal umzusetzenden Stückzahlen für jeden potenziellen Kurs!
c) Welcher Kurs wird sich an diesem Tag einstellen?
d) Zeichnen Sie die Angebots- und die Nachfragekurve in ein Koordinatenskreuz ein.
e) Markieren sie den Gleichgewichtspreis (Kurs) und die dazugehörige Stückzahl.

20. Zeigen Sie am Beispiel einer Wertpapierbörse, welche Prämissen erfüllt sein müssen, damit man von einem vollkommenen Markt sprechen kann.

21. Welche Bedingungen eines vollkommenen Marktes werden in den nachfolgenden Darstellungen verletzt?
    a) Herr Maier kauft am liebsten beim Modehaus Collini ein, da er dort sehr gut bedient wird.
    b) Frau Baumbach kauft ihren PC bei der Firma Müller, da diese als einzige sofort liefern kann.
    c) Herr Müller kauft seine Lebensmittel bei dem Händler um die Ecke, damit er nicht extra mit dem Auto zum Supermarkt fahren muss.
    d) Frau Bauer hat sich vor dem Kauf eines neuen PCs bei 7 Händlern über den Preis erkundigt. Kurz nachdem sie den Kaufvertrag abgeschlossen hat, erfährt sie, dass bei der Firma Schneider der Computer 10 % billiger gewesen wäre.

22. Angenommen, der Markt für Lebensmittel sei ein polypolistischer und vollkommener Markt.
    a) Zeigen Sie mit einer Grafik, wie sich der Gleichgewichtspreis und die Gleichgewichtsmenge bilden.
    b) Nehmen sie zu der Behauptung Stellung, dass beim Gleichgewichtspreis der Markt geräumt wird.
    c) Begründen Sie, ob es einen Preis gibt, zu dem eine größere Menge als beim Gleichgewichtspreis gehandelt werden kann.

3. Der betriebliche Leistungsprozess

Eine moderne Wirtschaft setzt sich wie ein Puzzle aus vielen Einzelteilen zusammen. Rund drei Millionen Betriebe gibt es allein in Deutschland; vom Automobilhersteller bis zum Zahntechniklabor, vom Pizzabäcker um die Ecke bis zum internationalen Mineralölkonzern, vom Krabbenfischer an der Nordseeküste bis zum Softwarehaus am Bodensee.

Bei allen Unterschieden zwischen den genannten Betrieben, eines ist ihnen gemeinsam. Sie produzieren Güter oder erbringen Dienstleistungen. Dazu benötigen sie Produktionsfaktoren *(vgl. Kapitel 2.3).* Den Prozess, der bei der Leistungserstellung abläuft, kann man als „Input-Output-System" darstellen.

Der Input, das sind die eingesetzten Betriebsmittel, Arbeitskräfte und Werkstoffe, wird im Betrieb zum Output, zu Gütern und Dienstleistungen, umgeformt. Bei dieser Umformung sollte darauf geachtet werden, dass die Umwelt so wenig wie möglich belastet wird.

Leistungsprozess

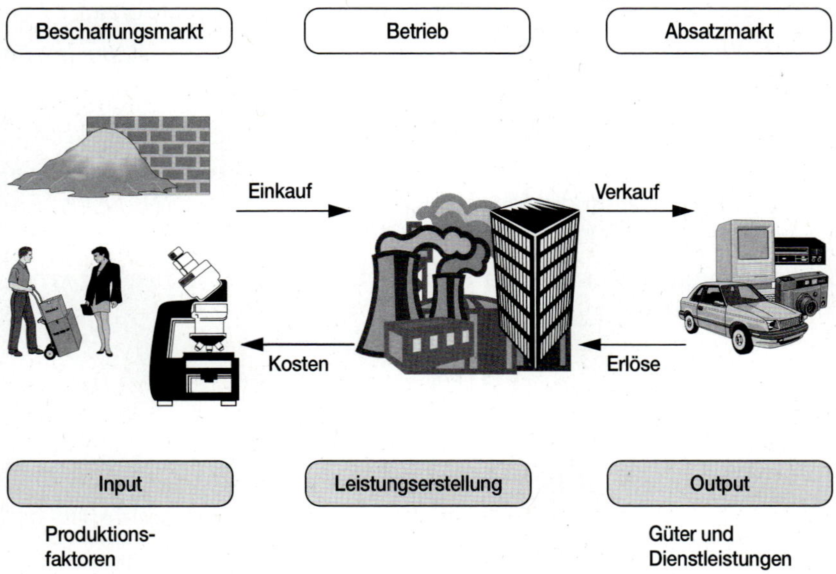

Abb. 3.1: Der betriebliche Leistungsprozess

Um sich einen Überblick über die Wirtschaft zu verschaffen, ordnet oder gliedert man die vielen Betriebe nach bestimmten Merkmalen. Man gibt der Wirtschaft eine Struktur. (Das lateinische Wort *structura* bedeutet Ordnung oder Gefüge.)

3.1 Sach- und Dienstleistungsbetriebe

Erste Aufschlüsse über die innere Ordnung unserer komplizierten Wirtschaft gibt die Einteilung der Betriebe nach der Art der von ihnen erstellten Leistungen in **Dienstleistungsbetriebe** und **Sachleistungsbetriebe.**

Sach- und Dienstleistungen

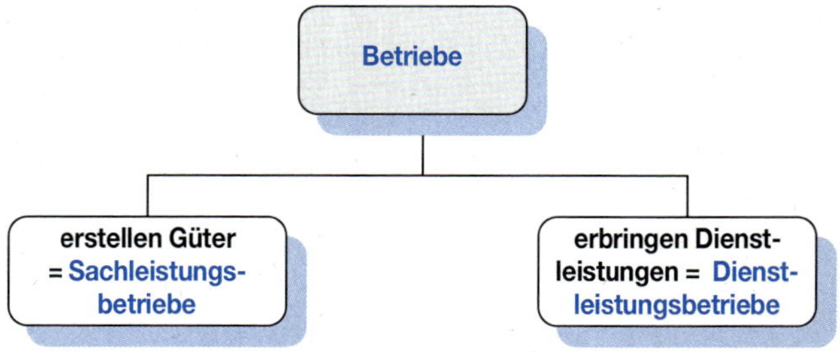

Abb. 3.2: Einteilung der Betriebe

Sachleistungsbetriebe

Sachleistungsbetriebe gewinnen Rohstoffe und Naturprodukte oder stellen körperliche Gegenstände her. Das Ergebnis ihres Leistungsprozesses, ihr Output, sind Sachgüter. Zu diesen Betrieben gehören

- die **Urerzeugung** *(Land- und Forstwirtschaft, Fischerei, Bergbau),*
- die **Grundstoffindustrie** *(Mineralölverarbeitung, Zellstoffindustrie, Eisen- und Stahlerzeugung, Chemieindustrie),*
- die **Investitionsgüterindustrie** *(Maschinenbau, Elektroindustrie, Fahrzeugbau, Anlagenbau),*
- die **Konsumgüterindustrie** *(Nahrungs- und Genussmittelindustrie, Bekleidungsindustrie, Textilindustrie)* und
- das **Waren produzierende Handwerk** *(Bäcker, Fleischer, Schreiner, Bauhandwerk).*

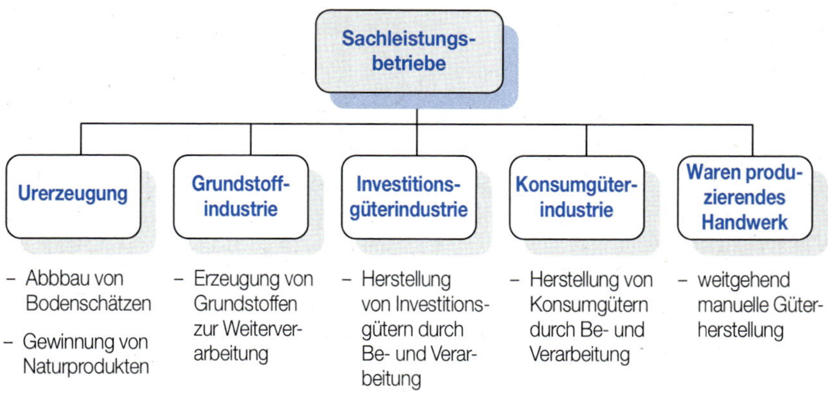

Abb. 3.3: Sachleistungsbetriebe

Dienstleistungsbetriebe

Dienstleistungsbetriebe „produzieren" immaterielle Güter, d.h. sie erbringen für andere Dienstleistungen. Betriebe, die Dienstleistungen anbieten sind u.a.

- **Kreditinstitute** *(Banken und Sparkassen),*
- **Handelsbetriebe** *(Großhandel, Einzelhandel, Außenhandel),*
- **Versicherungsbetriebe** *(Individualversicherung, Sozialversicherung),*
- **Verkehrsbetriebe** *(Bahn, Post, Speditionen, Reedereien, öffentlicher Personennahverkehr),*
- **freie Berufe** *(Ärzte, Zahnärzte, Rechtsanwälte, Notare, Steuerberater, Architekten),*
- **dienstleistende Handwerker** *(Friseure, Änderungsschneider, Gebäudereiniger),*
- **sonstige Dienstleister** *(Reisebüros, Werbeagenturen, Softwareentwickler, Bildungsträger, Hotels, Restaurants, Freizeitparks, Kinos, Telefongesellschaften etc.).*

Übersicht

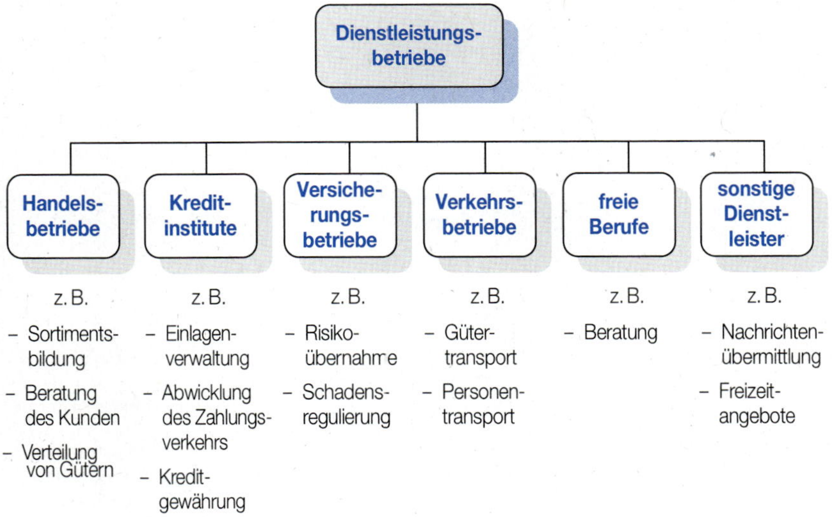

Abb. 3.4: Dienstleistungsbetriebe

3.2 Betriebe in verschiedenen Wirtschaftssektoren

Das Auto ist heute aus unserem Alltag nicht mehr wegzudenken. Es ist für viele zur Selbstverständlichkeit geworden. Wer aber denkt als Autofahrer darüber nach, wie sein geliebtes Vehikel entstanden ist, welche wirtschaftlichen Anstrengungen notwendig waren, bis aus Tausenden von Einzelteilen ein fahrbereites Auto wurde? So sind z. B. Eisenerz, Kohle und Stahlveredler für die Produktion der Bleche notwendig, Kautschuk wird für die Reifenproduktion benötigt. Kunststoffe – aus Erdöl gewonnen – braucht man für die Innenausstattung und Glas muss für die Scheiben bereitgestellt werden. Auf den Fertigungsstraßen steuern und überwachen Computerprogramme die reibungslose Produktion. Zulieferer stellen Armaturen, Scheinwerfer, Katalysatoren oder Radiogeräte bereit. Läuft der Wagen endlich vom Band, wird er an einen Händler ausgeliefert. Den Transport übernehmen die Bahn oder verschiedene Spediteure. Versicherungen decken das Transportrisiko ab und Banken kümmern sich um die Finanzierung. Viele Betriebe sind beteiligt, bis der neue Wagen endlich in der Garage seines Besitzers steht.

Die in unserem Einführungsbeispiel genannten Betriebe gehören unterschiedlichen Wirtschaftsbereichen (Sektoren) an.

Früher lebten die Menschen ausschließlich oder ganz überwiegend von der Landwirtschaft. Sie war der wichtigste *(primäre)* Wirtschaftszweig *(Sektor)*. Später kam mit der beginnenden Industrialisierung durch die Produktionsbetriebe ein zweiter *(sekundärer)* Bereich hinzu, der nach und nach an Bedeutung gewann. Als dritter *(tertiärer)* Bereich entstanden die Dienstleistungsbetriebe. Sie werden in unserer modernen Wirtschaft immer wichtiger.

Wirtschaftssektoren

Man ordnet die Betriebe also den drei Sektoren zu:

- **Urerzeugung** *(primärer Sektor)*.
- **Weiterverarbeitung** *(sekundärer Sektor)* und
- **Dienstleistungen** *(tertiärer Sektor)*.

Diese Einteilung zeigt auch das folgende Schaubild.

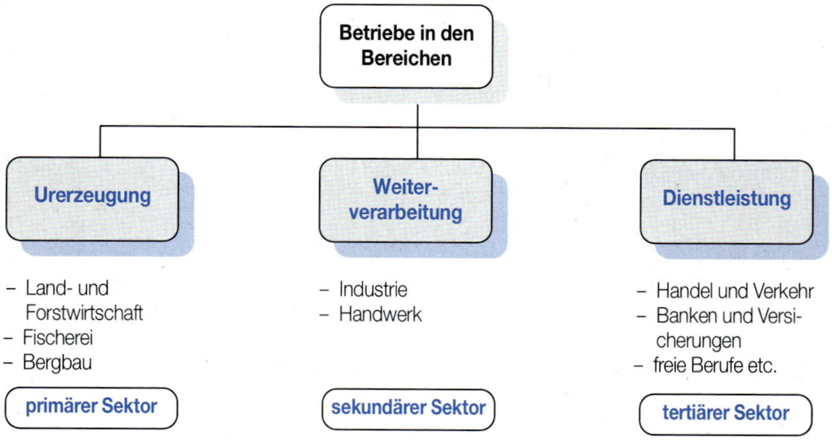

Abb. 3.5: Betriebe in den verschiedenen Wirtschaftssektoren

Urproduktion

Bei der **Urproduktion** handelt es sich um den Abbau von Bodenschätzen (z. B. Braun- und Steinkohlebergbau), die Gewinnung von Rohstoffen

(Förderung von Erdöl und Erdgas) oder die Erzeugung von Naturprodukten (Obst- und Gemüseanbau, Fischfang, Weinbau, Milchviehhaltung).

Weiterverarbeitung

Nur einige wenige Produkte der Urerzeugung eignen sich für den direkten Konsum (z. B. frisches Obst oder Milch). Die meisten Erzeugnisse sind noch nicht *konsumreif* und müssen daher erst in weiteren Stufen zu Produktions- oder Konsumgütern be- oder verarbeitet werden. Diese **Weiterverarbeitung** erfolgt in Betrieben des Handwerks und der Industrie.

Dienstleistungen

Die **Dienstleistungsbetriebe** schaffen die Verbindung zwischen den einzelnen Unternehmen und zwischen Betrieben und Verbrauchern, indem sie z. B. unterschiedliche Güter verteilen *(Handelsbetriebe)*, Güter transportieren *(Verkehrsbetriebe)*, Nachrichten und Daten übermitteln *(Kommunikationsdienste)*, Kredite bereitstellen *(Banken)* oder Risiken absichern *(Versicherungen)*. Sie erbringen auch Beratungsleistungen *(Steuerberater, Anwälte, Unternehmensberater)*, qualifizieren Mitarbeiter *(Bildungswesen)* oder sie sind im sozialen Bereich tätig *(Arztpraxen, Krankenhäuser, Altenheime, Kindergärten)*.

Die Bedeutung der drei Wirtschaftssektoren hat sich im Laufe der Zeit stark verändert *(vgl. auch Kapitel 2.4.4)*. Vor etwa 200 Jahren war Deutschland ein Agrarstaat und die Landwirtschaft der bedeutenste Wirtschaftszweig. In der Mitte des vergangenen Jahrhunderts beherrschte die Industrie die Wirtschaft und man sprach zu Recht von Deutschland als eine der führenden Industrienationen. In jüngster Zeit hat der Dienstleistungssektor aber die Industrie als wichtigsten Bereich abgelöst. Weit mehr als die Hälfte der Wirtschaftsleistung wird im tertiären Sektor erbracht.

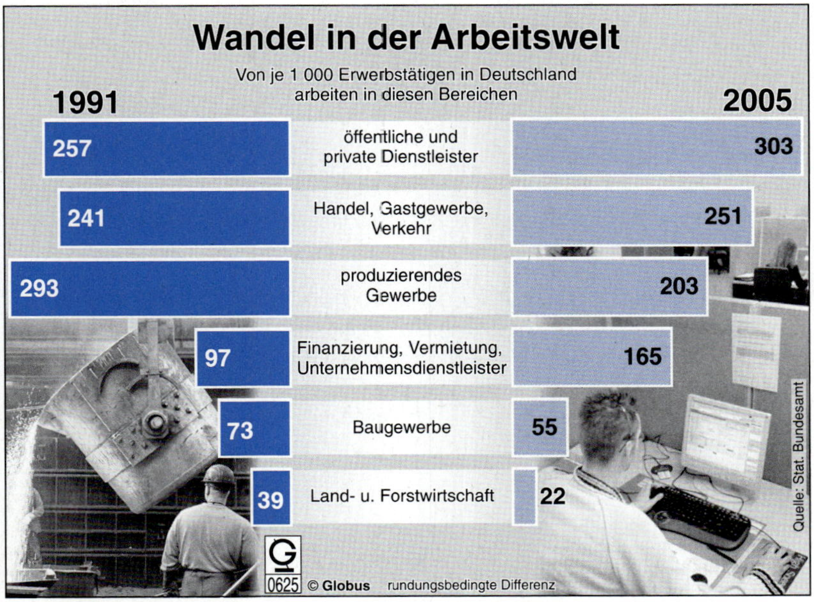

Abb. 3.6: Erwerbstätige iin Wirtschaftsleistung in unterschiedlichen Wirtschaftssektoren

3.3 Der Leistungsprozess im Industriebetrieb

Leistungsprozess

Die Herstellung von Konsum- oder Investitionsgütern erfolgt in den verschiedenen Produktionsbetrieben. Dazu benötigen diese Unternehmen verschiedene Materialien. Betrachten wir die Produktion von komplett einbaubaren Fenstern in einer Fensterfabrik. Als Rohstoff wird entweder Holz, Kunststoff oder Aluminium sowie Glas in unterschiedlicher Stärke verwandt. Darüber hinaus sind zur Fertigstellung der Fenster Klebstoffe, Dichtungsmaterial, Schrauben und Beschläge als Hilfsstoffe erforderlich. Außerdem benötigt man während des Fertigungsprozesses Betriebsstoffe, z. B. Schmiermittel für die Maschinen, Reinigungsmittel oder auch elektrische Energie. Als fertig zugekaufte Teile gehen u. a. Scharniere, Griffe oder Schlösser in das Endprodukt ein.

Die genannten Werkstoffe sowie die Fertigteile werden im Betrieb mithilfe anderer Produktionsfaktoren (Arbeitskräfte und Betriebsmittel, z. B. Maschinen) kombiniert um das Endprodukt Fenster herzustellen.

Bevor der eigentliche Fertigungsprozess beginnen kann, muss der Betrieb die erforderlichen **Produktionsfaktoren beschaffen**. Nach Fertigstellung der Produkte müssen die Erzeugnisse auf dem Markt abgesetzt werden (Leistungsverwertung).

Hauptfunktionen

Die drei **Hauptfunktionen** im Leistungsprozess eines Produktionsbetriebes sind daher

- **Beschaffung**,
- **Fertigung** und
- **Absatz**.

Beschaffung

Die grundsätzliche Aufgabe bei der **Beschaffung** besteht darin, die notwendigen Betriebsmittel, Werkstoffe und Arbeitskräfte (Produktionsfaktoren) in der erforderlichen Menge und Qualität rechtzeitig zur Verfügung zu stellen.

Produktion

Die **Fertigung** hat dafür Sorge zu tragen, dass die Erzeugnisse möglichst kostengünstig produziert und in der richtigen Anzahl und Qualität bereitgestellt werden. Dabei ist zu beachten, dass die Umwelt möglichst wenig belastet wird.

Absatz

Aufgabe der **Absatz**wirtschaft ist es schließlich, durch den Verkauf der Erzeugnisse auf dem Markt den Rückfluss der eingesetzten finanziellen Mittel und somit den Bestand des Betriebes sicherzustellen.

Die Koordination des Leistungserstellungsprozesses erfolgt durch den dispositiven Faktor. Er ist für die

- **Planung,**
- **Ausführung** und
- **Kontrolle**

der einzelnen Teilaufgaben veratwortlich. Die komplexeren und vielfältigen Verflechtungen zeigt die Abbildung 3.7 auf der folgenden Seite.

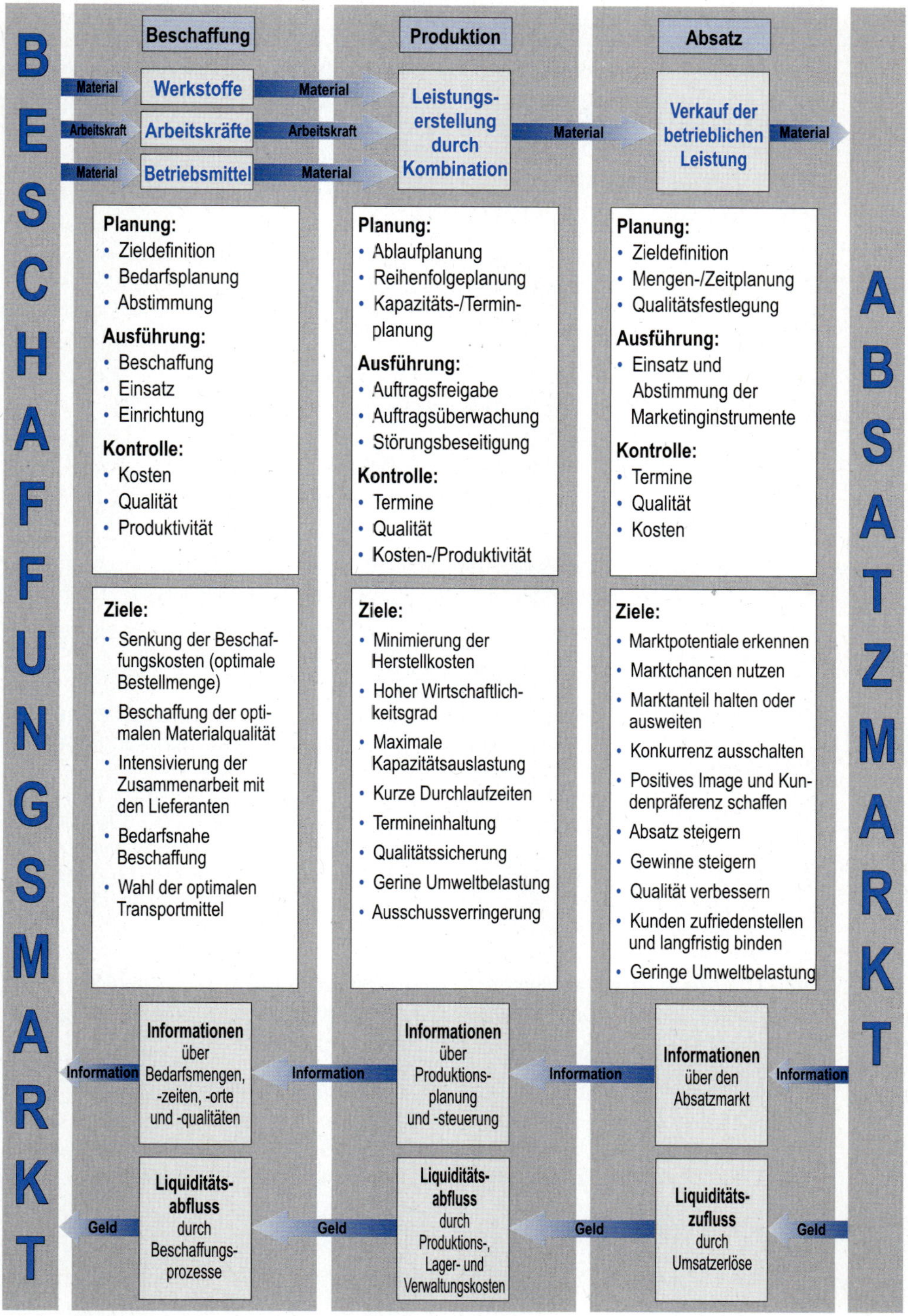

Abb. 3.7: Die Verflechtungen im betrieblichen Leistungsprozess

(modifiziert nach: Bensch, Industriekaufleute – Wissen auf den Punkt gebracht, 1. Auflage, Ludwigshafen 2005)

3.3.1 Produktionstypen

Der Fertigungsprozess kann auf unterschiedliche Art und Weise ablaufen. Man unterscheidet grundsätzlich, je nach **Anzahl der gefertigten Produkte**, Einzelfertigung, Mehrfachfertigung und Massenfertigung.

- ***Einzelfertigung***

Einzelfertigung

Bei der **Einzelfertigung** wird ein bestimmtes Produkt in seiner speziellen Ausstattung nur ein einziges Mal angefertigt. Meist handelt es sich um eine spezielle Bestellung eines Kunden. Vor allem in Handwerksbetrieben herrscht dieser Produktionstyp vor, aber auch in bestimmten Industriezweigen wird Einzelfertigung angewandt.

Beispiel: *Spezialmaschinen, Schiffe, Gebäude, Brücken, Straßen, Produktionsanlagen, aber auch spezielle Möbel oder Kleidung.*

Für den Betrieb bedeutet Einzelfertigung u. a.

- jeder Auftrag bzw. jedes Produkt muss neu geplant werden,
- die Planung kann erst nach Vorliegen des Auftrags beginnen,
- Produktion im voraus (Lagerproduktion) ist nicht möglich,
- es werden anpassungsfähige Universalmaschinen benötigt,
- es ist schwierig, eine gute Auslastung aller Maschinen zu erreichen,
- die Mitarbeiter müssen flexibel sein.

Der **Vorteil der Einzelfertigung** für den Kunden besteht darin, dass er verhältnismäßig gute Möglichkeiten hat, auf die spezielle Ausführung des Produkts einzuwirken.

Für das Unternehmen bedeutet das eine flexible Reaktion auf Kundenwünsche und ein breites Leistungsspektrum. In der Regel ist auch der Kapitalbedarf für Betriebsmittel geringer. Zwar können Universalmaschinen teurer als Spezialmaschinen sein, es werden jedoch in der Regel weniger Maschinen benötigt.

Nachteile ergeben sich bei der **Einzelfertigung** durch hohe Personalkosten durch den Einsatz von Facharbeitern. Durch die meist langen Durchlaufzeiten entstehen hohe Kapitalbindungskosten.

Probleme kann es auch bei der Kapazitätsausstattung geben, denn häufig können die einzelnen Aufträge nicht lückenlos aufeinander abgestimmt werden, sodass Leerzeiten entstehen. Durch die Verwendung gleicher Baugruppen und Einzelteile können die Nachteile gemildert werden.

- ***Mehrfachfertigung***

Mehrfachfertigung

Wird von einem Produkt nicht nur eine einzige Einheit wie bei der Einzelfertigung hergestellt, sondern wird eine größere Stückzahl produziert, so spricht man von **Mehrfachfertigung**.

Dabei ist zwischen
- Serienfertigung
- Sortenfertigung und
- Massenfertigung

zu unterscheiden.

- **Serienfertigung**

Bei der **Serienfertigung** wird durch eine Bündelung von Aufträgen eine begrenzte Stückzahl (Serien) gleichartiger Produkte hergestellt. Abhängig von der Seriengröße kann man zwischen Großserien und Kleinserien unterscheiden. Die verschiedenen Serien unterscheiden sich im Hinblick auf Konstruktion, Form, Farbe oder Design der Produkte mehr oder weniger stark voneinander. Kundenwünsche können noch begrenzt berücksichtigt werden. In der Regel ist ein Umrüsten der Maschinen von Serie zu Serie erforderlich. Es besteht das Problem der optimalen Losgröße. *Serienfertigung*

Beispiel: *Typische Produkte, die in Serien hergestellt werden, sind Autos, Werkzeugmaschinen, Fahrräder, Fertighäuser, Spielwaren.*

Vorteile:
- Kostendegressionseffekte durch Nutzung der gleichen Betriebsmittel bei großen Fertigungsmengen
- Kostensenkung durch Verwendung gleicher Baugruppen
- breites Leistungsspektrum
- Relativ flexible Reaktion auf Kundenwünsche

Nachteile:
- Rüstkosten für die Umstellung der Betriebsmittel,
- hoher Kapitalbedarf für Spezialmaschinen (Investition in Fertigungsstraße).

- **Sortenfertigung**

Die **Sortenfertigung** weist Ähnlichkeiten mit der Serienfertigung auf. Hier weichen die einzelnen Erzeugnisse jedoch nicht so weit voneinander ab. Sie sind qualitativ ähnlich und können auf den gleichen Anlagen gefertigt werden. Vielfach werden sie aus dem gleichen Rohmaterial geschaffen. *Sortenfertigung*

Beispiel: *Herrenanzüge, Damenkleider, Schokolade verschiedener Geschmacksrichtungen, einfache Werkzeuge wie Zangen oder Schraubenzieher, Schlösser etc.*

Sonderformen sind die **Partiefertigung** und die **Chargenfertigung**. In beiden Fällen sind die Unterschiede der einzelnen Sorten nicht gewollt.

- **Partiefertigung**

Unterschiedliche Materialqualitäten ermöglichen keine einheitlichen Produkte, die so genannten ,,Partien" weisen geringe Unterschiede auf.

Beispiele: Nordamerikanische Büffelleder für die Herstellung von Polstermöbeln, irische Schafswolle für die Herstellung von Pullovern, Ton einer Tongrube und einer bestimmten Tonschicht zur Herstellung von Fliesen.

Um den Materialunterschied auszugleichen können unterschiedliche Werkstoffe gemischt werden (z. B. bei Tabak oder Kaffe).

- **Cargenfertigung**

Chargenfertigung

Wenn nicht zu vermeidende Schwankungen im Herstellungsprozess zu Unterschieden führen, entstehen so genannte „Chargen". Nur innerhalb einer Charge sind die Produkte gleich. Innerhalb einer Lieferung kann es bei der Zusammenstellung mehrerer Chargen zu Unterschieden kommen.

Beispiele: *Fliesen eines Brennvorgangs,*

Papier eines Herstellungsprozesses.

Probleme der Partie- und Chargenfertigung:

- gleichbleibende Qualitäten können nicht garantiert werden, ein Nachteil für die Kundenunzufriedenheit
- Hohe Anforderungen an die Sicherung einer durchschnittlichen Produktqualität und die Qualitätskontrolle.

- ***Massenfertigung***

Massenfertigung

Die Massenfertigung ist dadurch gekennzeichnet, dass ein gleichartiges Erzeugnis in einem sich ständig wiederholenden Fertigungsprozess mit gleichen Rohstoffen und auf den gleichen Anlagen in großer Stückzahl für einen anonymen Markt produziert wird.

Beispiele: *Produktion von Zigaretten, Zement, Zeitungen, Glühbirnen, Mineralwasser.*

Vorteile:

- Hohe Produktivität und kurze Durchlaufzeiten (kontinuierlich belastete Fließfertigung).
- Sehr geringe Stückkosten durch die Fixkostendegression.
- Gleichbleibende Qualität (unveränderter Produktionsprozess, hoher Mechanisierungsgrad).
- Keine Anforderungen an Produktionsablaufplanung.

Nachteile:

- Keine Flexibilität bei Nachfrageänderungen (Einsatz von Spezialmaschinen, enges Produktprogramm).
- Hoher Kapitaleinsatz, der nur bei hoher, konstanter Auslastung produktiv eingesetzt wird (Risiko hoher Fixkosten bei nachlassender Auslastung).
- Probleme beim Einsatz von Menschen (Monotonie, Belastung durch hohe Arbeitszerlegung).

Die folgende Übersicht zeigt die Fertigungstypen nochmals in der Zusammenfassung:

Fertigungstypen

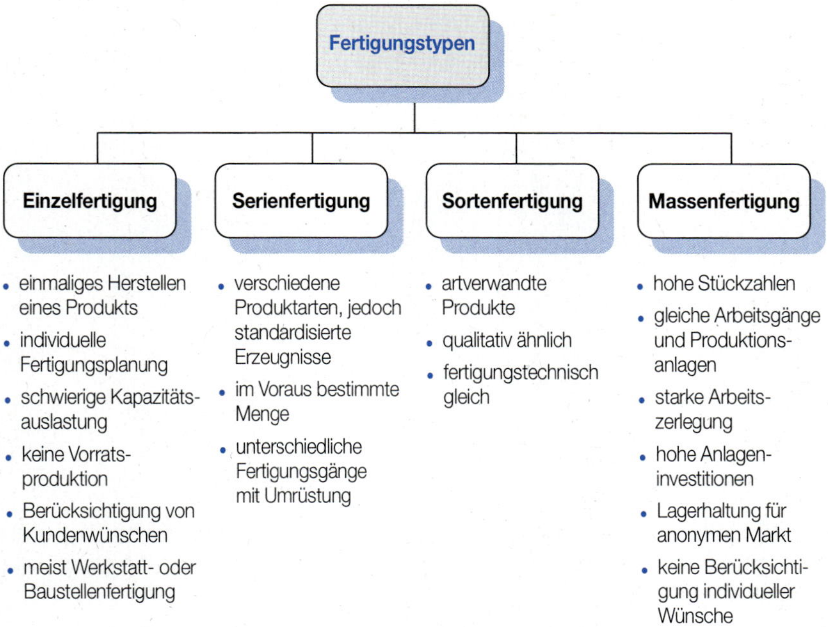

Abb. 3.8: Fertigungstypen

3.3.2 Organisationstypen der Fertigung

Organisation

Der Fertigungsablauf im Betrieb kann in Bezug auf seine räumliche Gestaltung in unterschiedlicher Art organisiert werden. Grundsätzlich können die Betriebsmittel dabei nach dem Verrichtungs- oder dem Flussprinzip zusammengefasst werden. Als Grundformen sind dabei Werkstattfertigung, Fließfertigung, Gruppenfertigung und Baustellenfertigung zu unterscheiden.

- **Verrichtungsprinzip**: Betriebsmittel mit gleichartigen Verrichtungen sind räumlich und organisatorisch zusammengefasst.
- **Flussprinzip**: Betriebsmittel sind in der Reihenfolge der durchzuführenden Tätigkeiten angeordnet.

Je nach Organisationstyp sind Werkstattfertigung, Reihenfertigung, Fließfertigung und als Sonderformen Gruppenfertigung sowie Baustellenfertigung zu unterscheiden (vgl. Abb. 3.9).

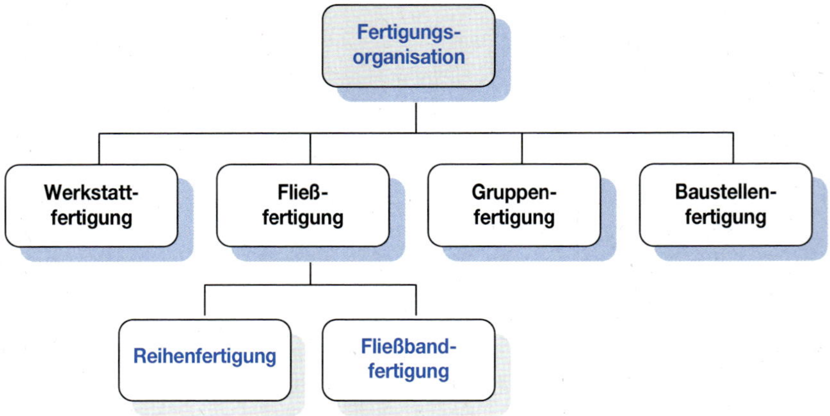

Abb. 3.9: Fertigungsorgansiation

- ***Werkstattfertigung***

Werkstatt-fertigung

Bei der **Werkstattfertigung** erfolgt eine räumliche Zusammenfassung aller Maschinen, Anlagen und Arbeitsplätze mit gleicher Arbeitsverrichtung in einer Werkstatt.

Beispiele: *Dreherei, Fräserei, Endmontage.*

Der Fertigungsablauf wird durch den Standort der Maschinen bestimmt. Das Werkstück wandert von Werkstatt zu Werkstatt bzw. von Maschine zu Maschine, wobei es wiederholt in die gleiche Abteilung zurückkehren kann.

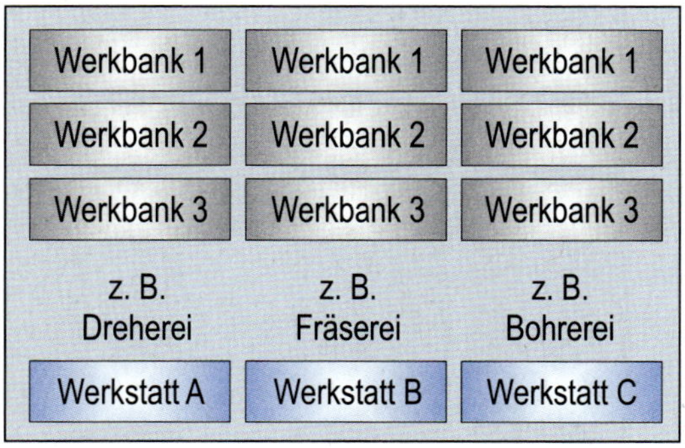

Abb. 3.10: Werkstattfertigung

Durch diese Art der Fertigung lässt sich eine starke Spezialisierung erreichen. Außerdem können mit den verschiedenen Maschinen viele unterschiedliche Produkte gefertigt werden. Der Nachteil sind die erheblichen Transportzeiten von Werkstatt zu Werkstatt, die dadurch entstehenden Kosten, die Notwendigkeit von Zwischenlagerstätten sowie der unübersichtliche Fertigungsablauf. Darüber hinaus sind bei einer derartigen Fertigungsorganisation Terminplanung, Fertigungsplanung und Fertigungssteuerung recht schwierig.

• Fließfertigung

Fließ-
fertigung

Bei der **Fließfertigung** werden die Maschinen und Arbeitsplätze räumlich so angeordnet, dass nacheinander ein durchgängiger Fertigungsablauf gewährleistet ist. Die Transportwege und -zeiten – und somit die Kosten – während der Fertigung werden dadurch minimiert. Ein weiterer Vorteil besteht in der Übersichtlichkeit des Fertigungsverfahrens. Die Fließfertigung lässt sich als Reihenfertigung oder als Fließbandfertigung organisieren.

Bei der **Reihenfertigung** ist der Produktionsablauf in der Reihenfolge der Fertigungsstufen organisiert, die einzelnen Arbeitsverrichtungen sind zeitlich nicht aufeinander abgestimmt, weshalb zwangsläufig Zwischenlager entstehen.

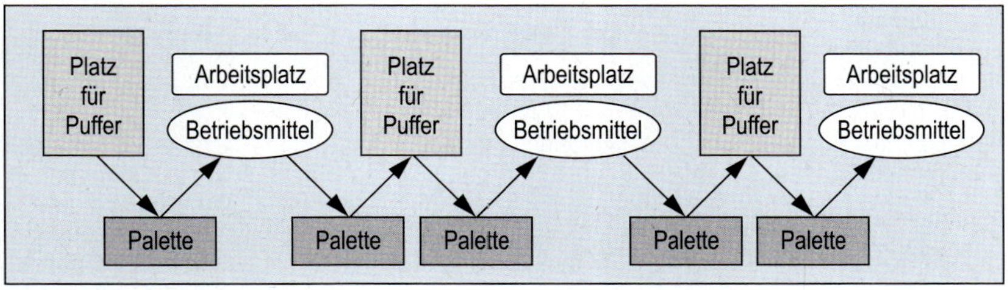

Abb. 3.11: Reihenfertigung

Bei der **Fließbandfertigung** dagegen schafft das Transportband mit einem exakten Zeittakt, in dem jeweils ein Arbeitsgang ausgeführt sein muss, eine strenge zeitliche Abfolge des gesamten Produktionsprozesses. Fließbandfertigung bringt allerdings auch erhebliche Nachteile für die Arbeitnehmer mit sich.

Abb. 3.12: Fließbandfertigung

• Gruppenfertigung

Gruppen-
fertigung

Die **Gruppenfertigung** ist eine **Kombination von Werkstatt- und Fließfertigung**, mit der versucht wird, die Vorteile beider Organisationsformen zu nutzen. Maschinen und Arbeitsplätze, die für einen bestimmten Teilfertigungsablauf benötigt werden, sind zu einer Guppe zusammengefasst und innerhalb dieser nach dem Fließprinzip angeordnet.

• *Baustellenfertigung*

Baustellenfertigung

Bei der **Herstellung von Fabrikanlagen, Fertigungsstraßen** oder auch in der **Bauwirtschaft** ist es nicht möglich, die Objekte zu den Maschinen zu transportieren, sondern die Maschinen müssen zu den Objekten gebracht werden.

> ***Beispiele:*** *Hochbau, Tiefbau, Straßenbau, Großanlagenbau, Schiffsbau, Flugzeugbau.*

Organisationstypen

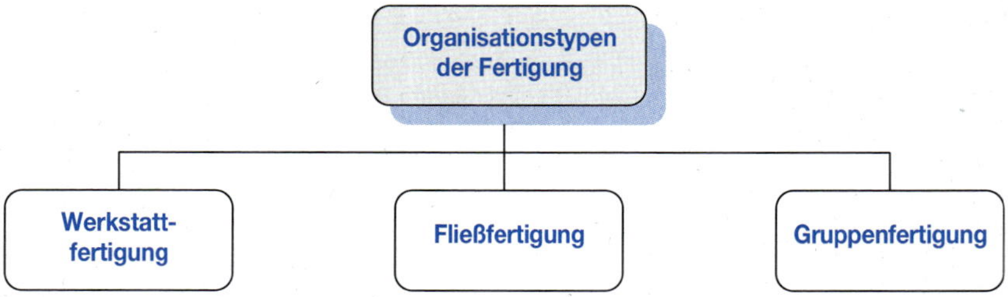

Werkstattfertigung

Vorteile:
- hohe Flexibilität,
- geringe Umstellzeiten und -kosten,
- relativ geringe Fixkostenbelastung, größere Handlungs- und Entscheidungsspielräume der Arbeitskräfte

Nachteile:
- Schwierige Fertigungsplanung und -steuerung,
- hohe Transportkosten,
- Zwischenlagerbildung, lange Durchlaufzeiten

Fließfertigung

Vorteile:
- geringe Anforderung an die Fertigungssteuerung,
- Transportkosten geringer,
- Durchlaufzeiten geringer,
- Vorteile durch Arbeitsteilung und Spezialisierung

Nachteile:
- hoher Kapitalbedarf für die Fertigungseinrichtungen,
- reagiert empfindlich auf Störungen des Ablaufs, starre Produktion

Gruppenfertigung

Versuch, als Zwischentyp die Vorteile der Werkstatt- und der Fließfertigung zu verbinden und Nachteile zu mildern. Gegenüber der Werkstattfertigung werden eine höhere Übersichtlichkeit der Fertigung und geringere Transportzeiten erreicht. Gegenüber der Fließfertigung steigt die Flexibilität.

Abb. 3.13: Vor- und Nachteile verschiedener Organisationstypen

Den Zusammenhang zwischen den Fertigungstypen und den Organisationstypen zeigt die folgende Grafik im Überblick:

Fertigungssysteme

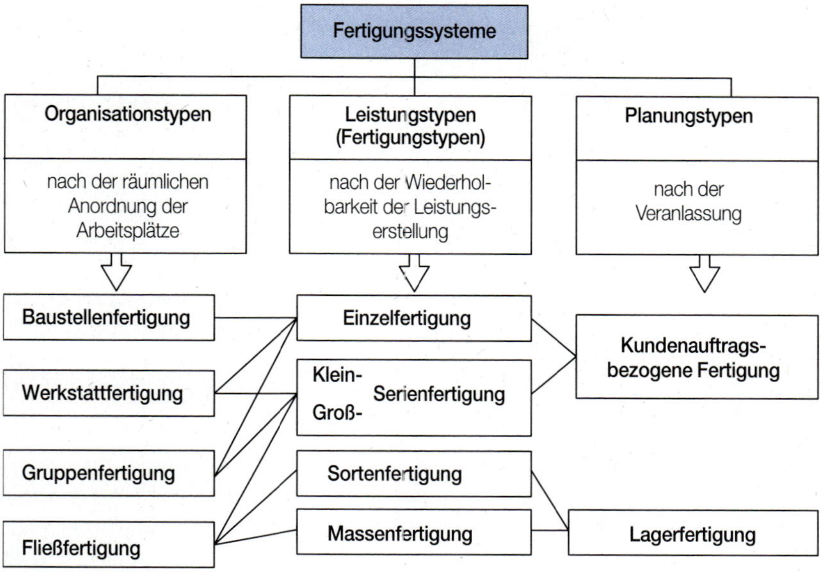

Abb. 3.14: Überblick über Fertigungssysteme

3.3.3 Computereinsatz in der Fertigung

Computereinsatz

Der Computer hält immer mehr Einzug auch in den Fertigungsprozess des Produktionsbetriebes. Dafür gibt es eine Vielzahl von Gründen, z. B. Rationalisierung der Fertigungsverfahren, Senkung der Fertigungs- und Materialkosten, Beschleunigung der Fertigungsvorbereitung, Verbesserung der Qualität etc. In diesem Zusammenhang tauchen immer wieder zahlreiche Kürzel und Fachbegriffe auf. Vielfach beginnen sie mit ,,CA" (Computer Aided . . .).

CAD = **C**omputer **A**ided **D**esign
CAE = **C**omputer **A**ided **E**ngineering
CAM = **C**omputer **A**ided **M**anufacturing
CAP = **C**omputer **A**ided **P**laning
CAQ = **C**omputer **A**ided **Q**uality Assurance
CIM = **C**omputer **I**ntegrated **M**anufacturing
PPS = **P**roduktions**p**lanung und -**s**teuerung

Unter **CAD** versteht man das computerunterstützte Entwerfen von Bauteilen und Baugruppen bis hin zu ganzen Produktionseinheiten. Dabei werden neben Entwicklungs- und Konstruktionstätigkeiten auch technische Berechnungen durchgeführt und Unterlagen erstellt und verwaltet. Das CAD-System hat unter anderem die Aufgabe, aus den Konstruktionsdaten Stücklisten zu erstellen, die den Stücklistenstammdaten zugeführt werden.

CAE

CAE dient der Computersimilation. So lässt sich beispielsweise die einwandfreie Funktionstüchtigkeit einer CAD-konstruierten Baugruppe schon vor der Fertigung am Computer prüfen.

CAP

Zur Steuerung der automatischen Maschinen ist es notwendig, entsprechende Programme zu erstellen. Diese Programmierarbeit wird vom **CAP**-System bewerkstelligt. Dazu werden die Geometriedaten aus der Konstruktion (CAD) herangezogen.

CAM

CAM dient der Steuerung und Überwachung von Maschinen, Anlagen und Transporteinrichtungen, insbesondere beim Fertigen, Montieren, Transportieren etc.

CAQ

CAQ bezieht sich auf die EDV-unterstützte Planung und Durchführung von Maßnahmen der Qualitätssicherung.

PPS

Das **PPS**-System soll im Idealfall Mengen, Termine, Fertigungsreihenfolge und Personaleinsatz planen und steuern.

CIM

Die beschriebenen Systeme existieren häufig als Insellösungen. Das Fernziel der **CIM**-Konzeption ist jedoch ein durchgängiger Informationsfluss, bei dem in einem integrierten System alle mit der Produktion zusammenhängenden Betriebsbereiche miteinander EDV-mäßig verbunden sind. So lässt sich CIM als integrierter EDV-Einsatz in allen mit der Produktion zusammenhängenden Betriebsbereichen definieren. CIM beinhaltet das informationstechnologische Zusammenwirken zwischen PPS, CAD, CAE, CAP, CAM und CAQ. Dieses wird durch die bereichsübergreifende Nutzung einer gemeinsamen Datenbasis erreicht.

3.4 Der Leistungsprozess im Handelsbetrieb

Handelsbetriebe

Handelsbetriebe stellen keine Waren her. Sie produzieren nicht. Ihre eigentliche **Aufgabe** liegt in der **Warenverteilung.** Die verschiedenen Handelsbetriebe schaffen daher eine Verbindung zwischen **Hersteller** und **Verbraucher** oder **Verwender.**

> ***Beispiel:*** *Ein Waschmittelhersteller verkauft nicht einzelne 3 kg-Trommeln Waschpulver an 20 Millionen Haushalte, sondern große Mengen an wenige Großhändler. Die Großhändler verteilen die Ware ihrerseits wiederum an tausende von Einzelhandelsbetrieben. Der Verbraucher kauft dann im Einzelhandel haushaltsübliche Mengen ein.*

Die Leistungen der Handelsbetriebe sind umfangreich. Sie

- stellen aus vielen Produkten der unterschiedlichen Hersteller ein kundenorientiertes Sortiment zusammen *(Sortimentsfunktion),*
- informieren und beraten Kunden *(Beratungsfunktion),*

- überbrücken die räumliche Distanz zwischen Hersteller und Abnehmer *(Raumüberbrückungsfunktion),*
- überbrücken die Zeit zwischen der Produktion und dem Konsum bestimmter Waren *(Zeitüberbrückungsfunktion, Lagerfunktion),*
- kaufen Waren in großen Mengen bei den Herstellern ein und stellen den Abnehmern bedarfsgerechte Mengen zur Verfügung *(Mengenausgleichsfunktion),*
- übernehmen teilweise Service und Reparaturleistungen *(Servicefunktion).*

Abb. 3.15: Leistungsprozess im Handelsbetrieb

3.5 Der Leistungsprozess im Bankbetrieb

Kredit-institute/ Aufgaben

Auch **Kreditinstitute** sind **Dienstleistungsbetriebe**. Sie nehmen wie die Handelsbetriebe eine Vermittlerfunktion wahr. Aufgabe der Kreditinstitute ist es u. a.

- Kapital als verzinsliche Einlagen von Privat- und Geschäftskunden zu beschaffen,
- erhaltene Kundeneinlagen als Kredite an Unternehmen (Produzenten) und Privatpersonen (Konsumenten) zur Verfügung zu stellen,
- Kunden bei der Kapitalanlage zu beraten und Kapitalanlagen zu vermitteln (z. B. Aktienkauf),
- Kunden bei der Kreditaufnahme zu beraten (z. B. Baufinanzierung),
- den Zahlungsverkehr ihrer Kunden abzuwickeln.

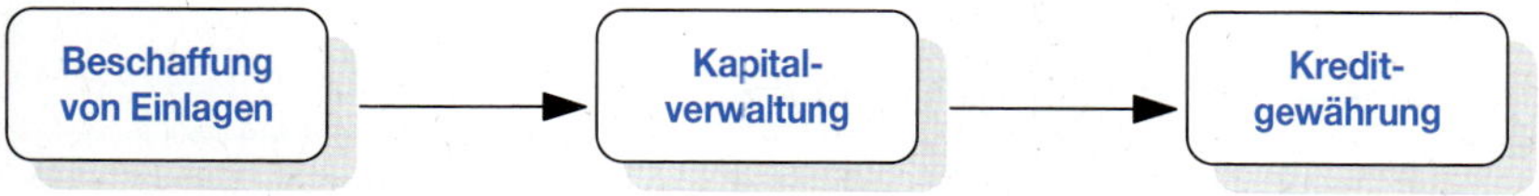

Abb. 3.16: Der Leistungsprozess der Kreditinstitute

3.6 Der Leistungsprozess im Versicherungsbetrieb

Versicherungsbetriebe

Versicherungsbetriebe gewähren von bestimmten Risiken und Gefahren bedrohten Personen und Betrieben die **Deckung eines möglichen künftigen Schadens**. Grundprinzip ist dabei die **Verteilung des Risikos** auf die sog. **Versichertengemeinschaft**. Die Versicherungsbetriebe errechnen die Wahrscheinlichkeit eines bestimmten Schadens und verteilen das Risiko auf ihre Mitglieder. Durch die Erhebung von Beiträgen (Prämien) **sammeln** sie **Kapital** um bei Eintritt des Schadens (Versicherungsfall) die **Versicherungsleistung** an den Geschädigten auszuzahlen.

Abb. 3.17: Der Leistungsprozess im Versicherungsbetrieb

Wiederholungsfragen

Wiederholungsfragen

1. *Unterscheiden Sie Dienstleistungs- und Sachleistungsbetriebe!*
2. *Welchen drei Wirtschaftssektoren können Betriebe zugeordnet sein?*
3. *Beschreiben Sie den Leistungsprozess in einem Produktionsbetrieb!*
4. *Welches sind die drei Grundfunktionen eines Industriebetriebes?*
5. *Welche Organisationstypen der Fertigung unterscheidet man?*
6. *Welche Produktionstypen unterscheidet man nach Anzahl der gefertigten Produkte?*
7. *Beschreiben Sie mit eigenen Worten den Leistungsprozess*
   a) im Handelsbetrieb,
   b) in einem Kreditinstitut,
   c) in einem Versicherungsbetrieb!

Aufgaben und Fälle

Aufgaben und Fälle zur Sicherung des Lernerfolgs

1. Ordnen Sie die folgenden Betriebe den Kategorien
   - Rohstoffgewinnungsbetrieb,
   - Investitionsgüterbetrieb,
   - Konsumgüterbetrieb und
   - Dienstleistungsbetrieb zu.

   a) Stadtsparkasse Neustadt
   b) Heidelberger Druckmaschinenfabrik
   c) Spielwarenfabrik Brandstetter
   d) ,,Real" Verbrauchermarkt
   e) Braunkohlezeche ,,Auguste Victoria"
   f) Oberrheinische Rohölraffinerie
   g) Werbeagentur Lintas
   h) Schuhfabrik Salamander
   i) United Parcel Service
   j) Neptunwerft Rostock

2. Zeigen Sie am Beispiel ihres Ausbildungsbetriebes die betrieblichen Grundfunktionen Beschaffung, Leistungserstellung und Leistungsverwertung!

3. Die beiden Grafiken zeigen in Ausschnitten unterschiedliche Formen der Fertigungsorganisation

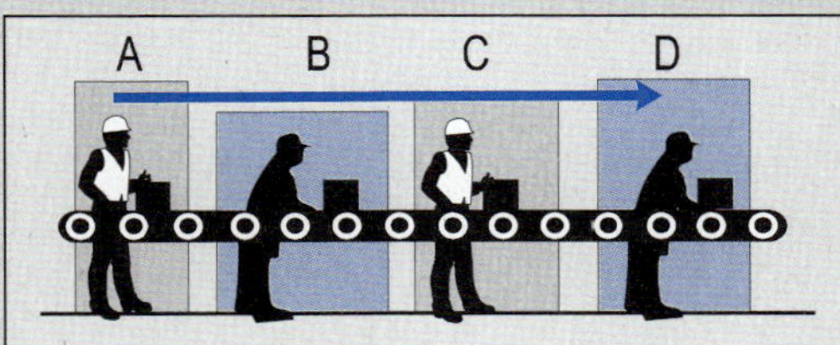

Organisationstyp 1

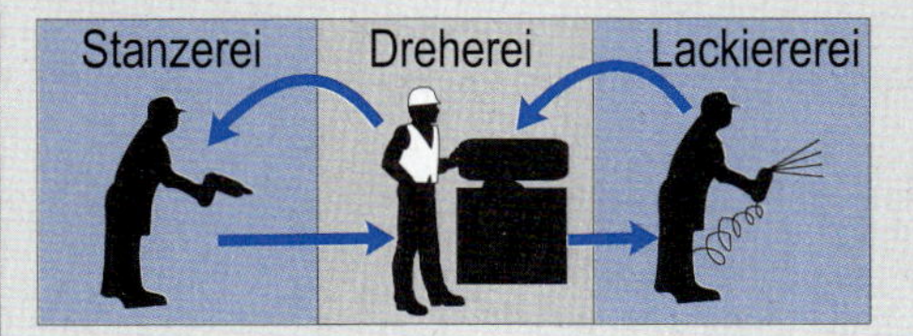

Organisationstyp 2

   a) Um welche Organisationsformen handelt es sich?
   b) Erläutern Sie jeweils Merkmale, Vorteile und Nachteile der beiden Formen.

Aufgaben und Fälle

4. Entscheiden Sie bei den folgenden Aussagen, ob sie die Produktionsbedingungen bei

   1. der Werkstättenfertigung,
   2. der Reihenfertigung,
   3. der Fließfertigung oder
   4. der Gruppenfertigung beschreiben.

   a) Die Maschinen werden in der Reihenfolge der Arbeitsverrichtung hintereinander angeordnet, wobei die Arbeitsvorgänge zeitlich nur begrenzt aufeinander abgestimmt sind.

   b) Bei dieser Art der Produktionsorganisation ergibt sich die Reihenfolge der Bearbeitungen zwangsläufig aus den Fertigungsbedingungen des herzustellenden Produkts.

   c) Da bei dieser Art der Produktionsorganisation die Arbeitssysteme zeitlich aufeinander abgestimmt sind, werden in der Regel Fördermittel eingesetzt, die entsprechend der Taktzeit ausgerichtet sind.

   d) Ein Nachteil dieser Art der Produktionsorganisation sind lange Transportwege zwischen den Arbeitssystemen.

   e) Ein Nachteil dieser Art der Produktionsorganisation sind lange Wartezeiten bei Produktionsengpässen an Universalmaschinen.

   f) Da bei dieser Art der Produktionsorganisation Universalmaschinen und vielseitig einsetzbare Arbeitskräfte eingesetzt werden, kann die Produktion schnell auf neue Produktvarianten umgestellt werden.

   g) Ein Nachteil dieser Art der Produktionsorganisation ist die monotone Arbeit, da die Arbeitsverrichtungen stark zerteilt sind.

   h) Bei dieser Art der Produktionsorganisation wird hohe Flexibilität der Arbeitssysteme in der Regel durch lange Durchlaufzeiten erkauft.

4. Rechtliche Grundlagen im Wirtschaftsprozess

4.1 Rechtsgebiete und Rechtsnormen

Arbeitsrecht

Der Angestellte Sascha Roth weiß, dass er einen Anspruch auf sein vereinbartes Gehalt hat. Von seinem monatlichen Bruttoarbeitsentgelt hat der Arbeitgeber jedoch neben den Beiträgen zur Arbeitslosen-, Kranken-, Pflege- und Rentenversicherung und (in vielen Fällen) der Kirchensteuer auch die Lohnsteuer und den Solidaritätszuschlag abzuziehen. Die Sozialversicherungsbeiträge führt er an die Krankenkasse, die Steuern einschließlich Solidaritätszuschlag an das Finanzamt ab. Die Pflicht zur Steuerzahlung kann nicht umgangen werden, da das Gesetz, konkret das Einkommensteuergesetz, diese vom Staat festgelegte Vorschrift enthält.

Straßenverkehrsrecht

Autofahrer mit rechtsgültigem Führerschein haben in der Fahrschule erfahren, dass zu beachtende Regeln existieren, die in der Straßenverkehrsordnung enthalten sind. Diese Rechtsgrundlage beinhaltet u. a., dass es Stopp-Schilder gibt, vor denen der Autofahrer seinen Wagen anhalten muss und dass es Halteverbotsschilder gibt, die vom Autofahrer „verlangen", dass er an bestimmten gekennzeichneten Stellen auf Straßen nicht anhält.

öffentliches Recht

Beide Rechtsgrundlagen, also im Falle des Arbeitsverhältnisses das Steuergesetz und beim Autofahren die Straßenverkehrsordnung, sind verpflichtend zu beachten; denn es handelt sich dabei um Vorschriften, die der Staat festgesetzt hat und die nicht umgangen werden können. Man sagt in diesem Fall, dass der Staat dem Bürger in einem Überordnungsverhältnis gegenübersteht. Dieser Satz lässt sich natürlich auch umdrehen, sodass sich dann der Bürger dem Staat gegenüber in einem Unterordnungsverhältnis befindet.

Das Verhältnis zwischen Staat und Bürger, das mit dem Begriff „Über- bzw. Unterordnungsverhältnis" überschrieben wird, ist das Wesensmerkmal des so genannten öffentlichen Rechts.

Privatrecht

Will beispielsweise ein Privatmann seinen gebrauchten Pkw verkaufen, dann wird er vermutlich nur dann einen Käufer finden, wenn das fahrtüchtige Auto zu einem Preis verkauft werden soll, den beide Vertragspartner akzeptieren. Der Staat wird in diesem Fall den Vertragspartnern nicht vorschreiben können, zu welchem Preis das Auto zu verkaufen ist oder gar, dass das Auto nur an bestimmte Käufer verkauft werden darf. Beide Vertragspartner, d. h. der Käufer einerseits und der Verkäufer andererseits, stehen sich also **gleichberechtigt** gegenüber. Dieses Wesensmerkmal kennzeichnet ein weiteres Rechtsgebiet, nämlich das **Privatrecht**.

Im Privatrecht gilt der Gleichordnungsgrundsatz. Die Partner sind gleichberechtigt.

Peter Fortschritt möchte sich selbstständig machen. Er informiert sich im Handelsgesetzbuch, um herauszufinden, worin der Unterschied zwischen den Gesellschaftsformen OHG und KG liegt. Außerdem möchte er sich sachkundig machen, welche Voraussetzungen erfüllt sein müssen, um eine Gesellschaft mit beschränkter Haftung und eine Aktiengesellschaft zu gründen. Er benötigt dazu das GmbH-Gesetz und das Aktiengesetz.

*Das HGB ist dem Handelsrecht, das GmbH-Gesetz und das Aktiengesetz sind dem Gesellschaftsrecht zuzuordnen. Beide Rechtsbereiche sind Bestandteile des **Privatrechts**.*

Peter rechnet damit, dass er Einkommensteuer an den Staat zu entrichten hat. Deshalb informiert er sich noch mithilfe des Einkommensteuergesetzes. Diese dem Steuerrecht zuzuordnende Rechtsgrundlage ist Bestandteil des **öffentlichen Rechts.**

Sowohl das Privatrecht als auch das öffentliche Recht ist in verschiedene **Rechtsgebiete** untergliedert.

Rechtsgebiete

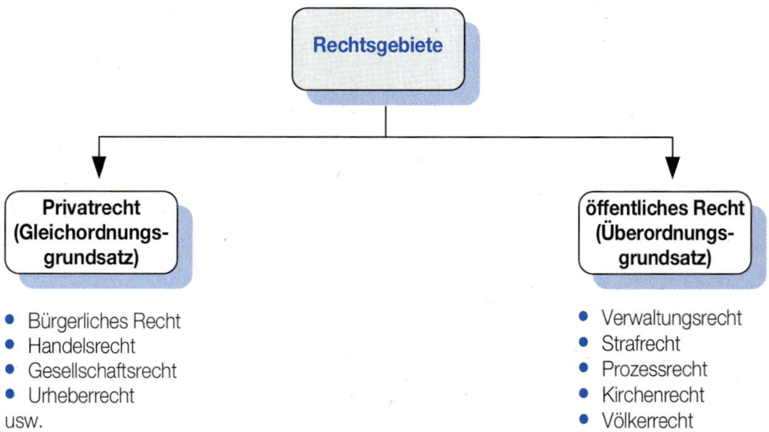

Abb. 4.1: Öffentliches und privates Recht

Gewohnheitsrecht

In unserer Rechtsordnung gibt es Regeln, die aus der Tradition und Übung entstanden, jedoch nicht schriftlich niedergelegt sind. Diese fasst man zusammen unter dem Begriff „Gewohnheitsrecht". Seine Entstehung erfordert eine lange andauernde, tatsächliche Übung.

Beispiel: *Bis zum Zeitpunkt des Verbots der Prügelstrafe in der Schule in einigen Bundesländern wurde die Rechtsgrundlage für deren Anwendung aus dem Gewohnheitsrecht genommen.*

Der Satz „pacta sunt servanda" bedeutet: „Verträge sind einzuhalten". Er ist in keinem Gesetz zu finden, hat aber seine Gültigkeitsgrundlage z. B. für das Privatrecht und das Völkerrecht in der gewohnheitsrechtlichen Überzeugung, dass man nun einmal keine Verträge schließt, wenn man sie nicht einhalten will.

Neben dem Gewohnheitsrecht gibt es das geschriebene Recht.

geschriebenes Recht

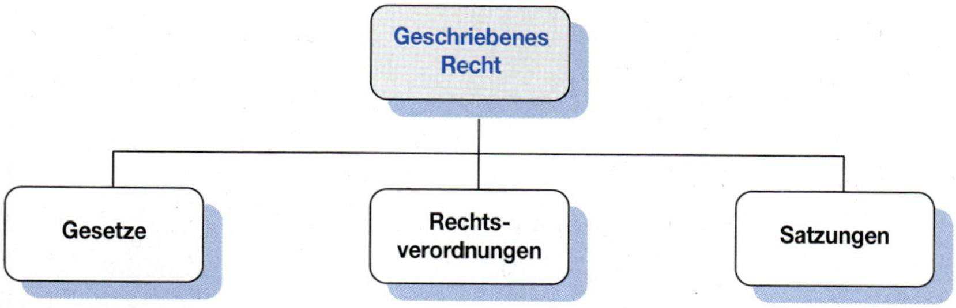

Abb. 4.2: Rechtsquellen des geschriebenen Rechts

Gesetze

Gesetze sind **allgemeingültige Regeln und Vorschriften**, die von den durch das Grundgesetz bestimmten Gesetzgebungsorganen, d. h. z. B. dem **Bundestag** und den **Landtagen**, erlassen werden. Sie werden als Bundesgesetz im Bundesgesetzblatt, als Landesgesetz in den Gesetzesblättern des jeweiligen Bundeslandes veröffentlicht. In der Hierarchie (= Rangordnung) stehen Gesetze unter dem Grundgesetz. Gesetze im öffentlichen Recht sind z. B. das *Strafgesetzbuch, das Einkommensteuergesetz oder das Beamtengesetz. Gesetze im Privatrecht sind u. a. das Bürgerliche Gesetzbuch und das Handelsgesetzbuch.*

Rechts-verordnungen

Rechtsverordnungen können durch Gesetz **von der Bundesregierung** (= Bundeskanzler/in und alle Bundesminister/innen gemäß Art. 62 GG), einem/einer Bundesminister/in oder einer **Landesregierung erlassen** werden. Vielfach ist dabei die Zustimmung des Bundesrats (= Vertretung der Bundesländer) erforderlich (Art. 80 GG). -- Ein Beispiel für eine Rechtsverordnung ist die *Ausbildungsverordnung.*

Satzung

Satzungen im öffentlichen Recht sind Rechtsnormen (= Gebote, Verbote, Gewährungen), die von einer dem Staat zugeordneten **juristischen Person** (Gemeinde, Kreis, Hochschule, Rundfunkanstalt usw.) im Rahmen der ihr verbliebenen Autonomie (= Selbstständigkeit) mit Wirkung für die ihr angehörigen und unterworfenen Personen erlassen werden. Ein Beispiel dafür ist die *Satzung einer Stadtverwaltung, in der die Berechnung der Abfallbeseitigungs- (Müllabfuhrgebühr), Straßenreinigungsgebühr u. Ä. geregelt ist.*

Wiederholungsfragen

Wiederholungsfragen

1. *Worin besteht das Wesensmerkmal des öffentlichen Rechts?*
2. *Im Privatrecht gilt der Gleichordnungsgrundsatz. – Was bedeutet dies?*
3. *Nennen Sie je zwei Rechtsbereiche des*
   a) öffentlichen Rechts,
   b) Privatrechts!
4. *Nennen Sie ein Beispiel für das Gewohnheitsrecht!*
5. *Von wem werden Gesetze erlassen?*
6. *Wie setzt sich die Bundesregierung gemäß GG zusammen?*
7. *Nennen Sie je zwei Beispiele für Gesetze, die von Bedeutung sind*
   a) im öffentlichen Recht,
   b) im Privatrecht!
8. *Was bedeutet der Grundsatz „pacta sunt servanda“?*
9. *Wer erlässt Rechtsverordnungen?*
10. *Nennen Sie ein Beispiel für eine Satzung!*

4.2 Ausgewählte Rechtsbegriffe

Ina Schwarzhaupt feiert in Kürze ihren 80. Geburtstag. Ihr Mann ist bereits vor 8 Jahren gestorben. Mit ihr im Haushalt lebt ihr 3-jähriger Hund Daffy.

Frau Schwarzhaupt möchte für die Zeit nach ihrem Tod Vorsorge treffen und schreibt mit ihrem Computer folgenden Text:

Testament von Ina Schwarzhaupt

Köln, den 23. August 20 . .

Mein treuer Hund Daffy soll nach meinem Tod von meinem Gesamtnachlass 200.000,-- Euro erben.

Ina Schwarzhaupt

Nach dem Tod von Frau Schwarzhaupt wird das Testament gefunden und einem Notar vorgelegt. Dieser stellt fest, dass es aus zwei Gründen rechtsunwirksam ist.

1. Es handelt sich um *kein eigenhändiges Testament.* Dieses unterliegt einem gesetzlich vorgeschriebenen *Formzwang.* Nicht nur die *Unterschrift* muss *eigenhändig* geschrieben sein, sondern der *gesamte Text.* Im konkreten Fall hätte Frau Schwarzhaupt ihren letzten Willen nicht mit dem Computer verfassen dürfen (§ 2247 BGB).

2. Selbst wenn sie das Testament eigenhändig verfasst hätte, könnte ihr Hund nicht erben. Ein Hund ist ein Rechtsobjekt. Im Gegensatz zum Rechtssubjekt, besitzt ein *Rechtsobjekt – das kann ein Tier oder eine Sache sein – keine Rechtsfähigkeit.* Aus diesem Grund hat Daffy im rechtlichen Sinne nicht das Recht die 200.000 Euro zu erben.

Rechtssubjekte/ Rechtsobjekte

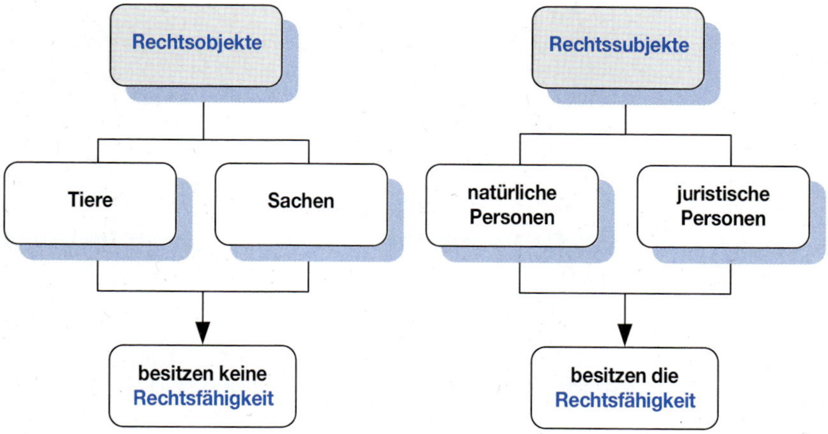

Abb. 4.3: Rechtsobjekte und Rechtssubjekte

Träger von Rechten und Pflichten

Wer die **Rechtsfähigkeit** besitzt, ist **Träger von Rechten und Pflichten**. Konkret bedeutet dies für natürliche Personen, dass sie beispielsweise mit Vollendung der Geburt das Recht haben, einen Namen zu tragen. Gleichzeitig aber entstehen mit dem Beginn der Rechtsfähigkeit auch Pflichten. So kommt es durchaus vor, dass ein Kind, das gerade entbunden wurde, bereits die Pflicht hat, Erbschaftsteuer zu zahlen, weil es bereits Erbe ist. Natürlich müssen die Eltern bzw. Erziehungsberechtigten die sich aus dieser Pflicht ergebenden Rechtshandlungen ausführen, weil das Kind dies noch nicht kann.

• Beginn und Ende der Rechtsfähigkeit von natürlichen Personen

Beginn der Rechtsfähigkeit

Gemäß *§ 1 BGB* **beginnt** die **Rechtsfähigkeit von natürlichen Personen mit Vollendung der Geburt**. Für Juristen wie Rechtsanwälte, Staatsanwälte oder Richter ist die Frage, was man unter der Vollendung der Geburt versteht, von entscheidender Bedeutung, so u. a. in Erbschaftsangelegenheiten. Die Gerichte gehen davon aus, dass die Geburt mit dem vollständigen Austritt des Kindes aus dem Mutterleib vollendet ist. Das Kind muss allerdings – zumindest kurz – gelebt haben. Es müssen also irgendwelche Lebenszeichen erkennbar sein. Eine Lebendgeburt liegt vor, wenn nach der Trennung vom Mutterleib das Herz geschlagen oder die

Nabelschnur pulsiert oder die natürliche Lungenatmung eingesetzt hat. Eine Lebensfähigkeit wird jedoch nicht gefordert.

Ende der Rechtsfähigkeit

Ebenso von Bedeutung, wie die Frage nach dem Beginn der Rechtsfähigkeit, ist die nach ihrem Ende. Eine klare Aussage wie „Die Rechtsfähigkeit endet . . .“ wird man im BGB vergebens suchen. Dennoch kann man die Schlussfolgerung ziehen, dass die **Rechtsfähigkeit des Menschen mit dem Tod** endet. Dieser Zeitpunkt folgt aus dem BGB in *§ 1922 Abs. 1: „Mit dem Tode einer Person (Erbfall) geht deren Vermögen (Erbschaft) als Ganzes auf eine oder mehrere andere Personen (Erben) über.“*

Bei der Frage, wann der Tod eines Menschen eingetreten ist, orientieren sich die Richter an medizinischen Erkenntnissen. Demnach tritt der Tod des Menschen ein, wenn der Hirntod (also nicht der Herz- oder Atemstillstand) eingetreten ist. Ist bei einem Menschen ein Herzstillstand festgestellt worden, so kann dieser Mensch noch so lange Erbe werden, bis auch der Hirntod festgestellt wird.

- ***Beginn und Ende der Rechtsfähigkeit von juristischen Personen des privaten Rechts***

juristische Personen

Bei der Frage, wann der Beginn und wann das Ende der Rechtsfähigkeit von juristischen Personen vorliegt, muss zunächst festgestellt werden, dass **juristische Personen** in **zwei Gruppen** einzuteilen sind.

Juristische Personen

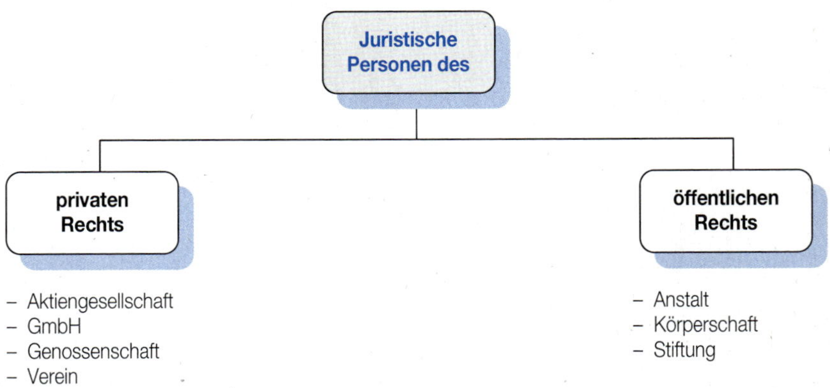

Abb. 4.4: Juristische Personen

Privatrecht

Juristische Personen des **privaten Rechts** erlangen ihre **Rechtsfähigkeit** durch **Eintragung** in das jeweilige **öffentliche Register**. Dies bedeutet, dass z. B.

- *Aktiengesellschaften im Handelsregister,*
- *Genossenschaften im Genossenschaftsregister und*
- *Vereine im Vereinsregister*

eingetragen werden.

Die **Rechtsfähigkeit endet** mit der **Löschung** im jeweiligen Register.

- **Beginn und Ende der Rechtsfähigkeit von juristischen Personen des öffentlichen Rechts**

öffentliches Recht

Wie bereits ausgeführt, existieren neben den juristischen Personen des Privatrechts auch **juristische Personen** des **öffentlichen Rechts**. Es handelt sich dabei um

- *Anstalten, wie z. B. Rundfunk- und Fernsehanstalten, die ARD oder das Zweite Deutsche Fernsehen;*
- *Körperschaften, wie z. B. die Industrie- und Handelskammern und um*
- *Stiftungen, wie z. B. die „Stiftung zur Förderung von Kunst und Wissenschaft" oder die Stiftung „Geld und Währung".*

Beispiel:

Aufgrund eines eigens dafür geschaffenen Bundesgesetzes[1] hat diese Körperschaft des öffentlichen Rechts folgende Bereiche zu vertreten:

1. *Bildende Kunst*
2. *Baukunst*
3. *Musik*
4. *Literatur*
5. *Darstellende Kunst*
6. *Film- und Medienkunst*

juristische Personen

Die **juristischen Personen des öffentlichen Rechts** erlangen ihre **Rechtsfähigkeit** durch **staatlichen Hoheitsakt**, d. h. sie wird vom Staat verliehen. Der Verlust der Rechtsfähigkeit erfolgt durch **Auflösung** der jeweiligen juristischen Person.

Im Jahr 2001 hat der Bundesgerichtshof entschieden, dass auch die Gesellschaft des Bürgerlichen Rechts (BGB-Gesellschaft, auch GbR abgekürzt) rechtsfähig ist, soweit sie als Teilnehmer am Rechtsverkehr, eigene Rechte und Pflichten begründet (sog. Außen-BGB-Gesellschaft).

Personengesellschaften

Die **Gesellschaft bürgerlichen Rechts** ist die Grundform aller Personengesellschaften. Sie ist **in keinem öffentlichen Register** (wie z. B. im Handelsregister) **eingetragen**. Eine BGB-Gesellschaft existiert dann, wenn mehrere Personen sich in Verfolgung eines gemeinsamen Zwecks zusammenschließen, ohne ein Handelsgewerbe zu betreiben (z. B. Wohngemeinschaft). Im Wirtschaftsleben kommt diese Gesellschaftsform häufig im kleingewerblichen Bereich, bei Sozietäten von Ärzten, Rechtsanwälten und anderen Freiberuflern, aber auch bei Kooperation mehrerer Unternehmen. So schließen sich beispielsweise verschiedene Unternehmen (Bauunternehmen, Schreiner, Installateure, Dachdecker usw.) in einer Arbeitsgemeinschaft (ARGE) zusammen, um ein Projekt, wie einen Hochhausbau, zu realisieren.

---

[1] Vgl. BGBl.I, Nr. 26/2005, Seite 1218 ff.

Wiederholungsfragen

Wiederholungsfragen

1. *Wer gilt als Rechtssubjekt?*
2. *Was sind Rechtsobjekte?*
3. *Was beinhaltet die Rechtsfähigkeit?*
4. *Welche Bedeutung hat das „Gesetz zur Verbesserung der Rechtsstellung des Tieres im bürgerlichen Recht" für den Umgang des Menschen mit dem Tier?*
5. *Was beinhaltet § 90 a BGB?*
6. *Welche Rechtsfolgen kann Tierquälerei mitsichbringen?*
7. *Wann beginnt und wann endet die Rechtsfähigkeit von natürlichen Personen?*
8. *Nennen Sie stichwortartig*
   a) juristische Personen des privaten Rechts,
   b) juristische Personen des öffentlichen Rechts!
9. *Wie erlangen juristische Personen des privaten und des öffentlichen Rechts ihre Rechtsfähigkeit?*
10. *Wann endet die Rechtsfähigkeit von juristischen Personen des privaten und des öffentlichen Rechts?*
11. *Nennen Sie*
    a) eine Anstalt des öffentlichen Rechts,
    b) eine Körperschaft des öffentlichen Rechts,
    c) eine Stiftung des öffentlichen Rechts!
12. *Nennen Sie drei öffentliche Register, in die juristische Personen des privaten Rechts eingetragen sind!*

4.3 Geschäftsfähigkeit

Geschäftsfähigkeit

Nicht jede Person, die sich im Kino einen Film anschauen möchte, hat die Möglichkeit dazu, da der Eintritt unter Umständen verwehrt wird. So wird beispielsweise einem 14-jährigen Kind nicht erlaubt, einen Film „ab 18 Jahre" anzuschauen.

Wer zu einem Kreditinstitut geht, um eine Bankcard zu beantragen, der muss durch Vorlage seines Personalausweises oder Reisepasses belegen, dass er das 18. Lebensjahr vollendet hat. Wer vor Silvester Knallkörper kaufen will, der wird feststellen, dass der Verkauf dieser Waren davon abhängig ist, ob der Käufer bereits volljährig ist oder nicht.

An diesen drei Beispielen wird bereits deutlich, dass viele Rechtsgeschäfte, d. h. Verträge, im täglichen Leben nur dann zu Stande kommen, wenn die Vertragspartner ein bestimmtes Alter erreicht haben. In vielen Fällen ist die Volljährigkeit die Voraussetzung. Das BGB „spricht" im Falle der **Volljährigkeit** von „**voller Geschäftsfähigkeit**" als einer Stufe der Geschäftsfähigkeit *(§ 2 BGB).*

Handlungsfähigkeit

Die **Geschäftsfähigkeit** ist u. a. neben der **Deliktsfähigkeit** eine Unterart der **Handlungsfähigkeit**, d. h. der Fähigkeit, rechtlich bedeutsame Handlungen vornehmen zu können. Die Deliktsfähigkeit wird im Kapitel 4.4 in diesem Buch behandelt.

Insgesamt werden **drei Stufen der Geschäftsfähigkeit** unterschieden.

Stufen der Geschäftsfähigkeit

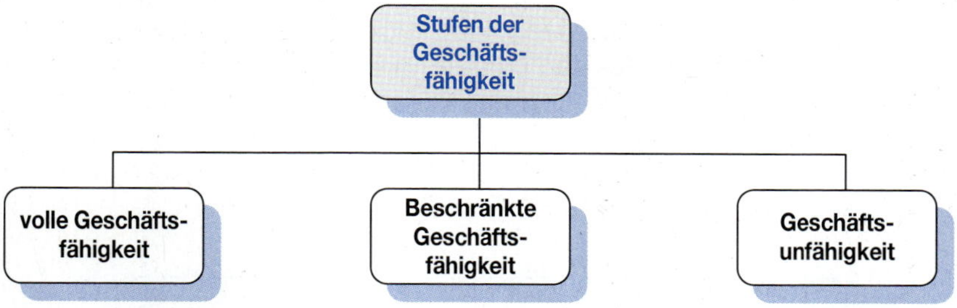

Abb. 4.5: Stufen der Geschäftsfähigkeit

4.3.1 Volle Geschäftsfähigkeit

volle Geschäftsfähigkeit

Die **volle Geschäftsfähigkeit** tritt mit **Vollendung des 18. Lebensjahres** ein. Personen, die voll geschäftsfähig sind, können allgemein zulässige Rechtsgeschäfte selbstständig voll wirksam vornehmen *(§ 2 BGB).*

Beispiele:

- *Personen können Rechtsgeschäfte (Kaufvertrag, Mietvertrag, Arbeitsvertrag, Berufsausbildungsvertrag usw.) voll wirksam vornehmen;*
- *Gemäß Grundgesetz ist bei Bundestagswahlen jeder Deutsche, der das 18. Lebensjahr vollendet hat, wahlberechtigt* (= aktives Wahlrecht) und *wählbar* (= passives Wahlrecht);
- *Gemäß Wehrpflichtgesetz sind alle deutschen Männer vom 18. Lebensjahr an wehrpflichtig;*
- *Gemäß BGB sind Personen vom 18. Lebensjahr an voll verantwortlich für unerlaubte Handlungen;*
- *Gemäß BGB endet mit Vollendung des 18. Lebensjahres die elterliche Sorge.*

4.3.2 Beschränkte Geschäftsfähigkeit

beschränkte Geschäftsfähigkeit

Minderjährig ist derjenige Mensch, der zwar das siebte, aber noch nicht das achtzehnte Lebensjahr vollendet hat. In diesem Alter wird er als **beschränkt geschäftsfähig** bezeichnet *(§ 106 BGB)*. Die beiden altersmäßigen Grenzen für diese „Stufe der Geschäftsfähigkeit" sind insofern von Bedeutung, da ein Kind, das das 7. Lebensjahr vollendet hat, für unerlaubte Handlungen bedingt verantwortlich ist. So ist z. B. nach einem Gerichtsurteil ein 8-jähriges Kind für einen verursachten Scheunenbrand bedingt verantwortlich für sein Handeln. – Mit vollendetem 16. Lebensjahr ist ein Minderjähriger testierfähig, d. h. er kann ein Testament errichten *(§ 2229 BGB)*. Außerdem kann gemäß *§ 1303 BGB* mit Vollendung des 16. Lebensjahres bereits die Möglichkeit der Eheschließung eröffnet werden.

Wirksamkeit von Willenserklärungen

Obwohl **Minderjährige** in ihrer **Geschäftsfähigkeit beschränkt** sind, sind nicht alle von ihnen abgegebenen Willenserklärungen nichtig, d. h. unwirksam. In **Abhängigkeit von der Zustimmung des gesetzlichen Vertreters** können sie voll wirksam werden. Die Zustimmung kann vor oder nach Abschluss eines Rechtsgeschäfts erfolgen *(§§ 107, 182, 187 BGB)*. Bis zur Zustimmung des gesetzlichen Vertreters sind von Minderjährigen abgeschlossene Rechtsgeschäfte **schwebend unwirksam**.

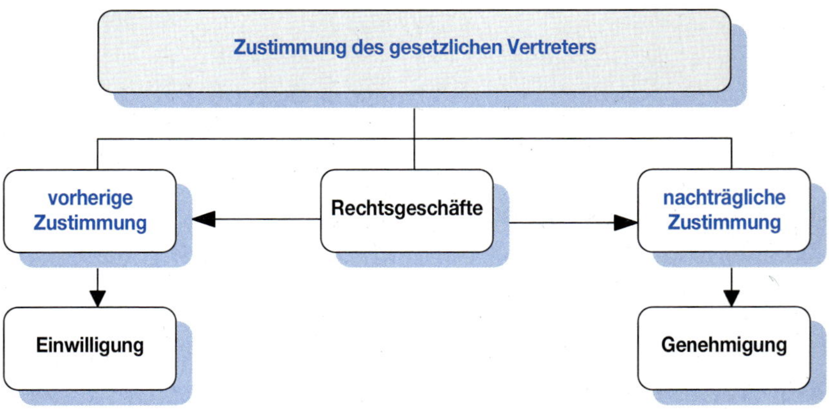

Abb. 4.6: Einwilligung und Genehmigung

Taschengeldparagraf

Besitzt ein beschränkt Geschäftsfähiger finanzielle Mittel (Taschengeld, belassenes Arbeitseinkommen wie Ausbildungsvergütung, aber auch die Arbeitskraft des Minderjährigen), über die er frei verfügen kann und kann die Zustimmung des gesetzlichen Vertreters zum Kauf von bestimmten Gegenständen vorausgesetzt werden, so sind die von dem beschränkt Geschäftsfähigen abgeschlossenen Verträge rechtswirksam. Voraussetzung ist also, dass er bar bezahlt. Verträge, in denen **Ratenzahlung** vereinbart ist, sind grundsätzlich ausgeschlossen. Werden solche Rechtsgeschäfte dennoch mit Minderjährigen abgeschlossen, so sind sie **schwebend unwirksam**. Zahlt der Minderjährige seine Raten weiter, so ist die Leistung erst mit der Zahlung der letzten Rate bewirkt. Wird der Minderjährige während des Zeitraums der Ratenzahlung volljährig, so tritt seine Genehmigung an die Stelle des gesetzlichen Vertreters (§§ 108, Abs. 3, 110 BGB).

Gemäß § 110 BGB dürfen Minderjährige grundsätzlich keinen Ratenlieferungsvertrag tätigen (= sog. Taschengeldparagraf).

4.3.3 Geschäftsunfähigkeit

Geschäftsunfähig ist,

Geschäftsunfähigkeit

1. wer nicht das siebente Lebensjahr vollendet hat;
2. wer an einer krankhaften Störung des Geistes leidet; es kann sich dabei um eine Geisteskrankheit, aber auch um eine Geistesschwäche handeln *(§ 104 BGB).*

4.4 Deliktsfähigkeit

Der fünfjährige Peter Flink hat ein Feuerzeug seines Vaters gefunden. Er nimmt es mit in die Scheune des Nachbarn. Dort spielt Peter mit dem Feuerzeug und merkt nicht, dass sich dabei Stroh entzündet. Kurze Zeit später steht die Scheune in Flammen und brennt bis auf die Grundmauern ab.

In einer Boulevardzeitung wird auf der Titelseite veröffentlicht: Iris Erdbeer, 28, ist die Mörderin von Tim Schuhnagel. Auf Grund dieser Meldung wird Iris krank und muss sich einer psychotherapeutischen Behandlung unterziehen. Zwei Monate später stellt sich heraus, dass nicht Iris, sondern eine Doppelgängerin nachweislich die Mörderin ist.

unerlaubte Handlung

Im ersten Fall begeht ein Minderjähriger, der noch nicht das siebente Lebensjahr vollendet hat, eine **unerlaubte Handlung.** Er ist gemäß *§ 828 BGB* für einen Schaden, den er einem anderen zugefügt hat, nicht verantwortlich.

Im zweiten Fall wird die Gesundheit einer Person durch eine falsche Presseveröffentlichung stark in Mitleidenschaft gezogen. Sie kann gemäß *§ 823 BGB* einen Schadensersatzanspruch gegen die Boulevardzeitung auf gerichtlichem Wege geltend machen.

Deliktsfähigkeit

§ 823 BGB (Schadensersatzpflicht):

(1) *Wer vorsätzlich oder fahrlässig das Leben, den Körper, die Gesundheit, die Freiheit, das Eigentum oder ein sonstiges Recht eines anderen widerrechtlich verletzt, ist dem anderen zum Ersatze des daraus entstehenden Schadens verpflichtet.*

__Hinweis:__ Im Falle der falschen Presseveröffentlichung handelt es sich um eine privatrechtliche, das BGB betreffende und nicht um eine strafrechtliche, das Strafgesetzbuch betreffende, Angelegenheit. So liegt beispielsweise im Falle eines Mordes, eines Diebstahls, einer Unterschlagung oder einer Geiselnahme keine privatrechtliche unerlaubte Handlung im Sinne des BGB vor, sondern eine Straftat gemäß Strafgesetzbuch. Die Rechtsfolgen im Falle einer unerlaubten Handlung sind andere als die im Falle einer Straftat.

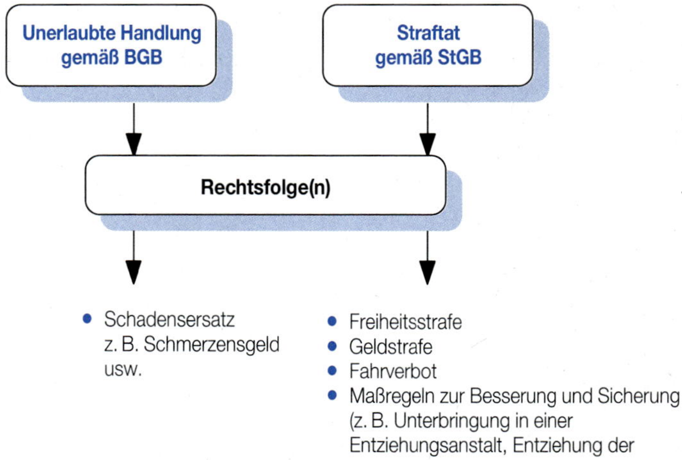

Abb. 4.7: Rechtsfolgen bei unerlaubter Handlung und Straftat

Schadens-ersatz-anspüche aus unerlaubter Handlung

Schadensersatzansprüche aus unerlaubter Handlung können beispielsweise aus **folgenden Gründen** entstehen:

- *„Verletzung" der Gesundheit durch falsche Presseveröffentlichungen;*
- *Gesundheitsschädigung durch Schlafstörung infolge übermäßiger Lärmeinwirkung vom Nachbargrundstück;*
- *Entziehung der körperlichen Bewegungsfreiheit durch Drohung;*
- *Verwertung von Videoaufnahmen eines Betrunkenen;*
- *namentliche Nennung einer Person im Zusammenhang mit Werbung;*
- *Schwangerschaftsunterbrechung nach fehlgeschlagener Sterilisation;*
- *Überkronung gesunder Zähne durch den Zahnarzt ohne zahnmedizinisch anerkannte Gründe.*

Stufen der Delikts-fähigkeit

Ähnlich den **Abstufungen der Geschäftsfähigkeit** werden auch drei **Stufen der Deliktsfähigkeit** unterschieden.

- **Deliktsunfähig** sind Kinder, die das siebente Lebensjahr noch nicht vollendet haben; sie sind für einem anderen zugefügte Schäden nicht verantwortlich *(§§ 276 (1), S. 3; 827, 828 BGB).*
- **Beschränkt deliktsfähig** sind Personen, die das siebente, aber noch nicht das 18. Lebensjahr vollendet haben *(§ 828 BGB).*

Die Gerichte mussten sich bisher u. a. mit folgenden Fällen beschäftigen:

- *ein 7-Jähriger schießt trotz Warnung einem anderen Jungen mit der Schleuder ein Auge aus;*
- *ein 10-Jähriger verletzt einen Spielkameraden mit dem Beil;*
- *ein 15-Jähriger verletzt durch einen Tomatenwurf das Auge eines anderen;*
- *ein 16-Jähriger verursacht eine Brandverletzung durch einen Wurf mit einer Wunderkerze.*

Durch den Abschluss einer privaten **Haftpflichtversicherung** können sich Eltern weitestgehend vor Schadensersatzansprüchen schützen, die daraus folgen, dass ein Kind eine unerlaubte Handlung begeht.

- **Voll deliktsfähig** sind Personen nach Vollendung des 18. Lebensjahres.

Wiederholungsfragen

Wiederholungsfragen

1. *Das BGB unterscheidet drei Stufen der Geschäftsfähigkeit.* Nennen Sie diese und geben Sie jeweils die Paragrafen an!
2. *Unter welcher Voraussetzung gilt ein Rechtsgeschäft als schwebend unwirksam?*
3. *Worin besteht beim Abschluss eines Kaufvertrages der Unterschied zwischen einer Einwilligung und einer Genehmigung?*
4. *Welche Bedeutung hat § 110 BGB beim Abschluss von Rechtsgeschäften mit Minderjährigen?*
5. *Erklären Sie den Unterschied zwischen einer unerlaubten Handlung und einer Straftat am Beispiel*
   a) der verwendeten Gesetze und
   b) der möglichen Rechtsfolge(n)!
6. *Nennen Sie Beispiele für eine unerlaubte Handlung, aus der Schadensersatzansprüche abgeleitet werden können!*
7. *Nennen und erläutern Sie die Stufen der Deliktsfähigkeit!*
8. *Wie können sich Eltern vor Schadensersatzansprüchen durch unerlaubte Handlungen, die ihr Kind begeht, schützen?*

4.5 Anfechtung und Nichtigkeit von Willenserklärungen

Svenja kauft sich in einem Sportgeschäft einen Trainingsanzug zu einem Preis von 220,– €. Sie zahlt bar und nimmt die Ware sofort mit nach Hause.

Manfred bestellt bei der CD- und Video Vertriebs GmbH die CD von Gary Moore, Ballads and Blues. Auf der vorgefertigten Bestellkarte gibt er die Nr. 23118 an. Nach vierzehn Tagen erhält er in einem Brief eine CD und eine Rechnung mit folgender Angabe: Begleichen Sie bitte in den nächsten 14 Tagen den Betrag in Höhe von 14,40 € für die Lieferung „Nr. 23118, This is Marla Glen" Als Manfred im Katalog der Versand-GmbH nachschlägt, stellt er fest, dass die von ihm bestellte CD die Nr. 12181 hat.

Ines trifft sich auf dem Schulhof mit einem Mitschüler und kauft 2 Gramm Kokain. Bald stellt sie fest, dass das Rauschgift mit einem Pulver gemischt wurde, das das Gewicht erhöht hat. Der Preis ist jedoch der gleiche wie bei reinem Kokain. Aus diesem Grunde verlangt sie von ihrem Mitschüler, dass dieser den Preis halbiere, ansonsten würde sie eine privatrechtliche Klage vor Gericht wegen des Mangels an der gelieferten Ware erheben.

Willenserklärung

Wer in ein Geschäft geht, um sich eine Ware zu kaufen, der bekundet -- sofern er bedient wird – dem Verkäufer gegenüber durch seine abgegebene Willenserklärung, dass er bereit ist, ein Rechtsgeschäft, konkret einen **Kaufvertrag**, abzuschließen. Svenja hat dieses getan. Das Rechtsgeschäft ist rechtswirksam zu Stande gekommen.

Wirksamkeit

Jeder, der eine Willenserklärung mündlich, schriftlich oder konkludent (= stillschweigend, schlüssig) abgibt, muss dies auch tatsächlich wollen, d. h. der **Handlungswille** muss gegeben sein. Fehlt dieser, so ist die abgegebene Willenserklärung nicht rechtswirksam, sondern entweder anfechtbar oder nichtig.

Manfred hat sich bei der Bestellung der CD geirrt. Deshalb kann er das Rechtsgeschäft **anfechten.**

Ines hingegen hat sich von vornherein auf ein rechtsunwirksames Rechtsgeschäft eingelassen. Ein Kaufvertrag über Rauschgift verstößt gegen das Betäubungsmittelgesetz. Das Rechtsgeschäft ist deshalb **nichtig,** da der Vertrag gemäß *§ 134 BGB* gegen ein gesetzliches Verbot verstößt.

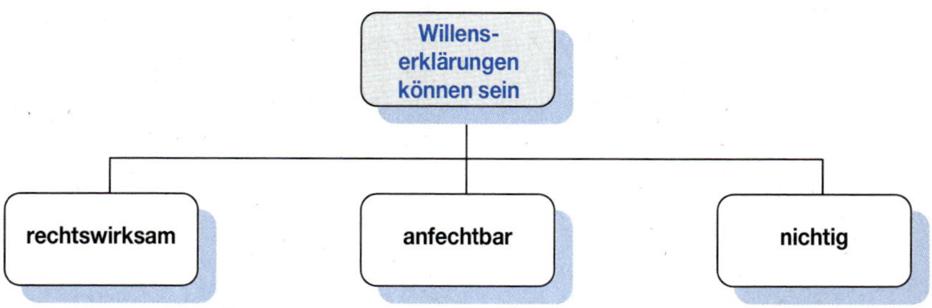

Abb. 4.8: Willenserklärungen

4.5.1 Anfechtungsgründe

Rechtsgeschäfte können grundsätzlich aus mehreren Gründen angefochten werden. Allerdings ist zu beachten, dass anfechtbare Rechtsgeschäfte bis zur fristgerechten Anfechtung gültig sind. Sie werden erst mit rechtswirksamer Anfechtung rückwirkend nichtig.

- ***Anfechtung wegen Irrtums***

Irrtum

Wer bei Abgabe einer Willenserklärung über deren Inhalt im Irrtum war oder eine Erklärung dieses Inhalts überhaupt nicht abgeben wollte (z. B. Versprechen, Verschreiben), kann die Erklärung anfechten. Die Anfechtung muss unverzüglich erfolgen, nachdem der Anfechtungsberechtigte von dem Anfechtungsgrund Kenntnis erlangt hat. Unverzüglich und nicht sofort bedeutet, dass dem Irrenden eine angemessene Überlegungsfrist zugestanden werden muss.

Die Verjährungsfrist der „Anfechtung wegen Irrtums" beträgt zehn Jahre. Die Anfechtung muss ohne schuldhaftes Verzögern unverzüglich erfolgen *(§§ 119, 121 BGB).*

Nicht jedes Rechtsgeschäft kann wegen Irrtums angefochten werden.

> ***Beispiel:***
>
> *Jolanda Geldarm kauft sich Aktien zu je 420,00 €, weil sie hofft, dass der Kurs (Preis) der Wertpapiere enorm steigen wird. Als nach einer Woche der Kurs auf 180,00 € fällt, will sie die Aktien wieder mit der Begründung zurückgeben, sie habe sich beim Kauf geirrt.*

In diesem Fall handelt es sich um einen Irrtum im Beweggrund, einen so genannten **Motivirrtum.** Dieser begründet **kein Anfechtungsrecht.**

- ***Anfechtung wegen Drohung***

Drohung

Wer unter Drohung eine Willenserklärung abgibt, kann die Erklärung anfechten. Die Beeinflussung des Willens muss widerrechtlich sein.

> ***Beispiel:*** *Die Drohung, dass die Notaufnahme im Krankenhaus nur erfolge, wenn der Patient ein Formular über die Wahlleistung Einzelzimmer unterzeichne.*

Die Frist der „Anfechtung wegen Drohung" beginnt mit dem Zeitpunkt, in dem die Zwangslage, d. h. die Furcht vor dem angedrohten Übel, aufhört *(§§ 123, 124 BGB).*

- ***Anfechtung wegen arglistiger Täuschung***

arglistige Täuschung

Wer zur Abgabe einer Willenserklärung durch arglistige Täuschung bestimmt worden ist, kann die Erklärung binnen Jahresfrist anfechten. Die Frist beginnt mit dem Zeitpunkt, in dem der Anfechtungsberechtigte die Täuschung entdeckt *(§§ 123, 124 BGB).*

Wirkung der Anfechtung

Anfechtbare Rechtsgeschäfte sind bis zur fristgerechten Anfechtung gültig. Wird ein anfechtbares Rechtsgeschäft angefochten, so ist es **von Anfang an als nichtig**, d. h. rechtsunwirksam anzusehen, also so, als wäre es erst gar nicht zu Stande gekommen. Die Anfechtung hat rückwirkende Kraft.

Beispiel: *Wird ein vom Makler vermittelter Vertrag rechtswirksam angefochten, so verliert der Makler seinen Anspruch auf die Courtage (= Maklerlohn).*

Oft werden die Gründe der Anfechtung von Rechtsgeschäften mit den Nichtigkeitsgründen verwechselt. Deshalb sollte man sich folgende „Eselsbrücke" bauen.

1. *Ist ein Rechtsgeschäft nicht rechtsgültig, so ist es möglicherweise anfechtbar oder nichtig.*
2. *Alphabetisch geordnet kommt die Anfechtbarkeit vor der Nichtigkeit. Deshalb ist zuerst zu prüfen, ob eine abgegebene Willenserklärung anfechtbar ist.*
3. *Die Anfechtungsgründe kann man sich merken durch die aneinander gereihten Buchstaben der Anfechtungsgründe.*
4. *Ist also eine abgegebene Willenserklärung weder rechtsgültig noch anfechtbar, dann kann sie nur noch nichtig sein.*

Denken Sie, wenn es sich um Anfechtungsgründe handelt, an Ihre Tante ***IDA****!*

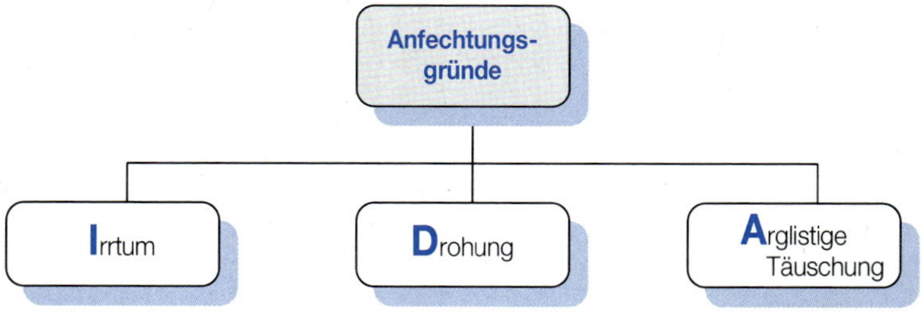

Abb. 4.9: Anfechtungsgründe

4.5.2 Nichtigkeitsgründe

Nichtigkeitsgründe

Neben den Anfechtungsgründen gibt es also auch Gründe, die möglicherweise die Nichtigkeit von Willenserklärungen auch ohne Anfechtung zur Folge haben, sodass ein Rechtsgeschäft nicht rechtswirksam zu Stande kommt.

- ***Nichtigkeit wegen Verstoßes gegen ein gesetzliches Verbot***

Gesetzliche Verbote machen das verbotswidrige Rechtsgeschäft nichtig, so weit sich aus dem jeweiligen Gesetz nichts anderes ergibt.

gesetzliches Verbot

Beispiel: *Ein Kaufvertrag, dessen Inhalt der Handel mit Rauschgift ist, ist nichtig, da es sich um einen Verstoß gegen das Betäubungsmittelgesetz handelt (§ 134 BGB).*

- **Nichtigkeit wegen Abschluss eines Scheingeschäfts**

Willenserklärungen, die nur zum Schein abgegeben werden, sind nichtig. Ein Scheingeschäft liegt vor, wenn die Vertragspartner einverständlich nur den äußeren Schein eines Rechtsgeschäfts hervorrufen, die mit dem Rechtsgeschäft verbundenen Rechtsfolgen aber nicht eintreten lassen wollen *(§ 117 BGB).* **Scheingeschäft**

Beispiel: *Um Grunderwerbsteuer und Notargebühren zu sparen, vereinbart der bisherige Grundstückseigentümer mit dem Käufer offiziell einen Kaufpreis von 240.000,– €. „Unter der Hand" sollen tatsächlich aber 320.000,– € bezahlt werden.*

- **Nichtigkeit wegen Störung der Geistestätigkeit**

Willenserklärungen, die im Zustand der Bewusstlosigkeit oder im Falle vorübergehender Störung der Geistestätigkeit abgegeben werden, sind nichtig *(§ 105 (2) BGB).* **Störung der Geistestätigkeit**

Beispiel: *Ein total betrunkener Gast unterschreibt in einer Nachtbar einen Darlehensvertrag.*

- **Nichtigkeit wegen Formmangels**

Aus Gründen der Beweissicherung oder der Verhinderung eines leichtfertigen Geschäftsabschlusses sehen verschiedene Rechtsgrundlagen Ausnahmen vom Grundsatz der Formfreiheit vor. **Formmangel**

Der Mangel der vorgeschriebenen Form hat in aller Regel die Nichtigkeit des Rechtsgeschäfts zur Folge *(§ 125 BGB).*

Beispiel: *Der Inhalt eines Berufsausbildungsvertrages muss* ***schriftlich*** *fixiert werden (§ 11 BBiG). – Ein Hauskauf ist nur möglich, wenn der Kaufvertrag* ***notariell beurkundet*** *wird (§§ 128, 311 b, 873 BGB).*

- **Nichtigkeit wegen Verstoßes gegen die guten Sitten**

Nach der Rechtsprechung ist ein Rechtsgeschäft sittenwidrig, wenn es gegen die in der Gemeinschaft oder in einer Gruppe anerkannten moralischen Anschauungen verstößt. **Sittenwidrigkeit**

Beispiel: *Kreditverträge können bei einer im Vergleich zum Marktzins überhöhten Verzinsung sittenwidrig und nichtig sein (§ 138 BGB).*

4.6 Rechtsgeschäfte und der Grundsatz der Vertragsfreiheit

4.6.1 Rechtsgeschäfte

zweiseitiges Rechtsgeschäft

Wenn ein Käufer eine Ware käuflich erwerben will, so kommt nur dann ein rechtswirksamer Kaufvertrag zu Stande, wenn er bereit ist, den verlangten Preis zu zahlen. Ist ihm die Ware zu teuer, so kann nur dann das Rechtsgeschäft „Kaufvertrag" zu Stande kommen, wenn sich beide auf einen anderen Preis geeinigt haben. Die Übereinstimmung der beiden Willenserklärungen ist also Voraussetzung für das Zustandekommen des Kaufvertrages.

Wenn **zwei Willenserklärungen übereinstimmen**, spricht man von einem **zweiseitigen Rechtsgeschäft**. Es gibt aber auch so genannte einseitige Rechtsgeschäfte.

einseitiges Rechtsgeschäft

Von **einseitigen Rechtsgeschäften** spricht man, wenn nur eine Person eine Willenserklärung abgibt, die eine unmittelbare Rechtswirkung zur Folge hat.

Rechtsgeschäfte

Bei **zwei- oder mehrseitigen Rechtsgeschäften** stimmen die Willenserklärungen der Vertragspartner überein. Diese Rechtsgeschäfte werden Verträge genannt.

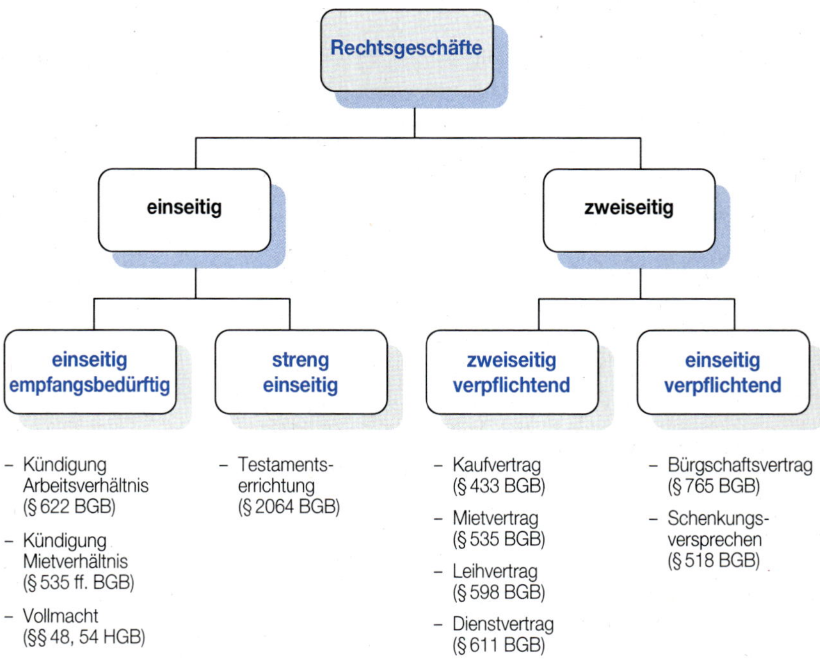

Abb. 4.10: Rechtsgeschäfte

4.6.2 Grundsatz der Vertragsfreiheit

Der Grundsatz der Vertragsfreiheit beinhaltet drei Aspekte.

Vertragsfreiheit

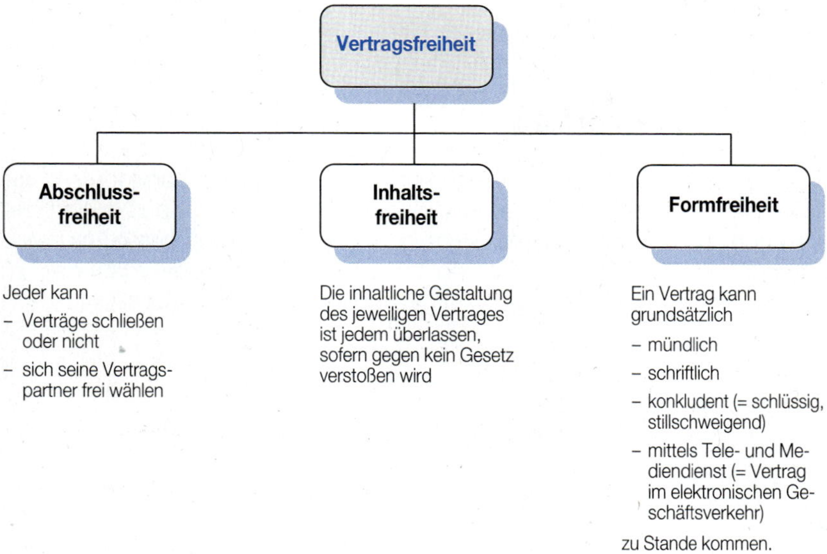

Abb. 4.11: Vertragsfreiheit

Einschränkungen

Die Aspekte der Vertragsfreiheit gelten grundsätzlich, d.h. nur insoweit, als sie nicht durch bestimmte Rechtsvorschriften eingeschränkt sind.

Einschränkungen der Abschlussfreiheit: Ein Minderjähriger darf keine Ratenkäufe tätigen (siehe Kommentar zu *§ 110 BGB).*

Einschränkungen der Inhaltsfreiheit: Ein Berufsausbildungsvertrag muss die vom Berufsbildungsgesetz vorgeschriebenen Mindestinhalte enthalten *(§ 4 BBiG).*

Einschränkungen der Formfreiheit: Hier kann es verschiedene Einschränkungen geben.

- *Ein Ratenlieferungsvertrag muss schriftlich abgeschlossen werden (§ 505 BGB).*
- *Ein Kaufvertrag über ein Grundstück bedarf der notariellen Beurkundung (§§ 128, 873 BGB).*

Die notarielle Beurkundung darf nicht verwechselt werden mit der **öffentlichen Beglaubigung,** bei der nicht der Inhalt eines Vertrages, sondern lediglich eine Unterschrift des Erklärenden von einem Notar beglaubigt wird *(§ 129 BGB).*

4.7 Vertragsarten

Kaufvertrag

Im täglichen Leben kommen viele verschiedene Verträge zu Stande. Eines der am häufigsten abgeschlossenen Rechtsgeschäfte ist der Kaufvertrag.

4.7.1 Kaufvertrag

Verpflichtungsgeschäft

Ein Kaufvertrag über eine bewegliche Sache kommt zu Stande, wenn die Willenserklärungen der beiden Vertragspartner, d. h. des Käufers und des Verkäufers, übereinstimmen. Gemäß *§ 433 BGB* haben beide Vertragspartner vertragstypische Pflichten zu erfüllen, weswegen man das zu Stande kommende Rechtsgeschäft **Verpflichtungsgeschäft** nennt.

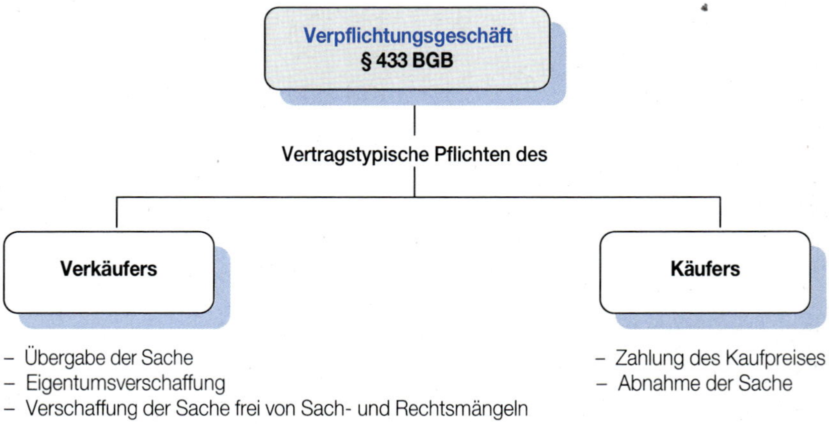

Abb. 4.12: Verpflichtungsgeschäft beim Kaufvertrag

Erfüllungsgeschäft

Erfüllen beide Vertragspartner ihre Pflichten aus dem Kaufvertrag, so kommt ein **Erfüllungsgeschäft** (= Verfügungsgeschäft) zu Stande.

Eigentum und Besitz

Das Eigentum an der beweglichen Sache geht durch Einigung und Übergabe auf den Käufer über *(§ 929 BGB).* Die Einigung muss auf die Eigentumsübertragung, d. h. die Veräußerung und den Erwerb der Sache oder des Rechts (z. B. Lizenz[2]), gerichtet sein.

Ist zwar die Übergabe und die Einigung über einen Gegenstand erfolgt, aber noch nicht die Bezahlung, so ist der Käufer Besitzer des Gegenstandes, nicht aber rechtmäßiger Eigentümer. Deshalb muss unterschieden werden zwischen den Begriffen „Besitz" und „Eigentum".

- **Besitz** ist die tatsächliche Herrschaft einer Person über eine Sache.
- **Eigentum** ist die rechtliche Herrschaft einer Person über eine Sache.

[2] siehe hierzu Kapitel 5.4

Eigentumsübergang

Der Eigentumsübergang kann aufgrund eines Rechtsgeschäftes erfolgen, aber auch **kraft Gesetzes** erfolgen.

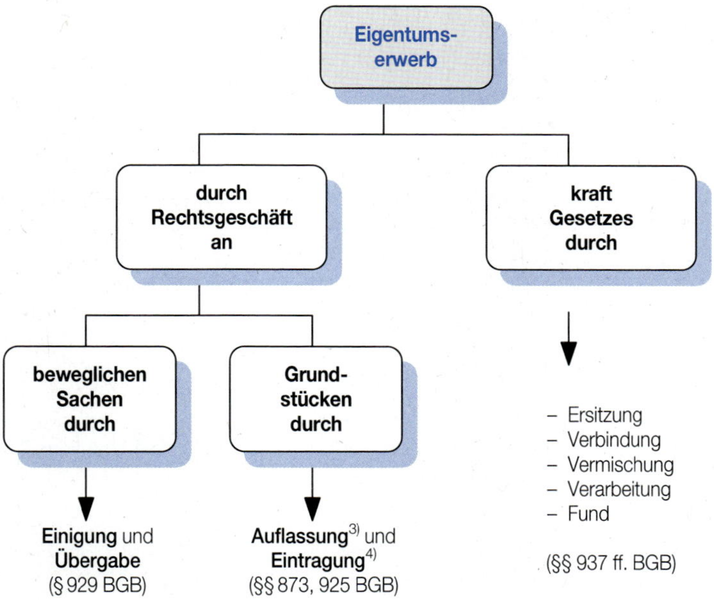

Abb. 4.13: Eigentumsübertragung

Allgemeinwohl

Art. 14 GG garantiert jedem Bürger das **Eigentum**. Allerdings verpflichtet Eigentum auch. So ist eine **Enteignung zum Wohle der Allgemeinheit** zulässig. Sie ist allerdings nur dann erlaubt, wenn es keine andere rechtliche oder wirtschaftlich vertretbare Lösung gibt. So wurden beispielsweise Grundstückseigentümer enteignet, damit eine Autobahn durch ein bestimmtes Gebiet gebaut werden konnte.

4.7.2 Sonstige Vertragsarten

Anja Schorle ist zeitweise in einem Haushalt tätig und erhält für ihre Tätigkeit als Babysitter 8,– € pro Stunde, sonst jedoch keine weiteren Leistungen. Die Vereinbarung über die Tage, an denen sie das Kind betreuen soll, trifft sie telefonisch. Sie kommt dabei monatlich auf einen Betrag von maximal 200,– €. Außerdem verdient sie nebenbei als Studentin noch Geld, indem sie zu Hause für ein pädagogisches

---

[3] Die zur Übertragung des Eigentums an einem Grundstück nach § 873 BGB erforderliche Einigung des Veräußerers und des Erwerbers (Auflassung) muss bei gleichzeitiger Anwesenheit beider Seiten vor einer zuständigen Stelle, in der Regel ist es der Notar, erklärt werden.

[4] Die Eintragung erfolgt im Grundbuch in Grundbuchblättern. Diese werden gemäß Grundbuchordnung von den Amtsgerichten geführt. Jedes Grundstück erhält im Grundbuch eine besondere Stelle (= Grundbuchblatt).

Forschungsinstitut Befragungsbögen auswertet. Pro Auswertung erhält sie einen Betrag von 15,– €. Grundsätzlich tritt die Überlegung auf, ob es sich bei den beiden Tätigkeiten um einen Arbeitsvertrag, einen Dienstvertrag oder einen Werkvertrag handelt. Für ihre Nebentätigkeiten benötigt sie ein Auto. Deshalb nimmt sie zur Finanzierung eines PKWs bei einer Bank ein Darlehen in Höhe von 5000,– € auf.

- **Arbeitsvertrag – Dienstvertrag – Werkvertrag**

Arbeitsvertrag

Ein Arbeitsverhältnis (Arbeitsvertrag) ist ein **Dauerschuldverhältnis.** Anja müsste deshalb dauernd tätig sein. Die Bedingungen, die sich aus einem **Arbeitsvertrag** ergeben, müssen gemäß **Nachweisgesetz** zwingend **schriftlich**[5)] festgelegt werden. In den Vertrag müssen die gesetzlich vorgeschriebenen **Mindestinhalte** aufgenommen werden. – Anja hat keinen Vertrag unterschrieben, da sie ihre Babysitterstunden telefonisch vereinbart. Außerdem würde sie im Falle eines vorliegenden Arbeitsvertrages sozialversicherungspflichtig und hätte einen Anspruch auf Erholungsurlaub. Aus dieser Analyse ergibt sich, dass im vorliegenden Fall kein Arbeitsvertrag zu Stande gekommen ist.

Dienstvertrag

Der **Dienstvertrag** ist ein schuldrechtlicher gegenseitiger Vertrag, durch den der eine Teil zur Leistung der versprochenen Dienste (Dienstverpflichteter), der andere Teil zur Leistung der vereinbarten Vergütung verpflichtet wird (Dienstberechtigter). Gemäß *§ 611 (2) BGB* können Gegenstand eines Dienstvertrags „**Dienste jeder Art**" sein, also auch die Tätigkeit als Babysitter. Mit Anweisungen, wie sie die Arbeit zu verrichten hat, wird sie nicht konfrontiert, so dass ihre Tätigkeit auch nicht erfolgsabhängig ist. Da sie die versprochene Leistung „Babysitten" erfüllt und dafür die vereinbarte Vergütung erhält, ist in diesem Fall ein Dienstvertrag zu Stande gekommen.

Werkvertrag

Anja erhält pro ausgewertetem Fragebogen in dem pädagogischen Forschungsinstitut 15,– €. Wertet sie 10 Fragebögen aus, erhält sie folglich 150,– €. Ist sie beispielsweise krankheitsbedingt in einer schlechten körperlichen Verfassung und wertet deshalb nur 5 Fragebögen aus, erhält sie für ihre Tätigkeit einen geringeren Betrag. Also ist ihre Dienstleistung erfolgsabhängig. Da der Gegenstand ihres Vertrages ein durch Dienstleistung herbeizuführender Erfolg ist, dem die vereinbarte Vergütung gegenübersteht, handelt es sich gemäß *§ 631 BGB* um einen **Werkvertrag.**

Vergleicht man ihre beiden Tätigkeiten, in denen das Vertragsverhältnis einerseits auf einem Dienstvertrag, andererseits auf einem Werkvertrag beruht, so lässt sich ein Unterschied zwischen beiden Vertragsarten allgemein verdeutlichen.

---

5) Die Niederschrift hat eine deklaratorische Wirkung. Dies bedeutet, dass der Arbeitsvertrag mit seinen vereinbarten Arbeitsbedingungen auch ohne Niederschrift gültig ist (BT-Drucksache 12/7630, 1994, S. 10).

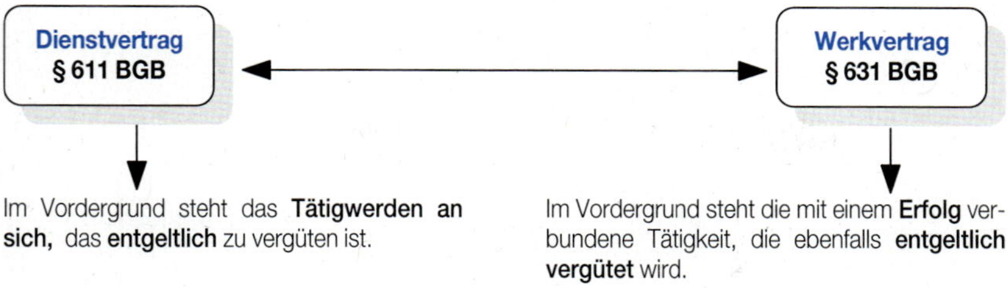

Abb. 4.14: Unterschied Dienstvertrag – Werkvertrag

• *Werkvertrag*

Werkvertrag

Der Werkvertrag ist ein gegenseitig verpflichtender Vertrag. Durch dieses Rechtsgeschäft wird der Unternehmer zur Herstellung des versprochenen Werkes, der Besteller zur Herstellung der vereinbarten Vergütung verpflichtet *(§ 631 BGB).*

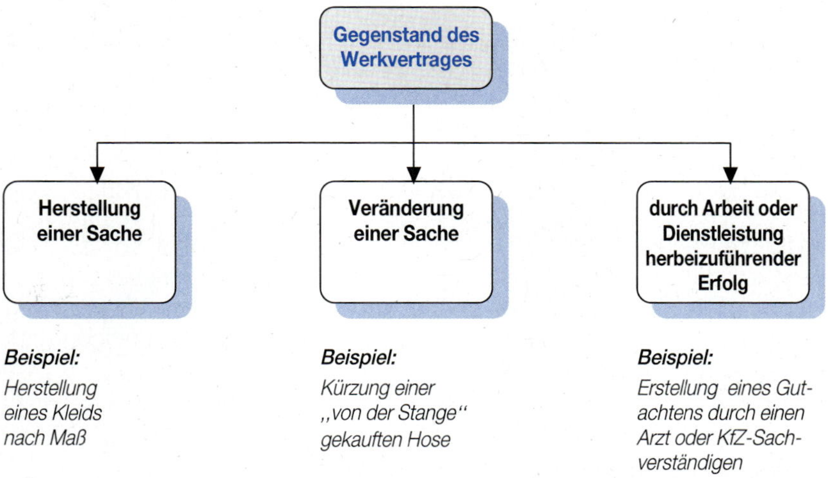

Abb. 4.15: Werkvertrag

• *Darlehen*

Darlehen

In der heutigen Zeit ist die Haupterscheinungsform des Kredits das Darlehen. Deshalb hat der Gesetzgeber in *§ 488 ff. BGB* den Begriff des Darlehens ohne den Zusatz „Geld" gewählt. Dies entspricht dem Umstand, dass der Begriff des „Darlehens" im Allgemeinen und auch im Fachsprachgebrauch ausschließlich als Gelddarlehen verstanden wird. Dagegen ist die Bezeichnung für den Sonderfall, dass vertretbare Sachen überlassen werden, als „Sachdarlehen" üblich geworden.

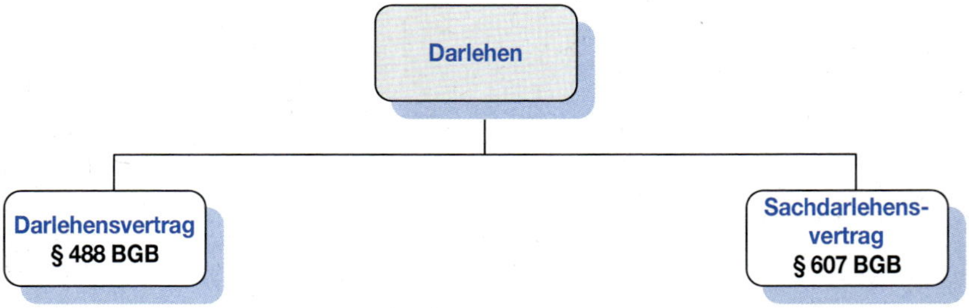

Abb. 4.16: Darlehen

- ***Darlehensvertrag***

Darlehensvertrag

Durch den Darlehensvertrag wird der Darlehensgeber verpflichtet, dem Darlehensnehmer einen Geldbetrag in der vereinbarten Höhe zur Verfügung zu stellen. Die vertragstypische Pflicht des Darlehensnehmers besteht darin, einen geschuldeten Zins zu zahlen und bei Fälligkeit das zur Verfügung gestellte Darlehen zurückzuerstatten.

Die vereinbarten Zinsen sind, soweit nicht ein anderes bestimmt ist, nach dem Ablauf je eines Jahres und, wenn das Darlehen vor dem Ablauf eines Jahres zurückzuerstatten ist, bei der Rückerstattung zu entrichten.

Ist für die Rückerstattung des Darlehens keine Zeit bestimmt, so hängt die Fälligkeit davon ab, dass der Darlehensgeber oder der Darlehensnehmer kündigt. Die **Kündigungsfrist** beträgt **drei Monate.** Sofern keine Zinsen geschuldet sind, so ist der Darlehensnehmer auch ohne Kündigung zur Rückerstattung berechtigt.

- ***Sachdarlehensvertrag***

Sachdarlehensvertrag

Durch den Sachdarlehensvertrag wird der **Darlehensgeber** verpflichtet, dem Darlehensnehmer eine vereinbarte vertretbare Sache zu überlassen. **Vertretbar** sind **Sachen**, wenn man sie zählen, wiegen oder messen kann. Der **Darlehensnehmer** ist zur Zahlung des Entgelts und bei Fäðlligkeit zur Rückerstattung von **Sachen gleicher Art, Güte und Menge** verpflichtet.

Es stellt sich natürlich die Frage, was im Sinne des Sachdarlehensvertrags eine vertretbare Sache ist.

- Erfasst werden hier beispielsweise die Mehrwegverpackungen, die in der Regel durch Übergabe einer mehrfach verwendbaren Verpackung zugleich mit dem Empfänger geschuldeten sonstigen Sache, wie Mineralwasser, einhergehen. Mehrweg-Verpackungen können Flaschen, Kisten, Säðcke, Paletten, Container sein.

- Der Begriff Sache umfasst aber auch die so genannte Wertpapierleihe, da es sich um eine mittelbar verkörperte Sache handelt. Wertpapiere, wie Aktien oder festverzinsliche Wertpapiere, werden nämlich in der Regel bei der Bank im Depot girosammelverwahrt, sodass es zu einer Überlassung der verbrieften, körperlichen Urkunde, die man mit nach Hause nimmt, bei der Wertpapierleihe nur sehr selten kommt.

Im Gesetzestext ist von der Überlassung einer vertretbaren Sache die Rede. Mit dem Begriff des Überlassens ist – in Abgrenzung zur Miete und Leihe – nicht nur die Überlassung zum Gebrauch, sondern die Überlassung zwecks Eigentumsübertragung gemeint. – Insofern lässt sich festhalten, dass folgende **Abgrenzungen** zwischen den genannten Vertragsarten von Bedeutung sind:

- Bei der **Miete** handelt es sich um eine entgeltliche Überlassung zum Gebrauch.
- Bei der **Leihe** handelt es sich um eine unentgeltliche Überlassung zum Gebrauch.
- Beim **Sachdarlehen** handelt es sich um eine Überlassung zwecks Eigentumsübertragung.

Die Vorschriften über den Sachdarlehensvertrag finden keine Anwendung auf die Überlassung von Geld. Diese in § 607 Absatz 2 enthaltene rechtliche Klarstellung ist deshalb von Bedeutung, weil auch Geld eine vertretbare Sache ist.

- ***Leihvertrag***

Durch den Leihvertrag wird der Verleiher einer Sache verpflichtet, dem Entleiher den **Gebrauch** der Sache **unentgeltlich** zu gestatten *(§ 598 BGB).* ***Leihvertrag***

> ***Beispiel:*** *Helga borgt sich von Michaela ein Fahrrad, um in die Stadt zu fahren. Nach drei Stunden gibt sie es ohne Gegenleistung wieder zurück.*

- ***Mietvertrag***

Mietverträge können sowohl abgeschlossen werden über bewegliche Sachen, wie z. B. ein Auto oder unbewegliche Sachen (= Immobilien), wie z. B. über eine Wohnung oder ein Haus. Kommt es zu einem Mietvertrag über eine bewegliche Sache, so überlässt der Vermieter dem Mieter die Sache gegen **Entgelt** zum **Gebrauch**. Das Angebot „Leihwagen“ (gegen Entgelt) ist also durch Vertragsschluss tatsächlich kein Leihvertrag, sondern ein Mietvertrag *(§ 535 ff. BGB).* ***Mietvertrag***

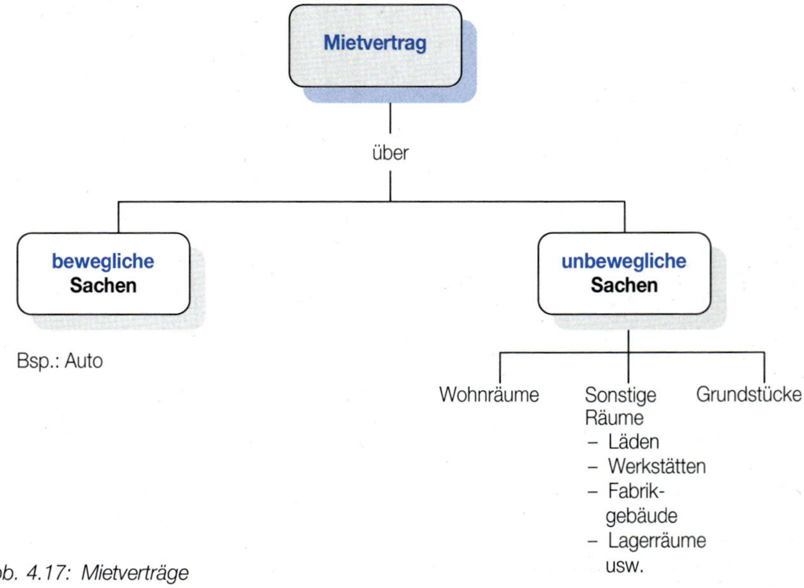

Abb. 4.17: Mietverträge

Wer sich mit dem Mietvertrag auseinandersetzt, der sollte sich das Bürgerliche Gesetzbuch zur Hand nehmen, um sich sachkundig zu machen.

Wenn Personen einen Mietvertrag abschließen, so gehen sie gesetzlich fest geschriebene Pflichten ein.

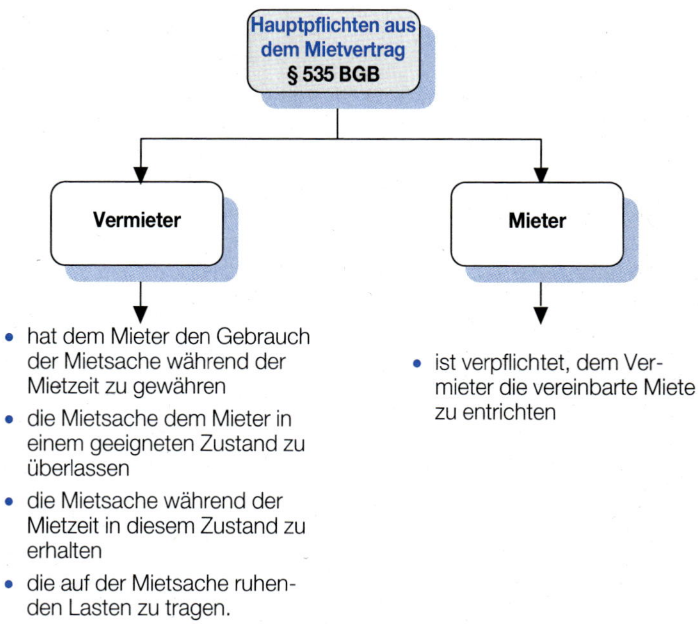

Abb. 4.18: Mietvertrag

Hat die Mietsache, also z. B. eine Wohnung, zurzeit der Überlassung an den Mieter einen Fehler, der ihrer Tauglichkeit zum vertragsmäßigen Gebrauch aufhebt, oder entsteht während der Mietzeit ein solcher Fehler, so ist der Mieter für die Zeit, in der die Tauglichkeit aufgehoben ist, von der Entrichtung der Miete befreit. Im Falle einer Minderung der Tauglichkeit hat der Mieter nur eine angemessen herabgesetzte Miete zu entrichten *(§ 536 BGB).*

Kommt der Vermieter während des Bestehens des Mietverhältnisses mit der Beseitigung des von ihm zu vertretenden Mangels in Verzug, so kann der Mieter Schadensersatz wegen Nichterfüllung verlangen *(§ 536 a BGB).*

Kennt der Mieter jedoch den Mangel der Mietsache bereits bei Vertragsschluss, so stehen ihm keine Rechte, wie die zeitweise Nichtentrichtung der Miete oder ein Schadensersatzanspruch, zu *(§ 536 b ff. BGB).*

Haupt-pflichten des Mietvertrags

Wiederholungsfragen

1. *Nennen Sie Beispiele für Willenserklärungen, die a) anfechtbar, b) nichtig sind.*
2. *Welche Abkürzung sollten Sie sich merken, wenn es um anfechtbare Willenserklärungen geht?*
3. *Nennen Sie Beispiele für a) einseitig empfangsbedürftige Rechtsgeschäfte, b) streng einseitige Rechtsgeschäfte, c) zweiseitig verpflichtende Rechtsgeschäfte, d) einseitig verpflichtende Rechtsgeschäfte!*
4. *In unserem Rechtssystem gilt der Grundsatz der Vertragsfreiheit.*
   a) Nennen Sie die drei Aspekte der Vertragsfreiheit.
   b) Was beinhalten diese Aspekte?
   c) Nennen Sie mögliche Einschränkungen dieser Aspekte!
5. *Was sind die vertragstypischen Pflichten von Verkäufer und Käufer?*
6. *Was versteht man im Zusammenhang mit dem Zustandekommen eines Kaufvertrages unter dem Verpflichtungsgeschäft?*
7. *Worin besteht der Unterschied zwischen Besitz und Eigentum?*
8. *Ein Eigentumsübergang kann auch kraft Gesetzes erfolgen. Nennen Sie Beispiele dafür!*
9. *Was kann Gegenstand eines Werkvertrages sein?*
10. *Wie werden die Vertragspartner eines Werkvertrages bezeichnet?*
11. *Worin besteht der Unterschied zwischen einem Leihvertrag und einem Mietvertrag?*
12. *Nennen Sie die Pflichten der Vertragspartner aus einem Mietvertrag!*
13. *Erläutern Sie die Begriffe a) Darlehensvertrag, b) Sachdarlehensvertrag.*

4.8 Verbraucherschutz

Dass „du und ich", d. h. der Verbraucher, zunehmend mehr eines besonderen Schutzes bedarf, wurde in den letzten Jahren deutlich, als die Tierkrankheit BSE zu einer Massenschlachtung von Rindern führte, um zu vermeiden, dass – wenn nicht schon geschehen – durch den Genuss von verseuchtem Rindfleisch beim Menschen die Creutzfeldt-Jacob-Krankheit ausgelöst wird. Alle Welt schrie förmlich nach dem Gesetzgeber und dessen Fürsorgepflicht uns Verbrauchern gegenüber. Gemeint war hier der Verbraucher, der durch besondere Gesetze geschützt werden sollte, um zu vermeiden, dass durch die Aufnahme landwirtschaftlicher Produkte der Körper des Menschen in Mitleidenschaft gezogen wird.

Verbraucherschutz betrifft aber auch andere Bereiche in unserem Leben. An einem Beispiel kann man dies verdeutlichen. Hat jemand einen Ratenlieferungsvertrag abgeschlossen, steht ihm eine zweiwöchige Überlegungsfrist zu, an deren Ende möglicherweise die Entscheidung steht, den zuvor eventuell viel zu schnell abgeschlossenen Vertrag zu widerrufen.

Im Laufe der letzten Jahrzehnte sind mehrere Verbraucherschutzgesetze entstanden. Allerdings kam es dadurch zu einer Unübersichtlichkeit zum Nachteil des Verbrauchers. Aus diesem Grunde wurden einige davon im Jahre 2002 aufgehoben, die Inhalte jedoch – mit Änderungen – im 2. Buch des BGB, d. h. im „Recht der Schuldverhältnisse", kurz: Schuldrecht, integriert.

An dieser Stelle soll nicht auf die spezifischen Inhalte der früheren Verbraucherschutzgesetze eingegangen werden. Vielmehr erscheint es von Bedeutung, sich bewusst zu machen, in welchen Situationen des Lebens der Verbraucher durch die früheren Gesetze geschützt werden sollte und wo nun diese Inhalte im BGB zu finden sind.

Im nachfolgenden Text werden beispielhaft Situationen aufgezeigt, in die der Verbraucher geraten kann, wenn er Einkäufe tätigt. Konkret geht es dabei darum zu verdeutlichen, welche Rechte er gemäß BGB geltend machen kann

- bei Haustürgeschäften
- bei Fernabsatzverträgen und
- bei Ratenlieferungsverträgen
- im elektronischen Geschäftsverkehr.

4.8.1 Haustürgeschäfte

Danuta Baldrian, Bürokauffrau aus Köln, findet in ihrem Briefkasten einen sehr ansprechenden bunt gestalteten Werbeprospekt, auf dem ein Tagesausflug in den Schwarzwald mit dem Omnibus angeboten wird. Im Inneren des Prospektes werden die Leistungen des Veranstalters angeboten: Tagesausflug nach Bad Peterstal-Griesbach im Schwarzwald, Kurkonzert mit Tanz. Eintritt bereits bezahlt. Außerdem erhält jeder Fahrtteilnehmer als Geschenk ein 24-teiliges Essbesteck, ein 4-teiliges Frühstücksset und 250 g Gebäck und Waffeln.

Der gesamte Fahrpreis, d. h. der Preis inklusive dieser Leistungen, beträgt 16,20 €. Ein attraktives Angebot – so jedenfalls scheint es auf den ersten Blick.

Bei genauem Hinschauen stellt Danuta fest, dass es sich um eine Werbeverkaufsveranstaltung handelt. Die Teilnahme an der Präsentation verschiedener Waren ist freiwillig. Aber wer zuschaut, der wird konfrontiert mit den „besten Töpfen, die es je gab" oder gar mit einem „qualitativ hochwertigen Bettpaket", in dem eine Bettdecke, ein Unterbett und ein Kopfkissen enthalten sind. Da es sich nach den Aussagen den Werbeveranstalter immer um „das beste und günstigste Produkt auf dem Markt" handelt, lassen sich viele Kunden zu einem Vertragsschluss hinreißen. Oft kommt aber erst zu Hause die Einsicht, dass der Kauf eher nicht hätte getätigt werden sollen. -- Was ist in einem solchen Fall zu tun?

Wer sich mit so genannten Haustürgeschäften auseinander setzt und in das BGB schaut, der wird feststellen, dass der Begriff Haustürgeschäft eine Reihe in *§ 312 BGB* aufgeführter Situationen abdeckt, in denen der Verbraucher unter Umständen verleitet wird, einen Kaufvertrag zu schnell abzuschließen. Kommt „er" wie Danuta zu dem Ergebnis, dass die Entscheidung, ein Haustürgeschäft abzuschließen, übereilt getroffen wurde, so kann er ein gesetzlich garantiertes **Widerrufsrecht** oder ein **Rückgaberecht** geltend machen.

Widerrufsrecht

§ 312 BGB [Widerrufsrecht bei Haustürgeschäften]:

(1) Bei einem Vertrag zwischen einem Unternehmer und einem Verbraucher, der eine entgeltliche Leistung zum Gegenstand hat und zu dessen Abschluss der Verbraucher

1. *durch mündliche Verhandlungen an seinem Arbeitsplatz oder im Bereich der Privatwohnung;*
2. *anlässlich einer vom Unternehmer oder von einem Dritten zumindest auch im Interesse des Unternehmers durchgeführten Freizeitveranstaltung oder*
3. *im Anschluss an ein überraschendes Ansprechen in Verkehrsmitteln oder im Bereich öffentlich zugänglicher Verkehrsflächen bestimmt worden ist (Haustürgeschäft), steht dem Verbraucher ein Widerrufsrecht gemäß § 355 zu. Dem Verbraucher kann an Stelle des Widerrufsrechts ein Rückgaberecht nach § 356 eingeräumt werden, wenn zwischen dem Verbraucher und dem Unternehmer im Zusammenhang mit diesem oder einem späteren Geschäft auch eine ständige Verbindung aufrechterhalten werden soll.*

Widerrufs-recht

(2) Das Widerrufs- oder Rückgaberecht besteht unbeschadet anderer Vorschriften nicht bei Versicherungsverträgen oder wenn
1. (. . .)
2. die Leistung bei Abschluss der Verhandlungen sofort erbracht und bezahlt wird und das Entgelt 40 Euro nicht übersteigt oder
3. (. . .)

§ 355 BGB [Widerrufsrecht bei Verbraucherverträgen]:

(1) Wird einem Verbraucher durch Gesetz ein Widerrufsrecht nach dieser Vorschrift eingeräumt, so ist er an seine auf den Abschluss des Vertrags gerichtete Willenserklärung nicht mehr gebunden, wenn er sie fristgerecht widerrufen hat. Der Widerruf muss keine Begründung enthalten und ist in Textform oder durch Rücksendung der Sache innerhalb von zwei Wochen gegenüber dem Unternehmer zu erklären; zur Fristwahrung genügt die rechtzeitige Absendung.

(2) Die Frist beginnt mit dem Zeitpunkt, zu dem dem Verbraucher eine deutlich gestaltete Belehrung über sein Widerrufsrecht, die ihm entsprechend den Erfordernissen des eingesetzten Kommunikationsmittels seine Rechte deutlich macht, in Textform mitgeteilt worden ist, die auch Namen und Anschrift desjenigen, gegenüber dem der Widerruf zu erklären ist, und einen Hinweis auf den Fristbeginn und die Regelung des Absatzes 1 Satz 2 enthält. Sie ist vom Verbraucher bei anderen als notariell beurkundeten Verträgen gesondert zu unterschreiben oder mit einer qualifizierten elektronischen Signatur zu versehen. Ist der Vertrag schriftlich abzuschließen, so beginnt die Frist nicht zu laufen, bevor dem Verbraucher auch eine Vertragsurkunde, der schriftliche Antrag des Verbrauchers oder eine Abschrift der Vertragsurkunde oder des Antrags zur Verfügung gestellt werden. Ist der Fristbeginn streitig, so trifft die Beweislast den Unternehmer.

(3) Das Widerrufsrecht erlischt spätestens sechs Monate nach Vertragsschluss. Bei der Lieferung von Waren beginnt die Frist nicht vor dem Tage ihres Eingangs beim Empfänger.

Rückgabe-recht

§ 356 BGB (Rückgaberecht bei Verbraucherverträgen):

(1) Das Widerrufsrecht nach § 355 kann, soweit dies ausdrücklich durch Gesetz zugelassen ist, beim Vertragsschluss auf Grund eines Verkaufsprospekts im Vertrag durch ein uneingeschränktes Rückgaberecht ersetzt werden. Voraussetzung ist, dass
1. im Verkaufsprospekt eine deutlich gestaltete Belehrung über das Rückgaberecht enthalten ist,
2. der Verbraucher den Verkaufsprospekt in Abwesenheit des Unternehmers eingehend zur Kenntnis nehmen konnte und
3. dem Verbraucher das Rückgaberecht in Textform eingeräumt wird.

(2) Das Rückgaberecht kann innerhalb der Widerrufsfrist, . . . durch Rücknahmeverlangen ausgeübt werden.

Belehrung

Aus *§ 355 Absatz 2 BGB* wird deutlich, dass im Falle des Abschlusses von Verbraucherverträgen der Unternehmer verpflichtet ist, den Verbraucher über sein Widerrufsrecht innerhalb von zwei Wochen zu belehren. Diese **Belehrung**

- ist **gesondert** zu **unterschreiben** oder
- sie kann ihm **in Textform** mitgeteilt werden oder
- sie ist mit einer **qualifizierten elektronischen Unterschrift** zu versehen.

Bei der in *§ 126b BGB* geregelten **Textform** handelt es sich um eine auf Papier oder elektronischem Medium lesbare Erklärung, die keine eigenhändige Unterschrift oder eine dieser gleichstehende qualifizierte elektronische Signatur tragen muss. – Als Problem wird von Fachleuten vermerkt, dass im Gegensatz zu Papierurkunden elekronische Dokumente spurenlos manipuliert werden können. Wenn die Unterschrift fehlt, dann kann sich jeder mit nicht allzu großem Aufwand als ein bestimmter Aussteller einer Willenserklärung ausgeben. Für den Verkehr mit Behörden, mit Gerichten und mit seriösen geschäftlichen Vertragspartnern sind diese Risiken erkannt.

Textform

Hier bietet sich das Verfahren der **digitalen Signatur** auf der Basis so genannter kryptographischer Systeme mit öffentlich bekanntem Schlüssel an. Mit einem Code, d. h. einem geheimen Schlüssel, kann der Autor das Dokument signieren. Mit einem öffentlichen Schlüssel kann der Empfänger des Dokuments die digitale Signatur überprüfen. Ihr Vorteil als Basistechnologie des elekronischen Rechtsverkehrs besteht darin, dass mit ihr Banknoten, Ausweise, Stempel und Siegel nachgebildet werden können. Von besonderer Bedeutung ist diese Möglichkeit beispielsweise für Rechtsanwäðlte, Notare, Steuerberater, Gutachter, Ärzte usw. Die rechtliche Grundlage für die digitale Signatur ist das **Signaturgesetz**[6]. In ihm ist auch geregelt, was eine so genannte **qualifizierte elektronische Signatur** ist. Nur ein Unternehmen, das von einem Zertifizierungsanbieter ein qualifiziertes Zertifikat erhalten hat und dieses der zuständigen Behörde angezeigt hat, kann nach einem gesetzlich vorgeschriebenen Sicherheitskonzept[7] qualifizierte Unterschriften tätigen.

digitale Signatur

qualifizierte elektronische Signatur

Was ist zu tun, so stellt sich zuletzt noch die Frage, wenn es trotz der gesetzlichen Regelungen zwischen Unternehmer und Verbraucher wegen eines abgeschlossenen Haustürgeschäftekaufs zu Rechtsstreitigkeiten kommt, so etwa, wenn der Unternehmer nicht bereit ist, das uneingeschränkte Rückgaberecht des Verbrauchers gemäß *§ 356 BGB* zu akzeptieren? – In diesem Fall hat der Verbraucher die Möglichkeit zu versuchen, gesetzlich garantierte Ansprüche gerichtlich durchzusetzen. Gemäß *§ 29c* **Zivilprozessordnung** ist dem Käufer von dem Gesetzgeber ein **ausschließlicher Gerichtsstand** eingeräumt worden. Dies bedeutet, dass jeder andere allgemeine[8], besondere[9] oder vereinbarte Gerichtsstand ausgeschlossen ist. Danuta wird also in Köln, an ihrem Wohnsitz, Klage erheben können, selbst wenn der Unternehmer, mit dem sie das Haustürgeschäft abgeschlossen hat, in München seinen Hauptsitz hat.

[6] BGBl I, Nr. 22/2001. Seite 876 ff

[7] Der Inhalt des Sicherheitskonzeptes ist gesetzlich geregelt in § 4 Signaturgesetz und in § 2 der „Verordnung zur elektronischen Signatur" (BGBl I, Nr. 59/2001, Seite 3074 ff)

[8] Allgemeiner Gerichtsstand: Er wird durch den Wohnsitz des Beklagten begründet.

[9] Besonderer Gerichtsstand: An diesem Gerichtsstand (Ort) kann nur geklagt werden, wenn ein besonderer im Gesetz vorgesehener Fall vorgesehen ist, so z. B. im Falle des zu zahlenden Unterhalts an den geschiedenen Ehepartner.

Besonderer Gerichtsstand

§ 29 c ZPO [Besonderer Gerichtsstand für Haustürgeschäfte]

(1) Für Klagen aus Haustürgeschäften (§ 312 des Bürgerlichen Gesetzbuchs) ist das Gericht zuständig, in dessen Bezirk der Verbraucher zur Zeit der Klageerhebung seinen Wohnsitz, in Ermangelung eines solchen seinen gewöhnlichen Aufenthalt hat. Für Klagen gegen den Verbraucher ist dieses Gericht ausschließlich zuständig.

Betreffend so genannte Haustürgeschäfte lässt sich aus dem Auszug aus dem Gesetzestext zusammenfassend festhalten, dass:

- es in verschiedenen Situationen des Lebens eine **Vertriebsform** gibt, die man **Haustürgeschäfte** nennt,
- der Verbraucher innerhalb einer Frist von **zwei Wochen** den Kaufvertrag, den er unterschrieben hat, **widerrufen** kann,
- eine **Belehrung** über das Widerrufsrecht **gesondert** zu **unterschreiben** ist,
- das **Widerrufsrecht** spätestens **sechs Monate** nach Vertragsschluss erlischt,
- der Verbraucher die Möglichkeit wahrnehmen kann, das **Widerrufsrecht** durch ein **Rückgaberecht** zu **ersetzen,** wenn gemäß einem Verkaufsprospekt, wie z. B. in dem eines Versandhauses, ermöglicht wird.
- der Verbraucher durch einen gesetzlichen eingeräumten **ausschließlichen Gerichtsstand** die Möglichkeit hat, an seinem Wohnsitz zu klagen.

4.8.2 Ratenlieferungsverträge

Ratenlieferungsvertrag

Sofern der Verbraucher Konsumgüter wie Waschmaschinen, Fernsehgeräte oder Möbel kaufen will, ihm jedoch wegen Geldmangel eine Barzahlung nicht möglich ist, kann er einen Ratenlieferungsvertrag unterschreiben. In den meisten Fällen bedeutet dies, dass er eine Anzahlung tätigt und den Restkaufpreis in Ratenzahlung begleicht.

Grundsätzlich bedarf der Ratenlieferungsvertrag der **schriftlichen Form.** Dieser **Formzwang** entfällt allerdings dann, wenn dem Verbraucher die Möglichkeit verschafft wird, die **Vertragsbestimmungen** einschließlich der **Allgemeinen Geschäftsbedingungen** (= das so genannte Kleingedruckte) bei Vertragsschluss abzurufen und in **wiedergabefähiger Form,** z. B. auf einer Diskette, zu **speichern.** Der Unternehmer hat dem Verbraucher den Vertragsteil in Textform mitzuteilen.

Kommt zwischen dem Unternehmer und dem Verbraucher ein Ratenlieferungsvertrag zu Stande, so ist *§ 505 BGB* zu beachten, der dem Verbraucher – ähnlich wie beim Haustürgeschäftekauf -- ein Widerrufsrecht gemäß *§ 355 BGB* einräumt.

4.8.3 Fernabsatzverträge

Der Handel im Internet findet zunehmend mehr Zuspruch bei den Verbrauchern. Trotz der Möglichkeit des Shoppens im Internet oder des Vertragsabschlusses mittels Telefon zögerten zu Beginn der Wahrnehmung dieser Vetriebsmöglichkeit viele Kunden noch, weil sie ihre Rechte nicht ausreichend geschützt sahen und die Sicherheit der Daten für sie Probleme aufwarfen. Der Gesetzgeber hat deshalb im BGB eine gesetzliche Regelung geschaffen, die dazu beitragen soll, dass Verbraucher bei Fernabsatzgeschäðften besser geschützt sind. Diese gesetzliche Regelung basiert auf der Fernabsatzrichtlinie der Europäischen Union. Da diese in nationales, d. h. unter anderem in deutsches Recht umgesetzt wurde, ist der Schutz des Verbrauchers beim Fernabsatzkauf per Internet, per Katalog, über Telefon, Telefax, E-Mail oder Brief besonders gewährleistet.

Widerrufsrecht/ Rückgaberecht

Dem Verbraucher steht gemäß *§ 312 d BGB* bei einem Fernabsatzvertrag ein **Widerrufsrecht** nach *§ 355 BGB* zu. An Stelle des Widerrufsrechts kann dem Verbraucher bei Verträgen über die Lieferung von Waren ein **Rückgaberecht** nach *§ 356 BGB* eingeräumt werden.

Im Gegensatz zu den Haustürgeschäften beginnt das Widerrufsrecht nicht in der Weise, dass dem Verbraucher die Belehrung in Textform mitgeteilt wird. Vielmehr ist *§ 312 c BGB* zu beachten, in dem festgeschrieben ist, wie der Verbraucher bei Fernabsatzverträgen zu unterrichten ist. So hat der Unternehmer dem Verbraucher die in der **Verordnung über Informationspflichten nach bürgerlichem Recht** enthaltenen **Vorschriften** in vollem Umfang und der dort bestimmten Art und Weise alsbald, spätestens bis zur vollständigen Erfüllung des Vertrags, bei Waren spätestens bei Lieferung an den Verbraucher, in **Textform** mitzuteilen *(§ 312 c, Abs. 2 BGB).*

4.8.4 Elektronischer Geschäftsverkehr

Fridolin Schulz surft im Internet und sucht den Warenkatalog eines Unternehmens, bei dem er individuell Musik-CDs bestellen kann. Er setzt also dieses elektronische Kommunikationsmittel ein, um einen Vertrag zu schließen. Anders formuliert kann man auch feststellen, dass er die CDs nicht mittels Brief oder Telefon bestellt, auch nicht weil er auf einen an die Allgemeinheit im Fernsehen gerichteten Werbespots für Musik-CDs reagiert.

Der von ihm abgerufene **Teledienst** wird **individuell genutzt.** Fridolin schließt also einen Vertrag im elektronischen Geschäftsverkehr ab. Dabei hat der Unternehmer, der Vertragspartner von Fridolin ist, Pflichten zu beachten, die im elektronischen Geschäftsverkehr gelten. Diese sind *§ 312 e BGB* zu entnehmen.

Teledienste

Es geht hier also um Pflichten im elektronischen Geschäftsverkehr, die der Unternehmer zu beachten hat, wenn er über die Nutzung eines Tele- oder Mediendienstes mit einem Kunden einen Vertrag abschließt. Dabei tritt die Frage auf, was ist ein Tele- und ein Mediendienst. Die Anwort ist aus dem „Informations- und Kommunikationsdienste-Gesetz" zu entnehmen.

- **Teledienste** sind für eine **individuelle Nutzung** bestimmte elekronische Informations- und Kommunikationsdienste. Beispiele dafür sind
  - Telebanking,
  - Wetter- und Börsendaten,
  - Telespiele oder
  - Angebote zur Nutzung des Internets.
- **Mediendienste** sind an die **Allgemeinheit** gerichtete Informations- und Kommunikationsdienste, die nicht Rundfunk sind. Dazu gehören
  - Fernseheinkaufskanäle,
  - Dienste zur Verteilung von Messergebnissen,
  - Fernsehtext und
  - Abrufdienste, bei denen nicht der individuelle Leistungsaustausch oder die reine Datenermittlung im Vordergrund stehen.

Es kann zusammen gefasst werden, dass beim Abschluss von Rechtsgeschäften, bei denen die „Pflichten im elektronischen Handel" zu beachten sind,

- der **Tele- oder Mediendienst** vom Empfänger zum Zwecke der Abgabe einer Bestellung **individuell abgerufen** wird,
- dies – anders als bei Fernabsatzverkäufen – **elektronische Medien ausschließt,** die Angebote an eine **unbestimmte Zahl von Empfängern** senden,
- die Vertragsbestimmungen alsbald nach Vertragsabschluss, **spätestens bei Lieferung** für den Kunden **abrufbar** und **speicherbar** sein müssen,
- die **Allgemeinen Geschäftsbedingungen** erst dann **Bestandteil** des Vertrages werden, **wenn** der Kunde bereits vor **Vertragsschluss** auf sie hingewiesen und ihm die Möglichkeit verschafft wird, in zumutbarer Weise von ihrem Inhalt **Kenntnis** zu nehmen,
- der **Vertragspartner** des Unternehmers **nicht unbedingt** ein **Verbraucher** sein muss.

Wiederholungsfragen

Wiederholungsfragen

1. *Nennen Sie unterschiedliche Sachverhalte, die in früheren Verbraucherschutzgesetzen enthalten waren, mittlerweile aber in das BGB integriert wurden!*
2. *In welchen Situationen können gemäß BGB Haustürgeschäfte zu Stande kommen?*
3. *Der Verbraucher kann im Falle eines abgeschlossenen Haustürgeschäfts sein gesetzlich garantiertes Widerrufsrecht geltend machen.*
   a) Aus welchem Gesetzesauszug ist das Widerrufsrecht abzuleiten?
   b) Was beinhaltet das Widerrufsrecht?
   c) Besteht im Falle des Widerrufs der gesetzliche Zwang, eine bestimmte Form zu beachten, d. h. besteht Formzwang?
4. *Auf welche Art und Weise kann der Verbraucher sein gesetzlich garantiertes Recht geltend machen, wenn ihm die im Rahmen eines Haustürgeschäfts bestellte Ware gestern zugesendet wurde?*
5. *Welche Vorschrift gilt im Falle eines Haustürgeschäfts hinsichtlich der zu erteilenden Belehrung durch den Unternehmer?*
6. *Was versteht man unter der so genannten Textform?*
7. *Was ist die so genannte digitale Signatur?*
8. *In welcher Rechtsgrundlage ist die digitale Signatur geregelt?*
9. *Welche Bedeutung hat der so genannte „besondere Gerichtsstand" für den Verbraucher, der ein Haustürgeschäft abgeschlossen hat?*
10. *Welches Recht kann der Verbraucher im Falle eines abgeschlossenen Ratenkaufvertrages geltend machen?*
11. *Auf welche Art und Weise können so genannte Fernabsatzverträge zu Stande kommen?*
12. *Aus welcher Rechtsgrundlage ist abzuleiten, dass der Unternehmer den Verbraucher im Rahmen des Abschlusses von Fernabsatzverträgen über die Bedingungen im Fernabsatz informieren muss?*
13. *Aus welchem Paragrafen können die „Pflichten im elektronischen Geschäftsverkehr" abgeleitet werden?*
14. *In welchen Fällen spricht man von einem Teledienst und einem Mediendienst?*
15. *Aus welcher Rechtsgrundlage sind die Kundeninformationspflichten des Unternehmers bei Verträgen im elektronischen Geschäöftsverkehr abzuleiten?*

Aufgaben und Fälle

Aufgaben und Fälle zur Sicherung des Lernerfolges

1. Wie unterscheidet sich das öffentliche Recht vom Privatrecht?
2. Jonathan Schuler will notariell beurkunden lassen, dass sein Hase Mohrchen nach seinem Tod sein gesamtes Vermögen erben soll. – Beurteilen Sie die Rechtslage.
3. In einer Tageszeitung ist folgende Anzeige veröffentlicht:

Ausschreibung der

Industrie- und Handelskammer Irgendwo
– Körperschaft des öffentlichen Rechts –

Wasserleitungsbauarbeiten

ca. 20 lfd. m.	Rohrverlegung DN 100 mm GGG
ca. 400 lfd. m.	Rohrverlegung DN 150 mm GGG
ca. 20 Stck.	Wasserleitungshausanschlüsse

   a) Um welche Art von juristischer Person handelt es sich hier?
   b) Nennen Sie weitere juristische Personen, die mit der in a) genannten vergleichbar sind!
   c) Worin besteht im Hinblick auf juristische Personen der Unterschied zwischen einer Aktiengesellschaft und der in a) genannten juristischen Person?
4. Wie entsteht die Rechtsfähigkeit bei folgenden Personen?
   a) einer GmbH
   b) einer neu gegründeten Rundfunkanstalt des öffentlichen Rechts
   c) eines neu geborenen Kindes
   d) eines Vereins
   e) einer neu gegründeten Ärztekammer in Sachsen
5. Wie endet die Rechtsfähigkeit einer Genossenschaft?
6. Der 6-jährige Jens wirft beim Nachbarn eine Fensterscheibe ein. -- Ist der schadensersatzpflichtig?
7. Monika Ziegel hat vor zwei Monaten ihr 16. Lebensjahr vollendet. Vorige Woche hat sie sich in einem Autohaus als Auszubildende mit dem Ziel Bürokauffrau beworben und erfahren, dass sie vermutlich ihre Ausbildung im August beginnen kann.
   a) Ist Monika rechtsfähig? – Begründung.
   b) Kann Monika in vier Monaten ihren 20-jährigen Freund heiraten? – Begründung.
8. Welche der nachfolgenden Rechtsgeschäfte kann der 14-jährige Tom abschließen? Begründen Sie Ihre Meinung!

Aufgaben und Fälle

a) Kauf eines Motorrads für 25.000,00 €,
b) Ratenkauf eines CD-Players mit einer monatlichen Belastung von 20,00 €,
c) Kauf einer Jugendzeitung für 1,80 €?

9. Die beiden langjährigen Freundinnen Marina und Brigitte treffen schriftlich folgende Vereinbarung:

Kaufvertrag

zwischen Marina Breit und Brigitte Dürr

Die Verkäuferin Marina Breit verkauft und überträgt das Eigentum des Grundbesitzes Flur 8 Flurstück 4 – Ackerland, auf der Höh, 2.000 m^2 auf Brigitte Dürr zu einem Preis von 6.000,00 €.

Leipzig, 28. Mai ....

Brigitte Dürr	*Marina Breit*
Unterschrift des Käufers	Unterschrift des Verkäufers

a) Ist der Kaufvertrag rechtswirksam zu Stande gekommen? – Begründung!
b) Worin besteht im Hinblick auf die Eigentumsübertragung der Unterschied zwischen einem Kaufvertrag über eine Eigentumswohnung und dem über einen PKW?

10. Um welche Art Vertrag handelt es sich in den nachfolgenden Beispielen?
a) Karin Jung zieht sich am Zigarettenautomaten zwei Päckchen Zigaretten.
b) Anke Feinbrot kauft sich im Kaufhaus Stoff. Sie bringt ihn zum Schneider und bittet ihn ihr daraus gegen übliches Entgelt einen Rock zu nähen.
c) Karl Zeitlos schließt mit einem Steuerberater einen Dauerberatervertrag ab.
d) Jens möchte seiner Freundin Ina imponieren und geht zu dem „Autoverleih Schulze KG". Für eine Tagesgebühr von 120,– €, inclusive 100 km Fahrt, wird ihm ein PKW zur Verfügung gestellt.

11. Herr Wurm, wohnhaft in Dresden, unterschreibt am 21.8. beim Möbelhaus Sauber, Erfurt, einen Ratenvertrag über den Kauf eines Wohnzimmerschrankes zum Preis von 1.600,00 €. Am Tag des Vertragsschlusses wird ihm die Urkunde Nr. 222 ausgehändigt. Laut Vertrag soll die Lieferung des Kaufgegenstandes am 25.8. erfolgen. Herr Wurm spaziert 2 Tage später durch die Innenstadt von Würzburg und sieht im Fenster des Möbelhauses

Aufgaben und Fälle

Schönblick den gleichen Schrank, den er in Erfurt bestellt hat, jedoch zu einem um 300,– € niedrigeren Preis. – Was würden sie Herrn Wurm empfehlen?

12. Renate, die 16-jährige Tochter von Herrn Obertier, erfährt, dass ihre Mutter einen neuen Kühlschrank auf Raten gekauft hat. Sie erzählt dies ihrer Freundin Monika und bezeichnet die Möglichkeit eines Ratenkaufs als tolle Idee. Auch sie werde sich morgen die lang ersehnte Stereo-Anlage, Marke „Super-Sound", zum Preis von 750,– € auf Raten kaufen. – Beurteilen Sie die Rechtslage!

13. Die Möglichkeit des Einkaufs via Internet innerhalb von 24 Stunden am Tag nimmt – statistisch gesehen – kontinuierlich zu. Der Abschluss eines solchen Rechtsgeschäfts birgt für den Verbraucher gewisse Gefahren in sich. Deshalb hat der Gesetzgeber gehandelt und Vorschriften zum Schutze des Verbrauchers in das BGB integriert.
    a) In welcher Verordnung sind Pflichten für den Unternehmer enthalten, die er vor Abschluss eines Fernabsatzvertrages beachten muss?
    b) Auf welcher europäischen Rechtsgrundlage basieren die in das BGB aufgenommenen Vorschriften bei Fernabsatzverträgen?
    c) Kann Harald Daller, der in Mainz-Gonsenheim via Internet bei einem Mainzer Großmarkt nachts um 2 Uhr Lebensmittel für 150 € einkauft, am selben Tag um 9 Uhr von seinem Vertrag unter Berufung auf das Fernabsatzgesetz zurücktreten? Begründung

Auszug aus BGB § 312 b
1. ....
2. ....

(3) Die Vorschriften über Fernabsatzverträge finden keine Anwendung auf Verträge
1. über Fernunterricht (§ 1 des Fernunterrichtsschutzgesetzes),
2. über die Teilzeitnutzung von Wohngebäuden (§ 481),
3. über Finanzgeschäfte, insbesondere Bankgeschäfte, Finanz- und Wertpapierdienstleistungen und Versicherungen sowie deren Vermittlung, ausgenommen Darlehensvermittlungsverträge,
4. über die Veräußerung von Grundstücken und grundstücksgleichen Rechten, die Begründung, Veräußerung und Aufhebung von dinglichen Rechten an Grundstücken und grundstücksgleichen Rechten sowie über die Errichtung von Bauwerken,
5. über die Lieferung von Lebensmitteln, Getränken oder sonstigen Haushaltsgegenständen des täglichen Bedarfs, die am Wohnsitz, am Aufenthaltsort oder am Arbeitsplatz eines Verbrauchers von Unternehmern im Rahmen häufiger und regelmäßiger Fahrten geliefert werden,
6. über die Erbringung von Dienstleistungen in den Bereichen Unterbringung, Beförderung, Lieferung von Speisen und Getränken sowie Freizeitgestaltung, wenn sich der Unternehmer bei Vertragsabschluss verpflichtet, die Dienstleistung zu einem bestimmten Zeitpunkt oder innerhalb eines genau angegebenen Zeitraums zu erbringen,
7. die geschlossen werden
    a) unter Verwendung von Warenautomaten oder automatisierten Geschäftsräumen oder
    b) mit Betreibern von Telekommunikationsmitteln auf Grund der Benutzung von öffentlichen Fernsprechern, soweit sie deren Benutzung zum Gegenstand haben.

Aufgaben und Fälle

d) Die Berliner Lehrerin Sabine Kühn kauft via Internet für private Zwecke eine exklusive Couch-Garnitur zum Preis von 6.200 €. Zwei Tage später stellt sie fest, dass es diese Ware zu einem um 30 % günstigeren Preis in Wiesbaden zu kaufen gibt. – Kann sie vom abgeschlossenen Vertrag zurücktreten?

14. Beurteilen Sie, ob in folgenden Fällen die gesetzlichen Vorschriften für Fernabsatzverträge anwendbar sind.

    a) Der Geschäftsführer der Paroli AG sucht einen Notar auf, um sich über die Änderung der Satzung der Aktiengesellschaft beraten zu lassen.

    b) Rolf Brummschädel beabsichtigt, sich von einem Steuerberater dahingehend beraten zu lassen, ob es sich für ihn lohnt, eine Eigentumswohnung zu kaufen, die er vermieten will. Deshalb setzt er sich in die Straßenbahn, fährt zu einem Steuerberater, dessen Adresse er im Branchenfernsprechbuch gefunden hat und läðsst sich von diesem noch am gleichen Tag beraten.

    c) Beatrix Brathuhn schickt einem Rechtsanwalt eine E-Mail mit dem Inhalt, dass sie gerne Mandantin bei ihm werden würde, um die Frage klären zu lassen, ob die durch ihren Arbeitgeber ausgesprochene fristlose Kündigung rechtmäßig ist.

15. Oliver Schnürschuh, wohnhaft in Saarbrücken, besucht eine Veranstaltung in Hamburg, um ein Konzert mit Joe Cocker zu besuchen. An einem Stand wird er von der Sound GmbH, Geschäftssitz Mainz, dazu animiert, eine „sehr günstige Musikanlage" zu kaufen. Er unterschreibt zweimal den Vertrag. Am nächsten Tag entdeckt er die tags zuvor bestellte Anlage in einem Schaufenster. Dort wird sie zu 120 € günstiger angeboten als in dem Vertrag, den er vor einem Tag abgeschlossen hat.

    a) Warum hat Oliver zweimal den Kaufvertrag unterschrieben?

    b) Was würden sie Oliver empfehlen, unter Berücksichtigung der Möglichkeit, die das BGB für den Verbraucher vorsieht?

    c) In welcher Stadt muss Oliver Klage erheben, um Rechtsstreitigkeiten mit der Sound GmbH klären zu lassen?

16. Nadine Feuerflamm hat am 24. Januar an der Haustür ein Küchengerät der Feinkoch GmbH für 420 € gekauft. Ihr wird mitgeteilt, dass sie damit rechnen kann, dass die Ware spätestens in vier Wochen geliefert wird. Wegen Lieferengpässen versendet das Unternehmen die bestellte Ware aber erst am 05. März. Frau Feuerflamm nimmt am 07. März das Paket mit dem Küchengerät in Empfang.

    a) Wann läuft die Widerrufsfrist ab?

    b) Welcher Tag ist der letzte Tag der Frist, wenn dieser ein Sonntag ist?

5. Absatzwirtschaft

5.1 Instrumente der Absatzwirtschaft

Arianna Kehraus arbeitet als Auszubildende im ersten Ausbildungsjahr in der Fensterbau Aktiengesellschaft. Sie strebt das Ziel an, in zwei Jahren die Prüfung als Bürokommunikationskauffrau abzulegen. Zurzeit ist sie in der Vertriebsabteilung tätig. Von der Kollegin Schwarz erfährt sie, dass allgemeine Besorgnis über die Arbeitsplatzsituation im Betrieb aufgekommen ist. Auf die Frage Ariannas, auf welcher Überlegung ihre Besorgnis basiere, gibt ihr Frau Schwarz folgenden Zettel.

Fensterbau Aktiengesellschaft

D e r B e t r i e b s r a t

Liebe Kolleginnen und Kollegen,

die konjunkturelle Lage ist schlecht! Diese Nachricht wird uns täglich durch die Medien vermittelt. Insbesondere das Baugewerbe hat zu leiden. Der Ring deutscher Makler stellt einen massiven Rückgang der Nachfrage nach Immobilien fest, insbesondere aber nach 4-Zimmer-Eigentumswohnungen und Einfamilienhäusern. Dies hat natürlich Auswirkungen auf unser Unternehmen. Vorige Woche hat uns die Geschäftsleitung mitgeteilt, dass ein Umsatzrückgang von Fenstern um etwa 40 % zwischen Januar und März im Vergleich zum gleichen Zeitraum des vergangenen Jahres zu verzeichnen ist. Die Gewinnsituation des Unternehmens hat sich deshalb massiv verschlechtert. Die Zahlung einer Dividende an die Aktionäre kann in diesem Jahr nicht stattfinden. Die Kündigung von Mitarbeitern unseres Betriebes wird bereits diskutiert, weil so die Kosten gesenkt und eine Betriebsschließung vermieden werden kann. Deshalb ist der Betriebsrat in einer Sitzung zu dem Ergebnis gekommen, die Belegschaft über den Umsatz- und Gewinnrückgang zu informieren und der Geschäftsleitung Vorschläge zu unterbreiten, die der Gesamtwirtschaftslage des Betriebes nützlich sein können, ganz nach dem Motto:

Wer kämpft, hat die Chance zu gewinnen!

Deshalb lädt der Betriebsrat zu einer

außerordentlichen Betriebsversammlung

am Mittwoch, 15. Mai

in Raum 401

ein.

Gewinnmaximierung

Jeder, der einen Betrieb gründet oder bereits leitet, verfolgt bestimmte Ziele. Eines der wichtigsten Ziele besteht darin, einen möglichst hohen Gewinn zu erzielen. Kurz gesagt heißt dieses Ziel **Gewinnmaximierung**. Ein **Gewinn** in einem Unternehmen entsteht, wenn der erzielte Umsatz (= Erlös) größer ist als die entstandenen Kosten (Personalkosten, Miete, Energiekosten für Wasser, Elektrizität, Werbung usw.).

Die Kurzformel für die Berechnung des Gewinns lautet also:

Gewinn (G) = Umsatz (U) – Kosten (K).

Beispiel:

Gewinn	=	*Umsatz*	-	*Kosten*
160.000,00 €	=	*200.000,00 €*	-	*40.000,00 €*

Kosten-minimierung

Verbunden mit der Gewinnmaximierung ist das Ziel, die Kosten möglichst gering zu halten; denn aus der Formel ist ersichtlich, dass der Gewinn umso größer ist, je weniger Kosten vom Umsatz abgezogen werden müssen.

Sinken die Kosten beispielsweise durch Personalabbau um 10.000,00 €, so ergibt dies im vorliegenden Beispiel bei gleich bleibendem Umsatz einen Gewinn von 170.000,00 €. – Dieses Ziel eines Unternehmens lautet kurz **Kostenminimierung**.

Umsatz-maximierung

Lassen sich die Kosten nicht senken, so ist eine Vergrößerung des Gewinns nur zu erreichen, wenn der Umsatz gesteigert wird. Steigt beispielsweise der Umsatz aufgrund einer Sortimentserweiterung um 20.000,00 € bei gleich bleibenden Kosten, so erhöht sich der Gewinn auf 180.000,00 €. Dieses unternehmerische Ziel wird **Umsatzmaximierung** genannt.

Neben diesen Zielen gibt es weitere Ziele, wie umweltfreundliche Produkte zu produzieren oder das Arbeitsklima zu verbessern, auf die jedoch in diesem Kapitel nicht näher eingegangen wird.

Umsatz/ Absatz

Das vorrangige der drei genannten Ziele ist das der Gewinnmaximierung. Unterstellt man, dass an der Art und dem Umfang der Kosten eines Betriebes keine Änderung bewirkt werden kann, so ist eine Gewinnsteigerung folglich nur noch über einen höheren Umsatz zu erzielen. – Mit dem Begriff **Umsatz** ist in diesem Zusammenhang der Umsatzerlös, d.h. der Geldwert der abgesetzten Güter und Dienstleistungen gemeint. Der Umsatz eines Unternehmens ist aber nicht gleichzusetzen mit dem Begriff **Absatz**.

Das Wort Absatz wird in der Wirtschaftslehre in zweifacher Hinsicht benutzt: Einerseits bezeichnet Absatz die Menge (in Stück, Kilogramm, Liter usw.) der verkauften Produkte, andererseits versteht man unter Absatz im weiteren Sinn nicht nur die Verkaufstätigkeit selbst, sondern auch die ,,Vorbereitung, Anbahnung und Durchführung und Abwicklung" dieser betrieblichen Tätigkeit.

Absatz

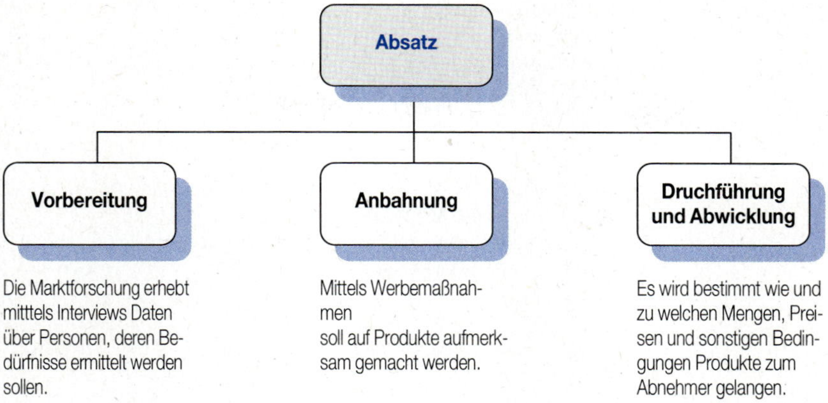

Abb. 5.1: Begriff Absatz

„Konkurrenz belebt das Geschäft"; denn wer einen Konkurrenten „spürt", etwa weil er einen Umsatzrückgang der eigenen Produkte bemerkt, der muss sich anstrengen, um nicht weitere Umsatzeinbrüche befürchten zu müssen. Auf sich, d.h. auf das Unternehmen, aufmerksam zu machen bzw. auf bestimmte Produkte, die zum Verkauf anstehen, ist die bekannteste „Methode".

Wer sich mit dem Problem auseinander setzt, wie eine Absatzsteigerung am Markt erzielt werden kann, für den stellen sich u.a. folgende Fragen:

- *Wie kann erreicht werden, dass beim Verbraucher Bedürfnisse für bestimmte Produkte verstärkt oder neu geweckt werden?*
- *Wie kann man den Bekanntheitsgrad eines Produktes erhöhen?*
- *Wie müssen die Preise gestaltet sein?*
- *Welche Werbemaßnahmen sind geeignet um eine Absatzsteigerung zu bewirken?*

absatzpolitische Instrumente

Wer sich in Unternehmen mit dieser Thematik auseinander setzt, der wird zu dem Ergebnis kommen, dass gehandelt werden muss. Wer aber handeln will, der wird sich – wenn eine Absatzsteigerung beabsichtigt ist – bestimmte Aktivitäten überlegen müssen. Diese Mittel, Methoden und Wege nennt man auch **absatzpolitische Instrumente oder Marketing-Mix**.

Unter **Produktpolitik** versteht man alle mit dem Produkt zusammenhängenden Entscheidungen. Im Einzelnen zählen dazu die Produktgestaltung, Produktqualität, Markenpolitik, Sortimentsgestaltung, Verpackung, Namenspolitik, Kundendienst und Garantieleistungspolitik.

Zur **Preispolitik** gehören Entscheidungen über die eigentlichen Preise, Rabatte, Lieferbedingungen, Zahlungsbedingungen und Finanzierungsangebote.

Zur **Distributionspolitik** zählen alle Maßnahmen, die ergriffen werden, um das Produkt vom Ort der Herstellung zum Abnehmer zu bringen. Dazu gehören die Entscheidungen über die Absatzwege, die Einschaltung des Handels sowie die Marketinglogistik.

Marketing-Mix Aufgabe der **Kommunikationspolitik** ist es, Kontakte zwischen Anbieter und potenziellem Abnehmer herzustellen, der letztlich zu einem Vertragsabschluss führen kann. Instrumente der Kommunikationspolitik sind: die Werbung, der persönliche Verkauf, die Verkaufsförderung und die Öffentlichkeitsarbeit.

Abb. 5.2: Absatzpolitische Instrumente (Quelle: Kotler/Bliemel; Marketing-Management)

Die Marketing-Abteilung eines Unternehmens hat die Aufgabe, alle Marketingaktivitäten zu koordinieren und mit anderen Funktionsbereichen im Unternehmen (z. B. Beschaffung, Produktion, Finanzierung, Rechnungswesen oder Controlling) auf die Markterfordernisse hin zu arbeiten.

5.1.1 Produktpolitik

Produkteigenschaften Die Produktpolitik ist eines der wichtigsten Marketinginstrumente. Es geht hierbei um die Frage, welche Produkte ein Unternehmen am Markt anbietet.

- Werden neue Produkte entwickelt und eingeführt, so spricht man von einer **Produktinnovation**.
- Produkte, die keinen Absatz mehr finden, werden aus dem Markt genommen, d.h. eliminiert. Deshalb spricht man hier von **Produktelimination**.

Ob Produkte eines Unternehmens am Markt akzeptiert werden, hängt von vielen Faktoren ab. Neben dem Preis spielt die Produktgestaltung, d.h. das äußere Erscheinungsbild, eine wesentliche Rolle. Deutlich wird dieser Gesichtspunkt u.a. bei den in Werbeprospekten, Katalogen, Zeitschriften oder Zeitungen angebotenen Produkten. Über bestimmte Eigenschaften der Produkte soll die Aufmerksamkeit geweckt werden, die einen Kauf auslösen soll. Beispiele dafür sind Aussagen wie folgende:

- *Damit die Diskettenarchivierung nicht zum Problem wird! Machen Sie's mit Farbe!*
- *Vertrauen Sie auf diese Weltmarke!*
- *Jetzt ist unser Bestseller noch perfekter!*
- *Die Art, wie sie gemacht werden, macht sie so gut!*
- *Platzsparend und praktisch!*
- *Pampers. Sogar wenn sie nass sind, sind sie schön trocken.*
- *Der Ford Fiesta. Die himmlische Erfolgsstory.*
- *Die leiseste Art, 6000 Liter Wasser zu sparen.*

Produktgestaltung

Diese Aussagen stammen aus Werbeplakaten, aus Werbeprospekten und von Produkten selbst. Es handelt sich dabei zunächst um Texte, die Aufmerksamkeit erwecken sollen. Neben dem Text spielen aber auch andere Faktoren bei der Gestaltung der Produkte eine wesentliche Rolle.

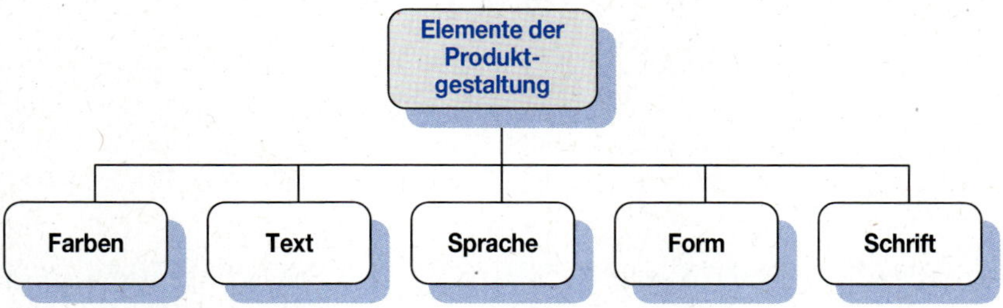

Abb. 5.3: Elemente der Produktgestaltung

Farbe

Farben: Die psychologische Forschung hat nachgewiesen, dass je nach Farbwahl beim Menschen unterschiedliche Assoziationen (assoziativ = durch Vorstellungsverknüpfung bewirkt) entstehen. So stehen verschiedene Farben beispielsweise für unterschiedliche Assoziationen:

- ***grün***: *erfrischend und kühlend,*
- ***rot***: *heiß und aktiv,*
- ***goldgelb***: *strahlend und leicht.*

Text

Text: Der Text kann emotional ansprechen, informativ oder gar provozierend sein.

Sprache

Sprache: Die Sprache kann so gewählt werden, dass bestimmte Zielgruppen wie Hausfrauen, Kinder oder Jugendliche, Sportler oder Autofahrer, Männer oder Frauen usw. besonders angesprochen werden.

Schrift

Schrift: Die Aufmerksamkeit für ein Produkt kann auch durch die Beschriftung ausgelöst werden. So können Produkte beispielsweise mit Groß- oder Kleinbuchstaben oder mit verschiedenen Schrifttypen versehen werden.

Form/ Verpackung

Form: Produkte können unterschiedliche Formen aufweisen. Sie können länglich, rund, quadratisch usw. sein. Verbunden mit der Form ist auch die Frage, wie ein Produkt unter Umweltgesichtspunkten zu verpacken ist. Um künftig Verpackungsabfälle zu vermeiden, wurde die „**Verpackungsverordnung**" erlassen, gemäß der die Hersteller Verpackungen kennzeichnen müssen. Durch die Kennzeichnung wird der Verbraucher in die Lage versetzt, bestimmte Produkte nach ökologischen Gesichtspunkten auszuwählen und sie nach Gebrauch einer sortenreinen Verwertung zuzuführen. Nach den in der Verordnung formulierten abfallwirtschaftlichen Zielen sollen Abfälle aus Verpackungen u.a. dadurch vermieden werden, dass man sie stofflich verwertet, soweit die Voraussetzung für eine Wiederverwendung (wie bei einer Mehrwegflasche) nicht vorliegt.

5.1.2 Sortimentsgestaltung

Sortiment

Unternehmen, die sich am Markt behaupten, d.h. konkurrenzfähig bleiben wollen, müssen sich von der Masse abheben. Eine Möglichkeit, dieses Ziel zu verfolgen, besteht unter anderem in der Sortimentsbildung. Das **Sortiment** ist die Summe der angebotenen Produkte eines Unternehmens.

Beispiel: *Der Kiehl-Verlag bietet unter www.kiehl.de folgendes Sortiment für die kaufmännische Aus- und Weiterbildung an:*

- *Wirtschaftslehrebücher für Bürokaufleute, Bürokommunikationskaufleute, Steuerfachangestellte, Medizinische und Zahnmedizinische Fachangestellte,*
- *Prüfungsvorbereitungsbücher für Bürokaufleute, Bankkaufleute, Industriekaufleute, Groß- und Außenhandelskaufleute,*
- *EDV-Lehrbücher zur kaufmännischen Datenverarbeitung mit dem PC,*
- *Studienbücher für die Fächer Marketing, Kostenrechnung, Investition, Finanzierung, Personalwirtschaft, Materialwirtschaft,*
- *Fortbildungsliteratur für Industriefachwirte, Handelsfachwirte, Personalfachkaufleute und Fachkaufleute für Marketing,*
- *Ausbildungszeitschriften für Bürokaufleute und Bürokommunikationskaufleute, Steuerfachangestellte, Großhandelskaufleute, Industriekaufleute, Rechtsanwaltsfachangestellte, Arzthelferinnen und zahnmedizinische Fachangestellte.*

Bei der Bildung von Sortimenten wird zwischen Sortimentsbreite und Sortimentstiefe unterschieden. Die Sortimentsbreite beschreibt die Anzahl der verschiedenen Produktgruppen. Die Sortimentstiefe sagt etwas darüber aus, wie viele Artikel innerhalb einer Produktgruppe angeboten werden.

Dimensionen des Sortiments

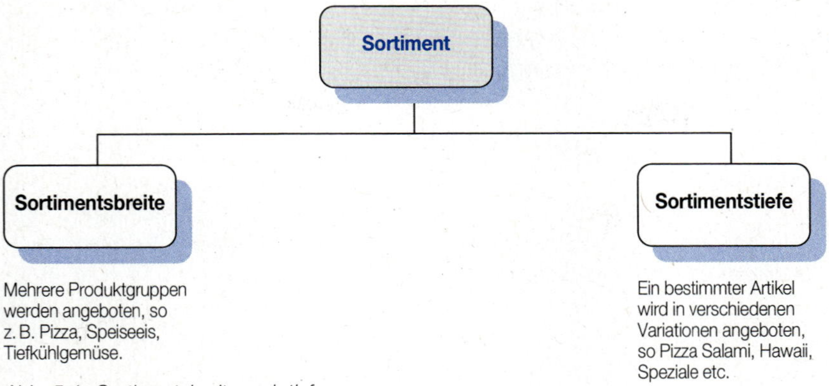

Abb. 5.4: Sortimentsbreite und -tiefe

Breite und Tiefe

Den Zusammenhang zwischen Sortimentsbreite und Sortimentstiefe zeigt die folgende Abbildung am Beispiel des Sortiments eines Tiefkühlkostherstellers:

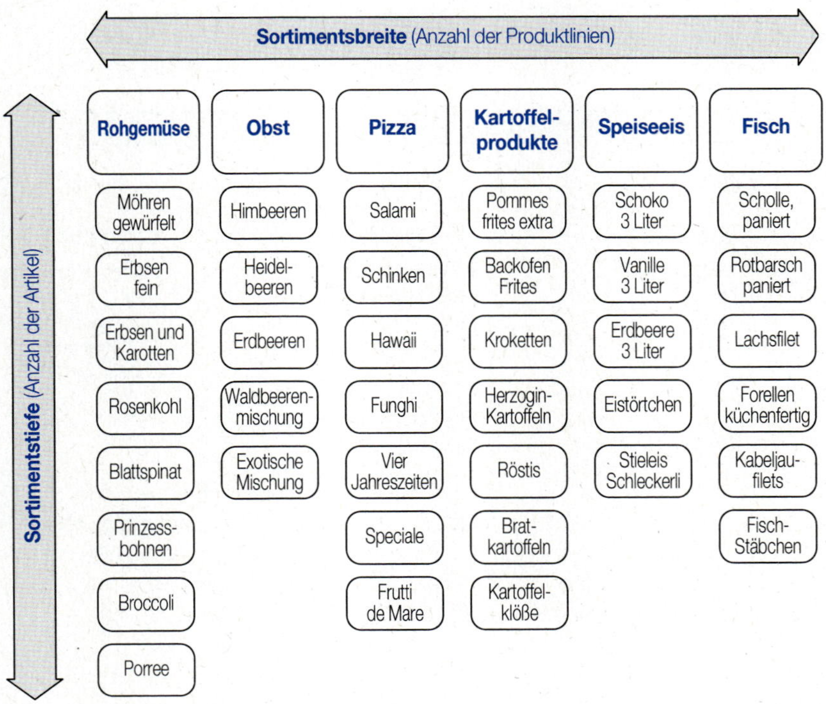

Abb. 5.5: Sortimentstiefe und -breite eines Tiefkühlkostherstellers

Erweitert ein Anbieter sein Sortiment um neue Produktgruppen (Verbreiterung), spricht man von **Diversifikation**. Vertieft ein Anbieter sein Sortiment, spricht man von **Differenzierung**.

Sortimentsbereinigung

Werden Artikel zum Ladenhüter, d.h. werden sie kaum noch verkauft, so ist u.U. ein völliger Ausverkauf sinnvoll. In diesem Fall spricht man von einer **Sortimentsbereinigung**.

5.1.3 Preispolitik

Preispolitik

Auch mit dem Preis einer Ware können Unternehmen auf sich selbst und auch auf das angebotene Produkt aufmerksam machen. Es bieten sich dabei mehrere Möglichkeiten an.

Beispiele dafür sind:

- der Hinweis auf eine mit einer Schließung eines Unternehmens verbundenen **Preissenkung** aller verkauften Produkte;
- der Hinweis auf **Preisnachlässe**: „20 % auf Alles – außer Tierfutter";
- der Hinweis auf **stark reduzierte Preise**: „50 % auf alle Weihnachtsartikel".

Preisnachlässe

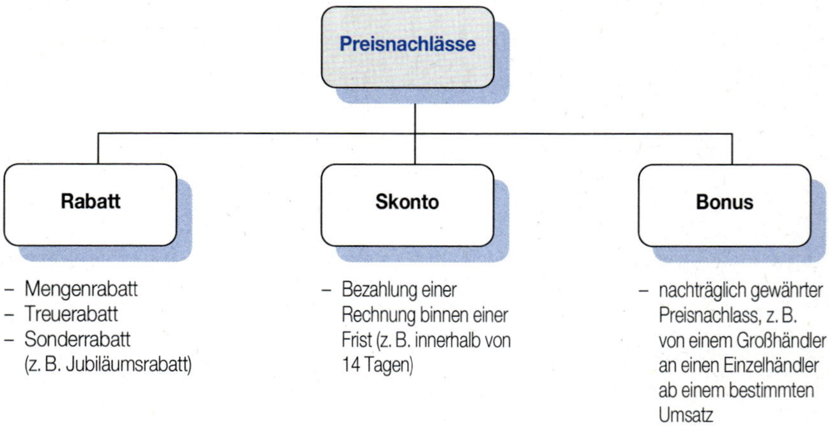

Abb. 5.6: Preisnachlässe

Leasing

Absatzsteigerungen sollen vielfach auch durch **Leasingangebote**[1)] erreicht werden. Der Hinweis auf eine günstige Zahlungsweise soll zum Kauf oder leasen eines Produktes, wie z.B. eines Autos, Kopiergerätes oder Computers, anregen.

[1)] Leasing ist eine Finanzierungsform. Der Leasing-Geber erwirbt den Gegenstand und überlässt ihn dem Leasing-Nehmer (z.B. Verbraucher oder Unternehmer) für eine Nutzungszeit gegen Entgelt (siehe auch Kapitel 9.8.1).

Wiederholungsfragen

Wiederholungsfragen

1. *Wie ist der Gewinn eines Unternehmens definiert?*
2. *Nennen Sie Unternehmensziele!*
3. *Inwiefern ist der Begriff Umsatz weitergefasst als der Begriff Absatz?*
4. *Nennen Sie die absatzpolitischen Instrumente!*
5. *Nennen und erläutern Sie Elemente der Produktgestaltung!*
6. *Was versteht man unter den Preisnachlässen*
   a) Rabatt
   b) Skonto
   c) Bonus?
7. *Was versteht man unter dem Begriff Marketing?*
8. *Erklären Sie die Begriffe*
   a) Sortimentsbreite
   b) Sortimentstiefe
   c) Sortimentserweiterung!
9. *In welchem Fall spricht man von Sortimentsbereinigung?*

5.1.4 Werbung

Werbung

Je schärfer der Wettbewerb, desto mehr müssen die Unternehmen in Werbung investieren. Besonders hart umkämpft ist der Automarkt. Deutsche und ausländische Autohersteller geben jährlich Milliarden Euro aus um ihre neuesten Modelle an die Frau oder an den Mann zu bringen. Kaum weniger umkämpft ist der Markt der Massenmedien: Ob TV-Illustrierte oder Nachrichtenmagazin, Fernsehanstalt oder Privatrundfunk – alle zusammen geben ebenfalls Millionenbeträge aus, um die Einschaltquoten zu erhöhen oder die Käufer am Kiosk zum Kauf zu bewegen.

Bedeutung der Werbung

Wer sich mit dem Thema Werbung beschäftigt, für den stellen sich u.a. folgende Fragen:

- *Welche Rolle spielt die Werbung in Wirtschaft und Gesellschaft?*
- *Welche Werbemittel und Werbeträger gibt es?*
- *Welche Printmedien gibt es?*
- *In welchen Bereichen der Wirtschaft und Gesellschaft werden Werbeausgaben getätigt?*
- *Durch welche Einflüsse werden Grenzen für die Werbung gezogen?*

Werbeetats

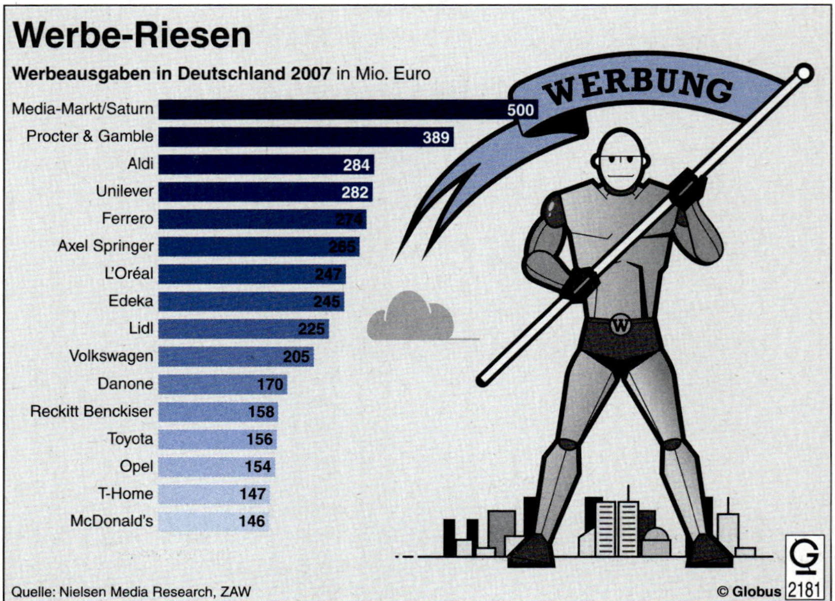

Mit weitem Abstand führt die Elektronik-Kette Media-Markt/Saturn die Liste der Unternehmen mit den größten Werbeausgaben an. Eine halbe Milliarde Euro gab sie im Jahr 2007 für Anzeigen, Fernsehspots, Plakate und alle anderen Werbeformen aus; gegenüber dem Vorjahr eine Steigerung um zehn Prozent. An zweiter Stelle steht Procter und Gamble mit Konsumgütermarken wie Ariel, Pampers, Gillette und Pringles, die für 389 Millionen Euro angepriesen wurden. Der Axel-Springer-Verlag findet sich auf Rang sechs, Volkswagen belegt Rang zehn.

Abb. 5.7: Die Werbeetats verschiedener Branchen

• *Rolle der Werbung in Wirtschaft und Gesellschaft*

Wer sich Werbeprospekte, Werbeplakate oder andere Werbeträger genau anschaut, der wird feststellen, dass Werbung unter Umständen mehr ist als nur Aufmerksamkeit für ein Produkt zu wecken.

Information durch Werbung

Werbung kann auch **informieren**. Ein Beispiel dafür ist ein Werbeprospekt der Hipp KG für Bio-Gemüse. Darin ist beispielsweise zu lesen:

- *Beim Hipp Bio-Anbau wird der Boden streng auf Schadstoffe untersucht. Erst wenn er unseren hohen Anforderungen entspricht, kommt er für den Hipp Bio-Anbau infrage.*
- *Beste Qualität beginnt schon mit der sorgfältigen Auswahl des Saatguts, das auf keinen Fall chemisch vorbehandelt sein kann.*
- *Chemisch-synthetische Spritz- und Düngemittel werden nicht eingesetzt. Unsere Vertragslandwirte rücken dem Unkraut auch mit der Hand zu Leibe.*

Aus der Vielzahl der Werbeprospekte kann entnommen werden, welche Produkte wo und zu welchem Preis angeboten werden. Der Verbraucher oder andere Adressaten wie Unternehmer, Kirchen, Schulen usw. haben nun die Möglichkeit, sich bei einer Kaufabsicht über die günstigste Alternative zu informieren.

Werbung und Markttransparenz

Daher **fördert die Werbung die Markttransparenz**, d.h. sie verschafft einen Überblick darüber, in welchen Wirtschaftszweigen (Industrie, Handel, Handwerk usw.) und Branchen (z.B. Textil- oder Lebensmittelbranche) welche Waren und Dienstleistungen zu welchen Bedingungen zum Kauf angeboten werden. Daher ist Werbung Teil des Wettbewerbs zwischen den Wettbewerbern, d.h. den Anbietern in unserer Wirtschaft.

Meinungsfreiheit

> **Grundgesetz Artikel 5 [Meinungsfreiheit]**
>
> *(1) Jeder hat das Recht, seine Meinung in Wort, Schrift und Bild frei zu äußern und zu verbreiten und sich aus allgemein zugänglichen Quellen ungehindert zu unterrichten. Die Pressefreiheit und die Freiheit der Berichterstattung durch Rundfunk und Film werden gewährleistet. Eine Zensur findet nicht statt.*

Rolle der Werbung

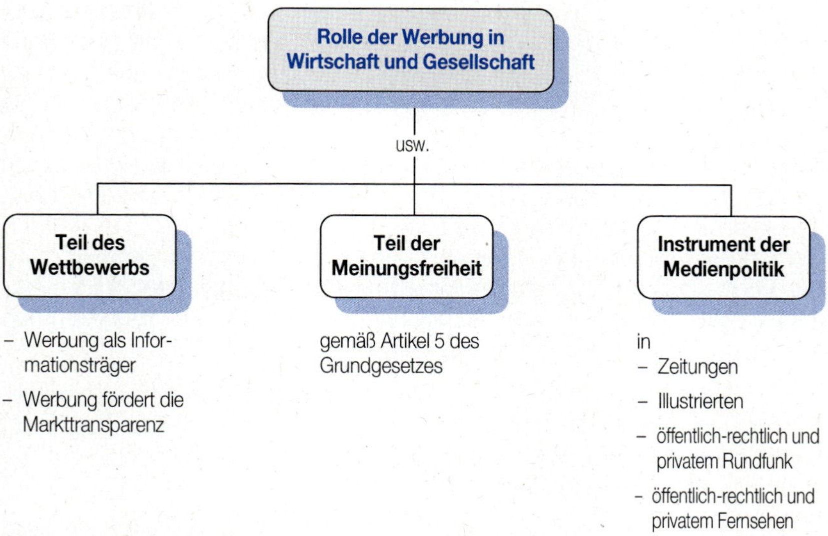

Abb. 5.8: Die Rolle der Werbung

• *Werbeträger und Werbemittel*

Werbemittel

Wer Informationen, Botschaften oder Emotionen im Rahmen der Werbung „transportieren" will, kann sich einer Vielzahl von Werbeträgern und Werbemitteln bedienen. Dabei gelangen die Werbemittel, wie z.B. ein Plakat, über Trägermedien, wie z.B. einen Omnibus, zu dem Umworbenen.

Um eine Umsatzsteigerung bestimmter Waren oder Dienstleistungen zu erzielen, bedienen sich Unternehmen einer Vielzahl von Werbemitteln. Über sie lässt sich die zum Umworbenen zu übermittelnde Information mittels Papier, Stoff, Glas, Akustik (CD, Band usw.) und Film „haltbar" machen und gegebenenfalls wiederverwerten.

Beispiele für Werbemittel

Beispiele für Werbemittel:

- *Anzeigen*
- *Kataloge*
- *Prospekte*
- *Plakate*
- *Werbebriefe*
- *Werbefilme*
- *Leuchtschriften*
- *Tragetaschen aus Papier, Plastik und Jute*
- *Schaufensterauslagen*
- *Stände auf Ausstellungen und Messen*
- *Hörfunk- und Fernsehspots*
- *Internet*

Wer ein Auto fährt weiß, dass dieses aus Einzelteilen zusammengesetzt ist, die von Zulieferern der Autoindustrie produziert werden. So gibt es verschiedene Marken für Autoradios oder Reifen von verschiedenen Herstellern. Auch unter den Zulieferern findet ein Wettbewerb statt. Dieser erfolgt nicht nur über die Vergabe unterschiedlicher Konditionen wie Skonto oder Rabatt, sondern auch über Werbemaßnahmen. So war aus der Presse zu erfahren, dass die deutsche Tochter des amerikanischen Reifenherstellers Goodyear sich mit dem Rock-Spezialisten Marius Müller-Westernhagen zusammengetan hat, um ein Open-Air Konzert am Hockenheimring zu veranstalten. Der Reifenproduzent sah sich als erstes Unternehmen, das sich vorgenommen hatte, ein eigenes Marketingkonzept zu praktizieren, d. h., Konzeption, Organisation und Durchführung selbst in die Hand zu nehmen. Die Zuschauer erlebten nicht nur Westernhagen und Band live, sondern einen ganzen Tag lang Entertainment[2] rund um Formel-1 und Rockmusik. Auf riesigen Jumbotron-Fernsehern wurden Warm-up und das Formel-1-Rennen in Monza live übertragen. Ballonfahrten und ein Museum mit historischen Formel-1-Fahrzeugen sollten die Begeisterung steigern.

Goodyear verfolgte mit der Veranstaltung zwei Ziele: Zum einen vermittelte das Fernsehen eine umfassende Information, die der Zuschauer auf der Rennstrecke ansonsten vermisste, zum anderen erlebte der Zuschauer ein Rennstrecken-Ambiente.

Werbeetat

Wie sich die Werbeetats bundesdeutscher Unternehmen auf die einzelnen Werbeträger verteilen, zeigt die folgende Grafik. Neben den Medien werden auch andere Werbeträger genutzt, um Informationen an den Mann oder die Frau zu bringen, beispielsweise Postsendungen, Adressbücher oder Plakate.

[2] Entertainment = Unterhaltung

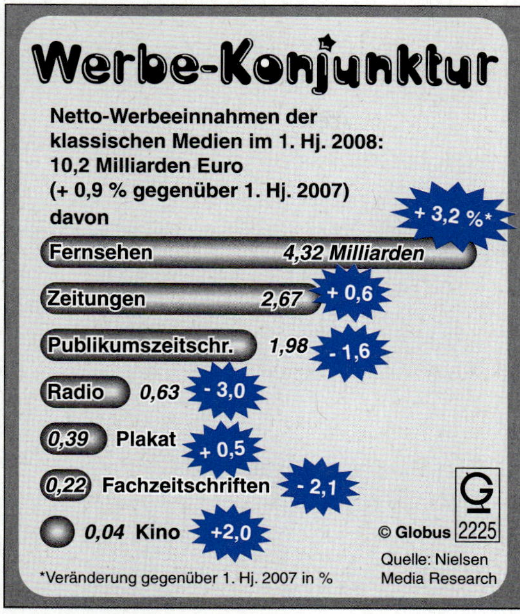

Wenn die Werbe-Konjunktur ein Frühindikator für die allgemeine Wirtschaftsentwicklung ist, dann steuert Deutschland wohl auf eine Konjunkturflaute zu. Die klassischen Medien konnten im ersten Halbjahr 2008 ihre Werbeeinnahmen gegenüber dem Vorjahreszeitraum um nicht einmal ein Prozent erhöhen. Der Umsatz lag bei gut zehn Milliarden Euro. Im Gesamtjahr 2007 hatte der Zuwachs noch 3,7 Prozent betragen. – Nach Berechnungen der Nielsen Media Research konnten die Zeitungen im ersten Halbjahr einen Zuwachs von 0,6 Prozent verbuchen; ihre Werbeeinnahmen erreichten 2,7 Milliarden Euro. Größtes klassisches Werbemedium ist das Fernsehen mit Einnahmen von 4,3 Milliarden Euro. Die Top drei in der Werbung sind Aldi, Media Markt und Lidl. Sie gaben zwischen 179 und 131 Millionen Euro für klassische Werbung aus.

Abb. 5.9: Werbeeinnahmen erfassbarer Werbeträger

Mithilfe von Werbeträgern werden Informationen „transportiert", d.h. an einen Umworbenen übermittelt. **Werbeträger**

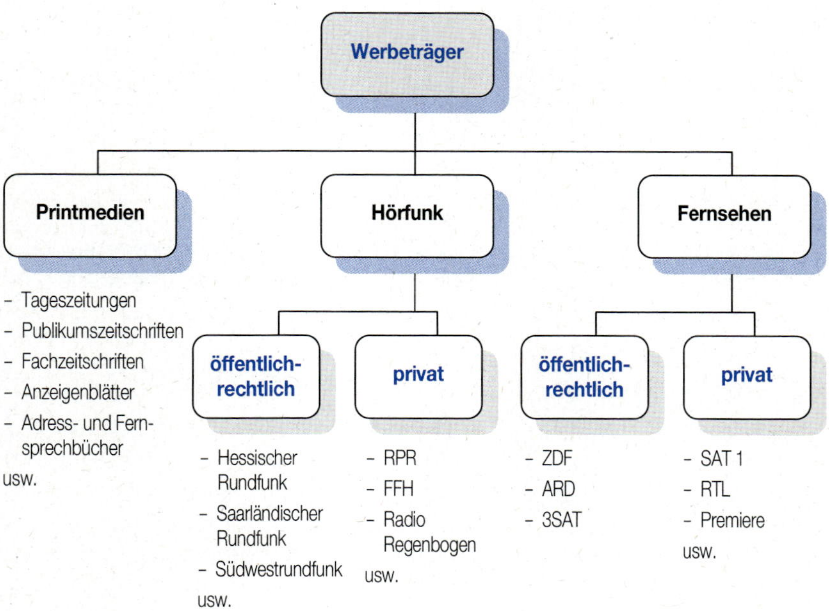

Abb. 5.10: Werbeträger

Werbung in verschiedenen Medien

Im Satellitenzeitalter erreichen Werbesendungen auch Länder, die nicht an Deutschland grenzen. Die große Anzahl der Haushalte, die verkabelt sind, kann auch „kleine“ Sender empfangen, Werbesendungen des Auslands anschauen und mit deutschen vergleichen.

- ***Einzelwerbung und Gemeinschaftswerbung***

direkte Werbung

Unternehmen, die Werbung betreiben, können diese auf das eigene Unternehmen beschränken. In diesem Fall spricht man von **Einzelwerbung oder direkter Werbung.**

Kollektivwerbung

Schließen sich mehrere Unternehmen zusammen, um gemeinsam Werbung zu betreiben und so ihre Kosten aufzuteilen, spricht man von **Gemeinschaftswerbung** oder **Kollektivwerbung**.

- ***Sponsoring***

Sponsoring

Anders als bei der herkömmlichen Werbung wird beim Sponsoring nicht für ein einzelnes Produkt geworben. Vielmehr steht der Sponsor wie Opel oder Addidas im Vordergrund.

- ***Grundsätze der Werbung***

Bei jeder Werbemaßnahme gilt es, die Grundsätze der Werbung zu beachten.

Werbegrundsätze

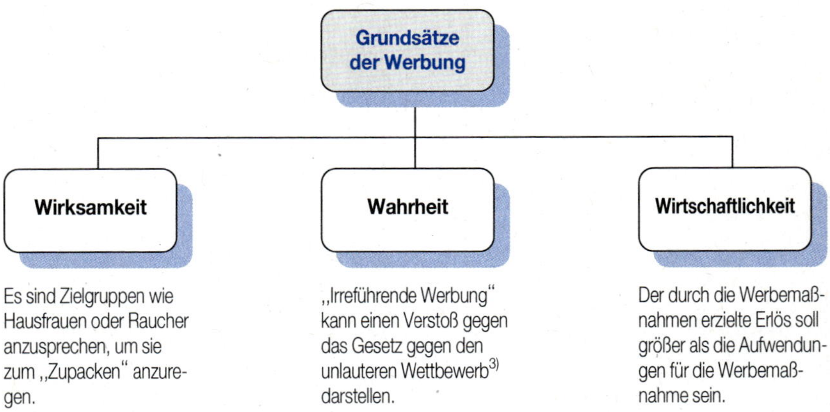

Abb. 5.11: Werbegrundsätze

- ***Die AIDA-Formel***

AIDA

Je wirksamer die Werbung für ein Produkt ist, desto größer ist der Absatzerfolg. Deshalb ist es erforderlich, die Aufmerksamkeit des Umworbenen für ein bestimmtes Produkt zu gewinnen. Ist dies erst einmal erreicht, so kann es relativ schnell zu einem Kauf kommen. Aus der aus den USA stammenden Erkenntnis, dass der Umworbene (z.B. der Konsument) eine bestimmte Stufenfolge der Wahrnehmung der Werbung durchläuft, ist die **AIDA-Formel** entstanden.

---

[3] Siehe hierzu: Kapitel 5.4.1 Gesetz gegen den unlauteren Wettbewerb

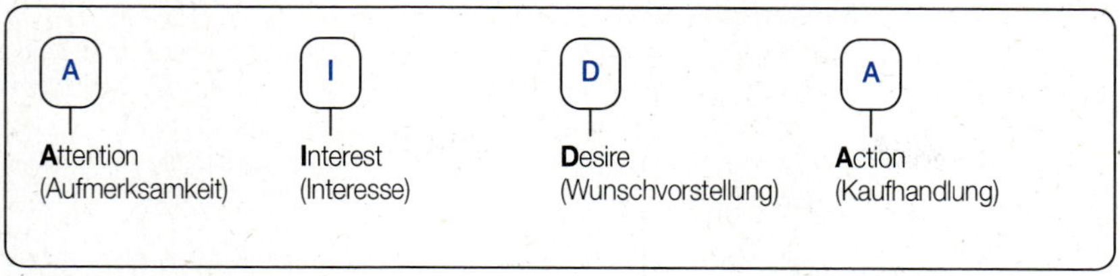

Abb. 5.12: AIDA-Formel

- ***Psychologische Wirkung der Werbung***

Anfänge im 19. Jahrhundert

Die ersten Versuche, Werbung zu betreiben, gehen auf das 19. Jahrhundert zurück. Durch die Massenproduktion im Rahmen der industriellen Revolution begannen erste Werbemaßnahmen in der Wirtschaft ihre Bedeutung zu gewinnen. Die im Jahre 1854 von dem Berliner Buchdrucker E. Litfaß aufgestellte und später nach ihm benannte Säule gab der Werbung einen Impuls. Danach entwickelten sich immer wieder neue Ideen im Rahmen der Gestaltung von Werbemaßnahmen.

Werbeanzeigen können unterschiedliche **Wirkungen** haben. Es stellt sich die Frage nach der Botschaft, die eine Anzeige vermitteln soll. So kann der Inhalt der Botschaft sein, dass

- Emotionalität vermittelt werden soll oder
- Informationen „transportiert" werden sollen.

Viele Werbeanzeigen vermitteln kaum Informationen über das Produkt selbst, sondern wollen den potenziellen Kunden eines Produktes über ausgelöste Emotionen oder über die Identifizierung mit Lebenssituationen und -gefühlen für das Produkt gewinnen.

Beispiele:

1. *In einer Anzeige ist u. a. zu lesen: „Fragen Sie in der Schweiz und in Österreich nach unserem Produkt". Dem Betrachter soll möglicherweise suggeriert werden,*
   - *dass das Produkt so gut ist, dass es nicht nur in Deutschland vertrieben wird und*
   - *dass es bereits lange Zeit im Ausland verkauft wird und sich deshalb dort bewährt hat.*

2. *Ein Autoproduzent wirbt mit einer Marke. In Großbuchstaben ist zu lesen: „ER IST VOLLKOMMEN ANDERS" Der Betrachter ist „gezwungen" im Kleingedruckten über diesem Text nachzulesen, warum das Modell „vollkommen anders" (als andere Automarken) ist. Er erhält unter anderem die Information: „Er passt zu Ihnen. Gut in Form, anspruchsvoll und dabei absolut sportlich. Mit ihm sind Sie auf der sicheren Seite, denn er bietet Fahrer-Airbag, Seitenaufprallschutz...". Die Anzeige spricht Menschen an, die Individualisten, etwas ganz Besonderes sein wollen. Außerdem informiert sie über Sicherheitszubehör und appelliert damit an das Sicherheitsbedürfnis des Menschen.*

3. *In einer Anzeige für Espresso ist folgender Text zu lesen: „WIE IN ITALIEN" – Der Caffé Nr. 1 in Italien. Auch bei Ihnen zu Hause". Weitere Produktinformationen sind dem Text nicht zu entnehmen. Der Betrachter soll sich mit dem stark bereisten südländischen Land identifizieren und möglicherweise an Sonne und Meer im Urlaub denken und somit in eine positive, angenehme, gelockerte Stimmung versetzt werden.*

4. *Anzeigen können bestimmte Zielgruppen, wie junge Menschen ansprechen und in Kurzform Informationen bieten und auf die Qualität von Bereichen des Unternehmens (z. B.: Unser Berater verwechselt sie nie) hinweisen.*

Werbepsychologie

Die Werbung bedient sich heute auch der Ergebnisse der psychologischen Forschung. Aus den daraus erworbenen Erkenntnissen ist es erforderlich, neue **Werbetechniken** zu entwickeln. Eine bereits häufig verwendete besagt: „Löse als erstes emotionale Spannung aus, um Aufmerksamkeit zu erzeugen." Ist die Spannung erst einmal erzeugt, so gilt die **Werberegel**: „Halte die emotionale Spannung für die Dauer der Übernahme der in dem Werbemittel enthaltenen Werbebotschaft aufrecht." Die Werbebotschaft kann in so genannten Werbeslogans enthalten sein, wie z.B. in dem Slogan: „Pampers – Sogar wenn sie nass sind, sind sie schön trocken".

5.1.5 Beratung – Kundendienst – Public Relations

Public Relations

Insbesondere große und mittlere Unternehmen haben in der von technologischem Fortschritt geprägten Zeit eigene Presseabteilungen, um auf sich und ihre Produkte bzw. Dienstleistungen aufmerksam zu machen. So werden beispielsweise regelmäßig an interessierte Kreise Zeitungen oder Broschüren mit aktuellen Meldungen aus allen Bereichen des öffentlichen Lebens gesandt. Es werden darin manchmal Themen angesprochen, für die ein öffentliches Interesse besteht, wie z.B. die Bereiche Umweltschutz, Lebensmittelkontrollen, Arzneimittelsicherheit oder soziale Sicherheit. Aber auch die Erfolge des Unternehmens spielen eine bedeutende Rolle. Damit wird moderne Öffentlichkeitsarbeit betrieben. Man nennt dies **Public Relations**. Mit Public Relations (= PR) versuchen Unternehmen mehrere Ziele zu erreichen. So sollen beispielsweise

- *ein positives Ansehen des Unternehmens gebildet oder gefestigt,*
- *der Bekanntheitsgrad erhöht und*
- *Mitarbeiter dadurch motiviert werden, dass ihnen durch PR bewusst wird, dass sie in einem bedeutenden Unternehmen beschäftigt sind.*

sales promotion

Die Möglichkeit, durch Public Relations Einfluss auf die Erlössituation des Unternehmens zu nehmen und durch einen intensiven **Kundendienst** den Wünschen der Konsumenten gerecht zu werden, wird außerdem ergänzt durch gezielte Verkaufsförderung, z. B. in Form von Probierkäufen für den Konsumenten oder attraktiv plazierten Waren in einem Verkaufsregal. Der Fachausdruck für diese Möglichkeit der Verkaufsförderung und mit einer damit erhofften Absatzsteigerung ist **sales promotion**.

> *Aufwendige Displays,[4] farbige Deckenanhänger, Coupon-Gewinnspiele für die Kunden – das sind häufig genannte Schlagworte, wenn von Verkaufsförderung die Rede ist. Die Unterstützung des Verkaufs im Innen- und Außendienst, im Einzelhandel oder direkt an die Abnehmer umfasst aber heute neue Verantwortungsfelder und wird zur Voraussetzung jeder erfolgreichen Kampagne . . . .*

Quelle: Handelsblatt vom 14.5.1991.

Wiederholungsfragen

Wiederholungsfragen

1. *Nennen Sie*
   a) Werbemittel,
   b) Werbeträger!
2. *In welchen Fällen spricht man von*
   a) Einzelwerbung,
   b) Gemeinschaftswerbung?
3. *Nennen Sie je einen anderen Begriff für*
   a) Einzelwerbung,
   b) Gemeinschaftswerbung!
4. *Wann spricht man von Sponsoring?*
5. *Nennen Sie Printmedien!*
6. *Nennen und erläutern Sie die Grundsätze der Werbung!*
7. *Für welche Begriffe steht die AIDA-Regel?*
8. *Was versteht man unter dem Begriff „public relations“?*
9. *Was versteht man unter dem Begriff „sales promotion“?*
10. *Was ist ein Display?*

---
[4] Display = aufstellbares Werbematerial, z. B. Verkaufsständer, Gondeln etc.

5.2 Teilgebiete und Aufgaben der Marktforschung

Beispiel

Die Chemie Produkt AG hat in ihrer Forschungsabteilung eine neue Creme entwickelt und will diese so bald wie möglich in den Handel bringen. Das Produkt lässt sich von der Zusammensetzung der Substanzen her variieren, sodass beabsichtigt ist, zwei Sorten von Cremes mit unterschiedlichen Namen und unterschiedlicher Zielsetzung zu verkaufen. Eine der beiden Cremes soll in Warenhäusern, Märkten, Drogerien und Apotheken als biologisches Hautpflege- und Hautschutzmittel präsentiert, das andere den Kunden als Bio-Feuchtigkeitscreme auf biologisch-pflanzlicher Grundlage angeboten werden. Um zu erfahren, welche Werbeslogans für die Produkte geeignet sind und welche Verpackung den Verbraucher am meisten ansprechen könnte, wird ein Marktforschungsinstitut beauftragt, mittels Interviews die Meinung über diese beiden Produkte in der Bevölkerung zu erforschen.

Fragestellungen in der Marktforschung

Immer dann, wenn neue Produkte auf dem Markt eingeführt werden sollen, ist es erforderlich, sich darüber zu informieren, welche **Zielgruppe** unter welchen Voraussetzungen ein Produkt kauft. Zielgruppen sind beispielsweise:

- *Hausfrauen, die z. B. zum Thema Waschmittel befragt werden können,*
- *Raucher, die zu ihren Rauchgewohnheiten und Vorlieben für Zigaretten Stellung beziehen sollen,*
- *Jugendliche, über die man in Erfahrung bringen will, welche Jugendzeitschriften sie warum bereit sind zu kaufen,*
- *Sportler, wenn es um den Kauf von Sportschuhen geht usw.*

5.2.1 Primär- und Sekundärforschung

interne und externe Quellen

Wenn Unternehmen sich Informationen über Zielgruppen, Kaufverhalten oder Konkurrenzsituationen beschaffen wollen, so haben sie die Möglichkeit, verschiedene Methoden der **Marktforschung** zu nutzen um brauchbare Ergebnisse zu erzielen.

Je nachdem, welches **Ziel** sich die **Marktforschung** setzt, werden **unterschiedliche Methoden** angewandt. So kann es beispielsweise zur Ermittlung von Daten (z. B. Absatzzahlen, Höhe der Aufwendungen für die Werbung usw.) ausreichen, Unterlagen zu verwenden, die bereits vorliegen. Dieses können beispielsweise Berichte von Außendienstmitarbeitern eines Betriebes, betriebsinterne Statistiken oder Zahlen aus der Kostenrechnung sein oder auch Informationsquellen außerhalb des Betriebes wie veröffentlichte Statistiken der Statistischen Landesämter des jeweiligen Bundeslandes, Statistiken des Statistischen Bundesamtes in Wiesbaden, Statistiken der Europäischen Zentralbank, Statistiken von Wirtschaftsforschungsinstituten, der Industrie- und Handelskammern oder der Verbände. – Werden diese Daten ausgewertet und verwertet, so handelt es sich um sog. sekundär-statistisches Material. Martkforschung, die sich auf solche Daten stützt, die zum zweiten Mal ausgewertet werden, bezeichnet man als **Sekundärforschung**.

Sekundärforschung

Aus dem **„Statistischen Jahrbuch"** ist beispielsweise zu erkennen, welche Sparergruppen wie viele Sparguthaben im Laufe der Jahre angelegt haben. Aus diesen **sekundär-statistischen Angaben**[4a)] kann aber keine Schlussfolgerung gezogen werden, in welchen Bundesländern Privatpersonen mehr gespart haben als in anderen Landesteilen. Man könnte daher auch nicht die für die Werbewirtschaft wichtige Frage beantworten, in welchen Bundesländern die Kaufkraft verhältnismäßig groß, in welchen eher gering ist.

Aus anderen Sekundärstatistiken kann die Information entnommen werden, wie viel Patentanmeldungen es in Deutschland im Vergleich zu anderen Ländern gibt.

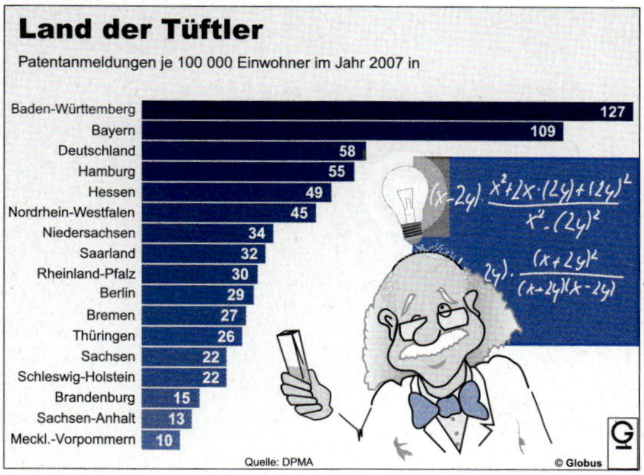

Der Ideenreichtum der deutschen Forscher ist unverändert groß. Beim Deutschen Patent- und Markenamt in München gingen im vergangenen Jahr 47.853 Patentanmeldungen aus dem Inland ein. Trotz eines leichten Rückgangs um 159 Anmeldungen im Vergleich zum Vorjahr ist der Erfindungsreichtum hierzulande ungebrochen. Denn einige global aufgestellte Unternehmen etwa aus der Chemieindustrie wenden sich mit ihren Innovationen verstärkt an das Europäische Patentamt. Spitzenreiter unter den Bundesländern mit insgesamt 13.638 Patentanmeldungen war im vergangenen Jahr Baden-Württemberg, das den einstigen Primus Bayern (13.616) ablöste. Mit durchschnittlich 127 Anmeldungen pro 100.000 Einwohner liegt Baden-Württemberg weit über dem Durchschnitt von 58 Anmeldungen. Bayern steht mit durchschnittlich 109 Anmeldungen an zweiter, Hamburg mit 55 Anmeldungen an dritter Stelle. Unter den neuen Bundesländern liegt Thüringen mit 26 angemeldeten Erfindungen vorn. Auch bei den aktivsten Patentanmeldern war mit Bosch (2.509) ein Unternehmen aus Baden-Württemberg Spitzenreiter. Der Siemens-Konzern, der im Vorjahr die Liste angeführt hatte, kam mit 2.474 Anmeldungen auf Rang zwei.

Abb. 5.13: Sekundärstatistisches Material

Primärforschung

Die sekundär-statistischen Daten reichen auch nicht aus, um beispielsweise eine Aussage darüber zu machen, welche Bundesbürger in welchen Gebieten (in den verschiedenen Städten, auf dem Land) bereit sind, eine bestimmte Summe für bestimmte Produkte wie z. B. Kosmetika oder Bekleidung von ihrem Ersparten auszugeben. Da also die Daten der Sekundärforschung nicht ausreichen, ist es erforderlich, über die **Befragung von Konsumenten zusätzliche Informationen** zu erhalten. Die so ermittelten Daten sind Ergebnisse der **Primärforschung**.

Neben der Möglichkeit der **Befragung** lassen sich aber auch über die **Beobachtung** und das **Experimentieren** wissenschaftliche Erkenntnisse gewinnen.

[4a)] Sekundär-statistische Angaben sind Informationen aus bereits vorhandenem Schriftgut, wie Bücher, Fachaufsätze.

Beobachtung

So bedient sich die Werbeforschung in ihren Labors des Mittels der **Beobachtung** um das **Verhalten von Menschen** zu erkunden. Es werden beispielsweise Messungen der Pupillenveränderungen durchgeführt und festgestellt, wie sich Fernsehzuschauer verhalten, wenn Bilder bestimmte Reize auf der Hautoberfläche auslösen.

Experimente

In **Experimenten** wird die **Wirkung eines Faktors** auf einen anderen Faktor untersucht. So werden beispielsweise Untersuchungen mit der Absicht durchgeführt, um herauszufinden, wie viel Kaffee ab einer bestimmten Preisanhebung weniger gekauft wird.

Werden **Experimente in Labors** durchgeführt, so spricht man von geschaffenen bzw. **künstlichen Bedingungen**. – Experimente werden aber auch unter **lebensnahen Bedingungen**, wie z.B. auf einem Samstagsmarkt durchgeführt. In diesem Fall spricht man von **natürlichen Bedingungen**.

Methoden der Marktforschung

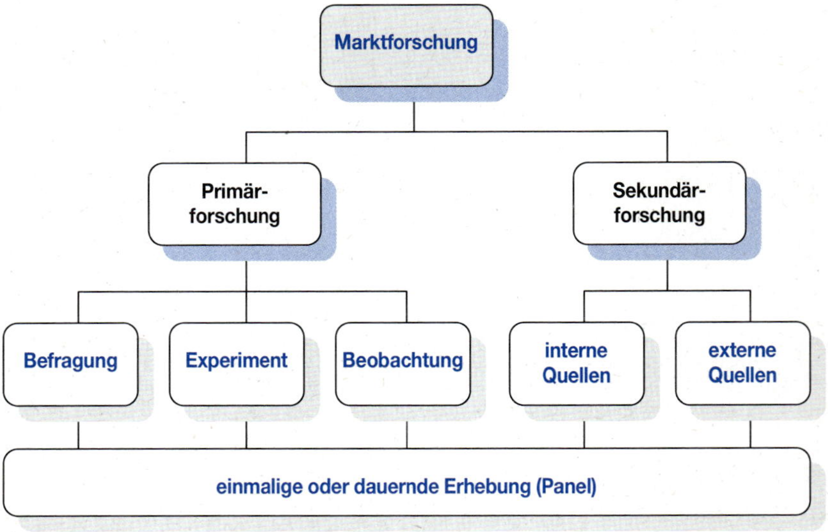

Abb. 5.14: Methoden der Marktforschung

Panel

Die Methoden der Primärforschung oder der Sekundärforschung können einmal verwendet werden oder dauernd. Man spricht dann entweder von einer **einmaligen Erhebung** oder einer **Dauererhebung**. In diesem Zusammenhang spielt das sog. **Panel** eine wichtige Rolle. Ein Panel ist ein bestimmter, gleichbleibender Personenkreis, der über einen längeren Zeitraum hinweg über den gleichen Gegenstand befragt wird. Man will damit Änderungen von Einstellungen oder Gewohnheiten messen.

Grundgesamtheit

Gehen wir zurück zu dem Ausgangsbeispiel. Wenn also ein Marktforschungsinstitut herausfinden möchte, welche Bundesbürger warum und unter welchen Bedingungen eine bestimmte Creme kaufen würden, dann wäre es grundsätzlich möglich, alle Personen zu befragen, vorausgesetzt, dass sich auch alle zu einem Interview bereit erklärten. Jedes durchgeführte Interview kostet jedoch Geld. Deshalb wird in der Praxis häufig davon abgesehen, die **Grundgesamtheit** (z.B. alle Personen der Bevölkerung oder alle Personen eines Betriebes) zu befragen. Man beschränkt sich dann vielmehr auf eine Teilbefragung oder anders formuliert, auf eine Teilerhebung. Will man also Informationen erfragen, so gibt es grundsätzlich zwei Möglichkeiten: die Befragung aller Mitglieder der **Grundgesamtheit** (**Vollerhebung**) oder die Befragung einer Auswahl von Personen (**Teilerhebung**). Im letzten Fall spricht man von einer **Stichprobe**.

Vollerhebung/ Teilerhebung

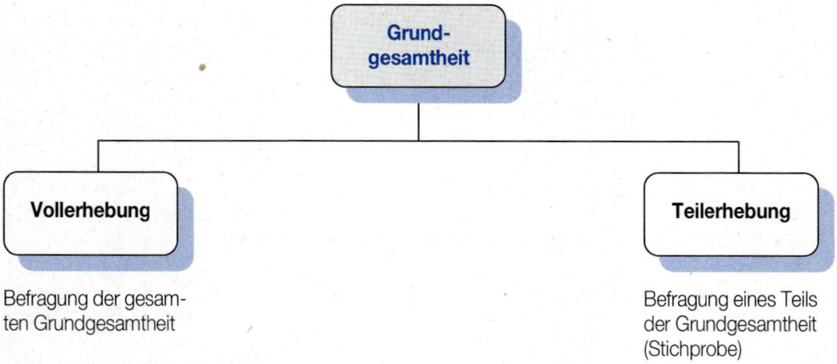

Abb. 5.15: Vollerhebung und Teilerhebung

5.2.2 Bedeutung und Durchführung von Interviews

Marktforschungsinstitute/ Interview

Damit Unternehmen richtige Entscheidungen im Hinblick auf Werbemaßnahmen für ein bestimmtes Produkt treffen können, werden – wie im Eingangsfall geschildert – häufig **Marktforschungsinstitute** (z.B. das Emnid-Institut in Bielefeld, die Gesellschaft für Konsumforschung (GfK) in Nürnberg, Marplan in Offenbach, Enigma in Wiesbaden oder andere Institute) eingeschaltet. Diese erarbeiten ein Konzept und setzen **Interviewer** ein, um **Befragungen** durchzuführen. Je nach Problemstellung wird dann versucht, Meinungen, Stimmungen, Gewohnheiten, Besitzverhältnisse oder Wünsche der Bevölkerung zu erfragen. Wie bereits erwähnt, ist es aus Kostenerwägungen nicht möglich, die Gesamtbevölkerung zu befragen. Deshalb wird meistens (wie im Übrigen auch vor Wahlen) ein sog. repräsentativer Teil der Gesamtbevölkerung ausgewählt. Dies können z. B. 2.000 bis 4.000 Personen sein. Um relativ genaue Ergebnisse zu erhalten, werden die eingesetzten Interviewer (häufig sind es Studenten oder Schüler) vom jeweiligen Institut im Hinblick auf ihre **Interviewertätigkeit** geschult oder sie erhalten klare schriftliche **Anweisungen**, die zu befolgen sind.

Auswahlverfahren

Wenn Interviews durchgeführt werden, dann darf die Gruppe der Befragten in der Regel nicht wahllos ausgesucht werden; denn sie soll in ihrer Zusammensetzung ein **getreues Bild der Gesamtheit** darstellen. Man spricht von einer **repräsentativen Auswahl**. Es gibt zwei Wege, nach denen die Auskunftsperson bestimmt werden kann und nach einer genauen Anweisung des Marktforschungsinstituts vom Interviewer aufzusuchen ist.

Befragung

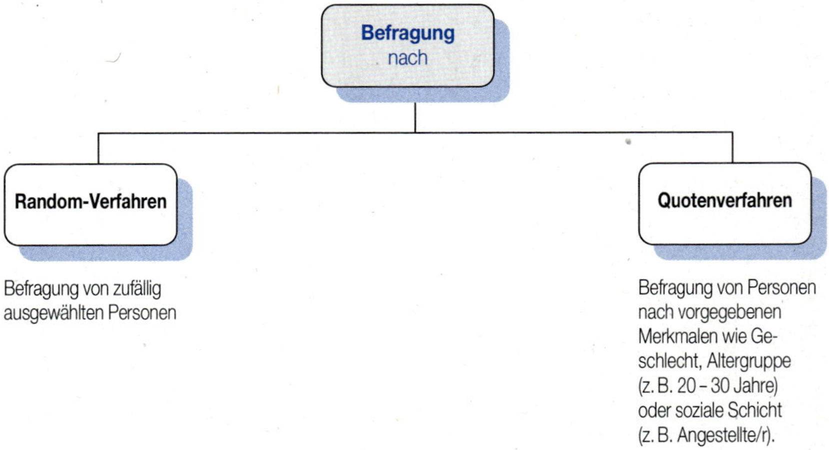

Abb. 5.16: Auswahlverfahren

Quotenverfahren/ Fragebogen

Die meisten Umfragen unter Verbrauchern werden nach dem Quotenverfahren durchgeführt. In diesen Fällen erhält der Interviewer eine **Quotenanweisung**, auf der angegeben ist, wie viel Interviews er an welchem Ort (z. B. in Leipzig) durchzuführen hat und welche Eigenschaften die Befragten aufweisen müssen. Für jedes durchzuführende Interview erhält der Interviewer einen **Fragebogen**. In der Regel besteht dieser aus zwei Teilen, nämlich

- dem Fragenkomplex zur Sache (z. B. Fragen zu Cremes oder zu Zigaretten) und
- der Statistik zur Person des Befragten.

Bei den sachlichen Fragen können zwei Arten von Fragen verwendet werden. Entweder sind es Fragen, bei denen Alternativ- oder Vielfachankreuzmöglichkeiten bestehen oder es handelt sich um sog. offene Fragen.

Ankreuzfragen

Beispiel für eine Ankreuzfrage

Albana Creme wirkt aus meiner Sicht

a) entzündungshemmend
b) desodorierend
c) beseitigt Hautunreinheiten
d) bewährt sich bei Ekzemnachbehandlung
e) verursacht natürliche Geschmeidigkeit

offene Fragen

Bei **offenen Fragen** (keine Antwortvorgaben) muss der Interviewer die Antwort der befragten Person möglichst wörtlich sofort an der vorgesehenen Stelle (sie ist im Interviewbogen markiert) eintragen. Die Antwort darf keinesfalls Sinn entstellend verkürzt werden. Auch unbedeutende Worte müssen notiert werden, wie z.B. „interessiert mich nicht" oder „find ich blöd".

Marktanalyse

Jede Befragung dient der Untersuchung eines Teilmarktes zu einem bestimmten Zeitpunkt. Man spricht hier von einer sog. **Marktanalyse**.

Ein Beispiel dafür ist die Untersuchung der Rauchergewohnheiten in einem bestimmten Monat oder Halbjahr.

Marktbeobachtung

Von einer **Marktbeobachtung** spricht man dann, wenn die **Marktentwicklung ständig beurteilt** wird. Ein Beispiel dafür ist die Beurteilung der Entwicklung bzw. Stellung einzelner Unternehmen im Hinblick auf den Verkauf bestimmter Produkte. Charakteristisches Merkmal der Marktbeobachtung ist, dass sie keine Auskunftsperson kennt.

Marktprognose

Erfolgt eine **Voraussage der Marktentwicklung** (z.B. im Hinblick auf die Veränderung der Preise oder Absatzmengen) auf der Grundlage der Ergebnisse der Marktanalyse und der Marktbeobachtung, so spricht man von einer **Marktprognose**.

Wiederholungsfragen

Wiederholungsfragen

1. *Erklären Sie, was man unter Primär- und Sekundärforschung versteht!*
2. *Welche drei Möglichkeiten bieten sich an um Ergebnisse im Rahmen der Primärforschung zu erzielen?*
3. *Was ist eine*
   a) einmalige Erhebung,
   b) Dauererhebung?
4. *Worin besteht der Unterschied zwischen einer Vollerhebung und einer Teilerhebung?*
5. *Worin besteht der Vorteil einer Vollerhebung gegenüber einer Teilerhebung?*
6. *Erläutern Sie folgende Verfahren der Marktforschung*
   a) Random-Verfahren,
   b) Quotenverfahren!
7. *Erläutern Sie die folgenden Begriffe:*
   a) Marktanalyse,
   b) Marktbeobachtung,
   c) Marktprognose!

5.3 Organisation des Absatzes und Güterbeförderung

5.3.1 Absatzwege

Waren gelangen auf verschiedenen Wegen vom Produzenten zum Konsumenten. Fast täglich kaufen wir Waren ein, ohne uns jedoch im Einzelnen Gedanken darüber zu machen, welchen Weg das jeweilige Produkt vom Hersteller bis zu uns zurückgelegt hat.

Produzent und Verbraucher

Nur der Landwirt, der seine Kühe im Stall und auf der Weide stehen hat und somit zum Produzenten von Milch wird, ist auch gleichzeitig Verbraucher, wenn er dieses tierische Produkt selbst trinkt. Ansonsten verkauft er seine Milch möglicherweise an einen Zwischenhändler, der die technische Ausrüstung zum Pasteurisieren[5] der Milch hat. Von hier aus wird sie entweder direkt an Unternehmen des Einzelhandels verkauft oder ein Großhändler ist noch dazwischengeschaltet.

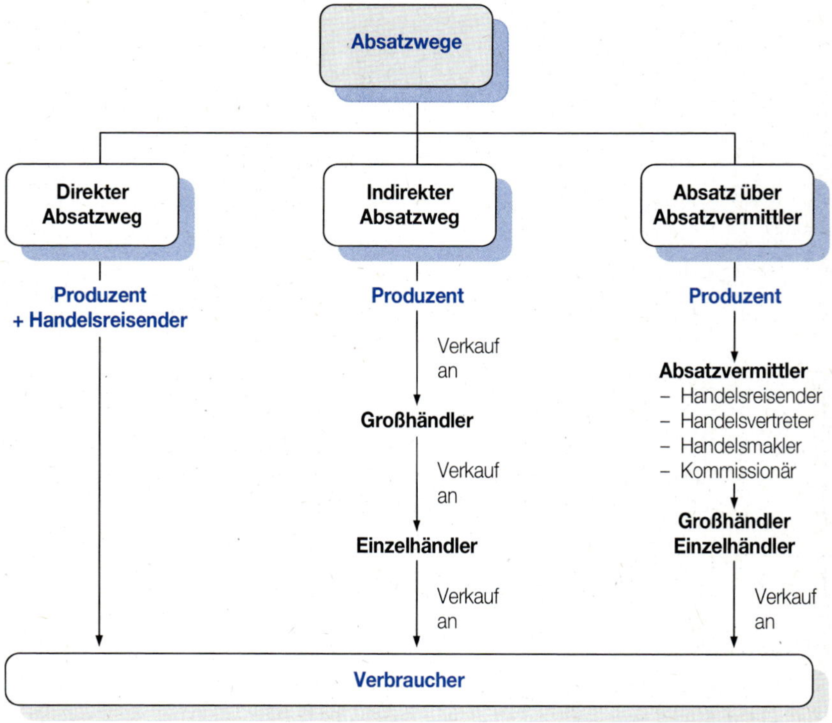

Abb. 5.17: Absatzwege

Ebenso wie die Ware „Milch" gibt es viele Güter, die auf einem vorgezeichneten Absatzweg den Verbraucher erreichen. Dabei können Waren

[5] Pasteurisieren = Milchkonservierung durch Abtöten der Bakterien bei Erhitzung

auf direktem oder indirektem Absatzweg zum Verbraucher gelangen. In anderen Fällen werden noch Absatzvermittler dazwischengeschaltet.

Je nachdem, auf welchem Wege die Ware vom Produzenten zum Verbraucher gelangt, unterscheidet man zwischen zwei Absatzformen.

direkter Absatz

- **Direkter Absatz (Direktvertrieb)**: Der Abnehmer (Verbraucher) wird direkt beliefert. Zwischenhändler werden also nicht eingeschaltet. Vorteilhaft wirkt sich für den Verbraucher der Direktvertrieb in infrastrukturschwachen Gebieten aus; dies war so zumindest kurz nach der „Wende" in den neuen Bundesländern der Fall, da eine ausreichende Zahl von Ladengeschäften fehlte, um die neu geweckten Bedürfnisse, insbesondere nach Gebrauchsgütern, zu befriedigen.

Auch das Internet wird zunehmend für den Direktvertrieb genutzt.

indirekter Absatz

- **Indirekter Absatz**: Auf dem Weg vom Produzenten zum Verbraucher sind noch Händler oder gar Absatzvermittler zwischengeschaltet.

Fahrverkauf

Blumengeschäfte erhalten teilweise ihre Waren von Händlern, die mit einem Pkw Geschäfte direkt mit Blumen beliefern. In diesen Fällen handelt es sich um einen sog. **Fahrverkauf**. Der Vorteil besteht darin, dass die gelieferten Waren wie Blumen, Fisch, Molkereiprodukte (Butter, Käse, Milch, Joghurt), Tiefkühlprodukte usw. wegen der Sofortlieferung vom Verbraucher relativ frisch gekauft werden können.

Rack-Jobber

Warenhäuser bieten eine Vielzahl verschiedenartiger Waren an. Nicht immer fällt es deshalb leicht, eine bestimmte Ware auf Anhieb zu finden. Wer dann vergeblich eine Person um Auskunft bittet, die gerade Waren (Zigaretten, Kosmetika usw.) im **non-food-Bereich** (= keine Lebensmittel) in ein Regal stellt, wird sich über deren Unkenntnis wundern. – Meistens bestückt dann ein sog. **Rack[6)]-Jobber[7)]** das Regal. Es handelt sich dabei um eine Sonderform des Zustellgroßhandels.

Ein **Rack-Jobber** schließt mit einem Einzelhändler einen Mietvertrag mit dem Inhalt ab, dass er Waren auf einem bestimmten von ihm gemieteten Regal platziert und selbst auszeichnet. Die im Laufe eines Zeitraums nicht verkaufte Ware wird vom Regalgroßhändler zurückgenommen. Der Einzelhändler ist am Umsatz der verkauften Güter beteiligt.

5.3.2 Absatzmittler – Absatzhelfer

Absatzmittler

Auf dem **indirekten Absatzweg** werden in bestimmten Fällen Absatzmittler zwischengeschaltet. Sie sind rechtlich und **wirtschaftlich selbstständige Absatzorgane.** Ihre Aufgabe besteht darin, auf dem Weg des indirekten Vertriebs von Lieferanten Produkte zu kaufen und diese wieder an andere Absatzmittler oder Endkäufer zu verkaufen.

[6)] rack = Gestell (Geschirr-, Zeitung- usw.) Ständer

[7)] jobber = Gelegenheitsarbeiter, Jobber

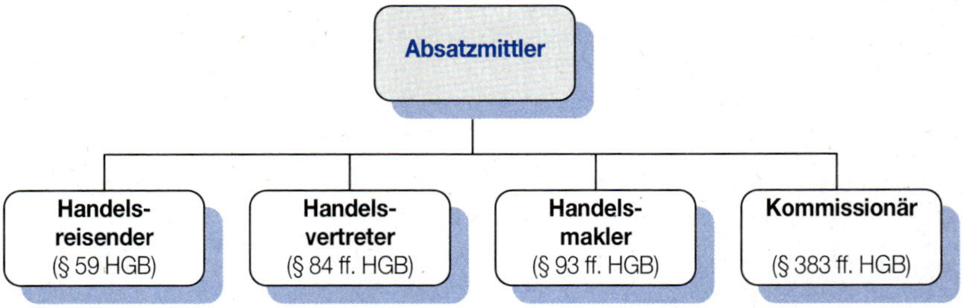

Abb. 5.18: Absatzmittler

- ***Handelsreisender***

Handelsreisender

Er ist Handlungsgehilfe, also kaufmännischer Angestellter in einem Betrieb. Insofern steht er folglich in einem Arbeitsverhältnis und übt deshalb eine abhängige, weisungsgebundene Tätigkeit aus. Neben seinem festen Gehalt erhält der Handlungsreisende i.d.R. noch Provision (in Abhängigkeit vom erzielten Umsatz) und Spesen.

- ***Handelsvertreter***

Handelsvertreter

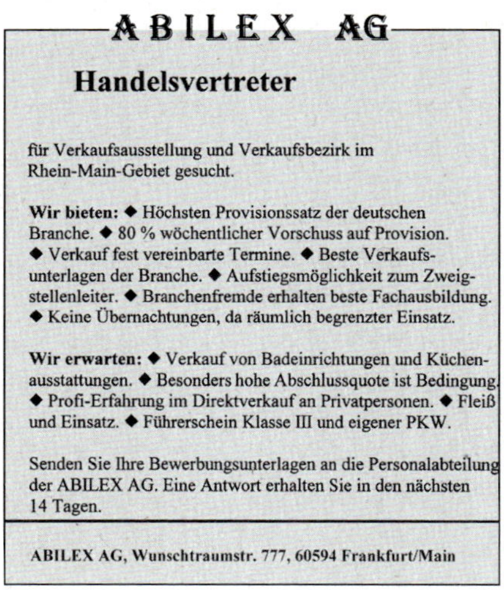

Abb. 5.19

Als **selbstständiger Kaufmann** i.S.d. HGB hat er sich **ständig** um die **Vermittlung** und den Abschluss **von Geschäften für einen Unternehmer** zu bemühen. Obwohl grundsätzlich eine nur gelegentliche Tätigkeit nicht möglich ist, kann jedoch zwischen einem Unternehmer und einem Handelsvertreter eine Vereinbarung zu Stande kommen, in der eine kalendermäßig begrenzte Zeit der Tätigkeit oder eine Tätigkeit für eine Saison oder eine Tätigkeit auf nur einer Messe oder Ausstellung festgelegt ist.

Rechte und Pflichten

Der Unternehmer ist verpflichtet, die dem Handelsvertreter zur Ausübung seiner Tätigkeit erforderlichen Unterlagen wie Muster, Zeichnungen, Preislisten, Werbedrucksachen und Geschäftsbedingungen zur Verfügung zu stellen.

Vertreter und Reisender

Für alle während des Vertragsverhältnisses abgeschlossenen Geschäfte, die auf seine Tätigkeit zurückzuführen sind, erhält der Handelsvertreter **Provision**.

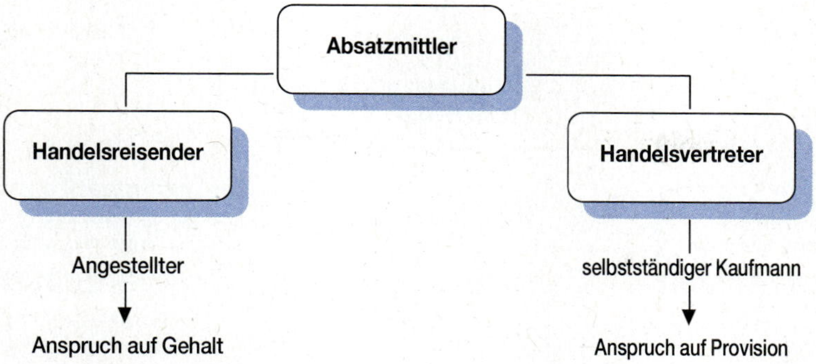

Abb. 5.20: Reisende und Vertreter

- ***Handelsmakler***

Handelsmakler

Der Handelsmakler ist wie der Handelsvertreter Kaufmann i.S.d. HGB. – Er darf nicht mit dem **Zivilmakler** verwechselt werden, der vor allem als Grundstücksmakler und Ehevermittler auftritt; denn er unterscheidet sich von diesem vor allem nach der Art der Vertragsgegenstände. Diese müssen beim Handelsmakler solche des Handelsverkehrs sein, wie z.B.

- *Verträge über die Anschaffung oder Veräußerung von Waren und Wertpapieren,*
- *Verträge über Versicherungen,*
- *Verträge über Güterbeförderungen,*
- *Verträge über Schiffsmiete.*

Für seine erbrachten Leistungen hat der Handelsmakler einen Anspruch auf Maklerlohn. Diesen nennt man **Courtage**.

- ***Kommissionär***

Kommissionär

Er ist wie der Handelsvertreter und Handelsmakler selbstständiger Kaufmann i.S.d. *§ 383 ff. HGB.* Als solcher kauft oder verkauft der Kommissionär Waren oder Wertpapiere **in eigenem Namen und auf Rechnung eines anderen** (= des sog. Kommittenten).

Einkaufs- und Verkaufskommissionär

Nach der Art der Tätigkeit werden zwei Arten von Kommissionären unterschieden.

Abb. 5.21: Kommissionär

Beispiel: *Ein Buchhändler nimmt Bücher eines Verlages in Kommission. Die nicht verkauften Bücher kann er wieder an den Verlag zurückgeben.*

Neben der Tatsache, dass beide selbstständige Kaufleute sind, gibt es zwischen dem Handelsvertreter und dem Kommissionär jedoch einen Unterschied.

Abb. 5.22: Vergleich Handelsvertreter und Kommissionär

- ***Absatzhelfer***

Absatzhelfer

Viele Waren müssen auf direktem oder indirektem Absatzweg transportiert werden. Dies geschieht mithilfe verschiedener Verkehrsmittel, wie z. B. mittels Bahn oder Lkw. Nicht jeder Betrieb befördert jedoch seine Waren mit den eigenen Verkehrsmitteln, sondern schaltet zu Transportzwecken sog. Absatzhelfer ein.

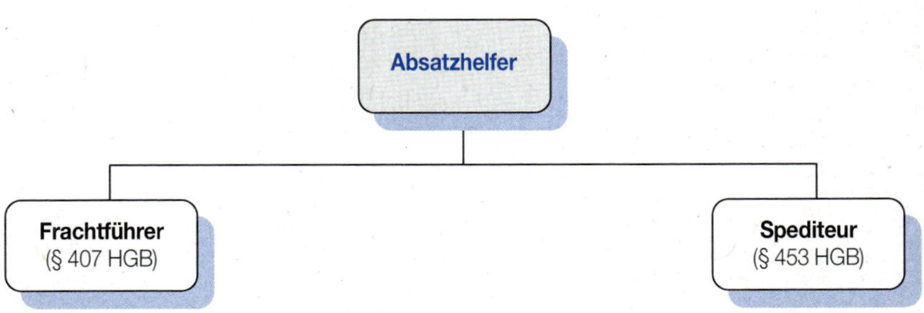

Abb. 5.23: Frachtführer und Spediteur

• Transportrecht

Transportrecht

Angela Krämer hat ihre Ausbildung als Bürokauffrau vor zwei Monaten in der Peter Jung Textil GmbH – Groß- und Außenhandel – begonnen. Sie erfährt in einem Gespräch mit einem Mitarbeiter, dass regelmäßig verschiedene Textilien zu Kunden versendet werden. Einige Kunden werden im Werkverkehr beliefert, d.h. die Versendung der Waren findet mittels eigenem LKW statt. Andere Lieferungen erfolgen durch ein Speditionsunternehmen. Angela möchte sich über die Möglichkeit des Gütertransports besser informieren. Sie erfährt, dass es von Bedeutung ist, sich im Zusammenhang mit dem sog. Transportrecht in dreierlei Hinsicht sachkundig zu machen, nämlich bezüglich der handelsrechtlichen Bedeutung des

- *Frachtvertrags,*
- *Speditionsvertrags und*
- *Lagervertrags.*

Wer sich mit dem Transportrecht auseinander setzt, der sollte sich zunächst mit allen wesentlichen Vorschriften des Fracht-, Speditions- und Lagerrechts vertraut machen. Diese sind im 4. Buch des Handelsgesetzbuches zusammengefasst.

Neben der für die deutsche Rechtsordnung geltenden Rechtgrundlage HGB gibt es noch internationale Abkommen, die im Transportgeschäft zu berücksichtigen sind, so beispielsweise der „Beförderungsvertrag im internationalen Straßengüterverkehr, kurz CMR“ genannt oder das Warschauer Abkommen, das einheitliche Regeln über die Beförderung im internationalen Luftverkehr beinhaltet.

• Frachtvertrag

Frachtvertrag

Durch den Frachtvertrag wird der **Frachtführer** verpflichtet, das Gut zum Bestimmungsort zu befördern und dort an den Empfänger abzuliefern *(§ 407 HGB)*. Der **Absender** wird verpflichtet, die vereinbarte Fracht zu zahlen. Die Vorschriften für den Frachtvertrag gelten ohne Unterschied für alle Verträge über eine Güterbeförderung auf einem der Verkehrsträger Straße, Schiene oder Binnengewässer.

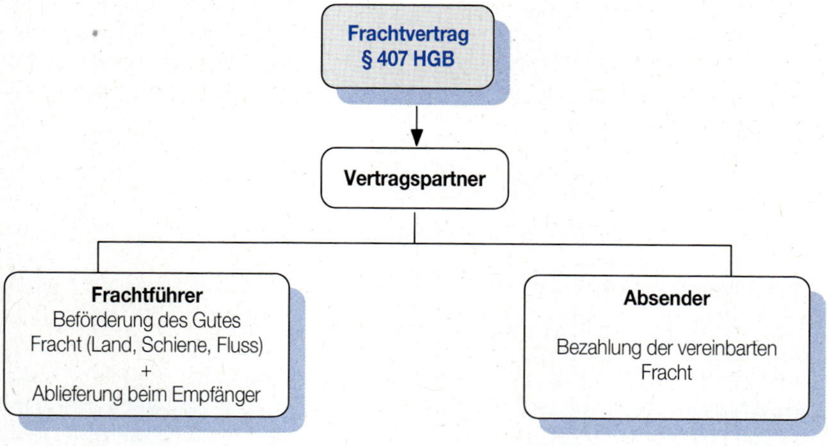

Abb. 5.24: Frachtvertrag

Werden Güter nicht nur mit einem Transportmittel (unimodal) befördert, sondern mit verschiedenartigen Beförderungsmitteln, so spricht man von einer **„kombinierten“** oder **„multimodalen“ Beförderung**.

Tritt bei einem multimodalen Frachtvertrag ein Schaden ein, so ist es wegen der unterschiedlichen Teilstreckenrechte von Bedeutung, ob der Schadensort bekannt ist oder nicht *(§ 452 HGB).* Steht fest, auf welcher Teilstrecke der Schaden eingetreten ist, so richtet sich die Haftung des Frachtführers nach dem Recht, das für diese Teilstrecke gilt. – Diese sog. Netzwerkhaftung ist abzuleiten aus der höchstrichterlichen Rechtsprechung des Bundesgerichtshofes.

In *§ 408 HGB* ist zu lesen: „Der Frachtführer kann die Ausstellung eines Frachtbriefes ... verlangen“. Daraus kann die Schlussfolgerung gezogen werden, dass das Fehlen, die Mangelhaftigkeit oder der Verlust des Frachtbriefes weder den Bestand noch die Gültigkeit des Frachtvertrages berührt. Allerdings ist es für die Praxis von Wichtigkeit zu wissen, dass es der Ausstellung eines Frachtbriefes bedarf, wenn die Beweisführung über Abschluss und Inhalt des Frachtvertrages, über den Zustand des Gutes und seiner Verpackung bei Übernahme und über die Anzahl der Frachtstücke oder das Weisungsrecht des Absenders eingeschränkt werden soll. Aus dieser Überlegung heraus hat der Gesetzgeber im HGB vorgesehen, dass der Frachtbrief bestimmte dort näher genannte Angaben enthalten kann.

Neben diesen näher genannten Punkten können im Frachtbrief aber auch weitere Angaben eingetragen werden, die die Parteien für zweckmäßig halten.

Der Frachtbrief wird in drei Originalausfertigungen ausgestellt, die vom Absender unterzeichnet werden. Der Absender kann verlangen, dass auch der Frachtführer den Frachtbrief unterzeichnet. Unterschriften durch Druck oder Stempel genügen allerdings auch.

Eine Ausfertigung des Frachtbriefes ist vorgesehen

- für den **Absender**,
- eine **begleitet** das **Gut** und
- eine weitere erhält der **Frachtführer**.

Wenn Waren ins Ausland versendet werden sollen, ist es erforderlich, einen **internationalen Frachtbrief** auszufüllen. Sofern nichts gegenteiliges vereinbart ist, unterliegt die Beförderung den Bestimmungen des Übereinkommens über den Beförderungsvertrag im internationalen Straßengüterverkehr (CMR). – Diesen Frachtbrief gibt es als mehrseitiges Formblatt. Er kann aber auch als Maske im Computer existieren und dann über die Tastatur des PC ausgefüllt werden.

- ***Speditionsvertrag***

Speditionsvertrag

Wenn ein Unternehmen Waren versenden will, kann er einen Spediteur einschalten. Es kommt dann ein Speditionsvertrag zu Stande, durch den der Spediteur verpflichtet wird, die Versendung des Gutes zu besorgen *(§ 453 HGB).* Mit dieser Rechtsnorm wird deutlich, dass es sich um einen handelsrechtlichen Sonderfall des Geschäftsbesorgungsvertrages handelt. Die entsprechenden Vorschriften über die entgeltliche Geschäftsbesorgung gemäß *§ 675 BGB* und die darin näher genannten Paragrafen sind deshalb ergänzend zu berücksichtigen. Dies bedeutet beispielsweise, dass gemäß *§ 675 BGB* (entgeltliche Geschäftsbesorgung) z. B. auch *§ 667 BGB* zu beachten ist. Dort ist zu lesen: „Der Beauftragte ist verpflichtet, dem Auftraggeber alles, was er zur Ausführung des Auftrags erhält und was er aus der Geschäftsbesorgung erlangt, herauszugeben."

Kommt ein Speditionsvertrag zu Stande, dann hat

- der **Versender** die **Pflicht**, die vereinbarte **Vergütung** zu **bezahlen** und
- der **Spediteur** die Pflicht, die **Versendung** des Gutes zu **organisieren** *(§ 453 f. HGB).*

Organisation der Versendung des Gutes bedeutet dreierlei.

Beförderung

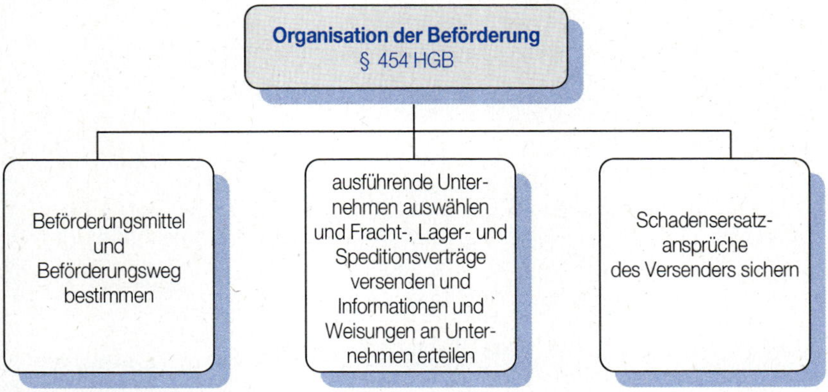

Abb. 5.25: Organisation der Beförderung

Abb. 5.26: Anzeige für Möbeltransporte

Grundsätzlich hat der Spediteur das Recht, die Beförderung des Gutes durch Selbsteintritt auszuführen. Sofern er von dieser Befugnis Gebrauch macht, hat er hinsichtlich der Beförderung die Rechte und Pflichten eines Frachtführers oder Verfrachters. Damit kann der Spediteur alle Frachtgeschäfte ausführen. Die Konsequenz daraus ist, dass er nicht nur einen Vergütungsanspruch als Spediteur, sondern auch einen für seine Tätigkeit als Frachtführer oder Verfrachter geltend machen kann.

ADSp

Kommt zwischen einem Versender und einem Spediteur ein Speditionsvertrag zu Stande, dann gelten die **„Allgemeinen Deutschen Spediteurbedingungen“** (ADSp).

Gemäß Allgemeinen Deutschen Spediteurbedingungen gilt grundsätzlich, dass der Spediteur das Interesse des Auftraggebers wahrzunehmen und seine Tätigkeiten mit der Sorgfalt eines ordentlichen Kaufmannes auszuführen hat. U.a. ist in dieser Rechtsgrundlage aber auch geregelt, wer bei der Abwicklung von Speditionsaufträgen für Schäden und Mängel aufzukommen hat. Die ADSp gelten wie andere allgemeine Geschäftsbedingungen (Bsp.: Reisevertragsbedingungen, Reparaturbedingungen, Lieferungsbedingungen usw.) kraft Unterwerfung. Diese ist grundsätzlich als stillschweigend anzunehmen, wenn jemand in vertragliche Beziehungen zu einem Spediteur tritt.

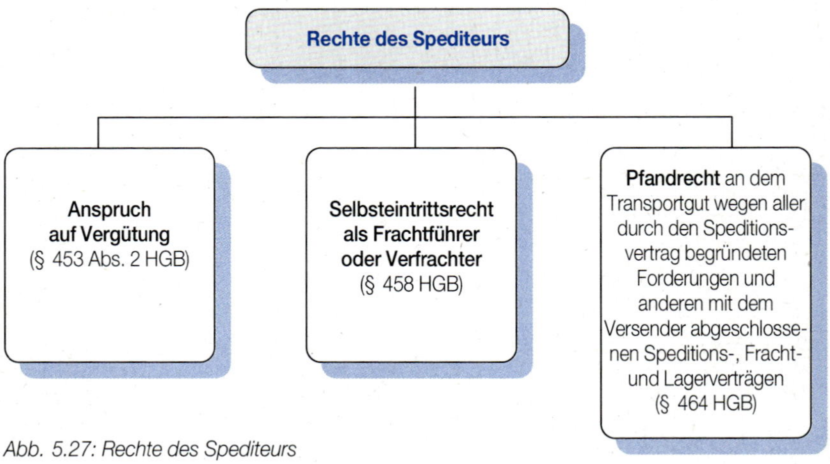

Abb. 5.27: Rechte des Spediteurs

Transportrisiko

Wer Waren durch einen Spediteur versenden will, sollte eine **Transportversicherung** abschließen. Transportversicherung bedeutet die Übernahme von Gefahren, die mit dem Transport jeder Ware verbunden sind, durch ein Versicherungsunternehmen gegen Entrichtung einer Prämie. Je nach den vereinbarten Kauf- oder Vertragsbedingungen trägt der Käufer das Transportrisiko oder haftet der Verkäufer für die unversehrte Ankunft der Ware am Bestimmungsort. Das Risiko, das aus den Gefahren während des Transportes entsteht, ist demnach von einem der beiden zu tragen. Um sich vor jedem Schaden zu bewahren, machen die Haftungsbeschränkungen der am Transport beteiligten Frachtführer, Verfrachter von Seeschiffen und Spediteure einen Risikoausgleich durch Abschluss einer Transportversicherung erforderlich. Es gibt mehrere Arten der Transportversicherung.

Versicherungen

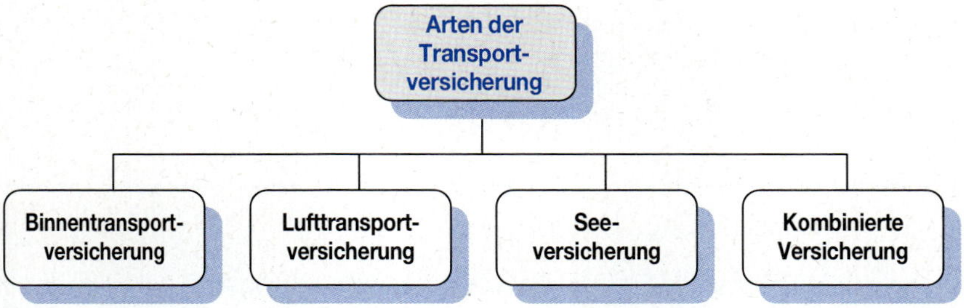

Abb. 5.28: Transportversicherungen

Die Binnentransportversicherung erstreckt sich auf die Versicherung der Landtransporte per Bahn und Lkw und der Binnenwassertransporte per Binnenschiff auf Flüssen und Kanälen. Auch die Transporte im interkontinentalen Bahn- und Binnenschiffsverkehr fallen darunter.

Die Lufttransportversicherung erstreckt sich auf die Versicherung von Gütern, die im Luftverkehr befördert werden.

Die Seeversicherung erstreckt sich auf die Versicherung von Gütern während der Seereise.

Die kombinierte Versicherung gilt für einen mehrstufigen Transport, so zum Beispiel für einen Fluss- oder Bahntransport. Das Risiko, das hierbei von den Versicherern übernommen wird, nennt man „**durchstehendes Risiko**".

5.3.3 Franchising

Franchising

In einer Wirtschaftszeitung war zu lesen, dass nur ein geringer Prozentsatz der Unternehmen, die einen Insolvenzantrag[8] gestellt haben, Franchising-Unternehmen waren. In der Informationszeitung einer Industrie- und Handelskammer steht geschrieben: „Franchising weiter auf dem Vormarsch – Entwicklungspotenzial noch nicht ausgeschöpft".

Vielen Personen sind die Namen der Franchise-Systeme McDonalds und Burger King (Fast-Food), Portas (Türen), Good Year (Autoreifen), Foto-Quelle, Coca-Cola (Getränkeindustrie) oder Aufina (Immobilienwirtschaft) bekannt. Und es kommen immer weitere hinzu.

Wer von Franchising spricht, meint eine **Vertriebsbindung** für Waren, Immobilien oder Dienstleistungen zwischen einem **Franchise-Geber,** wie z. B. Porst und einem **Franchise-Nehmer,** d. h. einem Händler, der mit eigenem Kapitaleinsatz unter einem einheitlichen Marketingkonzept Waren und/oder Dienstleistungen anbietet.

[8] Ein Insolvenzantrag wird gemäß Insolvenzordnung bei drohender Zahlungsunfähigkeit oder Überschuldung gestellt.

Der Franchise-Geber bringt wichtige Voraussetzungen wie Markttests oder Kalkulationshilfen und bietet laufend geschäftlichen Beistand, Beratung, Werbung und Ausbildung. Als Gegenleistung hat der Franchise-Nehmer dem Franchise-Geber eine Gebühr zu zahlen. Er hat somit die Gewähr, dass kein anderer Franchise-Nehmer in seinem Gebiet einen Betrieb eröffnet. Individuell werden die Rechte und Pflichten der Vertragspartner vertraglich festgelegt.

Wiederholungsfragen

Wiederholungsfragen

1. *Nennen Sie mögliche Arten von Absatzwegen!*
2. *Wann spricht man von einem indirekten Absatz?*
3. *Nennen Sie Beispiele für den sog. Fahrverkauf!*
4. *Worin liegt der Vorteil des Fahrverkaufs?*
5. *Was ist ein Rack-Jobber?*
6. *Nennen Sie sog. a) Absatzvermittler und b) Absatzhelfer!*
7. *Worin besteht der Unterschied zwischen einem Handelsreisenden und einem Handelsvertreter?*
8. *Worin besteht der Unterschied zwischen einem Zivilmakler und einem Handelsmakler?*
9. *Worin besteht der Unterschied zwischen einem Handelsvertreter und einem Kommissionär?*
10. *Erläutern Sie die Bedeutung eines Frachtvertrages und eines Speditionsvertrages!*
11. *Nennen und erläutern Sie die Arten der Transportversicherung!*
12. *Erläutern Sie das Wesen von Franchising!*

5.3.4 Träger der Güterbeförderung

Güterverkehr

Wer Güter selbst transportieren bzw. transportieren lassen will, der muss sich Gedanken über die richtige Wahl des Verkehrsträgers machen.

Für die Personen in einem Betrieb, die ständig mit der Aufgabe konfrontiert sind, die kostengünstigste und sicherste Beförderungsart für verschiedene Güter zu wählen, stellen sich verschiedene Fragen:

- *Welche Verkehrsträger gibt es grundsätzlich?*
- *Welche Verkehrswege gibt es?*
- *Welche Verkehrsmittel gibt es?*
- *Welche Bestimmungsgründe sind für die Wahl eines bestimmten Verkehrsmittels von Bedeutung?*
- *Welche Arten des Güterverkehrs werden im Hinblick auf die Verschiedenartigkeit der Güter unterschieden?*

Dokumente

In Abhängigkeit vom jeweiligen Verkehrsträger sind verschiedene **Transportdokumente** auszufüllen. Im Falle des Transports in der **Binnenschifffahrt** auf Flüssen ist es der **Ladeschein**, im Falle des **Seetransports** ist es das **Konnossement**.

Verkehrswege

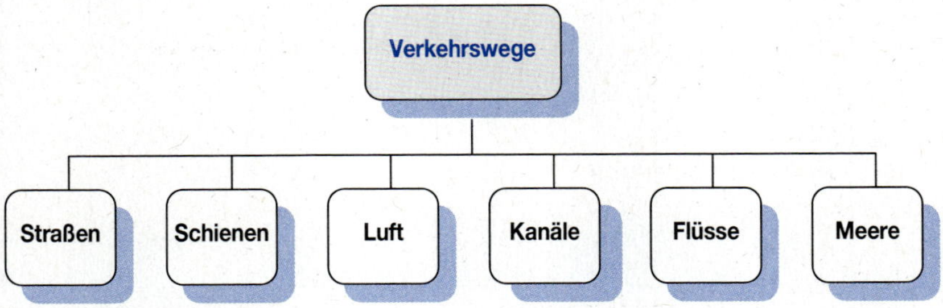

Abb. 5.29 a: Verkehrswege

Verkehrsträger

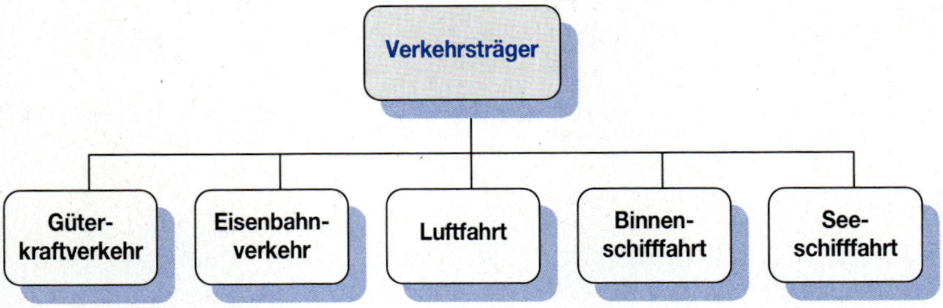

Abb. 5.29 b: Verkehrsträger

Verkehrsmittel

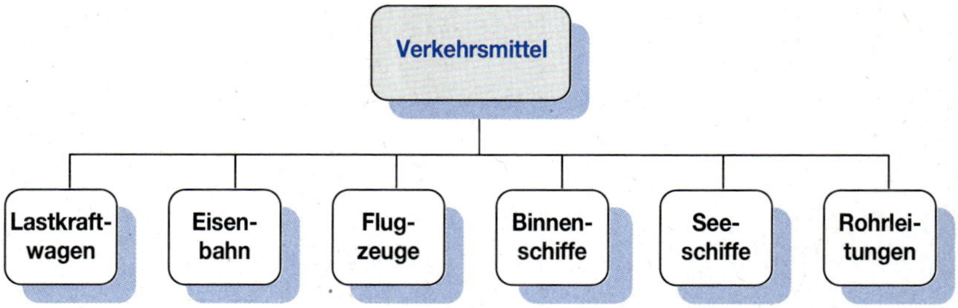

Abb. 5.29 c: Verkehrsmittel

- ***Beförderung durch die Deutsche Post AG***

Deutsche Post AG

Sowohl die privaten Haushalte als auch Unternehmen versenden häufig Päckchen oder Pakete durch die Deutsche Post AG.

Sollen Informationen oder Waren in **Briefen** im Inland versendet werden, so hängt die Gebühr von der Briefart ab.

Maße, Gewichte, Preise

Produkt	Maße	Gewicht	Preis
Standardbrief	L: 140 – 235 mm* B: 90 – 125 mm H: <= 5 mm	bis zu 20 g	0,55 EUR
Kompaktbrief	L: 100 – 235 mm* B: 70 – 125 mm H: <= 10 mm	bis 50 g	0,90 EUR
Großbrief	L: 100 – 353 mm B: 70 – 250 mm H: <= 20 mm	bis 500 g	1,45 EUR
Maxibrief	L: 100 – 353 mm B: 70 – 250 mm H: <= 50 mm	bis 1.000 g	2,20 EUR
Postkarte	L: 140 – 235 mm* B: 90 – 125 mm	Flächengewicht 150 – 500 g/qm	0,45 EUR

* *Die Länge muss mindestens das 1,41-fache der Breite betragen. Stand Dezember 2008*

Für andere Briefsendungen, wie sie von Unternehmen in hohen Auflagen z.B. ins Ausland gesendet werden, gelten gesonderte Gebühren.

Post-Pakete und Päckchen

Post-Pakete und **Postpäckchen** im Inland werden mit DHL[9)] befördert.

> ***Beispiel:***
> *Drei Bücher mit einem Gesamtgewicht von 1.200 g sollten von München nach Leipzig als Päckchen versendet werden. Nach Angaben der Deutschen Post AG liegt das Höchstgewicht für ein DHL-Päckchen bei 2 kg. Die Gebühr beträgt 3,90 EUR (Stand: Dezember 2008).*

Für Päckchen und Pakete, die von der Deutschen Post AG ins Ausland versendet werden, sind unterschiedliche Gebühren zu bezahlen. Die Gebühren für Päckchen innerhalb Europas und angrenzender Staaten (siehe Anmerkungen der Post AG) und der restlichen Welt sind unterschiedlich hoch.

9) **DHL** ist ein Paket, Päckchen und Brief-Expressdienst. Er wurde im Jahr 1969 gegründet und ist nach Adrian **D**alsey, Larry **H**illblom und Robert **L**ynn benannt.

Die **Gebührentabellen** können in der **Broschüre** „Leistungen und Preise" abgelesen oder im **Internet** eingesehen werden (www.deutschepost.de).

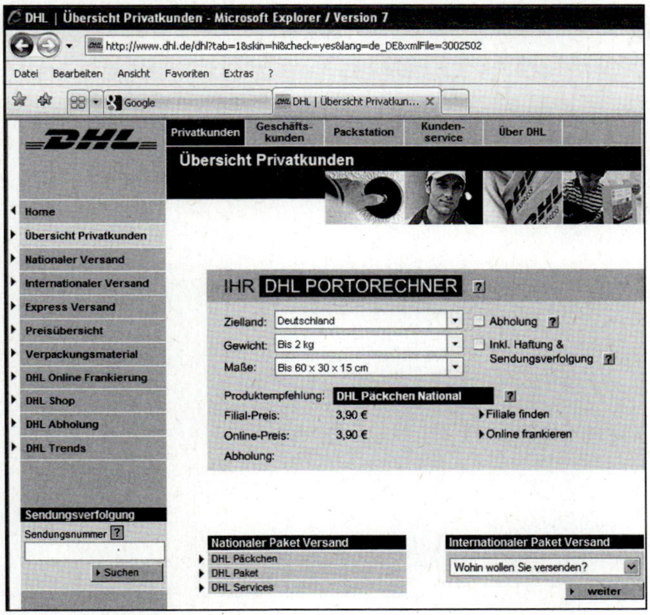

Abb. 5.30: Gebührenübersicht aus dem Internet

Wer ein Paket versenden will, muss einen Paketschein der Deutschen Post AG ausfüllen. Innerhalb Deutschland sieht dieser wie folgt aus. **Paketschein**

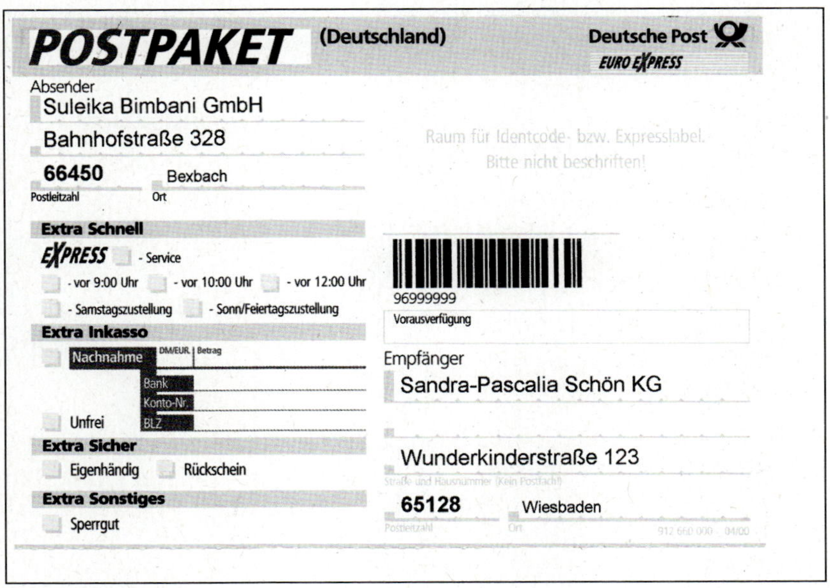

POSTPAKET (Deutschland)

Deutsche Post
EURO EXPRESS

Absender
Suleika Bimbani GmbH
Bahnhofstraße 328
66450 Bexbach
Postleitzahl Ort

Raum für Identcode- bzw. Expresslabel.
Bitte nicht beschriften!

Extra Schnell
EXPRESS - Service
- vor 9:00 Uhr - vor 10:00 Uhr - vor 12:00 Uhr
- Samstagszustellung - Sonn/Feiertagszustellung

96999999
Vorausverfügung

Extra Inkasso
Nachnahme DM/EUR, Betrag
Bank
Konto-Nr.
BLZ
Unfrei

Empfänger
Sandra-Pascalia Schön KG

Extra Sicher
Eigenhändig Rückschein

Wunderkinderstraße 123
Straße und Hausnummer (Kein Postfach)

Extra Sonstiges
Sperrgut

65128 Wiesbaden
Postleitzahl Ort

Abb. 5.31: Paketschein

Er kann handschriftlich ausgefüllt oder mit dem PC beschriftet werden (wie in der Abbildung auf Seite 207).

- ***Beförderung durch private Beförderungsdienste***

Neben der Deutschen Post AG gibt es auch weitere Beförderungsdienste, wie z. B.

- German Parcel
- DPD (= Deutscher Paketdienst) oder
- UPS (= United Parcel Service)

Abb. 5.32

Der **DPD** wurde 1976 als Alternative zu den traditionellen Postdiensten gegründet. Er gehört zu den führenden Paketdiensten Europas.

UPS gehört zu den weltweit größten privaten Beförderungsunternehmen. Es wurde bereits im Jahr 1907 in den Vereinigten Staaten von Amerika gegründet.

Die Beförderung der Pakete erfolgt nach den **Beförderungsbedingungen von United Parcel Service** Deutschland.

Der **Beförderungstarif mit UPS** richtet sich nach

- der gewählten **Serviceoption**[10],
- dem **Gewicht** und
- der **Tarifzone** (www-ups.de).

[10] Option = freie Wahl, freie Entscheidung.

Gütertransport durch DB Schenker

Die Deutsche Bahn AG transportiert

- Menschen im **Personenverkehr** und
- Güter im **Güterverkehr** (siehe: **www.db.de**).

Wegen des Bekanntheitsgrads des Unternehmens Schenker auf dem Weltmarkt hat sich die Deutsche Bahn AG im Bereich „Transport und Logistik“ und im Schienengüterverkehr für die Marke „DB Schenker“ entschieden.

Im täglichen Wirtschaftsgeschehen müssen Unternehmen, wie DB Schenker, häufig Güter an Kunden transportieren. Dabei kann es erforderlich sein, aus Kostenerwägungen, aber auch aus sachlichen Gründen, mehrere Transportmittel zu nutzen. Wenn mittels eines LKWs und auch noch per Bahn transportiert werden muss, handelt es sich um zwei Transportmittel. Immer dann, wenn es zu einer Kombination von mindestens zwei Mitteln für den Transport kommt, handelt es sich um einen sog. **kombinierten** oder **multimodalen Transport**.

Werden Güter auf der Schiene transportiert, dann ist es – je nach Güterart – erforderlich, den „richtigen“ Güterwagen zu nutzen. Wovon hängt die Überlegung nun ab, welcher Wagentyp zu wählen ist? Ganz einfach, von der Art des Gutes. Dabei spielt es z. B. eine Rolle, ob die Fracht flüssig, körnig, fest, klein, groß oder wasserempfindlich ist.

Wer bei einem Transportunternehmen Wagen zum Transport ordern will, muss z. B. angeben, ob es sich um Autoteile, Konsumgüter, verpackte Lebensmittel, Schnittholz, Röhren, chemische Güter, Kalk, Kali, Salz, Getreide, Zucker, Futtermittel, Stahlbleche, Haushaltsgroßgeräte usw. handelt.

Je nachdem, welches Frachtgut zu transportieren ist, tauchen unterschiedliche Fragen auf, wie:

- Brauchen wir einen Wagen, der für Gabelstapler zugänglich ist?
- Ist der Wagen in verstellbare Trennwände untereilt?
- Verfügt der Wagen über funkferngesteuerte hydraulische Klappen?
- Kann er staubarm be- und entladen werden?
- Hat er ein schwenkbares Dach, das vor Feuchtigkeit schützt?
- Gibt es ein Schiebedach, das vor Witterungseinflüssen schützt. usw.?

Abb. 5.33: Verkehrsmittel Eisenbahnwagen

Wenn man sich mit diesen Fragen an DB Schenker wendet, so wird man feststellen, dass das Unternehmen seinen Geschäftspartnern ein breites Spektrum von Services anbietet, so Dienstleistungen aus dem Bereich Logistik.

Logistik ist die Kombination aller Dienstleistungen rund um den Transport, von der Beratung bis zum eigenen Gleisanschluss, vom Lager bis zum Supply-Chain-Management (supply = Lieferung, chain = Kette). Die Vorteile bestehen für den Kunden darin, dass er keine Verhandlungen mit verschiedenen Partnern führen muss. Es bestehen also integrierte Logistiklösungen vom Abholen bis zum Zustellen der Güter (Ware). Es wird also versucht, die günstigste Kombination aus Schiene, Straße, Luft- und Schifffahrt für den Transport zu ermitteln.

Wiederholungsfragen

Wiederholungsfragen

1. Nennen Sie

a) Verkehrsträger,

b) Verkehrswege,

c) Verkehrsmittel!

2. Welches Transportdokument ist zu verwenden

a) in der Binnenschifffahrt,

b) in der Seeschifffahrt?

3. Welche Arten von Briefsendungen werden bei der Deutschen Post AG unterschieden, die ein Versender von Berlin nach Hamburg versenden kann?

4. Nennen Sie private Beförderungsdienste!

5. Worum handelt es sich bei der DPD?

5.4 Rechtliche Bestimmungen für den Absatz

Das in der Wirtschaftszeitung „Handelsblatt“ veröffentlichte Urteil des Landgerichts München führt u. a. zu folgenden Fragen:

- *Was sollte man über das „Gesetz gegen den unlauteren Wettbewerb“ wissen?*
- *Welche Aufgabe hat die „Zentrale zur Bekämpfung des unlauteren Wettbewerbs“?*
- *Welche Werbemaßnahmen sind gesetzlich nicht erlaubt?*

UWG / Verbilligte Fahrkarten im Nahverkehr

Das Gericht verbietet eine Werbeaktion der Allianz

DÜSSELDORF. Das Landgericht München hat durch Urteil vom 24. April 1991 (7 HKO 7320/91) in einem einstweiligen Verfügungsverfahren der Allianz-Versicherungs AG unter Androhung eines Ordnungsgeldes (...) für jeden einzelnen Fall der Zuwiderhandlung verboten, „... im geschäftlichen Verkehr Fahrkarten für Beförderungseinrichtungen des öffentlichen Nahverkehrs zu ermäßigten Preisen zu verkaufen und/oder dafür zu werben.“
Quelle: Handelsblatt vom 22.5.1991

Wettbewerbsrecht

Die zugehörigen Antworten betreffen das sog. **Wettbewerbsrecht**. Vereinfacht ausgedrückt geht es im Wettbewerbsrecht um das Recht jedes einzelnen Unternehmens in Wettbewerb mit anderen Unternehmen zu treten und eigene Produkte oder Dienstleistungen anzubieten. Anbieten heißt aber nicht nur Waren in Schaufenstern, Schaukästen oder auf der Theke auszulegen, sondern auch für Produkte zu werben. Welche Möglichkeiten der Werbung sich anbieten, wurde im Kapitel 5.1.4 besprochen.

Wenn ein Unternehmen Werbung betreibt, muss es jedoch zunächst beachten, dass es nicht gegen die in § 2 Grundgesetz enthaltene Rechtsnorm verstößt.

§ **Grundgesetz Artikel 2 [Allgemeines Freiheitsrecht]**

(1) *Jeder hat das Recht auf die freie Entfaltung seiner Persönlichkeit, soweit er nicht die Rechte anderer verletzt und nicht gegen die verfassungsmäßige Ordnung oder das Sittengesetz verstößt.*

Artikel 2 des Grundgesetzes regelt u. a. die freie Entfaltung der Persönlichkeit des Menschen, d.h. jedermann ist frei zu tun und zu lassen, was die Rechte anderer nicht verletzt. Diese Vorschrift beinhaltet aber nicht nur die Entfaltung im privaten, sondern auch im wirtschaftlichen Bereich.

Neben Artikel 2 des Grundgesetzes gibt es einige weitere das Wettbewerbsrecht betreffende Gesetze, die zu beachten sind. Dabei geht es darum,

- *dass ein lauterer Wettbewerb zwischen den Unternehmen gewährleistet ist und*
- *dass der Verbraucher gesetzlich vor unlauterem Wettbewerb von Unternehmen geschützt wird.*

5.4.1 Gesetz gegen den unlauteren Wettbewerb

Das Ende des Zweiten Weltkrieges ließ die Frage nach der Wirtschaftsordnung aufkommen. Als im Jahre 1945 die Alliierten im Rahmen der Potsdamer Konferenz tagten, wurde klar, dass es zu keiner wirtschaftlichen Einheit Deutschlands kommen wird. Deshalb lief die wirtschaftliche Entwicklung in der früheren DDR völlig anders, als die im Bereich der heutigen alten Bundesländer. Während in der DDR eine sozialistische Zentralplanwirtschaft errichtet wurde, entschied man sich im westlichen Teil Deutschlands im Rahmen der Neuordnung der Wirtschaft für die Einführung der Sozialen Marktwirtschaft.

Die Soziale Marktwirtschaft ist die Grundlage der deutschen Wirtschafts- und Sozialordnung. Sie wurde von Ludwig Erhard und Alfred Müller-Armack entwickelt. Ziel war es, den Staat am Marktgeschehen soweit zu beteiligen, dass er dafür sorgt, dass die Vertragsfreiheit und das Privateigentum gewährleistet sind. Außerdem hat er durch Gesetze insofern Einfluss zu nehmen, dass die Großunternehmen durch Zusammenschlüsse die Handlungsfähigkeit der anderen Marktteilnehmer, wie Verbraucher, nicht benachteiligen. Deshalb hat der Staat Rechtsgrundlagen geschaffen, die das Recht des Wettbewerbs regeln. Dazu zählen beispielsweise die **Verordnung über Preisangaben (= PrAngVO)** und **das Gesetz gegen den unlauteren Wettbewerb (= UWG)**.

Wer sich auf dem Markt ein neues Auto kaufen will, wird feststellen, dass es beim Kauf eines Pkws keinen Einheitspreis gibt, sondern dass der einzelne Bürger dort einkaufen kann, wo der Preis am niedrigsten ist. Der Verbraucher ist also frei in seiner Entscheidung, dort einzukaufen, wo er möchte. Die Autohändler sind ohne staatliche Einflussnahme so frei, die Ware Auto zu einem Preis anzubieten, wie sie es im Vergleich zu ihren Konkurrenten, d. h. im Wettbewerb, für richtig halten.

Ein Unternehmer, der sich im Wettbewerb befindet, handelt – wie seine Mitbewerber und auch die Verbraucher – als Marktteilnehmer. **Marktteilnehmer** sind im Sinne des **Gesetzes gegen den unlauteren Wettbewerb**[11)] grundsätzlich alle Personen, die als Anbieter und Nachfrager von Waren, wie Autos und Dienstleistungen, wie die Arbeit von Frisören, tätig sind.

Im Jahr 2004 kam es zu einer Novellierung des UWG, d.h. zu einer umfangreichen Änderung dieser Rechtsgrundlage. In ihr wird der Verbraucher als Schutzsubjekt erstmals ausdrücklich erwähnt. Geschützt von diesem Gesetz werden insbesondere

- die **Angebotsfreiheit** der **Wettbewerber** und
- die **Entscheidungsfreiheit** des **Verbrauchers**.

---

11) BGBl I Nr. 32, 03. Juli 2004

Hierdurch wird vor allem auch die Stellung, die dem Verbraucher im Rahmen des sog. Lauterkeitsrechts zukommt, unterstrichen. Deutlich wird dies zunächst durch die sog. **Generalklausel des § 3 UWG**:

> *Unlautere Wettbewerbshandlungen, die geeignet sind, den Wettbewerb zum Nachteil der Mitbewerber, der Verbraucher oder der sonstigen Marktteilnehmer nicht unerheblich zu verfälschen, sind unzulässig.*

Diese Vorschrift beinhaltet ein allgemeines Verbot des unlauteren Wettbewerbs, weil der Gesetzgeber nicht alle denkbaren Fälle unlauteren Handelns im Einzelnen regeln kann.

Der Begriff **Marktteilnehmer** erfasst als Oberbegriff sowohl die **Mitbewerber** als auch die Verbraucher. Daneben sollen aber auch die **sonstigen Marktteilnehmer** erfasst werden. Unter diesen Begriff fallen diejenigen Marktteilnehmer, die weder Mitbewerber noch Verbraucher sind. Dabei kann es sich sowohl um natürliche Personen, also Menschen, als auch um juristische Personen, wie z. B. Aktiengesellschaften, handeln. Erfasst werden vor allem Unternehmen, soweit sie für den Verbrauch im Rahmen ihrer gewerblichen oder selbstständigen Tätigkeit (z. B. Ärzte, Rechtsanwälte) Waren erwerben oder Dienstleistungen in Anspruch nehmen.

Die Formulierung „**zum Nachteil**" in § 3 UWG soll zum Ausdruck bringen, dass die Lauterkeit im Wettbewerb nicht um ihrer selbst Willen geschützt wird, sondern nur insoweit, als die Wettbewerbsmaßnahmen tatsächlich geeignet sind, zu einer Beeinträchtigung geschützter Interessen zu führen, wie z. B. eine Auto-Werbung. Beispiel: In der Werbung wird angekündigt, dass ein Auto 6 Liter Benzin im Durchschnitt verbraucht. Gutachter stellen jedoch fest, dass der tatsächliche Verbrauch 7,5 Liter beträgt. In diesem Fall handelt es sich im Übrigen um eine mangelhafte Ware i.S.d. *§ 434 BGB.*

Die Verfälschung des Wettbewerbs muss darüber hinaus „**nicht unerheblich**" sein. Damit soll die Verfolgung von lediglich Bagatellfällen ausgeschlossen sein.

In **§ 4 UWG** sind **Beispiele unlauteren Wettbewerbs** aufgeführt. Hierdurch wird das Ziel verfolgt, die Generalklausel zu präzisieren und dadurch eine größere Transparenz zu schaffen.

> ***Beispiel:***
>
> *Unlauter handelt im Sinne von § 3 insbesondere, wer*
>
> 1. *Wettbewerbshandlungen vornimmt, die geeignet sind, die Entscheidungsfreiheit der Verbraucher oder sonstiger Marktteilnehmer durch Ausübung von Druck, in menschenverachtender Weise oder durch sonstigen unangemessenen unsachlichen Einfluss beeinträchtigen.*
> 2. *Wettbewerbshandlungen vornimmt, die geeignet sind, die geschäftliche Unerfahrenheit, insbesondere von Kindern oder Jugendlichen, die Leichtgläubigkeit, die Angst oder die Zwangslage von Verbrauchern auszunutzen,*

3. bei Preisausschreiben oder Gewinnspielen mit Werbecharakter die Teilnahmebedingungen nicht klar und eindeutig angibt usw.

Weil nicht alle unlauteren Fälle geregelt werden können, sind die **Beispielsfälle nicht abschließend**. Bei der Bewertung, ob eine Unlauterkeit vorliegt, kommt es jeweils darauf an, ob die Wettbewerbshandlung geeignet ist, die im Einzelnen im Gesetz genannten Merkmale zu erfüllen.

§ 5 UWG regelt das **Verbot der irreführenden Werbung**. Verboten sind in der Werbung alle Angaben geschäftlicher Art, die zu Wettbewerbszwecken im geschäftlichen Verkehr gemacht werden und geeignet sind, einen nicht unerheblichen Teil der betroffenen Verkehrskreise über das Angebot irrezuführen und Fehlvorstellungen für den Kaufentschluss hervorzuheben. So definiert das UWG auch das Irreführungsverbot hinsichtlich der Vorratsmenge. Wird im Handel für den Verkauf bestimmter Waren öffentlich geworben, so erwartet der Verbraucher, dass die angebotenen Waren zu dem angekündigten oder nach den Umständen zu erwartenden Zeitpunkt in einer solchen vorhanden Menge sind, dass die zu erwartende Nachfrage gedeckt ist.

Vergleichende Werbung ist grundsätzlich zulässig. Allerdings sind in § 6 UWG Tatbestände aufgeführt, die – soweit sie zutreffen – unlauter i.S.v. § 3 UWG sind. Von unlauterem Verhalten spricht man beispielsweise dann, wenn eine Ware als Imitation oder Nachahmung einer unter einem geschützten Kennzeichen vertriebenen Ware dargestellt wird.

Gemäß § 7 UWG handelt unlauter, wer einen **Marktteilnehmer** in **unzumutbarer belästigt**. Eine unzumutbare Belästigung liegt dann vor, wenn gegen den erkennbaren Willen des Empfängers geworben wird. Hierunter fällt beispielsweise die Werbewurfsendung, wenn der Empfänger durch einen **Aufkleber am Briefkasten** deutlich gemacht hat, dass er eine solche Werbung nicht wünscht. Eine unzumutbare Belästigung liegt u. a. auch bei einer Werbung mit Telefonanrufen gegenüber Verbrauchern ohne deren Einwilligung vor.

Rechtsfolgen im Falle unlauterer Wettbewerbshandlungen sind im UWG geregelt. So ist derjenige den Mitbewerbern zum **Ersatz des Schadens** verpflichtet, der dem § 3 UWG zuwiderhandelt (§§ 8, 9, 11 UWG).

Wer vermutet, dass ein Unternehmen wettbewerbswidrig handelt, der kann vor Gericht Klage auf Unterlassung der wettbewerbswidrigen Handlung (wie nicht erlaubte Werbung) erheben. Zur Klageerhebung berechtigt sind z.B. rechtsfähige Verbände, die die Interessen der Verbraucher vertreten, Industrie- und Handelskammern und Handwerkskammern.

Auch die Wirtschaft verfügt über Verbände, die zur Klage befugt sind, wie z.B. die **Zentrale zur Bekämpfung unlauteren Wettbewerbs** in Bad Homburg (**www.wettbewerbszentrale.de**).

5.4.2 Verordnung über Preisangaben

Es kommt leider häufiger vor als man denkt, dass in Schaufenstern Artikel ausliegen, über deren Preis man gerne informiert sein möchte, wären die Gegenstände nur ausgezeichnet.

Preisangabenverordnung

In **diesen Fällen handelt das jeweilige Geschäft gesetzeswidrig; denn gemäß Preisangabenverordnung** *(= PrAngVO)* besteht **Auszeichnungspflicht** für Waren und Leistungen, die den **Letztverbrauchern** angeboten werden. Mit dieser Vorschrift soll gewährleistet sein, dass der Verbraucher einen **Preisvergleich** bei anderen Anbietern anstellen kann.

Die gesetzliche Verpflichtung zur Angabe der Preise von Waren ergibt sich aus verschiedenen Paragrafen der Verordnung. So besteht z.B. eine **Preisangabepflicht**:

- *für Waren, die in Schaufenstern, Schaukästen, innerhalb oder außerhalb des Verkaufsraumes auf Verkaufsständen oder in sonstiger Weise sichtbar ausgestellt werden und Waren, die vom Verbraucher unmittelbar entnommen werden, wie in Verkaufsregalen von Warenhäusern und Kaufhäusern (§ 4 PrAngVO);*
- *für Speisen und Getränke innerhalb von Gaststättenbetrieben (§ 7 PrAngVO);*
- *für Kraftstoffe an Tankstellen, so dass sie für den auf der Straße heranfahrenden Kraftfahren und auf Bundesautobahnen für den in den Tankstellenbereich einfahrenden Kraftfahrer deutlich lesbar sind.*

effektive Belastung

Aber auch bei **Krediten** ist als Preis die **Gesamtbelastung pro Jahr** in einem Vomhundertsatz des Kredits anzugeben (z.B. 11% p.a.[12)]). Der Vomhundertsatz ist mit der im Kreditwesen üblichen Genauigkeit in der Weise zu berechnen, dass er alle bei regelmäßigem Kreditverlauf Preis bestimmenden Faktoren erfasst. Solche Faktoren sind Zinsen, Bearbeitungsgebühren, Kreditvermittlungsgebühren usw. *(§ 6 PrAngVO).*

5.4.3 Marken- und Musterschutz

Markenschutz

Es gibt viele Menschen, die beim Namen „Rolls Royce" an etwas Exklusives, Teures, eben Besonderes denken. Offensichtlich war dies auch einem amerikanischen Whisky-Produzenten bewusst, der mit dieser Kfz-Marke unrechtmäßig für sich selbst werben wollte. In diesem Fall handelte es sich um die rufmäßige Ausnutzung einer bekannten Kfz-Marke mit hohem Prestigewert.

Um solchen Fällen gesetzlich vorzubeugen, gibt es verschiedene Schutzrechte. Dies sind Patente, Gebrauchsmuster, Marken, Geschmacksmuster. Sie alle haben Werbewirkung. Ihnen allen ist das **Verbietungsrecht** gemeinsam, also die Möglichkeit, Dritten den Nachbau und/oder die gewerbliche Nutzung des geschützten Produktes zu verbieten. Dieser

---

12) p.a. = per anno, d.h. pro Jahr

Schutz ist aber nur dann gegeben, wenn sie beim **Bundespatent- und Markenamt** in München angemeldet sind (**www.dpma.de**).

- ***Patente***

Patente

Es handelt sich dabei um ein auf eine **technische Erfindung** erteiltes **Schutzrecht**, aus dem Dritten die gewerbliche Verwertung der Erfindung verboten werden kann. Mit einem Patent können z.B. technische Gegenstände und Verfahren oder chemische Produkte wie Arzneimittel geschützt werden. Ein Patent wird nur für eine gewerblich anwendbare Erfindung erteilt. Die Erfindung muss **neu** sein, d.h. sie darf vor ihrer Anmeldung noch nicht veröffentlicht oder so benutzt worden sein, dass andere Kenntnis von ihr bekommen haben.

- ***Gebrauchsmuster***

Gebrauchsmuster

Es dient ebenfalls zum Schutz **technischer Erfindungen**, so weit es sich um Neuerungen an beweglichen Gegenständen, wie z.B. an Küchengeräten oder Sportgeräten, handelt.

Marken

- ***Marken***

Als **Marke** können alle Zeichen, insbesondere Wörter einschließlich Personennamen, Abbildungen, Buchstaben, Zahlen, Hörzeichen, dreidimensionale Gestaltungen einschließlich der Form[13] einer Ware oder ihrer Ver-

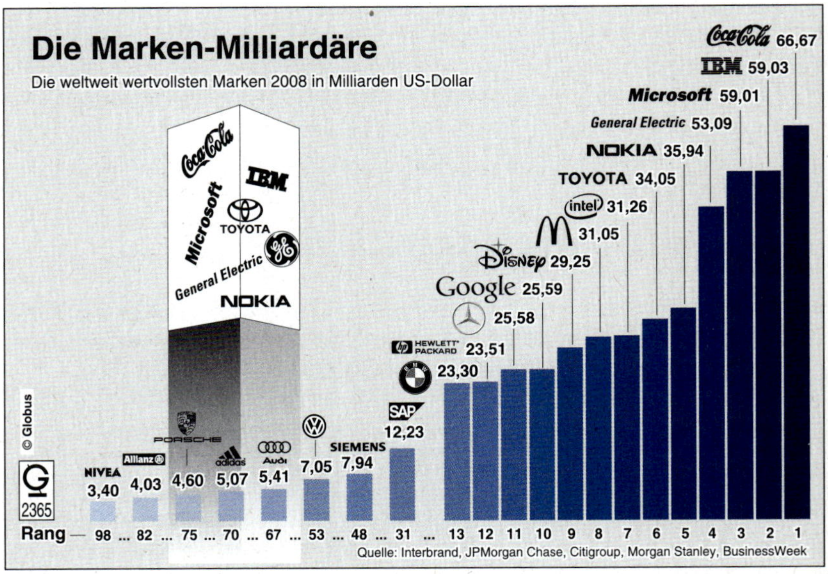

Abb. 5.34: Die wertvollsten Marken der Welt

---

[13] Der Bundesgerichtshof entschied in einem Beschluss vom 15. Dezember 2005, dass „die Form" des Autos „Porsche Boxster" eine Marke ist.

packung sowie sonstige Aufmachungen einschließlich Farben und Farbzusammenhänge geschützt werden, die geeignet sind, Waren oder Dienstleistungen eines Unternehmens von denjenigen anderer Unternehmen zu unterscheiden. Beispiele für Marken sind die Bezeichnung des Waschmittels „Persil", der „Mercedes-Stern" als Bildzeichen oder „Focus" als Wort-Bild-Zeichen.

- ***Geschmacksmuster***

Geschmacksmuster

Der Begriff Geschmacksmuster war bisher nicht definiert. Dies hat sich geändert, als das **Geschmacksmustergesetz**[14)], genau das **Gesetz über den rechtlichen Schutz von Mustern und Modellen**, im Juni 2004 in Kraft getreten ist. Schaut man in diese Rechtsgrundlage hinein, so erfährt man, dass ein **Muster** die zweidimensionale oder dreidimensionale Erscheinungsform eines ganzen Erzeugnisses (z. B. eines Glases) oder eines Teils ist, die sich insbesondere aus den Merkmalen Linien, Konturen, Farben, der Gestalt, Oberflächenstruktur oder der Werkstoffe des Erzeugnisses selbst oder seiner Verzierung ergibt. Dabei handelt es sich bei einem Erzeugnis um jeden industriellen oder handwerklichen Gegenstand, einschließlich Verpackung, Ausstattung, grafischer Symbole und typografischer Schriftzeichen sowie von Einzelheiten, die zu einem komplexen Erzeugnis zusammengesetzt werden sollen. Eine **Software** gilt nicht als Erzeugnis. – Als Geschmacksmuster wird ein Muster geschützt, das neu ist und Eigenart hat. Von **Eigenart** spricht man dann, wenn der Gesamteindruck eines Musters sich von dem Gesamteindruck unterscheidet, den ein anderes Muster bei diesem Benutzer hervorruft, das vor dem Anmeldetag offenbart worden ist. Geschmacksmuster sind beispielsweise das Design einer Gondel, das einer Windkraftanlage, ein Kinderstuhl für den Esstisch, ein Clip für einen Ohrring, ein Broschenverschluss.

Ein **Geschmacksmuster** kann

- **national** (Deutsche Geschmacksmuster),
- **für die Europäische Union** (Gemeinschaftsgeschmacksmuster)

oder

- **international** (international registrierte Geschmacksmuster)

registriert werden.

Lizenzen

Angemeldet wird ein Geschmacksmuster für Deutschland im „**Deutchen Patent- und Markenamt**" in München (**www.dpma.de**). Der Anmelder kann sich aber – statt für eine nationale Anmeldung – für eine gemeinschaftsweit geltende Anmeldung entscheiden.

---

14) BGBl I, Nr. 11/2004 vom 18. März 2004

Wiederholungsfragen

Wiederholungsfragen

1. *Artikel 2 des Grundgesetzes regelt u.a. die freie Entfaltung der Persönlichkeit des Menschen. – Was bedeutet dies?*
2. *Nennen Sie konkrete Beispiele unlauteren Wettbewerbs!*
3. *Was beinhaltet die Generalklausel im UWG?*
4. *Nennen Sie Institutionen, denen der Verbraucher Beschwerden über Werbemaßnahmen vorlegen kann.*
5. *In welcher Rechtsgrundlage ist geregelt, dass Betriebe in Schaufenstern ausliegende Waren mit Preisen versehen müssen?*
6. Was ist
   a) ein Patent,
   b) ein Gebrauchsmuster,
   c) eine Marke,
   d) ein Geschmacksmuster?
7. *Nennen Sie drei Beispiele für eine Marke!*

5.4.4 Produkthaftungsgesetz

Hans Bremser hat sich ein neues Fahrrad gekauft. Nachdem er es einige Tage benutzt hat, bricht am vorderen Teil eine Gabel. Hans fällt vom Fahrrad und zerreißt seine Hose. Ein Gutachter stellt fest, dass die Fahrradgabel aufgrund einer Materialschwäche gebrochen ist.

Produkthaftung

Im vorliegenden Fall konnte der Gutachter einen **Produktfehler** feststellen. Dieser hatte zur Folge, dass eine Hans gehörige Sache, nämlich seine Hose, zerrissen wurde. Aus diesem Grunde kann er Ansprüche geltend machen, die aus dem **Produkthaftungsgesetz** (ProdHaftG) abzuleiten sind.

Schutz des Verbrauchers

Durch das Produkthaftungsgesetz ist **nur** der **private Endverbraucher geschützt**. Eine Haftung für Sachschäden entsteht nur, wenn eine **andere Sache** als das fehlerhafte Produkt selbst beschädigt wird und diese andere Sache für den privaten Gebrauch oder Verbrauch bestimmt ist, wie im vorliegenden Fall die Hose.

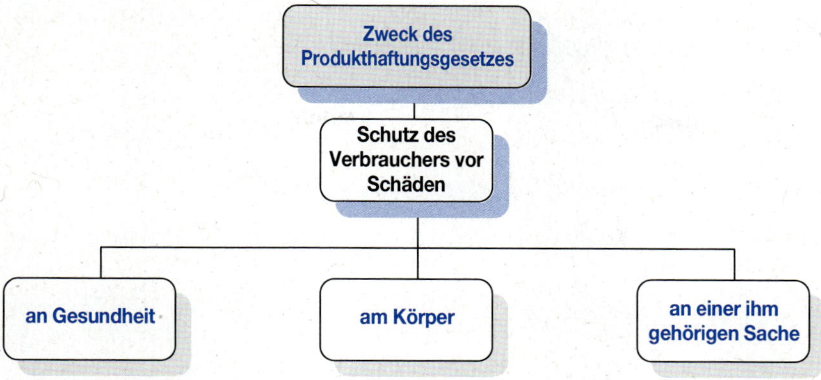

Abb. 5.35: Produkthaftungsgesetz

Aufgrund von Sachschäden im beruflichen, geschäftlichen oder gewerblichen Bereich können keine Ansprüche (Schadensersatz) aus diesem Gesetz abgeleitet werden

Produktfehler

Die gesamte Produkthaftung betrifft die Sicherheit des Produkts, wie sie die Allgemeinheit erwarten darf. Aufgrund verschiedener Produktfehler kann der Verbraucher einen Anspruch auf Schadensersatz ableiten.

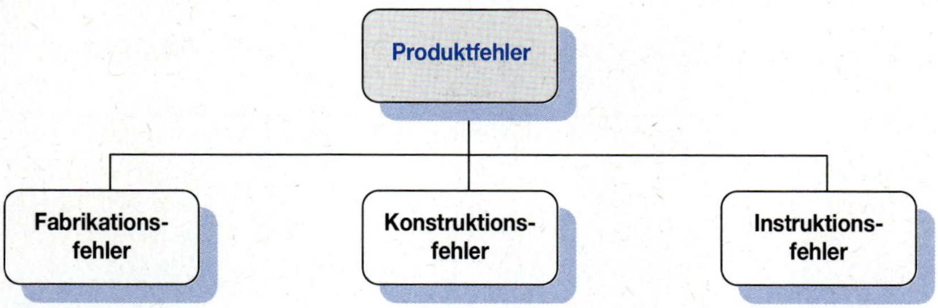

Beispiele:

- Fehlerhafte Montage der Lenkvorrichtung
- Verunreinigungvom Impfstoff
- Von einem Gastwirt verabreichte, mit Salmonellen behaftete Speisen

Beispiele:

- Typhusbazillen in Trinkmilch
- Seilriß bei Förderkorb
- Explodierende Einwegflasche

Beispiele:

- Feuergefährlichkeit von Rostschutzmitteln
- Säurehaltige Reinigungsmittel
- Fehlerhafter Hinweis auf die sichere Befestigung eines Sportgeräts

Abb. 5.36: Produktfehler

Ausschluss der Haftung

Das Produkthaftungsgesetz sieht aber auch Fälle vor, in denen die **Ersatzpflicht des Herstellers ausgeschlossen** ist:

- *Der Hersteller hat das Produkt nicht in den Verkehr gebracht.*
- *Das Produkt hatte den Fehler noch nicht, als es in den Verkehr gebracht wurde.*
- *Das Produkt wurde nicht zum Verkauf hergestellt.*
- *Fehler beruht darauf, dass das Produkt nach zwingenden Rechtsvorschriften hergestellt wurde.*
- *Der Fehler konnte nach dem Stand der Wissenschaft und Technik zu dem Zeitpunkt, zu dem der Hersteller das Produkt in den Verkehr brachte, nicht erkannt werden (§ 1 Abs. 2 ProdHaftG).*

Wiederholungsfragen

Wiederholungsfragen

1. *Welcher Zweck wird mit dem Produkthaftungsgesetz verfolgt?*
2. *Wer soll durch das Produkthaftungsgesetz geschützt werden?*
3. *Nennen Sie Arten von Produktfehlern!*
4. *Nennen Sie Fälle, in denen die Ersatzpflicht eines Herstellers im Falle eines Produktfehlers ausgeschlossen ist!*

Aufgaben und Fälle

Aufgaben und Fälle zur Sicherung des Lernerfolgs

1. Der Unternehmer Karl Schön erzählt einem Bekannten, dass der Umsatz in seinem Unternehmen zwar gestiegen sei, sein Gewinn habe sich jedoch nicht erhöht. – Erläutern Sie diesen Sachverhalt!

2. Eines der absatzpolitischen Instrumente ist die Werbung.
   a) Nennen Sie die anderen absatzpolitischen Instrumente!
   b) Worin besteht der Zusammenhang zwischen Marketing und Werbung?

3. Die psychologische Forschung hat herausgefunden, dass die Farbwahl in der Werbung von besonderer Bedeutung ist, wenn beim potenziellen Käufer eine bestimmte Assoziation hervorgerufen werden soll.
   a) Was versteht man unter dem Begriff assoziativ?
   b) Welche Farbe würden Sie wählen, wenn Sie ein Produkt werbewirksam anpreisen wollen, das den Eindruck „erfrischend" erwecken soll?

4. Ein Buchverlag bietet ein Büchersortiment an, das der Fort- und Weiterbildung dienen soll.
   a) Schauen Sie sich einen Verlagskatalog an und ordnen Sie die Bücher nach verschiedenen Kriterien!
   b) Nennen Sie ein Beispiel für die Sortimentstiefe eines Produktes!

5. Werbung kann auch informieren. – Erläutern Sie diese Aussage an einem konkreten Beispiel!

6. Aus den Vereinigten Staaten von Amerika kommt die erworbene Erkenntnis, dass der Konsument, wenn er sich Werbeanzeigen anschaut, eine bestimmte Stufenfolge der Wahrnehmung der Werbung durchläuft. Daraus ist eine bekannte Formel entstanden, an deren Ende der Gedanke der Kaufhandlung steht.
   a) Wie lautet die Kurzbezeichnung der Formel?
   b) Wofür stehen die einzelnen Abkürzungen dieser Formel?

7. In einer Wirtschaftszeitung ist zu lesen: „Die Zahl der Industrieunternehmen, die Public Relations betreiben, ist im letzten Jahr um 18 % gestiegen".
   a) Nennen Sie zwei Beispiele für Unternehmen der Industrie!
   b) Was versteht man unter Public Relations?

8. In welchem Zusammenhang wird in der Werbung mit dem Schlagwort Display argumentiert?

Aufgaben und Fälle

9. In der Marktforschung sind die Begriffe Voll- und Teilerhebung von Bedeutung.
   a) Erklären Sie allgemein, was man unter den beiden Begriffen versteht!
   b) Warum wird von Marktforschungsunternehmen die Teilerhebung gewählt?
10. Das Marktforschungsinstitut übersendet einem ihrer Interviewer eine Anweisung, aus der abzuleiten ist, dass er 6 Personen männlichen Geschlechts befragen soll, die in einem Vierpersonen-Haushalt leben und ein Alter zwischen 30 und 40 haben sollen.
    a) Um welche Befragungsmethode geht es in der Anweisung?
    b) Nennen Sie eine andere Befragungsmethode!
11. Erklären Sie den Zusammenhang zwischen Marktentwicklung und Marktprognose!
12. Das Versandunternehmen Kleckerott bietet seinen Kunden in Katalogen an die Ware bei Nichtgefallen innerhalb von 10 Tagen zurückschicken zu können?
    a) Um welche Art des Absatzes handelt es sich?
    b) In welchem Gesetz ist ein Widerrufsrecht im Falle eines Ratenlieferungskaufs im Versandhandel geregelt, bei dem ein Rückgaberecht nicht eingeräumt wird?
13. Worin besteht der Unterschied zwischen einem Zivilmakler und einem Handelsmakler?
14. Um welche Art des Absatzweges handelt es sich, wenn ein in einer Fabrik produzierter Schreibtisch über den Groß- und Einzelhandel zum Endverbraucher gelangt?
15. Um welche Art von Absatzmittler handelt es sich in folgenden Fällen?
    a) Miriam Silandra ist selbstständige Kauffrau und ständig damit beschäftigt, für die Papierwaren-Vertriebs GmbH Geschäfte zu vermitteln.
    b) Svenja Vogelsang ist im Handelsregister eingetragene Kauffrau. Sie kauft Spielwaren in eigenem Namen und auf Rechnung eines anderen ein.
16. Sonja Schlummerschlaf liest in der Tageszeitung: Franchising gewinnt in den neuen Bundesländern zunehmend mehr an Bedeutung. Baden-Württemberg hat im letzten Jahr die wenigsten Insolvenzen im Bereich des Franchising erlebt, wie das in der Landeshauptstadt Hessens ansässige Statistische Bundesamt mitteilt.
    a) Nennen Sie die neuen Bundesländer und die zugehörigen Landeshauptstädte! Schauen Sie in Ihren Atlas!
    b) Wo hat das Statistische Bundesamt seinen Sitz?

Aufgaben und Fälle

c) Erläutern Sie, was man unter Franchising versteht!

d) Nennen Sie zwei Ihnen bekannte Franchising-Unternehmen!

17. Petra Schumann arbeitet in der Marketing-Abteilung der Chemie-Produkt AG. Sie wird gebeten 4 Pakete zur Zweigstelle der Post AG zu bringen. Die Pakete haben folgende Gewichte: 4,2 kg, 8,8 kg, 12 kg und 16,1 kg. Sie sollen alle an Adressen, die in Deutschland liegen, versandt werden.

    a) Schauen Sie in der Gebührentabelle für Postpakete nach und ermitteln Sie die Gesamtgebühr!

    b) Nennen Sie zwei private Unternehmen, die ebenfalls Pakete befördern!

18. Karin Friedlich hat an ihren Briefkasten ein Schild geklebt mit der Aufschrift „Bitte keine Werbung". Nun findet Sie regelmäßig Werbezettel von der Brutali-Verkaufs GmbH in ihrem Briefkasten. – Gegen welches Gesetz verstößt dieses Unternehmen?

19. In welchen Fällen besteht ein Schadenersatzanspruch gemäß Produkthaftungsgesetz?

    a) Frau Jemand bestellt im Versandhandel eine blaue Bluse Nr. 441. Als sie die Ware erhält, ist die gelieferte Bluse rot.

    b) Hans Topfhaus fällt mit seinem vor vierzehn Tagen gekauften Fahrrad hin und zerreißt sich die Hose. Das Fahrrad zerbricht in der Mitte. Ein Sachverständiger stellt einen Materialfehler fest, der die Ursache des Unfalls war.

6. Beschaffungswesen

Beispiel

Tim Holzschuh und Jens Honig wagen den Schritt in die Selbstständigkeit. Sie wollen in der Fußgängerzone in Dresden ein Fachgeschäft eröffnen, in dem sie Bürobedarf sowie Büromaschinen verkaufen. Für ihr neu zu gründendes Unternehmen benötigen sie neben Einrichtungsgegenständen wie Regalen, einer Registrierkasse und sonstigen Gegenständen der Geschäftsausstattung auch die Waren, die künftig verkauft werden sollen. Deshalb ist es erforderlich, sich zu erkundigen, wo die benötigten Gegenstände eingekauft werden sollen. In einem Existenzgründungsseminar der Industrie- und Handelskammer erfahren sie, welche Gesichtspunkte bei der Bedarfsermittlung für Waren in Handelsbetrieben zu beachten sind. Außerdem wird ihnen mitgeteilt, wie man Bezugsquellen ausfindig machen kann.

6.1 Bedarfsermittlung

Warenbeschaffung

Wer ein Unternehmen gründen will, der muss sich in Abhängigkeit von der Art eines Betriebes mit der **Beschaffung von**

- **Waren** für ein Unternehmen des Einzel- oder des Großhandels oder
- **Werkstoffen**[1] für einen Industriebetrieb

auseinander setzen. Aber auch bereits bestehende Unternehmen müssen ihren Bedarf an Waren regelmäßig ermitteln.

Es stellt sich dabei jeweils die Frage

- **wie viel Waren** (bzw. Werkstoffe) sollen
- **zu welchem Zeitpunkt**
- **am preisgünstigsten**
- zu den niedrigsten **Transportkosten** und
- über welche **Bezugsquelle**

beschafft werden.

• Mengenplanung und Zeitpunkt der Warenbestellung

Warenwirtschaftssystem

Die beiden Jungunternehmer beabsichtigen, ein Warenwirtschaftssystem aufzubauen. In einem Gespräch ergeben sich folgende Fragen:

- Worum handelt es sich bei einem **Warenwirtschaftssystem**?
- Artikelnummerierungssysteme mittels EAN-Code erleichtern den Einsatz von Warenwirtschaftssystemen. Welche Bedeutung hat die **EAN-Normalnummer**?
- Was ist ein **geschlossenes Warenwirtschaftssystem**?
- Wann spricht man von einem **integrierten Warenwirtschaftssystem**?

---

[1] siehe Kapitel 2.3

Warenwirtschaftssystem

Ein **Warenwirtschaftssystem** ist ein computergestütztes Informationssystem. Waren werden artikelgenau nach Menge und Wert in den Bereichen

- *Disposition*
- *Bestellwesen*
- *Wareneingang*
- *Rechnungskontrolle*
- *Warenausgang*
- *Kassenabwicklung/Fakturenerstellung*

zum Zweck der Bestands- und Erfolgssteuerung erfasst und bewirtschaftet. Neben diesem Vorteil des Warenwirtschaftssystems erhält man Bewertungs- und Steuerungsinformationen über

- *Lieferanten*
- *Kunden und*
- *Waren.*

In einem **geschlossenen Warenwirtschaftssystem** werden alle Warenbewegungen eines Handelsbetriebes von der Disposition beim Lieferanten über den Wareneingang, die Lagerung bis zum Warenausgang an den Kunden einschließlich automatischer Bestell-, Liefer- und sonstiger Planungsvorschläge erfasst.

Im Rahmen eines **integrierten Warenwirtschaftssytems** werden

- *Rechnungsdaten*
- *Marktdaten oder*
- *Daten des Zahlungsverkehrs*

zwischen Handelsbetrieben und deren Lieferanten und von diesen mit Banken, Marktforschungsunternehmen oder privaten Haushalten ausgetauscht.

In einem **Warenwirtschaftssystem** ist i.d.R. ein Modul **Inventur** integriert. Dies hat den Vorteil, dass der Inventurbestand für ein Lager rückwirkend zu jedem Zeitpunkt (Inventurtag) gedruckt werden kann. Auf diese Art und Weise kann der aktuelle Bestand im Lager festgestellt und ebenso Lagerbewegungen zwischen dem aktuellen und dem Inventurdatum berücksichtigt werden. Ein weiterer Vorteil besteht darin, dass die Inventur nach Lager, Artikeln oder Artikelgruppen getrennt und zu völlig unterschiedlichen Zeitpunkten durchgeführt werden kann.

Der Warenfluss kann mithilfe **elektronischer Registrierkassen** gesteuert und überwacht werden (Scanner-Kassen „lesen" automatisch den **EAN-Code)**[2]; es handelt sich dabei um die europäische Artikel-Nummerierung des jeweiligen Herstellers für ein Produkt.

---

[2] siehe Abb. 6.1, nächste Seite

EAN-Code

Solche Kassen bieten mehrere **Vorteile:**

- Kunden und Preise können gespeichert werden.
- Warengruppen, wie z. B. Disketten, Ordner usw. sind programmierbar.
- Die Mehrwertsteuer wird automatisch berechnet.
- Es kann festgestellt werden, welche Bestände an Waren noch auf Lager sind und deshalb möglicherweise nachbestellt werden müssen.
- Die Kassenzettel/Rechnungen werden automatisch gedruckt.

9 783470 540764

Abb. 6.1: EAN-Code

Voraussetzung für eine bestmögliche **Mengenplanung** bei der Bestellung von Waren ist eine sinnvolle Lagerhaltung. Um diese möglichst wirtschaftlich zu gestalten, werden **Lagerkennziffern** berechnet. Beispiele:

- *Der **Mindestbestand**, auch eiserner Bestand genannt, stellt die Menge an Warenvorräten dar, die normalerweise nicht unterschritten werden darf.*
- *Der **Meldebestand** wird auch als Bestellbestand bezeichnet. Er muss so groß sein, dass das Lager aufgefüllt werden kann, bevor der Mindestbestand angegriffen wird.*
- *Der **Höchstbestand** ergibt sich aus der Addition von Mindestbestand und Bestellmenge.*

Lager-kennziffern

Höchstbestand	=	Mindestbestand + Bestellmenge
Durchschnittlicher Lagerbestand	=	$\frac{\text{Anfangsbestand + Endbestand}}{2}$
Durchschnittlicher Lagerbestand	=	$\frac{\text{Anfangsbestand + 12 Monatsbestände}}{13}$
Umschlagshäufigkeit	=	$\frac{\text{Jahresabsatz}}{\text{durchschnittlicher Lagerbestand}}$
Durchschnittliche Lagerdauer	=	$\frac{360}{\text{Umschlaghäufigkeit}}$

Lagerkosten

Ein weiteres Kriterium für die Anzahl der zu bestellenden Waren sind die durch die Lagerung entstehenden **Lagerungskosten**. Es handelt sich dabei um

- *Kosten der **Behandlung** lagernder Güter (Warenpflege),*
- *Kosten durch die **Benutzung von Lagerräumen** und Lagereinrichtungen (Miete, Versicherungsbeiträge, Reparaturkosten, Energiekosten usw.),*
- *Kosten der **Lagerverwaltung** (Löhne, Gehälter, freiwillige Sozialleistungen usw.).*

Verderbliche Waren

Eine zusätzliche Überlegung bei der Warenbestellung beispielsweise im Lebensmittelbereich besteht darin, dass leicht **verderbliche Waren** (Tomaten, Birnen usw.) nur in begrenzter Menge, d.h. in **Abhängigkeit** von dem zu **erwartenden Absatz**, innerhalb eines relativ kurzen Zeitraumes bestellt werden können.

Gesamtwirtschaftliche Überlegungen bei der Warenbestellung spielen dann eine Rolle, wenn Waren in größeren als üblichen Mengen bestellt werden, weil zu erwarten ist, dass beispielsweise eine Verbrauchsteuer (Kaffeesteuer, Tabaksteuer, Mineralölsteuer) erhöht wird.

Zeitpunkt der Warenbestellung

Wer Waren in größeren Mengen bestellt um einer Preissteigerung zuvor zu kommen, muss allerdings auch überlegen, ob er durch eine relativ hohe finanzielle Belastung in Zahlungsschwierigkeiten geraten könnte.

Weitere Faktoren, die den Zeitpunkt der Warenbestellung mitbestimmen, sind u.a.:

- *die **Jahreszeit** (Bsp.: Christbaumkugeln sollten im Winter bestellt werden um die Lagerkosten zu reduzieren),*
- ***Lieferfristen** für bestimmte Waren sind zu beachten,*
- ***Preiserhöhungen**, die auf Grund inflationärer Tendenzen zu erwarten sind.*

6.2 Bezugsquellen

Bezugsquellenermittlung

Welche Waren wo und zu welchem Preis und Zeitpunkt zu bestellen sind, ist auch in Abhängigkeit zu sehen von den zur Verfügung stehenden **Bezugsquellen**. Bezugsquellen **finden wir**

Informationen über Bezugsquellen

- *in Lieferer- und Warenkarteien bzw. -dateien,*
- *in Adressbüchern,*
- *in den „Gelben Seiten" der Deutschen Telekom AG,*
- *im Internet,*
- *in Fachzeitschriften,*
- *in Mitteilungszeitungen der Industrie- und Handelskammern,*
- *auf Messen,*
- *auf Ausstellungen.*

• *Lieferer- und Warenkarteien*

Liefererkartei

In Lieferer- und Warenkarteien sind in systematischer Anordnung (z.B. alphabetisch oder nach Gruppen, wie Warengruppen) Daten erfasst, die für die Warenbestellung von Bedeutung sind.

– Eine **Liefererkartei**, die für einen bestimmten Lieferanten angelegt wird, enthält Angaben über die Artikelbezeichnung, das Datum von

Anfragen bei den Lieferer- und Zahlungsbedingungen des Lieferers, das Datum der Bestellung(en) und sonstige wesentliche Angaben, die für den Kontakt zum Lieferanten von Bedeutung sein können.

- Eine **Warenkartei** enthält Angaben für einen bestimmten Artikel, wie Name des Lieferanten oder dessen verschlüsselte Code-Ziffer, Lieferungs- und Zahlungsbedingungen wie der Preis, Transportbedingungen, Lieferzeit, Bestelldatum usw.

Warenkartei

Karteien in Papierform finden wir heute nur noch relativ selten. Die o.g. Daten sind meist elektronisch als **Datei** gespeichert.

Dateien

• Adressbücher

Adressbücher und auch Telefonbücher enthalten Informationen über **Anschriften und adressenmäßige** Daten, wie z.B. den Titel oder den Beruf einer Person.

Es gibt mehrere **Arten von Adressbüchern**. Beim Verband der Deutschen Adressbuchverleger ist folgende Einteilung gebräuchlich.

Arten von Adressbüchern

- *Internationale-, Export- und sonstige Adressbücher,*
- *Bundes- und Landesadressbücher,*
- *Einwohner-Adressbücher,*
- *Telefonbücher,*
- *Gelbe Seiten,*
- *örtliche Telefonbücher,*
- *Fachadressbücher.*

Adressbücher und Telefonbücher werden auch zu **Werbezwecken** eingesetzt. Es werden verschiedene, für einen bestimmten Betrieb bedeutsame Angaben, aufgenommen. So sind darin z.B. enthalten:

- Erläuterungen zu einzelnen Waren,
- Firmenzeichen,
- Markenzeichen[3] (Wort- und Bildmarken).

• Mitteilungen der Industrie- und Handelskammern

Sie werden von den einzelnen **Industrie- und Handelskammern** an ihre **Mitglieder** (Gewerbetreibende) versandt. In diesen Mitteilungen sind Fachaufsätze und Fachinformationen (z.B. zu den Themen Veranstaltungen, Handel, Steuern, Unternehmensnachrichten, Telekommunikation usw.) enthalten.

IHK-Mitteilung

[3] Siehe hierzu Kapitel 5

- ***Fachzeitschriften***

Fach-zeitschriften

Fachzeitschriften gibt es in **verschiedenen Wirtschaftszweigen** und **Branchen**, wie z.B. in der chemischen Industrie, aber auch für bestimmte Berufsgruppen oder Einzelberufe, wie z.B. Büroberufe. In ihnen sind Fachaufsätze, fachliche Hinweise und Werbung enthalten.

- ***Gelbe Seiten***

Branchen-Telefonbuch

Bei den sog. ,,Gelben Seiten" handelt es sich um **Branchen-Telefonbücher** zu den amtlichen Telefonbüchern der Deutschen Telekom. Es sind darin Firmen, Gewerbebetriebe und freie Berufe nach über 2.000 Branchenbegriffen gegliedert, wie z.B. Ferienaufenthalte, Fernkopierer, Fernmeldetechnik, Öle und Fette. Informationen aus Telefonbüchern können auch über das Internet abgerufen werden.

- ***Messen und Ausstellungen***

Messen

In einer seiner Informationsschriften gab der AUMA – das ist der Ausstellungs- und Messeausschuss der Deutschen Wirtschaft e.V. – bekannt, dass nach Schätzungen jährlich weltweit etwa 2.000 Messen und Ausstellungen stattfinden; auf etwa 500 davon sind deutsche Unternehmen vertreten. Deshalb tritt die Frage auf, welche Bedeutung Messen und Ausstellungen haben.

Merkmal

Ein wesentliches **Merkmal einer Messe** besteht darin, dass Kaufabschlüsse auf Grund von ausgestellten Mustern (z.B. Büchern, Spielwaren, Textilien) getätigt werden. Deshalb dienen Messen letztendlich immer dem Absatz, dem Verkauf. Zunehmend mehr, so stellt der AUMA fest, werden Messen zur Verkaufsvorbereitung im weitesten Sinne genutzt.

Messeziele

Wer sich an einer Messe beteiligt, wie z.B. an der Buchmesse in Frankfurt/Main, der kann verschiedene Unternehmensziele verwirklichen. Umgekehrt kann der Messebesucher sich über Neuheiten von Produkten auf dem Markt informieren und Waren, wegen des Messerabattes, preisgünstig bestellen.

Unternehmensziele, die durch **Messebeteiligungen** angestrebt werden, sind:

- ***Übergeordnete Beteiligungsziele***
  - *Erkundung von Chancen für den Export von eigenen Produkten,*
  - *Kennenlernen von Wettbewerbern*
- ***Kommunikationsziele***
  - *Kontaktpflege zum bisherigen Kundenkreis*
  - *Kennenlernen neuer Kundenkreise*
  - *Kontaktgespräche zum Ausbau eigener Kontakte*
- ***Preis-Konditionsziele***
  - *Auftreten am Markt mit verschiedenen auffallenden Serviceleistungen*
- ***Distributionsziele***
  - *Erweiterung des Vertriebsnetzes durch neue Abnehmergruppen*
  - *Vertreterbesuche*
- ***Produktziele***
  - *Testen des eigenen Sortiments an Waren und Überprüfung ihrer Akzeptanz*
  - *Vorstellen von neuen Produkten (Produktinnovationen).*

Das Ziel von Unternehmen auf **Ausstellungen** ist es, Werbung für bestimmte Produkte zu betreiben. Besucher der Aussteller können sich entsprechend informieren und neue Bezugsquellen entdecken.

6.3 Anfrage und Angebot

6.3.1 Anfrage

Anfrage

Bevor Waren bei einem Händler oder Produzenten bestellt werden, erfolgt in aller Regel eine **Anfrage**.

Beispiel: *Die Firma Maria Hellauf e.Kfr. fragt bei dem Großhandelsunternehmen Strick KG an: „Übersenden Sie uns Ihren aktuellen Katalog für Hosen und Röcke. Legen Sie uns bitte die Preisliste bei und informieren Sie uns über Ihre Lieferungs- und Zahlungsbedingungen."*

Mit dieser **Anfrage** ist Frau Hellauf **nicht verpflichtet**, eine **Bestellung** vorzunehmen. Jede Anfrage ist ohne rechtliche Bindung.

Anfragen sollten an mehrere Lieferer gerichtet sein, um die im Hinblick auf die Preise und Lieferungs- und Zahlungsbedingungen günstigste Bezugsquelle zu ermitteln.

Form

Für **Anfragen** gibt es **keinen gesetzlich vorgeschriebenen Formzwang**, d.h. Anfragen können schriftlich, mündlich, telefonisch, per Telefax, mittels E-Mail usw. erfolgen.

6.3.2 Angebot

Angebot

Beispiel: *Die Metall-Verarbeitungs-GmbH hat bei drei Zulieferer-Unternehmen Angebote über 5.000 Sechskantschrauben eingeholt.*

1. Angebot Schenk OHG

- *Bei 5.000 Stück beträgt der Preis je 100 Stück 44,55 €, bei Abnahme der doppelten Menge 38,75 € je 100 Stück;*
- *Lieferung frei Haus; Lieferfrist 14 Tage;*
- *Zahlungsbedingungen: innerhalb 14 Tagen 3% Skonto, 30 Tage netto;*
- *bekannter Lieferant; im Durchschnitt 3% Ausschuss, der kostenlos ersetzt wird.*

2. Angebot Finz GmbH & Co KG

- *Preis 45,00 € je 100 Stück;*
- *Lieferung frei Haus;*
- *Lieferzeit 4 Wochen;*
- *Einführungsrabatt 10%;*
- *neuer Lieferant.*

3. Angebot Jung KG

- *Preis 36,00 € je Stück;*
- *ab Werk;*
- *Versandkosten 52,00 € pro 1.000 Stück;*
- *2% Skonto bei Zahlung innerhalb von 10 Tagen;*
- *60 Tage Ziel (= Zahlung muss spätestens nach 60 Tagen erfolgt sein);*
- *Lieferung innerhalb von 2 Wochen ab Bestelleingang;*
- *bekannter Lieferant, der bisher gute Qualität geliefert hat.*

Angebotsvergleich

Vergleich der Angebote:

Lieferant	1. Schenk	2. Schenk	3. Finz	4. Jung
Preis für 5.000 Stück	2.227,50 €	1.937,50 €	2.250,00 €	1.800,00 €
+ Versandkosten	-	-	-	260,00 €
- Rabatt/Skonto	66,83 €	58,13 €	225,00 €	41,20 €
= Summe	2.160,67 €	1.879,37 €	2.025,00 €	2.018,80 €

Beurteilung der Angebote

1. Schenk: teuerstes Angebot
2. Schenk: günstigstes Angebot und schnelle Lieferung, jedoch höhere Lagerkosten durch Abnahme der doppelten Menge
3. Finz: zweithöchstes Angebot, lange Lieferzeit, unbekannter Lieferer
4. Jung: günstigstes Angebot für den Fall, dass 2. nicht in Betracht käme, schnelle Lieferung, bekannte Qualität.

Anfrage und Angebot

Die Metall-Verarbeitungs-GmbH hat von den drei Unternehmen auf ihre **Anfrage** je ein **Angebot** erhalten. Dies bedeutet, dass die drei Anbieter eine **Willenserklärung** abgegeben haben mit dem Inhalt, zu den in dem schriftlichen Angebot formulierten Bedingungen zu liefern. Die Metall-Verarbeitungs-GmbH ist auf Grund der Angebote nicht verpflichtet, bei irgendeinem der Anbieter zu bestellen; denn der **Antrag** (= Angebot oder Offerte) ist eine **einseitig empfangsbedürftige Willenserklärung**, die mit dem Zugehen wirksam wird. Er ist **kein einseitiges Rechtsgeschäft**, sondern soll Teil eines zweiseitigen Rechtsgeschäftes werden.[4)]

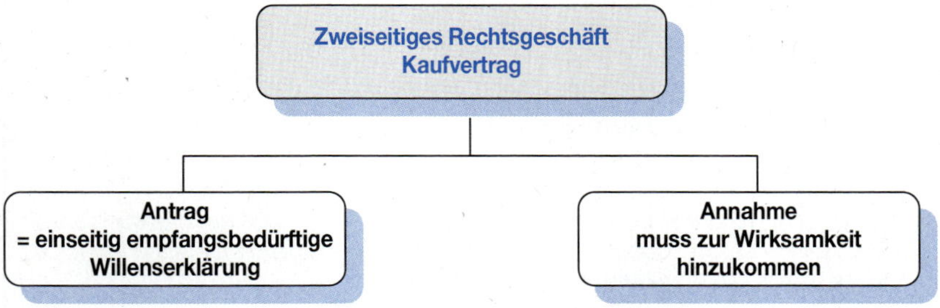

Abb. 6.2: Kaufvertrag

Form

Ebenso wie bei der Anfrage sieht das BGB auch für das **Angebot** keine Formvorschrift vor. Es besteht also ebenfalls **Formfreiheit**. Dies bedeutet, dass es grundsätzlich auch mündlich abgegeben werden kann. Die Betonung liegt allerdings auf dem Wörtchen „grundsätzlich"; denn die Schriftform schließt Irrtümer und Fehler weitestgehend aus, ebenso eine E-Mail.

Bindung

Kommt es in der Praxis zu einem mündlichen oder fernmündlichen Angebot, dann erfolgt in aller Regel danach noch dessen **schriftliche Bestätigung**.

Jeder der drei abgegebenen **Anträge** im vorliegenden Beispiel ist **bindend**. Sie können daher grundsätzlich nicht widerrufen werden. Die **Bindung** beginnt mit dem **Zugang des Antrags** und endet mit dem **Erlöschen**.

4) Vgl. hierzu auch Kapitel 4

BGB

Bürgerliches Gesetzbuch (Auszug)

§ 145 [Bindung an den Antrag]

Wer einem anderen die Schließung eines Vertrages anträgt, ist an den Antrag gebunden, es sei denn, dass er die Gebundenheit ausgeschlossen hat.

§ 146 [Erlöschen des Antrags]

Der Antrag erlischt, wenn er dem Antragenden gegenüber abgelehnt oder wenn er nicht diesem gegenüber nach den §§ 147 bis 149 rechtzeitig angenommen wird.

§ 147 [Annahmefrist]

(1) Der einem Anwesenden gemachte Antrag kann nur sofort angenommen werden. Dies gilt auch von einem mittels Fernsprechers oder einer sonstigen technischen Einrichtung von Person zu Person gemachten Antrag.

(2) Der einem Abwesenden gemachte Antrag kann nur bis zu dem Zeitpunkt angenommen werden, in welchem der Antrag den Eingang der Antwort unter regelmäßigen Umständen erwarten darf.

§ 148 [Bestimmung einer Annahmefrist]

Hat der Antragende für die Annahme des Antrags eine Frist bestimmt, so kann die Annahme nur innerhalb der Frist erfolgen.

§ 149 [Verspätet zugegangene Annahmeerklärung]

Ist eine dem Antragenden verspätet zugegangene Annahmeerklärung dergestalt abgesendet worden, dass sie bei regelmäßiger Beförderung ihm rechtzeitig zugegangen sein würde, und musste der Antragende dies erkennen, so hat er die Verspätung dem Annehmenden unverzüglich nach dem Empfange der Erklärung anzuzeigen, sofern es nicht schon vorher geschehen ist. Verzögert er die Absendung der Anzeige, so gilt die Annahme als nicht verspätet.

§ 150 [Verspätete und abändernde Annahme]

(1) Die verspätete Annahme eines Antrags gilt als neuer Antrag.

(2) Eine Annahme unter Erweiterungen, Einschränkungen oder sonstigen Änderungen gilt als Ablehnung verbunden mit einem neuen Antrag.

Erlöschen des Angebots

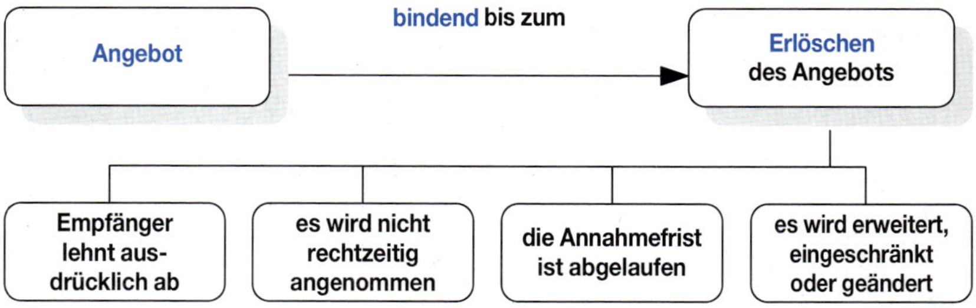

Abb. 6.3: Erlöschen eines Angebots

Ausschließungsklauseln

In einem **Antrag** kann unter Umständen eine **Ausschließungsklausel** enthalten sein, d.h. der Antragende kann die Bindungswirkung ausschließen. Geschieht dies durch eine Freiklausel wie z.B. durch „freibleibend" oder „unverbindlich", so handelt es sich nicht um einen Antrag, sondern um eine **Aufforderung zur Abgabe eines Angebots**.

Wiederholungsfragen

Wiederholungsfragen

1. *Welche Grundsatzfragen stellen sich, wenn in einem Betrieb ermittelt werden soll, welche Waren neu zu bestellen oder nachzubestellen sind?*
2. *Worüber gibt eine Absatzstatistik Auskunft?*
3. *Nennen Sie Vorteile des Einsatzes elektronischer Registrierkassen!*
4. *Was ist der EAN-Code?*
5. *Welche Bedeutung hat die Ermittlung des Mindestbestandes?*
6. *Wie groß muss der Meldebestand sein?*
7. *Wie wird der Höchstbestand ermittelt?*
8. *Nennen Sie Beispiele für sog. leicht verderbliche Waren!*
9. *Nennen Sie ein Beispiel für eine gesamtwirtschaftliche Überlegung, die für einen Einzelhändler bei der Bestellung von Waren bei einem Großhändler von Bedeutung sein kann!*
10. *Nennen Sie zusammenfassend Faktoren, die im Rahmen der Bedarfsermittlung von Waren von Bedeutung sein können!*
11. *Nennen Sie stichwortartig mögliche Bezugsquellen, die bei der Warenbestellung von Bedeutung sein können!*
12. *Was ist*
    a) eine Liefererkartei/-datei,
    b) eine Warenkartei/-datei?
13. *Nennen Sie Beispiele für Adressbücher!*
14. *Welche Angaben enthalten Adressbücher?*
15. *Welche Informationen können aus den „Gelben Seiten" der Deutschen Telekom AG entnommen werden?*
16. *Was ist der AUMA? – Siehe www.auma.de!*
17. *Was ist*
    a) eine Messe,
    b) eine Ausstellung?
18. *Welche Unternehmensziele wollen bzw. können Unternehmen durch die Teilnahme an Messen verwirklichen?*

Wiederholungsfragen

19. *Ist ein Angebot ein Rechtsgeschäft?*
20. *Nennen Sie zwei andere Begriffe für das Wort Angebot!*
21. *Muss ein Angebot schriftlich abgegeben werden?*
22. *Ist ein Angebot eines Großhändlers an einen Einzelhändler mit dem Hinweis „freibleibend“ bindend?*
23. *Welche Kriterien können bei Angebotsvergleichen von Bedeutung sein?*
24. *Unter welchen Voraussetzungen erlischt ein Angebot?*

6.4 Kauf und Kaufvertrag

6.4.1 Bürgerlicher Kauf und Handelskauf

Kaufverträge

Täglich kommen verschiedene Verträge zu Stande, z.B. Werkverträge, Mietverträge und Kreditverträge. Einer der häufigsten Vertragsarten des täglichen Lebens ist jedoch der **Kaufvertrag**. Es handelt sich dabei um ein **zweiseitig verpflichtendes Rechtsgeschäft**.[5)]

Vertragspartner eines Kaufvertrages können verschiedene Wirtschaftssubjekte sein.

Vertragspartner

Beispiele:

1. *Jutta May kauft von ihrem Nachbarn Carsten Kluding einen gebrauchten Computer. In diesem Fall ist Jutta Privatperson und Carsten ist Privatperson.*
2. *Herr Santos kauft in einem Einzelhandelsunternehmen eine Hose. Herr Santos ist Privatperson und das Einzelhandelsunternehmen ist Kaufmann.*
3. *Die Büro GmbH kauft bei dem Großhandelsunternehmen Stein KG Büromaschinen zum Wiederverkauf. Die Büro GmbH ist Kaufmann und die Stein KG ist Kaufmann.*
4. *Die Lebensmittel-Einzelhändlerin Irina Romanjuk verkauft ihrer Freundin Elke aus ihrem privaten Vermögen eine Nähmaschine für den privaten Gebrauch. Die Einzelhändlerin ist Privatperson, da sie den Verkauf nicht für geschäftliche Zwecke tätigt und Elke ist Privatperson.*

An den vorliegenden Beispielen ist zu erkennen, dass ein *Kaufvertrag* zu Stande kommen kann zwischen

- Privatpersonen,
- Privatpersonen und Kaufleuten und
- Kaufleuten.

---

5) Siehe hierzu auch Kapitel 4.6

Handelskäufe

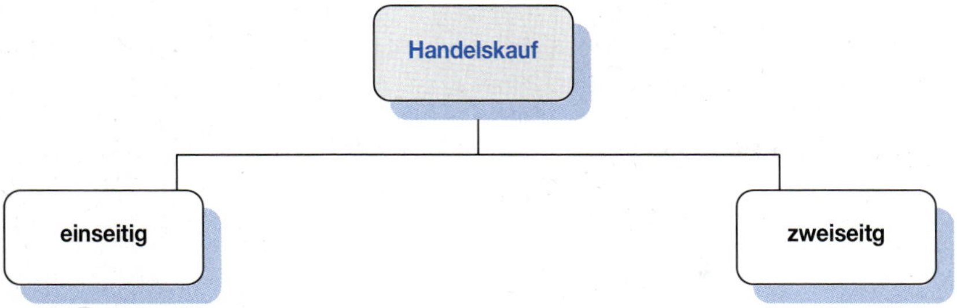

nur **ein** Vertragspartner ist **Kaufmann** und schließt für **geschäftliche Zwecke** den Kaufvertrag ab

beide Vertragspartner sind **Kaufleute** und schließen für **geschäftliche** Zwecke den Kaufvertrag ab

Abb. 6.4: Einseitiger und zweiseitiger Handelskauf

Kommt ein Kaufvertrag zwischen Privatpersonen zu Stande, so handelt es sich um einen Bürgerlichen Kauf.

Ist einer der beiden Vertragspartner des Kaufvertrages ein Kaufmann und schließt er den Vertrag für geschäftliche Zwecke ab, so handelt es sich um einen Handelskauf.

Je nachdem, ob nur einer der beiden Vertragspartner Kaufmann ist oder beide Kaufmann sind, wird zwischen dem einseitigen und dem zweiseitigen Handelskauf unterschieden.

6.4.2 Einseitiger Handelskauf

- **Verpflichtungsgeschäft beim einseitigen Handelskauf und Allgemeine Geschäftsbedingungen**

Beispiel

Axel Hebelknecht ist häufig geschäftlich unterwegs. Auf einer Reise betritt er die Filiale von Möbel-MANN in Wiesbaden. In einem Ausstellungsraum sieht er eine Stehlampe. Als er sie kaufen will, erfährt er von einem Verkäufer, dass die Ware zur Zeit nicht mehr auf Lager sei. Im Übrigen dauere es relativ lange, bis eine Neulieferung eintreffe. Eine Wartezeit von ca. 8 Wochen sei üblich.

einseitiger Handelskauf

Da Herr Hebelknecht die Lampe nicht sofort benötigt, bittet er den Verkäufer darum, ihm die Lampe zu besorgen. Er erfährt, dass man ihn mittels Postkarte benachrichtigen werde, sobald die gewünschte Lampe wieder auf Lager sei. Der Verkäufer füllt einen Kaufvertrag aus und Herr Hebelknecht unterschreibt. Nachdem der Kaufvertrag, der auch gleichzeitig die Rechnung darstellt, unterschrieben ist, erhält Herr Hebelknecht eine Durchschrift des Vertrages.

In diesem konkreten Beispiel handelt es sich um einen einseitigen Handelskauf, da Möbel-MANN **Kaufmann** ist und Herr Hebelknecht **Privatmann.** Mit den beiden Unterschriften unter dem Vertrag, d.h. mit der Unterschrift des Verkäufers und der des Käufers Hebelknecht, gehen die beiden Vertragspartner gesetzlich festgeschriebene Pflichten ein. Diese lassen sich ableiten aus ***§ 433 BGB***[6].

> **BGB § 433 [Vertragstypische Pflichten beim Kaufvertrag]**
>
> *(1) Durch den Kaufvertrag wird der Verkäufer einer Sache verpflichtet, dem Käufer die Sache zu übergeben und das Eigentum an der Sache zu verschaffen. Der Verkäufer hat dem Käufer die Sache frei von Sach- und Rechtsmängeln zu verschaffen.*
>
> *(2) Der Käufer ist verpflichtet, dem Verkäufer den vereinbarten Kaufpreis zu zahlen und die gekaufte Sache abzunehmen.*

Verpflichtungsgeschäft

Die beiden Vertragspartner sind – so wie man manchmal sagt – „ins Geschäft gekommen". Im Rahmen dieses Geschäfts sind sie **gegenseitige Pflichten eingegangen**. Deshalb nennt man die „Vereinbarung" **Verpflichtungsgeschäft**.[7] Der Verkäufer, Möbel-MANN, verpflichtet sich, die „Sache Lampe" in einer vereinbarten Zeit von ca. 8 Wochen zu übergeben und das Eigentum daran zu verschaffen. Herr Hebelknecht verpflichtet sich, die Lampe abzunehmen und diese Sache zu bezahlen.

Lieferungs- und Zahlungsbedingungen

Mit ihrer Unterschrift unter den Kaufvertrag akzeptieren beide Vertragspartner die im Vertrag vereinbarten Inhalte einschließlich der „**umseitigen Verkaufs-, Lieferungs- und Zahlungsbedingungen**".

Allgemeine Geschäftsbedingungen

Wer sich die Rückseite eines Kaufvertrags anschaut, wird feststellen, dass die aufgeführten „Verkaufs-, Lieferungs- und Zahlungsbedingungen" relativ umfangreich und deshalb klein gedruckt sind. Aus diesem Grunde werden diese Bedingungen auch das so genannte **Kleingedruckte** in Verträgen genannt. Sie sind Inhalt jedes einzelnen Kaufvertrages und somit die sog. „**Allgemeinen Geschäftsbedingungen**".

Nicht nur wie hier im Kaufvertrag gibt es Allgemeine Geschäftsbedingungen. Das „**Kleingedruckte**" wird auch in anderen Lebensbereichen als vorformulierte Vertragsbedingungen verwendet, so z. B. in **Darlehensverträgen** von Kreditinstituten (Banken und Sparkassen), in **Reiseverträgen** von Reisevertragsunternehmen, in **Reparaturverträgen** von Autowerkstätten, in **Versicherungsverträgen** von Versicherungsunternehmen.

---

[6] Siehe hierzu auch das Thema „Verbrauchsgüterkauf gemäß § 474 BGB" in Kapitel 6.5.3.

[7] Siehe hierzu auch Kapitel 4

Inhalt des Kaufvertrages

Vorderseite übliche Inhalte

- Menge der Ware
- Bezeichnung der Ware
- Beschaffenheit der Ware
- Bestellnummer
- Einzelpreis der Ware
- Gesamtpreis der Ware
- Liefertermin
- Rechnungsnummer
- Vertragspartner
- Zahlungsvereinbarung
- Eigentumsübergang

Rückseite Allg. Geschäftsbedingungen

- Definition des Preises (z.B. Barzahlungspreis)
- Rechtsfolgen bei Zahlungsverzug
- Gewährleistung bei Mängeln an der Ware
- Haftung des Verkäufers
- Schadensersatzansprüche
- Eigentumsvorbehalt (§ 449 BGB)
- Erfüllungsort und Gerichtsstand
- Datenschutz

Inhalt eines Kaufvertrages

Abb. 6.5: Inhalt von Kaufverträgen

Wer sich mit dem Thema **Allgemeine Geschäftsbedingungen** beschäftigt, der wird sicher auch danach fragen müssen, warum es in nahezu allen Mittel- und Großunternehmen, aber auch in Kleinbetrieben, die vorformulierten Vertragsbedingungen gibt. – Der Zweck des Kleingedruckten besteht einfach darin, sich die Arbeit zu erleichtern. Ein Kaufmann, der seine Allgemeinen Geschäftsbedingungen einmal festgelegt hat, kann immer wieder diese gleichen Vertragsbedingungen verwenden.

Nachteil

Ein Kaufmann schließt häufig Verträge ab, ein Privatmann hingegen viel seltener, sieht man von den täglichen Einkäufen ab, die keiner besonderer Form bedürfen. Aus diesem Grund liegt es nahe, dass derjenige, der solche Bedingungen häufig verwendet, auch derjenige ist, der sie formuliert. Deshalb spricht man vom „Verwender" der Allgemeinen Vertragsbedingungen. Der Nachteil, den die Allgemeinen Geschäftsbedingungen mit sich bringen, besteht darin, dass der **Verwender die Bestandteile des Kleingedruckten festlegt**. Somit wird er zum **stärkeren Vertragspartner**. Der Kunde (Verbraucher, Versicherungsnehmer, Kreditnehmer usw.) muss deshalb die vorformulierten Bedingungen akzeptieren oder er entschließt sich, keinen Vertrag abzuschließen.

Verbraucherschutz

In einem Sozialstaat wie der Bundesrepublik Deutschland ist es Sache des Staates, darauf zu achten, dass der Schwächere in der Gesellschaft nicht benachteiligt wird. Der Schwächere ist aber bei bestimmten Vertragsabschlüssen, bei denen Allgemeine Geschäftsbedingungen zum Vertragsinhalt gehören, der **Verbraucher**. Um zu vermeiden, dass der Verbraucher vor **ungerechtfertigten** Formulierungen im **Kleinge-**

druckten geschützt wird, hat der Gesetzgeber in *§ 305 ff. BGB* Rechtsnormen vorgeschrieben, die der Verwender von Allgemeinen Geschäftsbedingungen beachten muss.

> **Bestandteile von Allgemeinen Geschäftsbedingungen müssen so formuliert sein, dass sie nicht gegen die in *§ 305 ff. BGB* enthaltenen Vorschriften verstoßen.**

Vertragsbestandteile

Allgemeine Geschäftsbedingungen werden nicht automatisch Bestandteil eines Vertrages, wenn der Verwender es so will. Damit sie Bestandteil werden,

- *muss der Verwender deutlich auf seine Bedingungen hinweisen;*
- *muss die andere Vertragspartei die Möglichkeit haben, in zumutbarer Weise, die auch eine für den Verwender erkennbare körperliche Behinderung der anderen Vertragspartei angemessen berücksichtigt, von ihrem Inhalt Kenntnis zu nehmen. Hiermit sind insbesondere Menschen mit Sehbehinderung gemeint. Diese bedürfen weiterer Hilfsmittel, wie etwa der Übergabe der Allgemeinen Geschäftsbedingungen in einer Form, die ihnen die Kenntnisnahme vor Vertragsschluss ermöglicht. Dies kann im Einzelfall durch Übergabe in elektronischer oder akustischer Form oder auch in so genannter Braille-Schrift[8] erfolgen.*

individuelle Vereinbarungen

Sind Allgemeine Geschäftsbedingungen Bestandteil eines Vertrages, so können dennoch zwischen den Vertragsparteien **individuelle Vereinbarungen** getroffen werden, die von denen der Allgemeinen Geschäftsbedingungen abweichen. Es gelten dann gemäß *§ 305 b BGB* die individuell vereinbarten Inhalte.

Beispiel: *In den Allgemeinen Geschäftsbedingungen ist enthalten, dass 2% Skonto gewährt werden, wenn innerhalb von 14 Tagen der Rechnungsbetrag beglichen wird. Zwischen dem Verwender dieser vorformulierten Bedingungen, d.h. dem Verkäufer und dem Käufer wird jedoch schriftlich im Kaufvertrag vereinbart, dass bei Zahlung innerhalb von 14 Tagen 3% Skonto gewährt werden. In diesem Fall gilt die im Rahmen der individuellen Vereinbarung getroffene Regelung. Der Verkäufer kann sich in diesem Punkt also im Nachhinein nicht auf die Allgemeinen Geschäftsbedingungen berufen, auch wenn die entsprechende Klausel im „Kleingedruckten" nicht durchgestrichen wurde.*

> **Individuelle Vertragsabreden haben Vorrang vor Allgemeinen Geschäftsbedingungen *(§ 305 b BGB).***

Bestimmungen in Allgemeinen Geschäftsbedingungen sind unwirksam, wenn sie den Vertragspartner des Verwenders entgegen den Geboten von Treu und Glauben unangemessen benachteiligen. Eine unangemessene Benachteiligung kann sich auch dadurch ergeben, dass die Bestimmung nicht klar und nicht verständlich ist *(§ 307 BGB).*

---

[8] Die Braille-Schrift wurde von Louis Braille im 19. Jahrhundert entwickelt. Sie ist eine 6-Punkte-Schrift mit 63-Punkte-Kombinationen.

rechtswidrige Klauseln

Allgemeine Geschäftsbedingungen können aber nicht nur Formulierungen enthalten, die gegen *§ 307 BGB* verstoßen; es können auch andere **rechtswidrige Klauseln** im Kleingedruckten enthalten sein, durch die die Vorschriften der *§§ 308 ff. BGB* missachtet werden.

Beispiele:

- *Kauf einer Kaffeemaschine mit nicht besonders kenntlich gemachtem Dauerauftrag zur Wartung,*
- *Klausel, wonach für Leergut neben dem „Pfand" Miete zu entrichten ist,*
- *Klausel in den Allgemeinen Geschäftsbedingungen eines Möbelhauses, wonach die Überschreitung der Lieferfrist um bis zu neun Monate gestattet ist,*
- *Aufrechterhaltung der vollen Zahlungsverpflichtung bei vorzeitiger Beendigung eines Ehemaklervertrages,*
- *Preiserhöhungsvorbehalte in kurzfristigen Verträgen,*
- *Zahlung einer Vertragsstrafe, wenn ein Kunde die bestellte Ware nicht oder verspätet abnimmt.*

- ***Erfüllungsgeschäft beim einseitigen Handelskauf***

Erfüllungsgeschäft

Im geschilderten Fall wurde vereinbart, dass das Möbelhaus MANN Herrn Hebelknecht per Postkarte darüber informiert, dass die von ihm bestellte Ware auf Lager ist. Die vereinbarte Lieferfrist betrug etwa 8 Wochen. Wenn Herr Hebelknecht die von ihm bestellte Lampe bei Möbel-MANN abholt, werden die beiden Vertragspartner die durch den Kaufvertrag eingegangenen **Verpflichtungen erfüllen** müssen. Damit folgt auf das Wochen vorher zu Stande gekommene Verpflichtungsgeschäft jetzt das **Erfüllungsgeschäft**. Dieses beinhaltet, dass Herr Hebelknecht die Ware zu bezahlen und abzunehmen hat. Möbel-MANN hingegen hat Herrn Hebelknecht das Eigentum an der Lampe zu übertragen und dafür zu sorgen, dass die Sache frei von Sachmängeln ist.

§ **BGB § 929 [Einigung und Übergabe]**

Zur Übertragung des Eigentums an einer beweglichen Sache ist es erforderlich, dass der Eigentümer die Sache dem Erwerber übergibt und beide darüber einig sind, dass das Eigentum übergehen soll. Ist der Erwerber im Besitze der Sache, so genügt die Einigung über den Übergang des Eigentums.

Im vorliegenden Fall fallen das **Verpflichtungsgeschäft** und das **Erfüllungsgeschäft zeitlich auseinander**. Sie fallen im täglichen Leben häufig zusammen, so z. B. beim Kaufen eines Brotes, das sofort bezahlt und vom Käufer entgegen genommen wird.

6.4.3 Zweiseitiger Handelskauf

Der Einzelhändler Karl Locker, e.Kfm., Kaiserslautern, bestellt am 2. April telefonisch bei der Schroll & Co. OHG Wiesbaden, Spielwaren. Mit Datum vom 4. April wird ihm seine fernmündliche Bestellung über einen Betrag von 8.240 Euro schriftlich bestätigt. Außerdem werden ihm die Verkaufs- und Lieferungsbedingungen mitgeteilt.

Verkaufs- und Lieferungsbedingungen

- *Unsere Preise verstehen sich ab Wiesbaden bzw. ab Werk ausschließlich Verpackungskosten. Die Verpackung wird zu Selbstkosten berechnet.*
  Bei Expresssendungen geht die Differenz zu Lasten des Bestellers. Holzkisten werden bei sofortiger frachtfreier Rücksendung zu $^2/_3$ des berechneten Betrages zurückgenommen.
- *Transportschäden können nur gegen Tatbestandsaufnahme der Bahn, Post oder des Spediteurs ersetzt werden. Bei Direktlieferung sind eventuelle Schäden bei dem Überbringer aufzugeben.*
- *Wir behalten uns bis zur vollständigen Bezahlung des Kaufpreises das Eigentumsrecht vor. Solange die Ware unter Eigentumsvorbehalt steht, ist der Käufer gemäß § 449 BGB verpflichtet, uns Pfändungen oder andere Beeinträchtigungen des Eigentums unverzüglich schriftlich anzuzeigen.*
- *Die Zahlung hat spätestens innerhalb 30 Tagen ab Rechnungsdatum ohne jeden Abzug zu erfolgen. Bei Zahlung innerhalb 10 Tagen gewähren wir 2 % Skonto.*
- *Erfüllungsort für Lieferung und Zahlung sowie Gerichtsstand ist für beide Teile Wiesbaden. Im Übrigen gilt diese Gerichtsstand-Vereinbarung für das gerichtliche Mahnverfahren.*
- *Bei Mängeln sind wir nur zur unentgeltlichen Nachbesserung oder nach unserer Wahl zur Ersatzlieferung verpflichtet. Bei Fehlschlagen der Nachbesserung oder Ersatzlieferung bleibt dem Besteller das Recht vorbehalten, nach seiner Wahl entweder Rückgängigmachung des Vertrages oder Herabsetzung der Vergütung zu verlangen.*
- *Ansprüche auf Schadenersatz sind auch hier auf Fälle vorsätzlicher oder grob fahrlässiger Vertragsverletzung durch uns oder einen unserer Erfüllungsgehilfen beschränkt.*

Zweiseitiger Handelskauf

Verkaufen zwei Kaufleute einander eine Sache, so geht der Gesetzgeber davon aus, dass sie, aufgrund ihrer im Geschäftsleben gesammelten Erfahrung, weniger schutzbedürftig sind als ein nichtkaufmännischer Verbraucher. Deshalb hat er einige **Regeln** zugunsten der Kaufleute **aufgehoben**, stattdessen aber **zusätzliche Regeln** geschaffen, die **Kaufleute beachten müssen**. Diese Regeln sind im Handelsgesetzbuch (HGB) enthalten.

Beispiele:

- *Wenn ein Verbraucher von einem Unternehmen ein Angebot erhält, braucht er nicht zu antworten und so kommt auch kein Vertrag zu Stande. Erhält hingegen ein Kaufmann im Bereich seines Handelsgewerbes von jemandem, mit dem er schon Geschäftsbeziehungen hatte, ein Angebot auf Besorgung solcher Geschäfte, so führt sein Schweigen zu einem Vertragsabschluss, wenn er nicht unverzüglich ablehnt.*

- *Ist der Kauf für beide Teile ein Handelsgeschäft, so ist der Käufer, wenn er die ihm von einem anderen Orte übersendete Ware beanstandet, verpflichtet, für ihre einstweilige Aufbewahrung zu sorgen.*
- *Eine Privatperson kann auf eine Geldforderung gegenüber einer anderen Privatperson 4% Zinsen bei Verzug verlangen, ein* ***Kaufmann*** *hingegen 5% (§ 246 BGB und § 352 HGB).*
- *Auf den Handelskauf finden auch die allgemeinen Vorschriften aus dem HGB Anwendung. Diese sehen zum einen die Geltung sog. Handelsbräuche vor, d.h. traditioneller Regeln, die sich Kaufleute gegeben haben und die rechtlich anerkannt sind. Es handelt sich dabei um die sog. Handelskaufklauseln, die i.d.R. in Abkürzungen verwendet werden. Zweck dieser Klauseln ist es, den Handelspartnern zur freiwilligen Benutzung einheitliche nationale (z.B. nur in der Bundesrepublik Deutschland geltende), oder internationale Regeln zur Verfügung zu stellen, um verschiedenartige Auslegungen wichtiger Vertragsteile zu vermeiden.*
- *Eine Vertragsstrafe, die von einem Kaufmann im Betriebe seines Handelsgewerbes versprochen ist, kann nicht aufgrund der Vorschriften des § 343 BGB herabgesetzt werden (§ 348 HGB).*

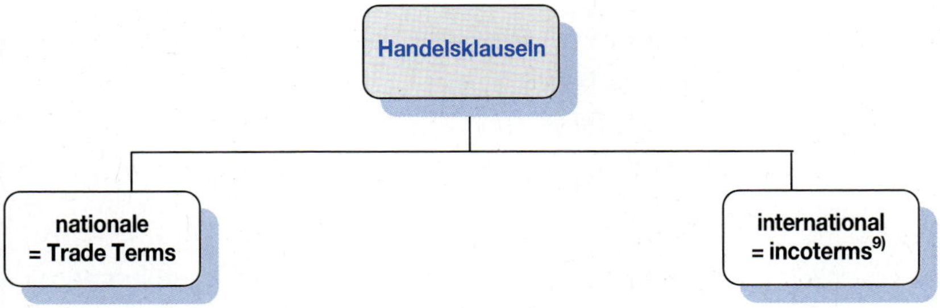

Handelsklauseln

Abb. 6.6: Handelsklauseln

Incoterms sind in verschiedene Gruppen eingeteilt.

Incoterms

- **„E"-Klausel:** Sie besteht allein aus der so genannten Abholklausel.

Beispiel: *EXW (Ex Work = Ab Werk), d.h. die Verpflichtung des Verkäufers besteht darin, die Ware auf dem Grundstück (im Lager) zur Verfügung zu stellen.*

- **„F"-Klausel:** Darin wird der Verkäufer verpflichtet, die Ware einem vom Käufer benannten Frachtführer zu übergeben.

Beispiel: *FOB (Free on Board = Frei an Bord), d.h. die nur für den See- oder Binnenschifffahrtstransport verwendete Klausel verpflichtet den Verkäufer, die Ware an Bord des Schiffes in dem im Kaufvertrag vereinbarten Verschiffungshafen zu verbringen. Der Gefahrübergang findet statt, wenn die Ware die Schiffsreling überschreitet.*

---

[9] Incoterms = International Commercial Terms

Incoterms

- **„C"-Klausel:** Danach hat der Verkäufer den Beförderungsvertrag abzuschließen, nicht aber das Risiko des Verlustes oder der Beschädigung der Ware oder zusätzlicher Kosten, die auf Ereignisse während des Transportes beruhen, zu tragen.

  Beispiel: *CFR (Cost and freight = Kosten und Fracht), d.h. der Verkäufer muss (im See- oder Binnenschiffstransport) die notwendigen Kosten und die Fracht tragen um die Ware zum vereinbarten Bestimmungshafen zu befördern, wobei jedoch die Gefahr des Untergangs und der Beschädigung sowie zusätzlicher Kosten, die auf Ereignisse nach Lieferung der Ware an Bord zurückzuführen sind, auf den Käufer übergehen, sobald die Ware die Schiffsreling im Verschiffungshafen überschreitet.*

- **„D"-Klausel:** Danach hat der Verkäufer alle Kosten und Risiken zu tragen, bis die Ware im Bestimmungsland eintrifft.

  Beispiel: *DAF (Delivered at Frontier = Geliefert an Grenze), d.h. der Verkäufer erfüllt seine Verpflichtung, wenn er die zur Ausfuhr freigemachte Ware bis zur benannten Stelle am Lieferort an der Grenze - allerdings vor der Zollgrenze des benachbarten Landes - zur Verfügung stellt.*

Wiederholungsfragen

Wiederholungsfragen

1. *Erklären Sie mit eigenen Worten die Begriffe*
   a) Bürgerlicher Kauf,
   b) einseitiger Handelskauf,
   c) zweiseitiger Handelskauf!
2. *Welche vertragstypischen Pflichten gehen die Vertragspartner gemäß §433 BGB ein? – Lesen Sie sich diesen Paragrafen durch!*
3. *Nennen Sie übliche Inhalte von Kaufverträgen!*
4. *Nennen Sie Inhalte, die in Allgemeinen Geschäftsbedingungen enthalten sein können!*
5. *Warum gibt es das sog. Kleingedruckte?*
6. *Gibt es das sog. Kleingedruckte nur in Kaufverträgen? – Begründung!*
7. *Werden Allgemeine Geschäftsbedingungen immer automatisch Bestandteil eines Vertrages? – Begründung!*
8. *Erläutern Sie die im BGB enthaltene Formulierung „Individuelle Vertragsabreden haben Vorrang vor Allgemeinen Geschäftsbedingungen"!*
9. *Nennen Sie einige im Handelsgesetzbuch enthaltene Regeln, die nur für Kaufleute gelten!*
10. *Wie heißen die Handelskaufklauseln, die*
    a) international,
    b) im nationalen Bereich
    verwendet werden?

6.5 Leistungsstörungen

Täglich kommt eine Vielzahl von Rechtsgeschäften zu Stande. Dabei kann es sich beispielsweise um einen Mietvertrag oder einen Arbeitsvertrag handeln. Eines der häufigsten Rechtsgeschäfte ist der Kaufvertrag. Wer beim Bäcker Brötchen kauft, wird diese in aller Regel sofort bezahlen. In anderen Situationen des Lebens kann es jedoch zu Kaufabsichten kommen, die letztendlich nicht in einen Vertragsabschluss umgesetzt werden, sodass ein Kaufvertrag von vornherein nicht zu Stande kommt. Nun gibt es aber auch Situationen, in denen sich die Vertragspartner ernsthaft verpflichten, alles zu tun, damit es zu einer Erfüllung des Vertrages kommt. Beim Kaufvertrag bedeutet die Erfüllung, dass der Käufer die Ware bezahlt und der Verkäufer dem Käufer das Eigentum an der Ware verschafft. Bestimmte Lebenssituationen tragen aber manchmal dazu bei, dass das Verpflichtungsgeschäft zwar stattfindet, die Erfüllung des Kaufvertrages nicht erfolgt oder aber gestört wird. Diese Sachverhalte lassen sich an verschiedenen Lebenssituationen verdeutlichen.

Beispiel 1: *Der Autoliebhaber Michael Freudig hat mit der Eigentümerin eines Oldtimers Claudia Pechsträhn einen Kaufvertrag abgeschlossen. Als Claudia den Wagen durch einen Spediteur zum „neuen Eigentümer" überführen lassen will, wird der PKW infolge eines Unfalls völlig zerstört. Die Realisierung des Kaufvertrags wird unmöglich.*

Beispiel 2: *Beatrix Wunderschön beabsichtigt, ein neues Auto zu kaufen. Bei der Vorführung durch den Autoverkäufer kommt es zu einem Unfall. Die potenzielle Käuferin bricht sich dabei ein Bein. Im Rahmen der Anbahnung dieses Kaufvertrags hat Frau Wunderschön einen Schaden erlitten, ohne dass der Kaufvertrag zu Stande gekommen ist. Der Jurist spricht hier von „culpa in contrahendo", d. h. Verschulden bei Vertragsschluss.*

Beispiel 3: *Davina Sonnenschein bittet den Verkäufer des Modehauses „Schick" in der Innenstadt von Mainz, den blauen Rock, der ihrer Größe entspricht, in schwarz zu bestellen und ihr an die angegebene Adresse zu übersenden. Nach Entgegennahme der bestellten Ware stellt Frau Sonnenschein fest, dass das Futter im Rock zerrissen ist. Nun überlegt sie, welche Maßnahmen sie auf Grund des festgestellten Mangels ergreifen soll.*

Beispiel 4: *Hansi Schlager hat für eine Fete, die an einem Tag ab 19 Uhr stattfindet, bei einem Catering-Unternehmen Essen für 25 Leute bestellt. Um 21 Uhr hat das Unternehmen weder die Ware geliefert, noch angerufen.*

Beispiel 5: *Wie vertraglich vereinbart will ein Möbelgeschäft dem Privatmann Holger Eitel am 22. April neue italienische Möbel für das Wohnzimmer liefern. Aufgrund einer falschen Eintragung in seinem Kalender ist Herr Eitel am Tag der Lieferung nicht zu Hause.*

Beispiel 6: *Das Möbelhaus „Zukunftskauf" hat - wie vereinbart - am 11. Mai an Michaela Nachzügig eine neue Küche geliefert und montiert. Obwohl die Rechnung vereinbarungsgemäß am 11. April beglichen sein soll, hat Frau Nachzügig noch nicht bezahlt.*

Beispiel 7: *Herbert Wohlgemut, wohnhaft in Saarbrücken, hat von Franz Überschuss eine Eigentumswohnung in Sizilien gekauft. Aufgrund eines Vulkanausbruchs wird die Wohnung zwei Tage nach Vertragsschluss weitestgehend zerstört.*

Beispiel 8: *Für seine Hochzeit lässt sich Jens Schlitzohr, Saarbrücken, bei einem Schneider in München einen Anzug herstellen. Als das Werk geliefert wird, stellt Jens fest, dass die Hose zu kurz ist.*

In den genannten Beispielen ist es in allen Fällen entweder zu einem beabsichtigten Kaufvertragsabschluss gekommen oder die Leistung ist nur fehlerhaft oder gar nicht erbracht worden. Im Beispiel 8 kam es zu einem Werkvertrag, der auch nicht wunschgemäß erfüllt wurde. Es kam also zu Störungen bei der zu erbringenden Leistung. Deshalb spricht man von Leistungsstörungen im Zusammenhang mit dem Abschluss von Verträgen, hier speziell vom Kaufvertrag und dem Werkvertrag.

Leistungs-störungen

Die Leistungsstörungen in der beschriebenen Situationen lassen sich in einem Schaubild verdeutlichen.

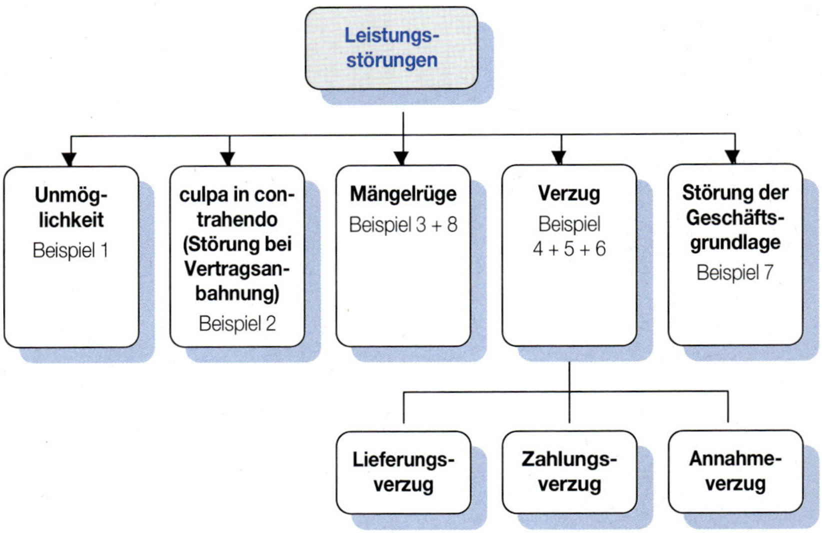

Abb. 6.7: Leistungsstörungen

Diese Leistungsstörungen sind im Zusammenhang mit einem Schuldverhältnis zu sehen, bei dem es einen Gläubiger und einen Schuldner gibt. Beide Vertragspartner gehen Pflichten ein. Dabei ist der Gläubiger kraft des Schuldverhältnisses berechtigt, von dem Schuldner eine Leistung zu fordern *(§ 241 BGB)*. Es stellt sich die Frage, was zu tun ist, wenn im Rahmen der Leistungserbringung des Schuldners eine Störung auftritt.

Gehen wir von der Übersicht „Leistungsstörungen" aus, so tritt zunächst die Frage auf, unter welchen Voraussetzungen man von der Situation der Unmöglichkeit spricht, bevor man sich zu den weiter aufgeführten Leistungsstörungen Gedanken macht.

6.5.1 Unmöglichkeit

Bei Abschluss oder nach Abschluss des Verpflichtungsgeschäfts können zwei Situationen eintreten, die eine Lieferung unmöglich machen.

Situation 1: Sibylle Tikaram schließt in ihrer Wohnung einen Kaufvertrag über den Kauf eines Reitpferdes ab. Zwei Wochen zuvor hatte sie das Tier geritten und sich zu diesem Rechtsgeschäft entschlossen. Während Sibylle und der Verkäufer den Kaufvertrag unterschreiben, können beide Vertragspartner aber nicht wissen, dass das Tier in der Nacht zuvor im Stall von „Unbekannt" getötet wurde.

Anfängliche Unmöglichkeit

Der Kaufvertrag konnte also von Anfang an nicht rechtswirksam zu Stande kommen. Die primäre Leistungspflicht ist somit ausgeschlossen, da sie für den Schuldner oder für jedermann unmöglich, also erst gar nicht entstanden ist. Der Schuldner muss nun die versprochene Leistung gemäß *§§ 275* und *311 a BGB* nicht erbringen. In diesem Fall spricht man von der **anfänglichen Unmöglichkeit**.

Situation 2: Das Möbelhaus „Wohnperfekt" führt einen Räumungsverkauf durch. Sibylle Tikaram schließt einen Kaufvertrag über ein Gemälde ab, das im Preis um 100 € auf 1.650 € reduziert wurde. Sibylle hat darum gebeten, das Bild an ihre Privatadresse zu liefern. In der Nacht brennt das Möbelhaus ab. Das Gemälde wird dabei zerstört.

Nachträgliche Unmöglichkeit

Da das Bild auf Grund eines Brandes in dem Möbelhaus zerstört wurde, ist die durch den Schuldner zu erbringende Leistung unmöglich geworden. Ein Verschulden spielt dabei keine Rolle. Obwohl das Erbringen der Leistung **nachträglich unmöglich** geworden ist, ändert dies jedoch nichts an der Tatsache, dass der Vertrag, also das Verpflichtungsgeschäft, rechtswirksam zu Stande gekommen ist. Es handelt sich deshalb um eine Pflichtverletzung. Verletzt der Schuldner die Pflicht aus dem Schuldverhältnis, so kann der Gläubiger Ersatz des hierdurch entstehenden Schadens verlangen *(§ 280 BGB)*.

Aus den beiden Fällen kann man feststellen, dass zwei Arten der Unmöglichkeit unterschieden werden.

Abb. 6.8: Unmöglichkeit

6.5.2 Culpa in contrahendo

Gräfin Carolina Seidentuch hat Gäste zu einer Party eingeladen. Aus diesem Grunde betritt sie einen Feinkostladen, in dem sie seit Jahren Kundin ist, um Käse, Obst und frische Salate einzukaufen. Beim Betreten des Ladens rutscht sie auf einer Bananenschale aus und bricht sich das Bein. – Für sie stellt sich die Frage, ob sie gegenüber dem Eigentümer des Ladens Schadensersatzansprüche geltend machen kann.

Richterrecht

Der Fall des Ausrutschens auf der Bananenschale oder der des Ausrutschens auf dem „berühmten" Gemüseblatt hat die Gerichte, insbesondere aber auch den Bundesgerichtshof (= BGH), die letzte Instanz der Zivilgerichtsbarkeit, schon häufig beschäftigt. In vielen Fällen, mit denen sich der BGH auseinander zu setzen hatte, ging es darum, dass Kunden versucht hatten, Geschäftsbeziehungen, etwa durch den Einkauf von Waren, anzubahnen. In diesen Situationen öffnet ein Unternehmer zum Beispiel dem Verbraucher sein Geschäftslokal, um potenzielle Kunden die Möglichkeit der Kontaktaufnahme und zum Vertragsschluss zu geben, also beispielsweise einen Kaufvertrag abzuschließen. Es geht folglich um eine ***potenzielle rechtsgeschäftliche Beziehung****. Dies bedeutet, dass diese „rechtliche Beziehung" zwar bereits angebahnt ist; ein Rechtsgeschäft ist jedoch noch nicht zu Stande gekommen. – Wenn der eine Teil dem anderen Teil im Hinblick auf eine solche rechtsgeschäftliche Beziehung die Einwirkung auf seine Rechte und Rechtsgüter ermöglicht, entstehen dem Kunden gegenüber Obhutsverpflichtungen. Dabei stellt sich immer wieder die Frage, ob seitens des Unternehmers, also des Verkäufers, ein Verschulden so eindeutig nachzuweisen ist, dass daraus ein Schadensersatz abgeleitet werden kann. Ist in früheren Jahren der oberste Gerichtshof in der Zivilgerichtsbarkeit, also der Bundesgerichtshof, zu dem Ergebnis gekommen, dass ein Verschulden nachgewiesen werden kann, so wurde von den Richtern dieser letzten Instanz ein Urteil mit der Rechtsfolge gefällt, das für den Verursacher des Unfalls eine Schadensersatzleistung zur Folge hatte. Beim Urteil der Richter dieses Gerichts in letzter Instanz handelt es sich um so genanntes Richterrecht. Dies bedeutet, dass Richter insofern nicht nur irgendein Urteil gefällt haben, sondern eines, das Gesetzescharakter hat.*

culpa in contrahendo

Das Verschulden bei der „Anbahnung eines Vertrages", die so genannte **culpa in contrahendo**, hat sich im Laufe der Jahre zu einem zentralen Rechtsinstitut des deutschen Zivilrechts entwickelt. Aus diesem Grunde wurde dieses im Jahre 2002 kodifiziert. Kodifiziert bedeutet, dass der Sachverhalt „Anbahnung eines Vertrags", in das Gesetz, hier konkret in das Bürgerliche Gesetzbuch, aufgenommen wurde. Früher entstandenes Richterrecht ist jetzt also Gesetzesrecht. Alle vor Gericht behandelten Fälle, die der Anbahnung von Vertragsverhandlungen dienen, sind mit dem Gesetzesauszug des *§ 311 BGB* abgedeckt.

Wenn man sich mit diesem Paragrafen näher beschäftigt, wird deutlich, dass das Rechtsinstitut „culpa in contrahendo" mehrere Tatbestände beinhaltet. In allen Fällen wird bei der Begründung eines Rechtsverhältnisses durch Rechtsgeschäft aber ein **vertragsähnliches Vertrauensverhältnis vorausgesetzt**. Das klassische Vertrauensverhältnis dieser Art ist das in *§ 311 [2], Nr. 1 BGB* genannte.

Zusammenfassend kann festgestellt werden, dass es sich beim Rechtsinstitut „culpa in contrahendo" um folgende Situationen handeln kann:

1. Aufnahme von Vertragsverhandlungen

2. Anbahnung von Vertragsverhandlungen

3. **ähnliche geschäftliche Kontakte** (z. B. Gutachter, die ein besonderes Vertrauen in Anspruch nehmen).

Wer einen Anspruch aus **culpa in contrahendo** geltend machen will, muss folgende Fragen stellen:

1. Besteht ein Schuldverhältnis gemäß *§ 311 Absatz 2 und 3?*
2. Handelt es sich um eine Pflichtverletzung von vorvertraglichen Pflichten, wie Obhuts-, Schutz- oder Informationspflichten?
3. Hat der Schuldner die Pflichtverletzung zu vertreten?
4. Ist durch die Pflichtverletzung ein Schaden entstanden?

Kommt man zu dem Ergebnis, dass der Schuldner eine Pflicht aus dem Schuldverhältnis verletzt, so kann der Gläubiger **Ersatz des** hieraus entstandenen **Schadens verlangen** *(§ 280 BGB).*

Wieder-holungs-fragen

Wiederholungsfragen

1. *Nennen Sie stichwortartig Leistungsstörungen, die im Zusammenhang mit dem Abschluss eines Kaufvertrages auftreten können!*
2. *Nennen Sie die beiden Ihnen bekannten Fälle der Unmöglichkeit!*
3. *Nennen Sie ein Beispiel, das im Zusammenhang mit dem Abschluss eines Kaufvertrages zur Leistungsstörung „Unmöglichkeit" führen kann!*
4. *Erläutern Sie, was man unter der Leistungsstörung „culpa in contrahendo" versteht!*
5. *Um welche drei möglichen Situationen geht es, wenn man von dem Rechtsinstitut „culpa in contrahendo" spricht?*

6.5.3 Mängelrüge

Das Großhandelsunternehmen Getränke Bachlauf KG erhält von einem Spediteur zwanzig Paletten mit Weinkisten aus Frankreich. Im Rahmen der Wareneingangsprüfung fallen einige Arbeiten an. So muss die Ware in Empfang genommen werden. Der Spediteur verlangt von der Bachlauf KG die Bestätigung des Empfangs der Ware auf dem beiliegenden Frachtbrief durch Unterschrift eines Mitarbeiters des Unternehmens.

Gleichzeitig ist zu prüfen, ob die Sendung tatsächlich für das Unternehmen angeliefert wurde und ob die Umhüllung der Ware eventuell äußerlich beschädigt ist.

Danach wird die Ware auf Mängel untersucht. Außerdem ist es erforderlich, die Ware dahingehend zu überprüfen, ob sie nach Art, Güte und Menge dem entspricht, was aus den Begleitpapieren zu entnehmen ist.

Die beiliegende Rechnung ist mit einem Eingangsvermerk, wie z. B. „Eingang 12. Mai ..." oder einem Eingangsstempel zu versehen. Im Anschluss daran muss überprüft werden, ob die gelieferte Ware im Hinblick auf Menge, Art, Preis und Lieferungs- und Zahlungsbedingungen (evtl. Incoterms) mit dem Inhalt der Rechnung übereinstimmt. Im letzten Schritt der Wareneingangskontrolle wird überprüft, ob die Rechnung einen Rechenfehler enthält, ob Brutto- und Nettopreis korrekt ausgewiesen sind und ob die Kosten des Transports (Fracht, Rollgeld usw.) Anlass zu einer Beanstandung geben.

Ist im Rahmen der Wareneingangskontrolle festgestellt worden, dass beispielsweise zu wenig Weinflaschen oder andere als die bestellten Flaschen geliefert wurden, oder dass Weinflaschen beim Transport beschädigt oder zerbrochen wurden, so handelt es sich um eine mangelhaft gelieferte Ware. Der Käufer, hier die Bachlauf KG, kann dann ihre gesetzlich garantierten Rechte aus mangelhafter Lieferung geltend machen.

Aus der dargestellten Situation stellt sich die Frage, welche Rechte der Käufer einer Ware geltend machen kann, wenn diese mangelhaft sind.

Das BGB gibt grundsätzlich Auskunft über die Pflichten der Vertragspartner im Falle eines abgeschlossenen Kaufvertrages.

Pflichten beim Kaufvertrag

§ 433
[Vertragstypische Pflichten beim Kaufvertrag]

(1) Durch den Kaufvertrag wird der Verkäufer einer Sache verpflichtet, dem Käufer die Sache zu übergeben und das Eigentum an der Sache zu verschaffen. Der Verkäufer hat dem Käufer die Sache frei von Sach- und Rechtsmängeln zu verschaffen.

(2) Der Käufer ist verpflichtet, dem Verkäufer den vereinbarten Kaufpreis zu zahlen und die gekaufte Sache abzunehmen.

Es ist festzustellen, dass der Verkäufer verpflichtet ist, dafür zu sorgen, dass die bewegliche Sache frei von Sachmängeln, aber auch von Rechtsmängeln ist.

Schließen also die beiden Vertragspartner einen Kaufvertrag ab, so verpflichten sie sich zu gegenseitigen Leistungen.

Kaufvertrag

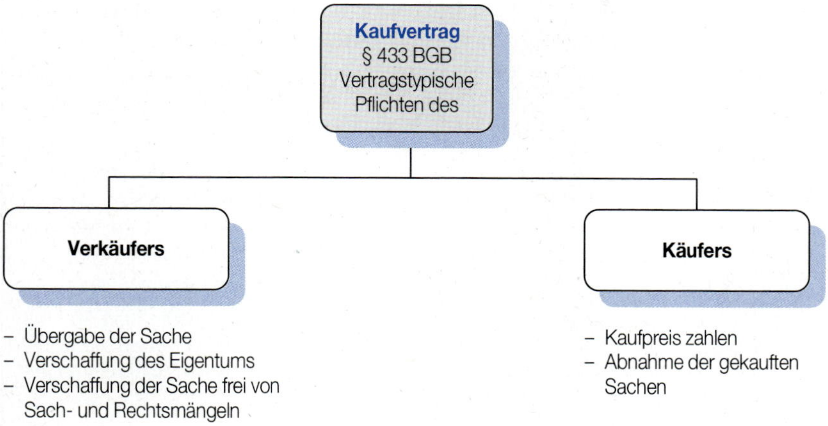

Abb. 6.9: Kaufvertrag

Mängel

Im BGB wird also zwischen zwei Arten von möglichen Mängeln, unterschieden, mit denen eine bewegliche Sache behaftet sein kann.

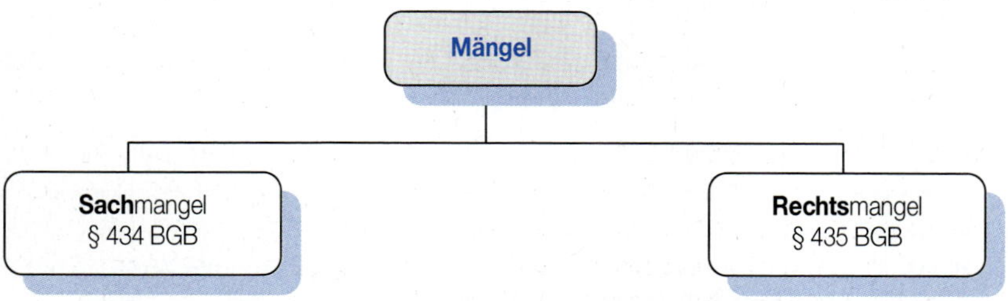

Abb. 6.10: Mängel

In welchen Fällen man von einem Sachmangel spricht, ergibt sich aus *§ 434 BGB.*

- Ein Sachmangel im Hinblick auf die Beschaffenheit der Sache kann also bei Gefahrübergang vorliegen, wenn sie die **vertraglich vereinbarte Beschaffenheit** nicht aufweist.

Beispiel: *Schuhe werden statt mit einer Ledersohle mit einer Gummisohle geliefert.*

§ 434 [Sachmangel]

(1) Die Sache ist frei von Sachmängeln, wenn sie bei Gefahrübergang die vereinbarte Beschaffenheit hat. Soweit die Beschaffenheit nicht vereinbart ist, ist die Sache frei von Sachmängeln,

1. wenn sie sich für die nach dem Vertrag vorausgesetzte Verwendung eignet, sonst

2. wenn sie sich für die gewöhnliche Verwendung eignet und eine Beschaffenheit aufweist, die bei Sachen der gleichen Art üblich ist und die der Käufer nach der Art und der Sache zu erwarten hat.

Zu der Beschaffenheit nach Satz 2 Nr. 2 gehören auch Eigenschaften, die der Käufer nach öffentlichen Äußerungen des Verkäufers, des Herstellers (§ 4 Abs. 1 und 2 des Produkthaftungsgesetzes) oder seines Gehilfen insbesondere in der Werbung oder bei der Kennzeichnung über bestimmte Eigenschaften erwarten kann, es sei denn, dass der Verkäufer die Äußerung nicht kannte und auch nicht kennen musste, dass sie im Zeitpunkt des Vertragsschlusses in gleichwertiger Weise berichtigt war oder dass sie die Kaufentscheidung nicht beeinflussen konnte.

(2) Ein Sachmangel ist auch dann gegeben, wenn die vereinbarte Montage durch den Verkäufer oder dessen Erfüllungsgehilfen unsachgemäß durchgeführt worden ist. Ein Sachmangel liegt bei einer zur Montage bestimmten Sache ferner vor, wenn die Montageanleitung mangelhaft ist, es sei denn, die Sache ist fehlerfrei montiert worden.

(3) Einem Sachmangel steht es gleich, wenn der Verkäufer eine andere Sache oder eine zu geringe Sache liefert.

- Ist **vertraglich nichts vereinbart**, so sieht der Gesetzgeber weitere mögliche in *§ 434 BGB* ausgewiesene Sachmängel vor.

Sachmängel

Mögliche **Sachmängel**:

- Die Sache ist **nicht für die** nach dem Vertrag vorausgesetzte **Verwendung geeignet** (Bsp.: Lieferung falscher Felgen für ein Auto).
- Die Beschaffenheit der Sache weist keine **Eigenschaften** auf, die nach gleicher Sache üblich sind und **die der Käufer** nach der Art der Sache **erwarten kann** (Bsp. 1: Der Treibstoffverbrauch eines Autos ist höher, als er in der Werbung bekannt gegeben wurde. Bsp. 2: Waren mit überschrittenem Mindesthaltbarkeitsdatum werden geliefert)
- Es erfolgt eine **unsachgemäße Montage** durch den Verkäufer (Bsp.: Montage einer Außenleuchte, die nicht brennt, obwohl die Glühbirne funktionsfähig ist).
- Es liegt eine **mangelhafte Montageanleitung** vor. (Bsp.: ein in einem Möbelgeschäft gekaufter Schrank kann wegen unklarer Montageanleitung nicht aufgebaut werden).
- Es handelt sich um eine **aluid-Lieferung** (= Falschlieferung) oder eine **Zuweniglieferung** (Beispiel 1: Es wird ein Kleid statt eines Anzugs geliefert; Beispiel 2.: Es werden statt 48 Flaschen Wein nur 24 Flaschen geliefert).

• Positive Forderungsverletzung

Nadia Schmunzelbacke stellt fest, dass einer ihrer Zierfische gestorben ist. Deshalb kauft sie sich einen neuen teuren Fisch hinzu. Diesen setzt sie in das Aquarium, in dem sich bereits andere wertvolle Fische befinden. Nach einer Woche stellt sie fest, dass alle Fische tot im Wasser schwimmen. Ein Gutachter kommt zu dem Ergebnis, dass das gekaufte Tier mit einer Seuche infiziert war und die anderen Fische angesteckt hat.

Zunächst kann festgestellt werden, dass die beiden Vertragspartner die vertragstypischen Pflichten des Kaufvertrages gemäß *§ 433 BGB* erfüllt haben. Allerdings ist die Störung des Kaufvertrages durch Verletzung einer Schutzpflicht aufgetreten, weil der Fisch nicht – wie vom Käufer zu erwarten war – als gesundes Tier verkauft wurde. In diesem Fall handelt es sich um eine so genannte positive Forderungsverletzung.

Wenn Vertragspartner einen Vertrag abschließen, dann bestehen gegenseitige Pflichten, je nach Vertragsart unterschiedliche Pflichten. Deshalb spricht der Gesetzgeber von **vertragstypischen Pflichten**.

Beispielsweise sind die Pflichten

- beim Kaufvertrag aus *§ 433 BGB*
- bei der Leihe aus *§ 598 BGB*
- beim Werkvertrag aus *§ 631 BGB*

abzuleiten. In diesem Falle spricht man von so genannten Leistungspflichten, bei denen sich jeweils die Güterlage des Gläubigers verändert.

Neben diesen **Leistungspflichten** entstehen aber auch **Schutzpflichten**.

Schutzpflichten

Schutzpflichten verpflichten die Beteiligten zu einem gesteigerten Schutz der Rechtsgüter des jeweils anderen. Dies bedeutet, dass im Rahmen des Abschlusses von Rechtsgeschäften auch zusätzlich Schutzpflichten entstehen, die auch Nebenpflichten genannt werden. Schutzpflichten, dies sind z. B. auch Hinweispflichten oder Auskunftspflichten, dürfen nicht verletzt werden. Werden diese verletzt, so spricht man von einer **positiven Forderungsverletzung** oder einer **positiven Vertragsverletzung**. Im konkreten Ausgangsfall hat Frau Schmunzelbacke die Sache „Fisch" gekauft. Dabei konnte sie erwarten, dass dieser so beschaffen ist, dass er als „gesund" bezeichnet werden kann. Da dies nicht der Fall war, handelt es sich um einen Sachmangel im Sinne des *§ 434 BGB.*

Weitere Beispiele für einen Mangel aufgrund einer positiven Forderungsverletzung sind:

- Ein Steuerberater gibt seinem Mandanten nur allgemeine Auskunft über das Steuerrecht, nicht jedoch konkrete Ratschläge für dessen individuelle Situation.
- Ein Vermieter kündigt einem Mieter unberechtigt den Mietvertrag wegen eines in Wahrheit nicht bestehenden Eigenbedarfs.

- Eine von einem Unternehmer gelieferte Propangasflasche explodiert wegen unzureichender Abdichtung der Flasche.

Aus diesen Mängeln können Schadensersatzansprüche gemäß *§ 437 BGB* geltend gemacht werden.

Rechtsmangel

Neben einem möglichen Sachmangel ist es auch denkbar, dass der Verkäufer eine Sache liefert, die mit einem **Rechtsmangel** behaftet ist.

§ 435 [Rechtsmangel]

Die Sache ist frei von Rechtsmängel, wenn Dritte in Bezug auf die Sache keine oder nur die im Kaufvertrag übernommenen Rechte gegen den Käufer geltend machen können. Einem Rechtsmangel steht es gleich, wenn im Grundbuch ein Recht einbezogen ist, das nicht besteht.

Ein Beispiel für einen Rechtsmangel ist ein im Grundbuch fälschlicherweise eingetragenes, aber nicht bestehendes Recht, wie ein Wohnrecht oder ein Erbbaurecht.

Aus dem BGB kann also abgeleitet werden, mit welcher Art von Mängeln eine gekaufte Sache behaftet sein kann. Nun stellt sich die Frage, was der Käufer tun sollte, wenn er einen Mangel an einer gekauften Sache feststellt? Oder anders formuliert: Welche Rechte stehen dem Käufer gesetzlich zu, wenn eine von ihm käuflich erworbene Sache einen Mangel aufweist?

Rechte des Käufers bei Mängeln an einer Sache ergeben sich aus *§ 437 BGB.*

§ 437 [Rechte des Käufers bei Mängeln]

Ist die Sache mangelhaft, kann der Käufer, wenn die Voraussetzungen der folgenden Vorschriften vorliegen und soweit nicht ein anderes bestimmt ist,

1. *nach § 439 Nacherfüllung verlangen,*
2. *nach den §§ 440, 332 und 326 Abs. 5 von dem Vertrag zurücktreten und nach § 441 den Kaufpreis mindern und*
3. *nach den §§ 440, 280, 281, 283 und 311 a Schadensersatz oder nach § 284 Ersatz vergeblicher Aufwendungen verlangen.*

Wie man aus diesem Paragrafen erkennen kann, ist es erforderlich, in weitere in diesem Gesetzesauszug genannte Paragrafen zu schauen. Dabei wird deutlich, dass der Käufer im Falle eines Mangels einen **Nacherfüllungsanspruch** auf Kosten des Verkäufers geltend machen kann. Hat der Käufer dem Verkäufer eine Frist zur Nacherfüllung gesetzt und ist diese ergebnislos verstrichen, so kann der Käufer gesetzlich vorgesehene **Gewährleistungsansprüche** geltend machen.

Nacherfüllungsanspruch

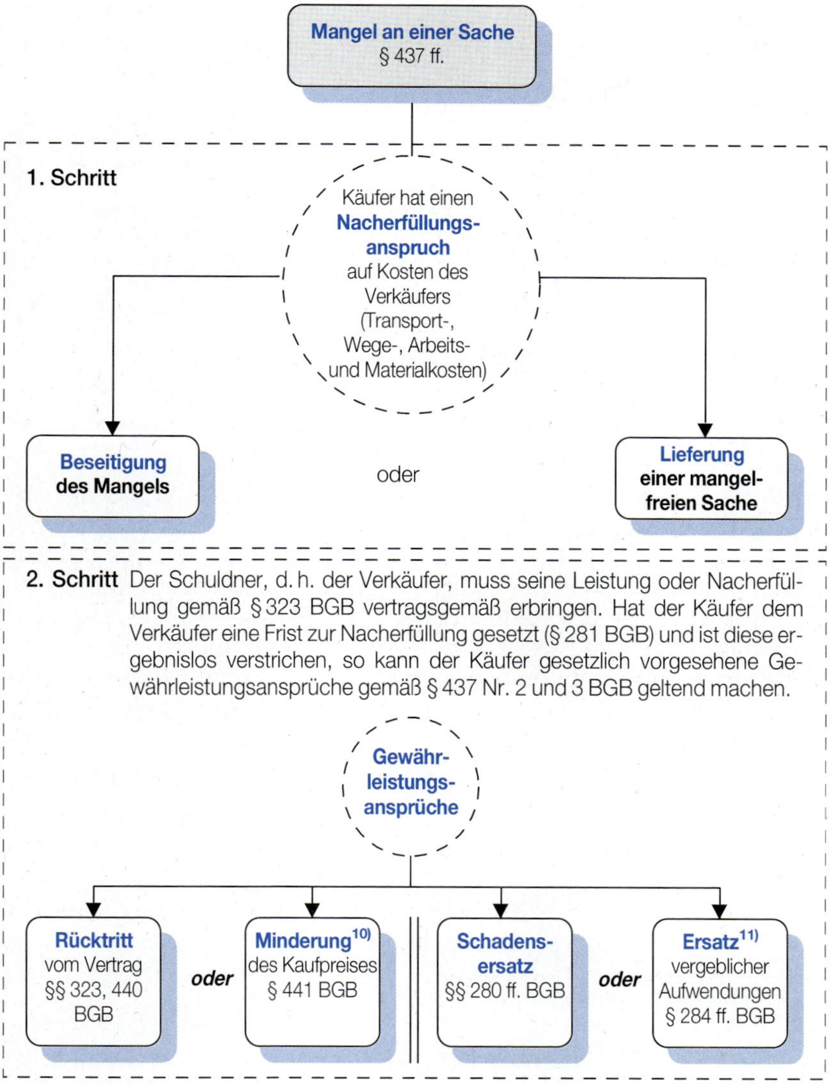

Gewährleistungsansprüche

Abb. 6.11: Mangel an einer Sache

[10] Der Käufer kann den Kaufpreis auch bei Vorliegen eines Rechtsmangels in gleicher Weise mindern wie beim Vorliegen eines Sachmangels. Er ist zur Minderung aber erst nach erfolgloser Setzung einer Frist zur Nacherfüllung berechtigt. Die Minderung ist Gestaltungsrecht, d. h. sie ist, soweit als möglich, durch Schätzung zu ermitteln. Kommt eine Einigung nicht zu Stande, so kann ein Sachverständiger eingeschaltet werden.

[11] Die Rechtsprechung behilft sich hier mit der Unterstellung, dass es sich um einen Kostenfaktor handelt, der in der Kalkulation auftaucht. Es muss ein Mindestschaden bei einem rentablen „Geschäft" entstanden sein.

- ***Werkvertrag und Mängelrüge***

Werkvertrag

Wer einen Schrank vom Schreiner bauen lässt, der schließt mit einem Unternehmer einen Werkvertrag ab. **Gegenstand des Werkvertrages** kann sowohl die

- **Herstellung** oder
- **Veränderung** einer Sache oder
- ein anderer **durch Arbeit oder Dienstleistung herbeizuführender Erfolg** sein, wie z. B. das Gutachten eines Arztes *(§ 631 Abs. 2 BGB).*

Gemäß *§ 633 BGB* hat der Unternehmer dem Besteller das Werk frei von Sach- und Rechtsmängeln zu verschaffen. Aus diesem Gesetzesauszug lässt sich erkennen, dass die Vorschrift identisch mit dem Kaufvertragsrecht ist. Tatsächlich kann man feststellen, dass die Vorschriften des Werkvertragsrechts durch die des Kaufvertragsrechts weitestgehend identisch sind. Dennoch hat der Besteller im Falle von an dem Werk festgestellten Mängeln teilweise andere Rechte als der Käufer nach Abschluss eines Kaufvertrages.

Nacherfüllungsanspruch

Erhält der Besteller vom Unternehmer ein mangelhaftes Werk, wie eine zu kurze Hose oder eine nicht funktionsfähige Maschine, so muss er das Werk nicht abnehmen. Er kann auf der Herstellung eines mangelfreien Werkes bestehen. Im Gegensatz zu der Wahlmöglichkeit bei der Geltendmachung des **Nacherfüllungsanspruchs** beim Kaufvertrag kann der **Unternehmer** im Falle des Werkvertrags **entscheiden**, ob er selbst **nachbessert** oder gar **neu herstellt**. Bei dieser Wahlmöglichkeit hat der Besteller das Recht, dem Unternehmer eine **Frist zu setzen**, innerhalb derer der Mangel zu beheben ist. Und auch nach erfolglosem Ablauf der Frist hat der Besteller gemäß *§ 634 BGB* verschiedene Wahlmöglichkeiten:

- Selbstvornahme gemäß *§ 637 BGB*
- Rücktritt gemäß *§§ 323, 326 BGB*
- statt Rücktritt Minderung gemäß *§ 638 BGB*
- und/oder Schadensersatz gemäß *§§ 280, 281, 636 BGB*

Durch **individuelle Vereinbarung** ist es möglich, dass der Besteller mit dem Unternehmer die Vereinbarung trifft, dass die Gewährleistungsfrist abgekürzt oder gar ganz ausgeschlossen wird.

Kostenanschlag

Für einen **Kostenanschlag**, mit dem der Unternehmer den Besteller vor Auftragserteilung über die Kosten informiert, die voraussichtlich anfallen werden, kann er kein Geld verlangen. Sollte es allerdings zu einer Überschreitung des Kostenanschlags kommen, so hat der Unternehmer den Besteller unverzüglich Anzeige zu machen *(§§ 632, 650 BGB).*

- ***Verjährung der Mängelhaftung***

Aus *§ 437 BGB* ergeben sich Ansprüche, die der Käufer im Falle eines Mangels an einer Sache geltend machen kann. Auch diese unter Nr. 1 und 3 bezeichneten Ansprüche unterliegen der Verjährung.

Verjährung der Mängelansprüche

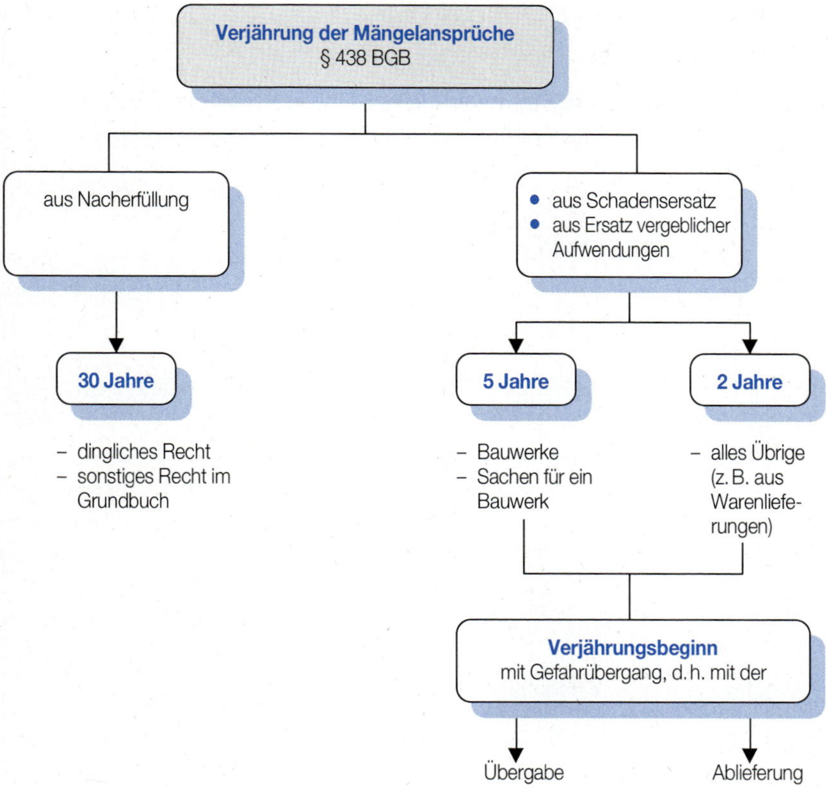

Abb. 6.12: Verjährung der Mängelansprüche

Wiederholungsfragen

Wiederholungsfragen

1. *Nennen Sie die gesetzlich fest geschriebenen „vertragstypischen Pflichten beim Kaufvertrag".*
2. *Welche beiden Arten von Mängeln unterscheidet das BGB?*
3. *Nennen Sie Beispiele für Sachmängel, die nach Abschluss eines Kaufvertrages auftreten können.*
4. *Nennen Sie ein Beispiel für einen Rechtsmangel.*
5. *Beschreiben Sie die Rechte des Käufers, die er geltend machen kann, wenn er einen Sachmangel festgestellt hat.*

Wiederholungsfragen

6. In welchen Situationen kommt ein Werkvertrag zu Stande?

7. Welche Rechte hat ein Besteller im Falle einer Mängelrüge beim Werkvertrag?

8. In welchen Zeiträumen verjähren Mängelansprüche im Falle

a) von Mängeln an einem Bauwerk?

b) falsch eingetragener Rechte im Grundbuch?

c) von Mängeln auf Grund falsch gelieferter Waren?

9. Was versteht man unter einer „positiven Forderungsverletzung"?

- ***Verbrauchsgüterkauf***

Wer sich die Gliederung des BGBs anschaut, der wird feststellen, dass die im zweiten Buch „Recht der Schuldverhältnisse" konkret in Abschnitt 8: Einzelne Schuldverhältnisse, zu finden sind. Um welche Schuldverhältnisse es sich dabei handelt, lässt sich aus den einzelnen Titeln dieses Abschnitts ableiten. Schauen Sie sich hierzu den nachfolgend abgebildeten Auszug aus dem BGB an.

Zweites Buch: **Recht der Schuldverhältnisse**

Abschnitt 1: Inhalt der Schuldverhältnisse
§ 241 Pflichten aus dem Schulverhältnis

Abschnitt 8: Einzelne Schuldverhältnisse

Titel 1: Kauf, Tausch

Untertitel 1: **Allgemeine Vorschriften**
§ 433 Vertragstypische Pflichten beim Kaufvertrag
§ 434 Sachmangel
§ 435 Rechtsmangel

Untertitel 2: **Besondere Arten des Kaufs** (§ 454 ff.)
Kapitel 1: Kauf auf Probe
Kapitel 2: Wiederkauf
Kapitel 3: Vorkauf

Untertitel 3: **Verbrauchsgüterkauf** (§ 474 ff.)
§ 474 Begriff des Verbauchsgüterkaufs
§ 475 Abweichende Vereinbarungen

Untertitel 4: Tausch (§ 480)

Abb. 6.13: Recht der Schuldverhältnisse

Verbrauchsgüterkauf

Gemäß *§ 433 BGB,* der die vertragstypischen Pflichten beim Kaufvertrag regelt, sind die Vertragspartner der Verkäufer und der Käufer. Im Hinblick auf die Bezeichnung der Vertragspartner gibt es beim Verbrauchsgüterkauf – im Vergleich zum zuvor behandelten Kaufvertrag – einen Unterschied, der sich aus der Definition des Verbrauchsgüterkaufs ableiten lässt. Kauft ein **Verbraucher** von einem **Unternehmer** eine bewegliche Sache, so handelt es sich um einen **Verbrauchsgüterkauf** *(§ 474 BGB).*

Bereits aus der Bezeichnung Verbrauchsgüterkauf lässt sich ableiten, dass es nicht um den Kauf von Immobilien, also unbewegliche Sachen, wie Eigentumswohnungen, Häuser oder Grundstücke geht. Vielmehr betrifft es nur einen Ausschnitt aller Kaufverträge, nämlich den Kaufvertrag zwischen einem gewerblichen Verkäufer, Unternehmer genannt, und einem Verbraucher. Die Definition der beiden Vertragspartner ist im BGB enthalten.

Vertragspartner beim Verbrauchsgüterkauf

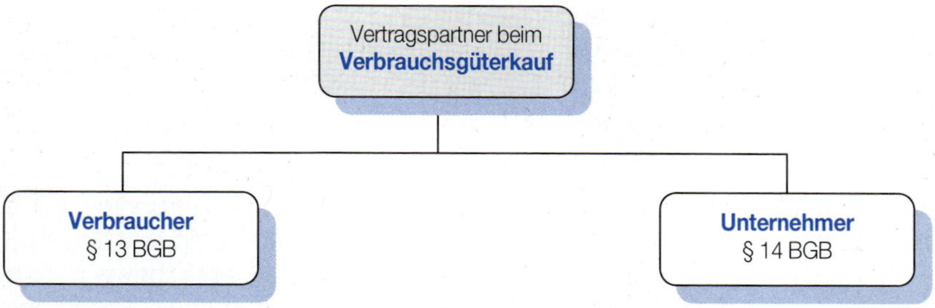

Abb. 6.14: Vertragspartner beim Verbrauchsgüterkauf

§ 13 [Verbraucher]

Verbraucher ist jede natürliche Person, die ein Rechtsgeschäft zu einem Zweck abschließt, der weder ihrer gewerblichen noch ihrer selbstständigen beruflichen Tätigkeit zugerechnet werden kann.

§ 14 [Unternehmer[12]]

(1) Unternehmer ist eine natürliche oder juristische Person oder eine rechtsfähige Personengesellschaft, die bei Abschluss eines Rechtsgeschäfts in Ausübung ihrer gewerblichen oder selbstständigen beruflichen Tätigkeit handelt.

(2) Eine rechtsfähige Personengesellschaft ist eine Personengesellschaft, die mit der Fähigkeit ausgestattet ist, Rechte zu erwerben und Verbindlichkeiten einzugehen.

[12] Der Unternehmer bietet am Markt planmäßig und dauerhaft Leistungen gegen Entgelt an. Auch Freiberufler, Handwerker und Landwirte, aber auch Kleingewerbetreibende, die nicht im Handelsregister eingetragen sind, sind Unternehmer.

Es **geht** beim Verbrauchsgüterkauf also
- **nicht** um Kaufverträge über Immobilien
- **nicht** um Kaufverträge zwischen Unternehmen
- **nicht** um Kaufverträge zwischen Verbrauchern.

Der Begriff des **Verbrauchsgüterkaufs** ist allerdings **nicht** anwendbar für **gebrauchte Sachen**, die in einer öffentlichen Versteigerung verkauft werden, an welcher der Verbraucher persönlich teilnehmen kann *(§ 474 BGB).*

Kauft ein Verbraucher von einem Unternehmer eine bewegliche Sache, wie z. B. einen Fernseher, so können die dem Verbraucher gewährten Rechte nicht außer Kraft gesetzt werden. Deshalb gilt, dass sich ein Unternehmer nicht auf eine Vereinbarung mit dem Verbraucher berufen kann, die vor Eintritt eines Mangels getroffen wurde und zum Nachteil des Verbrauchers wäre. Anders formuliert kann man sagen, dass eine zwischen dem Unternehmer und dem Verbraucher getroffene Vereinbarung zum Nachteil des Verbrauchers dann **nichtig**, also rechtsunwirksam ist, wenn sie getroffen wurde, bevor der Verbraucher den Mangel entdeckt hat *(§ 475 BGB).*

Für die Geltendmachung eines Sachmangels gilt eine Verjährungsfrist von zwei Jahren. Zu beachten ist beim Verbrauchsgüterkauf die so genannte Beweislastumkehr, wenn sich beim Gefahrübergang einer beweglichen Sache, die der Verbraucher vom Unternehmer gekauft hat, ein Sachmangel zeigt.

Beweisumkehrlast

§ 476 [Beweislastumkehr]

Zeigt sich innerhalb von sechs Monaten seit Gefahrübergang ein Sachmangel, so wird vermutet, dass die Sache bereits bei Gefahrübergang mangelhaft war, es sei denn, diese Vermutung ist mit der Art der Sache oder des Mangels unvereinbar.

Mängelansprüche besitzt der Käufer grundsätzlich nur, wenn die Kaufsache bei Gefahrübergang (meist bei Übergabe der Kaufsache) auch wirklich einen Mangel hat. So ist die Regelung im „allgemeinen Kaufrecht“. Da die Grundlage dieser Vorschrift die schlechteren Beweismöglichkeiten des Verbrauchers und die ungleich besseren Erkenntnismöglichkeiten des Unternehmers nicht berücksichtigt, wurde **zum besonderen Schutz des Verbrauchers** die „**Umkehr der Beweislast**“ nicht in das allgemeine Kaufrecht *(§ 433 ff. BGB)* integriert, sondern in den Anwendungsbereich des **Verbrauchsgüterkaufs**.

Bei diesem Gesetzesauszug handelt sich um eine Umkehr der Beweislast zu Gunsten des Verbrauchers hinsichtlich der Mängel, die innerhalb von sechs Monaten nach der Lieferung offenbar wurden. Danach muss der Käufer den Beweis antreten.

Verzugszinsen

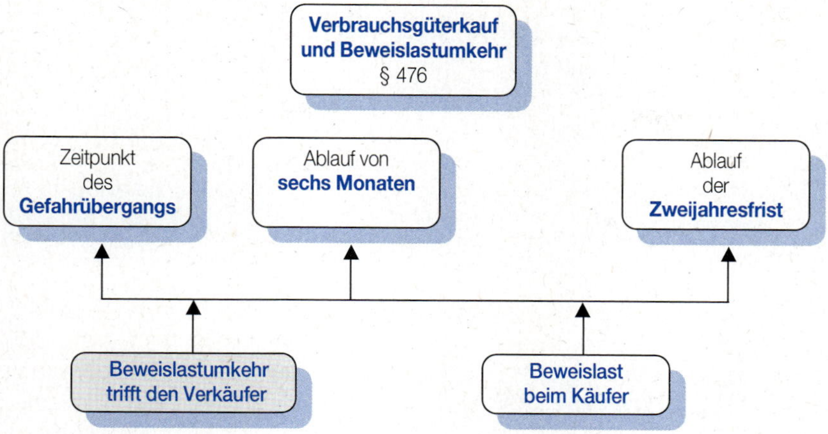

Abb. 6.15: Verbrauchsgüterkauf und Beweislastumkehr

- ***Kauf gebrauchter Verbrauchsgüter***

Gebrauchte Verbrauchsgüter

Wer Verbrauchsgüter kauft, wird unter Umständen in die Lage versetzt, bei einem Unternehmer eine **gebrauchte Sache**, wie z. B. ein Auto, zu **kaufen**. Auch in diesem Fall wird die Mängelhaftung nicht ausgeschlossen. Die gesetzliche **Verjährungsfrist** beträgt in diesem Fall aber nicht zwei Jahre, sondern nur **ein Jahr** *(§ 475 Abs. 2 BGB).*

Wiederholungsfragen

Wiederholungsfragen

1. Schauen Sie in Ihren Gesetzestext und stellen Sie fest, ab welchem Paragrafen der „Verbrauchsgüterkauf" gesetzlich geregelt ist!

2. Wie werden die Vertragspartner beim Verbrauchsgüterkauf genannt?

3. Nennen Sie Kaufverträge, bei denen man nicht von einem so genannten Verbrauchsgüterkauf spricht!

4. Handelt es sich im Falle einer öffentlichen Versteigerung von gebrauchten Sachen auch um einen Verbrauchsgüterkauf?

5. Was beinhaltet die „Beweislastumkehr" im Zusammenhang mit dem Verbrauchsgüterkauf?

6. Innerhalb welchem Zeitraum verjähren

a) Mängelansprüche nach abgeschlossenem Verbrauchsgüterkauf?

b) Mängelansprüche im Falle von gekauften gebrauchten Verbrauchsgütern bei einem Unternehmer?

6.5.4 Verzug

- ***Lieferungsverzug***

Ein Drogist ordert bei einem Kosmetikproduzenten verschiedene Sorten nicht in seinem Sortiment befindliche Flaschen exklusiven Rasierwassers, die ein Kunde bei ihm bestellt hat Er teilt dem Lieferer per Fax mit, dass er die Ware bis zum 15. August benötige. Am 20. August ist die bestellte Ware noch nicht eingetroffen. Der Drogist erfährt durch einen Anruf, dass infolge Personalmangels bei dem Kosmetikunternehmen die Lieferung nicht rechtzeitig erfolgen konnte.

Grundsätzlich ist der Lieferer zur rechtzeitigen Lieferung der bestellten Ware verpflichtet. Im vorliegenden Fall ist der **Lieferer** mit der Lieferung **in zeitlichen Verzug** geraten. Solange die Lieferung noch nicht erfolgt ist, schuldet der Lieferer dem Käufer die bestellte Ware. Deshalb ist der Lieferungsverzug **Schuldnerverzug**.

Ein Schuldner kommt nur in **Verzug**, wenn bestimmte **Voraussetzungen** erfüllt sind.

§ 286 [Verzug des Schuldners]

*(1) Leistet der Schuldner auf eine Mahnung des Gläubigers nicht, die nach dem Eintritt der Fälligkeit erfolgt, so kommt er **durch** die **Mahnung** in **Verzug**. Der Mahnung stehen die Erhebung der Klage auf die Leistung sowie die Zustellung eines Mahnbescheids im Mahnverfahren gleich.*

*(2) Der **Mahnung** bedarf es **nicht**, wenn*

1. *für die **Leistung** eine Zeit **nach** dem **Kalender** bestimmt ist,*
2. *der **Leistung** ein **Ereignis vorauszugehen**[13] hat und eine **angemessene Zeit**[14] für die Leistung in der Weise bestimmt ist, dass sie sich von dem Ereignis an **nach** dem **Kalender berechnen lässt***
3. *der **Schuldner** die Leistung ernsthaft und **endgültig verweigert**,*
4. ***aus besonderen Gründen** unter Abwägung der beiderseitigen Interessen der **sofortige Eintritt des Verzugs** gerechtfertigt ist.*

*(3) Der Schuldner einer **Entgeltforderung** kommt spätestens in Verzug, wenn er nicht innerhalb von 30 Tagen nach Fälligkeit und Zugang einer Rechnung oder gleichwertigen Zahlungsaufstellung leistet; dies gilt gegenüber einem Schuldner, der Verbraucher ist, nur, wenn auf diese Folgen in der Rechnung oder Zahlungsaufstellung besonders hingewiesen worden ist, Wenn der Zeitpunkt des Zugangs der Rechnung oder Zahlungsaufstellung unsicher ist, kommt der Schuldner, der nicht Verbraucher ist, spätestens 30 Tage nach Fälligkeit und Empfang der Gegenleistung in Verzug.*

*(4) Der **Schuldner** kommt **nicht in Verzug**, solange die Leistung infolge eines Umstands unterbleibt, den er **nicht zu vertreten** hat.*

---

[13] z. B. „eine Woche nach Lieferung" oder „drei Wochen nach Rechnungszustellung.

[14] Beispielsweise der Vermerk „Bezahlung sofort nach Erhalt" ist nicht als angemessene Zeit zu betrachten.

Der Lieferer kommt im konkreten Fall ohne Mahnung sofort in Verzug, da die zu erbringende Leistung nach dem Kalender bestimmt war. Als Schuldner haftet er für jede Fahrlässigkeit.

> **§ 287 [Verantwortlichkeit während des Verzugs]**
>
> *Der Schuldner hat während des Verzugs jede Fahrlässigkeit zu vertreten. Er haftet wegen der Leistung auch für Zufall, es sei denn, dass der Schaden auch bei rechtzeitiger Leistung eingetreten sein würde.*

Die Haftung des Schuldners, hier des Lieferers, ergibt sich aus den Rechtsnormen der *§§ 280 ff. BGB.* Er wird schadensersatzpflichtig wegen Pflichtverletzung.

> **§ 288 [Verzugszinsen]**
>
> *(1) Eine Geldschuld ist während des Verzugs zu verzinsen. Der Verzugszinssatz beträgt für das Jahr fünf Prozentpunkte über dem Basiszinssatz[15],*
>
> *(2) Bei Rechtsgeschäften, an denen ein Verbraucher nicht beteiligt ist, beträgt der Zinssatz für Entgeltforderungen acht Prozentpunkte über dem Basiszinssatz.*
>
> *(3) Der Gläubiger kann aus einem anderen Rechtsgrund höhere Zinsen verlangen.*
>
> *(4) Die Geltendmachung eines weiteren Schadens ist nicht ausgeschlossen.*

Zinseszinsverbot

> **§ 289 [Zinseszinsverbot]**
>
> *Von Zinsen sind Verzugszinsen nicht zu entrichten. Das Recht des Gläubigers auf Ersatz des durch den Verzug entstehenden Schadens bleibt unberührt.*

Fixhandelskauf

Bestellt ein Kaufmann eine Ware bei einem Großhändler zu einem ganz genau bestimmten Termin, so handelt es sich um einen **Fixhandelskauf** *(§ 376 HGB).* So genannte Fixklauseln in einem solchen Kaufvertrag sind z. B. „fix“, „genau am ...“, „Lieferung zwischen dem 12. Januar und 15. Januar jeweils um 15 Uhr“.

Beginn der Verjährungsfrist

Erfolgt eine Lieferung bei einem Fixkauf nicht zum vereinbarten Termin, gerät also der Lieferer im Rahmen dieses **zweiseitigen Handelskaufs** in Verzug, so kann der Käufer entweder

- vom Vertrag zurücktreten (ohne ein Verschulden beweisen oder eine Nachfrist setzen zu müssen),
- statt der Erfüllung Schadenersatz wegen Nichterfüllung verlangen oder
- auf Erfüllung weiterhin bestehen, unter ausdrücklichem Hinweis darauf *(§ 376 HGB).*

[15] Es handelt sich hier um den von der Deutschen Bundesbank veröffentlichten Basiszinssatz; siehe **www.bundesbank.de**.

• Annahmeverzug

Frau Talisman bestellt in einem Blumengeschäft 10 Blumenstöcke, mit denen sie ihr Haus schmücken will. Sie bittet darum, die Blumen am Dienstag, den 30. Juni, zu liefern. Am 28. Juni entschließt sie sich kurzfristig, für zwei Wochen in Urlaub zu fahren. Zum vereinbarten Termin versucht das Blumengeschäft deshalb vergeblich, die Blumen bei Frau Talisman abzuliefern.

Wer sich intensiv mit dem Kaufvertrag auseinander gesetzt hat, weiß, dass die beiden Vertragspartner Pflichten zu erfüllen haben. Eine **Pflicht** des Käufers besteht darin die **Ware anzunehmen**.

Im vorliegenden Fall spricht man von **Annahmeverzug**, weil der Käufer die Ware nicht rechtzeitig annimmt.

Wie beim Lieferungsverzug müssen bestimmte **Voraussetzungen** erfüllt sein, damit **Annahmeverzug** vorliegt:

1. Die geschuldete Lieferung muss **fällig** sein.
2. Die Lieferung muss **tatsächlich angeboten** werden. Das tatsächliche Angebot ist keine zusätzliche zur Leistung vorzunehmende Handlung, sondern der Beginn der Leistung. Es muss so vorgenommen werden, dass der Gläubiger nichts weiter zu tun hat als zuzugreifen und die Lieferung anzunehmen *(§ 294 BGB)*.
3. Die Leistung wurde nicht angenommen.

Ist Verzug eingetreten, so vermindert sich die Haftung des Schuldners, d. h. des Verkäufers. Er hat während des Verzugs des Gläubigers nur noch Vorsatz und grobe Fahrlässigkeit zu vertreten *(§ 300 BGB)*.

Der Gläubiger kommt allerdings nicht in Verzug, wenn der Schuldner zurzeit des Angebots oder im Falle des *§ 296* (Entbehrlichkeit des Angebots) für die Handlung des Gläubigers bestimmten Zeit außer Stande ist, die Leistung zu bewirken.

Im vorliegenden Fall wurden die bestellten Waren pünktlich zum vereinbarten Termin angeboten, aber nicht angenommen. Deshalb tritt die Frage auf, welche Rechte der Schuldner, hier also das Blumengeschäft, im Falle eines Annahmeverzugs grundsätzlich geltend machen kann.

An den Verpflichtungen, die die beiden Vertragspartner im Rahmen des Kaufvertrags eingegangen sind, ändert sich trotz Annahmeverzuges nichts. Deshalb hat der Verkäufer, d. h. hier das Blumengeschäft, weiterhin das Recht, auf die Abnahme der Ware zu bestehen. Da der Käufer in Urlaub und deshalb nicht greifbar ist, kann der **Verkäufer die Rechte geltend machen**, die ihm auch **ohne Zustimmung des Gläubigers** zustehen.

1. Der Verkäufer darf bei Annahmeverzug des Käufers die Ware auf dessen Gefahr und Kosten **in einem öffentlichen Lagerhaus** oder sonst in sicherer Weise **hinterlegen** *(§ 373 HGB)*.

2. Der Verkäufer kann die Ware in **eigener Verwahrung** behalten oder anderweitig verwahren. Er haftet dann nur für Vorsatz und grobe Fahrlässigkeit und hat Anspruch auf Ersatz der Aufwendungen.

3. Der Verkäufer darf die Ware verkaufen lassen. In der Regel muss er den **Selbsthilfeverkauf** dem Käufer vorher **androhen**. Außerdem hat er ihm rechtzeitig Ort und Zeitpunkt des Selbsthilfekaufs mitzuteilen. Besteht die Gefahr, dass die Ware verdirbt, so besteht keine Verpflichtung zur vorherigen Androhung, da ein **Notverkauf** erfolgen muss. Wie der Selbsthilfeverkauf erfolgen soll, braucht der Verkäufer dem Käufer nicht mitzuteilen.
   Kommt es zu einer öffentlichen Versteigerung einer Sache, so können Verkäufer und Käufer mitbieten *(§ 373 HGB, § 384 BGB).*

4. Er kann vom **Vertrag zurücktreten**, wenn der Käufer die Ware schuldhaft nicht entgegennimmt *(§ 374 HGB).*

5. Der Verkäufer kann gegen den Käufer auf Abnahme klagen.

• *Zahlungsverzug*

Jedes Unternehmen muss darauf achten, dass ausstehende Forderungen infolge von Warenlieferungen pünktlich beglichen werden. Trotzdem kommt es immer wieder vor, dass Schuldner ihre Rechnungen nicht begleichen. Die Gründe für ein **Zahlungsversäumnis** können sein:

- der Schuldner hat vergessen, die Rechnung zu bezahlen;
- der Schuldner ist in Zahlungsschwierigkeiten geraten oder zahlungsunfähig,
- der Schuldner ist nicht willig zu zahlen.

Immer dann, wenn der Käufer den vereinbarten Kaufpreis nicht rechtzeitig bezahlt, gerät er in **Zahlungsverzug.**

Der Zahlungsverzug ist wie der Lieferungsverzug **Schuldnerverzug**.

Leistet der Schuldner auf eine Mahnung des Gläubigers nicht, die nach dem Eintritt der Fälligkeit erfolgt, so kommt er durch die Mahnung in Verzug. – Der **Schuldner einer Geldforderung** kommt jedoch spätestens in Verzug, wenn er nicht **innerhalb von 30 Tagen** nach Fälligkeit und Zugang der Rechnung oder gleichwertigen Zahlungsaufstellung leistet.

Bekanntlicherweise unterliegt der Verbraucher einem besonderen Schutz. Daher gilt für ihn die 30-Tage-Regelung nur dann, wenn der Gläubiger in der Rechnung oder Forderungsaufstellung gesondert auf die Folge eines Verzuges hinweist.

Ist der Zeitpunkt des Zugangs der Rechnung unsicher, so wird der Zeitpunkt der Rechnung oder der der Zahlungsaufstellung durch den Zeitpunkt des Empfangs der Gegenleistung ersetzt. Diese Regelung gilt aber nicht zu Lasten eines Schuldners, der Verbraucher ist *(§ 286 BGB).*

Diese gesetzliche Regelung ist dispositiv. Die Parteien können deshalb andere Regelungen für den Eintritt des Verzugs vereinbaren. So können sie festlegen, dass der Schuldner vor Ablauf der 30-Tages-Frist auch gemahnt werden kann. Allerdings können auch für den Schuldner günstigere Regelungen vereinbart werden und z. B. einen späteren Verzugseintritt vorsehen.

Diese Dispositionsmöglichkeiten sind aber bei Verträgen mit Verbrauchern eingeschränkt. Hier können nur günstigere, nicht aber schlechtere Bedingungen vereinbart werden.

Liegt Zahlungsverzug vor, so ist die **Geldschuld während des Verzugs zu verzinsen**. Dabei ist zu unterscheiden ob es sich um einen Verbraucher oder einen anderen Schuldner handelt.

- Der Verzugszinssatz beträgt für das Jahr fünf Prozentpunkte über dem Basiszinssatz.
- Bei Rechtsgeschäften, an denen ein Verbraucher nicht beteiligt ist, beträgt der Zinssatz für Entgeltforderungen acht Prozentpunkte über dem Basiszinssatz[16] der Deutschen Bundesbank *(§§ 247, 288 BGB).*

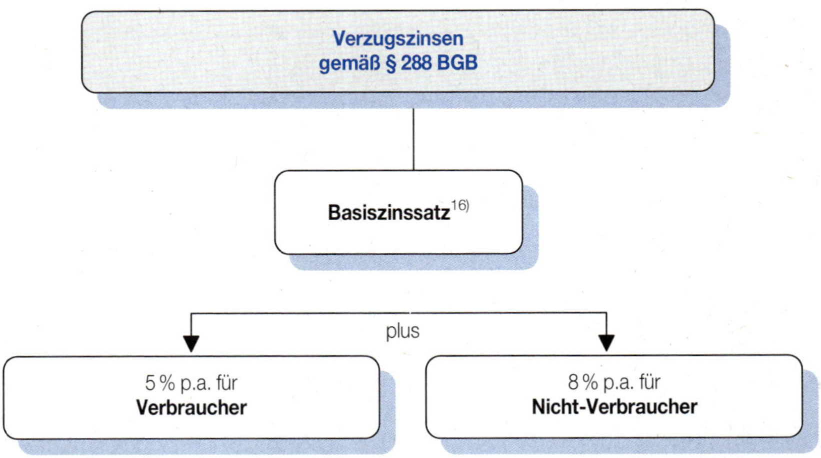

Abb. 6.16: Verzugszinsen

Sofern ein Verzug eintritt und Zinsen verlangt werden können, so ist zu beachten, dass es allerdings nicht erlaubt ist, Zinsen von Verzugszinsen einzufordern *(§ 289 BGB).*

[16] Der Basiszinssatz kann über „**www.bundesbank.de**" abgerufen werden.

Wieder-holungs-fragen

Wiederholungsfragen

1. *In welchen mit Kaufverträgen verbundenen Situationen spricht man von Lieferungsverzug?*
2. *Unter welchen Voraussetzungen kommt ein Schuldner in Verzug?*
3. *In welchen Fällen ist gemäß BGB bei einem Verzug eine Mahnung nicht erforderlich?*
4. *Nach wie viel Tagen kommt ein Schuldner gemäß BGB in Verzug, wenn er eine Geldforderung nicht beglichen hat?*
5. *Wie kann man herausfinden, wie hoch der Basiszinssatz ist?*
6. *Wie viel Prozentpunkte über dem Basiszinssatz sind im Falle einer zu verzinsenden Geldschuld anzusetzen?*
7. *Unter welcher Voraussetzung spricht man von einem Fixhandelskauf?*
8. *Nennen Sie mögliche Situationen, die dazu führen können, dass ein Unternehmen in Zahlungsverzug gerät!*
9. *Nennen Sie die Voraussetzungen eines Annahmeverzugs!*
10. *Welche Besonderheit ist im Falle eines Zahlungsverzugs zu beachten, wenn der Schuldner „Verbraucher" ist?*

6.5.5 Störung der Geschäftsgrundlage

Es wird wohl kaum jemand behaupten, dass der Terroranschlag am 11. September 2001 in New York, bei dem das World Trade Center völlig zerstört wurde und bei dem am gleichen Tag in Washington ein Flugzeug gezielt auf das Pentagon zum Abstürzen gelenkt wurde, voraussehbar war.

Aber nicht nur Terroranschläge, sondern auch

- **Naturkatastrophen**,
  - wie zerstörerische Überschwemmungen von deutschen Flüssen,
  - wie der Ausbruch des Vulkans Ätna im Jahre 2001 auf der italienischen Insel Sizilien oder der Vulkanausbruch im Jahr 2002 im Kongo (Afrika), welcher die Stadt Goma fast völlig zerstört hat, oder
- der **Verfall einer Währung**, wie der der argentinischen Währung im Jahre 2002 oder
- **Kriege**

sind nachträglich eingetretene und bekannt gewordene Umstände, die dazu geführt haben müssen, dass manche zuvor abgeschlossenen Verträge nicht mehr eingehalten werden konnten.

pacta sunt servanda

Obwohl der Grundsatz **pacta sunt servanda**, der nichts anderes bedeutet, als dass Verträge im Inland und im Ausland einzuhalten sind, allseits bekannt ist, tritt im Falle der genannten außergewöhnlichen Umstände, die nachträglich nach Vertragsschluss auftreten, die Frage auf, inwieweit dieses Rechtsprinzip noch Anwendung finden kann.

In einigen ausländischen Rechtsordnungen, wie z. B. in Italien, Griechenland und den Niederlanden (Holland) sind die Voraussetzungen und auch die Rechtsfolgen der Störung der Geschäftsgrundlage bereits seit Jahren ausdrücklich geregelt. Im Rahmen der Schuldrechtsreform hat der Gesetzgeber im Jahre 2002 ebenfalls die „**Störung der Geschäftsgrundlage**“ gesetzlich festgelegt und damit einen weiteren Schritt zur Vereinheitlichung des europäischen Rechtssystems geschaffen.

Treten nach Abschluss von Kaufverträgen, Mietverträgen oder anderen mehrseitigen Rechtsgeschäften Umstände auf, die in ihren Grundlagen so schwer wiegend gestört sind, dass ihre Durchführung unter Berücksichtigung aller Umstände des Einzelfalles, insbesondere der vertraglichen oder gesetzlichen Risikoverteilung nicht mehr zumutbar erscheint, so stellen sich folgende Fragen:

- Wie weit reicht der Grundsatz „pacta sunt servanda“?
- Soll der Vertrag an die veränderte Lage angepasst oder soll er aufgehoben werden?
- Welche Rechtsfolgen, wie z. B. Schadensersatz, sollen eintreten?
- Auf welche Weise sollen Rechtsfolgen herbeigeführt werden, kraft Gesetzes oder Richterspruch oder durch Erklärung einer oder beider Parteien?

Störung der Geschäftsgrundlage

Hat sich also durch nachträglich eingetretene und bekannt gewordene Umstände die Situation so verändert, dass man von einer „**Störung der Geschäftsgrundlage**“ spricht, mit der Folge, dass das Festhalten am unveränderten Vertrag für die betroffene Partei unzumutbar ist, so kann auf der Grundlage des *§ 313 BGB*

- eine (zumutbare) Anpassung, d. h. eine Einigung, wie eine Preisminderung, verlangt werden oder
- eine Beendigung von Verträgen durch Rücktritt erfolgen.

Wiederholungsfragen

Wiederholungsfragen

1. *Nennen Sie Umstände, bei denen es nicht um das Rechtsinstitut der Unmöglichkeit geht, die dazu führen können, dass zuvor abgeschlossene Verträge nicht eingehalten werden können!*
2. *Was versteht man unter dem Grundsatz „pacta sunt servanda“?*
3. *Welche Fragen stellen sich, wenn die Leistungsstörung „Störung der Geschäftsgrundlage“ eingetreten ist?*

6.6 Das gerichtliche Mahnverfahren und die Zwangsvollstreckung

Die Karl Glaubrecht GmbH, Geschäftsführer Helmut Nüchtern, Waldstraße 195, 70569 Stuttgart, hat zwei Mahnungen an das Einzelhandelsgeschäft, Wolfgang Jedermann, Kleiststraße 4, 65428 Rüsselsheim wegen einer bisher nicht bezahlten Rechnung über 4.420,18 € gesandt. Da Herr Jedermann auf die Mahnschreiben nicht reagiert, wird von dem Gläubiger ein Mahnbescheid beantragt. Formulare sind im Schreibwarenhandel zu erwerben.

6.6.1 Das gerichtliche Mahnverfahren

Gerichtliches Mahnverfahren

Das **gerichtliche Mahnverfahren** hat gegenüber der Klage den Vorteil, dass

- es relativ einfach mithilfe von Formularen durchgeführt werden kann,
- man relativ schnell zu einem Vollstreckungstitel kommt, da eine mündliche Verhandlung entfällt,
- die Gerichtskosten niedriger sind.

Das Mahnverfahren ist im 7. Buch der Zivilprozeßordnung *(=ZPO) als besonders geregeltes Verfahren ausgewiesen.*

- ***Zuständigkeit und Zulässigkeit***

Zuständigkeit

Sachlich zuständig für das gerichtliche Mahnverfahren ist, unabhängig von der Höhe des Streitwerts, ausschließlich das Amtsgericht. **Örtlich ausschließlich zuständig** ist das **Amtsgericht**, in dessen Bezirk der **Antragsteller** seinen **allgemeinen Gerichtsstand** (Wohnsitz) hat.

Hat der Antragsteller im Inland keinen allgemeinen Gerichtsstand, so ist ausschließlich das Amtsgericht Schöneberg in Berlin zuständig *(§ 689 ZPO).*

Zulässigkeit

Das Mahnverfahren ist nur zulässig, wenn sich der Anspruch auf die Zahlung einer bestimmten **Geldsumme** in Euro richtet *(§ 688 ZPO). Ein Herausgabeanspruch muss daher im Wege der Klage durchgesetzt werden. Er darf aber nicht von einer noch nicht erbrachten Gegenleistung abhängig sein.*

Amtliches Formular

Ferner ist das **Mahnverfahren unzulässig**, wenn der Mahnbescheid durch öffentliche Bekanntmachung erfolgen müsste *(§ 688 ZPO).*

Für den Antrag auf Erlass des Mahnbescheides ist der gesetzlich eingeführte **Vordruck** zu verwenden, der u.a. in Schreibwarengeschäften zu kaufen ist. Bei rückständigen Lohnforderungen oder anderen Zahlungen, die mit dem Arbeitsverhältnis in Verbindung stehen, ist ebenfalls das Mahnverfahren zulässig. Sachlich zuständig ist allerdings das **Arbeitsgericht**. Für das „arbeitsgerichtliche" Mahnverfahren sind besondere Vordrucke zu verwenden; ferner gelten einige abweichende Verfahrensregeln *(§ 460 ArbGG).*

Der **Mahnbescheid** wird dem Antragsgegner (Schuldner) von Amts wegen zugestellt *(§ 693 ZPO).*

Das Gericht fordert den Antragsgegner auf, entweder **innerhalb von 2 Wochen** ab Zustellung zu zahlen oder aber mit dem dafür vorgesehenen Vordruck Widerspruch einzulegen *(§ 692 Abs. 1 Nr. 3 ZPO).*

Der Antragsgegner kann über diese 2-Wochen-Frist hinaus nur noch Widerspruch einlegen, solange der Vollstreckungsbescheid noch nicht verfügt ist *(§ 694 Abs. 1 ZPO).*

Widerspruch

Legt der Schuldner Widerspruch ein, so geht das Mahnverfahren in das Klageverfahren (=Zivilprozess) über. Für das streitige Verfahren ist **sachlich** das Amts- oder Landgericht, **örtlich** das Gericht **zuständig**, in dessen Bezirk der Beklagte seinen allgemeinen Gerichtsstand (Wohnsitz) hat.

Vollstreckungsbescheid

Erhebt der Antragsgegner nicht rechtzeitig Widerspruch, so erlässt das Mahngericht auf Antrag des Antragstellers einen **Vollstreckungsbescheid** *(§ 699 ZPO).* Der Antrag ist frühestens nach Ablauf der Widerspruchsfrist möglich.

Einspruch

Gegen den **Vollstreckungsbescheid** kann der Antragsgegner innerhalb einer **Notfrist von 2 Wochen ab Zustellung** des Vollstreckungsbescheides **Einspruch** einlegen. Dadurch wird, wie beim Widerspruch, der Übergang in das streitige Verfahren eingeleitet *(§§ 700 Abs. 3 und 339 Abs. 1 ZPO).* Zahlt der Antragsgegner nach Zustellung des Vollstreckungsbescheides, endet das Mahnverfahren. Der beantragte Mahnbescheid wird mit Ablauf von 6 Monaten ab Zustellung des Mahnbescheides wirkungslos, wenn weder Widerspruch erhoben wurde, noch der Antragssteller den Vollstreckungsbescheid beantragt hat.

Zahlt der Antragsgegner nach Zustellung des Vollstreckungsbescheides nicht, bzw. legt er auch keinen Einspruch ein, so führt dies zur Einleitung der Zwangsvollstreckung auf Antrag des Antragsstellers *(§ 704 ff. ZPO).*

Wiederholungsfragen

Wiederholungsfragen

1. *Welchen Vorteil hat das gerichtliche Mahnverfahren gegenüber der Klage?*
2. *In welcher Rechtsgrundlage ist das Mahnverfahren geregelt?*
3. *Welches Gericht ist im gerichtlichen Mahnverfahren*
   a) örtlich zuständig,
   b) sachlich zuständig?
4. *Wer stellt den Mahnbescheid zu?*
5. *Welche Folgen hat es, wenn der Schuldner zahlt?*
6. *Innerhalb welcher Frist hat der Schuldner gemäß Aufforderung im Mahnbescheid zu leisten?*
7. *Welche Rechtsfolge ergibt sich, wenn der Schuldner Widerspruch gegen den Mahnbescheid einlegt?*
8. *Innerhalb welcher Frist kann Widerspruch gegen den Mahnbescheid eingelegt werden?*
9. *Welche Rechtsfolgen ergeben sich, wenn der Schuldner nach Zustellung eines Mahnbescheids nicht zahlt?*
10. *Welche Folgen hat es, wenn der Schuldner nach Zustellung des Vollstreckungsbescheids a) zahlt, b) nicht zahlt, c) Einspruch einlegt?*

6.6.2 Zwangsvollstreckung

Zwangsvollstreckung

Zahlt der Schuldner nach dem auf der Grundlage eines Mahnbescheids zugestellten Vollstreckungsbescheids nicht oder leistet der Beklagte auf Grund eines Urteils oder anderen Schuldtitels nicht, so hat der Gläubiger die Möglichkeit, mithilfe der staatlichen Vollstreckungsorgane Befriedigung zu suchen. Dies erfolgt durch die Zwangsvollstreckung. Sie ist ein staatliches Verfahren zur zwangsweisen Durchsetzung oder Sicherung von Leistungs- oder Haftungsansprüchen *(§ 704 ff. ZPO).*

Die Zwangsvollstreckung findet statt aus Endurteilen, die rechtskräftig oder für vorläufig vollstreckbar erklärt sind *(§ 704 ZPO).*

• *Voraussetzungen*

Damit die Zwangsvollstreckung betrieben werden kann, müssen drei Voraussetzungen erfüllt sein.

Vollstreckungstitel

Es muss ein vollstreckbarer Titel vorliegen. Die wichtigsten **Vollstreckungstitel** sind:

- ***Urteile*** *mit einem vollstreckungsfähigen Inhalt, insbesondere Leistungsurteile (aus Feststellungs- und Rechtsgestaltungsurteilen kann keine Zwangsvollstreckung betrieben werden),*
- ***Gerichtliche Vergleiche,***
- ***Kostenfestsetzungsbeschlüsse,***
- ***Vollstreckungsbescheide,***
- ***Vollstreckbare Urkunden*** *(z. B. Hypothekenbestellungsurkunde),*
- ***Beschlüsse****, die z. B. den Betrag des vom Vater eines nichtehelichen Kindes zu zahlenden Regelunterhalts festsetzen.*

Der Titel muss mit der **Vollstreckungsklausel** versehen sein: „Vorstehende Ausfertigung wird dem usw. (Bezeichnung der Partei) zum Zwecke der Zwangsvollstreckung erteilt" *(§ 725 ZPO).*

Die Zwangsvollstreckung darf nur beginnen, wenn die Personen, für und gegen die sie stattfinden soll, in dem Urteil oder in der ihm beigefügten Vollstreckungsklausel namentlich bezeichnet sind und das Urteil bereits zugestellt ist oder gleichzeitig zugestellt wird. Eine **Zustellung** durch den Gläubiger genügt; in diesem Fall braucht die Ausfertigung des Urteils Tatbestand und Entscheidungsgründe nicht zu enthalten *(§ 750 ZPO).*

Voraussetzungen der Zwangsvollstreckung sind: Titel – Klausel – Zustellung

• *Vollstreckungsorgane*

Die staatlichen Vollstreckungsorgane werden nur tätig, wenn ihnen der Gläubiger einen Auftrag erteilt *(§ 753 ZPO).*

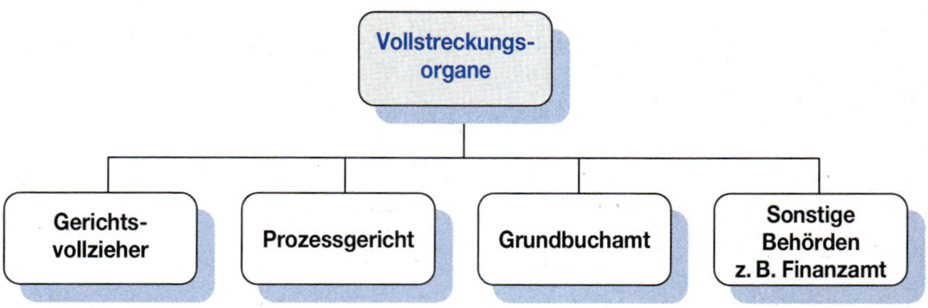

Abb. 6.17: Vollstreckungsorgane

Die gerichtlichen Handlungen, welche die Zwangsvollstreckung in Forderungen und andere Vermögensrechte zum Gegenstand haben, erfolgen durch das Vollstreckungsgericht. Als Vollstreckungsgericht ist das Amtsgericht, bei dem der Schuldner im Inland seinen allgemeinen Gerichtsstand hat, und sonst das Amtsgericht zuständig, bei dem nach *§ 23 ZPO* (Besonderer Gerichtsstand des Vermögens und des Gegenstands) gegen den Schuldner Klage erhoben werden kann *(§ 828 ZPO).*

- ***Arten der Zwangsvollstreckung***

Arten der Zwangsvollstreckung

Arten der Zwangsvollstreckung wegen			
Geldforderungen	ZPO + ZVG	**Ansprüchen**	ZPO
1. in das bewegliche Vermögen durch Pfändung von	§ 803 ff. ZPO	1. auf Herausgabe und Leistung	§ 833 ff. ZPO
– beweglichen Sachen	§ 808 ff. ZPO	2. auf vertretbare und nicht vertretbare Handlungen	§ 887 f. ZPO
– Forderungen und anderen Vermögensrechten			
2. in das unbewegliche Vermögen durch	§ 864 ff. ZPO	3. auf Erzwingung von Unterlassungen und Duldungen	§ 890 ZPO
– Eintragung einer Zwangshypothek in das Grundbuch	§ 867 ZPO	4. auf Abgabe einer Willenserklärung	§ 894 ff. ZPO
– Zwangsversteigerung	§ 15 ff. ZVG		
– Zwangsverwaltung	§ 146 ff. ZVG		

Abb. 6.18: Arten der Zwangsvollstreckung

Die Zivilprozessordnung sieht vor, dass bestimmte Vermögensgegenstände unpfändbar sind, wie z.B. Kleidungsstücke für den persönlichen Gebrauch bzw. nur bedingt pfändbar sind, wie z.B. bestimmte Bezüge aus Krankenkassen.

Wiederholungsfragen

Wiederholungsfragen

1. *Welche drei Voraussetzungen müssen erfüllt sein, damit die Zwangsvollstreckung betrieben werden kann?*
2. *Nennen Sie stichwortartig vollstreckbare Titel!*
3. *Wie muss die Vollstreckungsklausel auf dem Titel lauten?*
4. *Wann muss der Titel spätestens zugestellt sein?*
5. *Nennen Sie Vollstreckungsorgane!*
6. *Welche Arten der Zwangsvollstreckung gibt es?*

6.7 Verjährung

Wer sich mit dem Thema Scheidung auseinander setzt, der wird in § 1566 BGB nachlesen können, dass „unwiderlegbar vermutet wird, dass die Ehe gescheitert ist, wenn die Ehegatten seit einem Jahr getrennt leben und beide Ehegatten die Scheidung beantragen". Unter anderem ist also der Zeitablauf die Voraussetzung, um das Recht begründen zu können, eine Ehe als zerrüttet und gescheitert zu erklären.

Wer sich schon einmal Prospekte von Unternehmen angeschaut hat, die Telekommunikationsartikel, wie Fernseher, PCs usw. verkaufen, der wird festgestellt haben, dass auf eine Gewährleistungsfrist von zwei Jahren hingewiesen wurde. Dabei handelt es sich um den Hinweis, dass der Käufer gemäß BGB das Recht hat, innerhalb von einem Zeitraum von zwei Jahren Gewährleistungsansprüche, wie die Beseitigung des Mangels, geltend zu machen. – Treten Mängel nach diesem zweijährigen Zeitraum auf, so hat der Unternehmer, der die Ware an den Verbraucher verkauft hat, das Recht, eine Mangelbeseitigung abzulehnen.

In beiden Fällen hat der Zeitablauf kraft Gesetz die Rechtslage verändert.

Im ersten Beispiel liegt der Sachverhalt der Zerrüttung der Ehe vor, aus dem die rechtlich festgeschriebene Schlussfolgerung gezogen wird, dass die Ehe als gescheitert gilt. Irgend ein Anspruch, wie z. B. die Zahlung eines Geldbetrages, wird aber aus dem genannten Gesetzesauszug nicht abgeleitet. Aus diesem Grund geht es hier nicht um die Verjährung. Denn diese greift nur gegenüber Ansprüchen.

Im zweiten Beispiel wird darauf hingewiesen, dass nach Ablauf von zwei Jahren der Anspruch auf Gewährleistung wegen eines Mangels an einer gekauften Sache nicht mehr geltend gemacht werden kann. Man sagt, der Anspruch ist verjährt. Denn gemäß Rechtsauffassung versteht man unter dem Begriff **Verjährung den Zeitablauf, der für den Schuldner das Recht begründet, die Leistung zu verweigern**. In der beschriebenen Situation ist der Unternehmer der Schuldner, der auf Grund des Zeitablaufs von zwei Jahren das Recht hat, die Leistung, z. B. „Beseitigung des Mangels", zu verweigern.

Die Verjährung selbst greift nur gegenüber dem Anspruch durch, sie führt aber nicht zum Erlöschen des Anspruchs, sondern nur zum dauernden Leistungsverweigerungsrecht.

- ***Gegenstand der Verjährung***

Dass ein bestehender Anspruch Voraussetzung für eine Verjährung ist, ergibt sich aus *§ 194 BGB.*

Gegenstand der Verjährung

§ 194 [Gegenstand der Verjährung]

(1) Das Recht, von einem anderen ein Tun oder ein Unterlassen zu verlangen (Anspruch), unterliegt der Verjährung.

(2) Ansprüche aus einem familienrechtlichen Verhältnis unterliegen der Verjährung nicht, soweit sie auf die Herstellung des dem Verhältnis entsprechenden Zustandes für die Zukunft gerichtet sind.

Die Verjährung dient insbesondere bei vertraglichen Ansprüchen der Sicherheit des Rechtsverkehrs und dem Rechtsfrieden. Nach einer bestimmten Zeit soll die Ungewissheit über das Bestehen oder die Durchsetzbarkeit eines Anspruchs beendet sein. Danach kann die Durchsetzung von Ansprüchen, also z. B. etwas zu tun oder zu unterlassen, verhindert werden. Die Durchsetzung eines Anspruchs wäre z. B. die Durchsetzung von Gewährleistungsansprüchen, dass ein Mangel an einer gekauften Sache behoben wird. Insofern führt die Verjährung zu einem Forderungsverlust. Dieser Verlust hat dieselbe Wirkung wie die Erfüllung oder der Erlass einer Forderung.

Es gibt den Ausspruch: „Keine Regel ohne Ausnahme". Dieser Satz gilt auch im Verjährungsrecht und zwar hinsichtlich der „Verjährung von Ansprüchen". Hierzu zwei Beispiele, die belegen, dass nicht jeder Anspruch verjährt:

- *§ 758 BGB: [Unverjährbarkeit des Aufhebungsgrundes] Der Anspruch auf Aufhebung der Gemeinschaft unterliegt nicht der Verjährung. – Bei der so genannten Gemeinschaft kann es sich um eine Erbengemeinschaft handeln.*
- *§ 898 BGB [Unverjährbarkeit der Berechtigungsansprüche] Die in den §§ 894 bis 896 bestimmten Ansprüche unterliegen nicht der Verjährung.*
- *In § 894 BGB geht es um die Berichtigung des Grundbuches. Aus den Eintragungen in einem Grundbuch- diese können aber falsch sein – kann man z. B. entnehmen, wer rechtmäßiger Eigentümer einer Eigentumswohnung ist.*

Nach diesen grundlegenden Überlegungen wissen wir nun, dass Ansprüche der Verjährung unterliegen können, sofern im Gesetz nicht ausdrücklich geregelt ist, dass sie nicht verjähren können. Die Frage ist nur, ab welchem Zeitpunkt kann man im Einzelfall davon ausgehen, ob nun ein Anspruch verjährt ist oder nicht. Um diese Frage zu klären, ist es erforderlich, dass man sich mit den Verjährungsfristen auseinander setzt.

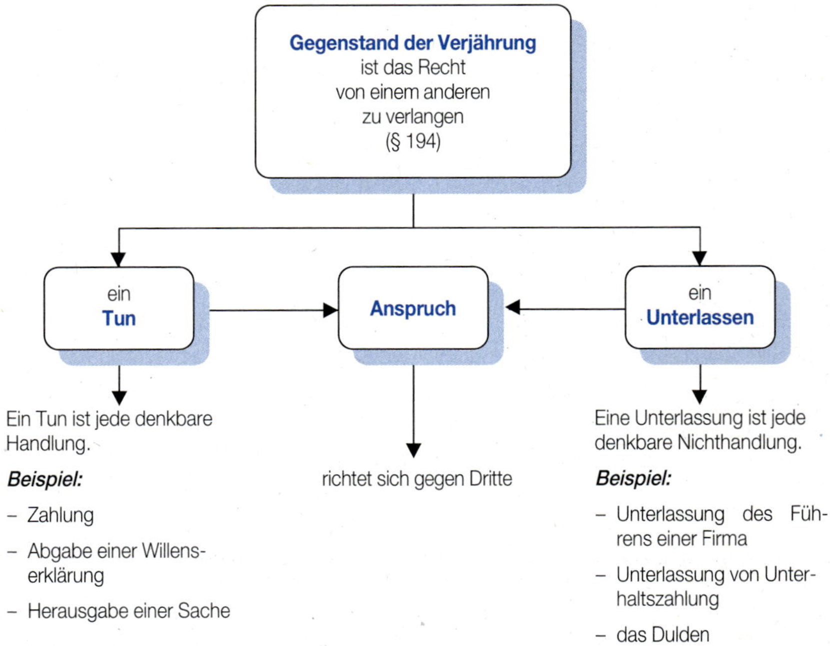

Abb. 6.19: Gegenstand der Verjährung

- ***Verjährungsfristen***

Verjährungsfristen

Wer im BGB nachschaut, wird feststellen, dass es unterschiedliche Fristen der Verjährung gibt, nach denen Ansprüche nicht mehr durchgesetzt werden können, also beispielsweise ein Mangel nicht mehr beseitigt oder eine Geldforderung nicht mehr eingetrieben werden kann.

regelmäßige Verjährungsfrist

- **Regelmäßige Verjährungsfrist:** Für die meisten Ansprüche gilt grundsätzlich die regelmäßige Verjährungsfrist von drei Jahren *(§ 195 BGB).*

Dabei handelt es sich um alle Ansprüche, für die keine besondere Verjährungsfrist vorgesehen ist. Beispiele dafür sind:

- Geldbeträge aus Forderungen der Kaufleute untereinander wegen der Lieferung von Waren,
- Ansprüche aus der Anbahnung von Vertragsverhandlungen,
- Ansprüche der Ärzte gegenüber ihren Patienten,
- Ansprüche der Rechtsanwälte gegenüber ihren Mandanten,
- Ansprüche der Zeugen und Sachverständigen wegen ihrer Gebühren und Auslagen,
- Ansprüche auf Rückstände von Zinsen.

Handelt es sich um einen Anspruch, welcher der **regelmäßigen Verjährungsfrist** unterliegt, so stellt sich die Frage, wann **beginnt** die **Frist zu laufen**.

Beginn der Verjährung

> § 199
> **[Beginn der regelmäßigen Verjährungsfrist und Höchstfristen]**
>
> *(1) Die regelmäßige Verjährungsfrist beginnt mit dem Schluss des Jahres, in dem*
>
> *1. der Anspruch entstanden ist und*
>
> *2. der Gläubiger von den den Anspruch begründenden Umständen und der Person des Schuldners Kenntnis erlangt oder ohne grobe Fahrlässigkeit erlangen müsste.*
>
> *(2) Schadensersatzansprüche, die auf der Verletzung des Lebens, des Körpers, der Gesundheit oder der Freiheit beruhen, verjähren ohne Rücksicht auf ihre Entstehung und die Kenntnis oder grob fahrlässige Unkenntnis in 30 Jahren von der Begehung der Handlung, der Pflichtverletzung oder dem sonstigen, den Schaden auslösenden Ereignis an.*
>
> *(3) Sonstige Schadensersatzansprüche verjähren ...*

Dieser **Beginn** am **Schluss des Jahres** betrifft damit **nur** Ansprüche, die der **regelmäßigen Verjährungsfrist** von **drei Jahren** unterliegen.

Beispiel: *Die Computer Schnellservice GmbH, Bexbach, schreibt am 10. Juli des Jahres 1 ein erstes Erinnerungsschreiben an das Unternehmen Büroausstattung Jonas Qualvoll KG, Mainz.*

> ***Erinnerung***
>
> *Sie haben sicher übersehen, unsere Forderung nach unten stehender Aufstellung zu begleichen. Wir bitten Sie, den ausstehenden Betrag in den nächsten Tagen zu begleichen.*
>
> **Rechnung Nr. 341225 vom 15. März des „Jahres 2008" über 24.216 €.**
>
> *Wir bitten um Zahlung bis zum 24. Juli Jahr 1.*

Die Forderung ist am 15. März des Jahres 1 entstanden. Es handelt sich dabei um Forderungen zwischen zwei Kaufleuten. Deshalb handelt es sich hier um die regelmäßige Verjährungsfrist. Die Frist beginnt gemäß §§ 195, 199 BGB mit dem Schluss des Jahres, in dem der Anspruch entstanden ist und der Gläubiger von den den Anspruch begründenden Umständen und der Person des Schuldners Kenntnis erlangt. – Im konkret vorliegenden Fall beginnt die Frist am 31. Dezember des Jahres 1 um 24 Uhr zu laufen und endet am 31. Dezember des Jahres 4 um 24 Uhr.

Ist für Ansprüche eine Verjährungsfrist von drei Jahren ausdrücklich bestimmt, unterliegen sie gleichwohl einer besonderen Frist und nicht der allgemeinen Verjährungsfrist.

Nun gibt es aber auch andere Ansprüche, die nicht der regelmäßigen Verjährung unterliegen. Für diese gilt ein anderer Verjährungsbeginn.

absolute Verjährungsfristen

> **§ 200 [Beginn der Verjährung]**
> *Die Verjährung von Ansprüchen, die nicht der regelmäßigen Verjährungsfrist unterliegen, beginnt mit Entstehung des Anspruchs, soweit nicht ein anderer Verjährungsbeginn bestimmt ist. ...*

Die **Ansprüche**, die **nicht** der **regelmäßigen Verjährungsfrist** unterliegen, beginnen also sofort **mit der Entstehung des Anspruchs**, in der Regel an einem bestimmten Tag im Jahr, soweit nicht ein anderer Verjährungsbeginn bestimmt ist *(§ 200 BGB).*

Konkret bedeutet dies, dass beispielsweise der Pflichtanteilsanspruch des Pflichtteilsberechtigten im Rahmen eines Erbfalls in drei Jahren verjährt *(§ 2332 BGB).* Allerdings handelt es sich in diesem Fall **nicht um die regelmäßige Verjährungsfrist** von drei Jahren, sondern um eine **besondere Verjährungsfrist**. Deshalb beginnt die **Verjährungsfrist** nicht am Schluss des Jahres, sondern **von dem Zeitpunkt** an, in welchem der Pflichtteilsberechtigte von dem Eintritt **des Erbfalls** und der ihn beeinträchtigenden Verfügung Kenntnis erlangt.

Bisher kann festgestellt werden, dass

- die regelmäßige Verjährung, neben dem sonst im Gesetz genannten Sachverhalt, mit dem Schluss des Jahres beginnt, in dem der Anspruch entstanden ist und
- andere Verjährungsfristen mit der Entstehung des Anspruchs beginnen.

Zusätzlich muss aber noch auf den Beginn der „**Verjährungsfrist von festgestellten Ansprüchen**“ verwiesen werden. Es geht also um rechtmäßig festgestellte bzw. in ähnlicher Weise titulierte Ansprüche. – Die Verjährungsfrist beginnt mit der Rechtskraft der Entscheidung, der Feststellung im Insolvenzverfahren oder der Errichtung des vollstreckbaren Titels *(§ 201 BGB).*

- **Absolute Verjährungsfristen:** Voraussetzung für den Lauf der regelmäßigen Verjährungsfrist ist u. a., dass der Gläubiger darüber informiert ist, wer die Person des Schuldners ist. Diese Verjährungsfrist ist also auf ein subjektives Merkmal ausgerichtet. Allerdings ist es erforderlich, darauf zu achten, dass im Falle von Ansprüchen beweiskräftige Unterlagen bereit gestellt werden müssen. Aus diesem Grund war es erforderlich, neben der allgemeinen Verjährungsfrist, weitere **absolute Verjährungsfristen** festzulegen, die nicht von subjektiven Tatbeständen ausgehen.

Ablaufhemmung

§ 196 [Verjährungsfrist bei Rechten an einem Grundstück].
Ansprüche aus Übertragung des Eigentums an einem Grundstück . . . . verjähren in zehn Jahren.

§ 197 [Dreißigjährige Verjährungsfrist].

(1) In 30 Jahren verjähren, soweit nicht ein anderes bestimmt ist,

1. *Herausgabeansprüche aus Eigentum und anderen dinglichen Rechten,*
2. *familien- und erbrechtliche Ansprüche,*
3. *rechtskräftig festgestellte Ansprüche,*
4. *Ansprüche aus vollstreckbaren Vergleichen oder vollstreckbaren Urkunden und*
5. *Ansprüche, die durch die im Insolvenzverfahren erfolgte Feststellung vollstreckbar geworden sind.*

(2) . . .

Im Falle der Verjährungsfristen der *§§ 196, 197 BGB* stellt sich ebenfalls die Frage des Fristbeginns. Im BGB gibt es aber keine Paragrafen, in denen für diese 10-jährige und 30-jährige Verjährungsfrist der Beginn der Verjährung festlegt ist. Aus diesem Grunde findet *§ 200 BGB* Anwendung.

§ 200 [Beginn anderer Verjährungsfristen]

Die Verjährungsfrist von Ansprüchen, die nicht der regelmäßigen Verjährungsfrist unterliegen, beginnt mit der Entstehung des Anspruchs, soweit nicht ein anderer Verjährungsbeginn bestimmt ist. . . .

Die regelmäßige Verjährungsfrist beginnt gemäß § 199 mit dem Schluss des Jahres, in dem der Anspruch entstanden ist.

Ist in anderen Fällen, wie in den §§ 196 und 197 zwar die Fristenlänge (10 Jahre, 30 Jahre), nicht aber der Beginn der Frist festgelegt, so beginnt die Frist gemäß § 200 mit der Entstehung des Anspruchs.

Besondere Verjährungsfristen

In den Fällen der *§§ 196* und *197* handelt es sich um besondere Verjährungsfristen. Neben diesen gibt es aber weitere besondere Verjährungsfristen.

Anspruch	Besondere Verjährungsfristen					
	§§ BGB	6 Monate	2 Jahre	5 Jahre	10 Jahre	30 Jahre
Rechte an einem Grundstück	196 I				✔	
Ansprüche aus dinglichen Rechten ...	197 I					✔
kaufrechtliche Mängelansprüche	438		✔	oder ✔		oder ✔
Rückgriffsansprüche beim Verbrauchsgüterkauf	479 I		✔			
Reisevertragliche Mängelansprüche	651 g		✔			
Deliktischer Bereicherungsanspruch	852				✔	oder ✔
Ersatzansprüche des Vermieters	548	✔				

Abb. 6.20: Besondere Verjährungsfristen

Fristbeginn

- ***Fristbeginn***

Ein Anspruch, wie eine Geldforderung, entsteht immer an einem bestimmten Tag. Nun ist zu klären, wann zeitgenau die Verjährung zu laufen beginnt. Die Antwort auf diese Frage ist aus dem BGB zu entnehmen.

§ 187 [Fristbeginn]

(1) Ist für den Anfang einer Frist ein Ereignis oder ein in den Lauf eines Tages fallender Zeitpunkt maßgebend, so wird bei der Berechnung der Frist der Tag nicht mitgerechnet, in welchen das Ereignis oder der Zeitpunkt fällt.

(2) Ist der Beginn eines Tages der für den Anfang einer Frist maßgebende Zeitpunkt, so wird dieser Tag bei der Berechnung der Frist mitgerechnet. ...

Es wird also nur nach vollen Tagen gerechnet. Der Tag, in dessen Lauf das für den Fristbeginn maßgebende Ereignis fällt, wird nicht mitgezählt; d. h. der folgende Tag ist der erste Tag der Frist.

Ist für den Fristanfang der Beginn des Tages maßgebend, so zählt dieser Tag mit. Wird ein noch nicht vollzogener Mietvertrag gekündigt, beginnt die Willenserklärung der Parteien erst mit dem Zeitpunkt des vereinbarten Vollzugs des Vertragsverhältnisses. Der erste Vertragstag zählt daher mit.

Hemmung – Ablaufhemmung – Neubeginn der Verjährung

Frau Nasenrot schuldet ihrer Nachbarin Wohlgemut seit vier Monaten 400 €. Da sie zurzeit nicht im Stande ist, das Geld vollständig zurückzuzahlen, übergibt sie Frau Wohlgemut schon mal 100 € mit dem Hinweis, dass sie den Rest des Geldes spätestens in vier Wochen zurückbezahlt haben werde.

Die Rückzahlung einer Teilsumme ist ein Ereignis, das den Ablauf der Verjährungsfrist beeinflusst. Dies wird daran deutlich, dass die Schuldnerin Nasenrot durch ihr eigenes Verhalten zu erkennen gibt, dass sie den Anspruch als bestehend ansieht und nicht bestreiten will.

Die Verjährung darf aber auch dann nicht weiterlaufen, wenn der Gläubiger aus anerkennswerten Gründen daran gehindert ist, den Anspruch geltend zu machen.

In solchen und anderen Fällen können diese Ereignisse dazu führen, dass die Verjährungsfrist durch

- Hemmung oder
- Ablaufhemmung oder
- Neubeginn

beeinflusst wird.

- ***Hemmung der Verjährung***

Hemmung der Verjährung

Schweben zwischen dem Schuldner und dem Gläubiger **Verhandlungen** über den Anspruch oder die den Anspruch begründeten Umstände, so ist die Verjährung gehemmt. Das Gesetz sieht mehrere Ereignisse vor, die dazu führen, dass eine Verjährungsfrist nicht weiterläuft, sondern gehemmt ist.

Ist die **Verjährung gehemmt**, so wird der **Zeitraum**, während dessen die Verjährung gehemmt ist, **nicht** in die Verjährungsfrist eingerechnet. Fällt der Hemmungsgrund weg, so läuft die Frist weiter. Die **Verjährungsfrist verlängert sich** also um den Zeitraum des Bestehens des Hemmungsgrundes *(§ 209 BGB).*

BGB §§	Ereignisse	Beispiele
203	Hemmung der Verjährung bei **Verhandlungen**	- Verhandlungen zwischen dem Schuldner und dem Gläubiger über den Anspruch
204	Hemmung der Verjährung durch **Rechtsverfolgung**	- Erhebung der Klage auf Leistung oder Feststellung des Anspruchs - Zustellung eines Mahnbescheids
205	Hemmung der Verjährung bei **Leistungsverweigerungsrecht**	- Rücktritt vom Kaufvertrag
206	Hemmung der Verjährung bei **höherer Gewalt**	- Stillstand der Rechtspflege (als Unterfall der höheren Gewalt): Gericht stellt Tätigkeit wegen Krieg/Naturkatastrophe ein
207	Hemmung der Verjährung aus **familiären und ähnlichen Gründen**	- Ansprüche zwischen Lebenspartnern, solange die Lebenspartnerschaft besteht - Ansprüche zwischen Pflegling und Pfleger während der Dauer der Pflegschaft
208	Hemmung der Verjährung bei **Ansprüchen wegen Verletzung der sexuellen Selbstbestimmung**	- Hemmung wegen Missbrauchs von Kindern bis zur Vollendung des 21. Lebensjahres des Gläubigers

Abb. 6.21: Hemmung der Verjährung

- ***Ablaufhemmung***

Ist eine geschäftsunfähige oder in der Geschäftsfähigkeit beschränkte Person ohne gesetzlichen Vertreter, so tritt eine für oder gegen sie laufende Verjährung nicht vor dem Ablauf von sechs Monaten nach dem Zeitpunkt ein, in dem die Person unbeschränkt geschäftsfähig oder der Mangel der Vertretung behoben ist *(§ 210 BGB).*

Mit dieser gesetzlichen Regelung ist die Ablaufhemmung beidseitig ausgestaltet. Zu Gunsten des Gläubigers eines geschäftsunfähigen Schuldners soll die Regelung auch dann eingreifen, wenn er sich nicht darum bemüht hat, den Mangel der Vertretung zu beseitigen. Er soll nicht gezwungen werden, möglicherweise zum Nachteil des Schuldners, Maßnahmen zur Klärung der Geschäftsfähigkeit nur deswegen zu ergreifen, um die drohende Verjährung abzuwenden.

Neubeginn

- ***Neubeginn der Verjährung***

Wenn der Schuldner durch eigene Handlungen unmissverständlich klarstellt, dass er den Anspruch als bestehend ansieht, bedarf es des Schutzes der Verjährung nicht. Schutzbedürftig ist jedoch der Gläubiger, der möglicherweise dem Schuldner vertraut und deshalb davon absieht, den Anspruch geltend zu machen. Dieser Gefahr für den Gläubiger kann dadurch Rechnung getragen werden, dass die Verjährung mit dem Anerkenntnis neu zu laufen beginnt, so z. B. durch eine **Abschlagzahlung**.

Der Gläubiger muss weiterhin die Möglichkeit haben, die Verjährung eines **titulierten Anspruchs** (z. B. Gerichtsurteil) zu verhindern. Hier bietet es sich an, die Verjährung im Fall der Zwangsvollstreckung neu laufen zu lassen, da der Gläubiger in einem förmlichen Verfahren zum Ausdruck bringt, dass er auf dem Anspruch besteht. – Auch der Gerichtsvollzieher ist Vollstreckungsorgan. Er handelt also hoheitlich. Deshalb beginnt die Verjährung neu zu laufen, wenn „eine gerichtliche und behördliche Vollstreckungshandlung vorgenommen oder beantragt wird.

§ 212 [Neubeginn der Verjährung]

(1) Die Verjährung beginnt erneut, wenn

1. der Schuldner dem Gläubiger gegenüber den Anspruch auf Abschlagszahlung, Zinszahlung, Sicherheitsleistung oder in anderer Weise anerkennt, oder

2. eine gerichtliche oder behördliche Vollstreckungshandlung vorgenommen oder beantragt wird.

(2) Der erneute Beginn der Verjährung infolge einer Vollstreckungshandlung gilt als nicht eingetreten, wenn die Vollstreckungshandlung auf Antrag des Gläubigers oder wegen Mangels der gesetzlichen Voraussetzungen aufgehoben wird.

(3) Der erneute Beginn der Verjährung durch den Antrag auf Vornahme einer Vollstreckungshandlung gilt als nicht eingetreten, wenn dem Antrag nicht stattgegeben oder der Antrag vor der Vollstreckungshandlung zurückgenommen oder die erwirkte Vollstreckungshandlung nach Absatz 2 aufgehoben wird.

Im Eingangsbeispiel hat die Schuldnerin ihrer Nachbarin eine Abschlagszahlung geleistet. Also beginnt die Verjährung von neuem zu laufen.

- ***Rechtsfolgen der Verjährung***

Rechtsfolgen der Verjährung

Aus dem vorangegangenen Text lässt sich zusammenfassend festhalten, dass die Verjährungsfrist durch bestimmte Ereignisse beeinflusst werden kann, so dass sie gehemmt ist oder neu zu laufen beginnt.

Tritt die Verjährung jedoch nach Ablauf der Verjährungsfrist ein, so ist der Schuldner berechtigt, die Leistung zu verweigern *(§ 214 BGB)*. Allerdings lässt die Verjährung den Anspruch nicht erlöschen, begründet zu Gunsten des Schuldners aber ein dauerndes Leistungsverweigerungsrecht.

Im Übrigen verjährt mit dem Hauptanspruch auch der Anspruch auf die von ihm abhängenden Nebenleistungen, auch wenn die für diesen Anspruch geltende besondere Verjährung noch nicht eingetreten ist. Nebenleistungen sind vor allem die Zinsen, daneben aber auch beispielsweise Ansprüche auf Früchte und Kosten *(§ 217 BGB)*.

Wiederholungsfragen

Wiederholungsfragen

1. *Was versteht man unter dem Begriff Verjährung?*
2. Was ist Gegenstand der Verjährung?
3. *Wird durch die Verjährung der Anspruch des Schuldners auf eine Geldzahlung gelöscht?*
4. *Unterliegen alle Ansprüche der Verjährung? – Begründung!*
5. *Nennen Sie drei Ansprüche, die der „regelmäßigen Verjährungsfrist“ unterliegen!*
6. *Nach welcher Zeit endet die „regelmäßige Verjährungsfrist“?*
7. *Wann beginnt die „regelmäßige Verjährungsfrist“ zu laufen?*
8. *Nennen Sie zwei Beispiele für „absolute Verjährungsfristen“!*
9. *In welchem Zeitraum verjähren erbrechtliche Ansprüche?*
10. *In welchem Zeitraum verjähren Ansprüche aus der Übertragung des Eigentums an einer Grundstück?*
11. *Nennen Sie stichwortartig „besondere Verjährungsfristen“!*
12. *Nennen Sie Ereignisse, die eine Hemmung der Verjährung zur Folge haben!*
13. *Wie wirkt sich eine Hemmung der Verjährung auf den Lauf der Verjährungsfrist aus?*
14. *Erklären Sie den Sachverhalt der Ablaufhemmung der Verjährung!*
15. *Nennen Sie einen Grund, der dazu führen kann, dass die Verjährungsfrist von neuem zu laufen beginnt!*
16. *Nennen Sie eine Rechtsfolge für die „Verjährung eines Anspruchs“!*

Aufgaben und Fälle

Aufgaben und Fälle zur Sicherung des Lernerfolgs

1. Peter Schnellfuß und Ina Grob gründen die PC-Vertriebs GmbH. Welche Argumente könnte Peter anführen, um Ina davon zu überzeugen, dass es sinnvoll ist, eine elektronische Registrierkasse zu kaufen?
2. Dank PC-gestütztem Warenwirtschaftssystem kann heute täglich schnell in Unternehmen festgestellt werden, wie hoch der Mindestbestand einer bestimmten Ware ist. – Welche Bedeutung hat diese Lagerkennziffer?
3. Ein Artikel in einer Zeitung ist überschrieben: ,,Wie die Wirtschaft die ,,Gelben Seiten" als Bezugsquelle nutzt."
   a) Wer gibt die ,,Gelben Seiten" heraus?
   b) Wie werden die ,,Gelben Seiten" noch bezeichnet?
   c) Nehmen Sie das Buch ,,Gelbe Seiten" zur Hand und erklären Sie den Aufbau!
4. In der Zeitschrift ,,Die Messewirtschaft" ist zu lesen:
   Im letzten Jahr wurde die Absatzförderung ostdeutscher Produkte des Programms ,,Qualität aus Ostdeutschland" auf Verbraucherausstellungen vorgestellt. Slogan und ein spezielles Logo sind bundeseinheitlich vorgegeben. Das Bundesministerium für Wirtschaft hat Aussteller aus den neuen Bundesländern mit einem Förderprogramm unterstützt. Dies hat Auswirkungen auf die Anzahl der Aussteller gehabt, was folgende Statistik verdeutlicht.

	voriges Jahr	**dieses Jahr**
Veranstaltungen	136	163
Aussteller	3.205	4.653
Fläche (m^2)	76.688	101.403
Fläche/Aussteller (m^2)	23,9	21,8
Fördersumme (Mio. €)	14,7	18,0
€/Aussteller	4.575	3.874

   a) Was ist ein Slogan?
   b) Nennen Sie irgendeinen Slogan, der Ihnen im Privat- oder Geschäftsleben aufgefallen ist!
   c) Was ist ein Logo?
   d) Erläutern Sie die Tabelle!
   e) Charakterisieren Sie, was eine Messe ist!
   f) Nennen Sie einen Vorteil, den sich Besucher aus einer Ausstellung versprechen!

Aufgaben und Fälle

5. Das Einzelhandelsunternehmen Harald Junghans GmbH erhält folgenden Brief des Winzervereins Irgendwo:

> Wir erlauben uns, ihnen folgendes Angebot an Weinen zu unterbreiten:
>
> | | | |
> |---|---|---|
> | – Rauenthaler Rothenberg, Riesling Kabinett trocken | € | 4,10 |
> | – Rauenthaler Langenstück, Riesling Kabinett halbtrocken | € | 4,20 |
> | – Rauenthaler Rothenberg, Riesling Spätlese trocken | € | 5,80 |
>
> – Bei einer Abnahme von 200 Flaschen je Sorte gewähren wir einen Rabatt von 6 %, bei größerer Anzahl von Flaschen 7 % Rabatt.
>
> – Der Versand der Weine erfolgt verpackungskostenfrei in einer der Versandart angepassten Transportverpackung ab 36 Flaschen frei Haus des Käufers im Umkreis von 50 km, ab 300 innerhalb des Bundesgebietes.
>
> – Bis zur gänzlichen Bezahlung des Rechnungspreises gilt die Vorschrift des § 449 BGB.

a) Herr Junghans schreibt an den Winzerverein folgenden Text: Gerne bin ich bereit, insgesamt 600 Flaschen bei Ihnen zu bestellen, wenn Sie mir einen Rabatt von 8 % einräumen. – Beurteilen Sie die Rechtslage!

b) Welche Bedeutung hat § 449 BGB? Schauen Sie in Ihr Gesetz!

6. Die Hausfrau Karin Wagner kauft in einem Lebensmittelgeschäft Waren ein. An der Kasse erfährt sie, dass eine Dose Fisch nicht wie ausgezeichnet 1,20 € koste, sondern 1,80 €. Die Kassiererin erklärt, dass dieser Preis noch der Angebotspreis von letzter Woche gewesen sei. Sie dürfe die Dose aber jetzt nur zu dem Preis von 1,80 € abrechnen. Frau Wagner besteht jetzt darauf die Ware zu dem auf der Dose angegebenen Preis kaufen zu können. – Beurteilen Sie, wer Recht hat!

7. In den Allgemeinen Geschäftsbedingungen eines Kaufvertrages ist zu lesen, dass bei Zahlungen innerhalb von 14 Tagen 2 % Skonto gewährt werden. – Ist es rechtmäßig, wenn der Verkäufer den Vorschlag des Käufers akzeptiert und in den Kaufvertrag die Vereinbarung aufnimmt: Bei Zahlung innerhalb von 10 Tagen werden 3 % Skonto gewährt?

8. Das Großhandelsunternehmen Pierre Backes GmbH hat Spielwaren im Wert von 4.500,– € an die Christine Polter KG geliefert. Die Rechnung ist auf den 4. Mai datiert. Da die Polter KG den Rechnungsbetrag am 6. Juni immer noch nicht beglichen hat, schickt ihr die P. Backes GmbH ein erstes Erinnerungsschreiben und am 12. August ein zweites Erinnerungsschreiben.

Aufgaben und Fälle

a) Zu welchem Zeitpunkt ist der Anspruch aus der Forderung aus Warenlieferungen verjährt? – Begründung!

b) Die Polter KG überweist am 9. September einen Betrag in Höhe von 1.000,– €. Wie wirkt sich diese Zahlung auf die Verjährungsfrist aus?

c) Wie wirkt sich die Zustellung eines Mahnbescheids an die Christine Polter KG auf die Verjährungsfrist aus?

9. Das Autohaus Bremser & Co erhält über ein Speditionsunternehmen von der Elektro GmbH zwei Kisten Glühbirnen für Pkws. Beim Kontrollieren der Lieferung wird festgestellt, dass 12 Glühbirnen zerbrochen sind. – Innerhalb welchem Zeitraum kann das Autohaus Gewährleistungsansprüche geltend machen?

10. Maja Panagiota hat am 04. Juni im „Möbelhaus Suleika" in Saarbrücken einen Vertrag unter anderem mit folgendem Inhalt unterschrieben:

Verkäufer: Möbelhaus Suleika	Käufer: Maja Panagiota

Kauf eines antiken Schrankes (Unikat), Artikelnummer 007, zum Preis von 2.100 €. Es wird vereinbart, dass Frau Panagiota den Schrank bis spätestens 12. Juni selbst abholt.

Am 08. Juni gewinnt Frau Panagiota eine Reise nach Gran Canaria, die sie sofort am 10. Juni antritt. Sie kehrt am 24. Juni wieder von dieser kanarischen Insel zurück. Am 16. Juni ist das Möbelhaus vollständig ausgebrannt. Die Käuferin verlangt den bereits mittels Kreditkarte bezahlten Kaufpreis zurück. – Beurteilen Sie die Rechtslage!

11. Um welche Art der Leistungsstörung handelt es sich in den nachfolgenden Situationen?

a) Cynthia Mongo hat bei einem Elektrogeschäft in München ein elektrisches Küchengerät gekauft. Die Montageanleitung ist so missverständlich, dass es ihr nicht gelingt, das Küchengerät zusammen zu bauen.

b) Ariane Tierlieb hat sich ein neues Pferd gekauft. Aufgrund einer Krankheit, mit der das Tier befallen ist, steckt es andere Pferde im Stall an. Deshalb sind umfangreiche tierärztliche Maßnahmen zur Rettung der Tiere erforderlich.

c) Der Student Alexander Lang betritt die Buchhandlung Natalie Schlange OHG, um sich Fachliteratur zu kaufen. Er rutscht auf einem Blatt Papier aus und bricht sich ein Handgelenk.

Aufgaben und Fälle

d) Saskia Tanzbein hat sich in einem Elektroladen das letzte an Lager befindliche Modell einer Hifi-Anlage bestellt, das noch auf Lager ist. Wegen des Ausverkaufs wurde der Preis um 80 Euro gesenkt. Es wird vereinbart, dass die Anlage vom Unternehmer geliefert wird. Am nächsten Tag brennt das Geschäft, alle Waren werden vernichtet. Frau Tanzbein kann deshalb nicht mehr beliefert werden.

e) Bianca Knabber hat ihrer Tochter das eigene Haus geschenkt, in dem sie heute und auch bis zu ihrem Ableben wohnen wird. Das Wohnrecht wird im Grundbuch falsch eingetragen.

12. Der Verbrauchsgüterkauf ist im BGB als besonderes Schuldverhältnis ausgewiesen.

a) In welchem Abschnitt des BGB ist der Verbrauchsgüterkauf geregelt? – Schauen Sie in Ihrem Gesetz nach!

b) Wie unterscheidet sich der Verbrauchsgüterkauf vom zweiseitigen Handelskauf im Hinblick auf die Bezeichnung der Vertragspartner?

13. Martin Feierbub bestellte bei der Wein Vertriebs GmbH „30 Flaschen Rotwein, trocken, Bestellnummer 3468". Nach 14 Tagen werden 24 Flaschen Weißwein „halbtrocken" geliefert. – Beurteilen Sie die Rechtslage!

14. Brigitta Frohsinn hat nach einem Kostenanschlag, den ihr der Schneider zuvor ohne ihren Auftrag übersandt hatte, diesen beauftragt, ihr ein Hochzeitskleid herzustellen. Vereinbarungsgemäß wird es ihr von einem Paketdienst übersandt. Beim Anprobieren stellt sie fest, dass das Kleid zu kurz ist.

a) Der Schneider hat auf der Rechnung den Kostenanschlag mit 25 € ausgewiesen. – Beurteilen Sie die Rechtslage!

b) Welche Art von Vertrag wurde zwischen den beiden Vertragspartnern abgeschlossen?

c) Wie wird diese von Frau Frohsinn festgestellte Leistungsstörung bezeichnet?

d) Kann Frau Frohsinn vom Schneider verlangen, dass das Kleid nach ihren Vorstellungen verändert wird?

e) Innerhalb welchem Zeitraum verjähren grundsätzlich die dem Rechtsgeschäft zu Grunde liegenden Ansprüche aus einer Leistungsstörung?

f) Worin besteht im Hinblick auf diese Leistungsstörung der Unterschied zwischen einem Kaufvertrag und einem Werkvertrag?

15. Rosa Bolero hat für eine Party am 15. Juni bei einer Metzgerei Essen für 20 Gäste bestellt. Die Bestellung erfolgte per E-Mail und

mit Rückantwort. Die für 19 Uhr bestellte Ware wird nicht geliefert. Es stellt sich heraus, dass die Angestellte der Metzgerei den Termin wegen Falscheintragung im Kalender versäumt hatte. – Beurteilen Sie die Rechtslage!

16. Die Haushaltswaren OHG bestellt bei der Rondo GmbH Töpfe zum Wiederverkauf. Es wird vereinbart, dass die Ware am 18. August geliefert wird. – Um welche Art von Kauf handelt es sich im handelsrechtlichen Sinne?

17. Das Großhandelsunternehmen „Obst & Gemüse KG" will – wie vereinbart – der „Beate Traurigblick e.Kfr." Obst und Gemüse liefern. – Bei Anlieferung stellt der Großhändler fest, dass die Einzelhändlerin wegen Krankheit 14 Tage geschlossen hat. – Welche Rechte kann der Großhändler gegenüber der Einzelhändlerin grundsätzlich geltend machen?

18. Humphry Casablanca hat sich von dem Malermeisterbetrieb Flink & Sauber OHG das Wohnzimmer und den Flur seines Hauses renovieren lassen. Er erhält nun am 14. April 20 . . eine Rechnung mit folgendem Text:

> 12. April 20 . .
>
> Wohnungsrenovierung
>
> Überweisen Sie bitte für die von mir erbrachten Leistungen 5.285 Euro auf das auf dieser Rechnung genannte Konto. In dem Gesamtrechnungsbetrag sind 65 Euro für den ihnen übersandten Kostenanschlag enthalten.
>
> Freundliche Grüße
>
> *Karl Speckschwart*

Am 20. Mai erhält findet Herr Casablanca erneut ein Schreiben in seinem Briefkasten. Nun fordert der Malerbetrieb die Zahlung des Rechnungsbetrages bis spätestens 28. Mai, zuzüglich 10,4 % Verzugszinsen (= 8 % Zinsen über dem aktuellen Basiszinssatz von 2,4 %).

a) Um welche Vertragsart handelt es sich?

b) Kann Herr Casablanca mit der Rechnungsaufstellung zufrieden sein, wenn eine Vereinbarung zwischen den beiden Vertragspartnern über einen Kostenanschlag nicht getroffen war?

c) Hat der Inhaber des Malerbetriebs, Herr Speckschwart, das Recht, Zinsen zu verlangen?

d) Wie kann man den aktuellen Basiszinssatz in Erfahrung bringen?

Aufgaben und Fälle

19. Die Ralf Schwammbaum KG erhält von einem Rechtsanwalt auf Grund einer erfolgten Beratung eine Kostenrechnung in Höhe von 1.240 €. Das Dokument ist auf den 23. März des Jahres 1 datiert.

    a) Wann ist der Rechnungsbetrag verjährt?

    b) Welche Folgen hat der Ablauf der Verjährungsfrist für den Schuldner?

    c) Wie wirkt sich eine Abschlagzahlung vor Ablauf der Verjährungsfrist auf die Verjährung aus?

20. Mit rechtskräftigem Urteil vom 24. April des Jahres 4 wird Frau Judith Greifklaue ein Unterhaltsanspruch zugesprochen, den ihr Mann ihr auf Grund der erfolgten Scheidung zahlen muss. – Wann ist dieser Anspruch verjährt?

21. Beurteilen Sie in den folgenden Fällen, welche Auswirkung folgende Beispiele auf die noch nicht abgelaufene Verjährungsfrist hat?

    a) Weil Frau Pechsträhn ihre Rechnung vom 21. Juni trotz Mahnung und Fristsetzung noch nicht bezahlt hat, wird ihr am 23. September des gleichen Jahres ein Mahnbescheid zugestellt.

    b) Jana Rotkirsch schuldet ihrer Freundin Basilika Wunderbaum seit 2 Jahren 800 Euro. Das Geld wollte sie ursprünglich bereits nach einem Jahr zurückgezahlt haben. Um ihren guten Willen zu zeigen, überweist Jana zumindest die vereinbarten Zinsen, die Basilika in dieser Zeit verloren hat, weil sie den ausstehenden Betrag nicht selbst anlegen konnte.

    c) Peter Holzknecht gibt seinem Freund Jens Beinhart die 250 € zurück, die dieser ihm vor 4 Monaten geliehen hat.

7. Zahlungsverkehr

7.1 Geld

7.1.1 Geschichte des Geldes

In einer Tageszeitung ist unter Anzeigen folgender Text veröffentlicht:
„Tausche antiken Bücherschrank gegen eine wertgleiche Hifi-Anlage. Telefon: 0611-4711-007".

Geld

In diesem Fall wird nicht der antike Bücherschrank zum Verkauf gegen Geld angeboten. Der Inserent hofft vielmehr, eine Person zu finden, die sein Gut „Bücherschrank" gegen das gewünschte Gut „Hifi-Anlage" einzutauschen bereit ist.

Natural-wirtschaft/ Warengeld

Bereits in der **Naturalwirtschaft** wurden **Güter gegen Güter** getauscht, so z.B. Tiere gegen landwirtschaftliche Produkte wie Roggen oder Gemüse. – Das Problem der damaligen Zeit bestand nicht nur darin, den richtigen Tauschpartner zu finden, sondern ebenso in der Überlegung, den eigenen Tauschgegenstand so zu bewerten, dass er in einem angemessenen Tauschverhältnis zu einem anderen Gegenstand stand. Im Laufe der Geschichte wurde nach und nach **Warengeld**, z.B. in Form von Waffen (= Schmuckgeld) oder Vieh (= Nutzgeld), als Tauschgut allgemein anerkannt. Die Nachteile, die sich durch die Verwendung von Nutzgeld ergaben, waren auf die mangelnde Teilbarkeit einzelner Objekte und die Schwierigkeiten, die durch die Aufbewahrung und den Transport entstanden, zurückzuführen.

Münzgeld

Das nächste Stadium in der Entwicklung des Geldes war die Verwendung von **Münzgeld** in Form von geprägten Gold-, Silber- oder Kupfermünzen.

Papiergeld

Im Mittelalter wurde in Europa dann erstmalig **Papiergeld** in Umlauf gesetzt, das zunächst jedoch in Form von Hinterlegungsscheinen für Edelmetalle verwendet wurde und jederzeit wieder in Gold oder Silber eingetauscht werden konnte.

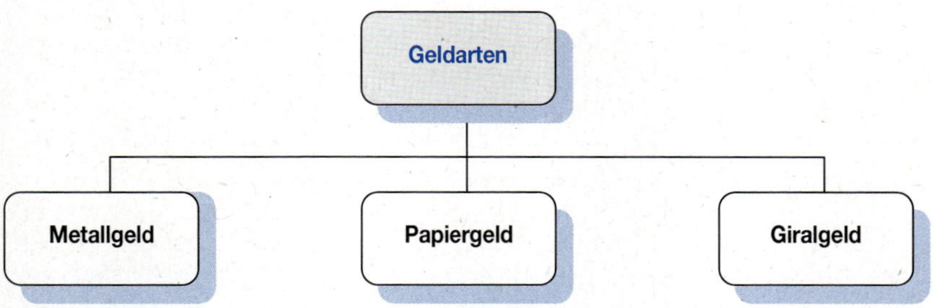

Abb. 7.1: Geldarten

Buchgeld

Italien ist das Ursprungsland der Entstehung des bargeldlosen Zahlungsverkehrs. Kunden, die im 12. Jahrhundert bei italienischen Banken Edelmetalle hinterlegten, erhielten dafür eine Gutschrift, deren Wert in den Büchern der Banken ausgewiesen wurde. So entstand das **Buchgeld**, auch **Giralgeld** genannt. Dies wurde nur auf Konten ausgewiesen.

7.1.2 Geldarten

Im heutigen Gesellschafts- und Wirtschaftsleben sind drei Geldarten gesetzlich anerkannt.

- ***Metallgeld***

Metallgeld

Die sich in Umlauf befindlichen **Münzen** sind mit einer Wertangabe geprägte **Metallstücke**. Der eingeprägte Wert entspricht i. Allg. nicht dem Metallwert. Diese unterwertig ausgeprägten Münzen werden als **Scheidemünzen** bezeichnet. Sie werden in **Münzstätten** geprägt. Es handelt sich dabei um folgende Münzen: 1-, 2-, 5-, 10-, 20-Cent und 1 und 2 Euro. – Als **Kurantmünzen** bezeichnet man Münzen, bei denen der aufgeprägte Wert dem Metallwert entspricht.

- ***Papiergeld***

Papiergeld

Unter Papiergeld versteht man die heute in Umlauf befindlichen Banknoten. Sie gelten, ebenso wie der Scheck, als **Geldwertpapiere** und lauten über einen bestimmten Geldbetrag. Das alleinige Recht zur Ausgabe von Banknoten hat die **Europäische Zentralbank** in **Frankfurt/Main**.

- ***Euro-Banknoten und Euro-Münzen***

Euro

Bis Ende des Jahres 2001 hatte jedes Land der europäischen Union eine eigene Währung. Die Banknoten und Münzen aller zum Währungsgebiet gehörigen Länder der Europäischen Union wurden nach diesem Zeitpunkt durch eine einheitliche Währung ersetzt.

Am 1. Januar 2002 hat der Euro als gesetzliches Zahlungsmittel die Deutsche Mark abgelöst. Die **Münzen** der Länder, die der **Währungsunion** angehören, d. h. jener EU-Länder, die den Euro eingeführt haben, wurden durch Cent- und Euro-Münzen ersetzt.

Verbesserung des Fälschungsschutzes bei Banknoten

Im Euro-Land wird die Bedrohung durch Fälscher sehr ernst genommen. Deshalb wurden in die **Euro-Banknoten** eine Reihe Sicherheitsmerkmale eingearbeitet, so dass die Echtheit der Banknoten mit etwas Aufmerksamkeit zuverlässig festgestellt werden kann. Unter anderem verfügen die Euro-Banknoten über die nachstehenden Sicherheitsmerkmale:

Sicherheitsmerkmal der Euro-Banknote

1. **Stichtiefdruck:** Durch die Anwendung des Stichtiefdruckverfahrens entsteht auf der Banknotenvorderseite ein ertastbares Relief; insbesondere die Abkürzungen der Europäischen Zentralbank (also die Buchstaben BCE, ECB, EZB, EKT, EKP), die Wertzahl und die Abbildungen der Fenster und Tore sind ertastbar. Außerdem werden die Euro-Banknoten auf Spezialpapier gedruckt, das eine griffige Oberflächenstruktur aufweist.

2. **Wasserzeichen:** Wird eine Banknote im Gegenlicht betrachtet, so erscheint das Wasserzeichen auf beiden Seiten desselben unbedruckten Bereichs. Es entsteht im Papier durch Variierung der Papierdicke während der Papierherstellung. Verschiedene Bereiche sind erkennbar, von denen einige heller und andere dunkler als das sie umgebende Papier sind.

3. **Sicherheitsfaden:** Er ist etwa in der Mitte der Banknote in das Papier eingebettet und im Gegenlicht sichtbar. Eine dunkle Linie verläuft über die gesamte Breite der Banknote. Wenn man den Faden im Gegenlicht genau betrachtet, so erscheinen das Wort EURO und die Wertzahl (wechselweise lesbar und spiegelverkehrt).

4. **Durchsichtsregister:** Beim Durchsichtsregister handelt es sich um ein Merkmal in der linken oberen Ecke auf der Vorderseite der Banknote. Unregelmäßige Zeichen, die auf die Vorder- und die Rückseite der Euro-Banknoten gedruckt sind, bilden im Gegenlicht eine vollständige Wertzahl.

5. **Spezialfolie/Spezialfolienelement:** Die Noten mit niedrigem Nennwert (5-Euro-, 10-Euro- und 20-Euro-Banknoten) und die Banknoten mit hohem Nennwert (50 Euro, 100 Euro, 200 Euro und 500 Euro) weisen unterschiedliche Spezialfolien auf. – Im rechten Teil der Vorderseite der Banknote mit niedrigem Nennwert befindet sich ein Spezialfolienstreifen. Kippt man die Banknote, werden, je nach Betrachtungswinkel, das Euro-Symbol oder die Wertzahl (z.B. 10) in wechselnden Farben als Hologramm sichtbar. Im Gegenlicht ist bei genauer Betrachtung des Folienstreifens außerdem ein aus Perforationen der Folie bestehendes Euro-Symbol zu erkennen. Im rechten Teil der Vorderseite der Banknoten mit hohem Nennwert befindet sich ein Spezialfolienelement. Kippt man die Banknote, so erscheinen, je nach Betrachtungswinkel, eine Wertzahl oder das auf dem Geldschein abgebildete Architekturmotiv in wechselnden Farben als Hologramm. Außerdem ist ein aus Perforationen in der Folie bestehendes Euro-Symbol zu erkennen.

6. **Perlglanzstreifen/Farbwechsel:** Auf den Banknoten mit niedrigem Nennwert ist jeweils mittig, neben dem Sicherheitsfaden, ein Perlglanzstreifen aufgebracht. Der Streifen glänzt beim Kippen der Banknoten gegen eine gute Lichtquelle von hellgelb bis goldgelb und weist als Aussparungen das Euro-Symbol und die Wertzahl (5 Euro, 10 Euro oder 20 Euro) aus. – Die Banknoten mit hohem Nennwert verfügen über ein optisch variables Farbelement. Die Wertzahl in der rechten unteren Ecke der Rückseite dieser vier Banknoten erscheint bei Aufsicht purpurrot und unter einem anderen Betrachtungswinkel olivgrün und braun.

Euro-Banknoten

Die Euro-Banknoten sind auf Papier aus reiner Baumwolle gedruckt, das sich spürbar von normalem Papier unterscheidet. Durch die Verwendung sind einige Bildelemente auf der Vorderseite der Banknoten ertastbar.

- ***Buchgeld***

Buch- oder Giralgeld

Buch- oder **Giralgeld** stellt in den hochentwickelten Volkswirtschaften die meist verbreitete Erscheinungsform von Geld dar. Es wird nur **auf Konten** bei Kreditinstituten, wie Sparkassen und Banken, **ausgewiesen**.

Giralgeld kann jederzeit

- *in ein gesetzliches Zahlungsmittel (wie z. B. Euro oder amerikanische Dollar) umgetauscht werden oder*
- *mittels einer Überweisung oder eines Schecks auf andere Wirtschaftssubjekte (private Haushalte, Unternehmen, Staat) übertragen werden.*

Als **Geldsurrogate** (= Geldersatzmittel) sind heute der Scheck, die Bankcard und die Kreditkarten anerkannt.

7.1.3 Merkmale und Funktionen des Geldes

Die Bedeutung des Geldes für eine Volkswirtschaft lässt sich ableiten aus den Merkmalen, die das Geld kennzeichnen und den Funktionen (= Aufgaben), die das Geld erfüllen soll.

Merkmale des Geldes

Geld ist durch drei **Merkmale** gekennzeichnet. Es ist

- ***teilbar****: eine 500-Euro-Note kann beispielsweise in fünf 100-Euro-Noten „zerlegt" werden;*
- ***leicht transportierbar****: im Gegensatz zu früheren Zahlungsmitteln wie Pelzen, Vieh usw. kann Geld wegen seines geringen Gewichts z. B. einfach im Geldbeutel mitgenommen werden;*
- ***übertragbar****: es kann als gesetzliches Zahlungsmittel leicht von einer Person an eine andere übergeben werden.*

Geld erfüllt im Wirtschaftsleben wichtige **Funktionen**.

Funktionen des Geldes

Abb. 7.2: Geldfunktionen

Wiederholungsfragen

Wiederholungsfragen

1. *Nennen Sie die in einer Volkswirtschaft zu unterscheidende Geldarten!*
2. *Was ist Giralgeld?*
3. *Durch welche Merkmale ist Geld gekennzeichnet?*
4. *Erklären Sie Funktionen des Geldes und deren Bedeutung!*
5. *Seit wann gibt es den Euro als gesetzliches Zahlungsmittel?*
6. *Nennen und beschreiben Sie mit eigenen Worten die Sicherheitsmerkmale von Banknoten!*
7. *Schauen Sie sich einen Geldschein aus Ihrem Geldbeutel an und versuchen Sie die Sicherheitsmerkmale zu erkennen!*
8. *Um welche Geldscheine handelt es sich bei den so genannten Noten mit*
   a) niedrigem Nennwert und denen mit
   b) hohem Nennwert?
9. *Schauen Sie in Ihrem Geldbeutel nach, welche Münzen sich darin befinden.*
   a) Welche Münzen befinden sich nicht in Ihrem Geldbeutel?
   b) Nennen Sie die Münzen mit ihrem Wert, die Sie in der Hand halten!

7.2 Zahlungsverkehr

Erika Rosenstock, Käuferin eines Wohnzimmers, will ihre Verbindlichkeiten bei dem Gläubiger, d. h. einem Möbelgeschäft, begleichen. Es bieten sich mehrere Zahlungsformen an. Dabei handelt es sich um die

- Barzahlung
- halbbare Zahlung
- bargeldlose (bzw. unbare) Zahlung.

7.2.1 Barzahlung

Barzahlung

Die Barzahlung ist die älteste und zugleich Zeit raubendste Form der Zahlung. Im Wirtschaftsleben verliert sie zunehmend an Bedeutung.

- ***Direkte Übergabe von Geld***

Die Bezahlung von Waren mit Münzen und Banknoten, d. h. mit Bargeld, ist insbesondere bei Einkäufen in Kaufhäusern und sonstigen Einzelhandelsgeschäften üblich. Der Kunde erhält im Allgemeinen als Beleg dafür, dass er direkt bar bezahlt hat, den Kassenbon einer Registrierkasse.

Quittung

Werden Zahlungen zwischen Privatleuten getätigt, so dient häufig eine **Quittung** als Beleg für die erfolgte Barzahlung.

> **§ 368 BGB:** *Der Gläubiger hat gegen Empfang der Leistung auf Verlangen ein schriftliches Empfangsbekenntnis (Quittung) zu erteilen. (...)*

Wer keine vorgedruckte, im Handel käuflich erhältliche Quittung greifbar hat, der muss beachten, dass ein selbstkonzipiertes Formular folgende Bestandteile enthalten muss:

- EURO-Betrag
- Name des Zahlungspflichtigen
- Grund der Zahlung
- Ort und Tag der Ausstellung
- Unterschrift des Zahlungsempfängers.

- ***Zahlung durch Boten***

Beliefert ein Unternehmen einen Kunden, so kassiert häufig eine von dem Unternehmen beauftragte Person den Gesamt- oder Restbetrag einer Rechnung.

> ***Beispiel:*** *Ein Möbelgeschäft liefert einem Kunden einen Schrank im Wert von 3.000,– €. Der Kunde hatte bei Kaufvertragsabschluss bereits eine Anzahlung von 10 % des Verkaufspreises geleistet. Also ist ein Restbetrag von 3.000,– € abzüglich 300,– € = 2.700,– € zu zahlen.*

- ***Zahlung durch Expressbrief***

Expressbrief

Bargeld, wertvolle Fracht wie Edelmetalle, Kreditkarten können per Expressbrief durch das Unternehmen DHL (**www.dhl.de**) versandt werden. Gegen gestaffelte Preise erhält der Empfänger am nächsten Tag vor 9 oder vor 10 oder vor 12 Uhr Post. Die Zustellung kann als Sonderzustellung gegen Aufgeld auch an Sonn- und Feiertagen erfolgen. Außerdem können zusätzliche Serviceleistungen wie Transportversicherung, eigenhändige Übergabe und Rückschein gegen Aufgeld vereinbart werden.

Im Falle der Barzahlung wird weder beim Zahler noch beim Zahlungsempfänger ein Konto berührt.

Wiederholungsfragen

Wiederholungsfragen

1. *Im Zahlungsverkehr werden Zahlungsformen unterschieden. – Nennen Sie diese!*
2. *Worin besteht das Wesen der Barzahlung?*
3. *Nennen Sie zwei Formen der Barzahlung!*

7.2.2 Halbbare Zahlung

Halbbare Zahlung

Die halbbare Zahlungsweise ist möglich durch Vermittlung von Banken und Sparkassen. Ihr Wesen besteht darin, dass der jeweilige Zahlungsvorgang einerseits über ein (Giro-)Konto andererseits mit Bargeld abgewickelt wird.

Bei einem der Beteiligten – dies ist entweder der Zahlende oder der Zahlungsempfänger – erfolgt eine Bewegung auf einem Konto eines Konto führenden Kreditinstituts. Für die halbbare Zahlung gilt deshalb:

Bargeld wird zu Buchgeld oder
Buchgeld wird zu Bargeld.

• *Zahlung durch Zahlschein*

Zahlschein

Zahlscheine sind Überweisungsträger, die dann verwendet werden, wenn der Zahlungsempfänger ein Konto unterhält, nicht aber der Einzahler. Der Zahler kann mittels eines Zahlscheins bei irgendeiner Bank oder Sparkasse oder bei der Postbank einen bestimmten Geldbetrag bar einzahlen und auf das Konto des Zahlungsempfängers überweisen. **Überweisungs-Zahlscheine** liegen häufig zugesandten Rechnungen bei. Sie können als Zahlschein oder als Überweisung verwendet werden (siehe auch Kapitel bargeldloser Zahlungsverkehr).

Überweisungsträger

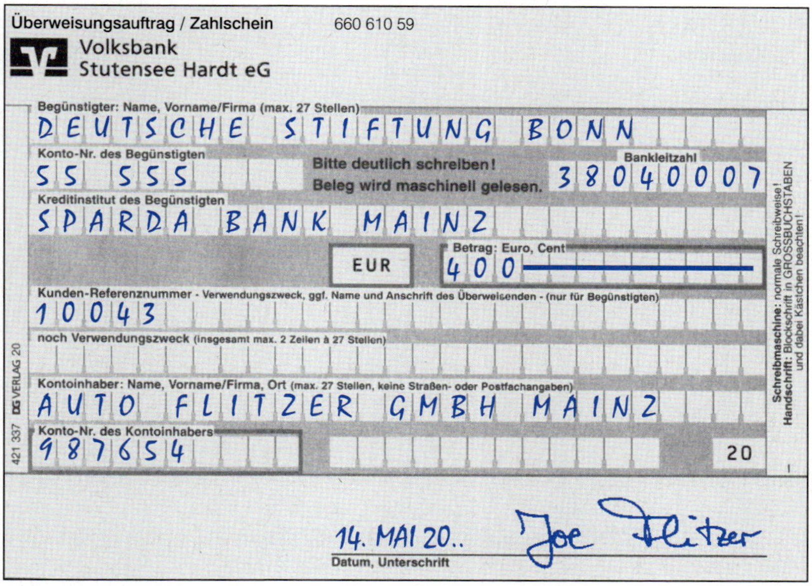
Überweisungsauftrag / Zahlschein 660 610 59
Volksbank Stutensee Hardt eG
Begünstigter: Name, Vorname/Firma (max. 27 Stellen)
DEUTSCHE STIFTUNG BONN
Konto-Nr. des Begünstigten
55 555
Bitte deutlich schreiben! Beleg wird maschinell gelesen.
Bankleitzahl
38040007
Kreditinstitut des Begünstigten
SPARDA BANK MAINZ
EUR
Betrag: Euro, Cent
400
Kunden-Referenznummer - Verwendungszweck, ggf. Name und Anschrift des Überweisenden - (nur für Begünstigten)
10043
noch Verwendungszweck (insgesamt max. 2 Zeilen à 27 Stellen)
Kontoinhaber: Name, Vorname/Firma, Ort (max. 27 Stellen, keine Straßen- oder Postfachangaben)
AUTO FLITZER GMBH MAINZ
Konto-Nr. des Kontoinhabers
987654
20
Schreibmaschine: normale Schreibweise! Handschrift: Blockschrift in GROSSBUCHSTABEN und dabei Kästchen beachten!
421 337 DG VERLAG 20
14. MAI 20.. Joe Flitzer
Datum, Unterschrift

Abb. 7.3: Überweisungsträger

Wiederholungsfragen

Wiederholungsfragen

1. *Was versteht man unter dem halbbaren Zahlungsverkehr?*
2. *Beschreiben Sie, wie Geldbeträge mittels Zahlschein übermittelt werden!*

7.2.3 Bargeldlose Zahlung

Bargeldlose Zahlung

Wie zuvor beschrieben, wird im Falle

- der Barzahlung **kein Konto** berührt und
- der halbbaren Zahlung **ein Konto** berührt.

Anders verhält es sich, wenn Zahlungsträger des **bargeldlosen Zahlungsverkehrs** eingesetzt werden. In diesen Fällen besitzen **sowohl Zahler als auch Zahlungsempfänger ein Konto**. – Zusammenfassend kann also festgestellt werden, dass drei Zahlungsformen unterschieden werden.

Zahlungsform

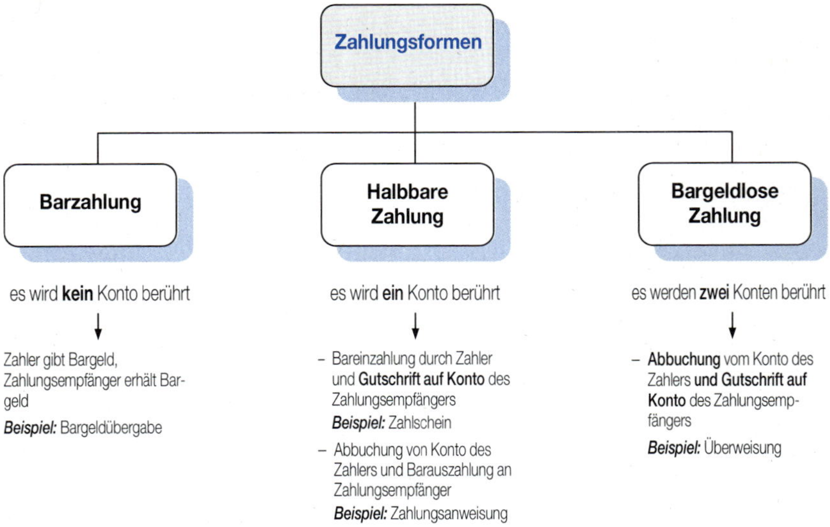

Abb. 7.4: Zahlungsformen

Sollen Geldbeträge im bargeldlosen Zahlungsverkehr übermittelt werden, so bieten sich grundsätzlich – neben der Überweisung mittels Computer (siehe nachfolgenden Text „Onlinebanking" in diesem Kapitel) – mehrere Möglichkeiten an.

Bargeldloser Zahlungsverkehr

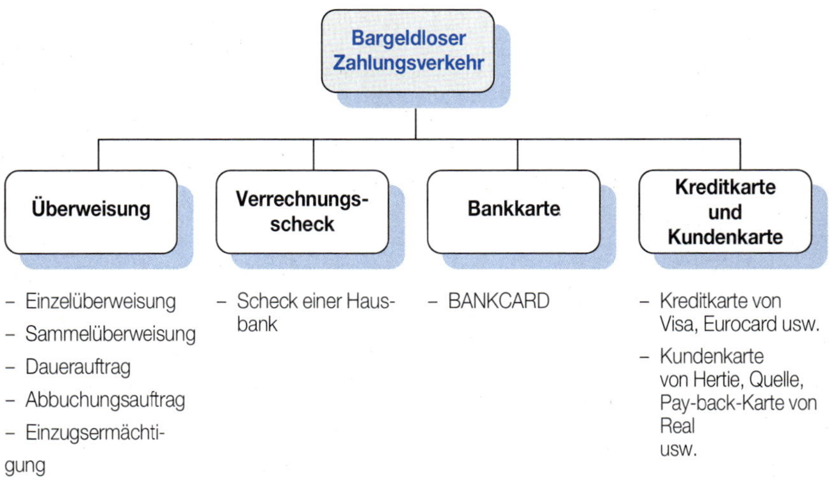

Abb. 7.5: Formen des bargeldlosen Zahlungsverkehrs

• Die Einzelüberweisung

Einzelüberweisung

Virginia Bach befindet sich im ersten Ausbildungsjahr als Kauffrau für Bürokommunikation. Sie arbeitet beim Autohaus Klaus Wurzel KG in Mainz. Da ihre Kollegin Anita Bikaram wegen der Geburt eines Kindes demnächst aus dem Betrieb ausscheiden wird, muss Virginia verschiedene, bisher nicht ausgeübte Tätigkeiten ausführen. So soll sie unter anderem dafür Sorge tragen, dass Rechnungsbeträge rechtzeitig an den Zahlungsempfänger überwiesen werden.

Das Ausfüllen von Überweisungsformularen gehört zwar zu den alltäglichen Vorgängen in dem Betrieb, in dem sie eine Ausbildung absolviert; für Virginia ist diese Aufgabe jedoch neu. Deshalb ergeben sich für sie im Gespräch mit ihrer Kollegin u. a. folgende Fragen:

- *Unter welchen Voraussetzungen kann ein Überweisungsformular eines Kreditinstituts verwendet werden?*
- *Wer erhält die einzelnen Blätter des dreiteiligen Überweisungsformulars?*
- *Worauf ist zu achten, wenn ein Überweisungsformular ausgefüllt wird?*
- *Welche Angaben eines Rechnungsformulars müssen auf den Überweisungsvordruck übertragen werden?*

Ein Schuldner, wie hier das Autohaus Wurzel & Partner, der einem Gläubiger Geld übermitteln muss, kann nicht in jedem Fall ein Überweisungsformular verwenden. Voraussetzung ist nämlich, dass **beide ein Konto** bei einem Kreditinstitut unterhalten.

Wird ein Überweisungsvordruck als **Überweisungsträger** verwendet, so wird ein bestimmter Geldbetrag vom Konto des Schuldners abgebucht und erscheint als Gutschrift auf dem Konto des Gläubigers. Da dieser Vorgang völlig bargeldlos abläuft, ist die Überweisung ein Instrument des bargeldlosen Zahlungsverkehrs.

Die Überweisungsvordrucke sind so gestaltet, dass die Formulare maschinell gelesen werden können. Deshalb ist darauf zu achten, dass beim Ausfüllen mit der Hand **Großbuchstaben** verwendet werden, die in die vorgesehenen Kästchen einzutragen sind. Außerdem ist i. Allg. **linksbündig** zu **schreiben**. Für alle Beteiligten ist es zudem nützlich, dass sowohl die geschriebenen Buchstaben als auch die Ziffern gut lesbar geschrieben sind.

Überweisungsformular

Grundsätzlich sind auf dem jeweiligen **Überweisungsformular** folgende **Eintragungen** vorzunehmen (siehe Überweisung Abb. 7.6):

1. *Name, Vorname des Empfängers*
2. *Kontonummer des Empfängers*
3. *Bankleitzahl der Bankverbindung des Empfängers (sofern bekannt)*
4. *Bankverbindung des Empfängers im Klartext (hier: Deutsche Bank Mainz)*
5. *Überweisungsbetrag*
6. *Verwendungszweck, wenn möglich in Kurzform (Bsp.: Rechnungsnummer, Kundennummer)*
7. *Nachname und Vorname des Auftraggebers (Bankkunde, Zahlungspflichtiger)*
8. *Kontonummer des Auftraggebers*
9. *Datum der Ausstellung*
10. *Unterschrift des Kontoinhabers (rechts oben) für den Überweisungsauftrag.*

Überweisung

Beim Ausfüllen ist zu beachten, dass der Überweisungsträger nicht bestempelt und nicht beschmutzt wird. Somit werden Störungen bei der optischen Datenerfassung vermieden. Außerdem sollten die Vordrucke weder geknickt, perforiert, geprägt noch mit Aufklebern oder angehefteten Anlagen versehen werden.

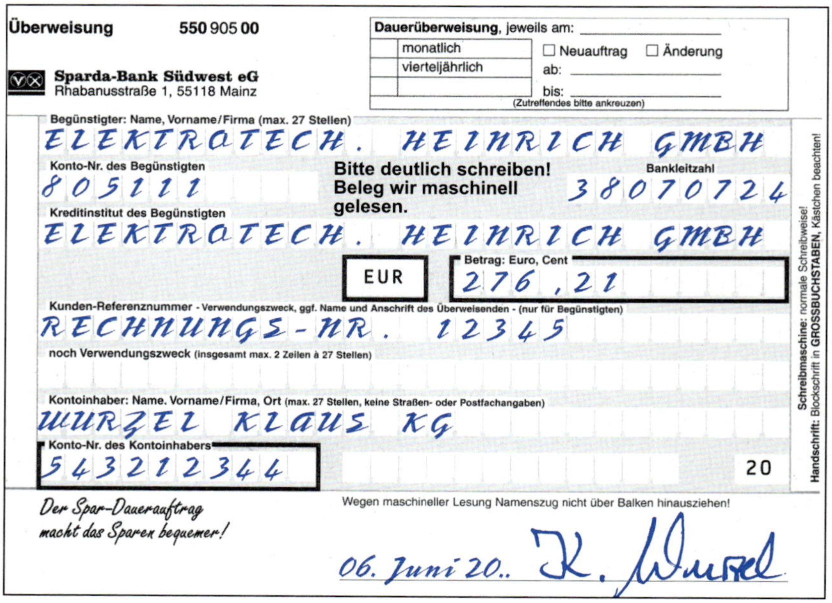
Überweisung 550 905 00

Sparda-Bank Südwest eG
Rhabanusstraße 1, 55118 Mainz

Dauerüberweisung, jeweils am:
monatlich
vierteljährlich
☐ Neuauftrag ☐ Änderung
ab:
bis:
(Zutreffendes bitte ankreuzen)

Begünstigter: Name, Vorname/Firma (max. 27 Stellen)
ELEKTROTECH. HEINRICH GMBH
Konto-Nr. des Begünstigten
805111
Bitte deutlich schreiben! Beleg wir maschinell gelesen.
Bankleitzahl
38070724
Kreditinstitut des Begünstigten
ELEKTROTECH. HEINRICH GMBH
EUR
Betrag: Euro, Cent
276,21
Kunden-Referenznummer - Verwendungszweck, ggf. Name und Anschrift des Überweisenden - (nur für Begünstigten)
RECHNUNGS-NR. 12345
noch Verwendungszweck (insgesamt max. 2 Zeilen à 27 Stellen)
Kontoinhaber: Name. Vorname/Firma, Ort (max. 27 Stellen, keine Straßen- oder Postfachangaben)
WURZEL KLAUS KG
Konto-Nr. des Kontoinhabers
54321234 4
20
Schreibmaschine: normale Schreibweise! Handschrift: Blockschrift in GROSSBUCHSTABEN, Kästchen beachten!

Der Spar-Dauerauftrag macht das Sparen bequemer!

Wegen maschineller Lesung Namenszug nicht über Balken hinausziehen!

06. Juni 20.. K. Wurzel

Abb. 7.6: Überweisung

Geschäftsbesorgungsvertrag

Mit der Unterschrift (für nachstehenden Auftrag) beauftragt Herr Wurzel seine Hausbank, hier also die Sparda-Bank Südwest eG, für ihn den Überweisungsbetrag an den Empfänger zu übermitteln. Reicht er das Überweisungsformular bei der Bank ein, so kommt – rechtlich gesehen – ein **Geschäftsbesorgungsvertrag** gemäß *§ 675 BGB* zu Stande. Geschäftsbesorgung bedeutet Tätigkeit in fremdem Interesse.

Für den Zahlungsempfänger ist es von Bedeutung, dass er den „Beleg Überweisung" dem jeweiligen Kunden relativ schnell zuordnen kann. Deshalb ist es erforderlich, unter dem Feld „**Verwendungszweck**" auf dem Überweisungsformular für die Buchhaltung zweckdienliche Angaben (Kunden- und/oder Rechnungsnummer) einzutragen.

Jeder, der schon einmal ein ausgefülltes Überweisungsformular bei einem Kreditinstitut abgegeben oder in einem Briefumschlag an die Postbank gesendet hat, konnte feststellen, dass ihm die Durchschrift des zweiteiligen Vordrucks, u. U. versehen mit dem Eingangsstempel, wieder zurückgegeben bzw. dass er sie behalten konnte. Bei diesem Vorgang tritt deshalb die Frage auf, wer die einzelnen Teile des Überweisungsformulars erhält.

Im konkreten Fall bedeutet dies:

- *das **Deckblatt** behält die Sparda-Bank Mainz;*
- *die **Durchschrift** wird an die Klaus Wurzel KG zurückgegeben.*

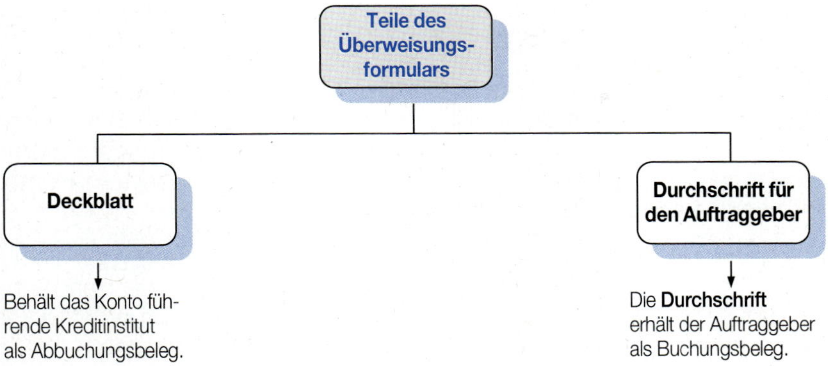

Abb. 7.7: Teile des Überweisungsformulars

Im Überweisungsverkehr ist der Kunde gemäß der „Verordnung über Informationspflichten nach bürgerlichem Recht" von Kreditinstituten über die Regelungen im Überweisungsverkehr zu informieren.

Überweisungen innerhalb der Europäischen Union

Für Überweisungen innerhalb der Europäischen Union (= EU) gibt es Regelungen, die dazu beitragen, dass zwischen Ländern der EU Überweisungen nicht teurer sind als Überweisungen im Inland. Wer also beispielsweise in Deutschland ein Überweisungsformular handschriftlich ausfüllen will, weil eine Rechnung aus Frankreich zu begleichen ist, der muss ein EU-Überweisungsformular verwenden.

Wird ein solches Formular genutzt, so ist eine spezielle Kontonummer mit der Abkürzung **IBAN** zu verwenden. IBAN ist die Abkürzung für „**International Bank Account Number**" (also: „internationale Bank-Kontonummer"). Sie besteht aus maximal 34, in Deutschland aus 22 alphanumerischen Zeichen, d.h. aus Zeichen, die sich aus Ziffern und Buchstaben zusammen setzen. In der IBAN befindet sich verschlüsselt ein DE für Deutschland sowie eine nationale Bankleitzahl und die Kontonummer. ***IBAN***

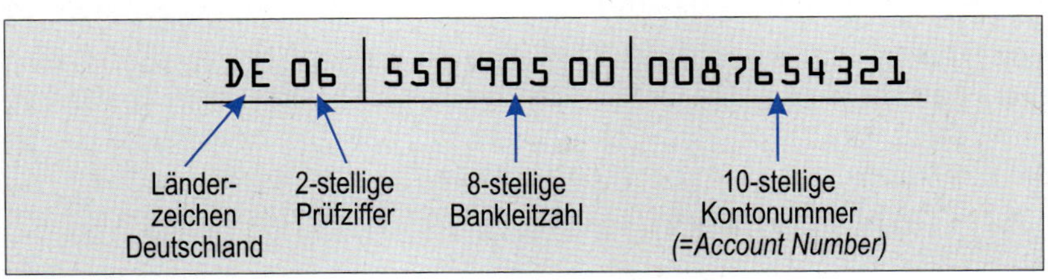

Auf dem standardisierten EU-Überweisungsformular ist nicht nur die IBAN, sondern auch der **BIC**, d.h. der so genannte **Bank Identifizier Code**, oft auch Swift-Code genannt, einzutragen. Es handelt sich im Falle der BIC um eine internationale Bankleitzahl, mit der ein Kreditinstitut weltweit eindeutig identifiziert werden kann (Beispiel: GENODEF1SO1).

- ***Die Sammelüberweisung***

Sammelüberweisung

Sollen an mehrere Zahlungsempfänger Beträge in unterschiedlicher Höhe überwiesen werden, so kann der Schuldner ein nach Eintragung von Einzelbeträgen unterschriebenes Sammelüberweisungsformular verwenden. Er fügt die Einzelüberweisungen bei. Von seinem Konto wird der Gesamtbetrag der zusammengefassten Beträge abgebucht.

In zunehmendem Maße erfassen Betriebe Sammelüberweisungen per Computer. Das Ausfüllen eines Sammelüberweisungsformulars mit der Hand entfällt. Die gespeicherte(n) Sammelüberweisung(en) werden dann in der DDV-Anlage gespeichert und (mittels BTX) über den PC direkt übertragen.

- ***Der Dauerauftrag***

Dauerauftrag

Fallen **immer wiederkehrende Zahlungen in gleicher Höhe** zu **gleichen Zeitpunkten** an, die an denselben Zahlungsempfänger gerichtet sind, so ist es sinnvoll, einer Sparkasse oder Bank einen einmaligen Dauerauftrag zu erteilen. Bis auf Widerruf werden dann Beträge (für Miete, Ratenzahlungsbeträge usw.) unter Belastung des Kontos des Zahlungspflichtigen abgeführt, ohne dass sich dieser selbst um die Überweisung kümmern muss.

- ***Das Lastschriftverfahren***

Im Gegensatz zum Dauerauftrag wird das Lastschriftverfahren gewählt, wenn Beträge, die zu verschiedenen Zeitpunkten in **unterschiedlicher Höhe** anfallen, abgebucht werden sollen (Strom, Gas, Wasser, Telefongebühren usw.). Das Lastschriftverfahren wird in zwei Formen abgewickelt.

- ***Das Einzugsermächtigungsverfahren***

Einzugsermächtigungsverfahren

Hier erteilt der Zahlungspflichtige (Schuldner) dem Zahlungsempfänger (Gläubiger) die Ermächtigung zum Einzug anfallender Beträge, deren Höhe nicht im Voraus bestimmbar ist. Beispiele dafür sind die monatlich anfallenden Telefongebühren.

- ***Das Abbuchungsverfahren***

Abbuchungsverfahren

Bei diesem Verfahren ermächtigt der Zahlungspflichtige (Schuldner) das Kreditinstitut, Lastschriften über sein Konto abbuchen zu lassen, ohne dass vorab eine Rücksprache erfolgt. So kann beispielsweise ein Kontoinhaber das Konto führende Institut ermächtigen, den am 10. Tag eines Monats auf dem Girokonto verbleibenden Betrag auf ein Sparkonto umzubuchen.

Lastschrift-verfahren

Beim **Lastschriftverfahren** muss der **Zahlungspflichtige** regelmäßig beachten, dass sein Konto eine ausreichende Deckung (Guthaben oder eingeräumter Kredit) zur Begleichung der an bestimmten Fälligkeitsterminen anfallenden Beträge aufweist. Diesem **Nachteil** stehen aber auch **Vorteile** gegenüber. So müssen beispielsweise keine Überweisungsformulare ausgestellt und bei einem Kreditinstitut eingereicht werden. Zahlungstermine werden automatisch eingehalten, sodass möglicherweise anfallende Mahngebühren aufgrund der verspäteten Bezahlung von Rechnungen nicht anfallen können.

Aber auch dem **Zahlungsempfänger** bietet das **Lastschriftverfahren Vorteile.** Da er den Zahlungsvorgang auslöst, beeinflusst er somit beispielsweise den Zeitpunkt des Forderungseinganges. Zudem entfällt die Überwachung der Zahlungseingänge, was eine Einsparung von Personalkosten bedeuten kann.

- ***Onlinebanking***

Online-banking

Wenn ein Kunde ein Buch direkt bei einem Verlag bestellt hat, wird er nicht nur mit der Ware beliefert, sondern erhält zudem in aller Regel ein nahezu vollständig ausgefülltes Überweisungsfomular mit Rechnungsnummer, Kontonummer des Verlags usw. mitgeliefert. Dieses kann er handschriftlich ausfüllen und zur Bank bringen. Für denjenigen, der zu Hause einen Personal Computer, kurz einen PC, hat, besteht aber auch die Möglichkeit, den Rechnungsbetrag bequem von zu Hause mittels Onlinebanking zu begleichen. Dies hat nicht nur den Vorteil, dass man das Überweisungsformular nicht zu einem Geldinstitut, wie einer Bank oder Sparkasse bringen muss. Somit wird kostbare Zeit eingespart. Der Kontoinhaber, der Onlinebanking praktiziert, benötigt einen Telefonanschluss, einen PC, sowie ein Modem oder eine ISDN-Karte im Computer und eine Zugangsberechtigung, beispielsweise durch die Deutsche Telekom AG. Hierzu ist es erforderlich, mit einer Hausbank eine derartige Vereinbarung zu treffen.

Im Rahmen der Überweisung vom PC aus können häufig kontaktierte Adressen gespeichert und immer wieder durch einen kurzen Befehl mittels Maus in die Maske eines Überweisungsformulars schnell kopiert werden. Eine Maske ist ein Formular am Bildschirm, das noch auszufüllen ist.

Um zu gewährleisten, dass nur eine bestimmte Person Onlinebanking über ein näher genanntes Girokonto betreibt, müssen bestimmte Sicherheitsvorkehrungen getroffen werden.

Zunächst ist es erforderlich, die Adresse der Bank, im vorliegenden Fall die Sparda-Bank Südwest, im Internet anzuwählen. Der Kontoinhaber wird sodann aufgefordert, die **Kundennummer** einzugeben. Hierbei handelt es sich um die Kontonummer des Inhabers des Girokontos. Danach ist die Online-PIN einzugeben. Dies bedeutet, dass der berechtigte Kontoinhaber eine **P**ersönliche **I**dentifikations**n**ummer (= PIN), also seine persönlich gewählte Nummer eingibt. Diese Nummer besteht aus sechs

Zahlen, die auf dem Bildschirm nicht sichtbar, sondern als Punkte dargestellt sind.

Online-PIN

Abb. 7.8: Maske Sicherheitsvorkehrungen

Anschließend erscheint die Maske des Überweisungsformulars auf dem Bildschirm. Diese ist auszufüllen (siehe Schaubild).

Online-Überweisung

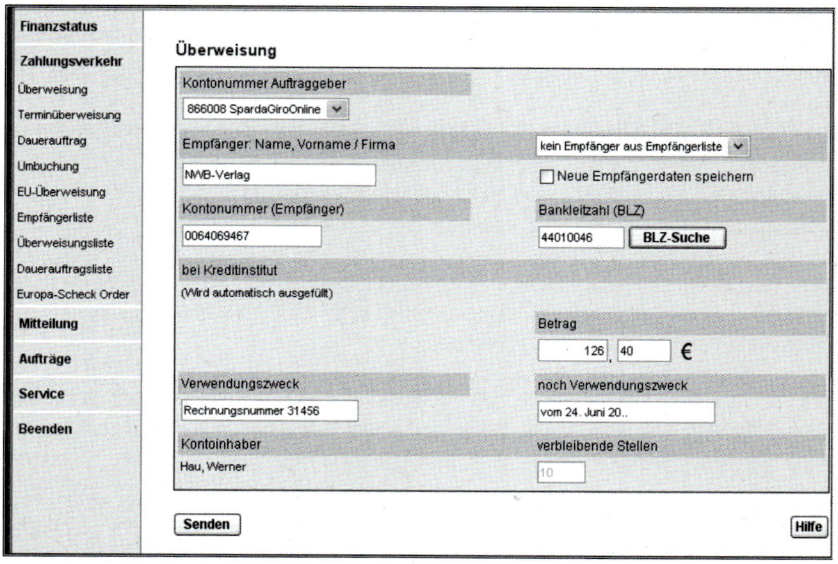

Abb. 7.9: Maske Online-Überweisung

Nachdem der berechtigte Kontoinhaber des Girokontos die Maske Überweisung ausgefüllt hat, wird er aufgefordert, in eine weitere Maske eine **Transaktionsnummer**, kurz: **TAN**, einzugeben. TANs werden dem Inhaber eines Girokontos, der Onlinebanking betreibt, von der Bank vorgegeben. Für jedes Überweisungsformular ist eine solche sechsstellige Nummer zu verwenden, so z. B. 936824. Diese TAN und auch alle anderen, können nur einmal benutzt werden. Mit der Maus wird über „OK" der Überweisungsvorgang ausgelöst.

Wer persönlich kein Onlinebanking betreibt, jedoch eine Internet-Anschluss besitzt, kann sich z. B. in ein Kreditinstitut, wie in die Sparda-Bank, einwählen (www.sparda.de) und den Vorgang des Onlinebankings mithilfe eines **Demokontos** üben.

- ***Sonderformen des bargeldlosen Zahlungsverkehrs***

Plastikgeld

Wer einkaufen geht und vermeiden möchte, dass größere mitgeführte Geldbeträge abhanden kommen, etwa weil sie verloren gehen oder gestohlen werden könnten, der hat die Möglichkeit, mithilfe von so genanntem **Plastikgeld** bargeldlos einzukaufen.

Eine Form des Plastikgeldes ist die **Bankcard** (siehe hierzu Kapitel 7.2.5).

Kundenkarte/ SCHUFA

Mit „einer goldenen Einladung" oder mit ähnlich formulierten Einladungen, bieten Kaufhäuser wie Kaufhof, Airlines wie die Deutsche Lufthansa oder Mietwagen-Unternehmen wie interRent in Prospekten die Möglichkeit an, einen Vertrag zu schließen, um so eine **Kundenkarte** des jeweiligen Unternehmens zu erhalten. Die Voraussetzung, künftig mit einer Kundenkarte bargeldlos zahlen zu können ist, dass der potenzielle künftige Kundenkarteninhaber mit seiner Unterschrift einwilligt, dass von ihm Daten über seine Kreditwürdigkeit bei der **SCHUFA** (Schutzgemeinschaft für allgemeine Kreditsicherung) angefordert werden können. – Die Einwilligung zu einer Schufa-Auskunft ist i. d. R. auch vom Kreditnehmer im Rahmen eines bei einem Kreditinstitut gestellten Kreditantrags durch Unterschrift zu geben.

Kreditkarten

Neben der Möglichkeit der Verwendung einer Bankcard oder einer Kundenkarte können Karteninhaber auch mit sog. **Kreditkarten** bargeldlos bezahlen. In der Bundesrepublik Deutschland gibt es häufig verwendete Kreditkarten.

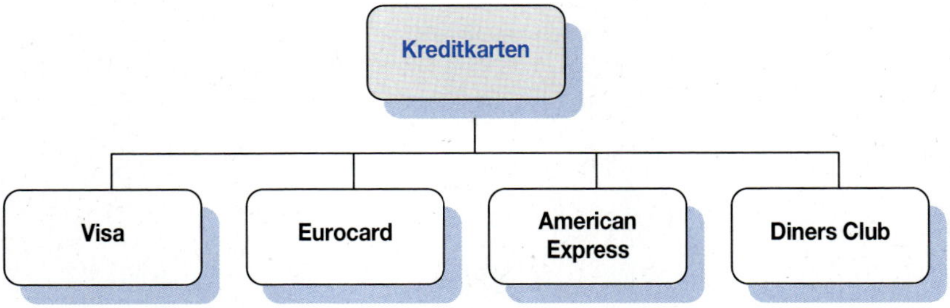

Abb. 7.10: Kreditkartenorganisationen

Plastikgeld

Kreditkarten erhalten Personen, die ein bestimmtes Mindestjahreseinkommen nachweisen können (z. B. 40.000,– €). Umfangreiche Informationen über diese vier Kreditkarten kann jeder erhalten, wenn er sich beispielsweise bei Kreditinstituten, der Postbank oder an der Rezeption von Hotels die Werbeprospekte für Kreditkarten durchliest, einschließlich der **Geschäftsbedingungen**, die ein potenzieller Karteninhaber mit seiner Unterschrift unter dem Kartenantrag akzeptiert und als Karteninhaber zu beachten hat. Aus den Prospekten wird ersichtlich, dass der Karteninhaber die Karte zum Zwecke des bargeldlosen Zahlungsverkehrs in vielen Situationen des Lebens benutzen kann, so z. B. beim Einkaufen im In- und Ausland, beim Bezahlen von Hotelrechnungen, beim Mieten von Autos, beim Buchen von Tickets bei Fluggesellschaften, beim Bezahlen der Autobahngebühr im Ausland (wie z. B. in Frankreich). Die Verwendung der jeweiligen Kreditkarte ist jedoch nur möglich bei Vertragsunternehmen, wie z. B. großen Hotels. In der Regel ist jedoch durch einen Aushang an der Kasse ersichtlich, welche Kreditkarte beim Kauf oder bei der Inanspruchnahme von Dienstleistungen (z. B. Mietwagen) verwendet werden kann.

electronic-cash-system

Zunehmend häufiger wird das **electronic-cash-system** von Bedeutung. Es handelt sich dabei um die Möglichkeit, mithilfe einer Bankcard oder Kreditkarte an automatisierten Kassen (electronic-cash-Terminals) von Unternehmen des Einzelhandels und verschiedenen Dienstleistungsunternehmen bargeldlos zu zahlen.

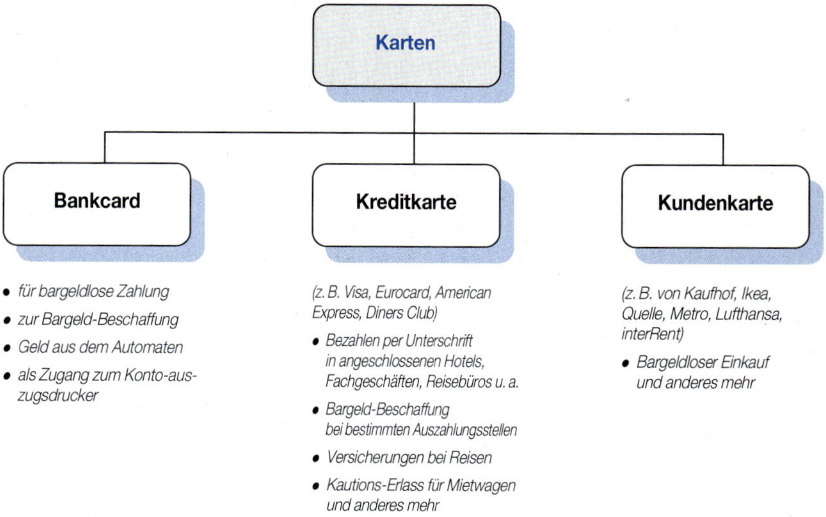

Abb. 7.11: Vielseitige Plastikkarten

- ***POSTCARD***

Bekanntlicherweise erleichtern Kundenkarten im Scheckkartenformat den Einkauf. Auch die Deutsche Post AG bietet ihren Geschäftskunden mit der POSTCARD eine solche Kundenkarte für den bargeldlosen Einkauf in der Filiale. Sie kann über das Internet bestellt werden.

Die kostenlose POSTCARD ermöglicht die bargeldlose Zahlung der Produkte und Dienstleistungen der Deutschen Post (wie z. B. Infopost, Postwurfsendungen, Paketsendungen usw.) bundesweit in allen Filialen und Großannahmestellen. Die Vorteile der POSTCARD sind:

- Sie bietet eine größtmögliche Sicherheit vor Missbrauch durch ein definiertes Kartenlimit (Höchtsbetrag pro Tag und Karte). Auf Wunsch sorgt die PIN für zusätzlichen Schutz.
- Über Buchungstext und Kartennummer kann der Einsatz einer Postcard auf dem Kontoauszug zweifelsfrei nachvollzogen werden.
- Hat der autorisierte Kartennutzer die POSTCARD auf der Rückseite unterschrieben, ist die Karte sofort einsetzbar.

Wiederholungsfragen

Wiederholungsfragen

1. *Wodurch ist die bargeldlose Zahlung gekennzeichnet?*
2. *Worauf müssen Sie achten, wenn Sie ein Überweisungsformular ausfüllen?*
3. *Beschreiben Sie die Kontobewegungen beim Schuldner und Gläubiger, die durch die Verwendung eines Überweisungsformulars ausgelöst werden!*
4. *Welcher Vertrag kommt durch die Unterschrift des rechtmäßigen Ausstellers auf dem Überweisungsvertrag zu Stande?*
5. *Wer erhält grundsätzlich die einzelnen Teile des Überweisungsformulars?*
6. *Welche Voraussetzungen müssen erfüllt sein, damit ein Dauerauftrag erteilt werden kann?*
7. *Beschreiben Sie die beiden Formen des Lastschriftverfahrens!*
8. *Nennen Sie drei unter dem Begriff „Plastikgeld" bekannte Sonderformen des bargeldlosen Zahlungsverkehrs!*
9. *Nennen Sie vier in der Bundesrepublik üblicherweise verwendete Kreditkarten!*
10. *Was versteht man unter dem „electronic-cash-system"?*

7.2.4 Der Scheck

Der Scheck ist eine **Urkunde**, die die unbedingte Anweisung eines Ausstellers an dessen Kreditinstitut enthält, zu Lasten seines Kontos einen bestimmten, auf dem Scheck näher genannten Betrag auszuzahlen.

Scheckgesetz

Eine wichtige **Rechtsgrundlage** für den Scheckverkehr ist das **Scheckgesetz**.

Um am **Scheckverkehr** teilnehmen zu können, müssen verschiedene **Voraussetzungen** erfüllt sein.

Scheckfähigkeit

- ***Scheckfähigkeit**: Der Aussteller eines Schecks muss scheckfähig, d. h. i. d. R. voll geschäftsfähig sein. Man spricht hier von der **aktiven Scheckfähigkeit**.*

  *Aus der sog. **passiven Scheckfähigkeit** rehlltiert das Recht, Schecks auf sich ziehen zu lassen, also Bezogener eines Schecks zu sein. Bezogener ist derjenige, der zu zahlen hat, also ein Kreditinstitut.*
- ***Konto**: Der Aussteller eines Schecks muss bei einem Kreditinstitut ein Konto unterhalten.*
- ***Kontodeckung**: Der Scheckbetrag muss durch ein entsprechendes Kontoguthaben bzw. einen eingeräumten Kredit gedeckt sein.*
- ***Scheckvordruck**: Mit der Unterschrift auf der Quittung für die Scheckformulare erkennt der Scheckschuldner die Scheckbestimmungen an.*

Scheckvertrag

- ***Scheckvertrag**: Es kommt ein Geschäftsbesorgungsvertrag im Sinne des § 675 BGB zwischen dem bezogenen Kreditinstitut und dem Kunden des Kreditinstitutes zu Stande.*

- ***Bestandteile***

gesetzliche Bestandteile

Der Scheck gilt nur unter der Voraussetzung als **Urkunde**, wenn er die **gesetzlichen Bestandteile** gemäß Art. 1 Scheckgesetz enthält.

Scheckgesetz Art. 1 [Bestandteile].

Der Scheck enthält:

1. *die Bezeichnung als Scheck im Texte der Urkunde, und zwar in der Sprache, in der sie ausgestellt ist;*
2. *die unbedingte Anweisung, eine bestimmte Geldsumme zu zahlen;*
3. *den Namen dessen, der zahlen soll (Bezogener);*
4. *die Angabe des Zahlungsortes;*
5. *die Angabe des Tages und des Ortes der Ausstellung;*
6. *die Unterschrift des Ausstellers.*

Neben den gesetzlichen enthält der Scheck auch **kaufmännische Bestandteile**. Sie erleichtern den Geldinstituten die Abwicklung des Scheckverkehrs.

Es handelt sich dabei um folgende kaufmännischen Bestandteile:

kaufmännische Bestandteile

a) die Schecknummer
b) die Kontonummer des Ausstellers
c) die Bankleitzahl
d) die Wiederholung des Scheckbetrags in Ziffern
e) die Guthabenklausel
f) die Überbringerklausel
g) den Namen des Schecknehmers
h) die Angabe des Verwendungszwecks
i) die Codierzeile (Scheck-Nr., Konto-Nr., Betrag, Bankleitzahl und Text in maschinenlesbarer Schrift).

Überbringerklausel

Die **Überbringerklausel** ermächtigt das bezogene Kreditinstitut (siehe Abb. 7.14 in diesem Fall die Bank in Neuhausen), den Scheckbetrag an den Inhaber zu zahlen bzw. auf dessen Konto gutzuschreiben, ohne dessen Legitimation überprüfen zu müssen.

• *Wirkung mangelhafter Scheckausstellung*

Wer einen Scheck ausfüllt, der darf nicht gegen die Vorschriften verstoßen, die im Scheckgesetz enthalten sind.

1. *Fehlt mindestens einer der gesetzlichen Bestandteile, so gilt die Urkunde grundsätzlich nicht als Scheck.*
2. *Ist kein Zahlungsort angegeben, so gilt der bei dem Namen des Bezogenen angegebene Ort als Zahlungsort.*
3. *Fehlt die Angabe des Ausstellungsortes, so gilt der Ort, der bei dem Namen des Bezogenen angegeben ist.*
4. *Ist ein Zinsvermerk oder ein Annahmevermerk auf dem Scheck angebracht, so gilt dieser als nicht geschrieben.*
5. *Bei Abweichung der in Buchstaben und in Ziffern angegebenen Schecksumme gilt die in Buchstaben angegebene Summe (Art. 2 ff. ScheckG).*

• *Scheckarten*

Im Hinblick auf die **Art der Einlösung** werden unterschieden:

- der **Barscheck** und
- der **Verrechnungsscheck**.

Barscheck

Der **Barscheck** ist ein Zahlungsmittel des halbbaren Zahlungsverkehrs. Der Inhaber des Schecks kann ihn bei dem bezogenen Kreditinstitut vorlegen. Er erhält den Scheckbetrag bar ausgezahlt. Deshalb ist die Namensangabe des Scheckempfängers auf einem Barscheck überflüssig.

Der Kontoinhaber weist mit dem Scheck seine Bank/Sparkasse an, gegen Vorlage dieses Schecks die genannte Geldsumme (34.500,– €) zu Lasten seines Kontos den Betrag dem Konto des Scheckvorlegers gutzuschreiben.

Scheck

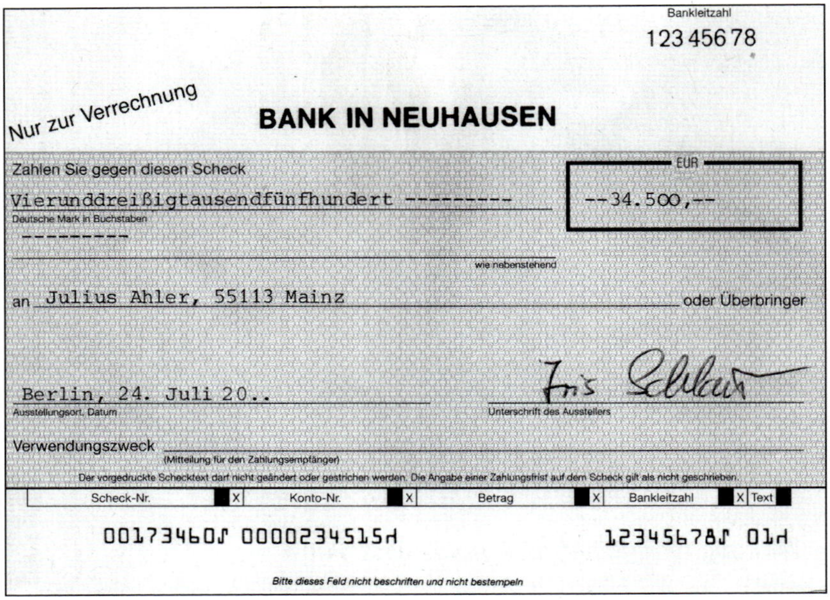

Bankleitzahl
123 456 78

Nur zur Verrechnung

BANK IN NEUHAUSEN

Zahlen Sie gegen diesen Scheck
Vierunddreißigtausendfünfhundert ---------
Deutsche Mark in Buchstaben
----
wie nebenstehend

EUR
--34.500,--

an Julius Ahler, 55113 Mainz oder Überbringer

Berlin, 24. Juli 20..
Ausstellungsort, Datum

Unterschrift des Ausstellers

Verwendungszweck
(Mitteilung für den Zahlungsempfänger)

Der vorgedruckte Schecktext darf nicht geändert oder gestrichen werden. Die Angabe einer Zahlungsfrist auf dem Scheck gilt als nicht geschrieben.

Scheck-Nr.	X	Konto-Nr.	X	Betrag	X	Bankleitzahl	X	Text

001734601 0000234515H 123456781 01H

Bitte dieses Feld nicht beschriften und nicht bestempeln

Abb. 7.12: ausgefülltes Scheckformular

Verrechnungsscheck

Der **Verrechnungsscheck** zählt zum bargeldlosen Zahlungsverkehr. Er trägt auf der Vorderseite den Vermerk „**Nur zur Verrechnung**" oder einen gleichbedeutenden Vermerk. Die Verwendung eines solchen Schecks ist insofern sicherer als die eines Barschecks, weil der Scheckbetrag auf dem Verrechnungsscheck nicht bar ausgezahlt, sondern einem Konto gutgeschrieben wird. Es kann also jederzeit nachvollzogen werden, ob der Scheck von dem rechtmäßigen Besitzer eingelöst wurde oder u. U. von einer anderen Person, die ihn gefunden oder gestohlen hat. Das Konto des Scheckausstellers wird belastet.

Scheckgesetz Art. 39 [Verrechnungsscheck]

1. *Der Aussteller sowie jeder Inhaber eines Schecks kann durch den quer über die Vorderseite gesetzten Vermerk „Nur zur Verrechnung" oder durch einen gleichlautenden Vermerk untersagen, dass der Scheck bar bezahlt wird.*
2. *Der Bezogene darf in diesem Fall den Scheck nur im Wege der Gutschrift einlösen (Verrechnung, Überweisung, Ausgleichung). Die Gutschrift gilt als Zahlung.*
3. *Die Streichung des Vermerks „Nur zur Verrechnung" gilt als nicht erfolgt.*
4. *Der Bezogene, der den vorstehenden Vorschriften zuwiderhandelt, haftet für den entstandenen Schaden, jedoch nur bis zur Höhe der Schecksumme.*

Im Hinblick auf die **Übertragbarkeit** werden folgende **Scheckarten** unterschieden:

- der **Inhaber**scheck
- der **Order**scheck

Inhaber-scheck

Inhaberscheck: Durch den Zusatz „oder Überbringer" auf dem Scheck entfällt die Verpflichtung des Kreditinstituts, die Legitimation des Schecknehmers zu überprüfen. Wird der Zusatz gestrichen, so gilt die Streichung als nicht erfolgt. Die Übertragung des Schecks erfolgt also durch Einigung und Übergabe.

Orderscheck

Orderscheck: Er enthält den Namen des Scheckempfängers mit oder ohne Zusatz „oder Order". Die Übertragung erfolgt neben der Einigung und Übergabe durch Indossament (= Weitergabevermerk auf der Rückseite des Schecks).

- ***Scheckversendung***

Wird ein Scheck in einem Brief versandt, so sollte er grundsätzlich als Verrechnungsscheck ausgestellt sein, um zu vermeiden, dass bei einem etwaigen Scheckverlust ein Unberechtigter die Schecksumme für sich verwendet.

Selbst wenn auf dem Scheckformular eines Verrechnungsschecks kein Name eines Scheckempfängers eingetragen ist, so wird eine missbräuchliche Verwendung doch dadurch erschwert, dass der Einreicher des Schecks sich den Scheckbetrag nur auf seinem Konto gutschreiben lassen kann und insofern dem Kreditinstitut bekannt ist.

- ***Scheckverlust***

Geht ein Barscheck verloren, so ist das bezogene Kreditinstitut schnellstmöglich über den Verlust zu informieren, damit es den Scheck sperren kann. Anschließend sollte man den Scheck beim Amtsgericht für kraftlos erklären lassen.

- ***Vorlegungsfristen***

Vorlegungs-fristen

Wird ein Scheck ausgestellt, so ist er grundsätzlich bei Sicht zahlbar. Wird er vor Eintritt des auf ihm angegebenen Ausstellungstages zur Zahlung vorgelegt, so ist er dennoch am Tage der Vorlegung zahlbar (Art. 28 ScheckG).

- *Ein Scheck, der im Lande der Ausstellung zahlbar ist, also ein inländischer Scheck, muss binnen **8 Tagen** zur Zahlung vorgelegt werden.*
- *Ein Scheck, der in einem anderen Lande als dem der Ausstellung zahlbar ist, muss binnen **20 Tagen** vorgelegt werden, wenn Ausstellungsort und Zahlungsort sich auf demselben Erdteil befinden; für alle anderen Schecks gilt, dass sie binnen **70 Tagen** vorzulegen sind (Art. 29 ScheckG).*

Wird ein Scheck nach Ablauf dieser Fristen vorgelegt, so sind die Banken und Sparkassen berechtigt, aber nicht verpflichtet, den Scheck einzulösen. An seiner Rechtsgültigkeit ändert sich bei verspäteter Vorlage nichts.

Wiederholungsfragen

Wiederholungsfragen

1. *Nennen Sie eine Rechtsgrundlage, aus der Sie Vorschriften entnehmen können, die den Scheck betreffen!*
2. *Nennen Sie Voraussetzungen, die Personen erfüllen müssen, um am Scheckverkehr teilnehmen zu können!*
3. *Erklären Sie die Begriffe*
   a) aktive Scheckfähigkeit,
   b) passive Scheckfähigkeit!
4. *Nennen Sie die gesetzlichen Bestandteile des Schecks!*
5. *Welche Bedeutung haben die kaufmännischen Bestandteile des Schecks?*
6. *Welche Bedeutung hat die Überbringerklausel?*
7. *Unterscheiden Sie verschiedene Scheckarten im Hinblick auf ihre Einlösung!*
8. *Zu welcher Zahlungsart gehört der Verrechnungsscheck?*
9. *Inwiefern ist der Verrechnungsscheck sicherer als der Barscheck?*
10. *Nennen Sie stichwortartig Scheckarten unter dem Gesichtspunkt der Übertragbarkeit!*
11. *Was ist bei einem Scheckverlust zu beachten?*
12. Welche Vorlegungsfristen gelten für Schecks, die ausgestellt werden
    a) im Inland
    b) in Frankreich
    c) in Amerika?
13. *Auf einem Scheck ist kein Zahlungsort angegeben. – Ist der Scheck gültig?*
14. *Welcher Ort gilt, wenn der Ausstellungsort fehlt?*
15. *Welche gesetzliche Vorschrift gilt, wenn der in Buchstaben angegebene Scheckbetrag von dem in Ziffern angegebenen Betrag abweicht?*

7.2.5 BANKCARD

In den letzten Jahren hat sich aber zunehmend mehr die bargeldlose Zahlung mittels Karten durchgesetzt. Eine dieser „Plastikkarten" ist die BANKCARD bzw. die BANCCARD ec (= BANKCARD electronic cash). Sie kann im Inland, in den Ländern der Europäischen Union und in vielen anderen Ländern eingesetzt werden. Zunehmend häufiger wird sie auch **Maestro-Karte** genannt.

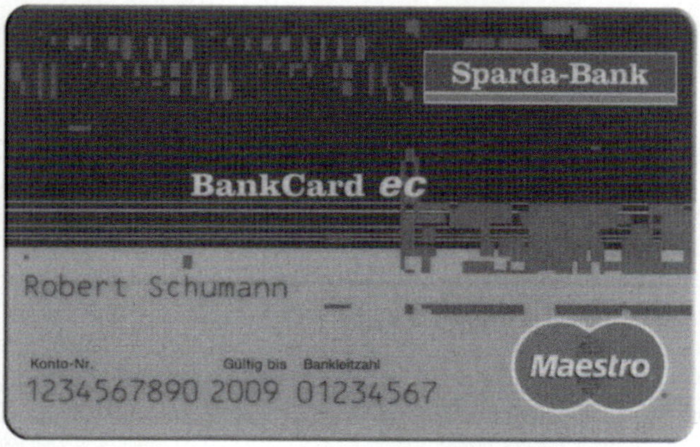

7.13: Bankcard

Auf der **Vorderseite** der BANKCARD ist aufgedruckt:

- der Name des bezogenen Kreditinstituts oder der Postbank
- der Name des berechtigten BANKCARD-Inhabers
- das Jahr, bis zu dem die BANKCARD Gültigkeit besitzt
- die Konto-Nr.
- die Karten-Nr.

Auf der **Rückseite** der BANKCARD befindet sich ein **Magnetstreifen** und die Unterschriftenleiste, die vom Inhaber der Karte zu unterschreiben ist.

- ***Beschränkte Gültigkeit der BANKCARD***

Die dem Bankkunden ausgehändigte BANKCARD, für die er eine einmalige Gebühr zahlen muss, gilt bis zum Ende des auf ihr vermerkten Kalenderjahres. Zu erkennen ist das Kalenderjahr auf der Vorderseite und auf der Rückseite. Die Angabe „09" bedeutet, dass ihre Gültigkeit bis zum Ablauf des Jahres 2009 begrenzt ist.

- ***Debitkarte***

Die BANKCARD kann als so genannte Debitkarte genutzt werden. Dies bedeutet, dass Verfügungen mit der Karte – anders als bei der Kreditkarte – direkt dem Kundenkonto belastet werden.

- ***Verwendungsmöglichkeiten***

1. Die BANKCARD ist gleichzeitig Geldkarte. Dies bedeutet, dass man einen begrenzt hohen Euro-Betrag auf den goldenen Chip (auf der Vorderseite) **laden** kann. Aufladen kann man die Karte an einem Ladeterminal unter Eingabe der Geheimnummer. Auch an vielen Geldautomaten kann die Karte geladen werden. Der Ladebetrag wird dem Konto des Karteninhabers belastet. Praktisch kann die mit Euro aufgeladene Karte an vielen Parkhäusern oder an Verkaufsautomaten eingesetzt werden. Jeder Bezahlvorgang führt dann zu einer Verringerung des Guthabens auf dem Konto des Karteninhabers.

2. Inhaber einer BANKCARD können im Allgemeinen bei jeder Geschäftsstelle des bezogenen Kreditinstituts **Kontoauszüge drucken** lassen, indem die Karte in einen Kontoauszugsdrucker eingeführt wird. Dabei sind die „Allgemeinen Bedingungen zur Benutzung der Kontoauszugsdrucker" zu beachten.

Abb. 7.14

Abb. 7.15

3. Bei der Ausgabe der BANKCARD wird dem Karteninhaber eine persönliche Geheimzahl (PIN = Personal Identifications Number) bekannt gegeben, die als weiteres Berechtigungsmerkmal bei der Benutzung des **Geldautomaten** einzugeben ist. Diese Zahl ist geheim zu halten. – Wird die persönliche Geheimzahl dreimal hintereinander falsch eingegeben, so wird sie eingezogen und gesperrt.

Wiederholungsfragen

Wiederholungsfragen

1. *Wodurch wird deutlich, dass die BANKCARD eine begrenzte Gültigkeit hat?*
2. *Warum spricht man im Falle der BANKCARD auch von einer Debitkarte?*
3. *Wie kann die BANKCARD grundsätzlich verwendet werden?*
4. *Die BANKCARD ist gleichzeitig Geldkarte. – Was bedeutet dies?*
5. *Kann Iris Schwarz während ihres Urlaubs in Italien mit der BANKCARD bezahlen?*

Aufgaben und Fälle

Aufgaben und Fälle zur Sicherung des Lernerfolgs

1. Monika Dachbalk nimmt in dem Betrieb, in dem sie als Bürokauffrau eine Ausbildung absolviert, von Zeit zu Zeit Schecks entgegen.
   a) Welchen Vorteil hat ein Scheck, wenn es sich um einen Barscheck handelt?
   b) Warum kann die Annahme eines Barschecks unter Umständen auch nachteilig sein?
2. Kann ein nicht berechtigter Inhaber einer BANKCARD diese verwenden, um an einem Geldautomaten eines Kreditinstituts Geld abzuheben?
3. Sie haben in diesem Kapitel erfahren, dass es verschiedene Zahlungsformen gibt. – Um welche Zahlungsform handelt es sich jeweils in den folgenden Fällen?
   a) Einzelüberweisung
   b) Zahlschein
   c) Verrechnungsscheck

Aufgaben und Fälle

d) Zahlung mittels Onlinebanking

e) Barscheck

4. Bankgeschäfte können persönlich bei der Bank oder Sparkasse oder mittels Onlinebanking getätigt werden.

   a) Welche Bedeutung hat die so genannte PIN bei der Praktizierung von Onlinebanking?

   b) Was ist die so genannte Transaktionsnummer?

   c) Nennen Sie zwei Beispiele – neben der Möglichkeit der Überweisung – die Onlinebanking bietet.

5. Der 19-jährige Auszubildende Dirk Sauberputz beabsichtigt, im Elternhaus auszuziehen und sein Leben endlich selbstständig in die Hand zu nehmen. Er sieht keine Problem darin, finanziell über die Runden zu kommen, da er eine Kreditkarte beantragen werde.

   a) Beurteilen Sie die Situation!

   b) Nennen Sie Kreditkartenorganisationen, die Sie in diesem Kapitel kennen gelernt haben!

6. Nennen Sie mindestens fünf Länder der Europäischen Union, in denen man mit BANKCARD bezahlen kann.

8. Rechtsformen der Unternehmen

Bill Jäger liest in einer Broschüre des Bundesministeriums für Wirtschaft und Arbeit folgenden Text: „Es sieht so aus, als ob die Bundesrepublik Deutschland wieder in die Gründerjahre kommt. Industrie- und Handelskammern, Handwerkskammern, Verbände, Unternehmensberater und Kreditinstitute registrieren zunehmend mehr Existenzgründungen.“ Er wird nachdenklich und überlegt sich, ob er nicht auch ein Unternehmen gründen soll, in dem er Telekommunikationsartikel verkauft. Ihm stellen sich mehrere Fragen:

Unternehmensgründung

- *Welche Argumente sprechen für oder gegen eine Unternehmensgründung?*
- *Wie findet man den richtigen Standort?*
- *In welchen Rechtsgrundlagen müsste man sich über Unternehmensformen informieren?*

8.1 Pro und contra Unternehmensgründung

Wer als Arbeitnehmer tätig ist, der sieht sicher gelegentlich einen Grund, darüber nachzudenken, welche **Voraussetzungen** erfüllt sein müssten, **wenn man selbst einen Betrieb gründen möchte**. Wer außerdem Aufforderungen folgen möchte, wie: „Machen Sie sich selbstständig!“ oder „Werden Sie Unternehmer!“, der muss sich Gedanken machen zu der Frage, was spricht dafür und was dagegen, den Schritt in die Selbstständigkeit zu wagen.

Argumente für die Selbstständigkeit

Gründe für die Selbstständigkeit

- Der Selbstständige kann Entscheidungen treffen, ohne sich von anderen beeinflussen zu lassen. Auch eigene Ideen können unbürokratisch durchgesetzt werden.
- Ein etwaiger Ärger mit Vorgesetzten oder Kollegen entfällt.
- Erfolgserlebnisse, wie hohe Gewinne oder gute Verkaufserfolge, stellen einen Anreiz dar, mehr Stunden zu arbeiten als der normale Arbeitnehmer.
- Erforderliche Beurteilungen durch Vorgesetzte entfallen.
- Die Möglichkeit, vom Arbeitgeber gekündigt zu werden, besteht nicht mehr.

Checkliste

Checkliste[1] „Wie finde ich den richtigen Standort“?

Stehen mehrere Standorte zur Auswahl, hilft eine einfache Methode zur Bewertung: Unsere Checkliste enthält eine Reihe von Standort-Faktoren. Zuerst werden diese Faktoren nach ihrer Wichtigkeit bewertet, indem man jedem eine Gewichtungszahl von 1 bis 10 gibt. Dabei ist 10 besonders wichtig, 7 wichtig, 5 weniger wichtig und 1 unwichtig. Zwischenstufen sind nicht möglich. Nun werden die Standort-Faktoren der verschiedenen Standorte mit Noten bewertet. Hier ist z.B. 5 sehr gut, 4 gut, 3 mittel, 2 schlecht und 1 sehr schlecht. Diese Punktwertungen werden dann mit den vorher vergebenen Gewichtungszahlen multipliziert. Dann dann man die Ergebnisse für jeden Standort zusammenrechnen. Der Standort mit der höchsten Punktzahl entspricht danach am besten den Anforderungen (s.u.).

		Standort A		Standort B		Standort C	
Einflussfaktoren	Gewichtung	Bewertung	Punkte	Bewertung	Punkte	Bewertung	Punkte
Kundennähe							
Verkehrslage							
Kundenparkplätze							
Energieversorgung							
Fachkräfte							
Konkurrenz							
Kosten							
Materialversorgung							
Erweiterungsmöglichkeiten							
Summe der Punkte							
Rangstelle							

[1] In: Bundesministerium für Wirtschaft und Technologie, Starthilfe, 1998, S. 21.

Argumente gegen die Selbstständigkeit

Gründe gegen die Selbstständigkeit

- Das gesamte bei einer Neugründung eines Unternehmens erforderliche Kapital muss möglicherweise alleine aufgebracht werden.
- Es besteht ein hohes Risiko, da die gewünschten Erfolge ausbleiben können.
- Es sind möglicherweise Probleme zu bewältigen, die entstehen können mit den eigenen Kunden, den Lieferanten, dem Finanzamt usw.
- Der für Arbeitnehmer gesetzlich garantierte Anspruch auf Erholungsurlaub und der länderspezifische Bildungsurlaub entfallen.
- Auf Kosten der eigenen Freizeit muss mehr gearbeitet werden.

8.2 Rechtsgrundlagen

Rechtsgrundlagen

Wer nun die genannten und anderen Argumente gegeneinander abgewogen hat und zu dem Ergebnis kommt, sich selbstständig zu machen, also einen eigenen Betrieb zu eröffnen, der muss **rechtliche Grundkenntnisse** besitzen. Um sich diese anzueignen, wird es erforderlich, sich mit verschiedenen **Rechtsgrundlagen** auseinander zu setzen, so unter Umständen mit

- dem Handelsgesetzbuch (= HGB),
- dem GmbH-Gesetz,
- dem Aktiengesetz (= AktG),
- dem Genossenschaftsgesetz (= GenG) oder
- dem Bürgerlichen Gesetzbuch (= BGB).

8.3 Firma

8.3.1 Begriff und Bedeutung der Handelsfirma

Firmenbegriff

Jeder, der sich selbstständig machen will, d.h. ein Unternehmen gründen will, der kann dies entweder alleine tun oder gemeinsam mit anderen Geschäftspartnern. In allen Fällen wird es aber erforderlich sein, dem Unternehmen einen Namen zu geben.

*„Ich gründe eine Firma", heißt es oft in der Umgangssprache. Mit diesem Satz ist gemeint, dass jemand ein Unternehmen zu gründen beabsichtigt. Das **HGB definiert** aber die **Firma eines Kaufmanns** nicht als Vorgang einer Gründung, sondern **als Name**, unter dem er*

- seine **Handelsgeschäfte** betreibt und
- seine **Unterschrift** abgibt *(§ 17 HGB).*

Nicht jeder Kaufmann darf eine Firma als sein „Aushängeschild" verwenden. Zur Führung einer Firma ist es erforderlich, dass der Geschäftsinhaber **ein im Handelsregister eingetragener Kaufmann** ist.

Das Firmenbildungsrecht basiert auf dem Grundgedanken, die Firma nach drei wesentlichen Funktionen auszurichten, nämlich

1. der Unterscheidungskraft und der damit einhergehenden Kennzeichnungswirkung,
2. der Ersichtlichkeit des Gesellschaftsverhältnisses und
3. der Offenlegung der Haftungsverhältnisse *(§ 18 HGB).*

Personen- oder Sachfirma

Jede Firma, die diese drei Kriterien erfüllt, ist eintragungsfähig. Bei der Wahl der Firma besteht grundsätzlich die Möglichkeit sich für eine **Personen-** oder eine **Sachfirma** zu entscheiden. Wer eine **Fantasiefirma** wählen will, die nicht dem Unternehmensgegenstand entlehnt ist, kann dies tun, so weit sie nur hinreichend unterscheidungsfähig ist, um Namensfunktion für das betroffene Unternehmen zu erfüllen.

Eine Unterscheidung im Hinblick auf die Frage, ob es sich um Einzelkaufleute oder Personengesellschaften handelt, ergibt sich aus der folgenden handelsrechtlichen Rechtsnorm.

Die Firma muss enthalten:

Firmenbestandteile

1. bei Einzelkaufleuten die Bezeichnung „eingetragener Kaufmann", „eingetragene Kauffrau" oder eine allgemein verständliche Abkürzung dieser Bezeichnung, insbesondere „e.K.", „e. Kfm" oder „e. Kfr";

2. bei einer offenen Handelsgesellschaft die Bezeichnung „offene Handelsgesellschaft" oder eine allgemein verständliche Abkürzung dieser Bezeichnung;

3. bei einer Kommanditgesellschaft die Bezeichnung „Kommanditgesellschaft" oder eine allgemeinverständliche Abkürzung dieser Bezeichnung (§ 19 Abs. 1 HGB).

Wenn in einer offenen Handelsgesellschaft oder Kommanditgesellschaft keine natürliche Person persönlich haftet, muss die Firma, auch wenn sie nach den *§§ 21, 22, 24* oder nach anderen gesetzlichen Vorschriften fortgeführt wird, eine Bezeichnung enthalten, welche die Haftungsbeschränkung kennzeichnet *(§ 19 Abs. 2 HGB).*

Aus Gründen der Einheitlichkeit des Firmenrechts und der Sicherheit des Geschäftsverkehrs müssen auf allen **Geschäftsbriefen** des Kaufmanns, die an einen bestimmten Empfänger gerichtet werden,

- seine Firma,
- die Bezeichnung nach *§ 19 Abs. 1 Nr. 1* (also z. B. e.K. beim eingetragenen Kaufmann),
- der Ort seiner Handelsniederlassung,
- das Registergericht und
- die Nummer, unter der die Firma in das Handelsregister eingetragen ist,

angegeben werden *(§ 37a HGB).*

Die **Führung einer Firma** ist von Bedeutung, weil damit u.a. verbunden sein kann

Bedeutung der Firma

- der gute Ruf des Kaufmanns Kunden und Lieferanten gegenüber und
- die dadurch gestiegene Kreditwürdigkeit, die er bei Kreditinstituten genießt.

Im Übrigen kann ein Kaufmann unter seiner Firma klagen und verklagt werden *(§ 17 (2) HGB)*. – Sofern in einer Klage nur die Firma, nicht aber der Inhaber genannt wird, ist verklagt, wer bei Prozessbeginn Inhaber ist. Eine Verurteilung unter der Firma kann eine Vollstreckung in das Privatvermögen zur Folge haben; demgegenüber führt eine Verurteilung unter dem bürgerlichen Namen lediglich zur Vollstreckung in das Geschäftsvermögen.

8.3.2 Firmengrundsätze

Firmengrundsätze

Jeder Kaufmann ist verpflichtet, seine Firma und den Ort seiner Handelsniederlassung bei dem Gericht, in dessen Bezirk sich die Niederlassung befindet, zur Eintragung in das Handelsregister anzumelden *(§ 29 HGB)*.

Verbunden mit dem Recht auf Führung einer Firma ist die Beachtung der Firmengrundsätze.

- ***Firmenwahrheit und Firmenklarheit***

Firmenwahrheit und Firmenklarheit

Die Firma muss nach außen hin wahrheitsgemäß ausgewiesen werden. Handelt es sich um einen Einzelkaufmann oder eine Einzelkauffrau, so darf kein Zusatz vorhanden sein, der ein Gesellschaftsverhältnis andeutet. Die Firma darf keine Angaben enthalten, die geeignet sind, über geschäftliche Verhältnisse, die für die angesprochenen Verkehrskreise wesentlich sind, irrezuführen *(§ 18 HGB)*.

- ***Firmenausschließlichkeit***

Jede neue Firma muss sich von allen an demselben Ort oder in derselben Gemeinde bereits bestehenden und in das Handelsregister oder in das Genossenschaftsregister eingetragenen Firmen deutlich unterscheiden. Die deutliche Abgrenzung von anderen bestehenden Firmen kann über die Wahl eines entsprechenden Firmenzusatzes erreicht werden *(§ 30 HGB)*.

Beispiel:

Ort: Dresden-Gorbitz

1. Pamela Patterson
– Textilien –

2. Pamela Patterson
– Spielwaren –.

Mit dieser gesetzlichen Regelung hat der Gesetzgeber den Namen aller in dem jeweils begrenzten geografischen Bereich ansässigen Firmen zu schützen versucht. Wer jedoch eine ihm nicht zustehende Firmenbezeichnung verwendet, ist von dem Registergericht zur Unterlassung des Gebrauchs der Firma durch Festsetzung von Ordnungsgeld anzuhalten *(§ 37 HGB).*

- ***Firmenbeständigkeit***

Firmenbeständigkeit

Findet ein Wechsel in der Person des Inhabers statt, so ist es zulässig, die bisherige Firma fortzuführen. Voraussetzung dafür ist, dass der bisherige Geschäftsinhaber oder dessen Erben in die Fortführung der Firma ausdrücklich einwilligen. Auch ein Zusatz, der das Nachfolgeverhältnis angibt, ist erlaubt, so z. B. „Baum & Becker OHG Erben" oder „Brigitte Reich e.Kfr. Nachfolger" *(§ 22 HGB).*

- ***Firmenöffentlichkeit***

Firmenöffentlichkeit

Das Gericht ist verpflichtet, der Öffentlichkeit die Eintragungen in das Handelsregister durch den Bundesanzeiger und durch mindestens ein anderes Blatt (z. B. Tageszeitung wie Frankfurter Allgemeine Zeitung oder Handelsblatt oder regionale Tageszeitung wie Saarbrücker Zeitung) bekannt zu machen *(§ 10 HGB).*

8.4 Kaufleute

Kaufleute

Jeder Kaufmann ist verpflichtet seine Firma und den Ort seiner Handelsniederlassung bei dem Gericht, in dessen Bezirk sich die Niederlassung befindet, zur Eintragung in das Handelsregister anzumelden *(§ 29 HGB).* Wer sich mit dieser gesetzlichen Verpflichtung auseinander setzt, wird sich die Frage stellen, was ist eigentlich ein Kaufmann im Sinne des Gesetzes.

8.4.1 Kaufmann gemäß § 1 HGB – Istkaufmann

Istkaufmann

Kaufmann ist, wer ein Handelsgewerbe betreibt *(§ 1, Abs. 1 HGB).* Der Gesetzgeber spricht in diesem Fall von dem sog. **Istkaufmann**.

Handelsgewerbe ist jeder Gewerbebetrieb, es sei denn, dass das Unternehmen nach Art oder Umfang einen in kaufmännischer Weise eingerichteten Geschäftsbetrieb nicht erfordert *(§ 1 Abs. 2 HGB).*

Bei der Definition des *§ 1 Abs. 2 HGB* begründet nicht jedes Gewerbe an sich Kaufmannseigenschaft, sondern nur dann, wenn es „nach Art und Umfang einen in kaufmännischer Weise eingerichteten Geschäftsbetrieb" erfordert. Die in Anführungszeichen gesetzten Begriffe dienen zur einheitlichen Abgrenzungslinie zwischen **Kaufleuten** und **Nicht-Kaufleuten**. Im geltenden Recht enthalten die Abgabenordnung (AO) und das HGB feststehende Grenzziehungen. Diese beiden Rechtsgrundlagen wurden vom Gesetzgeber deshalb als Beispiele herangezogen.

§ 141 AO enthält ausschließlich finanzorientierte Merkmale. Der Paragraf begründet die steuerliche Buchführungspflicht von Gewerbetreibenden und bezieht sich dabei auf

- *einen Umsatz von mehr als 500.000,00 € pro Kalenderjahr oder*
- *einen Gewinn von mehr als 50.000,00 € pro Wirtschaftsjahr.*

Es lässt sich leicht erkennen, dass aus diesem Paragrafen keine Aussage über die Art des Betriebes oder seine Strukturen ableitbar ist.

In § 267 HGB werden kleine, mittelgroße und große Kapitalgesellschaften voneinander abgegrenzt. Die Abgrenzungskriterien sind dabei

- *die Bilanzsumme*
- *die jährlichen Umsatzerlöse und*
- *die jahresdurchschnittliche Arbeitnehmerzahl.*

Nach Ansicht des Gesetzgebers zeigt die Praxis aber, dass es gerade nicht auf das Vorliegen von Merkmalen wie Umsatz, Vermögen, Gewinn oder Mitarbeiterzahl ankommen kann, sondern nur auf das **Gesamtbild des Betriebes** anhand einer Kombination von Merkmalen: Hinsichtlich der

- **Art der Geschäftstätigkeit** kann es z. B. auf die Vielfalt der Erzeugnisse und Leistungen, die passive Teilnahme am Frachtverkehr oder dergleichen ankommen; hinsichtlich des
- **Umfangs der Geschäftstätigkeit** sind außer Umsatzvolumen, Anlage- und Betriebskapital auch Zahl und Funktion der beschäftigten Mitarbeiter sowie die Größe, Zahl und Organisation der Betriebsstätten zu berücksichtigen.

8.4.2 Kaufmann gemäß § 2 HGB – Kannkaufmann

Kannkaufmann

Ein gewerbliches Unternehmen, dessen Gewerbebetrieb nicht schon nach § 1 Abs. 2 Handelsgewerbe ist, gilt als Handelsgewerbe im Sinne des HGB, wenn die Firma des Unternehmens im Handelsregister eingetragen ist. Der Unternehmer ist berechtigt, aber nicht verpflichtet, die Eintragung herbeizuführen. Man spricht in diesem Fall von einer **konstitutiven Wirkung** einer Handelregistereintragung, weil das Unternehmen erst durch Eintragung in diesem öffentlichen Register Kaufmann i.S.d. HGB wird.

8.4.3 Kaufmann gemäß § 3 HGB – Kannkaufmann

Land- und Forstwirtschaft

Auf den **Betrieb der Land- und Forstwirtschaft** finden die Vorschriften des *§ 1 HGB* keine Anwendung. Für ein land- und forstwirtschaftliches Unternehmen, das nach Art und Umfang in kaufmännischer Weise einen eingerichteten Geschäftsbetrieb erfordert, gilt *§ 2 HGB* mit der Maßnahme, dass nach Eintragung in das Handelsregister eine Löschung der Firma nur nach den allgemeinen Vorschriften stattfindet, welche für die Löschung kaufmännischer Firmen gelten. Die Eintragung im Handelsregister kann, muss aber nicht erfolgen. Die Eintragung hat ebenfalls eine konstitutive Wirkung.

8.4.4 Kaufmann gemäß § 6 HGB – Formkaufmann

Formkaufmann

Kraft Rechtsform sind im Handelsregister eingetragene Kapitalgesellschaften (GmbH, AG, KGaA), auch wenn sie kein Handelsgewerbe betreiben, Kaufmann i.S.d. HGBs.

8.5 Handelsregister und Unternehmensregister

öffentliches Register

Das Handelsregister ist (wie das Genossenschaftsregister und das Vereinsregister) ein **öffentliches Register**. In ihm sind **Kaufleute** eingetragen. Es wird von den Amtsgerichten geführt. Für die Führung des Handelsregisters ist das Amtsgericht, in dessen Bezirk ein Landgericht seinen Sitz hat, für den Bezirk dieses Landgerichts zuständig *(§ 112 FGG).*

8.5.1 Aufbau des Handelsregisters

Aufbau des Handelsregisters

Wie das Handelsregister aufgebaut ist, ist aus der **Handelsregisterverfügung** zu entnehmen. Danach besteht das Handelsregister aus **zwei Abteilungen** (Abb. 8.1, nächste Seite).

8.5.2 Einzutragende Tatsachen und deren Löschung

einzutragende Tatsachen

Im Handelsregister sind **Tatsachen einzutragen, die der Gesetzgeber ausdrücklich als eintragungspflichtig vorgesehen hat**. Danach hat z. B. die Anmeldung zur Eintragung einer OHG zu enthalten:

- den Namen, Vornamen und Wohnort jedes Gesellschafters,
- die Firma der Gesellschaft und den Ort, wo sie ihren Sitz hat,
- den Zeitpunkt, mit welchem die Gesellschaft begonnen hat *(§ 106 HGB).*

Handelsregister

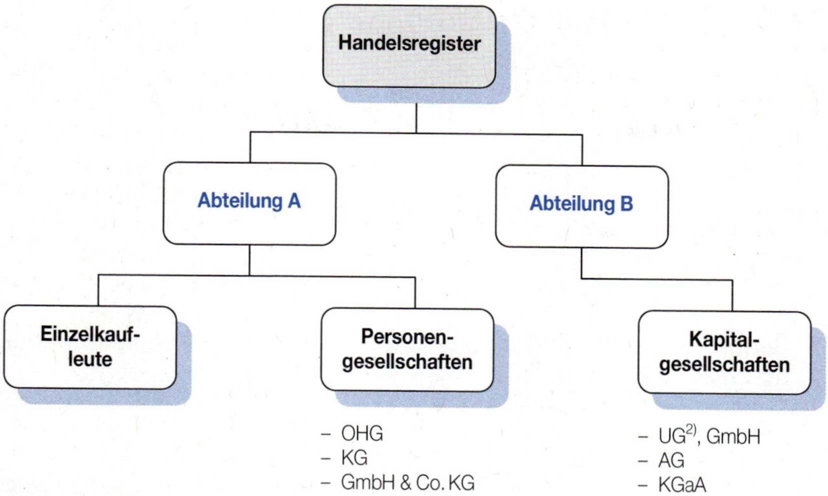

Abb. 8.1: Aufbau des Handelsregisters

Die **Handelsregister** werden im Hinblick auf Einreichen, Führen und Abrufen von Daten von den Gerichten elektronisch geführt (§ 8 HGB[3]). Die entsprechenden Daten und Dokumente müssen über ein Online-Verfahren elektronisch abgerufen werden können. Gleiches gilt für Genossenschafts- und Partnerschaftsregister.[4] Es findet eine bundesweite Vernetzung statt. – Die Eintragungen im Handelsregister werden elektronisch bekannt gegeben. Der Zugriff auf die chronologisch geordneten Bekanntmachungen ist **kostenfrei.**

Grundsätzlich sind im Handelsregister **einzutragen**:

- **Neugründungen** von Unternehmen,
- **Veränderungen,** wie z. B. ein Gesellschafterwechsel oder die Erteilung der Prokura,
- **Löschungen,** wie z. B. der Entzug der Prokura.

Löschung

Neueintragungen

HRA 2341 – 24.3. .....: Otto Wunder OHG, Mainz (Amselweg 13; Gegenstand des Unternehmens ist der Handel mit Schreibwaren). Offene Handelsgesellschaft. Die Gesellschaft hat am 1. Januar begonnen. Persönlich haftende Gesellschafter: Otto Wunder, Diplom-Kaufmann in Bad Dürkheim, Werner Jünger, Bürokaufmann in Bad Dürkheim und Iris Hohl, Bürokommunikationskauffrau, Wöllstadt.

Veränderungen:

HRB 1212 – 10.4. .....: LINE GmbH, Verbrauchsgüter, nunmehr: Pierre Noir GmbH, Köln. Durch Beschluss der Gesellschafterversammlung vom 23. Januar 20.. wurde die Firma und demgemäß § 1 Absatz 1 des Gesellschaftervertrags geändert.

Löschungen:

HRA 1723 – 12.4. .....: HINWEIS GmbH & Co. KG, Homburg. Die Gesellschaft ist gelöscht.
HRB 4441 – 3.5. .....: Ylveco GmbH, Karlsruhe. Die Gesellschaft ist wegen Geschäftsaufgabe gelöscht.

---

[2] UG = Unternehmergesellschaft (haftungsbeschränkt)

[3] Vgl. BGBl I Nr. 52 vom 15. November 2006

[4] Im Partnerschaftsregister sind Partnerschaftsgesellschaften eingetragen. Hierbei handelt es sich um Freiberufler, wie Rechtsanwälte, Steuerberater, Ärzte usw., die sich zu einer solchen Gesellschaft zusammenschließen.

8.5.3 Bedeutung der Eintragungen

öffentlicher Glauben

Das Handelsregister genießt **öffentlichen Glauben**, ähnlich dem des Grundbuchs, in dem Beurkundungen aufgenommen werden, die Rechtsverhältnisse an bebauten oder unbebauten Grundstücken betreffen. – Auf die **Richtigkeit** der Eintragung **kann sich jeder verlassen**, der berechtigt Einsicht nimmt. Man spricht hier von der **positiven Publizität** des Grundbuchs. – Anders ist dies beim Handelsregister. Hier gelten drei Rechtsnormen gemäß *§ 15 HGB.*

1. Schutz Dritter gegen Folgen nicht eingetragener und bekannt gemachter Tatsachen

nicht eingetragene Tatsachen

Hier geht es um die Wirkung der Tatsachen, die im Handelsregister eingetragen werden sollen (z. B. Ausscheiden eines Gesellschafters), im maßgebenden Zeitpunkt entweder noch nicht eingetragen, oder zwar eingetragen, aber noch nicht bekannt gemacht worden sind. Auf das „Schweigen" können sich Dritte verlassen, nicht aber auf die Eintragung und Bekanntmachung, die möglicherweise unrichtig sein kann. Man spricht in diesem Fall von der **negativen Publizität** von Handelsregistereintragungen *(§ 15 Abs. 1 HGB).*

2. Wirkung eingetragener und bekannt gemachter Tatsachen gegen Dritte

eingetragene Tatsachen

Ist eine Tatsache eingetragen und bekannt gemacht worden, so muss **ein Dritter sie gegen sich gelten lassen**. Ausgenommen von dieser Vorschrift sind Rechtshandlungen, die innerhalb von fünfzehn Tagen nach der Bekanntmachung vorgenommen werden, sofern der Dritte beweist, dass er die Tatsache weder kannte noch kennen musste *(§ 15 Abs. 2 HGB).*

> ***Beispiel:***
>
> *Ein Gesellschafter ist aus einer OHG ausgeschieden. Sein Ausscheiden wurde im Handelsregister eingetragen und öffentlich bekannt gemacht. Schließt der Gesellschafter im Namen der OHG einen Kaufvertrag ab, so muss sein Vertragspartner die eingetragene Tatsache gegen sich geltend machen lassen, d. h. das Rechtsgeschäft ist unwirksam.*

3. Schutz Dritter auf unrichtige Eintragungen und Bekanntmachungen

unrichtige Tatsachen

Ist eine einzutragende Tatsache **unrichtig bekannt gemacht**, so kann **sich ein Dritter demjenigen gegenüber**, in dessen Angelegenheiten die Tatsache einzutragen war, **auf** die bekannt gemachte **Tatsache berufen**, es sei denn, dass er die Unrichtigkeit kannte. Demgemäß wird der gutgläubige Dritte so gestellt, als wäre die bekannt gemachte Tatsache richtig *(§ 15 Abs. 3 HGB).*

8.5.4 Öffentlichkeit des Handelsregisters

Einsicht

Jeder Person ist es gestattet, zu Informationszwecken in das Handelsregister und in die zum Handelsregister eingereichten Dokumente einzusehen. Die Landesjustizverwaltungen bestimmen das elektronische Informations- und Kommunikationssystem, über das die Daten aus den Handelsregistern (der Bundesländer) abrufbar sind (§ 9 HGB).

Die Registerbekanntmachungen können über www.handelsregister.de eingesehen werden. Unter dieser Internetadresse werden alle Eintragungen veröffentlicht, bei denen eine öffentliche Bekanntmachung durch die Gerichte vorgesehen ist. Darüber hinaus werden solche Eintragungen und Verfügungen (= Entscheidungen) veröffentlicht, bei denen das Gericht eine entsprechende Veröffentlichung im Einzelfall angeordnet hat. Enthalten sind darin auch die sog. Löschungsankündigungen. Beispielhaft können folgende Eintragungen genannt werden:

- Die Eintragung eines neuen Rechtsträgers, z.B. einer Gesellschaft mit beschränkter Haftung (GmbH) mit Firma/Name, Unternehmensgegenstand, Sitz, Stammkapital, Vertretungsberechtigten (Geschäftsführern, Prokuristen) etc.
- Änderungen der Firmen, Sitzverlegungen oder Veränderungen bei sonstigen Rechtsverhältnissen eingetragener Unternehmen
- Die Löschung von eingetragenen Firmen
- Ankündigungen über beabsichtigte Löschungen.

Die Veröffentlichungen werden dauerhaft gespeichert und nicht gelöscht (§§ 10 HG, § 156GenG, § 5 Abs. 2 PartGG).

Das **zuständige Amtsgericht** kann über das sog. Orts- und Gerichtsverzeichnis gefunden werden (siehe Internet)

8.5.5 Bekanntmachungen der Eintragungen

Bekanntmachung

Nach den Eintragungen in das jeweilige Register erfolgte bis im Jahr 2006 eine Veröffentlichung im Bundesanzeiger (in Papierform) und in einem anderen Blatt, d.h. in einer regionalen Zeitung wie der Allgemeinen Zeitung Mainz oder einer überregionalen Zeitung wie in der Frankfurter Rundschau und dem Handelsblatt.

Seit dem In-Kraft-Treten des **Gesetzes über elektronische Handelsregister und Genossenschaftsregister sowie das Unternehmensregister, kurz: EHUG,** zum 1. Januar 2007 sind für die Entgegennahme und Veröffentlichung von wichtigen Daten der Unternehmenslegung nicht mehr die Amtsgerichte, sondern der Betreiber des elektronischen **Bundesanzeigers** zuständig. **Betreiber** ist die **Bundesanzeiger Verlagsgesellschaft mbH** in Köln. Der Vorteil dieser Neuregelungen besteht darin, dass die Gerichte von justizfernem Verwaltungsaufwand entlastet werden.

Der elektronische Bundesanzeiger bietet die Möglichkeit, Daten der Unternehmenslegung, wie z.B. den Jahresabschluss (Bilanz, Gewinn- und Verlustrechnung; siehe § 264 ff. HGB) oder den Bericht des Aufsichtsrates einer Aktiengesellschaft, auf elektronischem Wege einsehen zu können. Bei der Einreichung und Veröffentlichung im elektronischen Bundesanzeiger sind die Allgemeinen Geschäftsbedingungen zu beachten.

Aus ihnen ist z.B. zu ersehen, welche Datenformate, wie z.B. MS-Word-Dokumente oder PDF-Dokumente, angenommen werden.

8.5.6 Unternehmensregister

Wer die Frage beantworten will, wie die eingereichten Unterlagen beim elektronischen Bundesanzeiger offengelegt werden, muss wissen, dass diese vom Betreiber des Bundesanzeigers an das Unternehmensregister übermittelt werden. Dort sind sie auf der Internetseite www.unter nehmensregister.de eingestellt. Darüber hinaus können die Daten auch im elektronischen Bundesanzeiger unter www.ebundesanzeiger.de eingesehen werden.

Das Unternehmensregister (EHUG) vermittelt den Zugang zu den Eintragungen im

(A) Handelsregister,

(B) Genossenschaftsregister und

(C) Partnerschaftsregister,

d.h. zu

- den Bekanntmachungen aus den Registern,
- den zu den Registern eingereichten Dokumenten und
- den Bekanntmachungen der Insolvenzgerichte gemäß § 8b, Absatz 2 HGB.

Sind Registrierungen beim elektronischen Unternehmensregister beabsichtigt, so muss man wissen, dass folgende Mindestangaben zu machen sind:

1. Firma oder Name des Nutzers,

2. Anschrift des Wohnsitzes oder des Sitzes,

3. elektronische Postadresse,

4. Rufnummer.

Ist die Registrierung erfolgt, so erhält der Nutzer eine Kennung (z.B. Benutzername) und ein Passwort.

Da der Zugang zu den Daten über die Internetseite des **Unternehmensregisters** erfolgt, ist dieses öffentliche Register für alle Interessenten im In- und Ausland geöffnet, die über das Internet ohne weiteres auf das Unternehmensregister zugreifen können.

Wiederholungsfragen

Wiederholungsfragen

1. *Nehmen Sie an, Sie wollen ein Unternehmen gründen.*
   a) *Nennen Sie Argumente, die dafür sprechen, dass Sie sich selbstständig machen!*
   b) *Nennen Sie Argumente, die dagegen sprechen, dass Sie sich selbstständig machen!*
2. *Nennen Sie Rechtsgrundlagen, mit denen sich eine Person, die ein Unternehmen gründen will, beschäftigen muss!*
3. *Was ist die Firma?*
4. *Nennen und erläutern Sie die Firmengrundsätze!*
5. *Nennen Sie drei öffentliche Register!*
6. *Aus welcher Rechtsgrundlage ist abzuleiten, wie das Handelsregister aufgebaut ist?*
7. *Erläutern Sie den Aufbau des Handelsregisters!*
8. *In welcher Abteilung des Handelsregisters sind eingetragen:*
   a) *die KGaA*
   b) *die OHG*
   c) *die GmbH*
   d) *die GmbH & Co. KG*

Wiederholungsfragen

e) die AG
f) die Einzelunternehmung
g) die KG
h) die UG

9. *Nennen Sie Gründe, die eine Eintragung im Handelsregister erforderlich machen!*
10. *Welche Konsequenz hat eine unrichtig bekannt gemachte Tatsache im Handelsregister für einen Dritten?*
11. *Das Handelsregister ist ein öffentliches Register. – Was bedeutet dies?*
12. *Wie erfolgt die Bekanntmachung einer Handelsregistereintragung?*
13. *Erläutern Sie, welche Bedeutung das Unternehmensregister hat!*

8.6 Unternehmensformen

8.6.1 Grundüberlegungen der Unternehmensgründung

Grundüberlegungen

Jeder, der sich selbstständig machen und somit ein Unternehmen gründen will, muss bestimmte Überlegungen anstellen. So muss er/sie sich möglicherweise insbesondere Gedanken machen über

- die zu erstellende **Leistung**,
- den richtigen **Standort**,
- die Aufbringung des benötigten **Kapitals**,
- die Wahl der **Rechtsform**.

In unserer Volkswirtschaft werden Betriebe nach der Leistungserstellung eingeteilt in **Sachleistungs-** und **Dienstleistungsbetriebe**.

Zu den **Sachleistungsbetrieben** zählen Betriebe, die

- Produktionsgüter (Maschinen, Werkzeuge usw.) und
- Konsumgüter (Gebrauchsgüter wie Kleidung und Verbrauchsgüter wie Lebensmittel)

herstellen.

Zu den **Dienstleistungsbetrieben** zählen u.a. Versicherungen, Banken, Verkehrsbetriebe usw.

Entscheidungsgrundlagen

Für die einzelnen Wirtschaftszweige hat die **Wahl des Standorts**, also des Orts, an dem der Betrieb eröffnet werden soll, eine unterschiedliche Bedeutung. Die Gründe für die Wahl des Standorts können vielfältig sein. Derartige **Standortfaktoren** sind z. B.

- billige Arbeitskräfte in einer bestimmten Region
- Steuervergünstigungen
- vorhandene Rohstoffe
- bisher nicht vorhandene Konkurrenzunternehmen
- niedrige Transportkosten durch die Ansiedlung des Betriebs am Schienenweg, in der Nähe einer Autobahn, eines Flughafens oder Schiffshafens.

Kapitalaufbringung

Jede Neugründung eines Unternehmens erfordert ein Mindestmaß an **Kapital**. Dieses Kapital kann in Form von **Geldkapital**, wie z. B. Bargeld, Sparguthaben, Festgeld, Wertpapieren und/oder in Form von **Sachkapital**, wie z.B. Gegenstände des Fuhrparks (LKW, PKW), eine EDV-Anlage, Ladeneinrichtungsgegenstände usw. aufgebracht werden.

Oft reichen eigene Mittel, sog. **Eigenkapital** jedoch noch nicht zur Unternehmensgründung aus. Dann wird die Beschaffung von **Fremdkapital** erforderlich. Diese kann durch die Aufnahme von Krediten bei Kreditinstituten (Banken, Sparkassen) erfolgen. Zudem ist es jedoch auch möglich, zinsgünstige Kredite von staatlichen Institutionen einzubringen. Es handelt sich dabei z. B. um Kredite, die gewährt werden von der Kreditanstalt für Wiederaufbau (KfW) in Frankfurt.

Informationen über diese Kreditgewährungsmöglichkeiten kann der einzelne Kreditnehmer beim Bundesministerium für Wirtschaft und Arbeit anfordern. Außerdem erteilen auch Kreditinstitute, wie z. B. die eigene Hausbank, Auskunft über diese Möglichkeit der Kreditaufnahme.

8.6.2 Wahl der Unternehmensform

Neben der Möglichkeit der Gründung einer Genossenschaft kommen bei der Wahl der Unternehmensform grundsätzlich folgende reine **Unternehmensformen** in Betracht.

Unternehmensformen

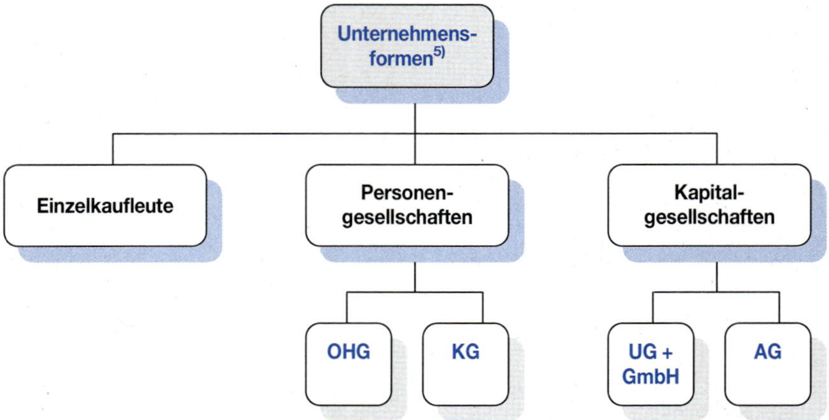

Abb. 8.2: Übersicht über die Unternehmensformen

Darüber hinaus gibt es noch so genannte Mischformen von Unternehmen, wie z. B. die GmbH & Co. KG, die zu den Personengesellschaften zählt und die KGaA, die den Kapitalgesellschaften zuzuordnen ist.

8.6.3 Einzelkaufleute

Volker Schmidt ist seit 12 Jahren als Angestellter in einem Lebensmittel-Großhandelsunternehmen beschäftigt. Nach reiflicher Überlegung hat er sich entschlossen, das Lebensmittel-Einzelhandelsunternehmen „Firma Karl-Ulrich Klein e.K." seines Onkels in Wiesbaden zu übernehmen, da dieser aus Altersgründen in den Ruhestand tritt.

- ***Wesen und Bedeutung***

Bedeutung

Volker lässt sich bei seiner Entscheidung von folgenden positiven Überlegungen leiten:

- Er ist künftig sein „eigener Chef"; somit unterliegt er nicht mehr dem Direktionsrecht seines früheren Arbeitgebers, d.h. er ist nicht mehr weisungsgebunden.
- Der erwirtschaftete Gewinn gehört ihm alleine.
- Da es sich nicht um die Neugründung eines Geschäfts handelt, braucht er sich nicht um neue Kunden zu bemühen; er kann davon ausgehen, dass der bisherige Kundenstamm seines Onkels wohl auch bei ihm einkaufen wird.

Risiken

Den Chancen stehen aber entsprechende Risiken gegenüber.

- Er haftet mit seinem Gesamtvermögen, d.h. mit dem Geschäfts- und Privatvermögen.

---

[5] Seit 1994 besteht auch die Möglichkeit gemäß Partnerschaftsgesetz, eine Partnerschaftsgesellschaft zu gründen. In ihr schließen sich Angehörige Freier Berufe (Rechtsanwälte, Ärzte usw.) zusammen. Die Gesellschaft übt jedoch kein Handelsgewerbe aus. Sie wird im Partnerschaftsregister eingetragen.

- Er muss das Unternehmen alleine leiten. Die Geschäftsführung liegt also in seiner Hand.
- Er muss das Unternehmen Dritten gegenüber nach außen alleine vertreten.
- Er muss das gesamte Kapital alleine aufbringen, das er beispielsweise benötigt, um die von seinem Onkel übernommenen Warenbestände und die Geschäftsausstattung (Regale, Registrierkasse) zu finanzieren.

Da bisher unter der Leitung seines Onkels relativ hohe Umsätze erzielt wurden und eine umfangreiche **kaufmännische Organisation** (Erstellung eines Inventars, einer Bilanz und Gewinn- und Verlustrechnung am Ende des Kalenderjahres) erforderlich war, ist das Unternehmen im **Handelsregister** in der **Abteilung A** des Amtsgerichts Wiesbaden eingetragen. Volker möchte wegen des bisher guten Rufs des Unternehmens das Geschäft unter der bisherigen Firma weiterführen. Er hat dabei die folgende Vorschrift des *§ 22 (1) HGB* zu beachten.

> *Wer ein bestehendes Handelsgeschäft unter Lebenden oder von Todes wegen erwirbt, darf für das Geschäft die bisherige Firma mit oder ohne Beifügung eines das Nachfolgeverhältnis andeutenden Zusatzes fortführen, wenn der bisherige Geschäftsinhaber oder dessen Erben in die Fortführung der Firma ausdrücklich einwilligen.*

Volker kann also der bisherigen **Firma** einen das Nachfolgeverhältnis andeutenden Zusatz beifügen, so z.B.

- Firma Karl-Ulrich Klein e.K., Inhaber Volker Schmidt oder
- Firma Karl-Ulrich Klein e.K., Nachfolger Volker Schmidt.

Sobald Volker rechtmäßiger Inhaber des Unternehmens ist, **haftet** er auch **für alle im Betrieb** des Geschäfts **begründeten Verbindlichkeiten** des früheren Inhabers, also seines Onkels. Allerdings können die im Betrieb des übertragenen Handelsgeschäfts begründeten Forderungen als Teil des Handelsgeschäfts mitübertragen werden. Aber auch ohne eine Übertragung gelten sie als auf den Erwerber übergegangen, sofern der bisherige Inhaber (oder seine Erben) in die Fortführung der Firma eingewilligt haben *(§ 25 HGB).*

8.6.4 Personengesellschaften

8.6.4.1 Offene Handelsgesellschaft

- ***Wesen***

Wesen der OHG

Eine Gesellschaft ist eine **offene Handelsgesellschaft**, wenn

- der Zweck auf den Betrieb eines Handelsgewerbes unter gemeinschaftlicher Firma gerichtet ist und wenn

- bei keinem der Gesellschafter die Haftung gegenüber den Gesellschaftsgläubigern beschränkt ist *(§ 105 HGB).*

Nun kann man die Überlegung anstellen, unter welchen Voraussetzungen es denkbar ist, eine Offene Handelsgesellschaft zu gründen. Dabei stellen sich insbesondere folgende Fragen:

- In welcher Rechtsgrundlage muss man nachschauen, wenn man sich über die Offene Handelsgesellschaft informieren will?
- Wie viel Gesellschafter werden benötigt, um eine Offene Handelsgesellschaft zu gründen?
- Welche Schritte sind bei der Gründung einer Offenen Handelsgesellschaft zu vollziehen?
- Wie kann das Unternehmen firmieren?
- Wie ist gesetzlich geregelt, wer für die Geschäftsführung innerhalb und die Vertretung außerhalb des Unternehmens verantwortlich ist?
- Wie haftet die Gesellschaft gegenüber ihren Gläubigern?
- Welche gesetzliche Regelung gilt hinsichtlich der Verteilung des Gewinns und des Verlustes der Gesellschaft?

• *Rechtsgrundlage und Wesen der Offenen Handelsgesellschaft*

Wer sich mit den Gründungsvoraussetzungen der Kapitalgesellschaften beschäftigt, der muss für die jeweilige Gesellschaft in einem spezifischen Gesetz nachschlagen. Bekannterweise sind die Vorschriften für die GmbH aus dem GmbH-Gesetz abzuleiten. Im Falle der Aktiengesellschaft muss man sich insbesondere mit dem Aktiengesetz auseinander setzen.

Sofern Personen eine Gesellschaft gründen wollen, bei der kein Mindestgründungskapital gesetzlich vorgeschrieben ist, wie im Falle der AG oder der GmbH, so handelt es sich um eine Personengesellschaft. – Wollen mindestens zwei Personen eine Personengesellschaft gründen, so bedarf es des Abschlusses eines Gesellschaftsvertrages für diese Gesellschaft. Grundsätzlich ist in *§§ 705 ff. BGB* geregelt, unter welcher Voraussetzung grundsätzlich eine Gesellschaft gegründet werden kann.

§ 705 [Begriff]. *Durch den Gesellschaftsvertrag verpflichten sich die Gesellschafter gegenseitig, die Erreichung eines gemeinsamen Zweckes in der durch den Vertrag bestimmten Weise zu fördern, insbesondere die vereinbarten Beiträge zu leisten.*

§ 706 [Beiträge der Gesellschafter]. *Die Gesellschafter haben in Ermangelung einer anderen Vereinbarung gleiche Beiträge zu leisten.*

Man könnte also annehmen, dass Personen, die nicht davon ausgehen, dass ihnen vom Gesetz ein Mindestkapital vorgeschrieben ist, durchaus eine Gesellschaft des Bürgerlichen Rechts, wie die BGB-Gesellschaft genannt wird, gründen können.

Es ist aber zu berücksichtigen, dass der Zweck dieser Gesellschaft abzuleiten ist aus dem Ziel, das die Gesellschafter verfolgen. Dieses besteht beispielsweise darin, Handel mit Telekommunikationsartikeln und zugehörigen Dienstleistungen zu betreiben. Deshalb ist festzustellen, dass die Gesellschafter gemeinsam ein **Handelsgewerbe** betreiben wollen. Demgemäß gilt, dass das **HGB** die Rechtsgrundlage ist, die beachtet werden muss.

Die **Voraussetzung zur Gründung** einer OHG besteht also darin, dass

Gründung

- mindestens zwei Gesellschafter bereit sind, die Gesellschaft zu gründen und
- jeder Gesellschafter bereit ist, mit dem Gesamtvermögen, also auch seinem persönlichen Privatvermögen, Gläubigern gegenüber zu haften.

- ***Firma***

Firma

Die Firma muss bei einer offenen Handelsgesellschaft die Bezeichnung „offene Handelsgesellschaft" oder eine allgemein verständliche Abkürzung dieser Bezeichnung enthalten *(§ 19 HGB).*

Beispiel:

Müller, Schmidt und Wagner gründen eine OHG

- *Müller & Co. OHG*
- *Schmidt & Gesellschafter offene Handelsgesellschaft*
- *Müller & Schmidt & Co. OHG*
- *Müller & Schmidt & Wagner OHG*

- ***Gründungsvorgang***

Gesellschaftsvertrag

Die **Gründung einer OHG** erfolgt in **zwei Schritten**. Mit dem Abschluss eines Gesellschaftsvertrages, der keiner besonderen Form bedarf, wird die Gesellschaft zunächst im Innenverhältnis wirksam. Dies bedeutet, dass die Rechtsbeziehungen der Gesellschafter untereinander rechtswirksam werden. Diese Rechtsbeziehungen, wie die Geschäftsführung oder die Leistung von Beiträgen, ergeben sich entweder aus den im **Gesellschaftsvertrag** enthaltenen Vereinbarungen **oder** ansonsten aus den **gesetzlichen Regelungen**. So ist z. B. in *§ 706 BGB* geregelt, dass die Gesellschafter gleiche Beiträge zu entrichten haben, **sofern keine vertragliche Vereinbarung getroffen** ist. Da man in diesem – aber auch in anderen Fällen – auf die gesetzliche Regelung zurückgreift, wirkt das BGB in diesem Fall gegenüber dem HGB, in dem keine Vorschrift bzgl. einer Beitragsleistung geregelt ist, unterstützend, d. h. **subsidiär.**

Handelsregistereintrag

Die OHG ist dann zur **Eintragung in die Abteilung A** des beim zuständigen Amtsgericht geführten Handelsregisters anzumelden. In der Anmeldung müssen die gesetzlich vorgeschriebenen Mindestinhalte enthalten sein *(§ 106 HGB)*. – **Bis zur Eintragung** gilt die OHG als **BGB-Gesellschaft** gemäß *§ 705 BGB*.

Ist die Handelsregistereintragung erfolgt, so wird die OHG im Außenverhältnis, d. h. Dritten gegenüber, wirksam *(§ 123 BGB)*.

Obwohl die **OHG keine juristische Person** ist, ist sie **dennoch als solche zu betrachten**, da sie unter ihrer Firma
- Rechte erwerben,
- Verbindlichkeiten eingehen,
- Eigentum und andere dingliche Rechte an Grundstücken erwerben,
- vor Gericht klagen oder
- vor Gericht verklagt werden

kann *(§ 124 HGB)*.

- ***Geschäftsführung und Vertretung***

Geschäftsführung

Zur Führung der **Geschäfte** sind **alle Gesellschafter berechtigt** und **verpflichtet**. Die Befugnis zur Geschäftsführung erstreckt sich auf alle Handlungen, die der **gewöhnliche Betrieb des Handelsgewerbes** der Gesellschaft mit sich bringt. – Wenn jedoch vertraglich vereinbart wird, und dies ist im Gesellschaftsvertrag festzuschreiben, dass die Geschäftsführung einem Gesellschafter oder mehreren Gesellschaftern übertragen ist, so sind die übrigen Gesellschafter von der Geschäftsführung ausgeschlossen. – Ist die Geschäftsführung auf einen oder mehrere Gesellschafter beschränkt, so ist jeder von ihnen allein zu handeln berechtigt. Sofern jedoch ein anderer geschäftsführender Gesellschafter der Vornahme einer Handlung widerspricht, muss diese unterbleiben *(§§ 114, 115 HGB)*.

Vertretung

Zur **Vertretung** der Gesellschaft ist **jeder Gesellschafter ermächtigt**, wenn er nicht durch den Gesellschaftsvertrag von der Vertretung ausgeschlossen ist. Im Gesellschaftsvertrag kann jedoch bestimmt werden, dass **alle oder mehrere Gesellschafter** nur in **Gemeinschaft** zur Vertretung der Gesellschaft ermächtigt sein sollen. In diesem Fall spricht man von der Gesamtvertretung *(§ 125 HGB)*.

- ***Haftung***

Haftung

Alle Gesellschafter haften für die **Verbindlichkeiten** der Gesellschaft den Gläubigern **als Gesamtschuldner** persönlich, d. h. ohne Einschränkung mit ihrem gesamten Vermögen, also auch mit ihrem Privatvermögen.

Tritt ein Gesellschafter neu in die bestehende Gesellschaft ein, so haftet er auch für die **vor** seinem **Eintritt begründeten Verbindlichkeiten**. – Scheidet ein Gesellschafter aus der OHG aus, so wird seine Haftung nicht hinfällig, er haftet noch fünf Jahre. Verjährt ein Anspruch jedoch nach allgemeinem Recht schneller, so bleibt es bei der kürzeren Verjährung *(§§ 128, 159 HGB).*

- ***Verteilung von Gewinn und Verlust***

Gewinn- und Verlustverteilung

Wird der Jahresgewinn verteilt, so hat ein Gesellschafter zunächst einen gesetzlichen Anspruch von **4 % seines** in die Gesellschaft eingebrachten **Kapitalanteils**. Bei einem nicht ausreichenden Jahresgewinn müssen die Anteile nach einem entsprechend niedrigeren Satz verteilt werden. Reicht der Jahresgewinn jedoch aus und verbleibt noch ein Restgewinn, so wird dieser **nach Köpfen**, d. h. nach der Anzahl der Gesellschafter verteilt. Unberührt von dieser gesetzlichen Regelung bleibt natürlich eine andere vertragliche Abmachung, die im Gesellschaftsvertrag festgeschrieben ist.

Entsteht ein **Verlust**, so wird dieser **nach Köpfen** unter die Gesellschafter verteilt *(§ 121 HGB).*

Beispiel: *Der Jahresgewinn einer OHG beträgt 600.000,00 €. Die Kapitalanteile der Gesellschafter betragen:*

Gesellschafter A:	*40.000,00 €*
Gesellschafter B:	*120.000,00 €*
Gesellschafter C:	*80.000,00 €*
Gesellschafter D:	*60.000,00 €*

Wird der Gewinn nach § 120 HGB verteilt, so ergibt dies folgendes Ergebnis:

- Zunächst erhält jeder Gesellschafter 4 % seiner Kapitaleinlage. Es erhalten *A: 1.600,00 €, B: 4.800,00 €, C: 3.200,00 € und D: 2.400,00 €. Zusammen ergibt dies 12.000,00 €.*
- Nun muss dieser Gewinnanteil vom Jahresgewinn abgezogen werden. Dies ergibt 600.000,00 € - 12.000,00 € = 588.000,00 €.
- Im nächsten Schritt wird der Restgewinn von 588.000,00 nach Köpfen verteilt, also durch 4 dividiert. Jeder Gesellschafter erhält somit vom Restgewinn 588.000,00 : 4 = 147.000,00 €.
- Insgesamt erhalten die Gesellschafter *A: 148.600,00 €, B: 151.800,00 €, C: 150.200,00 € und D: 149.400,00 € vom Gesamtgewinn.*

- ***Kündigung eines Gesellschafters***

Austritt

Ist eine Gesellschaft auf unbestimmte Zeit gegründet worden und kündigt ein Gesellschafter, so muss er beachten, dass er nur sechs Monate vor Geschäftsjahresschluss kündigen kann *(§ 132 HGB).*

8.6.4.2 Die Kommanditgesellschaft

- ***Wesen***

Wesen

Ebenso wie die OHG ist die **Kommanditgesellschaft** eine Gesellschaft, deren Zweck auf den **Betrieb eines Handelsgewerbes** unter gemeinschaftlicher Firma gerichtet ist. Allerdings ist bei einem der mindestens zwei Gesellschafter die Haftung gegenüber den Gläubigern auf den Betrag einer bestimmten Vermögenseinlage beschränkt.

Sofern das HGB keine Sondervorschriften vorsieht, gelten die Vorschriften für die OHG auch für die Kommanditgesellschaft *(§ 161 (2) HGB).*

- ***Firma***

Firma

Die Firma muss bei einer Kommanditgesellschaft die Bezeichnung „Kommanditgesellschaft" oder eine allgemein verständliche Abkürzung dieser Bezeichnung enthalten *(§ 19 HGB).*

- ***Mindestgründerzahl und Haftung***

Wer sich mit den Gründungsbedingungen einer KG auseinander setzt, der muss das Handelsgesetzbuch zur Hand nehmen Aus dieser Rechtsgrundlage ist abzuleiten, unter welchen Voraussetzungen man von einer Kommanditgesellschaft spricht.

§ 161 HGB [Begriff der KG; Anwendbarkeit der OHG-Vorschriften]

(1) Eine Gesellschaft, deren Zweck auf den Betrieb eines Handelsgewerbes unter gemeinschaftlicher Firma gerichtet ist, ist eine Kommanditgesellschaft, wenn bei einem oder bei einigen von den Gesellschaftern die Haftung gegenüber den Gesellschaftsgläubigern auf den Betrag einer bestimmten Vermögenseinlage beschränkt ist (Kommanditisten), während bei dem anderen Teile der Gesellschaft eine Beschränkung der Haftung nicht stattfindet (persönlich haftender Gesellschafter).

(2) Soweit nicht in diesem Abschnitt ein anderes vorgeschrieben ist, finden auf die Kommanditgesellschaft die für die offene Handelsgesellschaft geltenden Vorschriften Anwendung.

Wenn man den Gesetzestext im HGB aufmerksam liest, dann wird man feststellen, dass zur Gründung einer KG mindestens zwei Personen notwendig sind. Dabei handelt es sich um jeweils mindestens

- einen Teilhafter, d. h. einen **Kommanditisten,** der nur mit dem Betrag einer in die Gesellschaft eingebrachten Vermögenseinlage haftet, nicht also mit seinem Privatvermögen und um

- einen Vollhafter, d.h. einen **Komplementär,** der als persönlich haftender Gesellschafter sowohl mit seiner Vermögenseinlage als auch mit seinem Privatvermögen haftet.

BGB-Gesellschaft

Diese beschriebene Gründungsvoraussetzung für eine KG ist die gesetzliche Regelung. Über diese hinaus ist jedoch noch ein Beschluss des **Bundesgerichtshofs (= BGH)**[6] zu beachten. Die Richter dieses **obersten Gerichtshofs** haben beschlossen, dass auch eine Gesellschaft des Bürgerlichen Rechts, kurz: eine GbR oder auch BGB-Gesellschaft genannt, die Fähigkeit besitzt, als ,,(Außen-)Gesellschaft des bürgerlichen Rechts" Kommanditistin einer Kommanditgesellschaft zu werden.

Bekanntlicherweise ist die Gesellschaft des Bürgerlichen Rechts die in *§ 705 BGB* geregelte Gesellschaft.

> ***§ 705 [Begriff].*** *Durch den Gesellschaftsvertrag verpflichten sich die Gesellschafter gegenseitig, die Erreichung eines gemeinsamen Zweckes in der durch den Vertrag bestimmten Weise zu fördern, insbesondere die vereinbarten Beiträge zu leisten.*
>
> ***§ 706 [Beiträge der Gesellschafter].*** *Die Gesellschafter haben in Ermangelung einer anderen Vereinbarung gleiche Beitrage zu leisten.*

Dabei ist zu beachten, dass sich aus der Begriffsbestimmung ableiten lässt, dass diese Gesellschaft kein Handelsgewerbe betreibt. Deshalb ist eine ,,Gesellschaft des bürgerlichen Rechts" auch nicht im Handelsregister eingetragen. Da für diese Gesellschaft aber auch sonst kein eigenes Register geführt wird, ist im Zusammenhang ihrer Beteiligungsfähigkeit als Kommanditistin an einer KG zu beachten, dass der II. Zivilsenat des BGH festgelegt hat, ,,dass in einem solchen Fall neben der Gesellschaft des bürgerlichen Rechts als solcher auch die ihr zum Zeitpunkt ihres Beitritts zu der Kommanditgesellschaft angehörenden Gesellschafter mit Namen, Geburtstag und Wohnort (entsprechend *§ 106 Abs. 2 HGB)* zur Eintragung in das Handelsregister anzumelden ist". Mit der namentlichen Eintragung der Kommanditisten soll dem Rechtsverkehr nicht nur die Möglichkeit der Identifikation der Gesellschafter, sondern darüber hinaus eine Grundlage für die Beurteilung der Haftungsmasse gegeben werden. Führt die Gesellschaft bürgerlichen Rechts keinen speziellen Namen, so sind die einzelnen Gesellschafter mit dem Zusatz ,,in Gesellschaft bürgerlichen Rechts" anzugeben.

---

[6] BGH, Beschluss vom 16. Juli 2001 -- II ZB 23/00; siehe auch Betriebsberater (BB), Heft 46 vom 15. 11. 2001 und Deutsches Notarinstitut, Dokumentennummer 10101 vom 24. Oktober 2001

Fasst man zusammen, so kann festgehalten werden, dass die Gesellschaft bürgerlichen Rechts Kommanditist einer KG werden kann, nicht aber deshalb, weil dieser Sachverhalt gesetzlich geregelt ist. Vielmehr handelt es sich bei dieser Beteiligungsmöglichkeit um das von Richtern des Bundesgerichtshofs gesprochene Recht. Die Beteiligungsfähigkeit einer GbR an einer KG beruht also auf **Richterrecht.**

In den vorausgegangenen Text war ein Auszug des *§ 161 HGB* integriert. Daraus lässt sich leicht die Haftungsregelung aus dem Gesellschaftszweck ableiten.

- Der einzelne Komplementär haftet mit seinem Gesamtvermögen persönlich, d.h. nicht nur mit seiner Vermögenseinlage, sondern auch mit seinem Privatvermögen.
- Der einzelne Kommanditist haftet nur mit seinem auf eine bestimmte Vermögenseinlage beschränkten Betrag, also nicht mit seinem Privatvermögen.

Tritt ein Kommanditist neu in die bestehende Gesellschaft ein, so haftet er auch für die vor seinem Eintritt begründeten Verbindlichkeiten der Gesellschaft *(§ 173 HGB).*

Zusammenfassend lässt sich die Abgrenzung zwischen den Gesellschaftern einer Kommanditgesellschaft wie folgt darstellen.

Gesellschafter	Personen	Rechtsgrundlage	Haftung mit
Komplementär (= Vollhafter)	natürliche Person	§ 161 HGB	seinem Gesamtvermögen
Kommanditist (= Teilhafter)	natürliche Person **oder** (Außen-)Gesellschaft des bürgerlichen Rechts	§§ 161, 171 HGB und BGH-Beschluss (= Richterrecht)	seiner Vermögenseinlage

- ***Gründungsvorgang***

Gründung

Die Gründung erfolgt, ebenso wie die der OHG, in zwei Schritten:

1. Abschluss eines Gesellschaftsvertrages,
2. Eintragung im Handelsregister, Abteilung A, des zuständigen Amtsgerichts.

- ***Geschäftsführung und Vertretung***

Im Hinblick auf die Geschäftsführung und die Vertretung gilt für die Komplementäre einer **KG** die gleiche Regelung **wie** für die Gesellschafter einer **OHG.**

Geschäftsführung und Vertretung

Die **Kommanditisten** sind weder zur Geschäftsführung noch zur Vertretung berechtigt *(§§ 164, 170 HGB).*

- ***Haftung***

Für die **Komplementäre** gilt die gleiche Haftungsregelung wie für die Gesellschafter einer OHG. Sie haften also mit ihrem Gesamtvermögen.

Haftung

Die **Kommanditisten** einer KG haften den Gläubigern der Gesellschaft bis zur Höhe ihrer Einlage unmittelbar. Sie haften also nicht mit ihrem Privatvermögen; die Haftung ist ausgeschlossen, so weit die Einlage geleistet ist *(§§ 171 ff. HGB).*

- ***Verteilung von Gewinn und Verlust***

Zunächst steht sowohl den Komplementären als auch den Kommanditisten vom Jahresgewinn ein **Anteil von 4 %** des jeweiligen Kapitalanteils zu. Der **Restgewinn** wird (nach Berücksichtigung etwaiger Entnahmen während des Geschäftsjahres) **in angemessenem Verhältnis** verteilt. Diese Restgewinnverteilung wird im Gesellschaftsvertrag festgelegt. Da die Komplementäre für die Geschäftsführung und Vertretung verantwortlich sind, erhalten sie in der Regel einen höheren Anteil vom Restgewinn als die Kommanditisten. Am Verlust nimmt der Kommanditist nur bis zum Betrag seines Kapitalanteils und seiner noch rückständigen Einlage teil *(§ 167 HGB).*

Gewinn- und Verlustverteilung

8.6.4.3 GmbH & Co. KG

Wie bereits zuvor gesagt, handelt es sich bei der **KG um eine Personengesellschaft**, bei der **mindestens einer der Gesellschafter** ein Komplementär und mindestens ein anderer Kommanditist ist. – Auch die **GmbH & Co. KG** ist im Grunde eine **Kommanditgesellschaft**, jedoch mit dem Unterschied zur KG, dass der **Komplementär** keine natürliche, sondern eine juristische Person ist. Die juristische Person ist **eine GmbH**.

GmbH & Co. als Personengesellschaft

KG

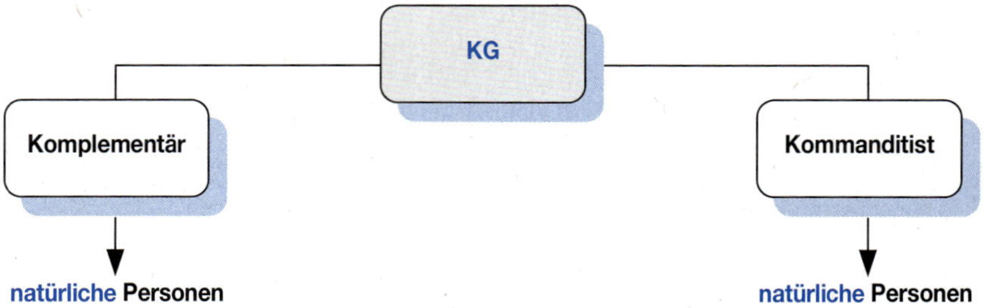

Abb. 8.3: Gesellschafter einer KG

GmbH & Co. KG

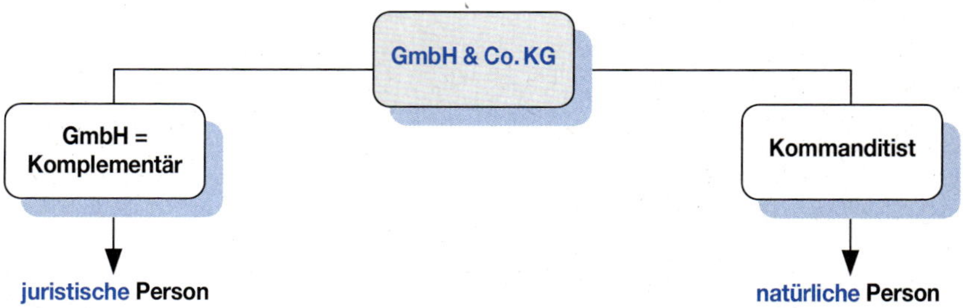

Abb. 8.4: Gesellschafter einer GmbH & Co. KG

Bedeutung

Die Bedeutung für die Wahl der Rechtsform GmbH & Co. KG liegt in der **Haftungsbeschränkung**. Der Komplementär, also die GmbH, haftet nicht mit dem Privatvermögen, sondern lediglich mit ihrem Gesellschaftsvermögen.

Wiederholungsfragen

Wiederholungsfragen

1. *Nennen Sie Dienstleistungsunternehmen!*
2. *Nennen Sie Standortfaktoren!*
3. *Jede Neugründung eines Unternehmens erfordert Kapital.*
   a) *Nennen Sie Beispiele für Geldkapital!*
   b) *Nennen Sie Beispiele für Sachkapital!*
4. *Nennen Sie Institutionen, bei denen Personen Kredite zum Zwecke der Neugründung eines Unternehmens beantragen können!*
5. *In welche drei Kategorien werden Unternehmensformen untergliedert?*
6. *Nennen Sie je zwei Beispiele für*
   a) *Personengesellschaften*
   b) *Kapitalgesellschaften!*

Wiederholungsfragen

7. *Nennen Sie zwei Mischformen von Unternehmen!*
8. *Nennen Sie Gründe, die für die Gründung eines Unternehmens als Einzelkaufmann sprechen können!*
9. *Nennen Sie Risiken, die die Gründung eines Unternehmens als Einzelkaufmann mit sich bringen kann!*
10. *Welche gesetzlichen Vorschriften muss ein Einzelkaufmann bei der Firmierung beachten?*
11. *Die Gründung einer OHG erfolgt in zwei Schritten. – Was bedeutet dies?*
12. *In welcher Abteilung des Handelsregisters beim zuständigen Amtsgericht ist die Hofer OHG zur Eintragung anzumelden?*
13. *Obwohl die OHG keine juristische Person ist, ist sie dennoch als solche zu betrachten. – Erläutern Sie diese Aussage!*
14. *Wer ist bei der OHG berechtigt zur*
    a) Geschäftsführung
    b) Vertretung?
15. *Welche Frist muss ein OHG-Gesellschafter beachten, wenn er ein auf unbestimmte Zeit eingegangenes Gesellschaftsverhältnis kündigen will?*
16. *Wie unterscheiden sich die OHG und die KG im Hinblick auf*
    a) die Haftung
    b) die Geschäftsführung
    c) die Vertretung
    d) die Gewinnverteilung?
17. *Was ist eine GmbH & Co. KG?*
18. *Worin besteht der Unterschied zwischen der KG und der GmbH & Co. KG im Hinblick auf die Art der Gesellschafter?*

8.6.5 Kapitalgesellschaften

Juristische Personen

Kapitalgesellschaften sind **juristische Personen**, denen durch staatlichen Akt, d. h. durch Eintragung in der **Abteilung B des Handelsregisters**, die Rechtsfähigkeit verliehen wird. Nicht der einzelne Gesellschafter ist Träger von Rechten und Pflichten, sondern die Gesellschaft als solche.

Während bei den Personengesellschaften das Gesamtvermögen Haftungsgrundlage ist, haften bei Kapitalgesellschaften die Gesellschafter nicht mit ihrem Privatvermögen.

Rechtsgrundlagen

Wie bereits zuvor gesagt, sind die gesetzlichen Vorschriften über Einzelkaufleute und Personengesellschaften aus dem HGB zu entnehmen. – Im Falle von **Kapitalgesellschaften** sind die Rechtsnormen jedoch in **speziellen Rechtsgrundlagen** enthalten. Für

die GmbH und die Unternehmergesellschaft (haftungsbeschränkt) → gilt das **GmbH-Gesetz** (= GmbHG)
die AG und KGaA → gilt das **Aktiengesetz** (= AktG).

Vorschriften, die allgemein für alle Unternehmen von Bedeutung sind, wie z. B. „die Firma", sind nur im HGB geregelt und nicht im AktG oder GmbHG eingefügt. Da auf diese Vorschriften im HGB zurückzugreifen ist, wirkt dieses Gesetz **subsidiär**, d. h. den beiden spezifischen Gesetzen gegenüber unterstützend.

8.6.5.1 Unternehmergesellschaft und GmbH

Vanessa Tannenbaum arbeitet seit fünf Jahren in einem Betrieb, in dem Waren aus dem Telekommunikationsbereich verkauft werden. Aufgrund der sich verschlechternden konjunkturellen Lage geht sie davon aus, dass ihr Arbeitgeber demnächst Stellen abbauen wird und sie vielleicht auch ihren Arbeitsplatz verlieren könnte. Deshalb ist sie davon überzeugt, dass es sinnvoll ist, sich selbstständig zu machen, also ein Unternehmen zu gründen. Sie denkt dabei an die Gründung einer Gesellschaft mit beschränkter Haftung, d.h. einer GmbH. Ihr steht nur ein Geldbetrag in Höhe von 5.000 € zur Verfügung. Deshalb ruft sie ihre beiden Freundinnen Dominique Kupfer und Ramona Schnecke an und verabredet sich mit ihnen, um ihnen den Vorschlag zu unterbreiten, gemeinsam eine GmbH zu gründen.

Mit Vanessas Idee, ein eigenes Unternehmen zu gründen, um Telekommunikationsartikel und zugehörige Dienstleistungen, wie Beratungen, zu verkaufen, stimmen Dominique und Ramona überein, denn sie arbeiten alle in der gleichen Branche in unterschiedlichen Betrieben.

Vanessa stehen nur 5.000 € als Gründungskapital zur Verfügung. Da das Mindestgründungskapital zur Gründung einer GmbH 25.000 € beträgt, kann sie eine solche Kapitalgesellschaft alleine nicht gründen. Allerdings hätte sie die Möglichkeit, als Existenzgründerin eine Unternehmergesellschaft zu gründen. Dabei handelt es sich um die Einstiegsmöglichkeit in eine GmbH.

Unternehmergesellschaft

Kommt es zu einer Gründung einer Unternehmergesellschaft mit der Bezeichnung **Unternehmergesellschaft (haftungsbeschränkt)** oder **UG (haftungsbeschränkt)**, so darf in der Firmierung auf keinen Fall der in Klammern gesetzte Zusatz fehlen. Damit soll dem Publikum nach außen verdeutlicht werden, dass es sich um eine Gesellschaft handelt, die möglicherweise mit einem sehr geringen Gründungskapital ausgestattet ist (§ 5a GmbHG).

Wer eine Unternehmensgesellschaft gründet, muss wissen, dass es sich dabei **nicht** um eine eigene Rechtsform unterhalb oder neben der GmbH handelt. – Bekannterweise ist die Aktiengesellschaft im Aktiengesetz und die GmbH im GmbHG geregelt. Die Unternehmergesellschaft (= UG) ist allerdings nicht in einem eigenen Gesetz geregelt. Diese Variante der Gesellschaft mit beschränkter Haftung fügt sich nahtlos in das GmbH-Gesetz ein. Für sie gelten alle Vorschriften des GmbH Gesetzes mit **Ausnahme** der ausdrücklichen Sonderregelungen des **§ 5 a Unternehmergesellschaft**.

Im Rahmen der Gründung einer Unternehmergesellschaft ist es erforderlich, einen **Gesellschaftsvertrag** zu formulieren. Hier sieht das Gesetz vor, ein **Musterprotokoll** (auch Mustersatzung genannt) zu verwenden. Verwendung des Musters bedeutet, dass außer den Einfügungen in den vorgegebenen Feldern keine weiteren Ergänzungen und Änderungen vorgenommen werden. Damit sieht die Anmeldung einer UG im Handelsregister keine notarielle Beurkundung vor, was zur Kosteneinsparung führt. Allerdings muss man wissen, dass eine Änderung der Mustersatzung oder jeder weitere Zusatz die Beurkundungspflicht beim Notar auslöst. Ein notariell beurkundeter Gesellschaftsvertrag mit anfallenden Notarkosten wäre die Folge (§ 2 GmbHG).

Das GmbH-Gesetz sieht vor, dass die Unternehmergesellschaft auch mit einem Stammkapital ausgestattet ist. Dabei kann es sich um ein Gründungsstammkapital zwischen 1 € und 24.999 € handeln. Käme es wirklich zur Gründung einer UG mit einem Euro, so entspräche dieser Betrag einem Geschäftsanteil, da der Nennbetrag jedes Geschäftsanteils auf volle Euro lauten muss. Sofern die Gründung mit 25.000 € oder einer höheren Summe erfolgen soll, finden die Absätze 1 bis 4 des § 5 a keine Anwendung, wie z. B. die Vorschrift, dass im Rahmen der Gründung Sacheinlagen ausgeschlossen sind. Allerdings kann die Gründung dann als Unternehmergesellschaft firmiert werden, so wie es § 5 a Abs. 1 vorsieht.

Kommt es zu einer Gründung einer Unternehmergesellschaft mit sehr geringem Stammkapital, so so hat sie die Pflicht, eine gesetzliche Rücklage zu bilden, in die jeweils ein Viertel, also 25 Prozent, des Jahresüberschusses einzustellen ist. Ein Zeitraum ist hierfür nicht vorgesehen. Auf diese Weise soll gesichert werden, dass diese Form der GmbH durch Thesaurierung innerhalb einiger Jahre eine höhere Eigenkapitalausstattung erreicht. **Thesaurierung** ist die Nichtausschüttung von Gewinnen in Unternehmen mit der Absicht, sie später eventuell für Investitionen, also z. B. die Anschaffung von einer Büroausstattung zu verwenden. Im konkreten Fall sieht das GmbHG vor, dass die Rücklage nur zu bestimmten Zwecken verwendet werden darf.

Die Rücklage darf nur verwandt werden

1. **für Zwecke des §57c (= Erhöhung des Stammkapitals durch Umwandlung von Rücklagen in Stammkapital);**
2. **zum Ausgleich eines Jahresfehlbetrags, soweit er nicht durch einen Gewinnvortrag aus dem Vorjahr gedeckt ist;**
3. **zum Ausgleich eines Verlustvortrags aus dem Vorjahr, soweit er nicht durch einen Jahresüberschuss gedeckt ist.**

Hat die Gesellschaft allerdings genügend Eigenmittel und wird dadurch im Ergebnis das Erfordernis Mindeststammkapital in Höhe von 25.000 € erfüllt, so kann sie sich sodann umfirmieren zu einer GmbH. Sie muss es aber nicht. (§§4, 5a GmbHG und §§242, 264 HGB).

GmbH

Wie eingangs berichtet, beabsichtigen die drei Freundinnen eine GmbH zu gründen. Um diesen Vorgang zu bewältigen, müssen sie die gesetzlich vorgeschriebenen Mindestvoraussetzungen erfüllen.

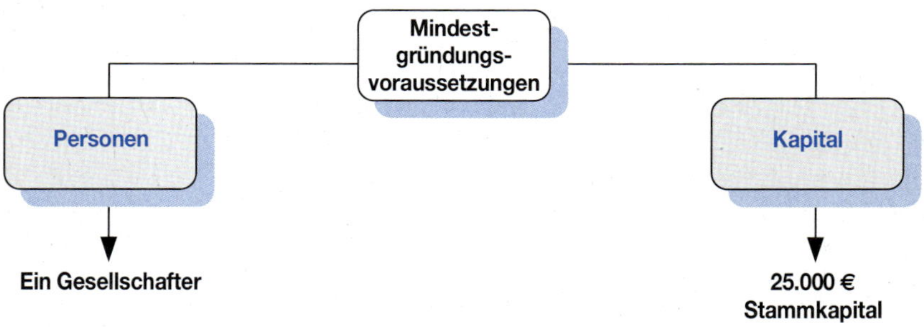

Abb. 8.5: GmbH-Gründung

Mindestgründerzahl

Die drei Frauen wollen möglicherweise gemeinsam eine GmbH gründen. Diese Anzahl von Gründungsmitgliedern ist ausreichend. Denn Gesellschaften mit beschränkter Haftung können zu jedem gesetzlich zulässigen Zweck durch eine oder mehrere Personen errichtet werden (§ 1 GmbHG). Anders formuliert kann man feststellen, dass zur Gründung einer GmbH grundsätzlich nur eine Person erforderlich ist.

Mindestgründungskapital

Das Gründungskapital der Gesellschaft, bei der GmbH nennt man es **Stammkapital**, muss mindestens **25.000 Euro** betragen: Der Nennbetrag jedes **Geschäftsanteils** muss auf **volle Euro** lauten.

Ein Gesellschafter kann bei Errichtung der Gesellschaft mehrere **Geschäftsanteile**[7] übernehmen. Diese Geschäftsanteile können auch aus verschiedenen Nennbeträgen bestehen. Die Summe der Nennbeträge aller Geschäftsanteile muss mit dem Stammkapital übereinstimmen. In der Gesellschafterliste, die unter Angabe von Namen, Vornamen, Geburtsdatum und Wohnort bei der Anmeldung zum Handelsregister einzureichen ist, sind die Geschäftsanteile durchgehend zu nummerieren.

Sollen Sacheinlagen geleistet werden, so müssen der **Gegenstand** der **Sacheinlage** und der **Nennbetrag des Geschäftsanteils**, auf den sich die Sacheinlage bezieht, **im Gesellschaftsvertrag festgesetzt** werden. Die Gesellschafter haben in einem **Sachgründungsbericht** die für die Angemessenheit der Leistungen für Sacheinlagen wesentlichen Umstände darzulegen, so z. B. mit der Begründung, er benötige einen LKW für geschäftliche Zwecke zum Warentransport.

Erreicht der Wert einer Sacheinlage im Zeitpunkt der Anmeldung der Gesellschaft zur Eintragung in das Handelsregister nicht den Nennbetrag des dafür übernommenen Geschäftsanteils, hat der Gesellschafter in Höhe des Fehlbetrags eine Einlage in Geld zu leisten.

Wenn eine GmbH gegründet wird, ist es erforderlich, dass der oder die Gesellschafter ein aus einem oder mehreren Geschäftsanteilen bestehendes **Stammkapital** von **mindestens 25.000 €** aufbringen. Jeder Nennbetrag eines Geschäftsanteils muss auf volle Euro lauten.

Sollen Sacheinlagen geleistet werden, so müssen der Gegenstand der Sacheinlage, also z. B. ein LKW oder Gegenstände für eine Ladeneinrichtung, und der Betrag der Stammeinlage, auf die sich die Sacheinlage bezieht, im Gesellschaftsvertrag festgesetzt werden.

Die Gesellschafter haben in einem **Sachgründungsbericht** darzulegen, dass die Sachwerte auch wirklich den Wert darstellen, mit dem sie den einzelnen Gesellschaftern auf die Einlageverpflichtung angerechnet werden sollen (§ 5 GmbHG).

Bringt ein Gesellschafter eine Sacheinlage ein und erreicht der Wert einer Sacheinlage im Zeitpunkt der Anmeldung der Gesellschaft zur Eintragung im Handelsregister nicht den Betrag der dafür übernommenen Geschäftsanteile, so hat der Gesellschafter in Höhe des Fehlbetrages eine Einlage in Geld zu leisten (§ 9 GmbHG).

Es ist also festzustellen, dass die Gesellschafter Geschäftsanteile bei der Gründung einer GmbH einbringen müssen, die entweder Geldeinlage oder Sacheinlage sein können und zusammen das Stammkapital ergeben (§ 14 GmbHG).

---

[7] früher Stammeinlage genannt

Verdeutlichen lässt sich dieser Sachverhalt beispielsweise unter der Annahme, dass die einzelnen Gesellschafter ihre Stammeinlagen wie folgt in die Gesellschaft eingebracht haben.

Geschäftsanteile			Summe der Geschäftsanteile je Gesellschafter
Name der Gesellschafter	**Geldeinlage**	**Sacheinlage**	
Vanessa Tannenbaum	5.000 €		5.000 €
Dominique Kupfer	50.000 €	15.000 €	65.000 €
Ramona Schnecke	60.000 €		60.000 €
		Stammkapital →	130.000 €

Man kann feststellen, dass die Gesellschafter ein aus Geld- und Sacheinlage bestehendes Gesamtstammkapital in Höhe von 130.000 € eingebracht haben, also 105.000 € mehr, als das GmbH-Gesetz es vorschreibt.

Firmierung

Die Firma ist gemäß § 17 HGB der Name eines Kaufmanns, unter dem er seine Geschäfte betreibt und die Unterschrift abgibt. Sie muss im Handelsregister, das örtlich für das Unternehmen zuständig ist, eingetragen sein. Unter dieser Firma kann der Kaufmann klagen und verklagt werden. Da die GmbH gemäß § 7 GmbHG in das Handelsregister einzutragen ist, ist sie somit Kaufmann.

Bei der Frage der Bildung einer Firma sind die Unternehmen, so auch die GmbH, weitestgehend frei in der Gestaltung. Es kann sich dabei um eine

- **Sachfirma** (z. B. Telekommunikations GmbH) oder
- **Personenfirma** (z. B. Tannenbaum & Co. GmbH) oder
- **Fantasiefirma** (z. B. Quasselstrippen GmbH)

handeln. – Die Firma des Unternehmens, das die drei Gesellschafterinnen möglicherweise gründen werden, muss allerdings zwingenderweise die Bezeichnung Gesellschaft mit beschränkter Haftung oder eine allgemein verständliche Abkürzung, wie z. B. Gesellschaft mbH oder GmbH, enthalten.

Sitz der Gesellschaft

Sitz der Gesellschaft ist der Ort im Inland, den der Gesellschaftsvertrag (= Satzung) bestimmt (§ 4a). Aus diesem Gesetzesauszug ist zu erkennen, dass die GmbH ihren Satzungssitz im Inland haben muss. Allerdings können sich Verwaltungssitz und Betrieb an einem anderen Ort befinden. Dieser kann auch im Ausland liegen. Damit soll der Spielraum deutscher Gesellschaften erhöht werden, ihre Geschäftstätigkeit auch ausschließlich im Rahmen einer (Zweig-)Niederlassung, die alle Geschäftsaktivitäten erfasst, außerhalb Deutschlands zu entfalten[8].

Gesellschaftsvertrag

Soll eine GmbH gegründet werden, dann ist es erforderlich, einen Gesellschaftsvertrag zu formulieren. Der Vertrag, so ist gesetzlich festgelegt, bedarf der notariellen Form, d. h. er ist vom Notar zu beurkunden. Außerdem ist er von sämtlichen Gesellschaftern zu unterzeichnen (§ 2 GmbHG).

Die Gesellschaft kann aber auch in einem **vereinfachten Verfahren** gegründet werden, wenn sie höchstens drei Gesellschafter und einen Geschäftsführer hat. Für die Gründung im vereinfachten Verfahren ist das gesetzlich vorgesehene Musterprotokoll zu verwenden.

Verwendung des Musters bedeutet, dass außer den Einfügungen in den vorgegebenen Feldern keine weiteren Ergänzungen und Änderungen vorgenommen werden. Jede weitere Änderung der Mustersatzung oder jeder weitere Zusatz löst die Beurkundungspflicht bei einem Notar aus. Dies gilt insbesondere auch dann, wenn die Gesellschaft durch mehr als drei Personen gegründet wird oder wenn ein Gesellschafter mehr als einen Geschäftsanteil übernehmen soll. In diesem Fall kann auf die Beurkundung nicht verzichtet werden, weil der Beratungsbedarf typischerweise zu groß wird.

Die Festlegung der Firma, des Stammkapitals und der Nennbeträge der Geschäftsanteile sowie die Auswahl aus den von dem Muster vorgeschlagenen Unternehmensgegenständen sind ohne notarielle Unterstützung möglich. Was die Unternehmensgegenstände im **Musterprotokoll** betrifft, so bedarf es nur eines Kreuzes an einer der darin enthaltenen drei Gegenstände[9] des Unternehmens.

> ***§ 3 Gegenstand des Unternehmens***[10]
>
> *Gegenstand des Unternehmens*
>
> - *ist der Handel von Waren*
> - *ist die Produktion von Waren*
> - *sind Dienstleistungen*

---

[8] siehe hierzu die Rechtsprechung des Europäischen Gerichtshofs in Luxemburg nach den Urteilen Überseering vom 5. Nov. 2002 (Rs. C-208/00) und Inspire Art vom 30. Sept. 2003 (Rs. C-167/01)

[9] Vgl. BT-Dr. 16/6140, S. 284

[10] Auszug aus dem Mustervertrag

Das GmbH-Gesetz **schränkt** den **Grundsatz der Vertragsfreiheit** im Falle der Formulierung eines Gesellschaftsvertrages in zweifacher Weise **ein**. Einerseits besteht keine **Formfreiheit**, wie bereits festgestellt, d. h. der Vertrag bedarf der notariellen Beurkundung. – Zum anderen ist auch die Inhaltsfreiheit, d.h. auch dieser weitere Aspekt des Grundsatzes der Vertragsfreiheit insofern **eingeschränkt**, weil das GmbH-Gesetz vorschreibt, welche Inhalte der Gesellschaftsvertrag mindestens enthalten muss.

§ 3 Inhalt des Gesellschaftsvertrags

Der Gesellschaftsvertrag muss enthalten:
(1) 1. die Firma und den Sitz der Gesellschaft,
(2) 2. den Gegenstand des Unternehmens
(3) den Betrag des Stammkapitals,
(4) die Zahl und die Nennbeträge der Geschäftsanteile, die jeder Gesellschafter gegen Einlage auf das Stammkapital (Stammeinlage) übernimmt.

Soll das Unternehmen auf eine gewisse Zeit beschränkt sein oder sollen den Gesellschaftern außer der Leistung von Kapitaleinlagen noch andere Verpflichtungen gegenüber der Gesellschaft auferlegt werden, so bedürfen auch diese Bestimmungen der Aufnahme in den Gesellschaftsvertrag. (§ 3 GmbHG).

Haftung der Geschäftsführer

Wegen der verpflichtenden Eintragung in Abteilung B des Handelsregisters wird ersichtlich, dass die **GmbH** eine Kapitalgesellschaft ist. Dabei handelt es sich um eine **juristische Person**, die durch die Eintragung im Handelsregister die Rechtsfähigkeit erwirbt. Rechtsfähigkeit bedeutet in diesem Fall, dass nicht der einzelne Gesellschafter Träger von Rechten und Pflichten wird, sondern die Gesellschaft als solche, d. h. für die Verbindlichkeiten der Gesellschaft **haftet** den Gläubigern gegenüber nur das **Gesellschaftsvermögen**.

Die Geschäftsführer sind der Gesellschaft zum Ersatz von Zahlungen verpflichtet, die nach Eintritt der **Zahlungsunfähigkeit** der Gesellschaft oder nach Feststellung ihrer Überschuldung geleistet werden. Dies gilt nicht von Zahlungen, die auch nach diesem Zeitpunkt mit der Sorgfalt eines ordentlichen Geschäftsmanns vereinbar sind. Die gleiche Verpflichtung trifft die Geschäftsführer für Zahlungen an Gesellschafter, soweit diese zur Zahlungsunfähigkeit der Gesellschaft führen mussten. Anders formuliert bedeute dies, dass das zur Erhaltung des Stammkapitals erforderliche Vermögen der Gesellschaft nicht an die Gesellschafter ausgezahlt werden darf (§ 30 GmbHG).

Ist die GmbH führungslos (geworden), also ohne Geschäftsführer, so ist jeder Gesellschafter im Falle des Eintritts der Zahlungsunfähigkeit oder

Überschuldung gemäß Insolvenzordnung zur Stellung des Antrags auf Insolvenz verpflichtet. Da gilt es aufzupassen: Denn mit Freiheitsstrafen bis zu drei Jahren oder Geldstrafe wird bestraft, wer durch schuldhaftes Verzögern, spätestens drei Wochen nach Eintritt der Zahlungsunfähigkeit oder Überschuldung keinen Insolvenzantrag gestellt hat (§ 15 a InsO).

Organe der GmbH

Im vorangegangenen Text wurde bereits festgestellt, dass die im Handelsregister eingetragene GmbH eine juristische Person ist. Als solche kann sie nur durch ihre Organe handeln.

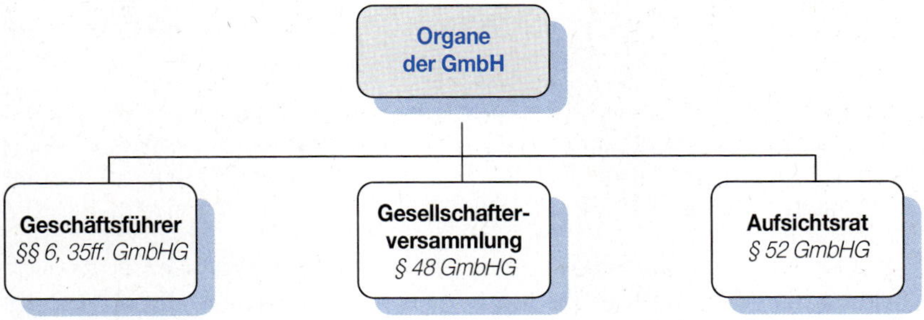

Abb. 8.6: Organe der GmbH

Geschäftsführer

Die Gesellschaft muss einen oder mehrere Geschäftsführer haben. Geschäftsführer kann nur eine natürliche, unbeschränkt geschäftsfähige Person sein. Zu Geschäftsführern können Gesellschafter oder andere Personen bestellt werden. Die Bestellung erfolgt i.d.R. im Gesellschaftsvertrag.

Ist im Gesellschaftsvertrag bestimmt, dass sämtliche Gesellschafter zur Geschäftsführung berechtigt sein sollen, so gelten nur die der Gesellschaft bei Festsetzung dieser Bestimmung angehörenden Personen als die bestellten Geschäftsführer.

Eine Aufgabe der **Geschäftsführer** besteht darin, die Gesellschaft gerichtlich und außergerichtlich **im Außenverhältnis** zu **vertreten**. Die Geschäftsführer sind aber auch **verpflichtet**, für die **ordnungsmäßige Buchführung** der Gesellschaft zu sorgen. Sie haben den **Jahresabschluss** und den **Lagebericht** unverzüglich nach der Aufstellung den Gesellschaftern zum Zwecke der Feststellung des Jahresabschlusses **vorzulegen**. Ist der Jahresabschluss durch einen Abschlussprüfer zu prüfen, so haben die Geschäftsführer ihn zusammen mit dem Lagebericht und dem Prüfungsbericht des Abschlussprüfers unverzüglich nach Eingang des Prüfungsberichts vorzulegen. Hat die Gesellschaft einen Aufsichtsrat, so ist dessen Bericht über das Ergebnis seiner Prüfung ebenfalls unverzüglich vorzulegen.

Gesellschafter, die vorsätzlich oder grob fahrlässig einer Person, die nicht Geschäftsführer sein kann, die Führung der Geschäfte überlassen, haften der Gesellschaft solidarisch für den Schaden, der dadurch entsteht, dass diese Person die ihr gegenüber der Gesellschaft bestehenden Obliegenheiten verletzt.

Das GmbH-Gesetz führt mehrere Gründe auf, warum jemand **nicht Geschäftsführer sein kann**. So kann z. B. nicht Geschäftsführer sein, wer

- wegen einer oder mehrerer vorsätzlich begangener Straftaten verurteilt wurde oder
- aufgrund eines gerichtlichen Urteils einen Beruf nicht ausüben darf oder
- wegen des Unterlassens der Stellung des Antrags auf Eröffnung des Insolvenzverfahrens (= sog. Insolvenzverschleppung)
- wer als Gesellschafter oder Geschäftsführer im Zusammenhang mit der Gründung einer Gesellschaft, der Erhöhung oder Herabsetzung des Stammkapitals oder in öffentlichen Mitteilungen vorsätzlich falsche Angaben macht (§§ 6, 82 GmbHG).

Darüber hinaus führt eine Verurteilung zu einer **Freiheitsstrafe** von mindestens einem Jahr wegen einer oder mehrerer vorsätzlich begangener Straftaten nach

- § 265b StGB (Kreditbetrug),
- § 266 StGB (Untreue) oder
- § 266a StGB (Vorenthalten und Veruntreuen von Arbeitsentgelt) zur Annahme der **generellen Ungeeignetheit als Geschäftsführer**.

Gesellschafterversammlung

Sind Beschlüsse zu fassen, etwa wegen der Erweiterung der GmbH durch zusätzliche Niederlassungen in anderen Städten, so werden diese durch die Versammlung der Gesellschafter gefasst. Deshalb ist die Gesellschafterversammlung das oberste Willensorgan der GmbH. Allerdings müssen nicht alle Beschlüsse in einer Versammlung gefasst werden; sie können auch im Umlaufverfahren erfolgen. Für die Abstimmung gilt, dass jeder Euro eines Geschäftsanteils eine Stimme gewährt, d. h. einer Stimme gleichzusetzen ist

Zum Aufgabenbereich der Gesellschafter und damit der Gesellschafterversammlung gehören unter anderem

- die Feststellung des Jahresabschlusses (Bilanz und Gewinn- und Verlustrechnung),
- die Einforderung von Einlagen,
- Maßregeln zur Prüfung und Überwachung der Geschäftsführung,
- die Bestellung von Prokuristen und Handlungsbevollmächtigten zum gesamten Geschäftsbetrieb (§§ 46, 48 GmbHG).

Aufsichtsrat

Ein Aufsichtsrat, d. h. das die Gesellschaft überwachende Organ, ist grundsätzlich nur dann zu bestellen, wenn der Gesellschaftsvertrag ein solches Organ vorsieht (§ 52 GmbHG).

Auflösung der GmbH

Die GmbH wird aufgelöst

1. durch Ablauf der im Gesellschaftsvertrag bestimmten Zeit;

2. durch Beschluss der Gesellschafter.

Weitere im Gesetz genannte Auflösungsgründe sind:

- Auflösung durch Urteil (§ 61 GmbHG).
- Auflösung durch Verwaltungsbehörde, wenn das Gemeinwohl gefährdet ist (§ 62 GmbHG).
- Auflösung durch Geschäftsführer (§ 66 GmbHG).
- Auflösung durch Insolvenz im Falle der Zahlungsunfähigkeit oder Überschuldung (§ 64 GmbHG).

Die im Eingangsbeispiel genannten Freundinnen, die eine GmbH gründen wollen, müssen sich also sachkundig machen, sodass sie am Ende ihres gemeinsamen Denkprozesses wissen, dass die Gründung einer GmbH in mehreren Schritten erfolgt.

Gründung einer GmbH		
1. Schritt	Abschluss eines Gesellschaftsvertrages • durch notarielle Beurkundung oder • in einem vereinfachten Verfahren durch Musterprotokoll	
2. Schritt	Bestellung der Organe	
3. Schritt	Aufbringung von Stammkapital (Summe der Geschäftsanteile) • Geldeinlage • Sacheinlage	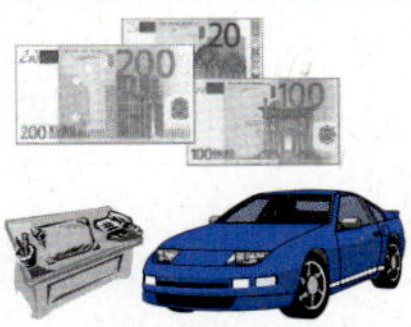
4. Schritt	Anmeldung und Eintragung in das elektronische Handelsregister – Abteilung B	
5. Schritt	Veröffentlichung im elektronischen Bundesanzeiger und im Unternehmensregister (gemäß HGB)	

Abb. 8.7: Gründungsvorgang einer GmbH

8.6.5.2 Aktiengesellschaft

Die „Industrielle Revolution", die im 18. Jahrhundert ihren Ursprung in England hatte, erfasste sehr bald andere europäische Staaten, so auch Deutschland. - Die damit verbundene technische und wirtschaftliche Entwicklung führte zu einem Wandel im gesellschaftlichen und wirtschaftlichen Leben. Unternehmen benötigten immer größere finanzielle Mittel um sich der Gesamtentwicklung anzupassen. Es entstanden die ersten Großunternehmen, die als Gesellschaftsform die Aktiengesellschaft wählten um durch den Verkauf von Aktien an die Bevölkerung Kapital für die notwendigsten Investitionen zu erhalten.

Viele Großunternehmen wie Siemens, VW oder die Deutsche Telekom werden in der Rechtsform der Aktiengesellschaft (= AG) geführt.

- ***Wesen***

Die Aktiengesellschaft ist eine Gesellschaft mit eigener Rechtspersönlichkeit. Damit ist sie rechtsfähig, also (als Gesellschaft) Träger von Rechten und Pflichten. Für die Verbindlichkeiten haftet den Gläubigern nur das Gesellschaftsvermögen. Die **Aktionäre haften** nur **mit** dem **Betrag**, den sie **für den Kauf von Aktien** aufgewendet haben. Sie haften also nicht persönlich mit ihrem Privatvermögen.

Gründung

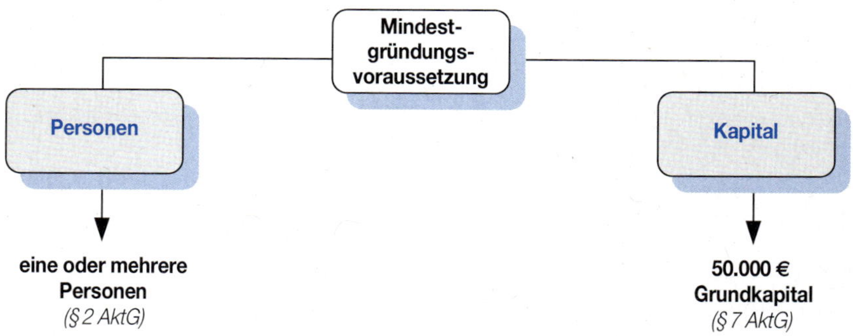

Abb. 8.8: AG-Gründung

- ***Nennwert und Kurswert der Aktien***

Nennwert und Kurswert

Die Aktien müssen entweder als Nennbetragsaktien oder als Stückaktien begründet werden.

- **Nennbetragsaktien** müssen auf **mindestens einen Euro** lauten. Aktien über einen geringeren Nennbetrag sind nichtig. Höhere Aktiennennbeträge müssen auf volle Euro lauten.
- **Stückaktien** lauten auf keinen Nennbetrag. Die Stückaktien einer Gesellschaft sind am Grundkapital in gleichem Umfang beteiligt. Der auf die einzelne Aktie entfallende anteilige Betrag des Grundkapitals darf einen Euro nicht übersteigen.

Der **Anteil am Grundkapital** bestimmt sich bei

- **Nennbetragsaktien** nach dem Verhältnis ihres Nennbetrags zum Grundkapital, bei
- **Stückaktien** nach der Zahl der Aktien *(§ 8 AktG).*

Für einen geringeren Betrag als den Nennbetrag oder den auf die einzelne Stückaktie entfallenden anteiligen Betrag des Grundkapitals dürfen Aktien nicht ausgegeben werden (geringster Ausgabebetrag) *(§ 9 AktG).*

In der notariell beurkundeten Satzung, d. h. der Urkunde, wird bei Nennbetragsaktien der Nennwert, bei Stückaktien die Zahl, der Ausgabebetrag und, wenn mehrere Gattungen[10] bestehen, die Gattung der Aktien, die jeder übernimmt, angegeben *(§ 23 AktG).*

Welchen Marktwert eine Aktie tatsächlich verkörpert, wird deutlich an der Höhe des **Kurswertes**. Bei diesem Wert handelt es sich um den Preis, der durch den Kauf und Verkauf von Aktien an der Börse entsteht. Da sich der Kurswert durch das freie Spiel von angebotenen Aktien (Angebot) und nachgefragten Aktien (Nachfrage) auf dem Effektenmarkt an der Börse bildet, ist er veränderlich. Der Aktionär, der Aktien zu einem höheren Kurswert verkauft, als er sie gekauft hat, erzielt einem **Kursgewinn**, umgekehrt einen **Kursverlust**.

Aktien werden an der Wertpapierbörse (= Effektenbörse) gehandelt. Den **Preis**, den ein Käufer für eine Aktie zu zahlen bereit ist, nennt man **Kurswert**.

Es werden verschiedene **Arten von Aktien unterschieden**.

Aktienarten

Inhaberaktie	Sie wird durch Übergabe übertragen.
Namensaktie	Sie lautet auf den Namen des Aktionärs. Im Falle der Übertragung auf eine andere Person (per Indossament = Weitergabevermerk) ist die Gesellschaft zu unterrichten.
Vinkulierte Namensaktie	Sie ist auf den Namen des Aktionärs ausgestellt. Eine Übertragung ist an die Zustimmung der Gesellschaft gebunden.
Belegschaftsaktie	Sie wird an die Belegschaft einer AG ausgegeben.
Vorzugsaktie	Es ist eine Aktie mit besonderen Vorrechten (z.B. Vorzugsdividende). Das Stimmrecht kann ausgeschlossen werden.

[10] Gemäß § 11 AktG können Aktien verschiedene Rechte gewähren. Beispiele dafür sind das Recht auf Dividende gemäß § 58 AktG oder das Recht zum Bezug junger Aktien gemäß § 186 AktG.

Rechte des Aktionärs

Durch den Kauf von Aktien erwirbt ein **Aktionär grundsätzlich folgende Rechte**:

1. Er hat Anspruch auf **Dividende**, sofern die AG einen Gewinn erzielt. Die Dividende ist ein Anteil am Gewinn einer AG.
2. Die Urkunde verbrieft das Recht der **Teilnahme an der Hauptversammlung**.
3. Er erwirbt das **Stimmrecht** und **Auskunftsrecht** auf der Hauptversammlung. Das Stimmrecht wird nach Aktiennennbeträgen, bei Stückaktien nach deren Zahl ausgeübt.
4. Werden zum Zwecke einer Kapitalerhöhung **neue** oder **junge Aktien** ausgegeben, so besteht ein Recht auf Bezug dieser Papiere.
5. Kommt es zur Liquidation (= freiwillige Auflösung) der AG, so steht ihm ein Anspruch auf einen Anteil am **Liquidationserlös** zu.

- ***Firma***

Firma

Die Firma muss die Bezeichnung „Aktiengesellschaft" oder eine allgemein verständliche Abkürzung dieser Bezeichnung, wie z. B. AG enthalten *(§ 4 AktG).*

- ***Satzung***

Satzung

Im Rahmen der Gründung einer AG wird eine **Satzung** formuliert. Diese ist vergleichbar mit dem Gesellschaftsvertrag einer GmbH. – Die Satzung muss die gesetzlich vorgeschriebenen **Mindestinhalte** enthalten. Außerdem besteht Formzwang; denn die Satzung bedarf der **notariellen Beurkundung** *(§ 23 AktG).*

- ***Organe der Aktiengesellschaft***

Organe

Die Aktiengesellschaft ist wie die GmbH eine juristische Person. Deshalb handelt sie durch ihre Organe. Das Aktiengesetz sieht drei Organe vor.

Abb. 8.9: Organe der AG

• *Vorstand*

Die den Vorstand betreffenden Vorschriften sind in *§§ 76–94 AktG* enthalten. **Vorstand**

Der Vorstand wird auch als „Kopf" der Aktiengesellschaft bezeichnet. Er leitet das Unternehmen unter eigener Verantwortung. Ihm obliegt die **Geschäftsführung** im Innenverhältnis und die **Vertretung** im Außenverhältnis *(§§ 78 ff. AktG)*. Außerdem hat er den Aufsichtsrat u. a. über

- die beabsichtigte Geschäftspolitik,
- die Rentabilität der Gesellschaft,
- die Umsatzhöhe

zu unterrichten *(§ 90 AktG)*.

Der Vorstand kann aus einer oder mehreren Personen bestehen. Grundsätzlich wird jedoch die Anzahl der Vorstandsmitglieder durch die Satzung der Gesellschaft bestimmt. Aus bestimmten im Aktiengesetz genannten Gründen können Personen **nicht Mitglied des Vorstandes** sein, so z. B. wegen einer oder mehrerer vorsätzlich begangener Straftaten (§ 76 AktG).

Vorstandsmitglieder werden vom Aufsichtsrat auf höchstens **5 Jahre** bestellt. Sie können von ihm auch abberufen werden. Ein Mitglied des Vorstands muss eine natürliche, unbeschränkt geschäftsfähige Person sein. Dabei braucht es sich nicht um einen Gesellschafter zu handeln. Es kann auch – wie bei der GmbH – eine **Fremdorganschaft** sein. So ist bekannt, dass in den Vorstand von großen Aktiengesellschaften beispielsweise Vorsitzende von Gewerkschaften bestellt wurden *(§ 84 AktG)*. – Für ihre Tätigkeit können Vorstandsmitglieder mit einem Anteil am Jahresgewinn beteiligt werden *(§ 86 AktG)*.

• *Aufsichtsrat*

Die den Aufsichtsrat betreffenden Vorschriften sind im Wesentlichen in *§§ 95–116 AktG* geregelt.

Der Aufsichtsrat besteht aus drei Mitgliedern. Die Satzung kann eine in *§ 95 AktG* näher geregelte höhere Zahl von entweder 9 oder 15 oder 21 Mitglieder festsetzen.

Die Mitglieder des Aufsichtsrats werden von der Hauptversammlung gewählt. Die Bestellung als **Kontrollorgan** der Aktiengesellschaft erfolgt längstens für eine **Amtsdauer** von **vier Jahren** *(§§ 101 ff. AktG)*. Eine vorzeitige Abberufung bei Vorliegen eines wichtigen Grundes ist jedoch möglich. **Aufsichtsrat**

AktG §§	Aufgaben des Aufsichtsrats
84	Bestellung und Abberufung des Vorstandes
111	Überwachung der Geschäftsführung (des Vorstands)
111	Einberufung von Hauptversammlungen bei Bedarf
111	Unter Umständen Zustimmung zu bestimmten Arten von Geschäften
112	Gerichtliche und außergerichtliche Vertretung der Gesellschaft gegen Vorstandsmitglieder
171	Prüfung des Jahresabschlusses, des Lageberichts und der Verwendung des Bilanzgewinns
172	Feststellung des Jahresabschlusses

- ***Hauptversammlung***

Die die Hauptversammlung betreffenden Vorschriften sind im Wesentlichen in den *§§ 118 – 147 AktG* geregelt.

WINDIKUS AG

Die Aktionäre unserer Gesellschaft laden wir hiermit zu der

Ordentlichen Hauptversammlung

am Mittwoch, 21. Juni ...., 10 Uhr, in den Räumen der Windikus-Aktiengesellschaft, Arstr. 24, Kiel, ein mit folgender

Tagesordnung:

1. Vorlage des festgestellten Jahresabschlusses, des Lageberichts und des Berichts des Aufsichtsrates für das Jahr ..... .
2. Beschlussfassung über die Verwendung des Bilanzgewinns.
3. Beschlussfassung über die Entlastung des Vorstands.
4. Beschlussfassung über die Entlastung des Aufsichtsrats.
5. Neuwahl von Aufsichtsratsmitgliedern.
6. Wahl der Wirtschaftsprüfer für die Dauer eines Jahres.
7. Verschiedenes.

Kiel, 11. Mai ....

Windikus Aktiengesellschaft

Der Vorstand

Abb. 8.10: Einladung zur Hauptversammlung

Haupt-versammlung

Die Hauptversammlung ist die Versammlung der Aktionäre einer Aktiengesellschaft. Hier üben sie als oberstes Organ ihre **Rechte** in den Angelegenheiten der Gesellschaft aus. Dies bedeutet u. a., dass sie

Aufgaben

- die Mitglieder des **Aufsichtsrats wählt** *(§ 101 AktG)*
- über die **Entlastung von Vorstand und Aufsichtsrat** beschließt *(§ 102 AktG) und*
- über die **Verwendung** des **Bilanzgewinns** beschließt *(§§ 119, 174 AktG).*

Die Aktionäre haben die Möglichkeit,

- an der **Hauptversammlung teilzunehmen** und das **Stimmrecht** auszuüben oder
- eine Bank zu bevollmächtigen, ihr **Stimmrecht** aus den in dem Bankdepot befindlichen Aktien in der Hauptversammlung auszuüben (= so genannten **Depotstimmrecht** der Banken).

8.6.5.3 Kommanditgesellschaft auf Aktien

Wesen

Die Kommanditgesellschaft auf Aktien (= KGaA) ist eine Mischform einer Gesellschaft. Sie wird gebildet aus AG und KG. Die **Satzung** muss durch mindestens **fünf Personen** und **notarielle Beurkundung** festgestellt werden *(§ 280 AktG).* Wie bei der AG hat das Mindestgrundkapital 50.000,– € zu betragen *(§ 278 (3)* AktG i.V.m. § 7 AktG).

Unterschied zur AG

Im Vergleich zur Aktiengesellschaft wird – ähnlich wie bei der KG – zwischen zwei Arten von Gesellschaftern unterschieden. Mindestens ein Gesellschafter haftet gegenüber den Gesellschaftsgläubigern unbeschränkt. Der persönlich haftende Gesellschafter ist ein **Komplementär**. Die übrigen, an dem in Aktien zerlegten Grundkapital beteiligten Gesellschafter haften nicht persönlich, also nicht mit ihrem Privatvermögen für die Verbindlichkeiten der Gesellschaft. Hierbei handelt es sich um sog. **Kommanditaktionäre** *(§ 278 AktG).*

Firma

Die **Firma** der Kommanditgesellschaft auf Aktien muss die Bezeichnung „Kommanditgesellschaft auf Aktien" oder eine allgemein verständliche Abkürzung enthalten *(§ 279 AktG).*

In der Praxis hat diese Rechtsform nur eine untergeordnete Bedeutung, was sich an der nur geringen Anzahl von Unternehmen in der Bundesrepublik Deutschland belegen lässt.

8.6.6 Genossenschaft

Miriam Schnabel ist mit ihrem Auto unterwegs. Als Beifahrerin sitzt ihre Freundin Monalisa Wunder neben ihr. Beim Einfahren in die Tiefgarage eines Parkhauses bittet Miriam ihre Freundin, ihr die BankCard ec aus ihrer Tasche zu nehmen und zu geben. Miriam führt die Plastikkarte in eine Vorrichtung ein, um so später beim Herausfahren durch erneutes Einführung der Karte die Parkgebühren zu bezahlen.

Monalisa liest auf der BankCard „Sparda-Bank Südwest e.G". Nun möchte sie wissen, was sich hinter der Abkürzung e.G. verbürgt. Miriam informiert sie darüber, dass es sich hierbei um eine eingetragene Genossenschaft handelt. Monalisa möchte nun wissen, was eine Genossenschaft ist.

Wollen sich Personen zu einer Gesellschaft von nicht geschlossener Mitgliederzahl zusammenschließen und geht es darum, dass der Zweck darauf gerichtet ist

- den Erwerb oder die Wirtschaft ihrer Mitglieder oder
- kulturelle Belange durch gemeinschaftlichen Geschäftsbetrieb

zu fördern, so können die Rechte einer „eingetragenen Genossenschaft" gemäß Genossenschaftsgesetz erworben werden (§ 1 GenG).

Soll eine Genossenschaft gegründet werden, so bedarf es einer Zahl von **mindestens drei Mitgliedern** (§ 4 GenG)[11]. Da die Mitgliederzahl als Mindestzahl durch das Gesetz festgelegt ist, ist der Aspekt „Abschlussfreiheit" des Grundsatzes der Vertragsfreiheit insofern eingeschränkt, weil mit einer geringeren Anzahl von Mitgliedern als drei eine Gründung dieser Unternehmensform nicht möglich ist.

Kommt es zur Gründung einer Genossenschaft, so muss die Firma der Genossenschaft zwingend die Bezeichnung „eingetragene Genossenschaft" bzw. „e.G." enthalten (§ 3 GenG.).

Die Satzung sowie die Mitglieder des Vorstands sind in das **elektronische Genossenschaftsregister** bei dem zur Führung des Handelsregisters zuständigen Gerichts einzutragen, in dessen Bezirk die Genossenschaft ihren Sitz hat. Die Anmeldung zum Genossenschaftsregister ist von sämtlichen Mitgliedern des Vorstands vorzunehmen (§ 11, 157 GenG).

Als Folge der Eintragung im Genossenschaftsregister ist die Genossenschaft **juristische Person und Formkaufmann** (gemäß § HGB). Als solche hat sie selbstständig ihre Rechte und Pflichten. Sie kann Eigentum und andere dingliche Rechte an Grundstücken erwerben, vor Gericht klagen und verklagt werden (§ 17 GenG). Genossenschaften gelten im Übrigen als Kaufleute i.S.d. HGBs.

Das Rechtsverhältnis der Genossenschaft und ihrer Mitglieder richtet sich zunächst nach der Satzung. Diese darf von den Bestimmungen des Genossenschaftsgesetzes nur insoweit abweichen, als dies ausdrücklich für zulässig erklärt ist, wie z.B. im Falle der Gewinnverteilung (§ 18, 20 GenG).

Der dritte Abschnitt des Genossenschaftsgesetzes ist mit „Verfassung der Genossenschaft" überschrieben. Es ist daraus zu entnehmen, dass es in der Genossenschaft Organe gibt. Dieser Sachverhalt lässt sich in folgendem Schaubild darstellen.

---

[11] Es kann auch eine **Europäische Genossenschaft** gegründet werden. Sie ist auf grenzüberschreitende Aktivität ausgerichtet. Eine Europäische Genossenschaft kann von mindestens fünf natürlichen Personen gegründet werden, deren Wohnsitz in zwei Mitgliedstaaten liegen.

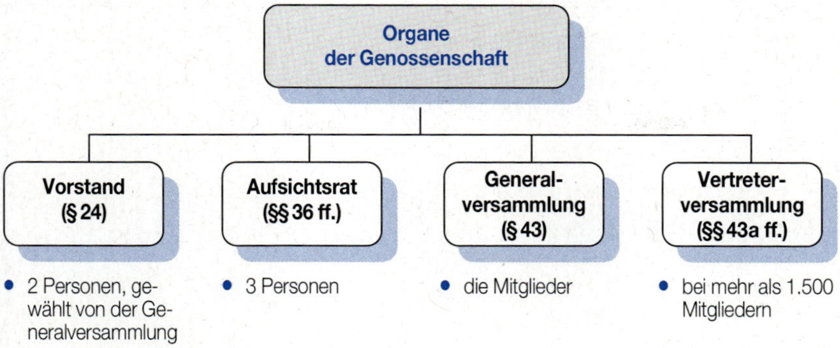

Abb. 8.11: Organe der Genossenschaft

Der **Vorstand** vertritt die Genossenschaft gerichtlich und außergerichtlich. Dies erfolgt gemäß Genossenschaftsgesetz nur gemeinschaftlich. Allerdings kann die Satzung Abweichendes bestimmen. Er ist außerdem dazu verpflichtet, die Mitgliederliste zu führen. Hat eine Genossenschaft keinen Vorstand (Führungslosigkeit), wird die Genossenschaft für den Fall, dass ihr gegenüber Willenserklärungen abgegeben oder Schriftstücke zugestellt werden, durch den Aufsichtsrat vertreten.

Der **Aufsichtsrat** überwacht den Vorstand und ruft eine Generalversammlung ein, sofern dies im Interesse der Genossenschaft erforderlich ist. In der **Generalversammlung** üben die Mitglieder ihre Rechte in den Angelegenheiten der Genossenschaft aus. So können sie beispielsweise darüber abstimmen, ob ein Mindestkapital eingeführt oder das bestehende erhöht wird. Im Übrigen **haften** die **Mitglieder** der Genossenschaft für die Verbindlichkeiten (§ 23 GenG).

Wiederholungsfrage

Wiederholungsfragen

1. *In welcher Rechtsgrundlage schauen Sie nach, wenn Sie sich informieren wollen über die*
   a) *GmbH,*
   b) *OHG,*
   c) *Einzelkaufleute,*
   d) *AG,*
   e) *KG,*
   f) *KGaA,*
   g) *Genossenschaft,*
   h) *UG (haftungsbeschränkt)?*
2. *Nennen Sie je zwei Gründungsvoraussetzungen der GmbH bzw. AG!*
3. *Erklären Sie die Begriffe, Mindest-Stammkapital, Stammkapital, Stammeinlage, Sachkapital, Geldkapital, Grundkapital!*
4. *In welcher Abteilung sind zur Eintragung in das Handelsregister anzumelden: OHG, AG, Einzelkaufleute, die GmbH & Co. KG, die KGaA, KG, GmbH?*
5. *Welche beiden Aspekte der Vertragsfreiheit sind bei dem Zustandekommen eines Gesellschaftsvertrages einer GmbH eingeschränkt? – Begründung!*
6. *Nennen Sie Aufgaben der Organe einer GmbH und einer AG!*
7. *Was versteht man unter dem Depotstimmrecht der Banken?*
8. *Was ist eine Satzung?*
9. *Nennen Sie verschiedene Aktienarten und erklären Sie kurz deren Bedeutung!*
10. *Nennen Sie Rechte, die eine Person durch den Aktienkauf erwirbt!*
11. *Was ist eine KGaA?*
12. *Nennen Sie die Organe der Genossenschaft!*

Aufgaben und Fälle

Aufgaben und Fälle zur Sicherung des Lernerfolgs

1. Jörg Flug liest in einer Computer-Zeitung folgende Anzeige:

   ☒ DR. AXEL PRIMA KG

   -- Netzwerk- und Systemspezialisten --

   a) Um welche Unternehmensform handelt es sich in der Anzeige? – Begründung!
   b) In welcher Abteilung des Handelsregisters ist das Unternehmen eingetragen?

2. In einer Tageszeitung ist folgende Anzeige veröffentlicht:

   6 HRA, 5566 – 24.12. Willi Scherer OHG, Kirkel, Iris Bachlauf, Rohrbach, ist Einzelprokura erteilt. Die Prokura des Tom Gerth ist erloschen.

   a) Welches war der Grund der Eintragung im Handelsregister?
   b) In welcher Abteilung ist die Eintragung erfolgt?
   c) Um welche Unternehmensform handelt es sich?
   d) Wie wird der Gewinn dieser Unternehmensform nach HGB verteilt?

3. Hans Schön, Sascha Pohl, Usambara Baumschnitt sind seit Jahren Gesellschafter der Sascha Pohl & Co OHG. Nachdem Hans Schön aus dem Unternehmen ausscheidet beabsichtigen die anderen Gesellschafter die OHG zu löschen und eine KG zu gründen.

   a) Worin besteht im Hinblick auf die Haftung der Unterschied zwischen einer OHG und einer KG?
   b) Worin besteht der Unterschied zwischen der OHG und der KG im Hinblick auf die Gewinnverteilung gemäß HGB?
   c) In welcher Abteilung des Handelsregisters sind die beiden Unternehmensformen eingetragen?

4. Die Brigitte Anders OHG, Rheinstr. 25, Bonn, vertreibt Spielwaren. Am Jahresende ermittelt sie einen Gewinn von 400.000,00 €. Die Kapitalanteile der Gesellschafter betragen:

   - Brigitte Anders 160.000,00 €
   - Alina Neor 480.000,00 €

Aufgaben und Fälle

- Alice Schwarz 320.000,00 €
- Werner Haller 240.000,00 €

Wieviel € Gewinn erhält jeder Gesellschafter, wenn der Gewinn so verteilt wird, dass jeder Gesellschafter gemäß Gesellschaftsvertrag zunächst 6 % seiner Kapitaleinlage erhält und der Restgewinn nach Köpfen verteilt wird?

5. Die Elvira Mangold KG hat am Jahresende einen Gewinn in Höhe von 480.000,00 € erzielt. Die Kapitalanteile der Gesellschafter betragen:

- Elvira Mangold 240.000,00 €
- Petra Obermann 700.000,00 €
- Helga Schweiz 260.000,00 €

Alle Gesellschafter erhalten laut Gesellschaftsvertrag zunächst 8 % ihrer Kapitaleinlage. Der verbleibende Restgewinn wird im Verhältnis Mangold : Obermann : Schweiz mit 1 : 2 : 5 verteilt. Wie viel vom Gesamtgewinn erhält jeder Gesellschafter

6. Marianne Upsala liest gerade eine Tageszeitung. Sie findet folgende Anzeige:

HANIBALL AG

Die Aktionäre unserer Gesellschaft laden wir hiermit zu der

Ordentlichen Hauptversammlung

am Freitag, 27. August, 14 Uhr, in den Räumen der Haniball-Aktiengesellschaft, Goethestr. 321, Leipzig, ein mit folgender

Tagesordnung:

1. Vorlage des festgestellten Jahresabschlusses, des Lageberichts und des Berichts des Aufsichtsrates für das Jahr 20 . .
2. Beschlussfassung über die Verwendung des Bilanzgewinns.
3. Beschlussfassung über die Entlastung des Vorstands.
4. Beschlussfassung über die Entlastung des Aufsichtsrats.
5. Neuwahl von Aufsichtsratsmitgliedern.
6. Wahl der Wirtschaftsprüfer für die Dauer eines Jahres.
7. Verschiedenes.

Köln, 4. August ....

Haniball Aktiengesellschaft

Der Vorstand

Aufgaben und Fälle

a) Um welche Gesellschaftsform handelt es sich im vorliegenden Fall?
b) Um welche Unternehmensform handelt es sich?
c) In welcher Rechtsgrundlage muss man nachschauen um sich über eine solche Gesellschaft zu informieren?
d) Aus welchem Grund wurde diese Anzeige veröffentlicht?
e) Welche Organe sind in der Anzeige genannt?
f) Nennen Sie einige gesetzlich vorgeschriebene Aufgaben bzw. Rechte dieser Organe!
g) Nennen Sie zwei Mindestvoraussetzungen, die erfüllt sein müssen, um eine solche Gesellschaftsform zu gründen!
h) Muss ein Aktionär das Stimmrecht in der Hauptversammlung selbst ausüben?
i) Lässt sich aus der Einladung zur ordentlichen Hauptversammlung erkennen, wer die Aktiengesellschaft nach außen vertritt?
j) Wie muss eine Aktiengesellschaft firmieren?

7. Die Hauptversammlung der Software-Vertriebs Aktiengesellschaft wurde für den 26. Mai einberufen. Alle sechs namentlich bekannten Aktionäre der AG wurden vom Vorstand per Fax über die Tagungsordnungspunkte informiert. Der Aktionär Jens Kringel behauptet in der Hauptversammlung, dass der Jahresabschluss wegen Formmangels nicht rechtmäßig zu Stande kommen könne. Die restlichen Aktionäre widersprechen dieser Ansicht. – Schauen Sie sich *§ 121 AktG* an und beurteilen Sie die Rechtslage!

Zweiter Unterabschnitt. Einberufung der Hauptversammlung

§ 121 AktG Allgemeines. (1) ...

(2) [1]Die Hauptversammlung wird durch den Vorstand einberufen, der darüber mit einfacher Mehrheit beschließt.

(3) ...

(4) [1]Sind die Aktionäre der Gesellschaft namentlich bekannt, so kann die Hauptversammlung mit eingeschriebenem Brief einberufen werden; der Tag der Absendung gilt als Tag der Bekanntmachung. [2]Die §§ 125 bis 127 gelten sinngemäß.

(5) ...

(6) ...

Aufgaben und Fälle

8. Metta Höller hat ein neues Unternehmen gegründet mit der Firmierung: „Metta Höller GmbH“. Sie beabsichtigt, drei Verkäufer neu einzustellen, die Berufserfahrung mitbringen, das 30. Lebensjahr aber nicht überschritten haben.

   a) Um welche Gesellschaftsform handelt es sich im vorliegenden Fall?

   b) Wie viel Mindestkapital ist erforderlich, dieses Unternehmen zu gründen?

   c) In welcher Abteilung des Handelsregisters ist das Unternehmen eingetragen? – Begründung!

   d) Frau Höller hat Freunden verraten, dass sie beinahe nur eine UG (haftungsbeschränkt) hätte gründen können. – Erläutern Sie das Wesen dieser Gesellschaftsform!

9. Investition und Finanzierung

Kapital

Max Frisch ist gelernter Installateur. Nach mehr als fünfzehnjähriger Berufstätigkeit zunächst als Geselle und später als Meister entschließt er sich, in seine Geburtsstadt Potsdam zurückzukehren und ein Fachgeschäft für Heizungs-, Lüftungs- und Sanitärbedarf zu eröffnen. Insbesondere durch den nach wie vor hohen Sanierungsbedarf im Raum Potsdam und durch die Bautätigkeit im nahen Berlin sieht er gute Chancen für seinen neuen Betrieb.

Für die Betriebsgründung benötigt Max Frisch u. a.

- *einen Verkaufsraum,*
- *ein Büro,*
- *ein Lager,*
- *ein Fahrzeug,*
- *die komplette Betriebs- und Geschäftsausstattung,*
- *Material und*
- *Waren.*

Um das alles bezahlen zu können, benötigt er Kapital, das er sich aus unterschiedlichen Quellen beschaffen muss.

Kapitalbeschaffung

Aber auch nach der Gründung, wenn das Unternehmen floriert, gibt es ständig Anlässe, für die Kapital bereitzustellen ist.

- *Lieferantenrechnungen sind zu bezahlen,*
- *Löhne und Gehälter müssen überwiesen werden,*
- *Maschinen oder Computer werden angeschafft,*
- *Energierechnungen werden fällig,*
- *Steuertermine stehen ins Haus etc.*

Investition und Finanzierung

> **Die Beschaffung von Kapital bezeichnet man allgemein als Finanzierung.**
>
> **Der Einsatz der zur Verfügung gestellten finanziellen Mittel wird als Investition bezeichnet.**

Betrachten wir vereinfacht die Bilanz eines Unternehmens, so finden wir auf der **Passivseite das Kapital** (Eigenkapital und Fremdkapital), auf der **Aktivseite das** durch **Investitionen** entstandene **Vermögen** eines Unternehmens.

Bilanz

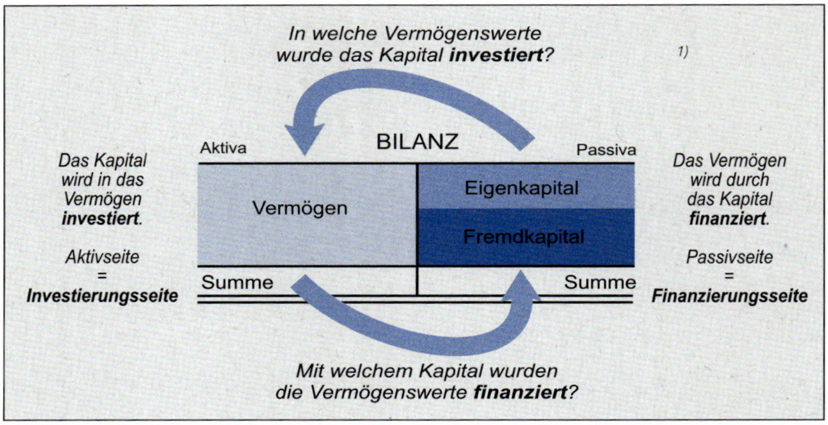

Abb. 9.1: Investition und Finanzierung -- Mittelverwendung und Mittelherkunft

Mittelherkunft

- Die **Passivseite** der Bilanz zeigt die **Mittelherkunft**. Sie beantwortet die Frage, **woher**, aus welcher Quelle die **Mittel stammen**, die im Betrieb eingesetzt werden. Dabei gliedert man in **Eigenkapital**, das die Eigentümer des Unternehmens zur Verfügung gestellt haben, und in **Fremdkaptial** (Verbindlichkeiten), das von fremden Kapitalgebern stammt.

Mittelverwendung

- Die **Aktivseite** der Bilanz weist die **Mittelverwendung** aus. Sie zeigt, **wofür** die **Mittel** eingesetzt werden. Man unterscheidet **Anlagevermögen** (Grundstücke, Gebäude, Fahrzeuge, Maschinen, Computer etc.) und **Umlaufvermögen** (Rohstoffe, Vorräte, Wertpapiere).

Kapitalbeschaffung, **Kapitalverwendung** und **anschließende Kapitalfreisetzung** sind sich ständig wiederholende Prozesse. Zunächst sind finanzielle **Mittel zu beschaffen**, die dem Unternehmen zufließen. Diese Mittel werden **im Betrieb** zur Leistungserstellung **eingesetzt**. Anschließend werden die betrieblichen Leistungen **durch** den **Absatz wieder zu flüssigem Kapital** (vgl. auch Kapitel 3).

Zusammenhang von Investition und Finanzierung

Abb. 9.2: Investition und Finanzierung

[1] Vgl. Bensch; IK-Wissen auf den Punkt gebracht; Kiehl Verlag, Ludwigshafen

9.1 Finanzierungsarten

Kapitalbeschaffungsmöglichkeiten

Vor seinem Sprung in die Selbstständigkeit lässt sich Max Frisch (vgl. Einführungsbeispiel) ausführlich beraten. In einem Gespräch werden dabei verschiedene Finanzierungsformen diskutiert. Die Kapitalbeschaffungsmöglichkeiten teilt man in zwei große Gruppen ein.

Nach der **Rechtsstellung** der Kapitalgeber unterscheidet man

- Eigenfinanzierung und
- Fremdfinanzierung.

Nach der **Herkunft des Kapitals** sind Maßnahmen der

- Innenfinanzierung von solchen der
- Außenfinanzierung zu unterscheiden.

Finanzierungsarten

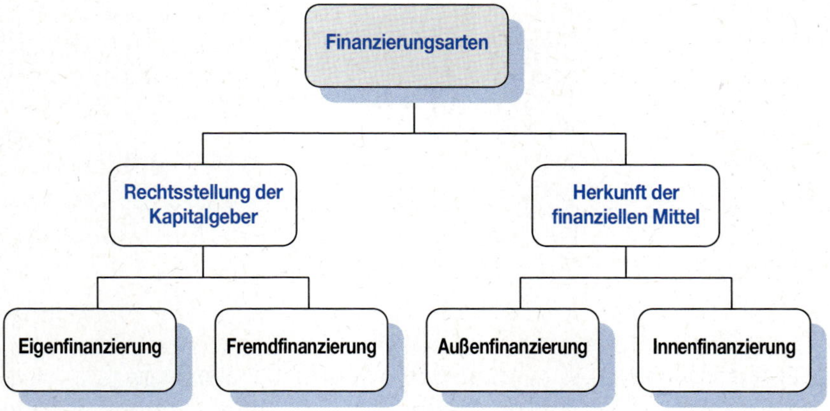

Abb. 9.3: Finanzierungsarten

- ***Außenfinanzierung***

Außenfinanzierung

Im Rahmen der **Außenfinanzierung** kommen **zusätzliche Mittel** von **außerhalb des Betriebes**. Sie können von

- den bisherigen Eigentümern,
- neuen Anteilseignern (Beteiligungsfinanzierung) oder
- fremden Kapitalgebern (Fremdfinanzierung)

stammen.

> ***Beispiel:*** *Max Frisch benötigt nach Aufnahme seines Geschäftsbetriebes zusätzliche finanzielle Mittel. Diese kann er sich auf mehreren Wegen beschaffen, z. B.*
>
> – *durch zusätzliche Eigenmittel, etwa aus seinen Ersparnissen,*
>
> – *durch Aufnahme eines Partners und Gründung einer Personengesellschaft (OHG oder KG) (= Beteiligungsfinanzierung) oder*
>
> – *durch die Aufnahme eines langfristigen Bankkredits (= Fremdfinanzierung).*

• *Innenfinanzierung*

Innen-finanzierung

Von **Innenfinanzierung** spricht man dann, wenn die **finanziellen Mittel aus dem Unternehmen selbst** stammen, also von innen beschafft werden konnten.

Der häufigste Fall ist die **Nichtausschüttung** oder **Nichtentnahme von** erwirtschafteten **Gewinnen** *(Thesaurierung).*

Man bezeichnet diese ,,Finanzierung aus eigener Kraft" auch als **Selbstfinanzierung.**

> ***Beispiel:*** *Max Frisch konnte aufgrund der guten Geschäfte bereits im zweiten Jahr seiner Selbstständigkeit einen Gewinn von 48.000,00 € erzielen (nach Abzug seiner monatlichen Entnahmen). Diesen Betrag verwendet er, um einen neuen Lieferwagen zu finanzieren.*

• *Eigenfinanzierung*

Eigen-finanzierung

Bei der Eigenfinanzierung wird das **Kapital von den bisherigen oder auch von neuen Eigentümern** aufgebracht (Beteiligungsfinanzierung).

Die **Selbstfinanzierung** ist ebenfalls eine Art der **Eigenfinanzierung**, da es sich um **Eigenkapitalmittel** handelt.

• *Fremdfinanzierung*

Fremd-finanzierung

Stellen **Nichteigentümer** dem Unternehmen **Mittel zur Verfügung**, spricht man von **Fremdfinanzierung**. Die Fremdkapitalgeber können Lieferanten, Banken oder Sparkassen sein (**Kreditfinanzierung**).

Die folgende Abbildung zeigt die verwendeten Begriffe nochmals im Zusammenhang:

Finanzierung im Überblick

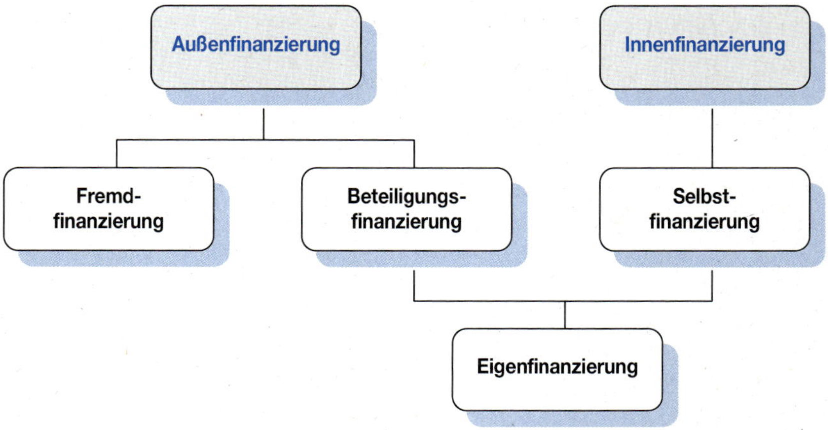

Abb. 9.4: Außen-, Innen-, Eigen- und Fremdfinanzierung

Finanzierung

Finanzierung ist die Beschaffung finanzieller Mittel. Investition ist die Verwendung finanzieller Mittel.

Unter dem Aspekt der Mittelherkunft unterscheidet man Innenfinanzierung und Außenfinanzierung, nach der Rechtsstellung der Kapitalgeber Eigenfinanzierung und Fremdfinanzierung.

Beteiligungsfinanzierung und Selbstfinanzierung sind Formen der Eigenfinanzierung.

9.2 Eigenfinanzierung

Selbst- und Beteiligungsfinanzierung

Unter dem Oberbegriff der **Eigenfinanzierung** wollen wir uns die **Beteiligungsfinanzierung** *(Außenfinanzierung)* und die **Selbstfinanzierung** *(Innenfinanzierung)* näher betrachten.

9.2.1 Beteiligungsfinanzierung

Die **Beteiligungsfinanzierung umfasst alle Beschaffungsmaßnahmen von Eigenkapital, das von außerhalb des Unternehmens zufließt und von bisherigen oder neuen Gesellschaftern stammen kann.**

Rechtsform spielt entscheidende Rolle

Bei der **Beteiligungsfinanzierung** spielt die **Rechtsform** *(vgl. Kap. 8)* des Kapital beschaffenden Unternehmens eine wesentliche Rolle.

Rechtsformen

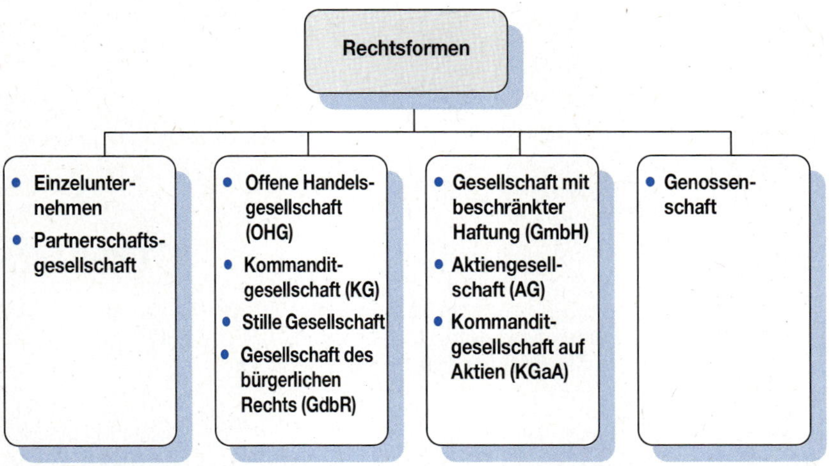

Abb. 9.5: Rechtsformen

Aktiengesellschaften haben es in der Regel durch ihren direkten Zugang zum Kapitalmarkt über die Börse relativ leicht bei der Beschaffung von Beteiligungskapital. Durch die Ausgabe „junger Aktien" können sie auch größere Kaptialbeträge sammeln, wobei der einzelne Aktionär nur einen relativ geringen Betrag aufbringen muss (Kauf *einer* Aktie).

Die anderen **Gesellschaften** und **Einzelunternehmen** haben diese Möglichkeit nicht. Oft werden sie nur durch die Vermittlung von Beratern oder über Anzeigen in Finanzzeitungen *(z. B. Handelsblatt, FAZ) kapitalkräftige und beteiligungswillige Kapitalgeber finden.*

• *Einzelunternehmung*

Einzelunternehmung

Bei der Einzelunternehmung steht die Selbstständigkeit des Unternehmers oft im Vordergrund. Will er sie erhalten, bleibt zur **Eigenfinanzierung** nur die **Aufbringung** zusätzlicher Mittel **aus dem Privatvermögen**. In vielen Fällen ist neben dem Betriebsvermögen des Unternehmers aber kein nennenswertes Privatvermögen vorhanden, sodass es in der Praxis bei wachsendem Eigenkapitalbedarf meist zur Gründung einer Gesellschaft kommt.

• *Offene Handelsgesellschaft*

Offene Handelsgesellschaft

Bei der **OHG** bieten sich zur **Beteiligungsfinanzierung zwei Möglichkeiten an**:

- die **Erhöhung der Kapitalanteile** der bisherigen Gesellschafter oder
- die **Aufnahme neuer Gesellschafter**.

Bilanz einer OHG

Beispiel: *Das Autohaus Anton, Berger & Claus wird in der Rechtsform einer OHG geführt. Die vereinfachte Bilanz zeigt am Jahresende nach der Gewinnverteilung folgendes Bild:*

Bilanz zum 31.12.20..

Aktiva			**Passiva**
Anlagevermögen	300.000,00 €	Geschäftsanteil Anton	175.000,00 €
Umlaufvermögen	200.000,00 €	Geschäftsanteil Berger	125.000,00 €
		Geschäftsanteil Claus	100.000,00 €
		Verbindlichkeiten	100.000,00 €
	500.000,00 €		500.000,00 €

Durch Beschluss der Gesellschafterversammlung sollen zur Finanzierung verschiedener Investitionen die Einlagen am 1.1. des folgenden Jahres durch Bareinlage um 20% erhöht werden. Die Bilanz zeigt dann folgende Struktur:[2]

---

[2] Da es sich bei der Kapitalerhöhung um Bareinlagen handelt, die durchaus per Überweisung auf ein Geschäftskonto erfolgen können, vermehrt sich auf der Aktivseite das Umlaufvermögen.

Aktiva	Bilanz zum 31.12.20..		Passiva
Anlagevermögen	300.000,00 €	Geschäftsanteil **Anton**	**210.000,00 €**
Umlaufvermögen	280.000,00 €	Geschäftsanteil **Berger**	**150.000,00 €**
		Geschäftsanteil **Claus**	**120.000,00 €**
		Verbindlichkeiten	100.000,00 €
	580.000,00 €		580.000,00 €

Im darauf folgenden Jahr soll der Schwiegersohn des Gesellschafters Claus, Dr. Jürgen Peters, als neuer Gesellschafter in das Unternehmen eintreten. Er leistet eine Bareinlage von 150.000,00 €. Die Bilanz sieht dann so aus:

Aktiva	Bilanz zum 31.12.20..		Passiva
Anlagevermögen	300.000,00 €	Geschäftsanteil **Anton**	**210.000,00 €**
Umlaufvermögen	430.000,00 €	Geschäftsanteil **Berger**	**150.000,00 €**
		Geschäftsanteil **Claus**	**120.000,00 €**
		Geschäftsanteil **Dr. Peters**	**150.000,00 €**
		Verbindlichkeiten	100.000,00 €
	730.000,00 €		730.000,00 €

Abb. 9.6 bis 9.8 Bilanz einer OHG

Probleme

Problematisch bei der Aufnahme neuer Gesellschafter in eine OHG ist das umfassende **Mitwirkungs- und Kontrollrecht** der eintretenden Gesellschafter *(vgl. § 114 bis 122 Handelsgesetzbuch)*. In der Praxis ist es oft schwierig, weitere Gesellschafter in die bestehende Geschäftsleitung zu integrieren, da die bisherigen Geschäftsführer (Gesellschafter) Kompetenzen abgeben müssen. Auch das Problem der persönlichen Beziehungen der Gesellschafter spielt dabei eine Rolle.

Haftung

Aus **Sicht eines neu eintretenden Gesellschafters**, der sein Kapital in eine OHG steckt, sind die persönliche, unbeschränkte und gesamtschuldnerische Haftung auch für bestehende Schulden, die Pflicht zur persönlichen Mitarbeit und das gesetzliche Wettbewerbsverbot von Nachteil *(vgl. §§ 112, 114, 128 und 130 HGB)*.

Kapitalkosten der Beteiligungsfinanzierung entstehen bei der OHG als Kosten des Registergerichts für Eintragungen, Löschungen und Veröffentlichungen sowie Kosten der Gewinnausschüttung.

- ***Kommanditgesellschaft***

Kommanditgesellschaft

Die Beteiligungsfinanzierung kann bei der Kommanditgesellschaft – neben der Erhöhung der Einlagen der bisherigen Gesellschafter – durch die

- **Aufnahme neuer Komplementäre** (mitwirkungsberechtigte **Vollhafter**) oder durch die
- **Aufnahme neuer Kommanditisten (Teilhafter)**

erfolgen.

Bei der **Erweiterung** des Kreises der **Komplementäre** gelten die gleichen **Bedingungen wie bei der Aufnahme neuer Gesellschafter** in eine **OHG**.

Rechte der Kommanditisten

Die Erhöhung der Zahl der **Kommanditisten** ist in der Praxis eine günstige Gelegenheit der **Beteiligungsfinanzierung**, denn die Teilhafter besitzen lediglich ein Widerspruchsrecht bei außergewöhnlichen Geschäften *(§ 164 HGB)* und ein Kontrollrecht am Jahresende *(§ 166 HGB)*. Ansonsten sind die Kommanditisten von der Geschäftsführung ausgeschlossen.

Aus **Sicht des neu hinzutretenden Kommanditisten** ist die Haftungsbeschränkung auf die im Handelsregister eingetragene Einlage von Vorteil. Sein Risiko ist beschränkt. Außerdem ist er nicht zur persönlichen Mitarbeit verpflichtet.

GmbH

- ***Gesellschaft mit beschränkter Haftung***

Im Gegensatz zu den Personengesellschaften OHG und KG ist die GmbH eine **Kapitalgesellschaft, deren rechtliche Grundlage das GmbH-Gesetz (GmbHG) ist.**

Als Handelsgesellschaft besitzt die GmbH eine eigene Rechtspersönlichkeit und ein festes Nominalkapital, das als Stammkapital durch die Stammeinlagen der Gesellschafter gebildet wird und mindestens 25.000 € betragen muss. Seit in Kraft treten des Gesetzes zur Modernisierung des GmbH-Rechts und zur Bekämpfung von Missbräuchen (MoMiG) besteht für den oder die Gesellschafter eine Wahlmöglichkeit zwischen der Gründung einer GmbH unter Aufbringung des gesetzlichen Mindestkapitals in Höhe von 25.000 Euro und einer haftungsbeschränkten Unternehmergesellschaft (UG), bei Unterschreiben des gesetzlichen Mindestkapitals (vgl. Kapitel 8.6.5.1).

Beispiel:

Stammeinlage	*Peter Anslinger*	*10.000 €*
Stammeinlage	*Klaus Berger*	*10.000 €*
Stammeinlage	*Dr. Ute Fischer*	*5.000 €*
Stammkapital		*25.000 €*

Gesellschafter der GmbH können natürliche oder auch juristische Personen sein, wobei bei der Errichtung der GmbH ein oder mehrere Gesellschafter mitwirken müssen.

Für die **Eigenfinanzierung der GmbH** gibt es grundsätzlich **drei Möglichkeiten**:

- *Die **Erhöhung des Stammkapitals** und die Übernahme neuer Stammeinlagen durch die bisherigen oder neue Gesellschafter (§ 55 GmbHG).*
- *Die **Einforderung von** ggf. im Gesellschaftsvertrag festgelegten **Nachschüssen** durch Beschluss der Gesellschafterversammlung.*
- *Die **Einforderung der noch ausstehenden Einzahlung auf die Stammeinlagen**, da die Gesellschafter bei Gründung lediglich mindestens ein Viertel auf ihre Stammeinlage einzahlen müssen (§ 7 Abs. 2 GmbHG). (Der Gesamtbetrag der Einzahlungen muss aber mindestens 12.500 € betragen.)*

Aufwand

Die **Stammeinlagenerhöhung** ist durch das GmbH-Gesetz an **strenge Formvorschriften** gebunden. So kann sie nur durch **Änderung des Gesellschaftsvertrages** auf Beschluss der Gesellschafterversammlung mit einer $^3/_4$-Mehrheit, **notarieller Beurkundung** und **Eintragung ins Handelsregister** erfolgen *(§§ 53, 54 GmbHG).*

Die Übernahme der Stammeinlage durch den Gesellschafter muss ebenfalls **notariell** aufgenommen oder **beglaubigt** werden *(§ 55 GmbHG).*

Kosten

Durch diese Formvorschriften wird die Beteiligungsfinanzierung bei der GmbH erschwert und verursacht **erhebliche Kosten**, z. B. Notariatskosten für die Beurkundungen, Kosten der Eintragungen und Löschungen bei Registergericht, Kosten der Veröffentlichungen, Kosten für das Abhalten der Gesellschafterversammlungen und Kosten der Gewinnausschüttung.

- ***Aktiengesellschaft***

Aktien

Auch die Aktiengesellschaft besitzt wie die GmbH eine eigene Rechtspersönlichkeit. Am festen Nominalkapital, das **Grundkapital oder gezeichnetes Kapital heißt, sind Gesellschafter als Aktionäre mit in Aktien zerlegten Kapitaleinlagen beteiligt.**

Rechtsgrundlage ist das Aktiengesetz *(AktG)*, das ein Grundkapital von mindestens 50.000,00 € vorschreibt *(vgl. § 7 AktG).* Die Aktien können entweder als Nennbetragsaktien oder Stückaktien ausgegeben werden *(§ 8 Abs. 1 AktG).*

Ankündigung einer Kapitalerhöhung

Pixelpark: Barkapitalerhöhung 16:5 für 1,35 Euro je Aktie

Wie die Pixelpark AG am Mittwoch bekannt gab, hat ihr Vorstand mit Zustimmung des Aufsichtsrats die Durchführung einer Barkapitalerhöhung beschlossen.

Demnach soll unter teilweiser Ausnutzung des genehmigten Kapitals das Grundkapital von derzeit 12.377.616,00 Euro um bis zu 3,9 Mio Euro auf bis zu 16.277.616,00 Euro durch Ausgabe von bis zu 3.900.000 Stück neuen auf den Inhaber lautenden Stückaktien, die jeweils einer rechnerischen Beteiligung am Grundkapital in Höhe von 1,00 Euro entsprechen, gegen Bareinlage zum Bezugspreis von 1,35 Euro je Aktie erhöht werden.

Das Grundkapital wird demnach um bis zu 31,5 Prozent erhöht. Den Aktionären wird dabei ein mittelbares Bezugsrecht eingeräumt. Entsprechend dem beschlossenen Bezugsverhältnis können für jeweils 16 alte Pixelpark-Aktien fünf neue Pixelpark-Aktien zum Bezugspreis von 1,35 Euro je Aktie bezogen werden. Die neuen Aktien sind frei handelbar und ab dem 1. Januar 2005 gewinnberechtigt.

Abb. 9.9: Kapitalerhöhung durch Ausgabe junger Aktien

Quelle: www.teletrader.com

Aktiengesellschaft

Die **Zerlegung des Grundkapitals** einer Aktiengesellschaft in Aktien mit recht geringem Nennwert (1 EURO), der Zugang zum Kapitalmarkt über die Börse und der jederzeit mögliche An- und Verkauf der Aktien **ermöglicht** es **breiten Bevölkerungsschichten, sich** an einer **Aktiengesellschaft** zu **beteiligen**. Der AG wiederum wird dadurch die Beteiligungsfinanzierung wesentlich erleichtert.

Kapitalerhöhung gegen Einlagen

In der Regel findet die Beteiligungsfinanzierung durch eine **Kapitalerhöhung gegen Einlagen** statt. Dies bedeutet, das Grundkapital der Aktiengesellschaft wird durch die **Ausgabe neuer (junger) Aktien** erhöht. Laut *§ 182 ff. AktG* ist dazu der **Beschluss der Hauptversammlung** mit einer $^3/_4$-Mehrheit erforderlich. Der Beschluss ist notariell zu beglaubigen, ins Handelsregister einzutragen und zu veröffentlichen.

Bezug junger Aktien

Die Ausgabe der jungen Aktien erfolgt zu einem **festgelegten Kurs** und in einem bestimmten **Bezugsverhältnis**. Das Bezugsverhältnis ergibt sich aus dem Verhältnis des bisherigen Grundkapitals zur Kapitalerhöhung. Die bisherigen Aktionäre haben bei der Kapitalerhöhung grundsätzlich ein **Bezugsrecht** (vgl. Abb. 9.9). Hierfür gibt es zwei Gründe:

- Es soll sichergestellt werden, dass durch die Kapitalerhöhung und die damit verbundene erhöhte Zahl von Aktien **keine** automatische **Verschiebung** der **Stimmrechtsverhältnisse** erfolgt;
- mögliche **Vermögensnachteile** sollen ausgeglichen werden, falls die neuen Aktien unter dem Börsenkurs ausgegeben werden.

***Beispiel:** Das gezeichnete Kapital (Grundkapital) einer Aktiengesellschaft beträgt derzeit 2.000.000,00 €. Es ist in 400.000 Stammaktien zum Nennwert von je 5,00 € aufgeteilt. Die Aktiengesellschaft will durch eine Kapitalerhöhung ihr gezeichnetes Kapital um 1.000.000,00 € aufstocken. Dies soll durch die Ausgabe von 200.000 jungen Aktien (Nennwert 5,00 €) geschehen. Das Bezugsverhältnis beträgt also 2 : 1, d. h. auf zwei alte Aktien entfällt eine neue (junge) Aktie. Der Börsenkurs der alten Aktien beträgt derzeit 140,00 €. Die jungen Aktien sollen für 120,00 € ausgegeben werden. Nach der Kapitalerhöhung werden durch Mischung alte und junge Aktien zum gleichen Kurs notiert (Mittelwert).*

alter und neuer Kurs

		Gezeichnetes Kapital	Kurs
	Vor der Kapitalerhöhung 400.000 Aktien à 5,00 €	2.000.000,00 €	140,00 €
	Kapitalerhöhung zum Kurs von 120 200.000 Aktien à 5,00 €	1.000.000,00 €	120,00 €
	Nach der Kapitalerhöhung 600.000 Aktien à 5,00 €	3.000.000,00 €	133,33 €

Der Kurs nach der Kapitalerhöhung ergibt sich rechnerisch aus der folgenden Formel:

$$\textbf{Kurs \textit{nach} der Kapitalerhöhung} = \frac{\text{Kurswert alter Aktien + Kurswert neuer Aktien}}{\text{Anzahl alter Aktien + Anzahl neuer Aktien}}$$

$$\textbf{Kurs \textit{nach} der Kapitalerhöhung} = \frac{400.000 \cdot 140 + 200.000 \cdot 120}{400.000 + 200.000} = \underline{\underline{\textit{133,33 €/Stück}}}$$

Ohne Berücksichtigung eines Bezugsrechtes würde sich ein **Wertverlust** bei den **Altaktionären** ergeben von

133,33 € – 140,00 € = – 6,67 € je Aktie

Die **Neuaktionäre** hingegen hätten einen **Wertzuwachs** von:

133,33 € – 120,00 € = + 13,33 € je Aktie.

Bezugsrecht

Der Wert des Bezugsrechts einer alten Aktie gibt den Kursverlust der alten Aktie nach Ermittlung des Mittelkurses an. Der Kursverlust beträgt pro alter Aktie 6,67 €. Der Kursverlust der beiden alten Aktien beträgt daher 13,33 €. Er wird durch den Kursgewinn einer neuen Aktie ausgeglichen.

Die Aktionäre werden aufgefordert, ihr Bezugsrecht bei einer Bezugsstelle auszuüben. Für je zwei alte Aktien haben sie das Recht, eine junge Aktie zum Kurs von 120,00 € zu erwerben. Sie können aber auch auf ihr Bezugsrecht verzichten und es verkaufen. Bezugsrechte werden an der Börse gehandelt.

Wert des Bezugsrechts

Rechnerisch lässt sich der Wert eines Bezugsrechts nach folgender Formel ermitteln:

$$\textbf{Bezugsrecht} = \frac{\text{Börsenkurs der alten Aktie – Bezugskurs der jungen Aktie}}{\text{Bezugsverhältnis + 1}}$$

Beispiel: *Das gezeichnete Kapital (Grundkapital) der Aktiengesellschaft bestand bisher aus 400.000 Aktien, 200.000 neue Aktien kommen durch die Kapitalerhöhung hinzu. Alter Kurs 140, Ausgabekurs 120. Als Wert des Bezugsrechts ergibt sich:*

$$B = \frac{140 - 120}{\frac{400.000}{200.000} + 1} = \frac{20}{3} = 6{,}66\overline{6} = \underline{\underline{6{,}67\text{ € je Aktie}}}$$

Der rechnerische Wert des Bezugsrechts beträgt 6,67 €. Sein tatsächlicher Wert ergibt sich durch Angebot und Nachfrage an der Börse.

Erst wenn ein Altaktionär auf sein Bezugsrecht und damit auf die Erhaltung der bisherigen Stimmenverhältnisse verzichtet, kann ein neuer Aktionär das Bezugsrecht erwerben und so neue Aktien beziehen.

Die Rechtsform der Unternehmung bestimmt entscheidend die Möglichkeiten der Beteiligungsfinanzierung.

Die Beteiligungsfinanzierung bei den Personengesellschaften OHG und KG erfolgt durch Aufstockung der Kapitaleinlagen der bisherigen Anteilseigner oder durch die Aufnahme neuer Gesellschafter.

Die Beteiligungsfinanzierung bei der Aktiengesellschaft erfolgt durch Ausgabe junger Aktien (Kapitalerhöhung gegen Einlagen), wobei die alten Aktionäre generell ein Bezugsrecht haben.

Neue Aktionäre können ein Bezugsrecht erwerben.

9.2.2 Selbstfinanzierung

Unter **Selbstfinanzierung** versteht man eine **Finanzierung aus erwirtschafteten Gewinnen**. Über den Verkauf der erstellten Güter und Dienstleistungen fließen dem Unternehmen Umsatzerlöse zu. Sind diese groß genug, um die Kosten abzudecken und verzichten die Eigenkapitalgeber auf eine Gewinnentnahme bzw. -ausschüttung, so verbleibt der Gewinn im Unternehmen und kann hier für Investitionen genutzt werden.

Gewinnthesaurierung

Werden Gewinne nicht ausgeschüttet, so bezeichnet man dies als **Gewinnthesaurierung**. Bei der Selbstfinanzierung handelt es sich um eine Art der Innenfinanzierung. Zwar wird das Eigenkapital von außen (über die Umsatzerlöse) in das Unternehmen eingeführt, der Gewinn jedoch entsteht im Unternehmen selbst durch die Kombination der Produktionsfaktoren.

• *Offene Selbstfinanzierung*

Bei der **offenen Selbstfinanzierung** wird der vom Unternehmen **erwirtschaftete Gewinn** in der Bilanz offen ausgewiesen und versteuert.

Gewinnentnahmen und -ausschüttungen sind abhängig von der Rechtsform.

Grundlage der Gewinnverteilung von Personengesellschaften sind die Vorschriften des BGB bzw. HGB sowie die Regelungen des jeweiligen Gesellschaftsvertrages.

offene Handelsgesellschaft

Bei der **offenen Handelsgesellschaft** verzinst sich der Kapitalanteil aller Gesellschafter mit 4 %, sofern nichts anderes im Gesellschaftsvertrag geregelt ist und wird – ebenso vorbehaltlich anderer Regelungen – dann nach Köpfen verteilt.

Der nicht ausgeschüttete Gewinn wird den Kapitalkonten der einzelnen Gesellschafter gutgeschrieben. Eine Auszahlung erfolgt nur auf Verlangen der Gesellschafter. Damit haben die Gesellschafter die Möglichkeit, die Höhe ihres Teils der Selbstfinanzierung selbst zu bestimmen.

Kommanditgesellschaft

Dieses Vorgehen gilt ebenso für die **Komplementäre der KG**, während die Kommanditisten eine 4 %-Verzinsung ihres Kapitalanteils als Gewinnausschüttung erhalten. Der restliche Gewinn wird angemessen verteilt. So bestehen nur für die Komplementäre Möglichkeiten zur Gewinnthesaurierung.[3)]

GmbH

Die **Gesellschafter der GmbH** haben Anspruch auf den **Reingewinn** im Verhältnis ihrer GmbH-Anteile. Dieser Reingewinn ergibt sich nach dem Abzug von möglichen Verlustvorträgen und der zugelassenen Rücklagenbildungen (siehe Kasten).

	Vorläufiger Jahresüberschuss
–	Geschäftsführertantieme
–	Aufsichtsratstantieme
=	Jahresüberschuss
+	Gewinnvortrag aus dem Vorjahr
–	Verlustvortrag aus dem Vorjahr
–	Einstellung in die Rücklagen
=	**Reingewinn**
–	Gewinnausschüttung
=	Gewinnvortrag

Es wird daher nicht der gesamte Gewinn an die Gesellschafter verteilt, sondern nur der Teil des Gewinnes, der in der Bilanz ausgewiesen ist. Die Feststellung des Bilanzgewinns erfolgt durch die Gesellschafterversammlung.

---

3) Die Gewinnanteile des Kommanditisten einer KG werden nur so lange seinem Eigenkapitalkonto gutgeschrieben, bis der Kapitalanteil voll eingezahlt ist. Ist der Kapitalanteil voll eingebracht, werden die Gewinnanteile nicht mehr dem Eigenkapitalkonto gutgeschrieben, sondern auf das Verbindlichkeitskonto „Gewinnanteil Kommanditist" oder „sonstige Verbindlichkeit" gebucht, da Kommanditisten nur mit ihrer Kapitaleinlage haften. Der Kommanditist trägt somit nicht zur Selbstfinanzierung bei, da sein Gewinnanteil kein Eigenkapital, sondern Schulden für die KG darstellt.

Aktiengesellschaft

Bei der **Aktiengesellschaft** sind die nicht ausgeschütteten **Gewinne als Rücklagen gesondert auszuweisen** (gesetzliche Rücklagen, satzungsmäßige Rücklagen, andere Rücklagen, vgl. Vorschriften zur Bilanzgliederung in *§ 266 HGB)*. Welche Gewinne als Rücklagen im Unternehmen bleiben, entscheidet sich aufgrund gesetzlicher Vorschriften (gesetzliche Rücklage, vgl. Vorschriften in *§ 150 AktG)*, aufgrund der Satzung, durch Entscheidung des Vorstands und des Aufsichtsrats sowie durch Beschlüsse der Hauptversammlung (freie Rücklagen, vgl. *§ 174 AktG)*.

§ 150 AktG: Gesetzliche Rücklage, Kapitalrücklage

(1) In der Bilanz des nach den §§ 242, 264 des Handelsgesetzbuchs aufzustellenden Jahresabschlusses ist eine gesetzliche Rücklage zu bilden.

Rücklagen

(2) In diese ist der zwanzigste Teil des um einen Verlustvortrag aus dem Vorjahr geminderten Jahresüberschusses einzustellen, bis die gesetzliche Rücklage und die Kapitalrücklagen nach § 272 Abs. 2 Nr. 1 bis 3 des Handelsgesetzbuchs zusammen den zehnten oder den in der Satzung bestimmten höheren Teil des Grundkapitals erreichen.

Die aktienrechtlichen Vorschriften über die Bildung freier Rücklagen soll sowohl den Bestand bzw. die Eigenkapitalversorgung der Aktiengesellschaft sichern als auch ein gewisses Maß an Gewinnausschüttung an die Aktionäre gewährleisten.

- ***Stille Selbstfinanzierung***

In den bisher beschriebenen Fällen der Selbstfinanzierung bei Personen- und Kapitalgesellschaften sind die **thesaurierten Gewinnanteile offen** aus dem Jahresabschluss **ersichtlich**. Man spricht daher von **offener Selbstfinanzierung**.

stille Reserven

Im Gegensatz dazu erkennt man die aus der Selbstfinanzierung stammenden Mittel bei der **stillen Selbstfinanzierung** nicht in der Bilanz. Stille Selbstfinanzierung – man spricht auch von stillen Reserven – erfolgt durch

- ***Unterbewertung von Aktivposten*** (Anlage- oder Umlaufvermögen) oder
- ***Überbewertung von Passivposten*** (Schulden)

in der Bilanz.

Die **Unterbewertung der Aktiva** entsteht in den meisten Fällen durch eine überhöhte bilanzielle **Abschreibung** auf das Anlagevermögen, in manchen Fällen auch auf das Umlaufvermögen (z. B. Lagerbestände).[4]

> ***Beispiel 1:*** *Eine Druckerei schafft sich eine neue Druckmaschine für 1.000.000 € an. Die tatsächliche Nutzungsdauer beträgt 10 Jahre. Demnach wären bei linearer Abschreibung jährlich 10 % = 100.000 € abzuschreiben.*
>
> *Werden jedoch pro Jahr 20 % des Anschaffungswertes als Abschreibungen gebucht, die Maschine also in 5 Jahren abgeschrieben, aber 10 Jahre lang genutzt, so wird der Gewinn in den ersten 5 Jahren um jeweils 200.000 € vermindert und die Maschine hat am Ende des 5. Jahres nur noch einen Erinnerungswert von einem Euro. Da die Maschine nun voll abgeschrieben ist, sie tatsächlich aber noch einen Wert von 500.000 € hat, ist eine stille Reserve entstanden.*
>
> *In den folgenden 5 Jahren sind keine Abschreibungen mehr möglich, obwohl technisch natürlich eine Abnutzung eintritt. Der Gewinn wird jährlich um 100.000 € zu hoch ausgewiesen.*
>
> *Am Ende des 10. Jahres sind die stillen Reserven dann wieder verschwunden, da nun der tatsächliche Wert mit dem Buchwert übereinstimmt (falls die Maschine verschrottet wird). Die überhöhte Abschreibung führte in diesem Fall zu einer Gewinnverlagerung von den ersten 5 Jahren auf die letzten 5 Jahre der Nutzung.*

> ***Beispiel 2:*** *Die Druckerei kauft ein Grundstück außerhalb der Stadt zum Preis von 250.000 €. Dieser Betrag ist auch auf der Aktivseite der Bilanz als Anlagevermögen ausgewiesen. Durch Beschluss des Stadtrats wird das Grundstück zum Bauland. Der Verkehrswert schnellt auf 1,5 Millionen € hoch. In dem Grundstück stecken somit stille Reserven in Höhe von 1.250.000 €, die erst bei Veräußerung des Grundstücks sichtbar werden (und dann zu versteuern sind).*

Eine **Überbewertung der Passiva** kann z. B. durch zu hoch angesetzte Rückstellungen erreicht werden. Rückstellungen werden für ungewisse Schulden und drohende Verluste gebildet, die am Bilanzstichtag zwar bereits erkennbar, in ihrer Höhe jedoch noch nicht exakt zu beziffern sind.

> ***Beispiele:*** *Steuerrückstellungen, Prozesskostenrückstellungen, Rückstellungen für Schadensersatzansprüche, Pensionsrückstellungen.*

Als **Vorteile** der Selbstfinanzierung sind zu nennen: **Vorteile**

- es entstehen keine Finanzierungskosten,
- es müssen keine Sicherheiten gestellt werden,
- es entsteht keine Abhängigkeit von Kreditgebern,
- die Beteiligungsverhältnisse ändern sich nicht,
- Zinsgewinne sind durch Steuerverschiebungen möglich.

Nachteile der Selbstfinanzierung sind: **Nachteile**

- durch stille Reserven verliert die Bilanz einen Teil ihrer Aussagefähigkeit,
- Gewinnthesaurierung und das Interesse der Anteilseigner auf Ausschüttung der Gewinne stehen sich oft gegensätzlich gegenüber.

---

[4] Auf die steuerlichen Abschreibungsvorschriften wird an dieser Stelle nicht eingegangen.

Unter **offener Selbstfinanzierung versteht man die Nichtausschüttung von Gewinnen (Gewinnthesaurierung).**

Stille (verdeckte) Selbstfinanzierung ist die Bildung von stillen Reserven. Dies kann durch Unterbewertung von Vermögen oder Überbewertung von Schulden geschehen.

Wiederholungsfragen

Wiederholungsfragen

1. *Welcher Zusammenhang besteht zwischen Investition und Finanzierung?*
2. *Erklären Sie die Begriffe*
   a) Eigenfinanzierung,
   b) Fremdfinanzierung,
   c) Innenfinanzierung,
   d) Außenfinanzierung.
3. *Wieso ist Kapitalbeschaffung und Kapitalfreisetzung ein sich ständig wiederholender Prozess?*
4. *Was ist die zentrale Aufgabe der betrieblichen Finanzwirtschaft?*
5. *Handelt es sich bei der Beteiligungsfinanzierung um eine Art der Innen- oder eine Form der Außenfinanzierung?*
6. *Wovon ist die Art und Weise der Beteiligungsfinanzierung u. a. abhängig?*
7. *Was sind die Vorteile der Selbstfinanzierung?*
8. *Worin liegt der Unterschied zwischen offener und stiller Selbstfinanzierung?*
9. *Was sind stille Reserven?*
10. *Unterscheiden Sie Rücklagen und Rückstellungen.*

9.3 Fremdfinanzierung

Fremdkapital

Die Geschäfte von Max Frisch, unserem Sanitärfachhändler aus dem Einführungsbeispiel, laufen mittlerweile gut. Er wird im nächsten Jahr seinen Verkaufsraum erweitern und eine neue Lagerhalle bauen. Seine Möglichkeiten der Selbstfinanzierung sind erschöpft. Die Aufnahme fremder Personen als Gesellschafter kommt für ihn aus grundsätzlichen Überlegungen derzeit nicht in Betracht. Max Frisch muss daher nach Möglichkeiten der Fremdfinanzierung suchen.

Die Zuführung von Kapital in die Unternehmung **durch außenstehende Gläubiger** nennt man **Fremdfinanzierung**.

Typisch für Fremdkapital ist, dass

- ein Schuldverhältnis begründet wird,
- der Fremdkapitalgeber keine Haftung für die Geschäfte des Unternehmens übernimmt,
- das Kapital nur befristet zur Verfügung steht und zurückzuzahlen ist,
- in der Regel kein Anspruch auf Mitbestimmung bei der Geschäftsführung besteht,
- das Kapital zu verzinsen ist,
- meist die Stellung von Sicherheiten verlangt wird.

Im Rahmen der Fremdfinanzierung müssen dem Betrieb jedoch nicht ausschließlich flüssige Mittel zugeführt werden *(z. B. Darlehen einer Bank)*, sondern es ist auch möglich, dass ein Gläubiger dem Unternehmen Sachgüter zur Verfügung stellt, die nicht sofort zu bezahlen sind *(z. B. Lieferantenkredit)*.

Kredit

Das Wort **Kredit** stammt aus dem Lateinischen; „*credere*" bedeutet so viel wie „*Vertrauen*". Der Gläubiger (Kreditgeber) vertraut darauf, dass der Schuldner (Kreditnehmer) seinen Verpflichtungen zur Rückzahlung und Verzinsung nachkommt.

Allgemein versteht man unter Kredit die zeitlich befristete Überlassung von Geld oder Waren. Der Preis für diese Kreditüberlassung ist der Zins.

Kredite sind meist speziell auf die Bedürfnisse bzw. das Leistungsvermögen des Kreditnehmers und ihren Verwendungszweck abgestimmt. Man kann sie nach unterschiedlichen **Gesichtspunkten** einteilen, z. B. nach

- *der Laufzeit,*
- *den Kreditgebern,*
- *dem Verwendungszweck oder*
- *den notwendigen Sicherheiten.*

Die folgende Übersicht zeigt die unterschiedlichen Kreditarten auf einen Blick:

Kreditarten

Unterscheidungs-merkmal	Bezeichnung des Kredits	Erläuterung
Laufzeit	**kurzfristiger Kredit**	Laufzeit bis 6 Monate (z. B. Diskontkredite, Lombard-kredite, Kontokorrentkredite)
	mittelfristiger Kredit	Laufzeit 6 Monate bis 4 Jahre (z. B. Ratenkredite)
	langfristiger Kredit	Laufzeit über 4 Jahre (z. B. Hypothekenkredite)
Kreditgeber	**Bankkredit**	Kredit, der von einem Kreditinstitut eingeräumt wird
	Lieferantenkredit	Kredit, der von einem Lieferanten gewährt wird
Verwendungs-zweck	**Produktivkredit**	Kredit, der für die Leistungs-erstellung verwendet wird
	Konsumtivkredit	Kredit, der für den privaten Verbrauch verwendet wird
Sicherheit	**Personalkredit**	Die Sicherheit liegt in der Haftung von Personen
	Realkredit	Die Sicherheit besteht in Rechten an einer Sache (z. B. an einem Grundstück)
Verfügbarkeit	**Kontokorrent-kredit**	Der in Anspruch genommene Kre-ditbetrag schwankt in seiner Höhe
	Darlehen	Einmalige Auszahlung mit ver-einbarter Tilgung
Mitteleinsatz	**Geldleihe**	Kreditinstitut setzt Geldmittel ein (Kontokorrentkredit, Darlehen)
	Kreditleihe	Kreditinstitut setzt keine Geldmittel ein (Bürgschaft, Akzeptkredit)

Abb. 9.10: Kreditarten

9.3.1 Der Kreditvertrag

Die **rechtliche Grundlage** für das **Kreditgeschäft zwischen Kreditgeber** und **Kreditnehmer** ist der **Kreditvertrag.**

Kreditwürdigkeit und Kreditfähigkeit

Wendet sich ein Kredit suchendes Unternehmen – oder auch eine Privatperson – mit einem **Kreditantrag** an ein Kreditinstitut (Bank oder Sparkasse), so wird vor der Kreditzusage der Gläubiger zunächst

- die **Kreditfähigkeit** und
- die **Kreditwürdigkeit**

des Schuldners prüfen.

Die **Kreditfähigkeit** ist ein juristischer Tatbestand. Man versteht darunter die **Fähigkeit, Kreditverträge rechtswirksam abzuschließen**. Kreditfähig sind alle voll geschäftsfähigen natürlichen und alle juristischen Personen (Aktiengesellschaft, GmbH, Vereine, Körperschaften des öffentlichen Rechts) sowie Personenhandelsgesellschaften (OHG, KG).

Nicht rechtsfähige Vereinigungen, z.B. Gesellschaften des bürgerlichen Rechts oder nicht rechtsfähige Vereine, können nur dann Kredite aufnehmen, wenn ihre Mitglieder gemeinschaftlich als Gesamtschuldner (alle haften für die gesamte Kredithöhe) auftreten.

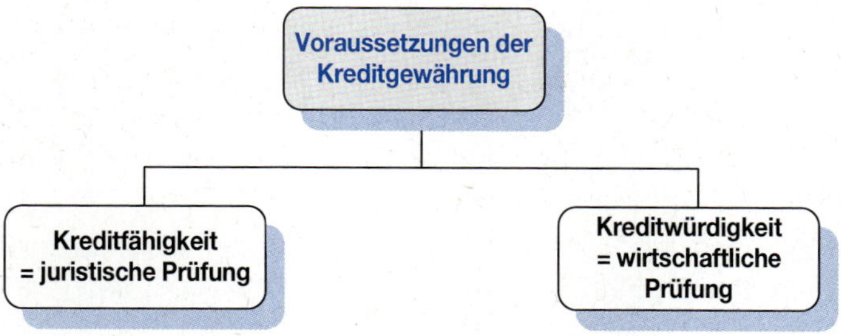

Abb. 9.11: Kreditfähigkeit und Kreditwürdigkeit

Die **Kreditwürdigkeit** ist ein **wirtschaftlicher Tatbestand**. Kreditwürdig sind Personen und Unternehmen dann, **wenn zu erwarten ist, dass sie ihre Kreditverpflichtungen** (Tilgung und Zinszahlung) **vertragsgemäß erfüllen**. Die Kreditwürdigkeit (Bonität) ist von persönlichen und sachlichen Faktoren abhängig.

persönliche Kreditfähigkeit

- Die **persönliche Kreditfähigkeit** ist eine Frage der Zuverlässigkeit, der Verantwortungsbereitschaft, der fachlichen Kompetenz oder der Unternehmereigenschaften des Kreditantragstellers.

materielle Kreditwürdigkeit

- **Materielle Kreditwürdigkeit** wird aufgrund wirtschaftlicher Verhältnisse geprüft. Es stellt sich die Frage, ob das Unternehmen (oder der private Kreditnehmer) in der Lage sein wird, aus den zukünftigen Geschäften (oder Einkommen) seine Zahlungsverpflichtungen gegenüber dem Gläubiger zu erfüllen.

Kreditwürdigkeitsprüfung

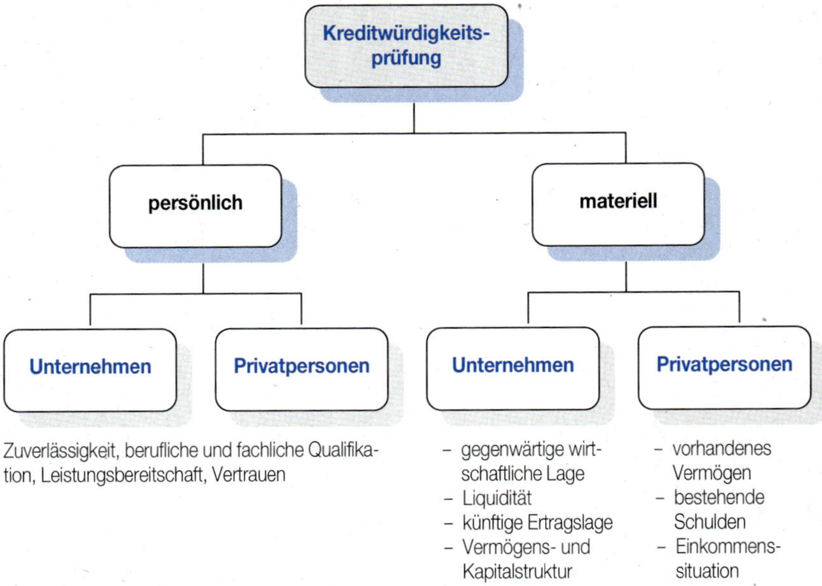

Abb. 9.12: Kreditwürdigkeitsprüfung

Zur Überprüfung der materiellen Kreditwürdigkeit stehen dem Kreditinstitut Gewinn- und Verlustrechnungen, Bilanzen, Lageberichte, unternehmensinternes Zahlenmaterial, Beobachtung der Kontenbewegung, Auskünfte, Handelsregister- und Grundbuchauszüge, Gesellschaftsverträge und betriebliche Finanzpläne zur Verfügung.

Bei Privatkunden wird sich das Kreditinstitut Lohn- oder Gehaltsnachweis, Vermögensübersichten und Grundbuchauszüge vorlegen lassen und/oder externe Auskünfte einholen.

Unterlagen zur Prüfung

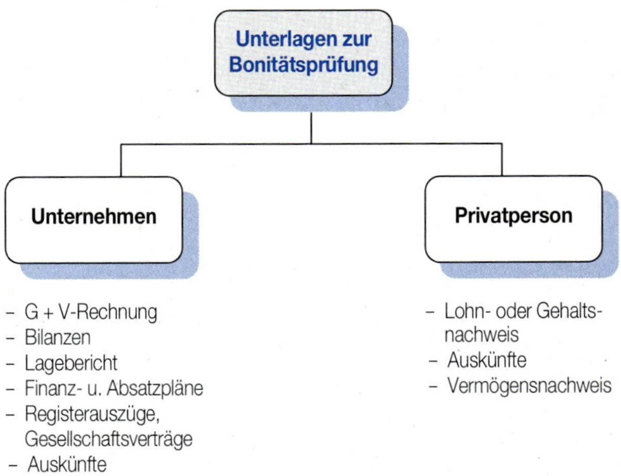

Abb. 9.13: Unterlagen zur Bonitätsprüfung

Fallen die Feststellung der **Kreditfähigkeit** und die Beurteilung der **Kreditwürdigkeit** positiv aus, wird das Kreditinstitut eine **Kreditzusage** geben und es kommt zum Abschluss eines **Kreditvertrages**.

Die Kreditinstitute verwenden dazu meist vorgefertigte Formulare, die Vereinbarungen über

- *die **Kreditart**,*
- *die **Kredithöhe**,*
- *die **Laufzeit** des Kredits,*
- *die **Rückzahlungsmodalitäten**,*
- *die **Kündigungsmöglichkeiten**,*
- *die **Kosten** des Kredits und*
- *die **Kreditsicherheiten***

enthalten.

Der Kreditsuchende erhält rein rechtlich vom Kreditinstitut ein Angebot, wenn über sein Kreditgesuch positiv entschieden wurde. Der Kreditvertrag kommt zu Stande, wenn der Kreditnehmer das Angebot annimmt.

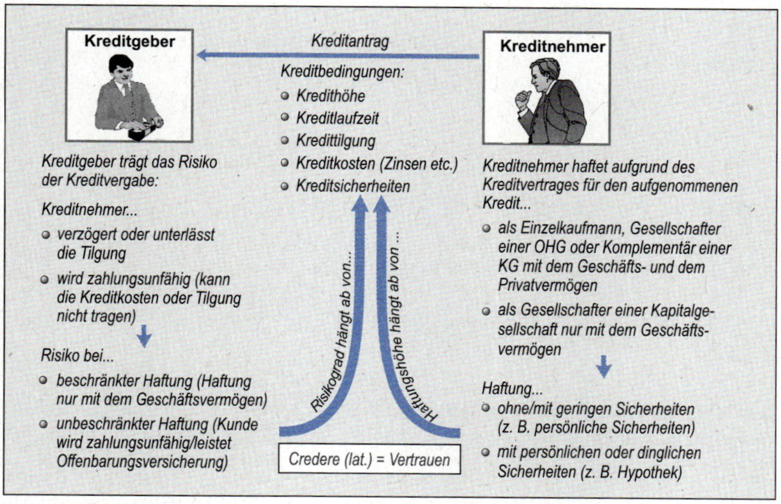

Abb. 9.14: Das Zustandekommen eines Kreditvertrages[5)]

9.3.2 Der Lieferantenkredit

Beim Lieferantenkredit räumt ein Lieferer seinem Kunden ein **Zahlungsziel** ein. Der Kunde muss die gekauften Waren oder Dienstleistungen nicht sofort, sondern erst nach Ablauf einer bestimmten Frist (z. B. 30 Tage) bezahlen. Durch die Einräumung von **Skonto** möchte der Lieferer den Kunden jedoch zur vorzeitigen Zahlung der Verbindlichkeiten veranlassen.

> ***Beispiel:*** *Die Zahlungsbedingungen lauten: Zahlbar innerhalb 30 Tagen netto, innerhalb von 10 Tagen mit 3 % Skonto.*

Beim Lieferantenkredit entstehen dem Kunden (Kreditnehmer) zunächst keine direkten Zinskosten. Wird jedoch erst nach Ablauf der Skontofrist

---

5) nach Bensch, IK-Wissen auf den Punkt gebracht, Kiehl Verlag Ludwigshafen

bezahlt, stellt der nicht abgezogene Skontobetrag die **Kosten des Lieferantenkredits** bei Ausnützung des vollen Zahlungsziels dar. Rechnet man diese Beträge auf ein Jahr um, erweist sich der **Lieferantenkredit** als ein sehr **teurer Kredit**.

> ***Beispiel:*** *Max Frisch, unser bekannter Unternehmer aus Potsdam, erhält am 10. September für seinen Betrieb zwei neue PCs, Flachbildschirme und Drucker sowie Software zum Gesamtpreis von 10.000,00 €. Die Zahlungsbedingungen der Firma MKV Computervertrieb GmbH, Dresden lauten: Zahlbar innerhalb von 10 Tagen mit 3 % Skonto oder nach 30 Tagen netto Kasse.*
>
> *Zahlt Frisch den Preis innerhalb von 10 Tagen, muss er nur 9.700,00 € überweisen. Würde er die Zahlungsfrist ausnutzen, hätte er zur Zahlung zwar 20 Tage länger Zeit, müsste aber auch 300,00 € mehr aufwenden.*

Lieferantenkredit

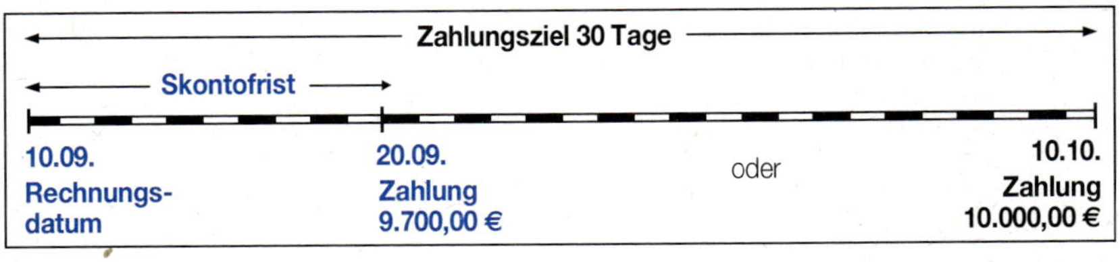

Abb. 9.15: Lieferantenkredit

Lieferantenkredit

Die **Kosten** für die Ausnutzung **des Lieferantenkredits** belaufen sich also auf 3 % von 10.000,00 € für 20 Tage. Ein Zinssatz von 3 % für 20 Tage entspricht aber einem Jahreszinssatz von 54 %.[6)]

Die Ausnutzung des **Skontos** durch eine frühere Zahlung lohnt sich also auf alle Fälle.

Die **Sicherheit beim Lieferantenkredit** ergibt sich in der Regel durch den **Eigentumsvorbehalt** des Lieferers *(vgl. § 449 BGB bzw. Kapitel 9.7.3).*

Nachteile

Der **Nachteil** des Lieferantenkredits **für** den **Kreditnehmer** besteht vornehmlich in den hohen **Kapitalkosten** und der Gefahr, in Abhängigkeit von Lieferanten zu geraten.

Vorteile

Vorteile sind hingegen die **schnelle, bequeme** und **formlose Kreditgewährung** und die **einfache Sicherheitsleistung** durch **Eigentumsvorbehalt**.

Trotz der genannten Nachteile nehmen vor allem kleinere und mittlere Unternehmen mit geringer Kapitalausstattung und wenig Sicherheiten Lieferantenkredite in Anspruch. Das Zahlungsziel sollte dann allerdings bis zum letzten Tag ausgenutzt werden.

[6)] Im Beispiel wurde der Jahreszins vereinfacht berechnet, indem der gewährte Skontosatz für 20 Tage auf 360 Tage hochgerechnet wurde. Eine genauere Zahl erhält man durch Verwendung der Zinssatzformel.

9.3.3 Der Kundenkredit

Ein **Kundenkredit** liegt dann vor, wenn Kunden **Vorauszahlungen** oder Anzahlungen leisten, ohne dass sie bereits eine Gegenleistung dafür erhalten haben. Diese Finanzierungsform wird oft dann gewählt, wenn zwischen der Planung und der Fertigstellung der Leistung eine erhebliche Zeit (oft mehrere Jahre) liegt und die Leistung auf die speziellen Wünsche des Kunden ausgerichtet ist. **Vorauszahlung**

Kundenkredite sind daher besonders im **Wohnungsbau**, **Schiffsbau** oder **Großanlagenbau** üblich.

Beispiel: *Im Baugewerbe gelten vielfach folgende Zahlungsbedingungen:*
- *ein Drittel des vereinbarten Preises bei Vertragsabschluss,*
- *ein Drittel des vereinbarten Preises bei Rohabnahme,*
- *ein Drittel des vereinbarten Preises bei Gesamtfertigstellung.*

Ob ein Unternehmen Vorauszahlungen bzw. Anzahlungen bei seinen Kunden durchsetzen kann, hängt entscheidend von seiner **Marktstellung** bzw. der **Konkurrenzsituation** ab.

9.3.4 Der Kontokorrentkredit

Der **Kontokorrentkredit** dient in der Praxis vor allem der **Abwicklung des Zahlungsverkehrs**. Er wird dadurch eingeräumt, dass die Bank ihren Kunden (Unternehmen oder Privatmann) gestattet, bis zu einem bestimmten Höchstbetrag (Kreditobergrenze oder **Kreditlimit**) auch dann über ihr Konto verfügen, wenn es kein Guthaben aufweist. **Kontokorrentkredit**

Da auf dem **Kontokorrentkonto** – bei Privatpersonen spricht man von **Girokonto** – ständig Verbindlichkeiten und Forderungen zwischen Bank und Kreditnehmer (Gutschriften und Lastschriften) verrechnet werden, **schwankt** die **Höhe des Kredits** dauernd. **Wesen**

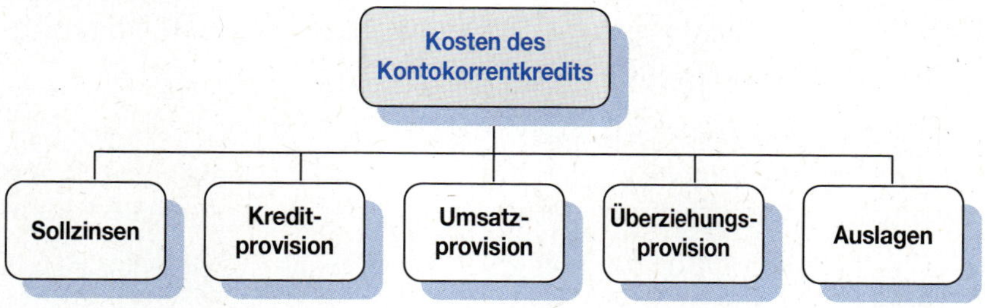

Abb. 9.16: Kosten des Kontokorrentkredits

Schwankende Salden Kontokorrentkredit

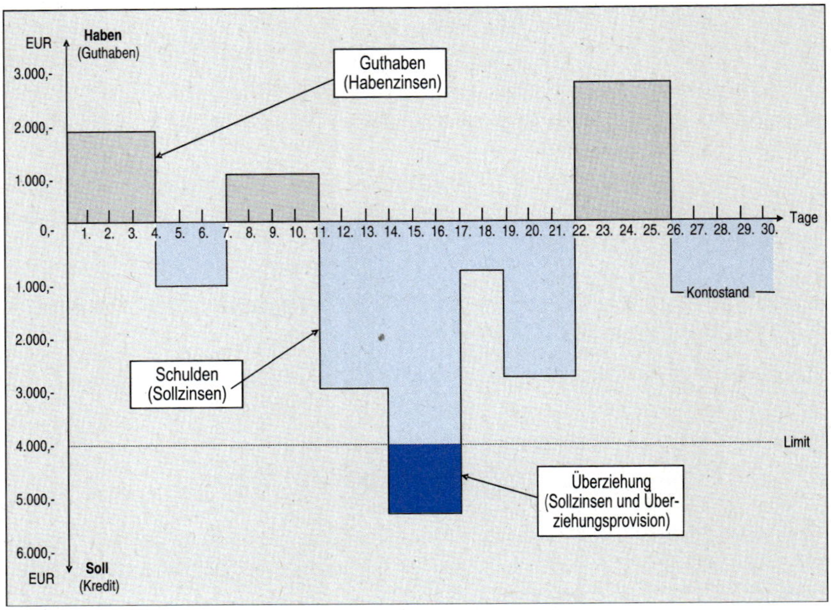

Abb. 9.17: Wechselnde Kontostände beim Kontokorrentkredit

Die **Kosten** (Sollzinsen) sind **relativ hoch**, da die Bank ständig Mittel für den Fall einer vollen Inanspruchnahme des Kredites bereithalten muss.

Kosten

Zu den reinen **Zinskosten**, die in der Regel deutlich über dem Basiszinssatz der Deutschen Bundesbank liegen, berechnen die Banken meist noch **Kreditprovision** (für den zugesagten oder in Anspruch genommenen Kredit), **Umsatzprovision** (für die Kontoführung), **Überziehungsprovision** (bei kurzfristigem Überschreiten des Kreditlimits) und **eigene Auslagen** (Spesen, Gebühren, Porto).

Der **Kontokorrentkredit** sollte aus Kostengründen nicht für langfristige Investitionen, sondern **nur zur Deckung eines Spitzenbedarfs** verwendet werden.

Im Unternehmen werden Kontokorrentkredite meist zur Finanzierung von Lohn- oder Gehaltszahlungen, Skontoausnutzungen oder Vorratsbeschaffungen eingesetzt (Betriebsmittelkredit).

Laufzeit

Die **Laufzeit des Kontokorrentkredites** beträgt in der Regel 6 Monate, sie **wird** von den Kreditinstituten jedoch **in aller Regel stillschweigend verlängert**, wenn der Kunde seinen Zahlungsverpflichtungen nachkam.

Dem **Kontokorrentkredit beim Unternehmen** entspricht der sog. **Dispositionskredit** bei **Privatleuten**. Die Kreditinstitute gestatten dabei ihren Kunden, ihr Girokonto bis zu einem bestimmten Betrag (meist bis zu einem oder mehreren Monatsgehältern) zu überziehen.

Dispokredit

Für auf dem Kontokorrentkonto entstehende **Guthaben** schreiben die Kreditinstitute in manchen Fällen **Habenzinsen** gut.

9.3.5 Das Darlehen

Wesen

Darlehen dienen vor allem **der Finanzierung mittel- und langfristiger Investitionen.** Dabei wird **eine bestimmte Geldsumme für eine bestimmte Laufzeit** zur Verfügung gestellt.

Im Unterschied zum Kontokorrentkredit wird das Darlehen in einer Summe ausbezahlt, wobei die zurückgezahlten Beträge nicht mehr in Anspruch genommen werden können. Auch hier liegt ein Unterschied zum Kontokorrentkredit.

Darlehen können **zum vollen Nennwert oder** unter **Abzug eines Disagios** ausbezahlt werden.

> ***Beispiel:*** *Darlehenssumme 100.000,00 €, Disagio 4 %, Auszahlung 96.000,00 €, Rückzahlung 100.000,00 €.*

Die **Rückzahlung** (**Tilgung**) erfolgt

- **in** vorher **festgelegten Raten** (**Annuitätendarlehen**) oder
- **in einem Betrag** am Ende der Laufzeit (**Fälligkeitsdarlehen**).

Tilgungs- und Fälligkeitsdarlehen

Bei ratenweiser Rückzahlung berechnen sich die Zinsen vom jeweiligen Restschuldbetrag. Die Rückzahlung des Tilgungsdarlehens (Annuitätendarlehens) kann

- mit **fallenden** Annuitäten oder
- mit **gleichbleibenden** Annuitäten

erfolgen. Unter **Annuität** versteht man den Rückzahlungsbetrag. Er setzt sich aus den Zinsen und dem Tilgungsbetrag zusammen.

- ***Tilgung mit fallenden Annuitäten***

fallende Annuität

Die **Tilgungsrate bleibt** bei dieser Art der Rückzahlung über die gesamte Laufzeit **gleich**, **während** die **Zinsbelastung abnimmt**, weil der Restschuldbetrag durch die einzelnen Tilgungen immer kleiner wird.

> ***Beispiel:*** *Ein Darlehen über 100.000,00 € soll in 5 gleichen Jahresraten getilgt werden. Der Zinssatz beträgt 10 %.*

Jahr	Darlehens-summe am Jahres-anfang	Zinsen (10 %)	Tilgung (20.000 €)	Annuität (Zinsen + Tilgung)	Darlehens-summe am Ende des Jahres
1	100.000,00 €	10.000,00 €	20.000,00 €	30.000,00 €	80.000,00 €
2	80.000,00 €	8.000,00 €	20.000,00 €	28.000,00 €	60.000,00 €
3	60.000,00 €	6.000,00 €	20.000,00 €	26.000,00 €	40.000,00 €
4	40.000,00 €	4.000,00 €	20.000,00 €	24.000,00 €	20.000,00 €
5	20.000,00 €	2.000,00 €	20.000,00 €	22.000,00 €	0,00 €
Σ	–	30.000,00 €	100.000,00 €	130.000,00 €	–

- ***Tilgung mit gleichbleibenden Annuitäten***

gleiche Annuität

Die Annuität bleibt dadurch gleich, dass sich in den einzelnen Jahren die Tilgungsrate um die ersparten Zinsen erhöht.

Beispiel: *Ein Darlehen über 100.000 € wird mit 10 % verzinst und im ersten Jahr mit 5 % getilgt. Da die Darlehenssumme sich durch die Tilgung jährlich verringert, nehmen auch die Zinsen von Jahr zu Jahr ab. Die Annuität soll jedoch gleich bleiben. Dadurch erhöht sich die Tilgungsrate in den Folgejahren.*

Jahr	Darlehens-summe am Jahres-anfang	Zinsen (10 %)	Tilgung (20.000 €)	Annuität (Zinsen + Tilgung)	Darlehens-summe am Ende des Jahres
1	100.000,00 €	10.000,00 €	5.000,00 €	15.000,00 €	95.000,00 €
2	95.000,00 €	9.500,00 €	5.500,00 €	15.000,00 €	89.500,00 €
3	89.500,00 €	8.950,00 €	6.050,00 €	15.000,00 €	83.450,00 €
4	83.450,00 €	8.345,00 €	6.655,00 €	15.000,00 €	76.795,00 €
5	76.795,00 €	7.679,50 €	7.320,50 €	15.000,00 €	69.474,50 €
⋮	⋮	⋮	⋮	⋮	⋮

Fälligkeits-darlehen

Bei **Fälligkeitsdarlehen** ist die Darlehenssumme während der Fälligkeit in voller Höhe zu verzinsen und am Ende der Laufzeit in einem Betrag zurückzuzahlen.

Die Besonderheiten der verschiedenen Darlehensformen zeigt die folgende Übersicht:

	Fälligkeitsdarlehen	**Darlehen mit fallenden Annuitäten**	**Darlehen mit gleich bleibenden Annuitäten**
Tilgung des Darlehens	Tilgung erst am Ende der Laufzeit.	Gleichmäßige Tilgung über die Laufzeit.	Wegen der sinkenden Zinsbelastung zunehmende Tilgung über die Laufzeit.
Zinsbelastung über die Laufzeit	Gleichmäßig hohe Zinsbelastung über die Laufzeit, da keine Tilgung während der Laufzeit erfolgt.	Sinkende Zinsbelastung, da Tilgung bereits während der Laufzeit erfolgt.	Stark sinkende Zinsbelastung, da Tilgung während der Laufzeit zunimmt.
Liquiditätsbelastung während der Laufzeit	Gleichmäßig hoch durch die hohen Zinszahlungen.	Sinkend während der Laufzeit durch die abnehmenden Zinsen.	Über die gesamte Laufzeit wegen des zunehmenden Tilgungsanteils konstant.
Tilgungszeitpunkt des Darlehens	Am Ende der Laufzeit in einer Summe.	Gleichmäßige Tilgung über die gesamte Laufzeit.	Zunehmende Tilgung über die gesamte Laufzeit.
Unterschied gegenüber anderen Darlehensformen	Darlehenstilgung erfolgt erst am Ende der Laufzeit. Bis dahin kann die Investition dem Unternehmen genügend Kapital zugeführt haben. Dies führt jedoch insgesamt zur höchsten Zinsbelastung.	Die Einnahmen der Investition können frühzeitig zur Tilgung des Darlehens genutzt werden, sodass die Zinsen sinken. Insgesamt geringste Zinsbelastung.	Die Einnahmen der Investition können zur frühzeitigen Tilgung des Darlehens genutzt werden, sodass die Zinsen sinken. Über die gesamte Laufzeit bleibt die Liquiditätsbelastung gleich hoch.

Wiederholungsfragen

Wiederholungsfragen

1. *Was versteht man allgemein unter Kredit?*
2. *Welche Kredite sind nach ihrem Verwendungszweck zu unterscheiden?*
3. *Worin liegt der Unterschied zwischen Kreditfähigkeit und Kreditwürdigkeit?*
4. *Unterscheiden Sie zwischen persönlicher und materieller Kreditwürdigkeit!*

Wiederholungsfragen

5. *Welche Möglichkeiten hat ein Kreditgeber, sich über die Kreditwürdigkeit eines Kreditnehmers zu informieren?*
6. *Was ist in einem Kreditvertrag alles geregelt?*
7. *Was ist ein Lieferantenkredit?*
8. *Worin bestehen die Kosten eines Lieferantenkredits?*
9. *Was ist ein Kundenkredit?*
10. *Warum eignet sich ein Kontokorrentkredit nicht für langfristige Investitionen?*
11. *Erklären Sie den Unterschied zwischen einem Tilgungsdarlehen und einem Fälligkeitsdarlehen!*
12. *Erklären Sie die Begriffe*
    a) Disagio und b) Annuität.
13. *Erklären Sie den Unterschied zwischen der Darlehensrückzahlung mit*
    a) fallender, b) gleichbleibender Annuität!

9.4 Eigenkapital und Fremdkapital

Eigenkapital

Das **Eigenkapital** eines Unternehmens setzt sich aus den in der Bilanz ausgewiesenen Geschäftsanteilen und Rücklagen sowie aus den in der Bilanz nicht erkennbaren stillen Reserven des Unternehmens zusammen.

Es schafft zunächst die Grundlage dafür, dass ein Unternehmen seine wirtschaftliche Tätigkeit aufnehmen und fortführen kann. Für die Fremdkapitalgeber und Geschäftspartner des Unternehmens ergeben sich aus dem ausgewiesenen Eigenkapital wichtige Hinweise bezüglich der Haftung.

Fremdkapital

Als **Fremdkapital** gelten die gesamten Schulden des Unternehmens. Sie werden auf der Passivseite der Bilanz ausgewiesen. Die folgende Übersicht stellt die Merkmale von Eigenkapital und Fremdkaptial nochmals gegenüber.

Merkmale	Eigenkapital	Fremdkapital
Rechtsverhältnis	Beteiligungsverhältnis	Schuldverhältnis
Fristigkeit	in der Regel unbefristet	kurz-, mittel- oder langfristig
Verzinsung	kein Anspruch auf Zinsen	Anspruch auf feste Verzinsung (auch bei Verlust)
Gewinnbeteiligung	Anspruch auf Gewinnbeteiligung	keine Gewinnbeteiligung
Mitbestimmung	Mitbestimmungsrecht der Kapitalgeber	keine Mitbestimmung (außer bei Großgläubigern)

9.5 Kreditsicherheiten

Risiko

Wie bereits erwähnt, lässt sich das aus dem Lateinischen stammende Wort **Kredit** mit **Vertrauen** übersetzen. Vertrauen ist gut, doch **Sicherheiten** sind besser, könnte man jedoch in Abwandlung eines alten Sprichworts sagen, denn der Kapitalgeber geht mit der **Gewährung eines Kredites** an ein Unternehmen oder eine Privatperson bestimmte **Risiken** ein. Deshalb sucht er nach einer **Absicherung**, wenn der Kreditnehmer seinen Verpflichtungen nicht nachkommen kann.

Die Kreditsicherung durch Personen oder durch Sachen verschafft dem Kreditgeber zusätzliche Möglichkeiten seine Ansprüche durchzusetzen, wenn der Kreditnehmer nicht leistet.

Grundsätzlich unterscheidet man dabei

Sicherheiten

- Personalsicherheiten, bei denen neben dem Schuldner eine weitere Person für den Kredit haftet (Personalkredite) und
- Realsicherheiten, bei denen dem Gläubiger bestimmte Sachwerte zur Verfügung stehen (Realkredite).

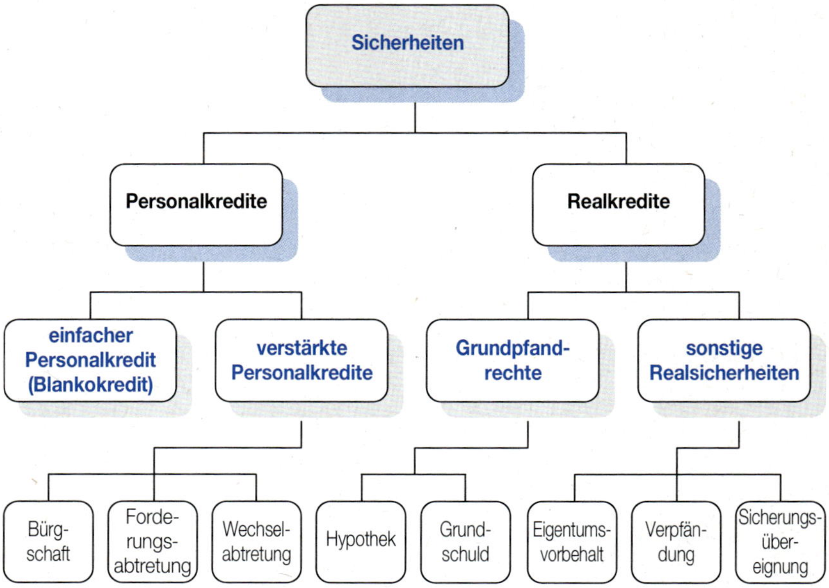

Abb. 9.18: Kreditsicherheiten

9.6 Personalkredite

Blankokredit

Bei einem **reinen Personalkredit** besteht die Sicherheit lediglich in der Person des Schuldners und im Vertrauen darauf, dass er seinen Verpflichtungen aus dem Kreditvertrag nachkommt (**Blankokredit**). Dispositionskredite und Kontokorrentkredite sind in manchen Fällen Blankokredite, oft aber auch zusätzlich abgesichert.

verstärkter Personalkredit

Ein **verstärkter Personalkredit** liegt dann vor, wenn neben dem eigentlichen Schuldner **weitere Personen** für die pünktliche Erfüllung der Kreditverpflichtungen haften. Falls diese Personen zahlungskräftig sind, verringert sich das Risiko für den Gläubiger. Möglichkeiten der verstärkten Personalkreditsicherung sind **Bürgschaft, Forderungsabtretung** und die **Absicherung mit Wechsel**.

9.6.1 Die Bürgschaft

Bürgschaftsvertrag

Im Rahmen der **Bürgschaft verpflichtet sich der Bürge** gegenüber dem Kreditgeber, **für die Erfüllung der Verbindlichkeiten des Kreditnehmers einzustehen**. Zwischen dem Gläubiger und dem Bürgen wird durch Abgabe eines **Bürgschaftsversprechens** und dessen formloser Entgegennahme ein **Bürgschaftsvertrag** abgeschlossen. Für die Bürgschaft ist die **Schriftform** vorgeschrieben, lediglich Kaufleute könnten theoretisch im Rahmen ihrer Handelsgeschäfte auch mündlich bürgen. Kreditinstitute verlangen aber aus Gründen der Beweissicherung stets die Schriftform (vgl. *§ 765 ff. BGB und § 349 ff. HGB).*

Die Bürgschaft ist **in ihrer Höhe vom Bestand der Hauptschuld abhängig**. Wenn Zinsen und sonstige Kapitalkosten die Hauptschuld erhöhen, haftet der Bürge auch dafür. Verringert sich die Hauptschuld, dann mindert sich die Bürgschaft auch in ihrer Höhe.

Arten

Grundsätzlich sind **zwei Arten von Bürgschaften** zu unterscheiden:
- die **Ausfallbürgschaft** und
- die **selbstschuldnerische Bürgschaft**.

- ***Ausfallbürgschaft***

Einrede der Vorausklage

Bei der **Ausfallbürgschaft** muss der Bürge erst dann für die Schulden des Kreditnehmers aufkommen, wenn der Gläubiger die Zwangsvollstreckung (vgl. Kapitel 6.6.2) in das Vermögen des Hauptschuldners erfolglos versucht hat *(§ 771 BGB).* Der Bürge kann die so genannte **Einrede der Vorausklage** erheben.

Ausfallbürgschaft

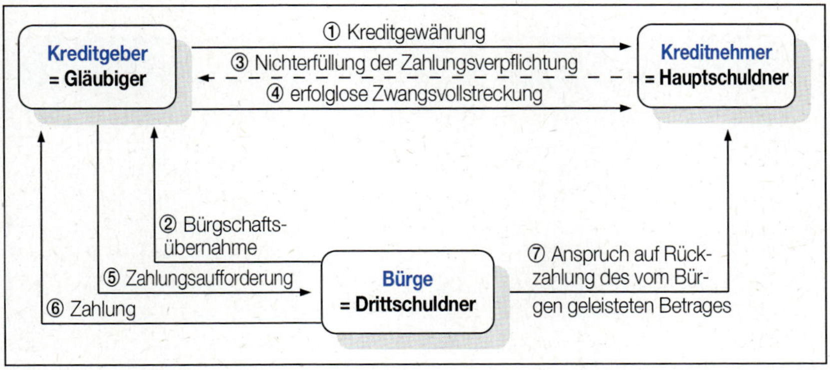

Abb. 9.19: Ausfallbürgschaft

- ***Selbstschuldnerische Bürgschaft***

selbstschuldnerische Bürgschaft

Da Maßnahmen der Zwangsvollstreckung für den Gläubiger zeitraubend und kostspielig sind, verlangen die Banken meistens, dass der Bürge vertraglich auf die Einrede der Vorausklage verzichtet. Dadurch entsteht die **selbstschuldnerische Bürgschaft**. Der Kreditgeber kann in diesem Fall den Bürgen sofort in Anspruch nehmen, ohne zuvor die Zwangsvollstreckung in das Vermögen des Hauptschuldners versucht zu haben. Die Bürgschaften eines Vollkaufmannes sind stets selbstschuldnerisch.

In der Praxis verlangen Kreditinstitute aber auch von Privatpersonen immer selbstschuldnerische Bürgschaften.

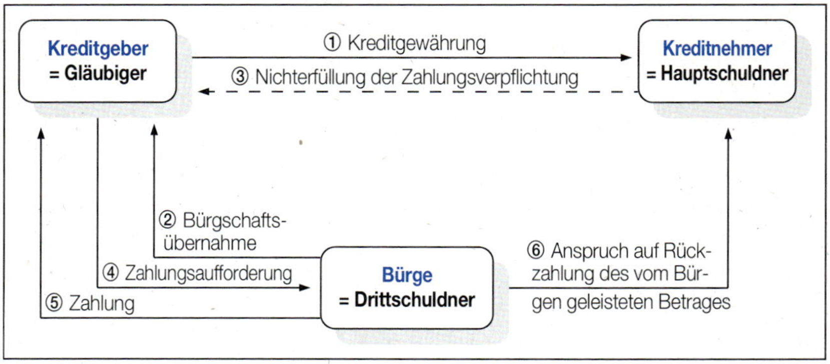

Abb. 9.20: Selbstschuldnerische Bürgschaft

Rückgriff des Bürgen

Wenn der Kreditgeber *(Gläubiger)* den Bürgen aufgrund des Bürgschaftsvertrages in Anspruch nimmt und der Bürge zahlt, geht die Forderung gegenüber dem Hauptschuldner *(Kreditnehmer)* auf den Bürgen über (**Rückgriffsforderung des Bürgen** gem. *§ 774 Abs. 1 Satz 1 BGB)*. Der Kreditnehmer ist von seiner Schuld gegenüber dem Kreditgeber frei. Er haftet jetzt dem Bürgen mit dem vom Bürgen geleisteten Betrag.

Die Kreditsicherung durch die Mithaftung von Personen (persönliche Sicherung) oder durch Sachen (dingliche Sicherung) verschafft dem Kreditgeber zusätzliche Möglichkeiten, seine Ansprüche durchzusetzen, wenn der Schuldner seinen Verpflichtungen aus dem gewährten Kredit nicht nachkommt.

Bei Bürgschaftsverträgen ist zwischen Ausfallbürgschaft und selbstschuldnerischer Bürgschaft zu unterscheiden. Bei der Ausfallbürgschaft hat der Bürge die Einrede der Vorausklage.

9.6.2 Die Forderungsabtretung

Forderungsabtretung

Zur Kreditsicherung können auch **Forderungen**, die der Kreditnehmer gegenüber Dritten hat, **vertraglich an den Kreditgeber abgetreten werden** *(Zession, vgl. § 398 ff. BGB)*. Dadurch wird der Kreditgeber Eigentümer der Forderung, tritt also an die Stelle des ursprünglichen Gläubigers. Für den **Abtretungsvertrag** *(Zessionsvertrag)* sieht der Gesetzgeber zwar keine Formvorschrift vor, doch werden in der Praxis nur schriftliche Abtretungsverträge geschlossen.

Zession

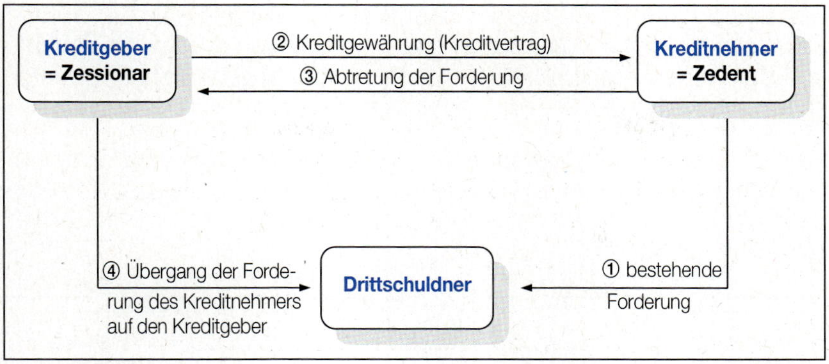

Abb. 9.21: Zession

Arten der Zession

Die **Forderungsabtretung** kommt **ohne den Drittschuldner** zu Stande, vielfach erfährt er nicht einmal davon. Je nachdem ob sie dem Drittschuldner mitgeteilt wird oder nicht, unterscheidet man **offene** und **stille Zession**.

- ***Offene Zession***

offene Zession

Bei der offenen Zession wird die Abtretung dem Drittschuldner vom Kreditnehmer *(Zedent)* mitgeteilt. Der Drittschuldner kann danach nur noch an den Kreditgeber *(Zessionar)* mit schuldbefreiender Wirkung zahlen. Die eingegangenen Beträge werden nach der Zahlung mit der Schuld des Kreditnehmers gegenüber dem Kreditgeber verrechnet. Ein etwaiger Überschuss steht dem Kreditnehmer zu.

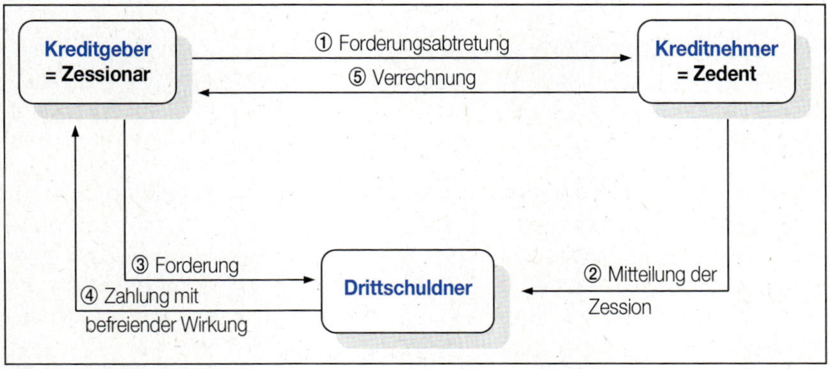

Abb. 9.22: Offene Zession

- ***Stille Zession***

stille Zession

Bei der **stillen Zession erfährt** der **Drittschuldner** von der Forderungsabtretung **nichts**. Er begleicht daher seine Verbindlichkeiten auch weiterhin an den Kreditnehmer, der die Zahlung an den Kreditgeber weiterleitet.

Die stille Zession spielt bei der Kreditsicherung gegenüber der offenen Zession die größere Rolle, da der Drittschuldner von der Kreditaufnahme und der Forderungsabtretung keine Kenntnis erlangt und damit das Ansehen des Kreditnehmers nicht geschädigt wird.

Für den **Kreditgeber** besteht allerdings die **Gefahr**, dass die Forderungen bereits an einen anderen Kreditgeber abgetreten wurden, der Kreditnehmer die Zahlungen nicht weiterleitet oder dass es sich bei der Abtretung um zweifelhafte Forderungen handelt.

stille Zession

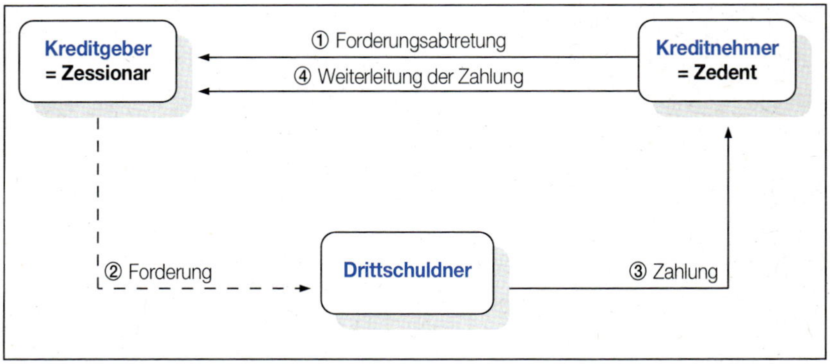

Abb. 9.23: Stille Zession

Theoretisch kann sich die Zession auf die Abtretung einer einzigen Forderung beziehen. Solche Fälle sind jedoch selten. Meist werden **mehrere Forderungen gleichzeitig** abgetreten, wobei man zwei Arten unterscheidet:

Globalzession

Bei der **Globalzession** werden alle gegenwärtigen und zukünftigen Forderungen gegenüber einem ganz bestimmten, exakt definierten Schuldnerkreis abgetreten, z.B. alle Forderungen gegenüber dem Kunden A – E oder alle Forderungen gegenüber Kunden in den neuen Bundesländern.

Mantelzession

Im Rahmen der **Mantelzession** verpflichtet sich der Kreditnehmer (Zedent), laufend Forderungen in einer bestimmten Gesamthöhe abzutreten. Der Kreditnehmer reicht dazu dem Kreditgeber Rechnungskopien oder Schuldnerlisten ein. Damit die Abtretungssumme gleich bleibt, muss der Kreditnehmer die durch Bezahlung erloschenen Forderungen durch die Abtretung neuer Forderungen ersetzen. Der Betrag der Mantelzession liegt allgemein aus Sicherheitsgründen über dem der Kreditsumme.

Zession bedeutet Abtretung von Forderungen. Bei der stillen Zession hat der Drittschuldner keine Kenntnis von der Abtretung, bei der offenen Zession wird ihm die Abtretung vom Abtretenden (Zedent) mitgeteilt.

9.7 Realkredite

9.7.1 Der Lombardkredit

Faustpfand

Der **Lombardkredit**[7] gehört zu den Realkrediten, bei denen Kredite durch Sachen gesichert sind (dinglich gesicherte Kredite). Das Wesen des Lombardkredits besteht darin, dass der **Kreditnehmer zur Sicherheit des aufgenommenen Kredits bewegliche Sachen** (z. B. Wertpapiere, Schmuck, Edelmetalle oder Waren) beim Kreditgeber **als Faustpfand** hinterlegt *(vgl. § 1204 BGB).*

In der Praxis kommt die Verpfändung von Wertpapieren (Wertpapierlombard) wesentlich häufiger vor als die Verpfändung von Waren (Warenlombard).

Durch Einigung zwischen dem Eigentümer der zu verpfändenden Sache und dem Kreditgeber über die Verpfändung und Übergabe des Pfandes an den Gläubiger wird der Pfandvertrag abgeschlossen (vgl. *§ 1205 BGB).* Der Kreditgeber wird daraufhin Besitzer des Pfandes, der Verpfänder bleibt weiterhin Eigentümer. Häufig befindet sich der Pfandgegenstand bereits im Besitz des Gläubigers (z. B. Aktien oder sonstige Wertpapiere im Depot einer Bank). In einem solchen Fall reicht die Einigung über das Pfandrecht aus.

Verpfändung

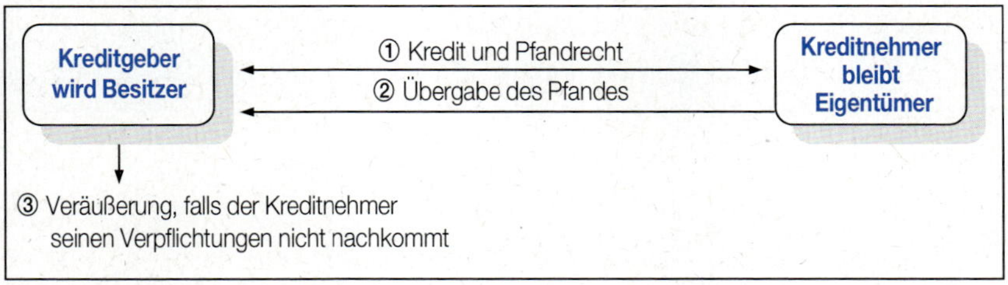

Abb. 9.24: Verpfändung im Rahmen des Lombardkredits

Durch das erhaltene Pfandrecht kann der Kreditgeber den Kredit nicht nur durch die persönliche Haftung des Kreditnehmers sondern zusätzlich auch durch das dingliche Recht absichern.

Das Pfandrecht erlischt, wenn der Kreditnehmer seinen Kredit zurückbezahlt hat.

Kommt der Kreditnehmer seinen Verpflichtungen nicht nach, kann der Gläubiger die Pfandsache nach vorheriger Androhung und nach Ablauf einer Wartefrist verkaufen[8] (so genannter „freihändiger" Verkauf, wenn das Pfand einen Börsen- oder Marktpreis hat) oder öffentlich versteigern

---

7) Das Wort „Lombard" leitet sich ab aus der Lombardei, einer Region in Oberitalien. Die Lombardei war im Mittelalter das Zentrum des europäischen Handels. Hier wurden erstmals Beleihungsgeschäfte getätigt.

8) Die gesetzlichen Androhungs- und Wartefristen vor der Veräußerung schließen die Kreditinstitute in ihren Allgemeinen Geschäftsbedingungen meist aus.

(vgl. *§§ 1220, 1221, 1235 BGB).* Aus dem Erlös werden dann die Forderungen befriedigt.

Beleihungswert

Im Rahmen der Lombardkredite beleihen die Banken die Pfandgegenstände nicht mit ihrem vollen Wert um ihr Risiko zu verringern. Der **Beleihungswert** von festverzinslichen Wertpapieren beträgt in der Regel nicht mehr als 70 %. Werden Aktien oder Waren als Pfand hinterlegt, so werden sie im Allgemeinen mit maximal 50 % ihres Wertes beliehen.

Kosten

Die **Kosten** des Lombardkredits sind in der Regel höher als beim Diskontkredit und geringer als beim Kontokorrentkredit.

Eignung

Mit einem Lombardkredit kann sich ein Unternehmen bei **kurzfristigen Liquiditätsengpässen** relativ schnell flüssige Mittel verschaffen, ohne dass die beliehenen Gegenstände (vor allem bei Wertpapieren) zu relativ ungünstigen Bedingungen verkauft werden müssen. Nachteilig wirkt sich aus, dass der Pfandgegenstand in den Besitz des Kreditgebers übergeht, sodass er während der Kreditlaufzeit nicht mehr genutzt werden kann. Die Verpfändung von Maschinen oder sonstigen betriebsnotwendigen Gegenständen scheidet daher aus.

Eigentum und Besitz

Beim Lombardkredit

- **bleibt der Kreditnehmer Eigentümer der Pfandgegenstände,**
- **der Kreditgeber (die Bank) wird Besitzer.**

9.7.2 Die Sicherungsübereignung

Wesen

Weder bei der Anschaffung einer neuen Maschine noch beim Kauf eines privaten Pkws ist die Absicherung durch Verpfändung sinnvoll. In beiden Fällen möchte der Kreditnehmer das zu finanzierende Objekt von Anfang an nutzen. Hier bietet sich die **Sicherungsübereignung** an.

Besitzkonstitut

Bei der Sicherungsübereignung dient ebenfalls eine Sache als Kreditsicherheit, die übereigneten Gegenstände bleiben jedoch weiterhin im unmittelbaren Besitz des Schuldners **(Besitzkonstitut)**.

Im Rahmen des Sicherungsübereignungskredits wird in einem gesonderten Vertrag das Eigentum an einer beweglichen Sache durch beiderseitige Einigung auf den Gläubiger übertragen (besitzloses Eigentum). Mit dem Sicherungsübereignungsvertrag wird somit zugleich ein Miet-, oder Leihvertrag abgeschlossen.

Risiken

Dadurch, dass die Sicherungsübereignung nach außen hin nicht erkennbar ist, riskiert der Gläubiger, dass die Sache bereits an einen anderen Dritten übereignet ist oder an einen gutgläubigen Dritten veräußert wird. Darüber hinaus besteht die Gefahr, dass die Sache während der Kreditlaufzeit beschädigt oder zerstört wird. Wahrscheinlich ist auch, dass die beliehene Sache während der Laufzeit an Wert verliert, da sie genutzt wird. Aus diesem Grund wird nur ein relativ geringer Teilwert des übertragenen Gegenstandes beliehen.

Verwertung

Das Eigentumsrecht kann der Kreditgeber erst dann ausüben, wenn der Kreditnehmer seinen Verpflichtungen nicht nachkommt. In diesem Fall kann der Kreditgeber die Herausgabe der Sache verlangen. Erfüllt der Kreditgeber hingegen seine Schuld, so geht das Eigentum am Ende der Kreditlaufzeit ohne weitere Vereinbarung wieder auf den Kreditnehmer über.

Eigentum und Besitz

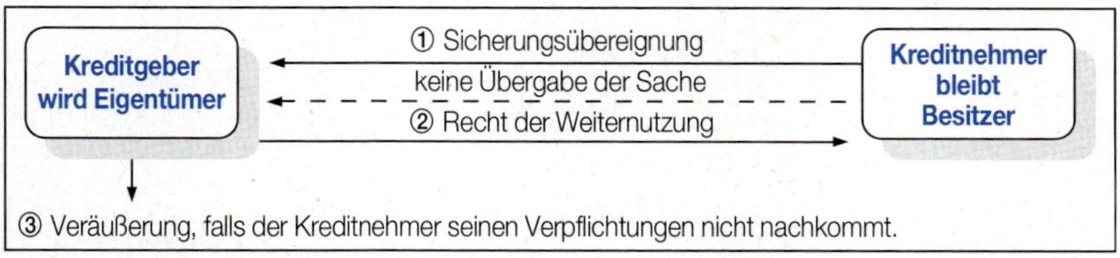

Abb. 9.25: Sicherungsübereignung

Bei der Sicherungsübereignung wird der Kreditgeber Eigentümer, der Kreditnehmer kann die Sache (Maschinen, Fahrzeuge etc.) aber weiterhin nutzen, er bleibt Besitzer.

9.7.3 Eigentumsvorbehalt

Der **Eigentumsvorbehalt** ist eine **typische Kreditsicherung** beim **Lieferantenkredit**. Da der Lieferant die Ware dem Kunden übergibt, dieser jedoch erst nach Ablauf des Zahlungszieles den Kaufpreis entrichten muss, bleibt dem Lieferer das Risiko des Forderungsausfalls. Aus Sicherheitsgründen **behält er sich deshalb das Eigentum an der Sache vor** *(vgl. § 449 BGB)*.

Eigentumsvorbehalt beim Lieferantenkredit

Dieser Eigentumsvorbehalt muss zwischen den Vertragspartnern im Kaufvertrag oder durch Anerkennung der Allgemeinen Geschäftsbedingungen vereinbart werden, z. B. durch die **Klausel**: *„Die Ware bleibt bis zur vollständigen Bezahlung unser Eigentum."*

> ***Beispiel:*** *Max Frisch aus Potsdam bezieht am 1. Oktober für sein Sanitärfachgeschäft von der Fa. Ceramix 100 verschiedene Badezimmerarmaturen in verschiedenen Designs. Die Fa. Ceramix gewährt ein Zahlungsziel von 30 Tagen und behält sich das Eigentum an der Ware vor. Frisch wird daher mit der Übergabe der Ware Besitzer, die Fa. Ceramix bleibt aber Eigentümerin, bis Frisch den Kaufpreis – spätestens bis zum 31. Oktober – überwiesen hat.*

Ansprüche des Verkäufers bei Nichtzahlung

Ansprüche des Verkäufers bei Nichtzahlung des Kaufpreises	
Beim Kauf *ohne* Eigentumsvorbehalt	**Beim Kauf *mit* Eigentumsvorbehalt**
• Nur schuldrechtlicher Anspruch	• Schuldrechtlicher Anspruch ***und*** sachenrechtlicher Anspruch auf Herausgabe (§ 985 BGB)
• Verkäufer verliert mit Übergabe der Kaufsache das Eigentum	• Verkäufer bleibt trotz Übergabe der Kaufsache Eigentümer

Der **Eigentumsvorbehalt** kann in drei verschiedenen **Formen** vereinbart werden.

Arten des Eigentumsvorbehalts

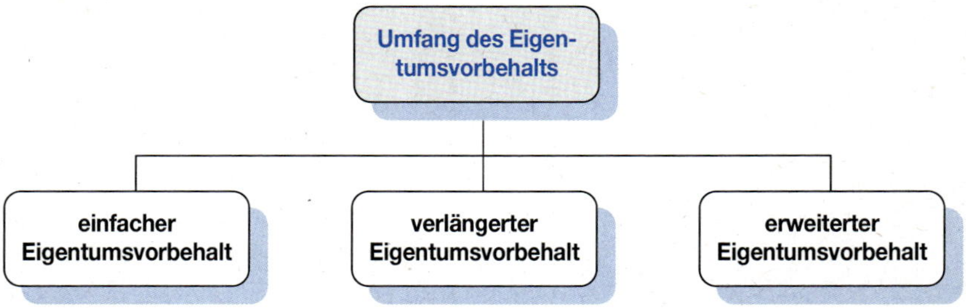

Abb. 9.26: Formen und Umfang des Eigentumsvorbehalts

- ***Einfacher Eigentumsvorbehalt***

einfacher Eigentumsvorbehalt

Beim **einfachen Eigentumsvorbehalt** hat der Lieferer das Recht, vom Vertrag zurückzutreten und die Ware zurückzufordern, falls der Kunde (Kreditnehmer) seinen Zahlungsverpflichtungen nicht rechtzeitig nachkommt.

Der **einfache Eigentumsvorbehalt erlischt** allerdings, wenn die Ware an einen gutgläubigen Dritten – an jemanden, der vom Eigentumsvorbehalt nichts wusste – weiterveräußert oder wenn die Sache mit einem Grundstück fest verbunden wird.

> ***Beispiel:*** *Max Frisch verkauft fünf Unterputzarmaturen an den Installateur Dürrschmidt (gutgläubiger Dritter), der diese in einen Neubau einbaut. Der Eigentumsvorbehalt der Fa. Ceramix ist damit erloschen.*

- ***Verlängerter Eigentumsvorbehalt***

verlängerter Eigentumsvorbehalt

Mit einem **verlängerten Eigentumsvorbehalt** will man verhindern, dass die Sicherheit des Eigentumsvorbehalts mit der Weiterveräußerung der Ware entfällt. Der Käufer tritt daher vertraglich bereits im voraus die Forderungen aus dem Weiterverkauf der Waren an den ursprünglichen Lieferer ab.

Beispiel: Max Frisch verpflichtet sich schon bei Lieferung der Badezimmerarmaturen gegenüber der Fa. Ceramix, alle aus der Weiterveräußerung entstehenden Forderungen an Ceramix abzutreten.

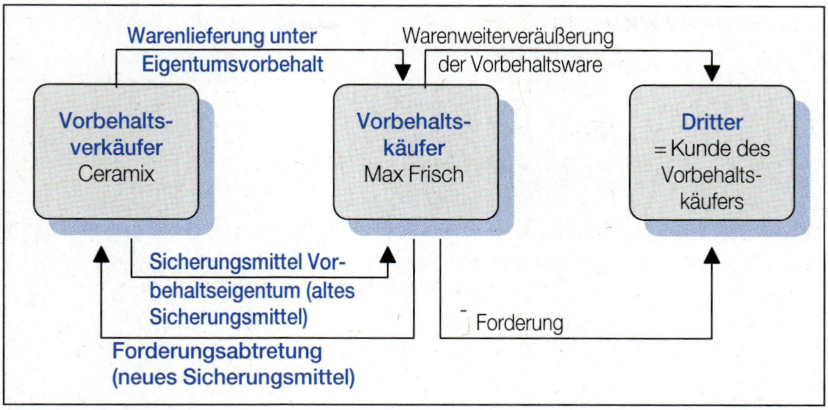

Abb. 9.27: Verlängerter Eigentumsvorbehalt

- ***Erweiterter Eigentumsvorbehalt***

erweiterter Eigentumsvorbehalt

Beim **erweiterten Eigentumsvorbehalt** erstreckt sich das Vorbehaltsrecht des Lieferers auf alle Lieferungen an seine Kunden. Das Eigentum geht erst dann auf den Käufer über, wenn **alle Verbindlichkeiten gegenüber** dem **Verkäufer** beglichen sind.

Beispiel: Ceramix liefert am 15.10. 25 Duschwannen im Wert von 15.800 € (Zahlungsziel 30 Tage) und am 10.11. 50 Einhandhebelmischer im Wert von 4.400 € (Zahlungsziel 30 Tage). Am 20.11. begleicht Frisch die erste Rechnung vom 15.10. über 15.800 €, am 10.12. bezahlt er 4.400 € zum Ausgleich der Rechnung vom 10.11. Wenn ein erweiterter Eigentumsvorbehalt mit Ceramix vereinbart wurde, geht das Eigentum sowohl an den Duschwannen als auch an den Einhandhebelmischern erst am 10.12. auf Frisch über.

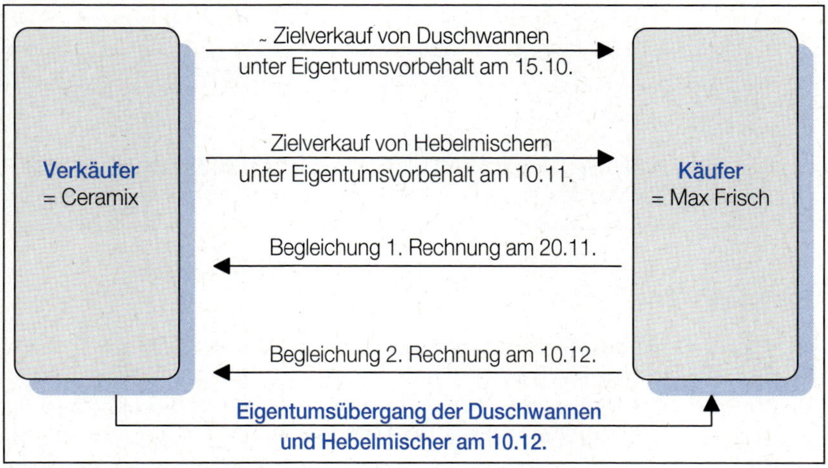

Abb. 9.28: Erweiterter Eigentumsvorbehalt

Im Rahmen von Lieferantenkrediten wird häufig ein Eigentumsvorbehalt als Kreditsicherung vereinbart. Man unterscheidet den einfachen, den verlängerten und den erweiterten Eigentumsvorbehalt.

9.7.4 Grundpfandrechte

Pfandrecht

Ein Grundpfandrecht ist eine Kreditsicherheit, die durch **Verpfändung von unbeweglichem Vermögen** (Grundstücke und Gebäude) entsteht. Die Absicherung erfolgt durch **Eintragen** des Grundpfandrechts **ins Grundbuch**. Grundpfandrechte sind

- Hypothek und
- Grundschuld.

Grundbuch

Das Grundbuch ist das öffentliche Verzeichnis aller Grundstücke eines Grundbuchbezirks. Es wird beim Grundbuchamt des Amtsgerichts geführt.

Im Grundbuch eingetragen sind z. B.
- Lage und Größe eines Grundstücks,
- Eigentümer,
- Grundpfandrechte wie Hypotheken, Grundschulden und sonstige Belastungen.

öffentlicher Glaube

Das Grundbuch bzw. seine Eintragungen genießen **öffentlichen Glauben**. Jeder kann sich daher auf die Eintragungen im Grundbuch verlassen, es sei denn, dass er wusste, dass es sich um eine unrichtige Eintragung handelt *(§ 892 Abs. 1 BGB).*

Grundpfandrechte sind Pfandrechte an einem Grundstück. Sie müssen im Grundbuch eingetragen werden.

Was nicht im Grundbuch steht, das gibt es auch draußen nicht.

- ***Die Hypothek***

Wesen der Hypothek

Die **Hypothek** ist eine **Belastung eines Grundstücks**, durch die der Kreditgeber (Hypothekengläubiger) berechtigt ist, sich wegen einer bestimmten Forderung (z. B. wegen eines gewährten Baudarlehens) aus dem Grundstück zu befriedigen *(vgl. § 1113 ff. BGB).* Die **Hypothek ist an den Bestand einer Forderung gebunden** *(Akzessorietät der Hypothek).*

Der Hypothekengläubiger hat einen

- **dinglichen Anspruch aus der Hypothek** und einen
- persönlichen Anspruch aus dem Darlehen.

Der **dingliche Anspruch** auf Zahlung aus dem Grundstück, d.h. auf Duldung der Zwangsvollstreckung oder Zwangsverwaltung, umfasst die eigentliche Darlehensforderung, die gesetzlichen Zinsen sowie die entstehenden Kosten.

Der **persönliche Anspruch** aus dem Darlehen erstreckt sich auf das gesamte Vermögen des Schuldners. Da die **Hypothek abhängig von der Forderung** ist, verringert sie sich in gleicher Höhe wie die Darlehensschuld. Sie erlischt mit der Rückzahlung des Kredits.

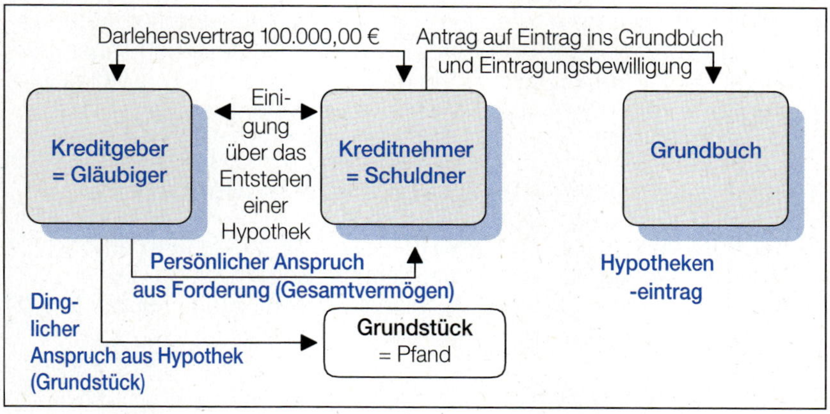

Abb. 9.29: Anspruchsgrundlagen des Hypothekengläubigers

Entstehen einer Hypothek

Die Hypothek entsteht (siehe *§ 873 BGB*) durch

1. einen Darlehensvertrag (Voraussetzung),
2. Einigung zwischen Darlehensgeber und Darlehensnehmer,
3. Antrag auf Eintragung ins Grundbuch und Eintragungsbewilligung durch den Darlehensnehmer (Grundstückseigentümer),
4. Eintrag ins Grundbuch.

Eine **Buchhypothek** wird in das Grundbuch eingetragen, ohne dass zusätzlich ein Hypothekenbrief erstellt wird. Bei einer **Briefhypothek** wird zusätzlich zum Grundbucheintrag ein Hypothekenbrief erstellt.

- ***Die Grundschuld***

Wesen der Grundschuld

Auch die **Grundschuld** ist wie die Hypothek **ein Pfandrecht an einem Grundstück**. Sie ist jedoch **nicht an das Bestehen eines Schuldverhältnisses** bzw. einer Forderung **gebunden**.

§ 1191 BGB Gesetzlicher Inhalt der Grundschuld

(1) Ein Grundstück kann in der Weise belastet werden, dass an denjenigen, zu dessen Gunsten die Belastung erfolgt, eine bestimmte Geldsumme aus dem Grundstücke zu zahlen ist (Grundschuld).

Die Grundschuld ist ohne Schuldgrund

Unterschied Grundschuld-Hypothek

Bei der Grundschuld wird ein Grundstück mit einer bestimmten Geldsumme zugunsten des Kreditgerbers belastet. Da keine konkrete Forderung gegenüber dem Grundstückseigentümer bestehen muss (Abstraktheit der Grundschuld), wird in das Grundbuch auch nur die Höhe der Grundschuld, nicht jedoch der Schuldgrund eingetragen.

Der Kreditgeber hat zwei Ansprüche gegenüber dem Kreditnehmer:

- Zunächst besteht ein persönlicher Anspruch aus einem bestimmten Darlehen gegenüber dem Kreditnehmer. Kommt dieser seinen Verpflichtungen nicht nach (z. B. Nichtzahlung von Raten), hat der Kreditgeber einen dinglichen Anspruch aus der Grundschuld.
- Der dingliche Anspruch aus der Grundschuld hat zur Folge, dass der Kreditgeber bei Nichtzahlung des Geldschuldners eine Verwertung der Grundschuld verlangen kann. Nach Erwirken eines vollstreckbaren Titels kann der Gläubiger die Zwangsvollstreckung betreiben.

Die Grundschuld erlischt nicht, wenn der Geldschuldner seinen Verpflichtungen gegenüber dem Kreditgeber nachgekommen ist. Sie bleibt in voller Höhe im Grundbuch stehen, da sie von einer speziellen Forderung losgelöst ist.

Eine Grundschuld entsteht,

- wenn sich der Kreditgeber und der Geldschuldner (Grundstückseigentümer) auf die Bestellung eines Grundpfandrechts einigen.

Buchgrundschuld

- wenn die Grundschuld in das Grundbuch eingetragen wurde (Buchgrundschuld) oder
- wenn das Grundbuchamt nach Eintragung der Grundschuld in das Grundbuch dem Gläubiger nach Anweisung des Geldschuldners einen Grundschuldbrief ausstellt (Briefgrundschuld).

Hat der Kreditnehmer seine Verpflichtungen gegenüber dem Kreditgeber erfüllt, kann die Grundschuld gelöscht werden. Der Grundstückseigentümer kann die Grundschuld jedoch auch stehen lassen und später erneut zur Absicherung eines Kredits nutzen. In diesem Fall erspart er sich die Kosten für die notarielle Eintragung.

Briefgrundschuld

Hinweis: Da die Grundschuld meist zur Absicherung eines gewährten Darlehens bestellt wird und in der Grundschuld-Bestellungsurkunde die persönliche Haftung mit Zwangsvollstreckungsklausel vereinbart wird, besteht in der Bankpraxis auch bei der Grundschuld neben dem dinglichen Anspruch aus dem Grundstück ein persönlicher Anspruch aus dem Darlehensvertrag bzw. es besteht ein dinglicher und persönlicher Anspruch aus der Urkunde.

Unterschiede	Grundschuld	Hypothek
Wesen	Belastung eines Grundstücks mit dem Ziel, Schulden bis zu einer bestimmten Höhe abzusichern (abstrakte Absicherung, nicht akzessorisch).	Belastung eines Grundstücks mit dem Ziel, eine *bestimmte* Schuld in einer bestimmten Höhe abzusichern (konkrete Absicherung, akzessorisch).
Entstehung und Erwerb	Einigung und Eintragung im Grundbuch (Buchgrundschuld). Bei Briefgrundschuld Übergabe des Grundschuldbriefes.	Einigung und Eintragung in Abteilung 3 (Buchhypothek). Bei Briefhypothek Übergabe des Hypothekenbriefes. Auszahlung des Darlehens.
Haftung	Rein dingliches Pfandrecht, d. h. der Kreditnehmer haftet bei Ausfall allein mit dem Grundstück. Gegenüber dem Kreditnehmer besteht keine persönliche Forderung.	Dingliche Sicherheit am Grundstück *und* persönliche Sicherheit des Kreditnehmers.
Nach der Rückzahlung des Kredits	Die Grundschuld bleibt auch nach durchgeführter Tilgung bestehen und kann neu in Anspruch genommen werden. Sie erlischt erst dann, wenn sie im Grundbuch gelöscht wird. Auf diese Weise kann sie als Eigentümergrundschuld aufrechterhalten werden, um einen späteren Kreditbedarf schnell befriedigen zu können.	Die Hypothek verringert sich im gleichen Maße wie die Forderungen aufgrund von Tilgungen. Wird der Kredit endgültig beglichen, so kann durch den Schuldner die Löschung der Hypothek beantragt werden.
Vorteile	Das zu Grunde liegende Rechtsgeschäft ist weder aus dem Grundbuch noch aus dem Grundschuldbrief zu ersehen. Die Grundschuld eignet sich für jede Art von Kredit (Flexibilität). Kostengünstiger als die Hypothek, da keine weiteren Kosten bei der Aufnahme eines anderen Kredits entstehen.	Eignet sich zur Absicherung von langfristigen Krediten.

Die Hypothek ist ein Grundpfandrecht, bei dem Eigentümer und Grundstück haften (dingliche und persönliche Haftung) und die das Bestehen einer Forderung voraussetzt. Die Grundschuld ist ein Pfandrecht, bei dem nur das Grundstück haftet (dingliche Haftung) und die kein Bestehen einer Forderung voraussetzt.

Wiederholungsfragen

Wiederholungsfragen

1. *Welche Möglichkeiten zur Kreditsicherung kennen Sie?*
2. *Was ist eine Bürgschaft?*
3. *Worin unterscheiden sich selbstschuldnerische Bürgschaft und Ausfallbürgschaft?*
4. *Was versteht man unter Forderungsabtretung?*
5. *Wodurch unterscheiden sich stille und offene Zession?*
6. *Welche Nachteile hat die stille Zession für den Kreditgeber?*
7. *Was ist ein Eigentumsvorbehalt?*
8. *Unterscheiden Sie zwischen einfachem, verlängertem und erweitertem Eigentumsvorbehalt!*
9. *Worin liegt der Unterschied zwischen einem Lombardkredit und der Kreditsicherung durch Sicherungsübereignung?*
10. *Was ist das Grundbuch und wo wird es geführt?*
11. *Was sind Grundpfandrechte?*
12. *Worin unterscheiden sich Hypothek und Grundschuld?*
13. *Wieso ist die Grundschuld ohne Schuldgrund?*

9.8 Besondere Finanzierungsformen

9.8.1 Leasing

Bei Max Frisch, unserem Sanitärfachhändler aus Potsdam, den wir ja bereits kennen, stehen mehrere Investitionen an. Ein vor zwei Jahren bereits gebraucht angeschaffter Lieferwagen hat mittlerweile 250.000 Kilometer auf dem Buckel; er soll durch ein neues Fahrzeug ersetzt werden. Kosten: 30.000,00 €. Für die Einrichtung von zwei neuen Arbeitsplätzen im Büro benötigt Frisch dringend zwei vernetzbare Personalcomputer mit Drucker sowie Büromöbel. Hierfür werden die Kosten auf rund 20.000,00 € veranschlagt.

Im Gespräch mit einem Unternehmensberater werden verschiedene Finanzierungsalternativen im Rahmen der Eigen- und Fremdfinanzierung diskutiert. Der Berater macht Max Frisch auch auf die interessante Alternative des Leasings aufmerksam. Frisch stellt sich dabei die Fragen:

- *Was ist Leasing überhaupt genau?*
- *Welche Güter kann man leasen?*
- *Was kostet Leasing?*
- *Worin liegen die Vorteile und Nachteile des Leasings?*

direktes und indirektes Leasing

Leasing eine Sonderform der Außen- bzw.Fremdfinanzierung. Es ist vergleichbar mit dem Mieten bzw. Pachten. Der Leasinggeber übergibt dem Leasingnehmer ein Anlagegut (Gebäude, Maschine, Fahrzeug) und gewährt ihm während der vereinbarten Mietzeit die Nutzung der geleasten Sache. Im Gegenzug muss der Leasingnehmer ein entsprechendes Entgelt (= Leasingrate) zahlen.

Nach Ablauf der Leasinglaufzeit kann der Leasingnehmer

- das geleaste Gut an den Leasinggeber zurückgeben,
- den Leasingvertrag verlängern oder
- das Leasinggut (zum Restwert) kaufen.

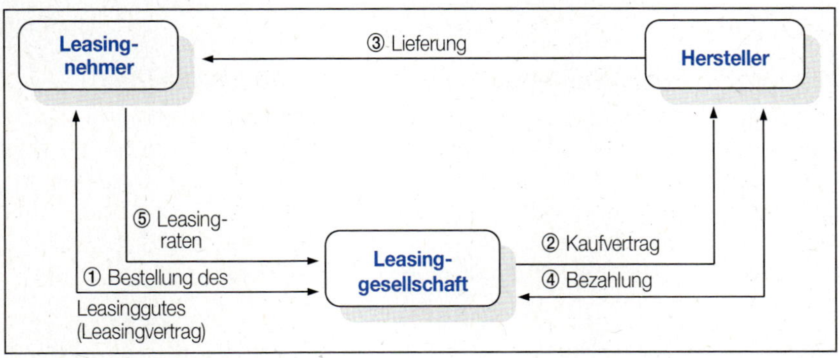

Abb. 9.30: Leasinggeschäft mit Leasinggesellschaft

Abhängig davon, ob der Hersteller selbst oder eine zwischengeschaltete Finanzierungs- oder Leasinggesellschaft als Leasinggeber auftritt, unterscheidet man zwischen direktem oder indirektem Leasing.

Leasing-objekte

Seit vielen Jahren wird Leasing in Unternehmen aller Branchen als spezielle Form der Finanzierung genutzt. Auch im privaten Bereich gewinnt das Leasing immer mehr an Bedeutung. Vor allem **Fahrzeuge** aller Art, **EDV-Systeme** und **Bürokommunikationsanlagen** werden geleast.

Investitionsgüter und Konsumgüterleasing

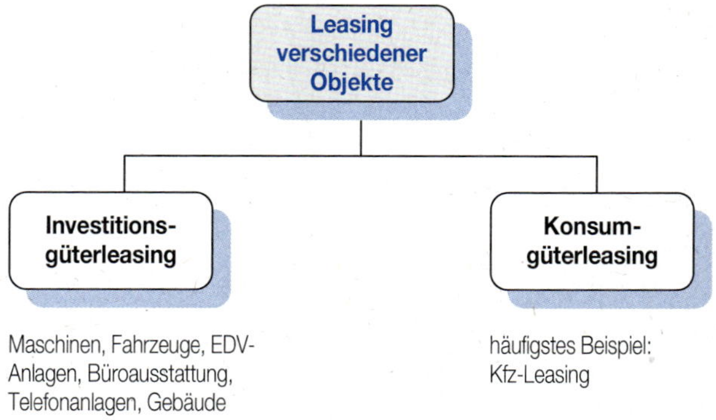

Abb. 9.31: Leasingobjekte

Leasingverträge können auf die speziellen Erfordernisse des Leasingnehmers abgestimmt werden und unterschiedliche Bedingungen aufweisen. Grundsätzlich unterscheidet man

- Operate-Leasing und
- Finance-Leasing.

Operate-Leasing

Im Rahmen von **Operate-Leasing**verträgen werden die Leasingobjekte nur kurzfristig geleast.

> ***Beispiel:*** *Ein Unternehmen benötigt eine erweiterte Ausstattung seines Textverarbeitungssekretariats, da ein saisonbedingter Engpass zu überbrücken ist. Eine feste Anschaffung neuer Geräte lohnt nicht. Es least daher für einige Monate fünf zusätzliche PCs.*

Das Risiko für das leasende Unternehmen ist relativ gering, da Operate-Leasingverträge kurzfristig kündbar sind. Nach der Kündigung, spätestens aber nach Ablauf des Vertrages, kann der Leasingnehmer das Leasingobjekt ohne weitere Verpflichtungen an den Leasinggeber zurückgeben. Der Leasinggeber wird aus diesem Grund nur universell einsetzbare Leasingobjekte zum Operate-Leasing anbieten, die er mehrfach und nacheinander an verschiedene Kunden verleasen kann.

Finance-Leasing

Anders als beim Operate-Leasing wird beim **Finance-Leasing** zwischen Leasinggeber und Leasingnehmer eine **feste Grundmietzeit** vereinbart, während der der Leasingvertrag nicht kündbar ist. Finance-

Leasingverträge sind meist langfristiger Natur und erstrecken sich auf mehrere Jahre.

Aus Sicht des Leasinggebers müssen sich die Leasingobjekte während der Grundmietzeit voll amortisieren und zusätzlich einen Gewinn abwerfen. Daher sind in den **Leasingraten** die

- Anschaffungs- oder Herstellungskosten des Leasingobjektes,
- eine entsprechende Verzinsung des Kapitals sowie
- ein angemessener Gewinn

einkalkuliert.

- ***Wie ist die Finanzierung durch Leasing zu beurteilen?***

Vorteile

Vor allem **kleineren und mittleren Betrieben** bietet das Leasing eine **Möglichkeit der Anlagenfinanzierung**, die mit Eigenkapital oft nicht und mit Fremdkapital wegen fehlender Sicherheiten oder infolge der bereits hohen Verschuldung nur schwer zu realisieren ist. Ein weiterer Vorteil ergibt sich in der **geringen Liquiditätsbelastung**, da die Ausgaben für die Leasingraten über mehrere Jahre verteilt werden.

Durch Leasing kann ein Unternehmen seinen Maschinen- und Fahrzeugpark oder seine betriebliche Ausstattung auf dem **neuesten Stand der Technik** halten, wenn es relativ kurze Grundmietzeiten vereinbart und die alten Objekte jeweils durch die technisch Neuesten ersetzt. In diesem Fall werden aber auch die Leasingraten besonders hoch sein.

Kosten

Überhaupt verursacht Leasing **beträchtliche Kosten**, denn der Leasingnehmer kalkuliert in die **Leasingraten** nicht nur die bereits erwähnten **Abschreibungen**, die **Zinsen** für das eingesetzte Kapital sowie einen angemessenen **Gewinn** ein, sondern oft sind auch noch **Risikozuschläge** für Verschleiß, Beschädigung oder Veralterung, **Nebenkosten** für Überführung und Kosten der Montage (z. B. bei Maschinen) enthalten.

Notwendige **Versicherungen, Wartungs- und Unterhaltskosten** hat in der Regel der Leasingnehmer zu tragen.

Das folgende Beispiel vergleicht die Anschaffung einer Maschine für 900.000,00 € bei einer betriebsüblichen Nutzungsdauer von 6 Jahren, indem es Darlehensfinanzierung[9] und Leasing[10] gegenüberstellt.

Die Einnahmen aus der Maschinennutzung betragen pro Jahr 220.000,00 €.

Vergleich Leasing, Bar- und Kreditkauf

Jahr	Ausgaben		Einnahmen	Liquiditätsbelastung (kumuliert) (Ausgaben - Einnahmen)	
	Kreditkauf	Leasing		Kreditkauf	Leasing
1	231.000,00 €	414.000,00 €	220.000,00 €	11.000,00 €	194.000,00 €
2	217.500,00 €	324.000,00 €	220.000,00 €	8.500,00 €	298.000,00 €
3	204.000,00 €	324.000,00 €	220.000,00 €	- 7.500,00 €	402.000,00 €
4	190.500,00 €	324.000,00 €	220.000,00 €	- 37.000,00 €	506.000,00 €
5	177.000,00 €	18.000,00 €	220.000,00 €	- 80.000,00 €	304.000,00 €
6	163.500,00 €	18.000,00 €	220.000,00 €	- 136.500,00 €	102.000,00 €
Σ	1.183.500,00 €	1.422.000,00 €			

Quelle: Olfert, Finanzierung, Kiehl Verlag Ludwigshafen

9.8.2 Factoring

Factoring

Die aus den USA stammende Finanzierungsform des **Factorings** hat sich auch in Deutschland immer mehr durchgesetzt. Betriebswirtschaftlich ist die Factoringfinanzierung der Außenfinanzierung bzw. Fremdfinanzierung zuzuordnen.

Funktionen des Factoring

Ein **Factor** (Bank oder spezielle Factoring-Gesellschaft) **kauft** von seinen Kunden **Forderungen** aus Warenlieferungen und Leistungen. **Der Factor erwirbt das Eigentum an den gekauften Forderungen**. Neben der reinen **Finanzierungsfunktion** übernimmt somit der Factor das Risiko des Forderungsausfalls (**Delkrederefunktion**). Dies unterscheidet das Factoring von der Sicherungsabtretung.

---

9) Kreditsumme 900.000,00 €, Zinsen 8 %, Tilgung in sechs gleichen Raten.

10) Grundmietzeit 4 Jahre, Abschlussgebühr 10 %, Leasingrate 3 % pro Monat, ab dem 5. Jahr 18.000,00 € pro Jahr.

Beim Factoring trägt das Kreditinstitut (Factor) das Risiko des Zahlungseingangs, bei der Forderungsabtretung trägt dieses Risiko der Kreditnehmer.

Es ist allerdings zu beachten, dass der Factor wegen des Delkredererisikos eine **Delkrederegebühr** kalkuliert und diese seinen Kunden berechnet. Neben der Finanzierungs- und Delkrederefunktion kann der Factor häufig noch **Dienstleistungsfunktionen** erfüllen (Debitorenbuchhaltung, Inkasso, Mahnwesen und Rechnungsschreibung). Für die Übernahme dieser Funktionen berechnet der Factor neben den Zinsen für die Vorauszahlung eine Factoring-Provision. Die zusätzlichen finanziellen Mittel aus dem Forderungsverkauf können zum Ausgleich von Verbindlichkeiten verwendet werden.

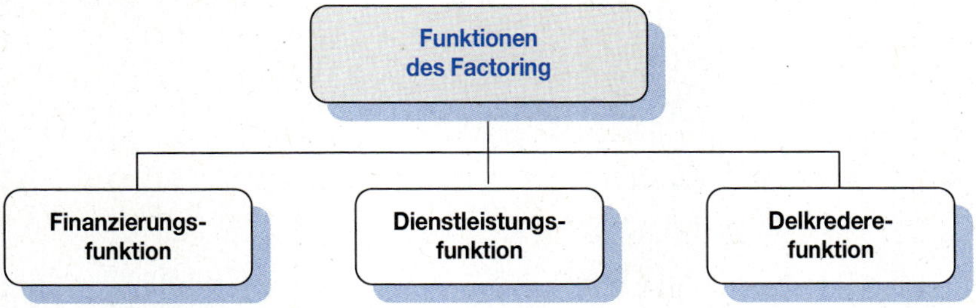

Abb. 9.32: Funktionen des Factoring

Beispiel:

Verkauf von Warenforderungen zu folgenden Bedingungen:

Warenforderung = 11.600,00 €	*Vorauszahlung 80 %*	*= 9.280,00 €*
Der Gegenwert der Vorauszahlung wird unter Abzug der Provision dem Verkäufer der Forderungen vergütet		*= 8.980,00 €*
Zinsen für den Vorschuss, Factoring-Gebühr, Delkrederegebühr		*= 300,00 €*

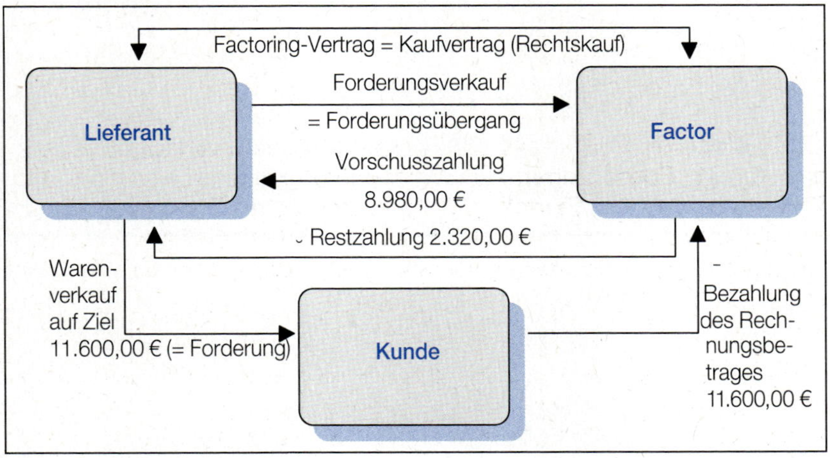

Abb. 9.33: Factoring-Vertrag

Gerät der Kunde in Insolvenz, stehen die vor Insolvenzeintritt abgetretenen Forderungen dem Factor zu, d. h. sie gehören nicht zur Insolvenzmasse. Fällt der Factor in Insolvenz, gehören die abgetretenen Forderungen zu seiner Insolvenzmasse.

Vor- und Nachteile der Factoringfinanzierung

Vorteile der Factoringfinanzierung für den Kunden	Nachteile der Factoringfinanzierung für den Kunden
1. Kein Delkredererisiko 2. Zusätzliche Kapitalzufuhr 3. Kosteneinsparung durch Verminderung der Verwaltungsaufgaben	1. Zins- und Provisionszahlungen für den vom Factor vorfinanzierten Forderungsbestand 2. Kein enger Kundenkontakt 3. Keine sofortige Auszahlung, lediglich Vorschusszahlung

Wiederholungsfragen

Wiederholungsfragen

1. *Was verstehen Sie unter Leasing?*
2. *Worin unterscheiden sich*
   a) Direktleasing und indirektes Leasing,
   b) Operate-Leasing und Finance-Leasing?
3. *Welche Kosten fließen in der Regel in die Kalkulation der Leasingraten durch den Leasinggeber ein?*
4. *Nennen Sie Vor- und Nachteile des Leasings für den Leasingnehmer!*
5. *Was versteht man unter Factoring?*
6. *Welche Funktionen übernimmt der Factor?*
7. *Wie unterscheiden sich Factoring und Zession?*

9.9 Die notleidende Unternehmung

Schlagzeilen

Beim Blick in die Schlagzeilen unserer Tageszeitungen finden wir immer wieder Meldungen wie diese:

„Kölner Pharmaunternehmen steht vor der Insolvenz".

„Ist General Motors noch zu retten?".

„In den neuen Bundesländern steigt die Zahl der Insolvenzen".

„Im letzten Jahr mussten rund 35.000 Betriebe Insolvenz beantragen".

„Am Bau gibt's die meisten Pleiten".

Ähnlich wie in einem lebenden Organismus1 können auch in einer **Unternehmung Schwierigkeiten** auftreten, die den geplanten und erwünschten Ablauf stören. Die Störungen zeigen sich an **verschiedenen Merkmalen**, z. B. an

- *sinkenden Umsätzen,*
- *rückläufigen Gewinnen bzw. dem Auftreten von Verlusten,*
- *schrumpfendem Eigenkapital bei vermehrtem Kreditbedarf,*
- *steigender Verschuldung,*
- *Liquiditätsengpässen und Zahlungschwierigkeiten des Unternehmens.*

Unternehmenskrisen

Die **Gründe für derartige Schwierigkeiten** sind vielfältig. Sie können sowohl im Betrieb selbst als auch außerhalb des Betriebes liegen. Die folgende Abbildung zeigt **innerbetriebliche Ursachen** und **außerbetriebliche Ursachen** für Unternehmenskrisen.

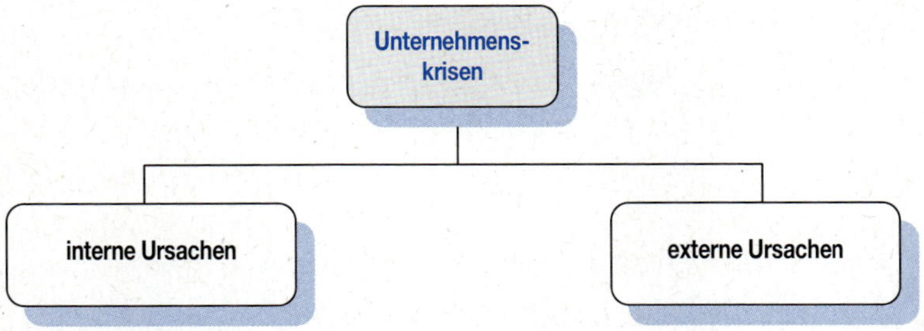

interne Ursachen

- Fehlentscheidungen der Unternehmensleitung
- Fehlinvestitionen
- falsche Produktpolitik
- Nachlässigkeit des Personals
- veraltete Anlagen
- schlechte Qualität
- geringes Kostenbewusstsein
- schlechte Organisation
- zu geringes Eigenkapital

externe Ursachen

- Bedarfsverschiebungen
- verschärfte Konkurrenz
- rückläufige Konjunktur
- steigende Kosten
- sinkende Produktionsfaktoren
- Ausfall von Absatzmärkten

Abb. 9.34: Ursachen von Unternehmenskrisen

In Krisensituationen wird man aus wirtschaftlichen Gründen, aber auch aus sozialen Überlegungen (Erhalt von Arbeitsplätzen) heraus zunächst versuchen, den Bestand des Unternehmens zu sichern. Eine **außergerichtliche Einigung und Gesundung auf Kosten der Eigentümer** bzw. der Arbeitnehmer nennt man **Sanierung**, sind Opfer der Gläubiger notwendig um den Betrieb zu retten (Forderungsverzicht) und bemüht man die Gerichte, kommt es zum **Insolvenzverfahren**.

9.9.1 Die Sanierung

Sanierungsmaßnahmen

Unter **Sanierung** versteht man **alle Maßnahmen zur Gesundung eines Unternehmens ohne Hilfe der Gläubiger**. Diese umfassen die Beseitigung aller innerbetrieblichen Ursachen der Krise, damit das Unternehmen wieder wirtschaftlich und rational arbeiten kann.

- **personelle Maßnahmen**, z. B. Umbesetzung in der Unternehmensleitung, Kurzarbeit, Personalabbau, Weiterqualifikation der Mitarbeiter;
- **organisatorische Maßnahmen**, z. B. Straffung der Aufbauorganisation, Verbesserung der Kommunikation, Rationalisierung im Betriebsablauf, Einführung neuer Organisationsformen, -mittel und -methoden;
- **sachliche Maßnahmen**, z. B. Änderung des Produktions- oder Dienstleistungsprogramms bzw. des Sortiments, Modernisierung des Maschinenparks, Schließung unrentabler Betriebsteile, Rationalisierung;
- **finanzielle Maßnahmen**, z. B. Zuführung von zusätzlichem Eigen- oder Fremdkapital, Umschuldung.

9.9.2 Der außergerichtliche Vergleich

Verzicht oder Aufschub von Forderungen

Beim **Vergleich verzichten** die **Gläubiger auf** einen Teil ihrer **Forderungen oder** sie gewähren einen **Zahlungsaufschub** in Form einer Stundung um die wirtschaftlichen Schwierigkeiten des Schuldners zu überwinden und das Unternehmen zu retten.

Der Vergleich kommt ohne Einschaltung der Gerichte zu Stande. Man unterscheidet zwei Formen,

- den **Stundungsvergleich** *(Moratorium)* und
- den **Erlassvergleich** *(Quotenvergleich).*

Stundung

Kann der Schuldner seine Gläubiger zu einem **Stundungsvergleich** bewegen, stunden sie ihm alle oder einen Teil ihrer Forderungen für einen bestimmten Zeitraum. Auf diese Weise ermöglichen sie es dem Unternehmen, seine Liqioditätssituation zu entspannen und das Unternehmensergebnis positiv zu beeinflussen. Nach Ablauf dieser Frist werden die Verbindlichkeiten vollständig beglichen.

Erlass

Im Rahmen eines **Erlassvergleiches** verzichten einige oder alle Gläubiger endgültig auf einen Teil ihrer Forderungen (im Ausnahmefall auch auf alle Forderungen). Dadurch wird ebenfalls eine Entspannung der Liquiditätssituation erreicht.

Quote

Beispiel: *Gustav Mallör steckt mit seinem Unternehmen in der Krise. Er ist hoch verschuldet und hat gegenüber seinen Gläubigern Reichel 55.000,00 € und Stark 75.000,00 € Verbindlichkeiten. In der Hoffnung, Mallörs Betrieb und damit einen Teil ihrer Forderungen zu retten, stimmen Reichel und Stark einem Vergleich zu. Reichel erlässt Mallör 50 % seiner Forderungen, Stark 40 %.*

Nach Abschluss des Vergleichs hat Mallör noch Restverbindlichkeiten gegenüber Reichel von 27.500,00 € und gegenüber Stark in Höhe von 45.000,00 €. Durch den Vergleich konnte Mallör seine Gesamtschuld von 130.000,00 € auf 72.500,00 € reduzieren und so seinen Betrieb retten.

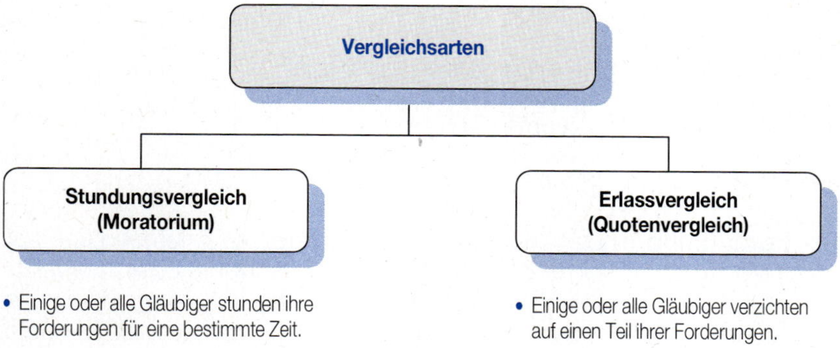

Abb. 9.35: Vergleichsarten

Um einen Vergleich durchzusetzen, müssen alle betroffenen Gläubiger von der Überlebensfähigkeit des Unternehmens überzeugt sein und dem Vergleichsantrag des Schuldners zustimmen.

Sind einzelne Gläubiger nicht der Ansicht, dass das Not leidende Unternehmen durch den Vergleich gerettet werden kann, muss mit diesen Gläubigern ein spezieller Einzelvergleich (Einzelstundungs- bzw. Einzelerlassvertrag) abgeschlossen werden.

Insbesondere die einfache Durchführung des Vergleichs spricht für diese außergerichtliche Regelung zwischen Schuldner und Gläubigern. Lange Gerichtsverfahren und damit zusammenhängende Kosten werden den Beteiligten erspart. Darüber hinaus wird der Vergleich in der Öffentlichkeit meist nicht bekannt, sodass das betroffene Unternehmen ohne Imageverlust eine Chance zum Überleben erhält. Arbeitsplätze können gerettet werden. Auf der anderen Seite bedarf dieses Verfahren einen hohen Grad an Bereitschaft der Gläubiger, durch eigene Opfer das in Schwierigkeiten geratene Unternehmen finanziell zu stützen.

9.9.3 Das Insolvenzverfahren

Am 1. Januar 1999 trat die neue Insolvenzordnung (InsO) in Kraft. Sie löste in den alten Bundesländern die Konkursordnung (KO) aus dem Jahre 1877 und die Vergleichsordnung (VerglO) aus dem Jahre 1935 sowie in den neuen Bundesländern die Gesamtvollstreckungsordnung (GesO) der ehemaligen DDR aus dem Jahr 1975 ab.

- ***Ziele des Insolvenzverfahrens***

Ziele

Ein Insolvenzverfahren wird dann angestrebt, wenn der Schuldner (eine natürliche oder juristische Person) sich in einer derart schwerwiegenden finanziellen Krise befindet, dass eine Lösung (insbesondere des Schuldenausgleichs) ohne gerichtliche Mithilfe nicht mehr möglich erscheint. Ziel das Insolvenzverfahrens ist die bestmögliche Befriedigung der Gläubiger. Sie kann entweder durch

- **Liquidation des Schuldnervermögens**, oder
- **Sanierung des insolventen Unternehmens**

erreicht werden *(vgl. § 1 InsO).*

Die **Fortführung** eines in Schwierigkeiten geratenen Unternehmens hat somit **Vorrang vor** seiner **Zerschlagung.** Das insolvente oder insolvenzbedrohte Unternehmen soll daher fortgeführt werden, wenn eine für die Gläubiger zumutbare Sanierung möglich ist und wenn die begründete Aussicht besteht, dass das Unternehmen seine wirtschaftliche Leistungsfähigkeit wieder zurückgewinnt.

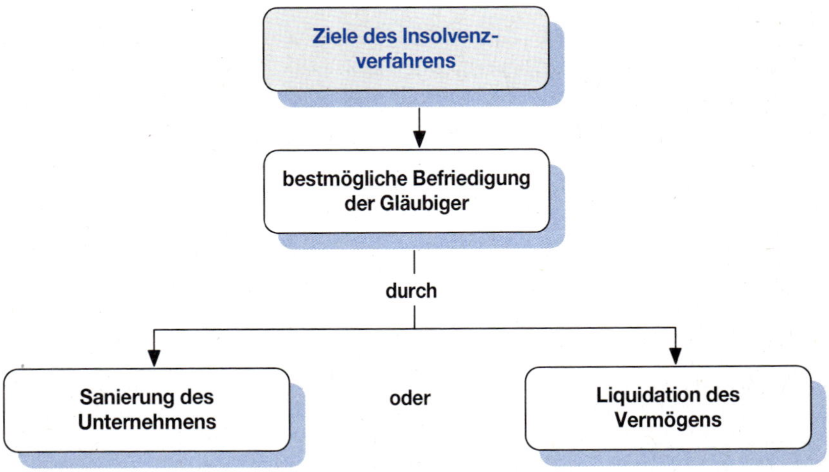

Abb. 9.36: Verfahrensziele

- ***Insolvenzgründe***

Gründe

Ein Schuldner gerät in Insolvenz, wenn sein **Vermögen nicht mehr ausreicht** um alle **Forderungen** seiner Gläubiger **zu befriedigen,** oder wenn er **überschuldet** ist.

Um ein Insolvenzverfahren zu eröffnen, muss lt. *§ 16 InsO* einer der folgenden **Insolvenzgründe** vorliegen

§ 17 Zahlungsunfähigkeit.

(1) Allgemeiner Eröffnungsgrund ist die Zahlungsunfähigkeit.

(2) Der Schuldner ist zahlungsunfähig, wenn er nicht in der Lage ist die fälligen Zahlungspflichten zu erfüllen. Zahlungsunfähigkeit ist in der Regel anzunehmen, wenn der Schuldner seine Zahlungen eingestellt hat.

§ 18 Drohende Zahlungsunfähigkeit.

(1) Beantragt der Schuldner die Eröffnung des Insolvenzverfahrens, so ist auch die drohende Zahlungsunfähigkeit Eröffnungsgrund.

(2) Der Schuldner droht zahlungsunfähig zu werden, wenn er voraussichtlich nicht in der Lage sein wird die bestehenden Zahlungspflichten im Zeitpunkt der Fälligkeit zu erfüllen.

§ 19 Überschuldung.

(1) Bei einer juristischen Person ist auch die Überschuldung Eröffnungsgrund.

(2) Überschuldung liegt vor, wenn das Vermögen des Schuldners die bestehenden Verbindlichkeiten nicht mehr deckt. Bei der Bewertung des Vermögens des Schuldners ist jedoch die Fortführung des Unternehmens zugrunde zulegen.

Drohende Zahlungsunfähigkeit liegt vor, wenn der Schuldner **voraussichtlich nicht** mehr in der Lage sein wird, seine Verbindlichkeiten bei Fälligkeit zu **begleichen.**

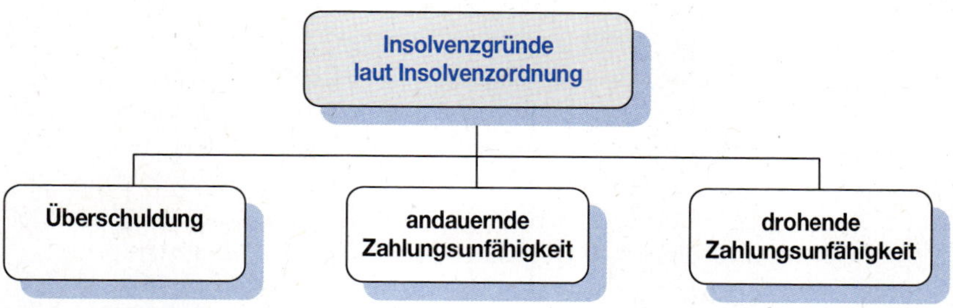

Abb. 9.37: Insolvenzgründe

Insolvenzverfahren

Das **Insolvenzverfahren** wird nur auf **Antrag** eröffnet. Bei anhaltender Zahlungsunfähigkeit und Überschuldung können den Antrag sowohl die **Gläubiger** (Fremdantrag) als auch der **Schuldner** (Eigenantrag) stellen. Bei drohender Zahlungsunfähigkeit kann nur der Schuldner selbst den Antrag auf Eröffnung des Verfahrens stellen, er ist dazu jedoch nicht verpflichtet.

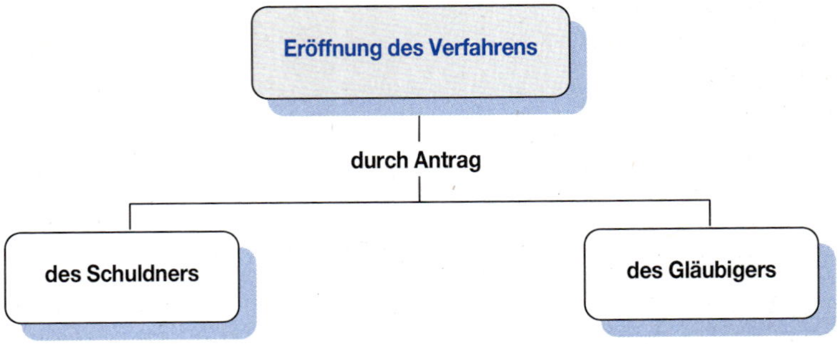

Abb. 9.38: Antragsberechtigte

Die Insolvenzordnung gestattet allen Wirtschaftssubjekten, die „insolvenzrechtsfähig" sind, einen Antrag auf Eröffnung des Insolvenzverfahrens zu stellen. Dazu gehören alle natürlichen Personen, alle juristischen Personen, BGB-Gesellschaften und nicht rechtsfähige Vereine.

- ***Zuständigkeiten***

Zuständig für das Insolvenzverfahren ist als Insolvenzgericht das **Amtsgericht, in dessen Bezirk der Schuldner** seinen allgemeinen **Gerichtsstand hat.** Maßgeblich ist der Ort seiner Hauptniederlassung. Es handelt sich hierbei um eine ausschließliche Zuständigkeit, die nicht vertraglich abgeändert werden kann *(vgl. § 40 Abs. 2 ZPO).*

- ***Ablauf des Insolvenzverfahrens***

Ablauf

Wurde ein Antrag auf Eröffnung des Insolvenzverfahrens gestellt, prüft das **Insolvenzgericht,** ob ein ausreichender **Eröffnungsgrund** vorliegt und beruft einen vorläufigen **Insolvenzverwalter.** Außerdem werden **Sicherungsmaßnahmen** ausgesprochen wie etwa ein allgemeines Veräußerungsverbot. Aufgabe des Insolvenzverwalters ist das Vermögen des Schuldners sicherzustellen und den Geschäftsbetrieb bis zur endgültigen Entscheidung über die Eröffnung des Insolvenzverfahrens fortzuführen.

Nach neuem Insolvenzrecht müssen nur noch die **Verfahrenskosten** gedeckt sein um das Insolvenzverfahren zu eröffnen, nicht aber z. B. Lohn- und Gehaltsforderungen der Mitarbeiter, wie im alten Recht. **Verfahrenskosten** sind

- Kosten des **Gerichts**,
- Kosten des **Insolvenzverwalters**,
- Kosten des **Gläubigerausschusses**.

Der Schuldner kann auch einen Massekostenvorschuss leisten, dessen Höhe das Gericht bestimmt und der dann die Eröffnung des Verfahrens sichert.

Eröffnung

Reicht das Vermögen des Schuldners (Insolvenzmasse) aus um die Verfahrenskosten zu decken, kommt es zur Verfahrenseröffnung durch den Eröffnungsbeschluss. Ist eine ausreichende Deckung nicht gegeben, wird der Antrag mangels Masse abgewiesen *(§ 26 InsO)* und das Unternehmen wird liquidiert.

Die offizielle Eröffnung des Verfahrens beginnt mit dem Eröffnungsbeschluss durch das Insolvenzgericht. Der Eröffnungsbeschluss wird im Bundesanzeiger und in einer überregional erscheinenden Zeitung veröffentlicht und allen Gläubigern, den Schuldnern des Insolvenzschuldners sowie dem Insolvenzschuldner selbst zugestellt *(§ 30 InsO)*. Außerdem erfolgt eine Mitteilung an das Handels- bzw. Genossenschaftsregister *(§ 31 InsO)* und die Eintragung der Verfahrenseröffnung ins Grundbuch *(§ 32 InsO)*.

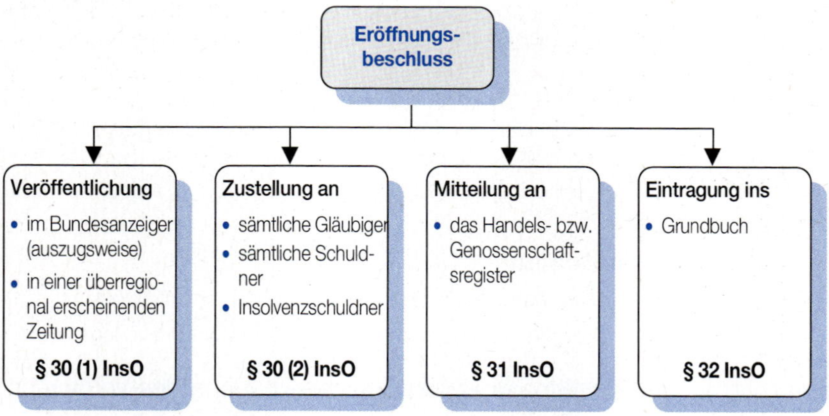

Abb. 9.39: Eröffnungsbeschluss

Nach der Verfahrenseröffnung haben die Gläubiger nicht mehr die Möglichkeit, einzeln in das Vermögen des Schuldners zu vollstrecken.

> ***§ 89 Abs. 1 InsO:*** *Zwangsvollstreckungen für einzele Insolvenzgläubiger sind während der Dauer des Insolvenzverfahrens weder in die Insolvenzmasse noch in das sonstige Vermögen des Schuldners zulässig.*

Nach der Eröffnung bestellt das Insolvenzgericht einen Insolvenzverwalter *(§ 27 InsO)*. Falls vor der eigentlichen Verfahrenseröffnung ein vorläufiger

Insolvenzverwalter (Sequester) eingesetzt wurde, wird dieser in der Regel in seinem Amt bestätigt *(§§ 22, 27, 57 InsO).*

Der Insolvenzverwalter fordert alle Gläubiger auf, ihre Forderungen und Sicherungsrechte an beweglichen Sachen innerhalb einer vom Gericht festgesetzten Frist schriftlich anzugeben *(§ 28 InsO).* Rechte aus Gebäuden und Grundstücken müssen nicht angemeldet werden, da sie aus dem Grundbuch ersichtlich sind.

Mit der Eröffnung des Verfahrens gehen die Rechte des Insolvenzschuldners auf den Insolvenzverwalter über *(§ 80 InsO).* Etwaige Verfügungen des Insolvenzschuldners über Gegenstände der Insolvenzmasse sind rechtlich unwirksam. Schuldner des Insolvenzschuldners können Zahlungen mit schuldenbefreiender Wirkung nur noch an den Insolvenzverwalter leisten *(§ 82 InsO).*

Nach der Anmeldung der Rechte der Gläubiger erstellt der Insolvenzverwalter ein Verzeichnis aller Gegenstände der Insolvenzmasse (Massegegenstände, verfügbares Vermögen) sowie ein Verzeichnis der Forderungen und Rechte aller Gläubiger (Gläubigerverzeichnis, Verbindlichkeiten).

Hat sich der Insolvenzverwalter einen Überblick über die Insolvenzmasse und die Forderungen und Rechte der Gläubiger verschafft, werden zwei Termine – Berichtstermin und Prüftermin – für Gläubigerversammlungen bestimmt.

Beim Berichtstermin legt der Insolvenzverwalter der Gläubigerversammlung einen Bericht vor, der die Aussichten beschreibt, das Unternehmen insgesamt oder in Teilbereichen zu erhalten, d. h. zu sanieren. Hierzu muss er

- eine **Vermögensübersicht**,
- eine **Darstellung der Verlustgründe** und
- eine **Prognose über die künftige wirtschaftliche Entwicklung** vorlegen.

Die Gläubiger entscheiden über den weiteren Fortgang des Verfahrens. Die Fortführung bzw. die Stilllegung des Unternehmens wird zur Entscheidung gestellt. Ein Beschluss kommt dann zu Stande, wenn die Summe der Forderungsbeträge der zustimmenden Gläubiger mehr als die Hälfte der Summe der Forderungsbeträge der abstimmenden Gläubiger beträgt *(§ 76 InsO).*

Die angemeldeten Forderungen der Gläubiger werden in einer zweiten Gläubigerversammlung (**Prüftermin**) auf ihre Berechtigung hin geprüft.

Gläubigerversammlung

Aufgrund des Berichts des Insolvenzverwalters beschließt die Gläubigerversammlung die

- **Sanierung**, d. h. die Fortführung des Unternehmens nach entsprechenden Sanierungsmaßnahmen (Stilllegung von Teilbereichen, Änderungen in der Unternehmensstruktur, Personalabbau etc.)

- die **übertragene Sanierung**, d. h. den Verkauf des gesamten Unternehmens an einen Interessenten oder eine Auffanggesellschaft. Die Gläubiger werden dann aus dem Verkaufserlös oder den Gewinnen der Auffanggesellschaft befriedigt.
- die **Liquidation**, d. h. die Auflösung des Unternehmens.

Grundlage der Entscheidung ist dabei ein **Insolvenzplan** *(vgl. §§ 217 – 269 InsO)*, der darüber Auskunft gibt, in welcher Weise die Insolvenz bewältigt werden soll.

Dieser Plan enthält

– den Bericht des Schuldners über seine **wirtschaftliche Lage**

– die **Darlegung der Gründe** für die Insolvenz des Unternehmens

– ein **Konzept** für Sanierungsmaßnahmen

– **Planzahlen** für die künftige wirtschaftliche Entwicklung.

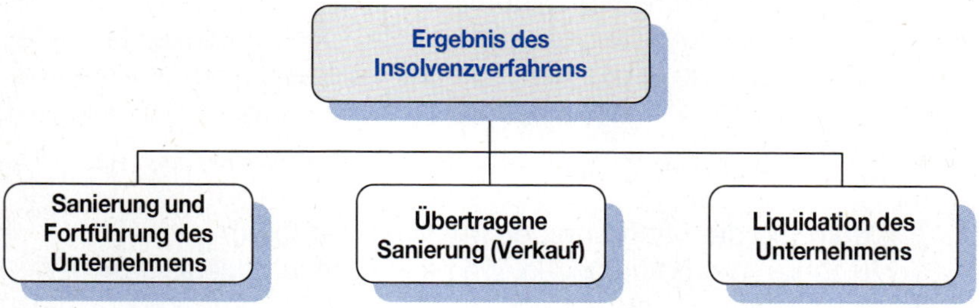

Abb. 9.40: Ergebnisse des Insolvenzverfahrens

Wurde der Insolvenzplan von der Gläubigerversammlung angenommen, hebt das Gericht das Insolvenzverfahren gegen den Schuldner auf. Der Insolvenzverwalter überwacht die Durchführung des Insolvenzplans bzw. der Schuldner führt das Insolvenzverfahren in Eigenverantwortung in Verbindung mit dem gerichtlich bestellen Sachverwalter durch *(§ 270 ff. InsO)*. Der Schuldner erhält somit die Verfügungsgewalt über sein Unternehmen wieder zurück.

Kommt es weder zu einer Sanierung noch zu einem Verkauf, muss das Unternehmen nach wie vor zwangsweise aufgelöst werden. Die Forderungen der Gläubiger werden dabei in einer bestimmten Reihenfolge befriedigt. ***Gläubiger***

1. **Aussonderung**
   Gläubiger, die dem Insolvenzschuldner Gegenstände überlassen haben, die zu dessen Besitz aber nicht zu dessen Eigentum zählen, kön-

nen diese Gegenstände zurückverlangen, da diese nicht zur Insolvenzmasse gehören.

> **Beispiel:** *Vermietete oder verpachtete Gegenstände, unter Eigentumsvorbehalt gelieferte Waren etc.*

2. **Absonderung**
   Gläubiger, die dem Insolvenzschuldner Gegenstände überlassen haben, die mit einem Pfandrecht belastet bzw. sicherungsübereignet sind, werden vorrangig befriedigt.

   > **Beispiel:** *Zwangsversteigerung eines mit einer Hypothek belasteten Grundstücks, Verwertung des Pfandrechts an einer beweglichen Sache.*

3. **Befriedigung der Massegläubiger**
   Befriedigung der Masseverbindlichkeiten, d. h. Gerichtskosten und sonstige Kosten des Insolvenzverfahrens.

   > **Beispiel:** *Vergütung und Auslagen des Insolvenzverwalters, Organisationskosten für die Gläubigerversammlungen etc.*

4. **Befriedigung der Insolvenzgläubiger**
   Hierzu gehören alle Gläubiger, die zur Zeit der Eröffnung des Insolvenzverfahrens eine begründete Forderung gegenüber dem Insolvenzschuldner haben.

   > **Beispiel:** *Lohnforderungen der Mitarbeiter, Lieferantenforderungen etc.*

5. **Befriedigung der nachrangigen Insolvenzgläubiger**
   Hierzu zählen alle Forderungen, die nach Eröffnung des Insolvenzverfahrens entstanden sind.

   > **Beispiel:** *Kosten, die den Insolvenzgläubigern durch die Teilnahme am Verfahren entstanden sind, Zinsen aus Forderungen nach der Verfahrenseröffnung etc.*

Ist der Schuldner eine natürliche Person, z. B. Einzelunternehmer oder Gesellschafter einer Personengesellschaft, kann er einen Antrag auf **„Restschuldbefreiung“** stellen und nach siebenjährigem **„Wohlverhalten“** von den noch nicht erfüllten Verbindlichkeiten befreit werden *(§ 286 ff. InsO)*. In der Wohlverhaltensphase muss der Schuldner beispielsweise den pfändbaren Teil seines Einkommens an einen Treuhänder abführen, der die finanziellen Mittel auf einem Treuhandkonto verwaltet.

Der Schuldner wird durch die Restschuldbefreiung aus der normalen, 30-jährigen Haftung für bestehende Schulden frei und kann bereits nach sieben Jahren wieder unternehmerisch tätig sein, ohne Gefahr zu laufen, dass künftige Gewinne durch Tilgung alter Verbindlichkeiten aufgezehrt werden.

Für Kapitalgesellschaften gilt die Restschuldbefreiung nicht. Sie ist auch nicht notwendig, da nach einer zwangsweisen Auflösung einer Kapitalgesellschaft die Haftung ohnehin erlischt.

Den Ablauf des gesamten Insolvenzverfahrens zeigt die Abbildung 9.41.

Antrag

Antrag auf Eröffnung des Insolvenzverfahrens

Ablehnung des Verfahrens mangels Masse, wenn das Vermögen des Schuldners voraussichtlich nicht zur Abdeckung der Verfahrenskosten (Masseverbindlichkeiten) ausreicht.

Das Vermögen des Schuldners reicht mindestens zur Deckung der Verfahrenskosten (Masseverbindlichkeiten) aus; das Verfahren wird vom Insolvenzgericht angenommen.

Eröffnung des Insolvenzverfahrens:

- Bekanntgabe des Eröffnungsbeschlusses im Bundesanzeiger sowie einer überregional erscheinenden Zeitung; Zustellung an Gläubiger und Schuldner des Insolvenzgläubigers sowie dem Insolvenzgläubiger selbst, ggf. Inkenntnissetzung von Handels-/Genossenschaftsregister, Eintragung ins Grundbuch
- Ernennung des Insolvenzverwalters (Sequester), ggf. Bestätigung des bereits vorläufig ernannten Verwalters
- Aufforderung der betroffenen Gläubiger, ihre Forderungen und Sicherungsrechte an beweglichen Sachen beim Insolvenzverwalter anzugeben (unter Einhaltung der vorgegebenen Frist)

Ggf. Einleitung von Maßnahmen zur Sicherung des Vermögens des Schuldners:

- Bestellung eines vorläufigen Insolvenzverwalters (Sequester),
- Auferlegung eines allgemeinen Verfügungsverbots über das Vermögen,
- Untersagung/Einstellung von Zwangsvollstreckungsmaßnahmen bei beweglichen Vermögenswerten.

Folgerungen:
→ Der Insolvenzschuldner verliert sämtliche Rechte an der Insolvenzmasse,
→ Forderungen der Gläubiger können nur noch über den Insolvenzverwalter eingetrieben werden (Zwangsvollstreckungen sind nicht mehr möglich).

Das Insolvenzgericht bestimmt zwei Termine für Gläubigerversammlungen:

- Berichtstermin
  Sequester stellt die wirtschaftliche Lage des Unternehmens sowie dessen Ursachen dar. Darüber hinaus schätzt er die Aussichten für eine Fortführung des Unternehmens ab. Die Gläubiger entscheiden über Fortführung oder Stilllegung.
- Prüfungstermin
  Die angemeldeten Forderungen werden auf ihre Berechtigung hin geprüft.

Ein Beschluss kommt zu Stande, wenn die Summe der Forderungsbeträge der zustimmenden Gläubiger mehr als die Hälfte der Summe der Forderungsbeträge der abstimmenden Gläubiger beträgt.

Bei Beschluss über Stilllegung des Unternehmens Berücksichtigung der Gläubiger in folgender Reihenfolge:

- Aussonderung
- Absonderung
- Massegläubiger
- Insolvenzgläubiger

Aufhebung des Verfahrens durch das Insolvenzgericht.
Die Gläubiger können ihre Restforderungen weiterhin unbeschränkt gegenüber dem Schuldner durchsetzen.

Ausarbeitung eines Insolvenzplanes durch den Insolvenzverwalter auf Antrag der Gläubiger in der Gläubigerversammlung oder auf Antrag des Schuldners. Ziel: Vergleich, Liquidation, Übertragung etc.

Abstimmung durch die vom Plan berührten Gläubiger. Bei Zustimmung Bestätigung durch das Insolvenzgericht und damit vollstreckbarer Titel.

Abb. 9.41: Ablauf des Insolvenzverfahrens

(Quelle: Bensch, Praktische Fälle aus der Betriebswirtschaftslehre, Ludwigshafen 2009)

• *Verbraucherinsolvenz*

In der Bundesrepublik Deutschland gibt es fast zwei Millionen Haushalte, die ihre finanziellen Verpflichtungen aus Kreditkäufen nicht erfüllen können. Sie sind hoffnungslos überschuldet und können oft noch nicht einmal das Geld für das „Nötigste" aufbringen.

Verbraucherinsolvenz

Die Insolvenzordnung sieht für die Betroffenen ein so genanntes **Verbraucherinsolvenzverfahren** mit **Restschuldbefreiung** vor. Es läuft in drei **Stufen** ab.

1. Zunächst muss der Schuldner versuchen, sich **außergerichtlich** mit seinen Gläubigern auf eine Stundung, eine Ratenzahlung oder einen Teilerlass der Schulden **zu verständigen.** Geeignete Personen (Rechtsanwälte, Schuldenberatungsstellen, Verbraucherorganisationen) sind dem Schuldner dabei behilflich.

   Kommt es zur Einigung, tilgt der Schuldner seine Verbindlichkeiten nach einem individuellen Plan und das Verfahren ist beendet.

2. Scheitert der außergerichtliche Einigungsversuch kann der Schudner beim Insolvenzgericht die **Eröffnung des Verbraucherinsolvenzverfahrens** beantragen. Er muss dazu neben einer von einer geeigneten Person ausgestellten Bescheinigung über den misslungenen außergerichtlichen Einigungsversuch ein Vermögensverzeichnis und einen Schuldenbereinigungsplan vorlegen (vgl. *§ 305 Insolvenzordnung*). Außerdem wird Antrag auf Erteilung der Restschuldbefreiung gestellt (*§ 287 Insolvenzordnung*). Bevor das Insolvenzgericht das Verbraucherinsolvenzverfahren eröffnet unternimmt es einen erneuten Versuch zur gütlichen Einigung auf einen Schuldenbereinigungsplan mit den Gläubigern. Stimmen die Gläubiger zu ist das Verfahren beendet. Lehnt die Mehrheit der Gläubiger den Vergleichsvorschlag des Gerichts ab, wird das eigentliche Verbraucherinsolvenzverfahren eröffnet.

3. Das Gericht setzt einen **Treuhänder** ein, der sieben Jahre lang das Einkommen und Vermögen des Schuldners verwaltet. Der Schuldner muss den pfändbaren Teil seines Einkommens an den Treuhänder abtreten, der damit Zahlungen an die Gläubiger leistet. Hält der Schuldner sieben Jahre lang die Vorgaben der Insolvenzordnung ein und verhält er sich redlich, werden ihm seine restlichen Schulden erlassen. Bisher mussten Privatpersonen 30 Jahre lang für ihre Schulden haften. Die Restschuldbefreiung gilt allerdings nicht für Zahlungsverpflichtungen aus Straftaten, Geldbußen und Ordnungsgeldern.

Die folgende Abbbildung zeigt das Verfahren im Überblick:

Verfahren

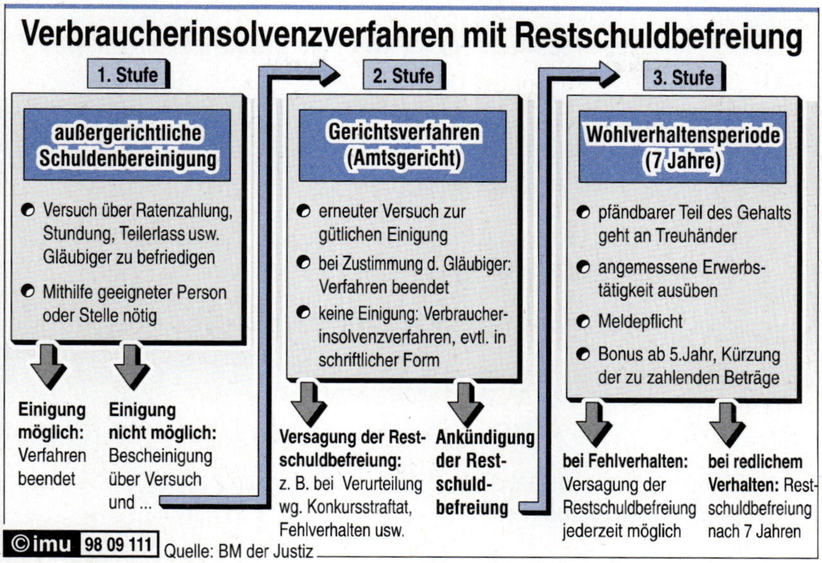

Abb. 9.42: Verbraucherinsolvenz

9.9.4 Die Liquidation

freiwillige Auflösung

Liquidation ist die **freiwillige Auflösung eines Unternehmens**. Das gesamte Vermögen wird dabei in flüssige Mittel verwandelt (liquidiert). Wenn alle Schulden bezahlt sind, wird der Rest der liquiden Mittel an die Anteilseigner im Verhältnis ihrer Einlagen verteilt.

Während der Abwicklung der Liquidation muss der Betrieb den Zusatz „i. L.“ (= in Liquidation) in seiner Firma führen. Meist liegt die Liquidation in Händen der Gesellschafter bzw. der bisherigen Geschäftsführer. Es können jedoch auch andere Personen zu Liquidatoren bestellt werden. Die Liquidation ist zur Eintragung ins Handelsregister anzumelden.

Liquidationsgründe

Liquidationsgründe können sein:

- hohes Alter, Arbeitsunfähigkeit oder Tod des Unternehmers,
- Austritt von Gesellschaftern aus einer OHG,
- mangelnde Erfolgsaussichten des Unternehmens,
- Streitigkeiten unter den Gesellschaftern,
- Erreichen des Unternehmenszieles etc.

Wiederholungsfragen

Wiederholungsfragen

1. *Nennen Sie Merkmale eines notleidenden Unternehmens.*
2. *Unterscheiden Sie innerbetriebliche und außerbetriebliche Ursachen für Unternehmenskrisen.*
3. *Was versteht man unter einer Sanierung?*
4. *Was ist der Unterschied zwischen einem Stundungsvergleich und einem Erlassvergleich?*
5. *Welche Insolvenzgründe kennt die Insolvenzordnung?*
6. *Wer kann einen Insolvenzantrag stellen?*
7. *Welche Aufgaben hat der Insolvenzverwalter?*
8. *Welche Konsequenzen hat die Eröffnung des Insolvenzverfahrens für die Gläubiger?*
9. *Welche Ziele hat das Insolvenzverfahren?*
10. *Erläutern Sie den Ablauf des Insolvenzverfahrens.*
11. *Beschreiben Sie den Ablauf einer Verbraucherinsolvenz.*
12. *Erläutern Sie drei mögliche Gründe für die freiwillige Liquidation eines Unternehmens.*

Aufgaben und Fälle

Aufgaben und Fälle zur Sicherung des Lernerfolgs

1. Prüfen Sie, ob in den folgenden Fällen eine Maßnahme der

   Eigen- oder Fremdfinanzierung,
   Innen- oder Außenfinanzierung bzw. der
   Selbst- oder Beteiligungsfinanzierung
   vorliegt.

   a) Ein Lebensmittelhändler bezieht Waren mit einem Zahlungsziel von 30 Tagen.

   b) Die Abel & Benz OHG nimmt einen weiteren Gesellschafter auf.

   c) Fun & Sport GmbH nimmt den von der Südwestbank eingeräumten Kontokorrentkredit in Anspruch.

   d) Die Petrochemie AG stellt 500.000,00 € in die freiwillige Rücklage ein.

   e) Die Pfälzische Druckerei nimmt für den Kauf einer neuen Druckmaschine bei ihrer Hausbank ein Darlehen in Höhe von 750.000,00 € auf.

   f) Die BASF AG gibt junge Aktien aus.

2. Eine Aktiengesellschaft mit einem gezeichneten Kapital von 20 Millionen € (Stückelung in 5-Euro-Aktien) beabsichtigt eine Kapitalerhöhung in Höhe von 5 Millionen € durch Ausgabe junger Aktien vorzunehmen. Der Ausgabekurs der neuen Aktien soll 90,00 € betragen. Der Börsenkurs der alten Aktien liegt bei 130,00 €.

   a) Welches Bezugsverhältnis liegt bei dieser Kapitalerhöhung vor?

   b) Welcher Mischkurs wird sich rein rechnerisch nach der Kapitalerhöhung bilden?

   c) Wie hoch ist der rechnerische Wert eines Bezugsrechts?

   d) Begründen Sie, weshalb der tatsächliche Wert des Bezugsrechts vom rechnerischen abweichen kann?

3. Die Multimedia GmbH erwirbt Computer im Wert von 80.000,-- € (zuzügl. Mehrwertsteuer). Bei Bezahlung innerhalb von 10 Tagen gewährt der Lieferant 3 % Skonto. Erfolgt keine vorzeitige Zahlung, ist der volle Rechnungsbetrag nach 60 Tagen zu begleichen.

   Zeigen Sie mithilfe der in der Praxis üblichen Faustformel, dass die Aufnahme eines Kontokorrentkredites zur Skontoausnutzung selbst dann sinnvoll ist, wenn die Bank 14 % Zinsen verlangt und der Kredit nach 60 Tagen zurückgezahlt werden muss.

Aufgaben und Fälle

4. Die West-Stahl AG liefert Stahl in verschiedenen Stärken sowie Stahlmatten an die Baustoffhandlung Heimann. Das Zahlungsziel beträgt 30 Tage ab Rechnungsdatum. Auf dem Lieferschein ist vermerkt, dass die Ware bis zur vollständigen Bezahlung im Eigentum des Lieferanten bleibt. Die Fa. Heimann zahlt bei Fälligkeit nicht. Die West-Stahl AG macht daraufhin ihren Eigentumsvorbehalt geltend. Wie ist die Rechtslage, wenn

   a) der Stahl noch auf dem Firmengelände bei Heimann auf Lager liegt?

   b) Heimann den Stahl an den Bauunternehmer Bruch weiterveräußert hat?

   c) der Stahl beim Bau bereits verarbeitet wurde?

5. Franz Flach, Inhaber der Büromöbelhandlung Flach OHG, ist in finanziellen Schwierigkeiten. Sein Unternehmen kann eine Lieferantenrechnung nicht bezahlen. Der noch ausstehende Betrag von 13.800,00 € wurde bereits mehrfach angemahnt. Franz Flach wendet sich daher an seinen Kegelbruder, den finanziell gut gestellten Rentner Großkopf und bittet ihn, für ihn zu bürgen. Großkopf ruft den Lieferanten Maier an und bittet um Stundung des Rechnungsbetrages bis zum Ende des nächsten Monats. Er versichert, er würde für Flach bürgen. Flach kann aber auch am Monatsende nicht zahlen, weshalb Maier die Zahlung von Großkopf verlangt. Wie ist die Rechtslage?

6. Ein Privatmann nimmt ein Darlehen über 150.000,00 € auf. Es soll mit 9 % verzinst und in fünf gleichen Jahresraten getilgt werden. Stellen Sie einen Tilgungsplan mit fallenden Annuitäten auf.

7. Ein Bauunternehmen nimmt ein Darlehen in Höhe von 250.000,00 € auf. Das Darlehen wird mit 8 % verzinst und soll im ersten Jahr mit 2 % getilgt werden. Stellen Sie einen Tilgungsplan mit gleichbleibenden Annuitäten für die ersten fünf Jahre auf.

8. Die Maschinenfabrik Walter & Sohn will aufgrund des positiven Exportgeschäfts ihre Kapazitäten erhöhen und eine neue Fabrikationshalle bauen. Man schätzt die Investition auf rund 700.000,00 €.

   a) Welche Möglichkeiten der Innen- und Außenfinanzierung bieten sich an?

   b) Welchen Vorteil hätte es, wenn der Bau hauptsächlich mit Eigenkapital finanziert werden würde?

   c) Welche Möglichkeiten der Selbstfinanzierung bieten sich an?

Aufgaben und Fälle

9. Vervollständigen Sie die folgenden Sätze durch Einsetzen der aufgeführten Begriffe.

   [1] Bürgschaftskredit

   [2] Eigentumsvorbehalt

   [3] Pfandkredit

   [4] Hypothekenkredit

   [5] Zessionskredit

   [6] Sicherungsübereignungskredit

   [7] Wechselkredit

   a) Beim ... bleibt der Verkäufer bis zur vollständigen Bezahlung der Ware Eigentümer, der Käufer ist zunächst nur Besitzer.

   b) Beim ... erfolgt die Kreditsicherung durch bewegliche Sachen. Der Kreditgeber wird dabei Eigentümer der Sache, der Kreditnehmer wird Besitzer.

   c) Beim ... erfolgt die Kreditsicherung durch die Abtretung von Forderungen.

   d) Beim ... erfolgt die Eintragung eines Pfandrechtes ins Grundbuch.

   e) Beim ... verpflichtet sich eine dritte Person gegenüber dem Kreditgeber, für die Erfüllung der Verbindlichkeiten des Kreditnehmers einzustehen.

   f) Beim ... dient zur Absicherung des Kredits eine bewegliche, meist aber für den Kreditnehmer unentbehrliche Sache.

10. Ordnen Sie die Begriffe [1] bis [9] den Beschreibungen a) bis g) zu.

   [1] Grundschuld

   [2] Stille Zession

   [3] Hypothek

   [4] Einfacher Personalkredit

   [5] Ausfallbürgschaft

   [6] Lombardkredit

   [7] Sicherungsübereignungskredit

   [8] Offene Zession

   [9] Selbstschuldnerische Bürgschaft

Aufgaben und Fälle

a) Die Einrede der Vorausklage ist nicht möglich.

b) Ein Drittschuldner kann mit schuldbefreiender Wirkung nur noch an den Kreditgeber zahlen, obwohl er eine Verbindlichkeit gegenüber dem Kreditnehmer hat.

c) Die Absicherung des Kredites erfolgt durch eine Immobilie. Im Falle einer Zwangsvollstreckung ist der Gläubiger aber nicht gezwungen, die genaue Höhe der Forderung nachzuweisen.

d) Der Kreditgeber ist Eigentümer, der Kreditnehmer ist Besitzer des zur Kreditsicherung herangezogenen Sachwertes.

e) Ein Kaufmann erklärt sich im Rahmen eines Handelsgeschäftes bereit, einen Kreditvertrag zwischen zwei anderen Vertragspartnern durch seine Person abzusichern.

f) Gerät der Schuldner in Zahlungsverzug, so kann der Gläubiger als Eigentümer die Herausgabe des zur Kreditsicherung eingesetzten Sachwertes verlangen.

g) Der Schuldner übergibt dem Gläubiger festverzinsliche Wertpapiere als Sicherheit.

11. Was versteht man unter einem Vergleich?

a) Der Vergleich ist eine Maßnahme, ein in Zahlungsschwierigkeiten geratenes Unternehmen durch einen teilweisen Forderungsverzicht der Gläubiger oder einen Zahlungsaufschub zu erhalten und wieder lebensfähig zu machen.

b) Unter Vergleich sind alle Maßnahmen zu verstehen, die der Beseitigung finanzieller Schwierigkeiten und der Wiederherstellung der Produktivität und Rentabilität dienen.

c) Der Vergleich ist ein Verfahren, um ein bereits eröffnetes Insolvenzverfahren abzuwenden.

d) Vergleich ist die Abwicklung der Gesellschaft nachdem diese aufgelöst ist.

12. Ordnen Sie die folgenden Begriffe den Erläuterungen a) bis d) richtig zu.

☐ Sanierung

☐ Vergleich

☐ Insolvenz

☐ Liquididation

a) Abwicklung der Gesellschaft, nachdem diese aufgelöst ist.
b) Maßnahmen zur Beseitigung der finanziellen Schwierigkeiten und zur Wiederherstellung der Produktivität und Rentabilität.
c) Gerichtliches Verfahren zur zwangsweisen Auflösung oder Fortführung eines zahlungsunfähigen Unternehmens.
d) Maßnahme, ein in Zahlungsschwierigkeiten geratenes Unternehmen durch teilweisen Forderungsverzicht oder Zahlungsaufschub seitens der Gläubiger zu erhalten.

13. Welchen Nachteil hat ein außergerichtlicher Vergleich für die Gläubiger?
   a) Unauffällige Durchführung
   b) Unterschiedliche Befriedigung der Gläubiger
   c) Gläubiger, die auf einen Teil ihrer Forderungen verzichtet haben, können bei einem evtl. nachfolgenden Insolvenzverfahren nur noch ihre Restforderung geltend machen.
   d) Geringe Kosten.

14. Ein Insolvenzverfahren mangels Masse wird eingestellt,
   a) wenn die Insolvenzquote weniger als 1 % beträgt,
   b) wenn das Vermögen des Schuldners nicht ausreicht, mindestens die Kosten des Insolvenzverfahrens zu decken.
   c) wenn das Vermögen des Schuldners nicht ausreicht, mindestens die Kosten für den Insolvenzverwalter zu decken.
   d) wenn die voraussichtliche Insolvenzquote weniger als 10 % beträgt.

15. Welche Gegenstände werden aus der Insolvenzmasse ausgesondert?
   a) Alle vom Schuldner gemieteten Gegenstände
   b) Die unter Eigentumsvorbehalt gelieferte Ware, soweit sie sich noch am Lager befindet und nicht be- oder verarbeitet wurde
   c) Gläubigerforderungen, die durch eine Hypothek, ein Pfandrecht an beweglichen Gegenständen oder Sicherungsübereignungen besonders gesichert sind.
   d) Gegenstände, die der Schuldner zur weiteren Berufsausübung und für eine bescheidene Lebensführung benötigt.

16. Wie wird die Feststellung und Verteilung der Insolvenzmasse vorgenommen?
   a) Aufrechnung, Absonderung, berechtigte Forderungen, Aussonderung, Masseschulden, Massekosten, gewöhnliche Forderungen.

Aufgaben und Fälle

b) Bevorrechtigte Forderungen, Aussonderung, Absonderung, Aufrechnung, Masseschulden, Massekosten, gewöhnliche Forderungen.

c) Aussonderung, Absonderung, Aufrechnung, Massekosten, Masseschulden, gewöhnliche Forderungen, bevorrechtigte Forderungen.

d) Aussonderung, Absonderung, Aufrechnung, Masseschulden, Massekosten, bevorrechtigte Forderungen, gewöhnliche Forderungen.

10. Wirtschaftsordnung

10.1 Grundprobleme

Vielfalt der Wirtschaft

Die Bundesrepublik Deutschland ist ein wirtschaftlich hoch entwickeltes Land. Hier arbeiten rund 40 Millionen Menschen erfolgreich zusammen. Sie produzieren pro Jahr Waren und Dienstleistungen, deren Wert fast 2,5 Billionen Euro betrug. Die Erwerbstätigen arbeiten in rund 2 Millionen Betrieben, vom Tante-Emma-Laden bis zum internationalen Großkonzern. Rund 82 Millionen Menschen, vom Säugling bis zum Greis, müssen Tag für Tag mit Gütern und Dienstleistungen versorgt werden.

Notwendigkeit des Koordinierens

Betrachtet man die Millionen von Menschen bei ihren vielfältigen Beschäftigungen, das stetige Ineinandergreifen von Tätigkeiten und den fast unendlichen Strom von unterschiedlichen Gütern und Dienstleistungen, so tauchen viele Fragen auf:

- *Wie ist es möglich, dass am Ende eines vielfältigen, komplizierten Arbeitsablaufs in den Millionen Betrieben die „richtigen" Güter in „richtiger" Zahl zur Verfügung stehen?*
- *Wie gelingt es, dass die Unternehmen zur richtigen Zeit, am richtigen Ort über die richtigen Rohstoffe verfügen?*
- *Wie kommt es, dass eine so komplizierte Wirtschaft letztlich in ausreichender Menge die Konsumgüter zur Verfügung stellt, die alle Beteiligten haben wollen?*
- *Wie gelingt es, Millionen von Einzelleistungen und Teilarbeiten sinnvoll und möglichst ohne Reibungsverluste aufeinander abzustimmen?*
- *Wie werden die Güter an die verschiedenen gesellschaftlichen Gruppen verteilt, die an ihrer Erstellung beteiligt (oder nicht beteiligt) waren?*

Grundfragen

Alle diese und viele ähnliche Fragen führen letztlich zu den vier Grundproblemen, die jeder Staat, jede Wirtschaft lösen muss:

Was, wie viel, wie, für wen?

- ***Was*** *soll produziert werden? Welche alternativen Güter und Dienstleistungen sollen hergestellt werden?*
- ***Wie viel*** *soll produziert werden? Welche Mengen sollen wann bereitstehen?*
- ***Wie*** *sollen die Güter produziert werden? Mit welchen Rohstoffen? Mit welcher Technik? Mit welchen Maschinen? In welchen Produktionsstätten?*
- ***Für wen*** *sollen die Güter hergestellt werden?*

Die Lösung dieser vier Grundprobleme hängt letztlich von der Antwort auf die Frage ab: Wer bestimmt, was in der Wirtschaft geschieht oder wer plant und lenkt die Wirtschaft?

zentrale und dezentrale Planung

Die beiden wichtigsten Merkmale des Wirtschaftens – die Knappheit der meisten Güter und die arbeitsteilige Produktion – begründen das zentrale Problem eines jeden Staates, das Planungs- und Lenkungsproblem der Wirtschaft. Man kann zwei Grundformen der Lenkung und damit der Ordnung einer Volkswirtschaft unterscheiden:

- die **dezentrale** Planung und marktwirtschaftliche Lenkung der Wirtschaftsprozesse (=Marktwirtschaft),
- die **zentrale** Planung und Lenkung der Wirtschaftsprozesse (= Zentralverwaltungswirtschaft).

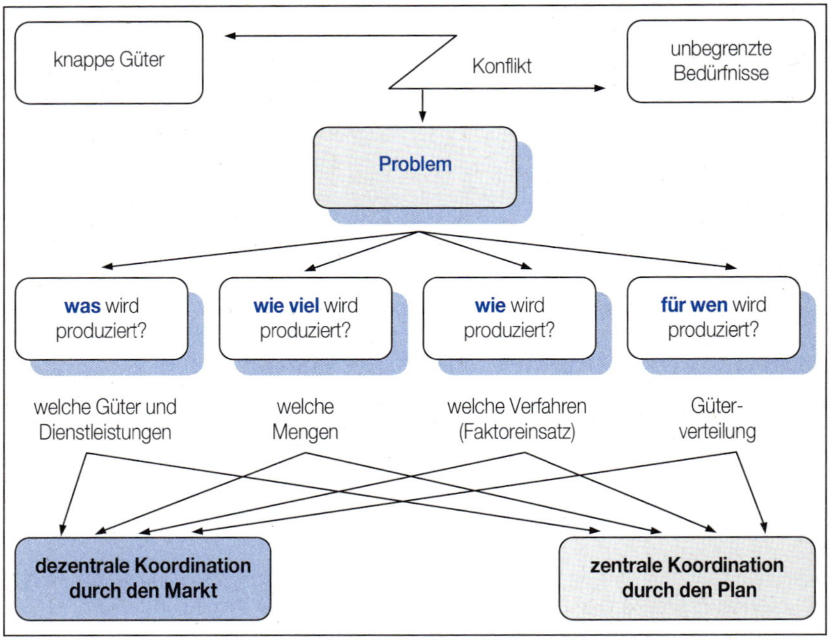

Abb. 10.1: Grundprobleme der Wirtschaftsordnung

In jeder Volkswirtschaft muss entschieden werden, was, wie viel, wie und für wen produziert werden soll.

Es gibt grundsätzlich zwei Möglichkeiten der Koordination, dezentral über den Markt und zentral über einen Plan.

10.2 Markt oder Plan?

• *Marktwirtschaft*

dezentrale Koordination durch den Markt

In der Marktwirtschaft entscheiden die Millionen Haushalte und Unternehmen selbst, was sie konsumieren bzw. produzieren wollen. Die Konsumpläne der einzelnen Haushalte und die Produktionspläne der Unternehmen – man könnte auch von Nachfrage und Angebot sprechen – werden dadurch koordiniert, d. h. aufeinander abgestimmt, dass die Unternehmen ihre Güter und Leistungen am Markt gegen Geld tauschen. Dabei bilden sich Preise entsprechend dem Verhältnis von Angebot und Nachfrage *(vgl. Kapitel 2.6),* also entsprechend der Knappheit heraus. Genauso verhält es sich mit den Produktionsfaktoren *(vgl. Kapitel 2.3),* die Unternehmen nachfragen und Haushalte anbieten.

Marktmodell

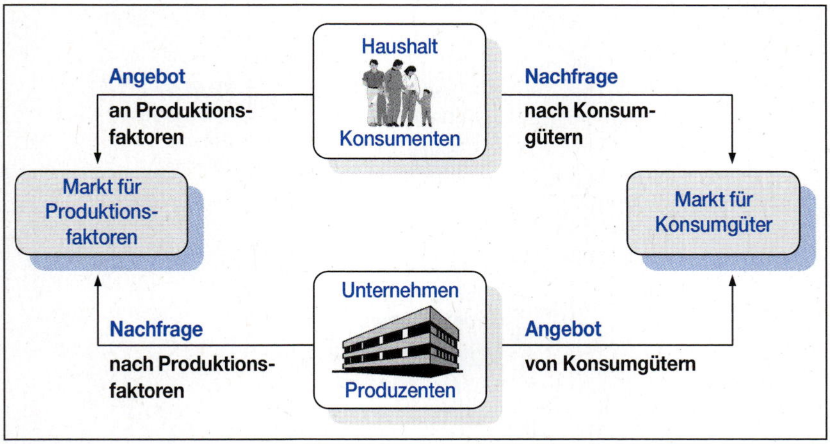

Abb. 10.2: Dezentrale Koordination am Markt

Markt-mechanismus

Die Verkaufspreise der Güter sind das Ergebnis der Konkurrenz zwischen den Anbietern gleicher oder ähnlicher Güter einerseits und dem Ausmaß der Wünsche der Nachfrager andererseits. Die Konkurrenz unter den Nachfragern und unter den Anbietern führt in der Regel bei allen Gütern zu Preisen, die Angebot und Nachfrage ausgleichen. Vorübergehend können aber zu viel oder zu wenig Güter produziert und angeboten werden, sodass die Verkaufspreise die Kosten nicht decken oder die Kosten übersteigen. Die Unternehmungen erzielen also Verluste oder Gewinne. Verluste führen zu einer Verringerung, Gewinne zu einer Erhöhung des Angebots.

Da die Produzenten ihre Waren umso besser absetzen können, je mehr sie die Wünsche der Konsumenten berücksichtigen, orientiert sich der Produktionsprozess in einer marktwirtschaftlich geordneten Wirtschaft zwangsläufig an den Wünschen der Verbraucher.

Die Plankoordination erfolgt also durch die Entscheidungen der Wirtschaftssubjekte. Diese Entscheidungen sind freie Vereinbarungen, die nicht durch übergeordnete Instanzen getroffen werden.[1)]

- ***Zentralverwaltungswirtschaft***

Zentralverwaltung

In der Zentralverwaltungswirtschaft plant, steuert und kontrolliert eine zentrale Planungsbehörde und somit der Staat den Wirtschaftsprozess. Sie setzt die Preise für alle Güter fest, regelt Löhne und Arbeitsbedingungen und bestimmt den Einsatz der Produktionsfaktoren. Die Planungsbehörde ermittelt den Bedarf der Haushalte und steuert die Produktion der

Zentrale Koordination durch den Plan

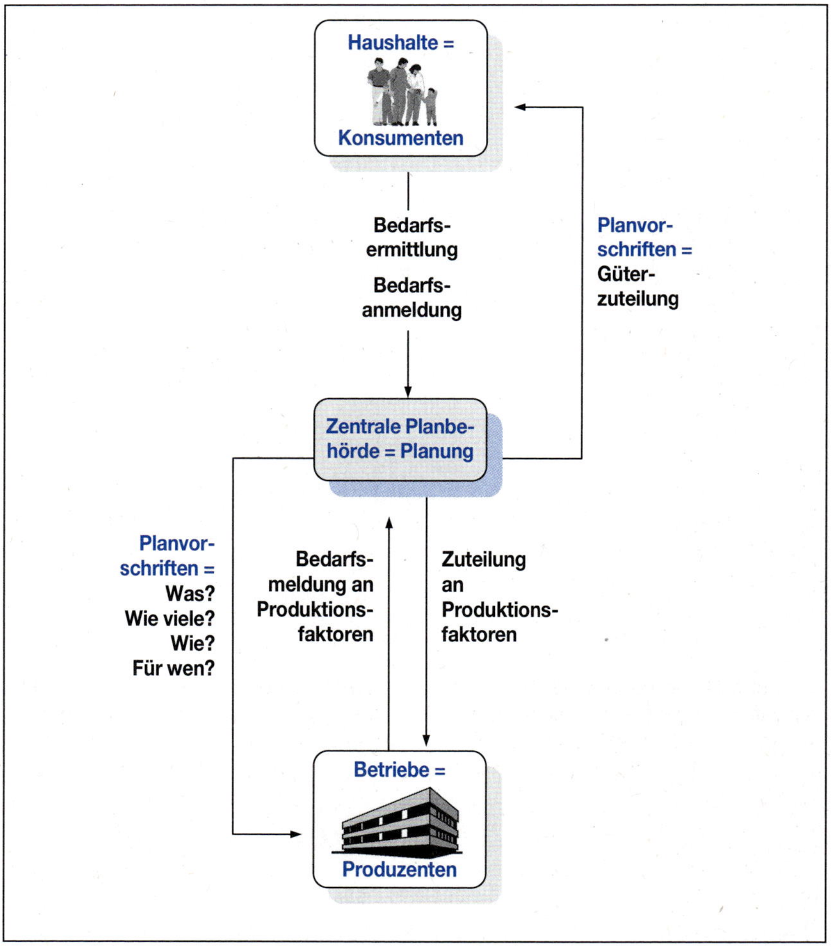

Abb. 10.3: Das System der zentralen Planung in der Wirtschaft

1) vgl. Köppen, Wirtschaftssysteme und Wirtschaftsordnungen, Sparkassenverlag Stuttgart, S.9

Betriebe daraufhin, sodass – in der Theorie – eine optimale Güterversorgung garantiert ist. Da die Planungsbehörde zentral Entscheidungen über Faktoreinsatz und Produktion trifft, müssen alle Produktionsmittel Eigentum des Staates sein. Die Zentralverwaltungswirtschaft wird auch Planwirtschaft genannt.

• *Ideal- und Realtypen*

Die beiden **Wirtschaftssysteme** *(Lenkungssysteme)* **Marktwirtschaft** und **Zentralverwaltungswirtschaft** sind Modelle (**Idealtypen**) zur Erklärung der Zusammenhänge. Sie kommen in der Realität in reiner Form so nicht vor. ***Idealtypen***

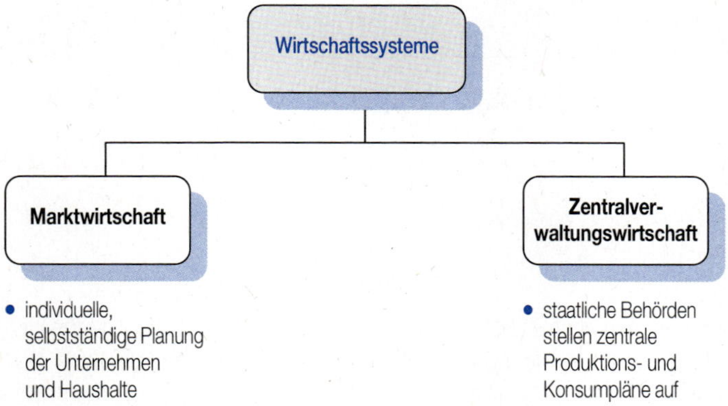

Abb. 10.4: Wirtschaftssysteme

Die in den einzelnen Staaten **tatsächlich** (real) **existierenden Wirtschaftsordnungen** nennt man **Realtypen**. Sie sind immer **Mischformen**, die sowohl marktwirtschaftliche als auch planwirtschaftliche Elemente aufweisen. ***Realtypen***

So ist z. B. die *soziale Marktwirtschaft der Bundesrepublik* keine reine Marktwirtschaft, aber die marktwirtschaftlichen Elemente überwiegen. Das private Eigentum an den Produktionsmitteln ist garantiert. Der *real existierende Sozialismus der DDR* war auch bis zuletzt keine reine Zentralverwaltungswirtschaft, aber das Übergewicht planwirtschaftlicher Ordnungselemente war ganz eindeutig. Es gab – von den Ausnahmen kleiner Handwerksbetriebe abgesehen – kein Privateigentum an den Produktionsmitteln.

Die Wirtschaftsordnung der ersten Nachkriegsjahre war sicherlich eine Planwirtschaft, allerdings waren einige unwichtige Bereiche von Bezugsscheinen ausgenommen, doch die Produktionsmittel befanden sich nicht in Gemeineigentum. Die *Wirtschaftsordnung Ungarns* war früher gelegentlich dadurch gekennzeichnet, dass vermehrt die Vorteile marktwirtschaftlicher Orientierung genutzt wurden, aber die Produktionsmittel befanden sich – von Ausnahmen abgesehen – nicht in Privateigentum.

Quelle: Vry, Volkswirtschaftslehre, Kiehl Verlag, Ludwigshafen

Mischformen in der Realität

Nimmt man die **Entscheidungsfreiheit einzelner Wirtschaftssubjekte** (Haushalte, Unternehmen) als Maßstab, so ergibt sich die folgende **Abstufung**.

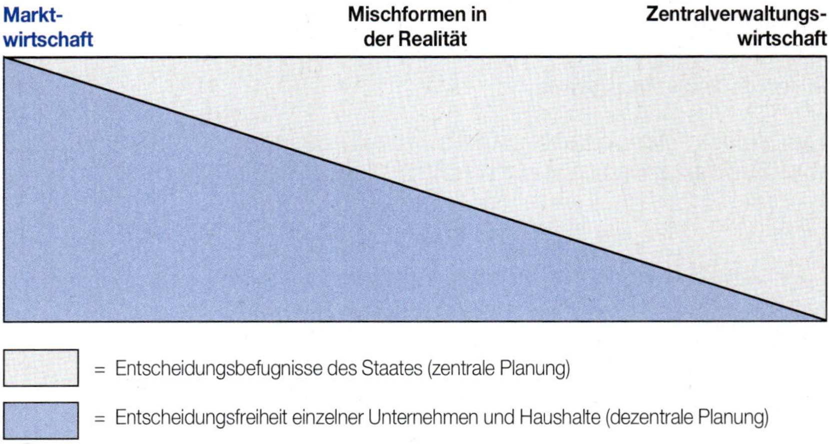

Abb. 10.5: Markt- und Zentralverwaltungswirtschaft

Markt-wirtschaft

In der **reinen Marktwirtschaft** ist die Entscheidungsfreiheit der Produzenten und Konsumenten am größten. Der Staat hält sich aus dem Wirtschaftsablauf völlig zurück. Er garantiert lediglich die Aufrechterhaltung der freien Märkte.

Zentral-verwaltungs-wirtschaft

In einer extremen **Zentralverwaltungswirtschaft** ist die **Entscheidungsfreiheit** der Unternehmen und Haushalte extrem **eingeschränkt**. Was, wie viel, wie und für wen produziert und somit was investiert und konsumiert wird, legt die **staatliche Planungsbehörde** in kurz-, mittel- und langfristigen **Wirtschaftsplänen** fest.

Soziale Markt-wirtschaft

In der **Bundesrepublik Deutschland** versucht man z.B. innerhalb eines Systems **freier Marktwirtschaft soziale Härten zu vermeiden** und einen sozialen Ausgleich zu schaffen. Der Staat greift dazu aktiv in die Wirtschaft ein und nimmt Korrekturen des Wirtschaftsablaufs vor.

Beispiele hierfür sind u.a. die Konjunktursteuerung im Rahmen des Stabilitätsgesetzes, die Geldpolitik der Europäischen Zentralbank, die Sozialgesetzgebung oder das Mitbestimmungsrecht *(vgl. Kapitel 11).*

10.3 Die freie Marktwirtschaft

Liberalismus

Das Konzept der freien Marktwirtschaft basiert auf den Ideen des **klassischen Liberalismus**. Der Liberalismus entwickelte sich im 18. Jahrhundert in der Zeit des Kampfes des Bürgertums gegen die Unterdrückung bzw. Bevormundung durch Adel und Kirche während der Epoche des Absolutismus. Wichtige Ereignisse im Zeitalter des Liberalismus waren die *Unabhängigkeitserklärung der Vereinigten Staaten von Amerika (1776)* und die *Französische Revolution (1789)*.

Hauptforderungen

Die Grundideen bzw. **Hauptforderungen des Liberalismus** sind

- *Garantie der Menschenrechte,*
- *persönliche Freiheit des Einzelnen,*
- *Gleichheit vor dem Gesetz,*
- *Beschränkung der Staatsgewalt und Schutz vor Willkür,*
- *freier Leistungswettbewerb.*

Modell der Marktwirtschaft/ Ordnungsmerkmale

Diese gesellschaftlichen Forderungen fanden wirtschaftspolitisch ihren Niederschlag im **Modell der freien Marktwirtschaft**. Ordnungsmerkmale einer solchen Wirtschaft sind

- **Produktionsfreiheit**
  (jeder Betrieb kann selbst entscheiden, was, wie viel, wie und wo er produzieren will),
- **Gewerbefreiheit**
  (jeder kann selbstständig ein Gewerbe betreiben, wenn er dies möchte),
- **Konsumfreiheit**
  (die Konsumenten können aus einem reichhaltigen Angebot selbst auswählen, was, warum und wie viel sie konsumieren möchten),
- **Vertragsfreiheit**
  (jeder kann mit jedem Verträge schließen und deren Inhalt selbst bestimmen),
- **freie Berufs- und Arbeitsplatzwahl**
  (es gibt keine Berufsverbote oder staatliche Arbeitsplatzzuweisungen),
- **freier Wettbewerb**
  (die Zahl der Anbieter und Nachfrager ist so groß, dass niemand den Markt beeinflussen kann. Preisabsprachen oder Monopole bestehen nicht
- **Freihandel**
  (freier Ex- und Import von Waren, Dienstleistungen und Kapital),
- **Privateigentum an Produktionsmitteln**

Rolle des Staates

Der Staat hat sich nach liberaler Auffassung **aus der Wirtschaft zurückzuhalten** und auf regulierende Eingriffe zu verzichten. Seine **Aufgabe** besteht in der **Aufrechterhaltung des Wettbewerbs** und der **Versorgung mit öffentlichen Gütern**. Ansonsten überlässt der Staat die Wirtschaft sich selbst. Die Rolle des Staates wird oft mit dem französischen Begriff „*Laissez-faire*" beschrieben. *Ferdinand Lassalle* sprach später vom „*Nachtwächterstaat*".

Adam Smith

Die Forderung nach „*Laissez-faire*" wurde vor allem von dem schottischen Nationalökonomen *Adam Smith (1723 – 1790)* in seinem 1776 erschienenen Buch „Wohlstand der Nationen"[2] erhoben. Er ist der Überzeugung, dass immer dann, wenn jeder Mensch egoistisch seine Eigeninteressen verfolgt, eine Steigerung des Allgemeinwohls erreicht wird. Wörtlich schreibt er:

> *„Da nun jedermann nach Kräften sucht, sein Kapital in der heimischen Erwerbstätigkeit … so zu leiten, dass ihr Erzeugnis den größten Wert erhält, so arbeitet auch jeder notwendig dahin, das jährliche Einkommen der Gesellschaft so groß zu machen, als er kann. Allerdings strebt er in der Regel nicht danach, das allgemeine Wohl zu fördern, und weiß auch nicht, um wie viel er es fördert. Indem er . . . (seine) Erwerbstätigkeit so leitet, dass ihr Produkt den größten Wert erhalte, verfolgt er lediglich seinen eigenen Gewinn und wird, . . . von einer unsichtbaren Hand geleitet, einen Zweck fördern, den er in keiner Weise beabsichtigt hatte. . . ."*
>
> *„Der Staat hat . . . die Gesellschaft gegen die Gewalttätigkeiten und Angriffe anderer unabhängiger Gesellschaften zu schützen, . . . jedes einzelne Glied der Gesellschaft gegen die Ungerechtigkeit oder Unterdrückung jedes anderen Gliedes derselben so viel wie möglich zu schützen, d. h. eine genaue Rechtspflege aufrecht zu erhalten, . . . gewisse öffentliche Werke und Anstalten zu errichten und zu unterhalten, deren Errichtung und Unterhaltung niemals in dem Interesse eines Privatmannes oder einer kleinen Zahl von Privatleuten liegen kann."*

- ***Kritik***

Kritik an der Marktwirtschaft

Das Modell der Marktwirtschaft bietet dem Einzelnen ein Höchstmaß an Freiheit und sorgt für eine optimale Güterversorgung. Dennoch bietet es auch Anlass zur Kritik:[3]

- Die Unternehmen produzieren nur Güter, wenn entsprechende Gewinnerwartungen bestehen. Bestimmte öffentliche Güter (z. B. Sicherheit, Infrastruktur, Straßenbeleuchtung) werden deshalb nicht oder nicht in ausreichendem Maß produziert.
- Unternehmen benutzen freie Güter (z. B. Luft) unentgeltlich bei der Produktion. Ihnen entstehen keine Kosten, wohl aber der Gesellschaft wegen der Folgen (z. B. Luftverschmutzung).

---

[2] Original: „An Inquiry into the Nature and Causes of the Wealth of Nations"

[3] vgl. Vry, Volkswirtschaftslehre Ludwigshafen 2009

- Wenn die Nachfrage der Haushalte, die über hohe Einkommen verfügen, zu Preissteigerungen für wichtige Konsumgüter führt, können ärmere Haushalte diese Güter nicht mehr kaufen. Der Markt wirkt hier unsozial.
- Wer nicht arbeiten kann, erhält kein Einkommen. Arbeitnehmer mit geringer Qualifikation erhalten nur geringe Entlohnung, mit der sie ihren Lebensunterhalt gerade finanzieren können. Ihre Möglichkeiten, sich durch zusätzliche Qualifizierung bessere Marktchancen zu schaffen, sind dadurch sehr eingeschränkt. Die Bildung von Vermögen ist ihnen unmöglich. Diese Vorgänge fördern die Ungleichheit der Verteilung von Einkommen und Vermögen.
- Der freie Wettbewerb als Grundlage der freien Marktwirtschaft stellt sich nicht automatisch ein, er ist nicht naturgegeben. Unternehmer können z. B. Preise absprechen oder sich zusammenschließen, sodass der Wettbewerb behindert wird.
- Das System ist krisenanfällig. Es kommt zu regelmäßigen Konjunktureinbrüchen.
- Wirtschaftlich Schwächere werden benachteiligt.

10.4 Die Zentralverwaltungswirtschaft

Ordnungsmerkmale

Das **Modell** der Zentralverwaltungswirtschaft ist durch folgende Hauptmerkmale gekennzeichnet:

- **Zentrale Planung, Lenkung und Kontrolle** des gesamten Wirtschaftsgeschehens. Auch andere Gesellschaftsbereiche wie Kultur, Sport, Wissenschaft, Bildung und Sozialwesen unterliegen der staatlichen Planung und Kontrolle. Die Entscheidungsfreiheit der einzelnen Betriebe und Haushalte ist stark eingeschränkt.
- **Wirtschaft und Politik** sind eng miteinander **verknüpft**.
- **Die Produktionsmittel** (Grundstücke, Gebäude, Maschinen etc.) befinden sich in **Kollektiveigentum** (Staatseigentum, „Volkseigentum“).
- **Oberstes Ziel** jedes wirtschaftlichen Handelns ist die **Erfüllung des Plans**.
- Die **Preise** für Güter und Dienstleistungen, die **Löhne, Zinsen** und **Mieten** werden vom Staat **zentral festgelegt**.
- **Güter und Dienstleistungen** werden **nach zentralen Plänen verteilt**.
- **Der Außenhandel** wird durch staatliche Organisationen **zentral gelenkt**.

Wie die Realität einer tatsächlichen Zentralverwaltungswirtschaft aussieht, zeigt folgende Beschreibung aus der ehemaligen DDR:

Alltag in der Ex-DDR

> *Überall, bei Veranstaltungen, in Zeitungen, im Fernsehen oder im Radio, wurde von den Erfolgen der sozialistischen Planwirtschaft und der Überlegenheit des Sozialismus über den „Kapitalismus" berichtet. Mit der Wirklichkeit hatte dies nichts zu tun. Die meisten Betriebe befanden sich in einem desolaten Zustand. Die Maschinen waren veraltet, die oft unter schlechten Bedingungen hergestellten Produkte waren von geringer Qualität. Die Arbeit war ineffektiv. Oft gab es Leerlauf, weil irgendein Ersatzteil fehlte oder weil ein Zulieferbetrieb Transportschwierigkeiten hatte. Während die Kollegen in dem einen Betrieb ohne Arbeit herumsaßen, wurde in anderen Betrieben die Akkordschraube immer stärker angezogen. Es waren zu viele Menschen in den Betrieben beschäftigt, der Verwaltungs- und Kontrollapparat war zahlenmäßig aufgebläht. Entsprechend gering war der Gewinn und das vom Staat festgesetzte Einkommen.*
>
> *Im westlichen Fernsehen konnten sich die Arbeiter über die in der Bundesrepublik von den Arbeitnehmerorganisationen erkämpften sozialen Sicherheiten oder über die neuesten Tarifabschlüsse informieren. In den Betrieben der DDR war Mitbestimmung ein Fremdwort. Wochenarbeitszeit, Löhne und Urlaubsanspruch wurden von der SED-Leitung festgesetzt. Um die Maschinen auszulasten, war die ebenfalls zentral verordnete Schichtarbeit weit verbreitet und betraf Mann und Frau gleichermaßen.*
>
> Quelle: Bundeszentrale für politische Bildung, Heft „Wirtschaftsordnung im Vergleich"

Bei der zentralen Lösung der Frage, was, wie, wie viel und für wen produziert werden soll, wird die Entscheidung nicht am Markt „von unten", sondern „von oben" durch eine staatliche Behörde oder Planungskommission bestimmt.

Schwierigkeiten der Planung

Wenn man bedenkt, dass in einer modernen Volkswirtschaft die Bedürfnisse von Millionen von Konsumenten durch Millionen von Gütern befriedigt werden sollen, die in Millionen Betrieben produziert werden, kann man das Ausmaß an Planungsbeziehungen erkennen, das einen überdimensionalen bürokratischen Apparat erforderlich macht.

- ***Kritik***

Kritik an Zentralverwaltungswirtschaft

Als Vorteile einer Zentralverwaltungswirtschaft werden immer Vollbeschäftigung, Preisstabilität, stabiles Wachstum und gerechte Einkommensverteilung genannt. Allerdings geht die Vollbeschäftigung zu Lasten des Rechts auf freie Berufs- und Arbeitsplatzwahl, die Garantie stabiler Preise zu Lasten der Konsumfreiheit, das Wirtschaftswachstum zu Lasten eines breiten Konsumgüterangebots, die Stetigkeit des Wirtschaftsablaufs zu Lasten eines motivierenden Wettbewerbs und die staatlich gelenkte Einkommensverteilung zu Lasten von Leistungsanreizen.

Zusammenfassend sind wesentliche Merkmale der beiden idealtypischen Modelle freie Marktwirtschaft und Zentralverwaltungswirtschaft nochmals in einer Übersicht dargestellt.

Gegenüberstellung der Modelle

Merkmale	Freie Marktwirtschaft	Zentralverwaltungswirtschaft
Grundprinzipen	• Individualismus des Individuums (A. Smith: *„Der Einzelne ist auf seinen Vorteil bedacht und dies ist zugleich für die Gemeinschaft am vorteilhaftesten."*) • Wirtschaftlicher Liberalismus (Wirtschaftliche Leistungsfähigkeit beruht auf Privatinitiative, Streben nach Eigennutz dient dem Gemeinnutz). • Wirtschaftliches *Laissez-faire-Prinzip* (Jedes Wirtschaftsubjekt handelt im Interesse seiner Nutzenmaximierung).	• Privateigentum an Produktionsmitteln • Jedes Wirtschaftssubjekt trifft seine Entscheidungen aufgrund individueller Zielvorstellungen (Unternehmen nach maximalem Gewinn, Nachfrager nach maximalen Nutzen).
Abstimmung von Angebot und Nachfrage	• Koordination über Märkte (dezentrale Entscheidungen) • „automatische" Findung eines „optimalen" Preises (*„invisible hand"*) • Der Preismechanismus führt zu einer optimalen Abstimmung von Angebots- und Nachfragemenge • Voraussetzung: Vollständige Konkurrenz • Staat sorgt lediglich für optimale Rahmenbedingungen	• Koordination durch eine zentrale Stelle (Staat) • Staat erstellt Produktionspläne für die Anbieter • Staat gibt „optimale" Preise für Angebot vor.
Rahmenbedingungen	• Privateigentum an Produktionsmitteln • Jedes Wirtschafssubjekt trifft seine Entscheidungen aufgrund individueller Zielvorstellungen (Unternehmen nach maximalem Gewinn, Nachfrager nach maximalen Nutzen).	• Staatseigentum an Produktionsmitteln (Kritik an der „ungehemmten" Profitgier der besitzenden Klasse (= Kapitalisten) durch Ausbeutung der „Arbeiterklasse"). • Regulierung der Produktion durch einen Wirtschaftsplan.
Rolle des Staates	• Staat tritt als Wirtschaftsteilnehmer vor allem als Nachfrager auf. • Das staatliche Angebot beschränkt sich auf öffentliche Güter im Rahmen des Marktversagens. • Staat verhindert Störungen des Marktes und den Missbrauch von individueller Freiheit. • Der Staat setzt lediglich die ordnungspolitischen Rahmenbedingungen (F. Lassalle: „Nachwächterstaat").	• Koordination durch eine zentrale Stelle (Staat) • Staat erstellt Produktionspläne für die Anbieter • Staat gibt „optimale" Preise für Angebot vor (ausgerichtet an gesamtgesellschaftlichen Belangen)

Abb. 10.6: Gegenüberstellung von Marktwirtschaft und Zentralverwaltungswirtschaft

(Quelle: Die Industriekaufleute, Ausgabe 7/2002, Seite 21 ff.)

10.5 Die soziale Marktwirtschaft

Entstehung

Nach dem Zusammenbruch am Ende des 2. Weltkrieges musste die deutsche Wirtschaft neu geordnet werden. Man entschied sich für die soziale Marktwirtschaft. Der Begriff stammt von *Alfred Müller-Armack,* der einen entscheidenden Beitrag zur Konzeption dieser Wirtschaftsordnung leistete. In die Tat umgesetzt wurde seine Konzeption dann von *Ludwig Erhard,* dem ersten Wirtschaftsminister der Bundesrepublik.

Ziele der sozialen Marktwirtschaft

Die soziale Marktwirtschaft entstand aus den negativen Erfahrungen der „reinen Marktwirtschaft" des 19. Jahrhunderts, die zur Verelendung der Arbeiter und zur Konzentration in der Wirtschaft führte und der persönlichen Unfreiheit des totalitären Wirtschaftssystems der Nationalsozialisten zwischen 1933 und 1945.

Rolle des Geldes

Die neue Wirtschaftsordnung soll die Vorteile des freien Marktes mit der Forderung nach sozialer Gerechtigkeit, sozialer Sicherheit und sozialem Fortschritt verbinden.

individuelle Freiheit
+ soziale Gerechtigkeit
= soziale Marktwirtschaft

Um diese Ziele zu verwirklichen, greift der Staat

- generell durch eine entsprechende **Rahmengesetzgebung** und
- fallweise durch **indirekte Steuerungsmaßnahmen**

in das Wirtschaftsgeschehen ein.

Er unterscheidet sich somit sowohl vom Nachtwächterstaat der freien Marktwirtschaft als auch vom direkt lenkenden Staat der Zentralverwaltungswirtschaft.

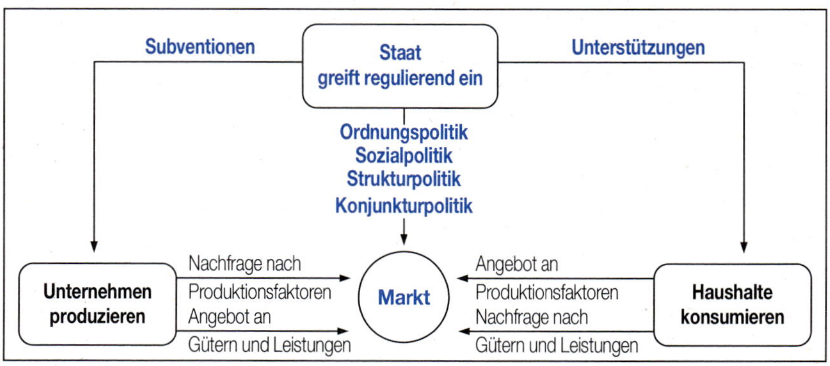

Abb. 10.7

- ***Ordnungspolitik***

Wettbewerbsschutz

Der Staat überlässt den Wettbewerb nicht sich selbst, sondern schützt die Marktteilnehmer aktiv vor Beschränkungen. Gesetzliche Grundlagen sind u. a.

- Das *Gesetz gegen Wettbewerbsbeschränkungen* (GWB), das Preisabsprachen und Kartelle grundsätzlich verbietet und Unternehmenszusammenschlüsse bei Verdacht auf Entstehung einer martkbeherrschenden Stellung der Genehmigung durch das Bundeskartellamt unterwirft,
- das *Gesetz gegen unlauteren Wettbewerb* (UWG, vgl. Kapitel 5.4.1), das Handlungen verbietet, die gegen die guten Sitten verstoßen und
- Teile des *Aktiengesetzes* (AktG), die Vorschriften über Unternehmenszusammenschlüsse enthalten.

Verbraucherschutz

Die zahlreichen Verbraucherschutzvorschriften sollen die Chancengleichheit im Wettbewerb aufrechterhalten, indem sie den wirtschaftlich Schwächeren – den Verbaucher – schützen.

- ***Sozialpolitik***

Soziale Sicherung

Der Staat schafft durch die **gesetzliche Sozialversicherung** mit ihren Säulen Kranken-, Pflege-, Renten-, Unfall- und Arbeitslosenversicherung *(vgl. Kap. 12.7)* soziale Sicherheit. Ziel ist die Absicherung derjenigen, die aufgrund von Krankheit, Alter oder Arbeitslosigkeit nicht mehr am Austausch Arbeitsleistung gegen Entlohnung teilnehmen können. Diese Pflichtversicherungen sind zwar ein Eingriff in die Freiheit, kommen letztlich aber dem Einzelnen wieder zugute.

Ausgleich von Härten

Aufgrund unterschiedlicher Begabung, Bildung, körperlicher oder geistiger Fähigkeiten gibt es Menschen, die materiell sehr erfolgreich und andere, die es weniger sind. Am wenigsten können sich kinderreiche Familien, Alte, Behinderte, Arbeitslose etc. im harten Kampf des Wettbewerbs durchsetzen. Hier will der Staat Härten vermeiden und einen Ausgleich schaffen. Mittel dazu sind **Kindergeld, Wohngeld, BaföG, Arbeitslosengeld II, Weiterbildungs- und Umschulungsmaßnahmen** etc.

gerechte Einkommensverteilung

Die über Jahrhunderte gewachsene, ungleiche Vermögensverteilung hat dazu geführt, dass der eine in eine wohlhabende Millionärs- ein anderer in eine besitzlose Familie hineingeboren wird. Selbst bei Unterbegabung des Reichen und Spitzenbegabung des Armen ist dieser Unterschied nicht aufholbar. Das Ziel ist eine **gerechtere Einkommens- und Vermögensverteilung**. Ein Mittel, mit dem der Staat beiträgt, dieses Ziel zu erreichen, liegt in der unterschiedlichen Besteuerung je nach Einkommenshöhe (Steuerprogression) und in der Gesetzgebung zur Vermögensbildung in Arbeitnehmerhand.

- ***Strukturpolitik***

Betriebsbestimmte Branchen (Kohlebergbau, Stahlindustrie, Landwirtschaft etc.) oder Regionen (strukturschwache Gebiete) erhalten **Subven-**

tionen (Steuererleichterungen oder direkte Zuwendungen), damit nicht durch Betriebsschließungen Arbeitslosigkeit und somit soziale Probleme entstehen. (Negativ wirkt sich aber oft die Wettbewerbsverzerrung durch Subventionen aus.)

• *Konjunkturpolitik durch Globalsteuerung*

Zur Globalsteuerung – der Steuerung der Wirtschaft als Ganzes – gehören die

- *geldpolitischen Instrumente der Europäischen Zentralbank, z. B. Mindestreservepolitik oder Offenmarktpolitik und die*
- *fiskalpolitischen Instrumente der Bundesregierung* (Ausgabe- und Einnahmepolitik, *vgl. hierzu Kap. 11.).*

• *Soziale Marktwirtschaft und Grundgesetz*

Grundgesetz

Das Grundgesetz legt keine bestimmte Wirtschaftsordnung fest. Es lässt auch andere Wirtschaftsordnungen als die soziale Marktwirtschaft zu, jedoch nicht eine Zentralverwaltungswirtschaft, denn es enthält Rechtsgrundsätze, die nur freiheitlichen Gesellschaftsformen eigen sind (z. B. Meinungsfreiheit, Versammlungsfreiheit, Vereinigungsfreiheit, Privateigentum, usw.). Im Grundgesetz sind sowohl freiheitliche als auch soziale Ordnungsgrundsätze fest verankert.

§

Freiheitliche Grundsätze

Artikel 2 (1): Jeder hat das Recht auf die freie Entfaltung seiner Persönlichkeit . . .

Artikel 9 (3): Das Recht, zur Wahrung und Förderung der Arbeits- und Wirtschaftsbedingungen Vereinigungen zu bilden, ist für jedermann und für alle Berufe gewährleistet . . .

Artikel 12 (1): Alle Deutschen haben das Recht, Beruf, Arbeitsplatz und Ausbildungsstätte frei zu wählen . . .

Artikel 14 (1): Das Eigentum und das Erbrecht werden gewährleistet . . .

Soziale Grundsätze

Artikel 14 (2): Eigentum verpflichtet. Sein Gebrauch soll zugleich dem Wohle der Allgemeinheit dienen.

Artikel 15: Grund und Boden, Naturschätze und Produktionsmittel können zum Zwecke der Vergesellschaftung durch ein Gesetz, das Art und Ausmaß der Entschädigung regelt, in Gemeineigentum oder in andere Formen der Gemeinschaft überführt werden.

Artikel 20 (1): Die Bundesrepublik Deutschland ist ein demokratischer und sozialer Staat.

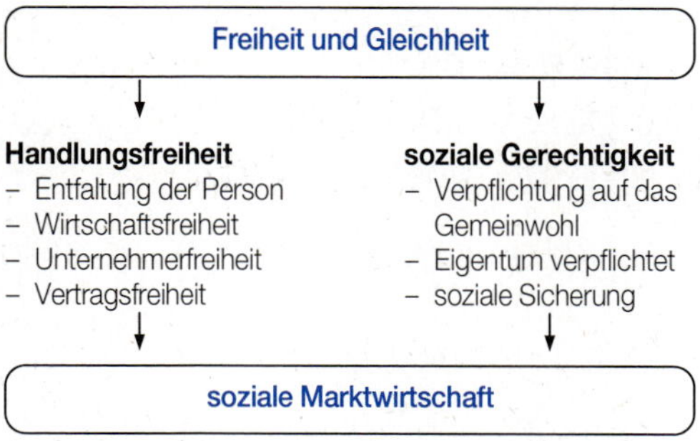

Abb. 10.8: Freiheit und soziale Gerechtigkeit

Freie und soziale Marktwirtschaft

Die wesentlichen **Unterschiede** der **sozialen Marktwirtschaft** *(Realtyp)* zur **freien Marktwirtschaft** *(Idealtyp)* zeigt die folgende Übersicht:

Idealtyp „freie Marktwirtschaft"	Realtyp „soziale Marktwirtschaft"
Staat greift nicht in das Wirtschaftsgeschehen ein; Nachtwächterstaat.	Staat greift ein um Wohlstand und soziale Sicherheit zu gewährleisten; Sozialstaat.
Entscheidung über die Produktion liegt nur bei den Unternehmern; Gewerbefreiheit.	Ausnahmen: Gewerbezweige, die Gesundheit oder Sicherheit gefährden; eingeschränkte Gewerbefreiheit.
Es herrscht völlige Konsumfreiheit.	Gilt nicht für gesundheitsgefährdende Konsumgüter, Medikamente, Drogen, Alkohol bei Jugendlichen etc.
Privateigentum an Produktionsmitteln ist gewährleistet.	Eigentum ist geschützt, aber Enteignungen sind möglich (Sozialbindung). Staatseigentum an Produktionsmitteln ist möglich (z. B. Bundesbahn) oder erwünscht (z. B. Sozialisierung, um Arbeitsplätze zu sichern).
Die Ausgestaltung von Verträgen ist den Vertragspartnern überlassen.	Die Vertragsfreiheit ist eingeschränkt; z. B. Wucherverbot, Mieterschutz, Arbeitsschutzgesetze.
Der Wettbewerb ist sich selbst überlassen.	Der Wettbewerb wird durch Gesetze geschützt (z. B. UWG, GWB).
Freie Berufswahl, Arbeitsplatzwahl und Freizügigkeit müssen garantiert sein.	Grundsätzlich bestehen freie Berufswahl, Arbeitsplatzwahl und Freizügigkeit. Um Fehlentwicklungen auf dem Arbeitsmarkt abzuschwächen, sind staatliche indirekte Lenkungsmaßnahmen erwünscht (Beihilfen zur Umschulung, Stellenvermittlung durch Arbeitsämter, Berufsberatung, Bildungspolitik).

Wiederholungsfragen

Wiederholungsfragen

1. Welche vier zentralen Fragen müssen in jeder Wirtschaftsordnung gelöst werden?
2. Welche zwei grundsätzlichen Möglichkeiten wirtschaftlicher Koordination gibt es?
3. Wer plant in einer Marktwirtschaft?
4. Wer plant in einer Zentralverwaltungswirtschaft?
5. Wie funktioniert der Martktmechanismus?
6. Unterscheiden Sie
   a) Idealtypen
   b) Realtypen
   von Wirtschaftsordnungen!
7. Auf welche Ideen geht das Modell der freien Marktwirtschaft zurück?
8. Nennen Sie die Hauptforderungen des Liberalismus!
9. Welche Ordnungsmerkmale enthält das Modell der freien Marktwirtschaft?
10. Welche Aussage trifft Adam Smith bezüglich der Rolle des Staates in der Marktwirtschaft?
11. Welche Kritikpunkte werden dem Modell der freien Marktwirtschaft entgegengehalten?
12. Nennen Sie die Ordnungsmerkmale der Zentralverwaltungswirtschaft!
13. Welche Kritikpunkte werden der Zentralverwaltungswirtschaft entgegengehalten?
14. Was sind die Hauptforderungen der sozialen Marktwirtschaft?
15. Wer gilt als „Vater der sozialen Marktwirtschaft"?
16. Beschreiben Sie je drei Maßnahmen im Rahmen der
   a) Ordnungspolitik,
   b) Sozialpolitik,
   c) Strukturpolitik
   des Staates in der sozialen Marktwirtschaft!
17. Vergleichen Sie die freie und die soziale Marktwirtschaft!

Aufgaben und Fälle

Aufgaben und Fälle zur Sicherung des Lernerfolgs

1. Im Zusammenhang mit der freien Marktwirtschaft wird häufig von der „unsichtbaren Hand" gesprochen, die die Wirtschaft zum Wohle aller Beteiligten lenkt. Erläutern Sie diese These der „unsichtbaren Hand"!
2. Erläutern Sie die Rolle des „Nachtwächterstaates" in der freien Marktwirtschaft!
3. Die folgende Abbildung karikiert die Wirtschaftsordnung der USA. Interpretieren Sie die Karikatur!

Unbegrenzte Möglichkeiten

4. Kritiker behaupten, durch die dezentrale Planung und die unterschiedlichen Interessen von selbstständigen Unternehmen und autonomen Haushalten entsteht am Markt ein ständiges Ungleichgewicht zwischen Angebot und Nachfrage nach Gütern und Dienstleistungen. Wie wird dieses Problem in der freien Marktwirtschaft gelöst?
5. Die geschichtliche Entwicklung hat gezeigt, dass ein völlig freies Spiel der Kräfte zu wirtschaftlichen und sozialen Problemen führt.
   a) Was versteht man in diesem Zusammenhang unter der „Sozialen Frage" im 19. Jahrhundert?
   b) Welche Auswirkungen kann eine freie Marktwirtschaft auf den Wettbewerb und die Vermögensverteilung haben?

Aufgaben und Fälle

6. „Die soziale Marktwirtschaft versucht ein dualistisches Menschenbild mit dem Grundsatz so viel Freiheit wie möglich und so viel staatlicher Zwang wie nötig zu realisieren.“ Nehmen sie zu dieser These Stellung!

7. Zeigen Sie an zwei Beispielen auf, wie die Vertragsfreiheit in der sozialen Marktwirtschaft eingeschränkt werden kann um wirtschaftlich schwächere Gruppen zu schützen.

8. Prüfen Sie anhand des Grundgesetzes, ob eine Einschränkung des Privateigentums möglich ist. Begründen Sie Ihre Antwort.

9. Erläutern Sie zwei Maßnahmen, die der Gesetzgeber in der Bundesrepublik Deutschland getroffen hat um die Aushöhlung des Wettbewerbs durch Konzentrationsprozesse zu verhindern.

10. Nach den Grundsätzen der Marktwirtschaft regeln Angebot und Nachfrage den Preis. In Deutschland waren Anfang 2007 rund 4,2 Millionen Menschen arbeitslos. Wie würde sich ein völlig freies Spiel von Angebot und Nachfrage auf dem Arbeitsmarkt auf die Einkommen der Arbeitnehmer auswirken. Welche Folgen hätte dies für die Betriebe?

11. Grundzüge der Wirtschaftspolitik

11.1 Wirtschaftspolitische Ziele

Der Wirtschaftsprozess in unserer Volkswirtschaft läuft nicht ohne Störungen ab. Er unterliegt ständigen Schwankungen und es kommt beispielsweise zu Preissteigerungen, Arbeitslosigkeit und unterschiedlichen Wachstumsraten.

Rolle des Staates

Eingriffe des Staates in den Ablauf der Wirtschaft sind im Modell der **freien Marktwirtschaft** nicht vorgesehen. Der Staat soll sich – so die Theorie – aus der Wirtschaft zurückhalten *(vgl. Kapitel 10).*

In der **sozialen Marktwirtschaft** unserer Tage hat sich jedoch die Auffassung durchgesetzt, **dass der Staat immer dann eingreifen soll**, ja eingreifen muss, wenn es gilt, nicht wünschenswerte, wirtschaftlich und sozial **negative Entwicklungen**, z. B. ein Ansteigen der Arbeitslosenzahl oder hohe Preissteigerungsraten, **abzuwehren**.

Zieldefinition

Die **Regierung** muss für ihre Wirtschaftspolitik daher ein **Konzept** entwickeln, das regulierend auf die Wirtschaft als Ganzes einwirkt und Korrekturen des Ablaufs zulässt. Dabei muss die marktwirtschaftliche Ordnung aufrechterhalten werden. Jedes Konzept benötigt aber im Voraus **klar definierte Ziele**, denn ein kluger Kopf hat einmal behauptet: „Wer nicht weiß, wohin er will, braucht sich nicht zu wundern, wenn er ganz woanders ankommt."

11.1.1 Das Stabilitätsgesetz

Stabilitätsgesetz

Die wirtschaftspolitischen Ziele finden sich in der Bundesrepublik Deutschland im *„Gesetz zur Förderung der Stabilität und des Wachstums der Wirtschaft" (StabWG),* kurz **Stabilitätsgesetz** genannt, das bereits am 8.7.1967 in Kraft getreten ist. Der erste Paragraf dieses Gesetzes lautet:

> ***§ 1 Stabilitätsgesetz (Erfordernisse der Wirtschaftspolitik)***
>
> *Bund und Länder haben bei ihren wirtschafts- und finanzpolitischen Maßnahmen die Erfordernisse des gesamtwirtschaftlichen Gleichgewichts zu beachten. Die Maßnahmen sind so zu treffen, dass sie im Rahmen der marktwirtschaftlichen Ordnung gleichzeitig zur Stabilität des Preisniveaus, zu einem hohen Beschäftigungsgrad und außenwirtschaftlichem Gleichgewicht bei stetigem und angemessenem Wachstum beitragen.*

gesamtwirtschaftliches Gleichgewicht

Der Auftrag des Stabilitätsgesetzes geht also weit über die klassische Rolle des Staates – die Sicherung des freien Wettbewerbs – hinaus, wenn er Bund und Länder zur **globalen Steuerung der Wirtschaft** hin auf ein **gesamtwirtschaftliches Gleichgewicht** verpflichtet.

Auch im Grundgesetz und im Sozialgesetzbuch finden wir die Verpflichtung auf das gesamtwirtschaftliche Gleichgewicht bzw. auf die im Stabilitätsgesetz genannten Ziele.

§

Art. 109 Abs. 2 Grundgesetz

Bund und Länder haben bei ihrer Haushaltswirtschaft den Erfordernissen des gesamtwirtschaftlichen Gleichgewichts Rechnung zu tragen.

Sozialgesetzbuch III. Buch: § 1 Ziele der Arbeitsförderung

(1) Die Leistungen der Arbeitsförderungen sollen dazu beitragen, dass ein hoher Beschäftigungsstand erreicht und die Beschäftigungsstruktur ständig verbessert wird. Sie sind insbesondere darauf auszurichten, das Entstehen von Arbeitslosigkeit zu vermeiden oder die Dauer der Arbeitslosigkeit zu verkürzen.

Aus dem Kapitel 2.6 Markt und Preis wissen wir: Ein Markt ist dann im Gleichgewicht, wenn Angebot und Nachfrage gleich groß sind. Gesamtwirtschaftlich bedeutet das, ein Gleichgewicht besteht, wenn

- sich das **Angebot an Arbeitskräften** und die **Nachfrage nach Arbeitskräften** decken und wenn
- sich **Gütermenge** und **Geldmenge** entsprechen.

Ein gesamtwirtschaftliches Gleichgewicht besteht nicht, wenn **Arbeitslosigkeit** herrscht, wenn **Inflation** grassiert oder wenn die Nachfrage, z. B. auf dem Wohnungsmarkt, nicht befriedigt werden kann, weil das entsprechende Angebot zu gering ist.

Oberziel

Das Stabilitätsgesetz leitet daher aus dem wirtschaftspolitischen Oberziel des gesamtwirtschaftlichen Gleichgewichts vier konkrete Unterziele ab. Ein gesamtwirtschaftliches Gleichgewicht ist demnach erreicht, wenn in unserer Volkswirtschaft

Unterziele

- **ein stabiles Preisniveau,**
- **ein hoher Beschäftigungsgrad,**
- **außenwirtschaftliches Gleichgewicht und**
- **stetiges, angemessenes Wachstum**

herrschen.

Die genannten **Ziele sind als gleichwertig und gleichrangig anzusehen.** In der wirtschaftlichen Realität wird es jedoch fast unmöglich sein, alle Ziele gleichzeitig und in vollem Umfang zu realisieren. Aus diesem Grund nennt man die Ziele insgesamt auch „**magisches Viereck**“, da es der Kraft eines Zauberers (Magiers) bedürfte, alle Forderungen gleichzeitig zu erfüllen.

Magisches Viereck des Stabilitätsgesetzes

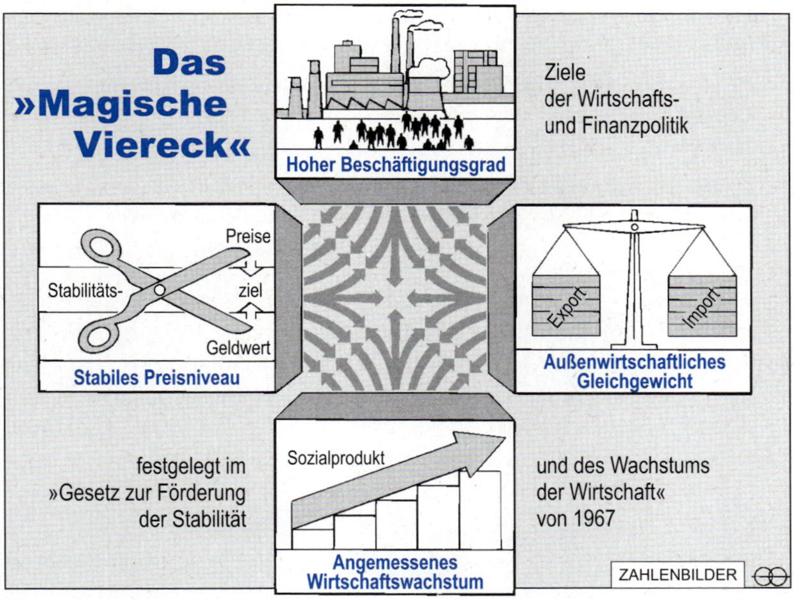

Abb. 11.1: Das „Magische Viereck“ der Wirtschaftspolitik

Jahreswirtschaftsbericht

Wer den Text des Stabilitätsgesetzes nachliest, wird vergeblich nach einem Paragrafen suchen, aus dem hervorgeht, wann die vier wirtschaftspolitischen Ziele erreicht sind. Auch die Instrumente, mit deren Hilfe die Ziele erreicht werden sollen, nennt das Gesetz nicht konkret. Vielmehr ist die jeweilige **Bundesregierung** nach *§ 2 Stabilitätsgesetz* verpflichtet, im Januar eines jeden Jahres einen **Jahreswirtschaftsbericht** vorzulegen, der die von ihr für das laufende Jahr angestrebten Ziele konkretisiert und die notwendigen Maßnahmen erläutert. Man spricht von der sog. **Jahresprojektion**.

§ 2 Stabilitätsgesetz (Jahreswirtschaftsbericht)

Die Bundesregierung legt im Januar eines jeden Jahres dem Bundestag und dem Bundesrat einen Jahreswirtschaftsbericht vor. Der Jahreswirtschaftsbericht enthält . . . eine Darlegung der für das laufende Jahr von der Bundesregierung angestrebten wirtschafts- und finanzpolitischen Ziele (Jahresprojektion). Die Jahresprojektion bedient sich der Mittel und der Form der volkswirtschaftlichen Gesamtrechnung, ggf. mit Alternativrechnungen.

Interpretation der Ziele

Die **offene Zieldefinition** *(hoher Beschäftigungsgrad, angemessenes Wachstum)* haben die **verschiedenen Bundesregierungen** in den 40 Jahren seit Verabschiedung des Stabilitätsgesetzes **unterschiedlich ausgelegt**.

> *Nach dem Inkrafttreten des Stabilitätsgesetzes Ende der 60er-Jahre galten unter dem damaligen Wirtschaftsminister Karl Schiller relativ strenge Anforderungen:*
>
> - *Ein hoher Beschäftigungsgrad ist dann erreicht, wenn die Arbeitslosenquote unter 1 % liegt.*
> - *Preisniveaustabilität herrscht bei einer Inflationsrate von maximal 1 %.*
> - *Außenwirtschaftliches Gleichgewicht herrscht, wenn der Anteil des Außenbeitrags (Exporte minus Importe) am Bruttosozialprodukt maximal 1 % beträgt.*
> - *Das Wachstum gilt bei einer Wachstumsrate des realen Bruttosozialprodukts von 4 % als angemessen.*

Ein Blick auf die **tatsächlichen Werte** dieser Zeit zeigt, dass die selbstgesteckten Ziele der Regierung Ende der 60er- bzw. Anfang der 70er-Jahre des letzten Jahrhunderts bei der Preisniveaustabilität nicht erreicht wurden. Bei der Arbeitslosigkeit gab es aus heutiger Sicht allerdings Traumquoten.

Zielerreichung Ende der 60er-Jahre

Jahr	Inflationsrate	Arbeitslosenquote	Wachstum	Anteil des Außenbeitrags am BSP
1968	1,9 %	1,5 %	6,5 %	3,3 %
1969	2,5 %	0,8 %	7,9 %	2,4 %
1970	3,5 %	0,7 %	5,9 %	2,1 %
1971	5,4 %	0,8 %	3,3 %	2,1 %

Quelle: Statistische Jahrbücher

Angesichts der tatsächlichen Wirtschaftsentwicklung wurden die **Zielvorstellungen** immer wieder korrigiert.

Die Bundesregierung legte im Jahreswirtschaftsbericht 2008 folgende Zahlen vor:

Jahresprojektion

Indikator	2007	Jahresprojektion 2008
Preissteigerungsrate	2,2 %	2,3 %
Arbeitslosenquote	9 %	8,2 %
Wachstum des realen Bruttoinlandsprodukts	2,5 %	1,7 %
Außenbeitrag (BIP Wachstumsbeitrag)	1,5 %	0,4 %

Die **Erreichung der Ziele** des magischen Vierecks über einen Zeitraum von 20 Jahren zeigt die folgende Tabelle (bis 1990 alte Bundesländer, ab 1991 Gesamtdeutschland):

Ziel-erreichung über 20 Jahre

Jahr	Preissteigerungsrate[1]	Arbeitslosenquote[2]	Wachstumsrate[3]	Anteil des Außenbeitrags[4]
1987	0,2 %	8,5 %	1,6 %	5,6 %
1988	1,3 %	8,4 %	3,7 %	5,8 %
1989	2,8 %	6,6 %	3,9 %	6,4 %
1990	2,7 %	6,9 %	4,6 %	6,2 %
1991	3,5 %	7,3 %	3,2 %	–
1992	5,0 %	8,4 %	2,2 %	-0,1 %
1993	4,5 %	9,7 %	- 1,2 %	0,4 %
1994	2,7 %	10,5 %	2,9 %	0,5 %
1995	1,8 %	10,5 %	1,9 %	1,0 %
1996	1,4 %	10,4 %	1,2 %	1,2 %
1997	1,9 %	11,4 %	1,3 %	1,5 %
1998	0,9 %	11,1 %	2,0 %	1,7 %
1999	0,6 %	10,5 %	1,8 %	0,9 %
2000	1,4 %	9,6 %	3,0 %	0,4 %
2001	2,0 %	9,4 %	0,6 %	1,9 %
2002	1,4 %	9,9 %	0,2 %	2,4 %
2003	1,1 %	10,5 %	-0,1 %	4,5 %
2004	1,6 %	10,5 %	1,7 %	5,4 %
2005	2,0 %	11,7 %	0,9 %	0,4 %
2006	1,4 %	10,8 %	2,5 %	0,7 %
2007	2,2 %	9,0 %	2,5 %	0,4 %

Quelle: Jahreswirtschaftsbericht, Jahresgutachten des Sachverständigenrates, Monatsberichte der Deutschen Bundesbank

• *Zielkonflikte*

Zielkonflikt

Wie bereits eingangs beschrieben, lassen sich nicht alle Ziele des magischen Vierecks gleichzeitig erreichen. Es kommt sogar vor, dass bestimmte Maßnahmen, die der Erreichung eines Zieles dienen, ein anderes Ziel verletzen. Wir wollen einen solchen **Zielkonflikt** an einem Beispiel beschreiben:

Arbeits-losigkeits-bekämpfung und Gefahr der Inflation

Wenn in einer Volkswirtschaft eine hohe konjunkturelle Arbeitslosigkeit herrscht, wird die Regierung versuchen, die gesamtwirtschaftliche Nachfrage anzuregen. Sie kann dies tun, indem sie beispielsweise selbst als Nachfrager auftritt und verstärkt öffentliche Investitionen tätigt. Auch Steuererleichterungen dienen diesem Ziel.

Wenn Unternehmer und Verbraucher weniger Steuern zahlen müssen, werden sie mehr Einkommen zur freien Verfügung haben. Diese Einkommen können sie dazu verwenden um zusätzliche Konsumgüter oder Investitionsgüter nachzufragen. Staatliche Investitionsanreize wie Subventionen, Abschreibungserleichterungen oder Steuervergünstigungen, dienen ebenfalls diesem Ziel der Nachfragesteigerung.

---

[1] Prozentuale jährliche Veränderung des Preisindexes für die Lebenshaltung aller privaten Haushalte.
[2] Gemessen als Anteil der Arbeitslosen an den Erwerbspersonen.
[3] Prozentuale jährliche Veränderung des realen Bruttoinlandsprodukts.
[4] Anteil des Außenbeitrages am nominalen Bruttoinlandsprodukt.

Die Unternehmen werden durch die gesteigerte Nachfrage ihre Produktion erhöhen. Produktionsausweitungen ziehen Investitionen nach sich. Wenn mehr investiert wird, werden auch neue Arbeitsplätze geschaffen. Man kommt also dem Ziel eines höheren Beschäftigungsgrades ein Stück näher.

Die **Ausweitung der gesamtwirtschaftlichen Nachfrage** dient damit dem **Ziel** eines **hohen Beschäftigungsgrades**, sie bringt jedoch gleichzeitig auch die **Gefahr der Inflation** mit sich, denn **Nachfragesteigerungen** führen nach dem Gesetz von Angebot und Nachfrage zu **Preiserhöhungen**. Grafisch lässt sich dieser Zusammenhang folgendermaßen darstellen:

Zielkonflikt hoher Beschäftigungsgrad und Preisniveaustabilität

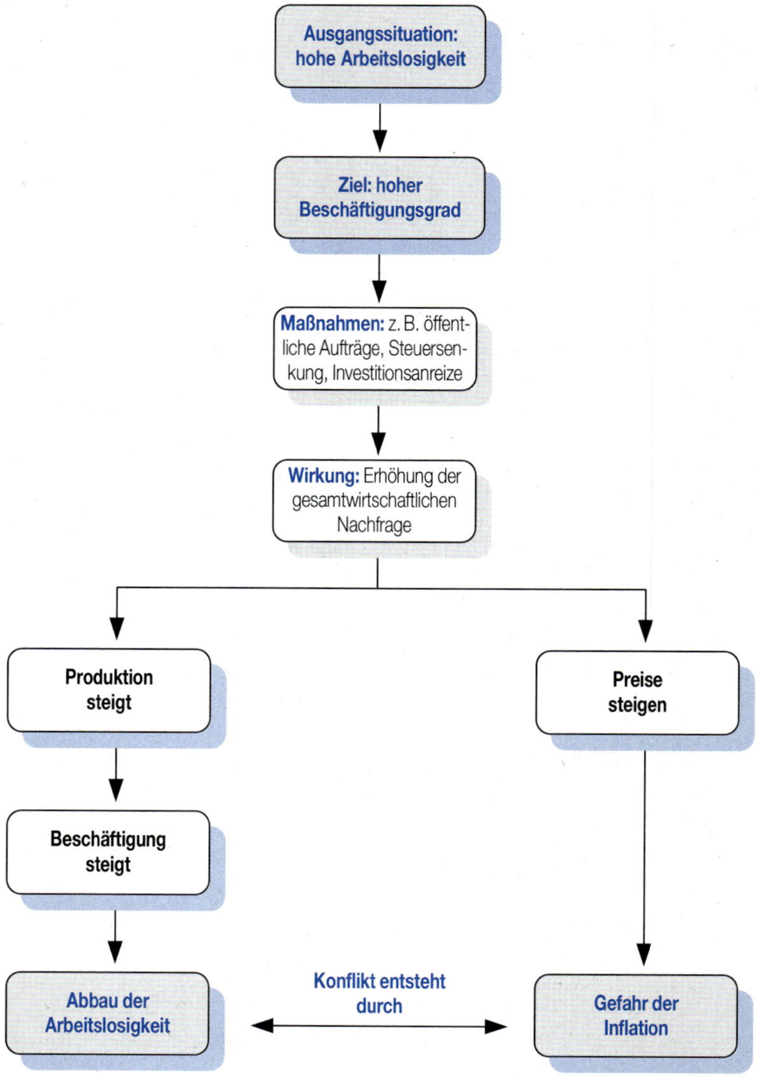

Abb. 11.2: Zielkonflikt im magischen Viereck

Es gibt aber auch Ziele, die sich mit bestimmten Maßnahmen gleichzeitig verfolgen lassen, z. B. stetiges Wachstum und ein hoher Beschäftigungsgrad. In diesem Fall spricht man von **Zielharmonie**.

Zielharmonie

Wirtschaftspolitische Ziele sind im Stabilitätsgesetz festgeschrieben.

- **Hauptziel ist ein gesamtwirtschaftliches Gleichgewicht.**
- **Unterziele sind ein stabiles Preisniveau, ein hoher Beschäftigungsgrad, außenwirtschaftliches Gleichgewicht sowie stetiges, angemessenes Wachstum.**

  Die vier Ziele werden als „magisches Viereck“ bezeichnet.
- **VomZielkonflikt spricht man, wenn die Verwirklichung zweier Ziele nicht gleichzeitig möglich ist. Sind zwei Ziele parallel zu verwirklichen, spricht man von Zielharmonie.**

11.1.2 Preisniveaustabilität

Unsere Geschichtsbücher berichten über das Jahr 1923, das Jahr der großen Inflation. Im Januar kostete ein Brot 250 Mark, im Juli waren es 3.465 Mark, im September 1.512.000 Mark und im November sogar 201.000.000.000 Mark. Die Frauen standen vor den Fabriktoren und holten ihre Männer ab. Sofort nach Erhalt der Löhne und Gehälter, die wöchentlich ausgezahlt wurden, stürmten sie mit riesigen Geldpaketen in die Geschäfte um das wertlose Papier möglichst schnell gegen wertbeständigere Güter einzutauschen.

Inflation 1923

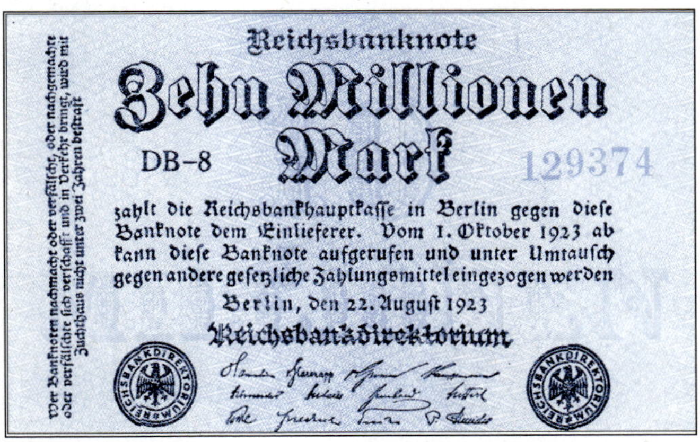

Abb. 11.3

10 Millionen-Reichsmarknote

Der Höhepunkt der Geldentwertung lag im November. In Berlin musste man beispielsweise zu dieser Zeit für einen Liter Milch 20 Milliarden Mark und für das billigste Straßenbahnticket 15 Milliarden Mark bezahlen.

Wie schnell die Inflation innerhalb eines Monats fortschritt, zeigt die Entwicklung des Briefportos. Am 30.10.1923 betrug das Porto 10 Millionen Mark, am 2.11. bereits 100 Millionen Mark, also das 10fache. Am Monatsende kostete ein Brief dann 80 Milliarden Mark.

Den Prozess der Geldentwertung kann man auch sehr eindrucksvoll am Dollarkurs nachvollziehen. Vor dem 1. Weltkrieg kostete der US-Dollar 4,20 Mark. Im Jahr 1921 lag der Kurs schon bei 100 Mark. Im Januar 1923 musste man für einen US-Dollar 50.000 Mark bezahlen und im Dezember kostete der gleiche Dollar 4,2 Billionen Mark (1 $ = 4.200.000.000.000 Mark).

Probleme dieses Ausmaßes haben wir heute zum Glück nicht zu bewältigen, die **Preise** sind **relativ stabil**. Wenn wir in diesem Zusammenhang von „stabilen" Preisen sprechen, so bedeutet das nicht, dass die Preise aller Güter und Dienstleistungen permanent konstant bleiben müssen, sondern, dass sich das durchschnittliche **Niveau der Preise** nicht allzu sehr ändern soll.

Preisniveau

In unserer Marktwirtschaft, wo Angebot und Nachfrage die Preise bestimmen, kommt es ständig zu Preiserhöhungen und Preissenkungen. Insgesamt sollen Preissteigerungen einzelner Güter durch Preissenkungen anderer Güter wieder ausgeglichen werden, sodass das **Preisniveau insgesamt gleich** bleibt.

Messung durch Preisindex

Es stellt sich jetzt jedoch die Frage, wie sich das Preisniveau messen lässt. Da man unmöglich die Preise aller Güter und Dienstleistungen erfassen kann, bildet das statistische Bundesamt sog. **Warenkörbe**, in denen es Gruppen von Gütern zusammenfasst und deren Preise zu unterschiedlichen Zeitpunkten – etwa jeden Monat – erfasst. Die ermittelten Werte vergleicht man dann und bildet sog. **Indices**,[5] die die Entwicklung der Preise zeigen.

Preisindex der Lebenshaltung

Indices gibt es für unterschiedliche Gütergruppen. So misst der „Preisindex der Einzelhandelspreise" die Entwicklung der Verkaufspreise in den Einzelhandelsgeschäften. Mithilfe des „Preisindexes für Wohngebäude" wird die Entwicklung der Baupreise untersucht. Für die Verbraucher ist der „**Preisindex für die private Lebenshaltung**", auch „Lebenshaltungskostenindex" genannt, am interessantesten. Der Warenkorb dieses Indexes umfasst mehrere hundert Güter und Dienstleistungen und basiert auf den Verbrauchergewohnheiten einer „typischen statistischen Familie" (siehe Abb. 11.4 auf der nächsten Seite).

---

[5] Index = statistische Messzahl

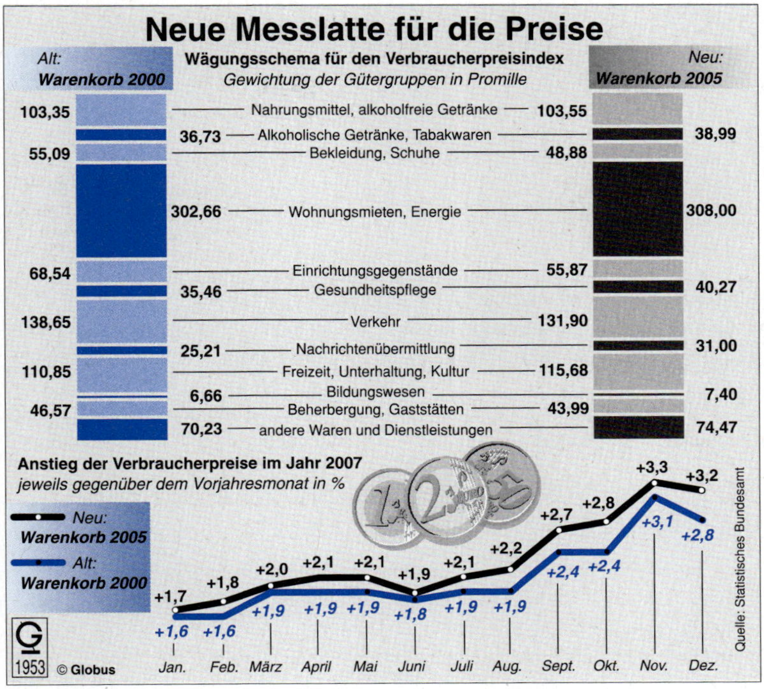

Warenkorb neu geordnet

750 Waren und Dienstleistungen enthölt der neue Warenkorb, mit dessen Hilfe das Statistische Bundesamt den Anstieg der Verbraucherpreise in Deutschland berechnet. Der Inhalt dieses Korbes (das so genannte Wägungsschema) muss von Zeit zu Zeit geändert werden, weil sich die Verbrauchsgewohnheiten der Menschen ändern, weil neue Produkte auf den Markt kommen und alte vom Markt verschwinden. So kommt es, dass einige Güter neu aufgenommen wurden, andere ganz gestrichen oder durch modernere ersetzt wurden. Im neuen Warenkorb finden sich jetzt Flatrate-Tarife fürs Internet sowie DVD-Player, MP3-Player und Espresso-Maschinen. Bei Kameras erheben die Statistiker nur noch die Preise von Digitalkameras, daneben betrachten sie auch Bio-Produkte. Außerdem wurden die Gewichte im Korb neu verteilt.

Abb. 11.4: Der Warenkorb

Der Warenkorb

Die **Berechnung eines Indexes** wollen wir an einem einfachen Beispiel demonstrieren:

Beispiel Warenkorb

Ein Warenkorb mit fünf haushaltstypischen Verbrauchsausgaben wird für 2008 (= Basisjahr) gebildet. Derselbe Warenkorb wird auch für 2009 (= Berichtsjahr) zusammengestellt. Man geht also davon aus, dass sich die Verbrauchsgewohnheiten nicht geändert haben. Für den Wert des Warenkorbs im Basisjahr setzt man 100 %. Der Vergleich mit dem Berichtsjahr 2008 ergibt die Steigerungsrate bzw. den Index für 2009.

Güter und Dienstleistungen	Preise (p_0) pro Einheit in € Basisjahr 2008	Menge (q_0) pro Jahr Basisjahr 2008	Wert ($p_0 \cdot q_0$) des Warenkorbs Basisjahr 2008
Rindfleisch	9,– € pro kg	36 kg	324,– €
Superbenzin	1,– € pro Liter	720 Liter	720,– €
Schwarzbrot	1,50 € pro kg	50 kg	75,– €
Miete für 80 m²	5,– € pro m² und Monat	960 m²	4.800,– €
Kaffee	8,– € pro kg	30 kg	240,– €
Σ des Warenkorbes			**6.159,– €**

Güter und Dienstleistungen	Preise (p_1) pro Einheit in € Berichtsjahr 2009	Menge (q_1) pro Jahr Berichtsjahr 2009	Wert ($p_1 \cdot q_1$) des Warenkorbs Berichtsjahr 2009
Rindfleisch	9,50 € pro kg	36 kg	342,– €
Superbenzin	1,10 € pro Liter	720 Liter	792,– €
Schwarzbrot	1,55 € pro kg	50 kg	77,50 €
Miete für 80 m²	5,10 € pro m² und Monat	960 m²	4.896,– €
Kaffee	7,50 € pro kg	30 kg	225,– €
Σ des Warenkorbes			**6.332,50,– €**

Berechnung[6]*:* *6.159,00 € = 100 %*

6.332,50 € = x % *x = 102,8 %*

Index 2007: *102,8*

---

6) Allgemein berechnet man den Preisindex (P) nach folgender Formel

$$P = \frac{\Sigma\, p_1 \cdot q_0}{\Sigma\, p_0 \cdot q_0} \cdot 100$$

Die **Preisentwicklung in der Bundesrepublik** verlief in den letzten Jahren sehr unterschiedlich, wie Abbildung 11.5 zeigt:

Anstieg der Verbraucherpreise

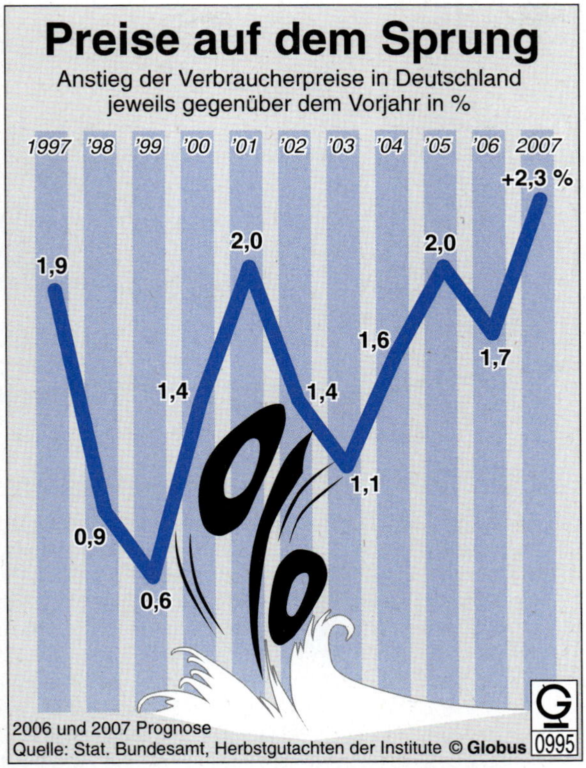

Die Verbraucherpreise in Deutschland steigen. Nach Berechnungen der führenden Wirtschaftsforschungsinstitute könnte der Preisanstieg von 1,7 Prozent im Jahr 2006 auf 2,3 Prozent in 2007 klettern. Zu einem Teil dürfte die seit Januar 2007 auf 19 Prozent gestiegene Mehrwertsteuer für diese Entwicklung verantwortlich sein. In der Vergangenheit zählten vor allem Strom, Benzin, Gas und Öl zu den stärksten Preistreibern. So drehte sich die Preisspirale auf dem Gasmarkt trotz massiver Kritik von Verbraucherschützern besonders kräftig. Zwischen Januar und September 2006 haben über 400 der rund 700 regionalen Gasversorger die Preise angehoben, im Durchschnitt um happige 27 Prozent.

Abb. 11.5: Preisentwicklung über einen Zeitraum von 10 Jahren

Kaufkraft

Die **Aussagekraft des Preisindexes** darf in der wirtschaftspolitischen Diskussion nicht überbewertet werden, denn die Preissteigerungsrate ist nur ein Element zur Beurteilung des Lebensstandards der Bevölkerung. Sie ist immer im **Zusammenhang mit dem Anstieg der Löhne und Gehälter** zu sehen.

Preisniveau und Kaufkraft

Erst die Differenz zwischen der Preissteigerungsrate und der Erhöhung der Einkommen zeigt, ob die Arbeitnehmer real (tatsächlich) mehr Güter für ihr Geld kaufen konnten, das heißt, ob sie über mehr **Kaufkraft** verfügten (siehe Abb. 11.6).

Reallohn

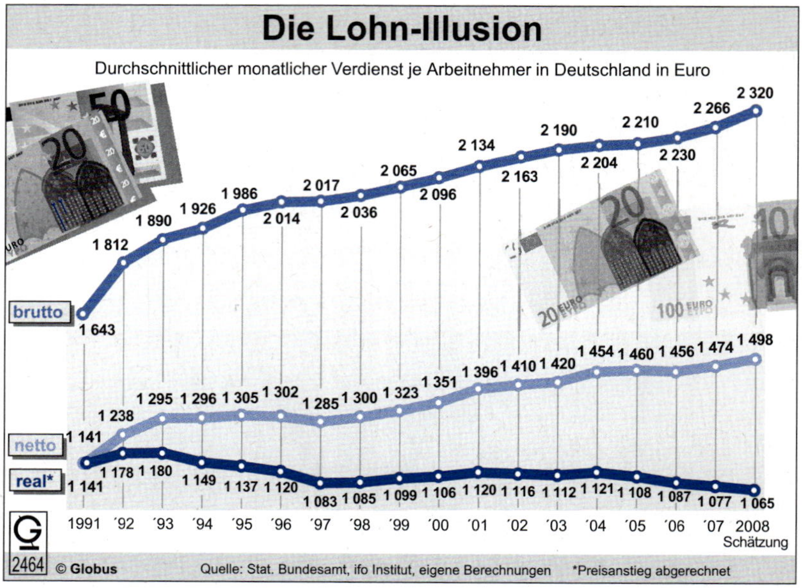

Auf den ersten Blick kann sich die Einkommensentwicklung der letzten Jahre in Deutschland durchaus sehen lassen. Die durchschnittlichen Bruttomonatsverdienste je Arbeitnehmer erhöhten sich von 1.643 Euro im Jahr 1991 auf schätzungsweise 2.233 Euro im Jahr 2006; das ist ein Plus von 36 Prozent. Und auch netto also nach Abzug von Steuern und Sozialversicherungsbeiträgen ist etwas hängen geblieben: Plus 29 Prozent (von 1.141 auf 1.468 Euro) lautet das Ergebnis seit 1991. Berücksichtigt man jedoch die Geldentwertung durch den Anstieg der Verbraucherpreise, dann wird aus dem Einkommensfortschritt ein Einkommensrückschritt. Denn die Kaufkraft der Nettomonatsverdienste ist im Jahr 2006 um 50 Euro niedriger als im Jahr 1991. Mit anderen Worten: Die Realeinkommen der Arbeitnehmer sind von 1991 bis 2006 um gut vier Prozent gesunken. Geht man von weiter steigenden Preisen (u. a. wegen der Erhöhung der Mehrwertsteuer von 16 auf 19 Prozent) und höheren Ausgaben für die Krankenversicherung aus, so wird sich dieser Trend im Jahr 2007 fortsetzen.

Abb. 11.6: Das Realeinkommen

- ***Inflation***

ständig steigendes Preisniveau/ Steigerung der Nachfrage

Unter **Inflation** versteht man allgemein ein **ständig steigendes Preisniveau**. Je nach Ursachen und Erscheinungsformen unterscheidet man verschiedene Arten der Inflation. Gemeinsam ist ihnen allen, dass die **Geldmenge in einer Volkswirtschaft** – und somit die gesamtwirtschaftliche Nachfrage – **größer** ist **als das Güterangebot**. Jedem einzelnen Gut entspricht daher eine größere Zahl von Geldeinheiten oder anders ausgedrückt, für jede Einheit Geld, z.B. einem Euro, erhält man weniger Güter.

Zwischen gesamtwirtschaftlichem Angebot und gesamtwirtschaftlicher Nachfrage besteht daher **kein Gleichgewicht** mehr. Es entsteht ein Nachfrageüberhang und der führt nach den marktwirtschaftlichen Gesetzen zu **steigenden Preisen**.

Nach dem Ende des 1. Weltkrieges befriedigte die damalige Reichsbank den vermehrten Geldbedarf durch eine gesteigerte Geldausgabe. Diesen Geldmengen stand jedoch kein entsprechendes Warenangebot gegenüber. Deshalb blieb es nicht aus, dass die Preise stiegen. Dies führte zu einer Inflation, die dadurch verstärkt wurde, dass die Geldmenge jährlich weiterhin zunahm. Im Jahre 1920 waren z. B. 67,7 Mrd. Reichsmark in Umlauf, 1922 waren es 351,7 Mrd., also mehr als fünfmal so viel. Im Januar 1923 stieg die Geldmenge auf 5.542 Mrd. Reichsmark an und am 15.11.1923 erreichte sie die astronomische Höhe von 92.900.000.000 Milliarden.[7)]

Geldmengenzuwachs in den 20er-Jahren

- ***Ursachen***

Ursachen der Inflation

Die **Ursachen einer Inflation** liegen nur sehr selten in einem Rückgang des tatsächlichen Güterangebots; vielmehr steigt meistens die Nachfrage – und somit die am Markt wirksam werdende Geldmenge – schneller als das entsprechende Waren- bzw. Dienstleistungsangebot. Die **gesteigerte Nachfrage** kann dabei **ausgehen:**

Nachfragesteigerung

- *von den **privaten Haushalten**, die mehr Güter und Dienstleistungen konsumieren,*
- *von den **Unternehmen**, die mehr investieren und daher Investitionsgüter nachfragen,*
- *vom **Staat**, der seine Ausgaben erhöht,*
- *vom **Ausland**, weil z. B. aufgrund günstiger Wechselkurse deutsche Produkte attraktiver werden.*

Verteuerung des Angebots

Ständig und stark steigende Preise können aber auch ihre **Ursachen auf der Angebotseite** haben. So wirkt ein Anstieg der Rohölpreise inflationstreibend, denn dadurch wurden nicht nur Benzin und Heizöl wesentlich teurer, sondern viele Branchen verwenden Öl als Rohstoff und Energieträger. Ihre **gestiegenen Kosten** geben die Unternehmen in der Regel am Markt weiter, sie erhöhen die Preise. Diese Art der Inflation bezeichnet man als **Kosteninflation**.

Lohn-Preis-Spirale

Eine Sonderform der Kosteninflation ist die **Lohninflation**. Unter der Bezeichnung **Lohn-Preis-Spirale** wird den Gewerkschaften vorgeworfen, die Durchsetzung überhöhter Lohnforderungen verursache den Preisanstieg, da die Unternehmer gezwungen würden, die gestiegenen Lohnkosten über den Preis weiterzugeben. Die Gewerkschaften sprechen demgegenüber von der **Preis-Lohn-Spirale** um auszudrücken, das gestiegene Preisniveau habe sie zu ihren Lohnforderungen veranlasst um ein Absinken des Lebensstandards der Arbeitnehmer zu verhindern.

Auf bestimmten Märkten ist es ferner denkbar, dass Unternehmen ihr Angebot für eine bestimmte Zeit künstlich verknappen um über dann steigende Preise **höhere Gewinne** zu erzielen. Man spricht dann von **Gewinninflation**.

---

7) Quelle: Peters, Lerne zu handeln – Eine handlungsorientierte Volkswirtschafslehre, Winklers-Verlag Darmstadt

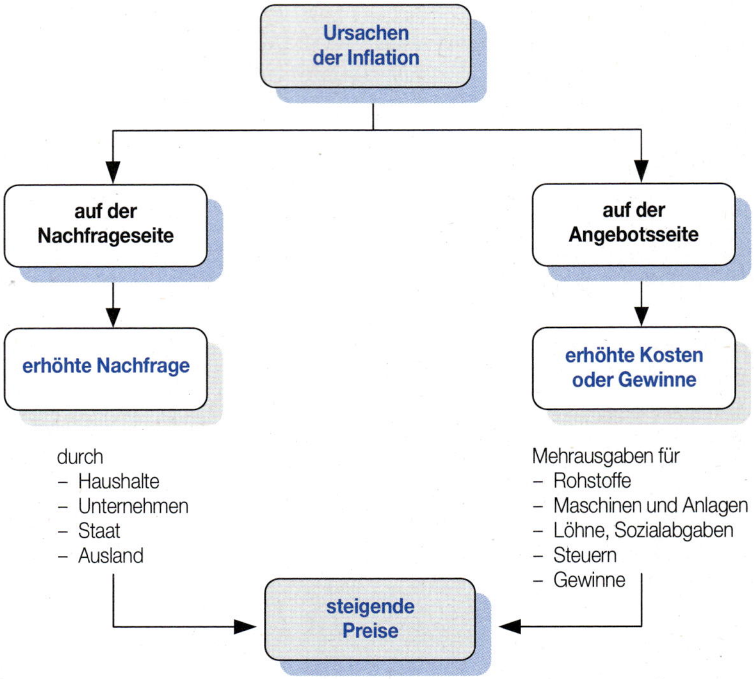

Abb. 11.7: Ursachen der Inflation

Inflationsarten

Um das **Ausmaß der Inflation** zu beschreiben, verwendet man häufig Begriffe, die uns durch die Fortbewegungsart der Tiere bekannt sind. Eine langsam, aber stetig fortschreitende Geldentwertung wird als **schleichende Inflation**, ein schneller voranschreitender Prozess als **trabende** und ein extrem schneller Wertverlust des Geldes – wie im Jahr 1923 – als **galoppierende Inflation** bezeichnet.

Offene Inflation

In den marktwirtschaftlich orientierten Ländern werden Inflationsraten ständig veröffentlicht. Sie treten infolge des Preisniveauanstiegs bzw. des Kaufkraftschwundes offen zu Tage und können von jedem Haushalt, Verbraucher oder Unternehmer festgestellt werden. In diesem Fall handelt es sich um eine **offene Inflation**.

Preisstopp

Werden Preissteigerungen durch staatlich verordnete Höchstpreise gestoppt und bilden sich aufgrund der staatlichen Preisstopps Schwarzmärkte mit steigendem Preisniveau, so sprechen wir von **verdeckter oder versteckter Inflation**.

- ***Folgen***

Folgen der Inflation

Betrachten wir einmal die **wirtschaftlichen Folgen der Inflation**. Zunächst ist festzustellen, dass grundsätzlich alle am Wirtschaftsleben teilnehmenden Personen und Gruppen von einem Preisniveauanstieg betroffen sind. Bei einer Inflationsrate von 10 % verliert jeder Euro 10 % seiner Kaufkraft. Für jede Geldeinheit bekommt der Kunde also 10 % weniger Güter. Entscheidend ist dabei aber, inwieweit die einzelnen Personengruppen einen **Kaufkraftverlust ausgleichen können**, etwa indem sie ihre **Einkommen steigern**.

Arbeitnehmer

- **Die Arbeitnehmer als Lohn- und Gehaltsempfänger** können Einkommenserhöhungen in der Regel erst nach Ablauf eines Tarifvertrags im Rahmen von Tarifverhandlungen durchsetzen. Sofern sie die erwartete Inflationsrate nicht schon im vorausgegangenen Jahr in ihre Lohnforderung einkalkuliert haben, gehören sie zu den Verlierern der Inflation.

Sparer

- Die **Sparer** werden gleichermaßen von der Inflation betroffen, vor allem dann, wenn die Zinssätze, die sie von den Banken für ihr Kapital bekommen, niedriger sind als die Preissteigerungsrate. Bekommt beispielsweise ein Sparer für sein Guthaben 1,5 % Zinsen, verliert sein Kapital bei einer Inflationsrate von 3 % jährlich 1,5 % an Kaufkraft. Aufgrund dieser Erfahrung setzt zunehmend eine „**Flucht in die Sachwerte**" ein, d. h. immer mehr Personen legen ihr Geld nicht auf Konten an, sondern kaufen Eigentumswohnungen, Häuser, Aktien, Schmuck oder Gold als Wertanlage.

Schuldner

- **Kreditnehmer** (Schuldner) sind demgegenüber im Vorteil, denn mit wachsender Inflation müssen sie, an der Kaufkraft des ursprünglich aufgenommenen Kreditbetrages gemessen, „weniger" zurückzahlen.

Bezieher fester Einkommen

- Die **Bezieher fester Einkommen** (Rentner, Arbeitslose) können sich keinen Inflationsausgleich über ihre Einkommen verschaffen und sind daher besonders betroffen.

Durch die allgemeine Geldentwertung werden immer mehr **Käufe vorgezogen**, die eigentlich für einen späteren Zeitpunkt geplant waren. Dadurch wird der **Inflationsprozess** noch **beschleunigt**.

• *Deflation*

Sinkendes Preisniveau

Für die **Deflation** gilt das bezüglich der Inflation Gesagte mit umgekehrten Vorzeichen. Betrachtet man die Deflation unter **Gleichgewichtsgesichtspunkten**, so steht der **volkswirtschaftlichen Gütermenge** eine **kleinere Geldmenge** gegenüber. Das gesamtwirtschaftliche Angebot ist größer als die Nachfrage. Es kommt zu **allgemeinen Preissenkungen**.

Folgen der Deflation

Die deflationäre Entwicklung, also die **sinkenden Preise**, führen aber sehr schnell dazu, dass die Unternehmen Umsatzeinbußen hinnehmen müssen. Es kommt zu **Produktionseinschränkungen** und **Entlassungen** von Arbeitskräften, im fortgeschrittenen Stadium zur **Massenarbeitslosigkeit** und damit zu einem weiteren **Ausfall von Kaufkraft** sowie zu zahlreichen **Insolvenzen**.

Deflation 1929 – 1933

Das bekannteste Beispiel für eine **Deflation**, die zur schwersten weltweiten Wirtschaftskrise unseres Jahrhunderts führte, ist die Entwicklung **der Jahre 1929 bis 1933**.

In unserer modernen Volkswirtschaft besteht heute kaum mehr die Gefahr einer weitreichenden Deflation, da der Staat und die Deutsche Bundesbank im Falle deflationärer Tendenzen wirksam die Güter- und Geldmengen beeinflussen können. Nachfragelücken kann der Staat durch zusätzliche, notfalls über Kredite finanzierte Aufträge ausgleichen.

- ***Stagflation***

Stagnation + Inflation = Deflation

Unter **Stagflation** versteht man das gleichzeitige Auftreten einer **Stagnation**, d.h. eines Rückgangs der Produktion und einer **Inflation**. Die **Ursachen** dafür können u. a. in einer mangelnden Nachfrage der Haushalte nach Konsumgütern, fehlenden Investitionen der Unternehmen, extrem hohen Löhnen und steigenden Importpreisen liegen.

Folgen

Der Rückgang der Produktion führt zu einem **sinkenden Bruttoinlandsprodukt** und einem Ansteigen der **Arbeitslosigkeit** bei gleichzeitigem, mehr oder minder starkem **Preisauftrieb.**

Das Preisniveau wird mithilfe von Preisindices gemessen. Der Preisindex der Lebenshaltung aller privaten Haushalte ist ein Maßstab für die Preisentwicklung in der Volkswirtschaft. Er wird anhand eines Warenkorbes vom Statistischen Bundesamt ermittelt.

Den Prozentsatz der jährlichen Erhöhung des Preisniveaus bezeichnet man als Inflationsrate.

Inflation ist ein ständiges Ansteigen des Preisniveaus. Während der Inflation befindet sich die Wirtschaft nicht im Gleichgewicht, die Geldmenge ist größer als die Gütermenge.

Der Unterschied zwischen der Steigerungsrate der Löhne und der Inflationsrate zeigt den Gewinn oder Verlust an Kaufkraft.

Man unterscheidet nachfrage- und kosten- bzw. gewinninitiierte Inflationsarten.

Deflation ist ein ständiges Absinken des Preisniveaus. Während der Deflation befindet sich die Wirtschaft nicht im Gleichgewicht, die Geldmenge ist kleiner als die Gütermenge.

Stagflation ist das Auftreten von Inflation in einer stagnierenden Wirtschaft.

11.1.3 Bekämpfung von Arbeitslosigkeit

hoher Beschäftigungsgrad oder Vollbeschäftigung

Das Stabilitätsgesetz fordert in *§ 1* einen **hohen Beschäftigungsgrad**. Der Gesetzgeber vermeidet offensichtlich bewusst den Begriff der Vollbeschäftigung, denn **Vollbeschäftigung** besteht streng genommen erst dann, wenn **niemand arbeitslos** ist. Eine solche 100%-ige Vollbeschäftigung lässt sich in einer Marktwirtschaft wie der unseren jedoch nicht erreichen, da stets ein Mindestmaß an **saisonaler** und **friktioneller**[8)] Arbeitslosigkeit festzustellen ist. Es wird daher immer Arbeitssuchende geben, die kurzzeitig arbeitslos sind.

Offiziell versteht man unter Arbeitslosigkeit die **Nichtbeschäftigung von arbeitsfähigen** Personen. Nicht arbeitsfähig sind

- Kinder (Personen, die das 15. Lebensjahr noch nicht vollendet haben),
- Rentner (Personen, die das 65. Lebensjahr vollendet haben),
- arbeitsunfähige Personen (Kranke, Schwerbehinderte etc.),
- Personen, die an arbeitsmarktpolitischen Maßnahmen teilnehmen,
- Erwerbslose, die bei Personalservice-Agenturen beschäftigt sind.

Arbeitslose Personen, die nicht zu diesen Personengruppen gehören, müssen bei der Bundesagentur für Arbeit als **arbeitslos gemeldet** sein.

Erwerbspersonen sind arbeitsfähige Personen (Beschäftigte, Arbeitslose, Selbstständige).

Arbeitslosenquote

Zur Beschreibung der Situation auf dem Arbeitsmarkt und um Situationen zu verschiedenen Zeitpunkten vergleichen zu können, errechnet man als offiziellen Indikator die **Arbeitslosenquote**.

$$\text{Arbeitslosenquote (in \%)} = \frac{\text{Registrierte Arbeitslose} \cdot 100}{\text{Erwerbspersonen} + \text{Arbeitslose}}$$

Die **Aussagefähigkeit dieser Quote** sollte man allerdings etwas einschränken, denn nicht alle Arbeitslosen sind auch in der offiziellen Arbeitslosenstatisitk enthalten, z. B. weil sie sich nicht arbeitslos melden oder sich in Umschulungs- oder Arbeitsbeschaffungsmaßnahmen befinden.

---

8) Friktionelle oder „Fluktuationsarbeitslosigkeit" entsteht beim Arbeitsplatzwechsel, wenn zwischen der Aufgabe des alten Arbeitsplatzes und der Aufnahme der neuen Tätigkeit eine bestimmte Zeit vergeht. Eine Quote der friktionellen Arbeitslosigkeit von ein bis zwei Prozent wird daher als normal angesehen.

Da eine Vollbeschäftigung von einhundert Prozent bzw. eine Arbeitslosenquote von null Prozent aus den genannten Gründen nicht möglich ist, gilt ein **hoher Beschäftigungsgrad** im Sinne des Stabilitätsgesetzes als dann erreicht, wenn **möglichst viele Arbeitskräfte beschäftigt** sind bzw. wenn die **Arbeitslosenquote** möglichst **niedrig** ist.

Was heißt das aber konkret?

Die exakte Zahl für ein solches Ziel wurde in der Bundesrepublik im Laufe der Jahre immer wieder relativiert. Bei Inkrafttreten des Stabilitätsgesetzes 1967 galt eine Arbeitslosenquote von 1 % als Vollbeschäftigung, 1974 sprach man von Vollbeschäftigung bei 2,5 bis 3 %. Später war man froh, die Arbeitslosenquote unter fünf Prozent halten zu können. Heute haben wir mit einer Quote von rund 7,5 % zu kämpfen.

Ende 2008 lag die Zahl der Arbeitslosen bei rund 3 Millionen. Angesichts dieser Zahlen sind wir vom Ziel der Vollbeschäftigung noch ein Stück weit entfernt.

Die **Bekämpfung der Arbeitslosigkeit** bleibt damit ein **zentrales Thema** der Wirtschaftspolitik in den nächsten Jahren.

Entwicklung der Arbeitslosigkeit

Betrachtet man die **Entwicklung der Arbeitslosigkeit** über den langen Zeitraum von 50 Jahren (vgl. Abb. 11.8), stellt man fest, dass nach Abbau der Nachkriegsarbeitslosigkeit (1,87 Millionen Arbeitslose im Jahr 1950) die Zahl der Arbeitslosen in den 60er-Jahren auf einem niedrigen Niveau von 150.000 bis 180.000 (Quote rund 1 %) lag. Ausnahme waren die Rezessionsjahre 1966/67 mit rund 460.000 Arbeitslosen.

Ab Anfang der 70er-Jahre ist ein ständiger Anstieg bis auf rund 580.000 (Ende 1974) zu verzeichnen. Während der durch die Ölkrise ausgelösten Rezession stieg die Arbeitslosenzahl dann sprunghaft an und übersprang 1975 erstmals die Millionengrenze.

1981 bis 1984 erfolgte ein weiterer Sprung von 1,2 auf 2,26 Millionen. Seit dieser Zeit haben wir eine anhaltend hohe Zahl an Arbeitslosen zu verzeichnen.

Bekämpfung der Arbeitslosigkeit

Nach der Wiedervereinigung stieg die Arbeitslosenzahl in Gesamtdeutschland über die Grenze von 4 Millionen. 1997 waren 4,38 Millionen Menschen arbeitslos. Im Jahr 2001 sank die Zahl wieder auf 3,85 Millionen. Anschließend stieg sie wieder auf 4,86 Millionen im Jahr 2005. Seit dieser Zeit ist erfreulicherweise ein Rückgang zu verzeichnen. Im Jahresschnitt 2008 werden 3,1 Millionen erwartet.

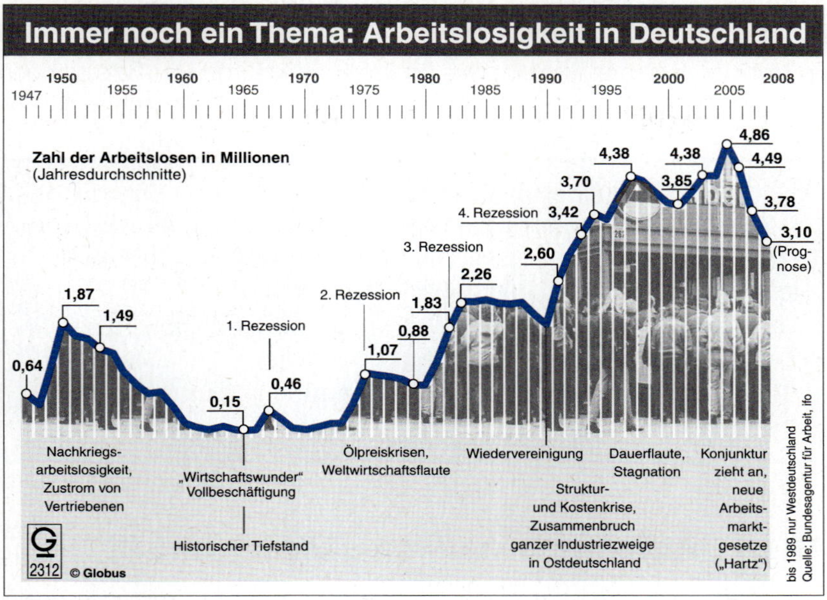

Abb. 11.8: 50 Jahre Arbeitslosigkeit

50 Jahre Arbeitslosigkeit

• *Vollbeschäftigung – Überbeschäftigung – Unterbeschäftigung*

Offene Stellen

In manchen Berichten wird auch die **Zahl der Arbeitslosen** und die **Zahl der offenen Stellen** in Beziehung zueinander gesetzt um die Lage auf dem Arbeitsmarkt zu beschreiben.

- **Vollbeschäftigung** herrscht demnach dann, wenn die Zahl der Arbeitslosen nicht größer ist als die Zahl der offenen Stellen.
- **Unterbeschäftigung** ist gegeben, wenn die Zahl der Arbeitslosen die Zahl der offenen Stellen übersteigt.
- **Überbeschäftigung** liegt vor, wenn mehr offene Stellen als Arbeitslose gemeldet sind.

Überbeschäftigung

Sowohl **Über-** als auch **Unterbeschäftigung** haben für die Wirtschaft **nachteilige Folgen**. In einer **überbeschäftigten** Wirtschaft werben sich die Unternehmer gegenseitig die Arbeitskräfte ab, die Zahl der Arbeitsplatzwechsel nimmt zu. Außerdem sind die Unternehmer gezwungen, bei Tarifverhandlungen relativ hohe Lohnabschlüsse zu akzeptieren, da die Gewerkschaften aus einer starken Position heraus verhandeln und Arbeitskräfte knapp sind. Die höheren Lohnkosten werden die Unternehmer aber wiederum auf die Preise abwälzen. Es besteht die Gefahr der Inflation.

Unterbeschäftigung

In der **Unterbeschäftigung** besteht eine allgemeine Unsicherheit, vor allem bei den Arbeitnehmern. Die Konsumgüternachfrage wird zurückgehen. Die Steuereinnahmen des Staates gehen zurück, da Arbeitslose keine Lohn- und Einkommensteuern bezahlen, außerdem sinkt bei rückläufigen Konsumausgaben das Umsatzsteueraufkommen. Schließlich sind viele Arbeitslose unzufrieden, was soziale Konflikte und Radikalisierungen auslösen kann.

> **Die Lage auf dem Arbeitsmarkt wird anhand der Zahl der gemeldeten Arbeitslosen und der Arbeitslosenquote beurteilt.**
>
> **Überbeschäftigung ist gegeben, wenn die Zahl der offenen Stellen die der Arbeitslosen erheblich übersteigt.**
>
> **Unterbeschäftigung ist gegeben, wenn die Arbeitslosenzahl die Zahl der offenen Stellen erheblich übersteigt.**
>
> **Die Bekämpfung der Arbeitslosigkeit st eine zentrale Aufgabe der Wirtschaftspolitik.**

11.1.4 Außenwirtschaftliches Gleichgewicht

Das Ziel eines **außenwirtschaftlichen Gleichgewichts** ist noch schwieriger exakt zu formulieren, als die beiden bisher erläuterten Ziele des „Magischen Vierecks".

Export und Import

Allgemein gilt, dass ein Gleichgewicht dann besteht, **wenn der Wert der exportierten Güter und Dienstleistungen** (Ausfuhr) in etwa dem **Wert der importierten Güter und Dienstleistungen (Einfuhr) entspricht**. Kurz gesagt, wenn Exporte und Importe in etwa gleich sind.

Die Deutsche Wirtschaft ist in hohem Maße exportorientiert und damit auch exportabhängig. Gleichzeitig ist Deutschland als rohstoffarmes Land aber auch auf Importe – insbesondere im Energiebereich (Erdöl, Erdgas) – angewiesen.

Im Jahr 2008 wurden von Deutschland Waren im Wert von 992,7 Milliarden Euro ausgeführt und Waren im Wert von 814,5 Milliarden Euro eingeführt. Damit waren sowohl die Ausfuhren als auch die Einfuhren so hoch wie nie zuvor.

Exporte der Bundesrepublik Deutschland

„**Made in Germany**" – dieses Zeichen ist auf dem Weltmarkt hoch geschätzt. Die Bundesrepublik war 2008 noch vor China, den USA und Japan der größte Exporteur der Welt.

Bestseller sind dabei **Autos, Maschinen, chemische Produkte** und **Elektrotechnik**. Diese vier Warengruppen sind seit langem die Verkaufsschlager im deutschen Ausfuhrsortiment und machen mehr als die Hälfte des Gesamtexports aus. Aber nicht nur technisch oder wissenschaftlich anspruchsvolle Erzeugnisse verkaufen deutsche Hersteller im Ausland. Auch mit **Nahrungs- und Genussmitteln, Eisen** und **Stahl** sowie **Textilien, Kunststoffwaren** und **EDV** werden in aller Welt Milliardenumsätze erzielt.

In manchen Branchen, z. B. in der Medizintechnik oder bei den Auto- und Motorenbauern, übertrifft die Höhe des Auslandsumsatzes sogar die Höhe der Erlöse auf dem heimischen Markt. Die Exportquote (der Anteil des Aus-

Exporte

landsumsatzes am Gesamtumsatz) liegt bei rund 60 %.

Die deutschen Maschinenbauer sowie die Chemieindustrie erreichen Exportanteile von über 50 %.

Im Durchschnitt aller Industriezweige wird etwa **jeder dritte Euro im Ausland verdient**. Rund 20 % aller Arbeitsplätze sind vom Export abhängig.

Die wichtigsten deutschen Exportwaren 2007

Ausfuhr in Mrd. Euro

181	**Kraftwagen und Kraftwagenteile**
139	**Maschinen**
128	**Chemische Erzeugnisse**
62	**Metalle und Halbzeug daraus**
49	**Geräte der Elektrizitätserzeugung**
40	**Medizintechnik, Optik, Uhren**
37	**Nachrichtentechnik, TV-Geräte, elektr. Bauelemente**
35	**Erzeugnisse des Ernährungsgewerbes**
32	**Metallerzeugnisse**
32	**Gummi- und Kunststoffwaren**

Quelle: Statistisches Bundesamt, Wiesbaden

Exportquote

Branche	Exportquote
Medientechnik	61 %
Kraftwagenbau	60 %
Maschinenbau	55 %
Chemische Industrie	54 %
Textil	41 %
Papier	39 %
Elektrotechnik	39 %
EDV-Geräte, Büromaschinen	37 %
Produzierendes Gewerbe	36 %
Metallverarbeitung	28 %
Holz	26 %
Recycling	26 %
Glas, Keramik, Steine, Erden	25 %
Ernährung	15 %
Verlag und Druck	9 %
Bergbau	6 %

Die deutsche Industrieproduktion ist mit einem deutlichen Plus aus dem vergangenen Jahr gegangen. Auftragseingänge aus dem Ausland sind eine wichtige Stütze dieses Wachstums. Maßgeblich sind die Bestellungen aus anderen Ländern zum Beispiel in den Bereichen Medientechnik und Kraftwagenbau, die 2007 nur etwa ein Drittel ihres Gesamtumsatzes im Inland erwirtschafteten. Viel für den Export arbeiten auch Unternehmen des Maschinenbaus und der Chemischen Industrie. Kaum auf Bestellungen aus dem Ausland können dagegen Firmen aus den Bereichen Verlag und Druck sowie Bergbau verweisen.

Branche	Erwerbstätige in %*)
Schifffahrtsleistungen	92
Chemische Produkte	82
Metalle und Halbzeug	79
Schiffe, Luft-, Raumfahrzeuge	76
Kraftwagen und -teile	68
Textilien	66
Maschinen	65
Nachrichtentechnik (Radio, TV u.a.)	64
Gummi- u. Kunststoffwaren	60
Papier, Karton, Pappe	59
Elektrotechnik	56
Medizin-, Mess-, Regeltechnik, Optik	53
Büromaschinen, Datenverarbeitung	52
Metallerzeugnisse	50
Leder u. Lederwaren	49
Großhandel, Handelsvermittlung	41
Tabakwaren	40
Glas, Keramik u.a.	34
Möbel, Schmuck, Sport, Spiel	33
Unternehmensbez. Dienstleistungen	29
Druckerzeugnisse, Ton- u. Datenträger	28
Bekleidung	26
Datenbanken, Datenverarbeitung	24
Forschung u. Entwicklung	23
Nahrungsmittel, Getränke	19
Versicherungen	19
Nachrichtenübermittlung	15
Kreditinstitute	13

**) Von je 100 Erwerbstätigen in Deutschland in den ausgewählten Wirtschaftsbereichen sind direkt und indirekt für die Ausfuhr tätig.*

Importe der Bundesrepublik Deutschland

Die **Wareneinfuhren** sind für die deutsche Wirtschaft ebenso von großer Bedeutung. Metallische Rohstoffe, Öl, exotische Hölzer, Baumwolle, aber auch Nahrungs- und Genussmittel, Textilien, Autos und Unterhaltungselektronik sind wichtige Importgüter.

Importgüter

Wie sehr ausländische Waren unsere Verbrauchergewohnheiten, unser tägliches Leben beeinflussen, zeigen einige einfache Beispiele:

- *In Obst- und Gemüseabteilungen unserer Verbrauchermärkte finden wir holländische Tomaten, Äpfel aus Italien, Chicoreé aus Belgien, Trauben aus Spanien, Ananas von der Elfenbeinküste, Kiwis aus Neuseeland, Avokados aus Israel, Orangen aus Marokko, Feigen aus Brasilien, Bananen aus Paraguay und Kokosnüsse aus Ghana.*
- *Wir trinken Kaffee aus Kolumbien, Kakao aus Nigeria, Wein aus Südfrankreich, Whisky aus Schottland und Bier aus Dänemark.*
- *Auf unseren Straßen sind japanische, französische, italienische oder schwedische Autos ein gewohnter Anblick. Wir bekämen aber ohne das Rohöl aus Saudi-Arabien, Katar, Bahrain oder Norwegen kein Benzin dafür.*
- *Unsere Fernsehgeräte, Stereoanlagen, Videokameras und PCs stammen zu einem hohen Prozentsatz aus Japan, Südkorea oder anderen asiatischen Ländern.*

Hitliste der Importe	(Stand 2007)
Autos, Autoteile	78,8 Mrd. €
Eisen und Stahlerzeugnisse, NE-Metalle u. ä.	67,4 Mrd. €
Chemische Erzeugnisse	63,5 Mrd. €
Erdöl, Erdgas	61,2 Mrd. €
Maschinen	57,7 Mrd. €
Elektrotechnik	44,0 Mrd. €
Nachrichtentechnik, Radio TV, elektronische Bauelemente	44,0 Mrd. €
Nahrungsmittel	37,0 Mrd. €
Bekleidung, Textilien	31,6 Mrd. €
Fahrzeuge (ohne Autos)	31,3 Mrd. €
Medizin-, Mess-, Steuerungs- und Regeltechnik, Optik	22,9 Mrd. €
Gummi- und Kunststoffwaren	20,4 Mrd. €
Agrarerzeugnisse	19,8 Mrd. €
Möbel, Schmuck Spielwaren, Sportgeräte u. ä.	17,9 Mrd. €

Den **Wert von Güterex- und -importen** erfasst man jährlich in der sog. **Handelsbilanz**. Sie ist eine Gegenüberstellung der **Warenausfuhr** und **Wareneinfuhr** einer Volkswirtschaft. Ex- und Import stimmen betragsmäßig nicht überein. Ist der Wert der Exporte höher als der der Importe, sprechen wir von einer **aktiven Handelsbilanz**, überwiegen die Importe, ist die **Handelsbilanz passiv**.

Die Bundesrepublik erwirtschaftet seit Jahren einen **Außenhandelsüberschuss**, ihre **Handelsbilanz** ist daher **aktiv**. (Siehe Abb. 11.10)

Handelsbilanz

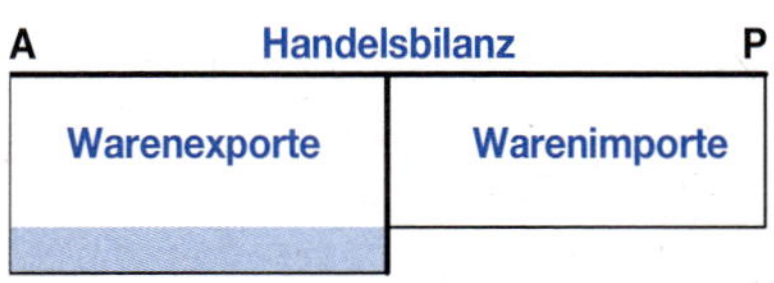

Aktive Handelsbilanz
= Der Wert der Exporte übersteigt den Wert der Importe

Abb. 11.9

Die Bundesrepublik ist aber nicht nur durch den **Warenhandel** mit der übrigen Welt verbunden. Zunehmend werden auch **Dienstleistungen** über die Grenzen hinweg **ausgetauscht**. Die wichtigsten derartigen Leistungen sind **Urlaubsreisen, Transport-** und **Versicherungsleistungen**.

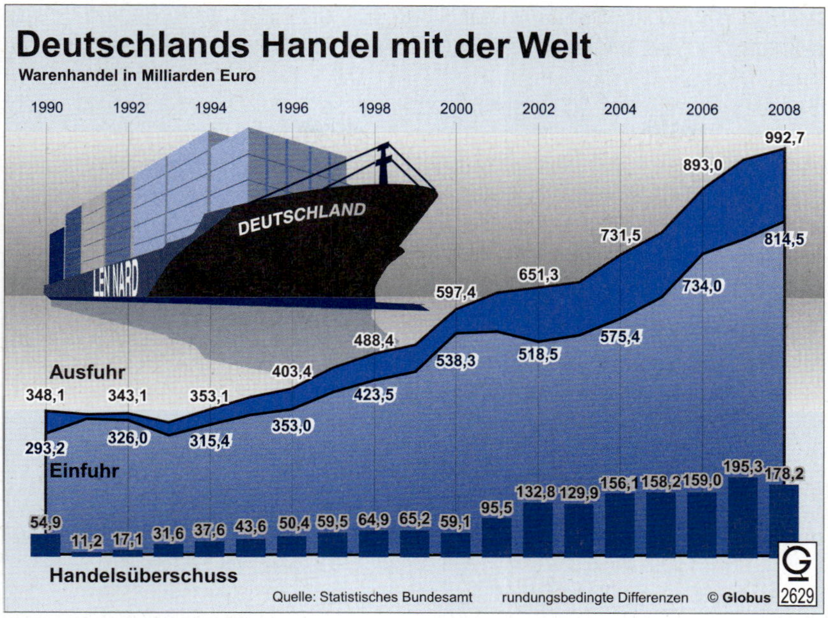

Abb. 11.10: Handelsbilanz

Ausfuhrüberschuss

Die **Dienstleistungsex- und -importe** werden in der **Dienstleistungsbilanz** erfasst. Während die Handelsbilanz der Bundesrepublik seit Jahren einen Überschuss ausweist, ist die **Dienstleistungsbilanz passiv**. Dies liegt unter anderem an der Reiselust der Deutschen. Kein Volk der Welt gibt so viel Geld während des **Auslandsurlaubs** aus wie wir.

Dienstleistungsbilanz

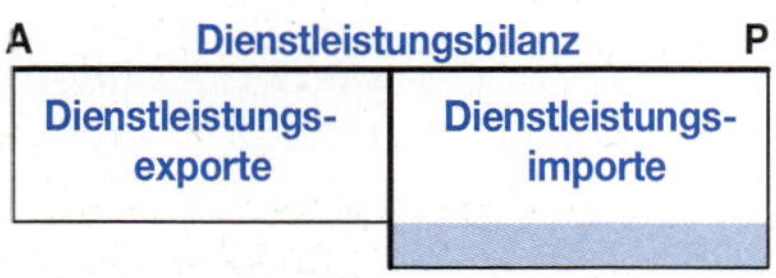

Passive Dienstleistungsbilanz
= Wert der importierten Dienstleistungen übersteigt den Wert der exportierten Dienstleistungen

Abb. 11.11

Die Statistiker erstellen jährlich außerdem eine **Übertragungsbilanz**, die die **unentgeltlichen Leistungen**, z. B. Zahlungen an die Europäische Gemeinschaft oder andere internationale Organisationen oder Überweisungen ausländischer Arbeitnehmer in ihre Heimatländer enthält. Die **Übertragungsbilanz** weist einen **Passivsaldo** aus.

Übertragungsbilanz

Handelsbilanz, Dienstleistungsbilanz und **Übertragungsbilanz** bilden zusammen die **Leistungsbilanz**. Sie ist wiederum Teil der Zahlungsbilanz, in der alle außenwirtschaftlichen Beziehungen zwischen der Bundesrepublik Deutschland und dem Ausland festgehalten werden.

Der Begriff „Bilanz" ist allerdings unglücklich gewählt, da es sich nicht um Bestandsgrößen wie in der Jahresbilanz eines Betriebes handelt, sondern um Zahlungseingänge und Zahlungsausgänge (**Stromgrößen**). Die Zahlungsbilanz besteht aus folgenden Teilbilanzen und gliedert sich in vereinfachter Form wie folgt:

Positionen der Zahlungsbilanz			
		Aktiva	**Passiva**
1.	**Leistungsbilanz**		
	• Handelsbilanz	Warenexporte	Warenimporte
	• Dienstleistungsbilanz	Dienstleistungsexporte	Dienstleistungsimporte
	• Bilanz der Erwerbs- und Vermögenseinkommen	erhaltene Zahlungen	geleistete Zahlungen
	• Bilanz der laufenden Übertragungen	erhaltene Zahlungen	geleistete Zahlungen
2.	**Vermögensbilanz**	erhaltene Werte	geleistete Werte
3.	**Kapitalbilanz**	Kapitalimporte	Kapitalexporte
4.	**Devisenbilanz**	Verminderung des Devisenbestands	Erhöhung des Devisenbestands
5.	erfasste Restposten		

Vermögensübertragungen aus dem oder in das Ausland aus Schenkungen oder Erbschaften werden in der **Vermögensbilanz** erfasst.

Die **Kapitalbilanz** ist wie die Leistungsbilanz eine Zusammenfassung verschiedener Teilpositionen. Sie gibt Auskunft über die Direktinvestitionen von Deutschland im Ausland und umgekehrt. Dazu gehören Beteiligungen an Unternehmen oder Gründungen neuer Unternehmen. Daneben werden hier auch die Anlagen in Wertpapieren und die Kreditbeziehungen zwischen in- und ausländischen Banken einschließlich der Deutschen Bundesbank, Unternehmen, Privatpersonen und dem Staat erfasst.

Alle außenwirtschaftlichen Vorgänge werden in der Außenhandelsstatistik doppelt, jeweils einmal auf der Aktiv- und Passivseite, gebucht. Die Gegenposition bildet dabei immer die **Devisenbilanz**, da mit den Waren-, Dienstleistungs- und Kapitalbewegungen auch immer eine Veränderung des **Devisenbestands der Deutschen Bundesbank** verbunden ist.

Die einzelnen Teilbilanzen sind in der Regel nicht ausgeglichen. Sind in der betrachteten Teilbilanz die aus den jeweiligen Transaktionen resultierenden **Zahlungseingänge aus dem Ausland (Aktiva)** größer als die **Zahlungsausgänge an das Ausland (Passiva)**, entsteht ein **positiver Saldo oder Überschuss**. Sind die Zahlungseingänge aus dem Ausland (Aktiva) kleiner als die Zahlungsausgänge an das Ausland (Passiva), entsteht ein **negativer Saldo oder Defizit**.

Rechnerisch und buchungstechnisch gibt es keinen Zahlungsbilanzsaldo, da die Aktiva und Passiva im Sinne der doppelten Buchführung immer ausgeglichen sind. Begriffe wie **aktive oder passive Zahlungsbilanz** bzw. **Zahlungsbilanzüberschuss** oder **Zahlungsbilanzdefizit** sind daher irreführend. Es gibt nur aktive oder passive Teilbilanzen. Wenn in der Wirtschaftspraxis von einer aktiven oder passiven Zahlungsbilanz die Rede ist, so beziehen sich diese Begriffe auf den **Saldo der Devisenbilanz**, über den der Zahlungsbilanzausgleich erfolgt.

Außenwirtschaftliches Gleichgewicht

In der Vergangenheit gelang es bisher nicht, alle Teilbilanzen ständig zum Ausgleich zu bringen. Ziel der Wirtschaftspolitik muss es daher sein, **Überschüsse und Defizite auf ein Mindestmaß zu beschränken** und so ein **außenwirtschaftliches Gleichgewicht** zu erreichen.

Außenbeitrag

Die Volkswirtschaft der Bundesrepublik Deutschland hatte in den letzten Jahren fast ständig einen Überschuss der Exporte von Waren und Dienstleistungen über die Importe zu verzeichnen. Man spricht bei einem solchen Überschuss vom **positiven Außenbeitrag**.

Außenwirtschaftliche Aktivitäten werden in der Handels-, Dienstleistungs-, Übertragungs-, Vermögens-, Kapital- und Devisenbilanz erfasst.

Außenwirtschaftliches Gleichgewicht herrscht, wenn Überschüsse oder Defizite dieser Bilanzen auf ein Minimum beschränkt werden.

Die Teilbilanzen fasst man unter dem Begriff Zahlungsbilanz zusammen. Rechnerisch ist die Zahlungsbilanz immer ausgeglichen.

11.1.5 Stetiges angemessenes Wachstum

Brutto-produktionswert

Die Leistung einer Volkswirtschaft wird daran gemessen, wie viele Güter und Dienstleistungen von den Unternehmen hergestellt wurden. Ausgangspunkt ist dabei der **Bruttoproduktionswert**. Er entspricht den Umsatzerlösen aller Unternehmen einer Volkswirtschaft in einer bestimmten Periode (verkaufte Güter oder Dienstleistungen multipliziert mit deren Marktpreisen). Für die Erhebung dieser Daten ist das Statistische Bundesamt in Wiesbaden zuständig. Es muss die Summe aller hergestellten Güter und Dienstleistungen ermitteln.

Netto-produktionswert

Problematisch bei der Ermittlung ist die Tatsache, dass Güter und Dienstleistungen auch zwischen einzelnen Unternehmen gehandelt werden und sich dadurch Doppelzählungen ergeben. Um die tatsächliche Wirtschaftsleistung messen zu können, muss man vom Bruttoproduktionswert daher die Vorleistungen abziehen. **Vorleistungen** sind Güter und Dienstleistungen, die Unternehmen von anderen Unternehmen bezogen haben. Als Differenz zwischen Bruttoproduktionswert und Vorleistungen erhält man den **Nettoproduktionswert**. Er ist der Beitrag eines jeden Unternehmens zum volkswirtschaftlichen Gesamtergebnis.

Verdeutlichen wir uns diesen Zusammenhang an einem vereinfachten Beispiel:

Beispiel

Die Herstellung einer Schrankwand aus Kiefernholz, wie wir sie aus vielen Möbelmärkten kennen, vollzieht sich über mehrere Produktionsstufen bzw. Wirtschaftszweige. Vereinfacht kann man sagen:

- *In der Forstwirtschaft werden Kieferbäume gepflanzt und andere werden gefällt und in ein Sägewerk gebracht.*
- *Im Sägewerk entstehen aus Baumstämmen Holzbretter und Platten in verschiedenen Größen.*
- *Eine Möbelfabrik fertigt u. a. aus diesen Brettern und Platten eine komplette Schrankwand.*
- *Ein Möbelmarkt wird die Schrankwand vom Hersteller kaufen und an den Kunden weiterverkaufen.*

Das Beispiel zeigt, dass in jeder Produktionsstufe – außer der Forstwirtschaft – Vorleistungen notwendig sind, die sich der entsprechende Betrieb selbst erst beschaffen muss. Multipliziert man die Menge der Vorleistungen mit ihren Preisen, so ergeben sich die folgenden Werte:

Betrieb	Vorleistung	Preis der Vorleistung/ Einkaufspreis	Wertschöpfung des Betriebes	Verkaufspreis
Forstbetrieb	–	–	600,00 €	600,00 €
Sägewerk	Baumstämme	600,00 €	500,00 €	1.100,00 €
Möbelfabrik	Bretter, Platten	1.100,00 €	750,00 €	1.850,00 €
Möbelhaus	Schrankwand	1.850,00 €	550,00 €	2.400,00 €
Summe		3.550,00 €	**2.400,00 €**	5.950,00 €

Bruttoproduktionswert

Zählt man die Verkaufserlöse – Umsätze – aller Betriebe zusammen, erhält man einen **Bruttoproduktionswert** von 5.950,00 €.

Bei der Produktion sind jedoch nicht Güter im Wert von 5.950,00 € entstanden, sondern es wurden verschiedene Leistungen zu einer Schrankwand zusammengefügt, die 2.400,00 € wert ist.

Summe der Wertschöpfung

Von der Gesamtsumme von 5.950,00 € sind daher die **Vorleistungen** in Höhe von 3.550,00 € abzuziehen. Es bleibt die Summe der **Wertschöpfung**, sie beträgt 2.400,00 €. Dieser Betrag ist der Beitrag unserer vier **Betriebe zum gesamtwirtschaftlichen Ergebnis**.

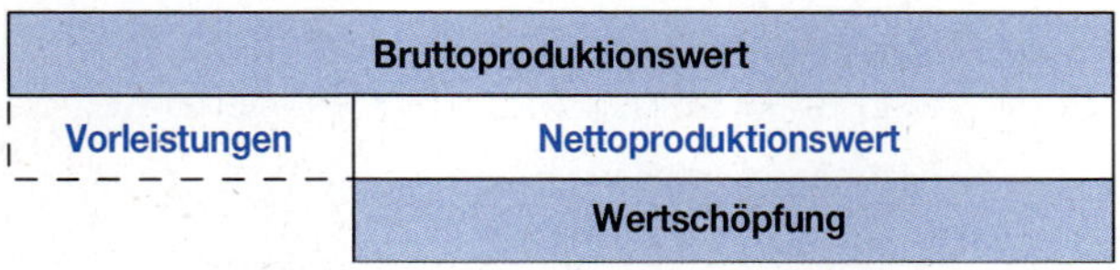

Abb. 11.12: Bruttoproduktionswert und Wertschöpfung

Da man nicht Schränke mit Autos oder Äpfel mit Birnen, vergleichen kann, addiert man bei der volkswirtschaftlichen Gesamtrechnung wie in unserem Beispiel nicht die Stückzahlen der Güter (einen Schrank), sondern bewertet die **Wertschöpfung** jeweils mit ihrem **Marktpreis** *(2.400,00 €).*

• *Bruttoinlandsprodukt und Bruttosozialprodukt (Bruttonationaleinkommen)*

Bei der Berechnung der gesamtwirtschaftlichen Leistung unterscheidet man zwischen dem Bruttoinlandsprodukt und dem Bruttosozialprodukt.

Bruttoinlandsprodukt

– Das **Bruttoinlandsprodukt** ist der zu Marktpreisen bewertete Wert aller im Inland erstellten Güter und Dienstleitungen innerhalb einer Periode (= Inlandskonzept).

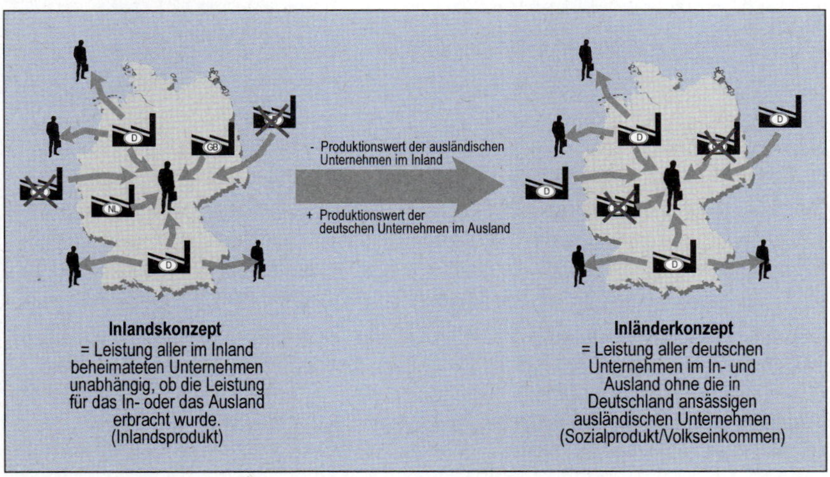

Abb. 11.13: Bruttoinlandsprodukt und Bruttosozialprodukt (Grafik: Jörg Bensch)

Dabei macht es keinen Unterschied ob die Leistung von Inländern oder Ausländern erbracht wurde (z. B. von einem in Frankreich lebenden Arbeitnehmer, der in Deutschland beschäftigt ist).

Bruttosozialprodukt

- Das **Bruttosozialprodukt** (Bruttonationaleinkommen) ist der zu Marktpreisen bewertete Wert aller von Inländern erstellten Güter und Dienstleitungen innerhalb einer Periode (= Inländerkonzept).

Da die Leistung einer Volkswirtschaft durch das Inlandskonzept besser wiedergeben wird, findet man seit einigen Jahren häufig nur noch die Angabe des Bruttoinlandsprodukts.

• *Brutto- und Nettoinlandsprodukt*

Durch den Wert des Bruttoinlandprodukts soll die Leistungsfähigkeit einer Volkswirtschaft abgebildet werden. Zur Berechnung werden daher die Leistungen sämtlicher Branchen addiert und im die Vorleistungen und korrigiert. Bei der gesamten Berechnung muss jedoch beachtet werden, dass zur Erbringung dieser Leistung in den Unternehmen Maschinen und andere Vermögenswerte eingesetzt werden und diese durch die Produktion an Wert verloren haben.

Dieser Wertverlust am Anlagevermögen nennt man Abschreibung. Möchte man nun also die tatsächliche Leistung der Volkswirtschaft wiedergeben, so muss der Wertverlust vom Bruttoinlandsprodukt abgezogen werden.

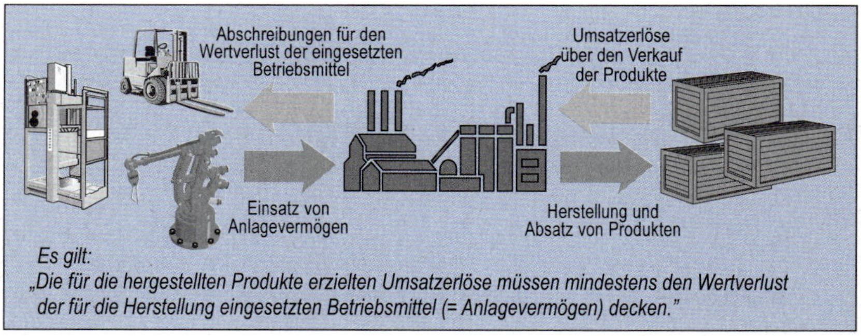

Abb. 11.14: Nettoinlandsprodukt (Grafik: Jörg Bensch)

Nach Abzug der Abschreibungen vom **Bruttoinlandsprodukt zu Marktpreisen** ergibt sich das **Nettoinlandsprodukt zu Marktpreisen**. Der Begriff „Netto" deutet dabei an, dass es sich nun um die tatsächlich von der Volkswirtschaft erwirtschaftete Wertschöpfung handelt. Entsprechend ergibt sich aus dem Bruttosozialprodukt zu Marktpreisen nach Abzug der Abschreibungen das Nettosozialprodukt zu Marktpreisen.

• *Inlandsprodukt und Volkseinkommen*

Bei der gezeigten Berechnung der Wirtschaftsleistung wurden die Güter mit Ihren Marktpreisen bewertet (daher auch „zu Marktpreisen"). Diese

Markpreise enthalten aber auch Umsatzsteuer, die keine Wertschöpfung darstellt, sondern die die Unternehmen an das Finanzamt abführen müssen. Ebenso verhält es sich mit den in den Verkaufpreis einkalkulierten Verbrauchssteuern (z. B. Mineralölsteuer bei Benzin, Tabaksteuer bei Zigaretten). Der Marktpreis ist daher bei Beurteilung der wirtschaftlichen Leistung zu hoch. Er muss um die Umsatzsteuer und die Verbrauchssteuern (= indirekte Steuern) korrigiert werden.

Abb. 11.15: Indirekte Steuern (Grafik: Jörg Bensch)

Umgekehrt ist es einigen Unternehmen nur möglich, ihre Produkte zu Marktpreise zu verkaufen, weil sie vom Staat oder der Europäischen Union finanziell unterstützt werden (z. B. Subventionen in der Landwirtschaft). Ohne diese Subventionen müssten die Unternehmen höhere Marktpreise kalkulieren, um ihre Kosten zu decken. Die vom Staat an die Unternehmen geleisteten Subventionen müssen daher vom Nettoinlandsprodukt abgezogen werden.

Abb. 11.16: Subventionen (Grafik: Jörg Bensch)

Korrigiert man das Nettoinlandsprodukt um die von den Unternehmen an den Staat gezahlten indirekten Steuern sowie um die vom Staat an die Unternehmen gezahlten Subventionen, so erhält man das **Nettoinlandsprodukt zu Faktorkosten**. Beim Nettosozialprodukt zu Marktpreisen ergibt sich entsprechend das Nettosozialprodukt zu Faktorkosten.

Beim Nettoinlandsprodukt zu Faktorkosten handelt es sich um die Wertschöpfung, die den Menschen einer Volkswirtschaft zu Gute kommt. Mit der Bezeichnung „zu Faktorkosten" wird angedeutet, dass sich in diesem Betrag der Aufwand widerspiegelt, der für den Einsatz sämtlicher

Produktionsfaktoren (Arbeit, Boden, Kapital) notwendig war. Bezogen auf das Nettosozialprodukt zu Faktorkosten bedeutet dies umgekehrt, dass der berechnete Betrag dem Einkommen aller an der volkswirtschaftlichen Leistung Beteiligten entspricht **(Volkseinkommen)**.

	Bruttoinlandsprodukt zu Marktpreisen
–	Abschreibungen
=	Nettoinlandsprodukt zu Marktpreisen
–	indirekte Steuern
+	Subventionen
=	Nettoinlandsprodukt zu Faktorkosten (Volkseinkommen)

- **Entstehungs-, Verwendungs- und Verteilungsrechnung**

Nach dem einheitlichen europäischen System der Volkswirtschaftlichen Gesamtrechnung unterscheidet man die folgende drei Ermittlungsarten:

Die Entstehungsrechnung

Entstehungs-rechnung

Die Entstehungsrechnung erfasst das Produktionsergebnis aller inländischen Wirtschaftseinheiten einer bestimmten Wirtschaftsperiode. Es zeigt, dass das Inlandsprodukt in sechs verschiedenen Wirtschaftszweigen entsteht:

- Land und Forstwirtschaft,
- produzierendes Gewerbe,
- Bauwirtschaft,
- Handel, Verkehr, Gastgewerbe,
- Banken, Versicherungen, Sonstige Dienstleister,
- Öffentliche Haushalte.

Die Verwendungsrechnung

Verwendungs-rechnung

Die Verwendungsrechnung zeigt, für welche Zwecke wirtschaftliche Gesamtleistung verbraucht wurde bzw. wer die Güter- und Dienstleistungen nachgefragt hat. Dabei stehen folgende Möglichkeiten zur Auswahl:

- **Konsum**
  - der **privaten Haushalte** (privater Verbrauch)
    (umfasst sämtliche Waren und Dienstleistungen, die inländische Privatpersonen für Konsumzwecke kaufen)

- der öffentlichen Haushalte (Staatsverbrauch)
  (umfasst sämtliche Waren und Dienstleistungen, die vom Staat unentgeltlich zur Verfügung gestellt werden z. B. Kauf von Schulbüchern, Ausgaben für Bundeswehr und Polizei)

- **Bruttoinvestitionen**
  - **Anlageninvestitionen**
    (umfasst sämtliche Waren und Dienstleistungen, die Unternehmen oder der Staat kauft, um sie im Produktionsprozess einzusetzen. Man unterscheidet zwischen Ausrüstungen (Maschinen, Fahrzeuge etc.), Bauten (Wohn- und Fabrikgebäude, Straßen, Abwasserkanäle, Kindergärten und Schulen, Sportplätze und sonstige Anlagen)
  - **Vorratsveränderungen**
    (Mehrungen bzw. Minderungen an Vorräten bei Unternehmen)

- **Außenbeitrag**

  Differenz zwischen Ausfuhr und Einfuhr von Waren und Dienstleistungen von Inländern und der übrigen Welt.

Die Verteilungsrechnung

Verteilungsrechnung

Bei der Verteilungsrechnung wird ermittelt, welche Einkommen den verschiedenen Produktionsfaktoren zugeflossen sind. Man bezeichnet diese Einkommen als Faktorkosten, denn sie stellen das Entgelt für die zur Verfügung gestellten Produktionsfaktoren dar. Grundsätzlich kann dabei zwischen dem Einkommen aus nicht selbstständiger Arbeit (Löhne und Gehälter von Mitarbeitern eines Unternehmens) und dem sonstigen Einkommen (Gewinn der selbstständigen Unternehmer, Zinseinkünfte aus Kapitalanlagen, Miet- und Pachteinkünfte der Immobilienbesitzer etc.) unterschieden werden.

Entstehungsrechnung	Verwendungsrechnung	Verteilungsrechnung
In welchen Wirtschaftsbereichen wurde das BIP erzeugt.	Von welchen volkswirtschaftlichen Akteuren wurde das BIP verbraucht?	Welchen Produktionsfaktoren ist das Einkommen, das bei der Erstellung des BIP entstanden ist, zugeflossen?

Die unterschiedlichen Berechnungsformen zeigt zusammenfassend die Abbildung 11.17 auf der nächsten Seite.

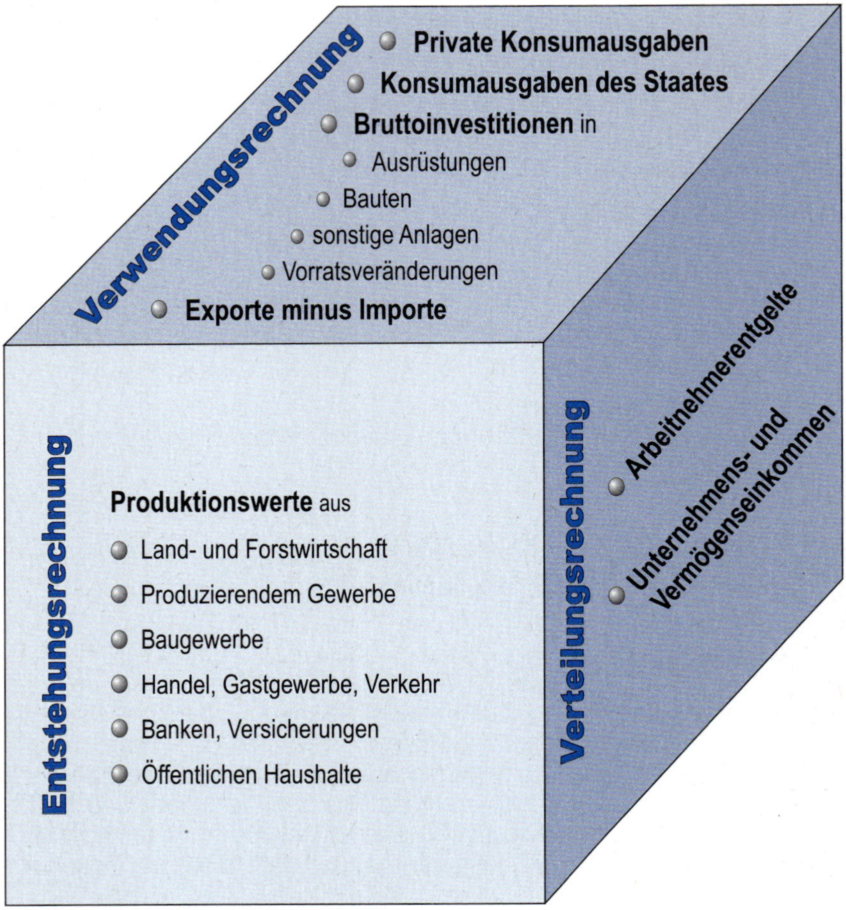

Abb. 11.17: Entstehung, Verteilung und Verwendung der Wirtschaftsleistung

- **Nominales und reales Bruttoinlandsprodukt**

nominales Bruttosozialprodukt

Wenn wir uns die Entwicklung des **Bruttoinlandsprodukts** ansehen, stellen wir jährlich ansteigende Beträge fest. Die Summe aller Güter und Dienstleistungen, bewertet mit den Marktpreisen, erreichte 2008 die astronomische Zahl von 2.489 Milliarden Euro (2.489.000.000.000 €). Das sind rund 26 % mehr als noch 10 Jahre zuvor, als die gesamte Wertschöpfung 1.965 Milliarden Euro betrug.

reales Bruttosozialprodukt

Doch dieses enorme Wachstum täuscht, denn der Wert von Gütern und Dienstleistungen steigt auch dann an, wenn unveränderte Mengen mit höheren Preisen multipliziert werden.

__Beispiel:__ Die Produktion von 10.000 Autos zum Preis von 30.000,00 € ergibt einen Beitrag zum Bruttoinlandsprodukt von 300 Millionen Euro. Werden die Preise im nächsten Jahr um 5 % erhöht, wächst das BIP um 15 Millionen Euro (10.000 Stück · 31.500 €) ohne dass auch nur ein Auto mehr produziert wurde.

Erst wenn man die **Preissteigerungen aus den Werten herausrechnet** und Güter und Dienstleistungen mit konstanten Preisen eines Basisjahres bewertet, ergibt sich der echte, der **reale Anstieg des Bruttoinlandsprodukts**.

Mathematisch ausgedrückt ergibt sich die Formel

Wachstumsrate

$$\textbf{Wachstumsrate} = \frac{\text{reales BIP des neuen Jahres - reales BIP des Vorjahres}}{\text{reales BIP des Vorjahres}} \cdot 100$$

Wirtschaftswachstum

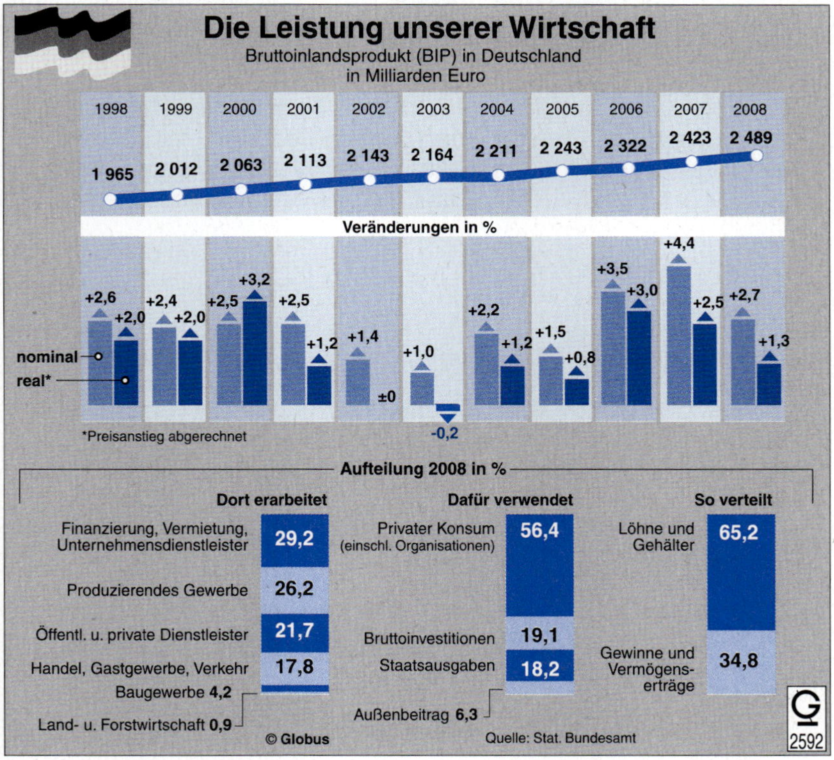

Abb. 11.18: Die Leistung unserer Wirtschaft

angemessenes Wachstum

Welche **Wachstumsrate** als **angemessen** im Sinne des Stabilitätsgesetzes gilt, kann man allgemein gültig nicht sagen. Der Gesetzestext nennt hier wiederum bewusst keine konkreten Zahlen.

In der hochindustrialisierten Volkswirtschaft Deutschlands mit vielfach gesättigten Märkten wird man bereits eine Wachstumsrate von 2 bis 3 % als angemessen betrachten können. 2008 lag sie bei 1,3 %. Für 2009 erwarten Experten einen Konjunktureinbruch mit einer schrumpfenden Wirtschaftsleistung.

stetiges Wachstum

Die Forderung des Stabilitätsgesetzes nach einem **stetigen Wachstum** bedeutet, dass extreme Wachstumsschwankungen, Nullwachstum oder negatives Wachstum vermieden werden sollen (vgl. Kapitel 11.2).

Wachstum

Unter Wirtschaftswachstum verstehen wir daher den Anstieg des realen Bruttoinlandsprodukts (BIP). Die prozentuale Zu- oder Abnahme bezeichnet man als Wachstumsrate.

Das nominale Bruttoinlandsprodukt bewertet die Güter und Dienstleistungen mit Preisen des jeweiligen Jahres.

Das reale Bruttoinlandsprodukt multipliziert die produzierten Mengen mit den Preisen eines Basisjahres. Es zeigt daher das tatsächliche Ansteigen bzw. Absinken der Wirtschaftsleistung.

- ***Bruttoinlandsprodukt – Maßstab für den Wohlstand?***

Wachstum und Wohlstand

Ein **steigendes Bruttoinlandsprodukt** wird oft mit wachsendem **Wohlstand** gleichgesetzt. Ein Land gilt dann als reich, wenn es ein hohes, ständig wachsendes Bruttoinlandsprodukt vorweisen kann.

Doch ist die Höhe des Bruttoinlandsprodukts wirklich ein Maßstab für Wohlstand oder Lebensqualität?

Kritiker behaupten, das Bruttoinlandsprodukt misst in der Wirtschaft so ziemlich alles, nur nicht das, worauf es im Leben ankommt. Zu dieser provozierenden Aussage einige Beispiele:

- *die Arbeit der Hausfrauen, die täglich oft über 12 Stunden dauert, wird nicht in der Statistik erfasst;*
- *die Leistung der Mütter, die ohne Entgelt ihre Kinder über Jahre betreuen und erziehen, wird von der offiziellen Statistik übersehen;*
- *Schwarzarbeit, Nachbarschaftshilfe, ehrenamtliche Tätigkeiten und Do-it-yourself-Arbeiten gehen nicht in die offiziellen Zahlen ein. Nach groben Schätzungen von Experten erreicht ihr Wert aber Milliardenbeträge.*

Auch die Art und Weise der Berechnung des Sozialprodukts bietet Anlass zur Kritik:

Kritik am Bruttoinlandsprodukt

- *Ein Auto, das seinen Besitzer dadurch verärgert, dass es hohe Reparaturen verursacht, ist für die Gesamtwirtschaft besonders wertvoll, denn Reparaturen erhöhen letztlich das Bruttoinlandsprodukt.*
- *Umweltschäden, deren Beseitigung Milliarden an Kosten verursachen, erhöhen aber gerade dadurch das Bruttoinlandsprodukt.*
- *Ein kranker Mensch, der durch zahlreiche Tabletten, Pillen und Salben der Pharmaindustrie zu hohen Umsätzen verhilft, trägt mehr zur Steigerung des Bruttoinlandsprodukts bei als ein Gesunder, der ohne Medikamente auskommt.*
- *Selbst die Produktion von tödlichen Kriegswaffen, die unter dem Motto ,,Tod für die Welt" von skrupellosen Geschäftemachern in alle Krisenregionen der Erde exportiert werden, tragen letztlich dazu bei, dass unser Bruttoinlandsprodukt wächst.*

Die Liste der Beispiele ließe sich fortsetzen. Aber die wenigen Punkte zeigen, dass das Bruttoinlandsprodukt sicherlich ein **quantitativer Maßstab** für die Leistung einer Volkswirtschaft ist. **Qualitative Faktoren** berücksichtigt es jedoch nicht.

Wollte man einen solchen **qualitativen gesamtwirtschaftlichen Wohlstandsmaßstab** schaffen, müssten nach einem **Vorschlag des Instituts der Deutschen Wirtschaft**[9] folgende Faktoren in die Berechnung eingehen:

gesamtwirtschaftlicher Wohlstandsmaßstab

- *Gesundheit (Maßstab z.B. Krankenhausbetten oder Arztpraxen pro 1.000 Einwohner),*
- *Bildung (Maßstab z.B. Relation Schüler je Lehrer),*
- *Erwerbstätigkeit (Maßstab z.B. durchschnittliche Wochenarbeitszeit),*
- *Einkommen (Maßstab z.B. verfügbare Einkommen der privaten Haushalte),*
- *Verbrauch und materieller Lebensstandard (Maßstab z.B. die Ausstattung der Haushalte mit verschiedenen langlebigen Gebrauchsgütern),*
- *physische Umwelt (Maßstab z.B. Müllmenge pro Einwohner),*
- *soziale Umwelt (Maßstab z.B. Zufriedenheit am Arbeitsplatz),*
- *politische Mitbestimmung (Maßstab z.B. Wahlbeteiligung),*
- *Rechtspflege (Indikator z.B. Straftaten pro 1.000 Einwohner).*

Andere Experten schlagen als Kennziffer den **,,wirtschaftlichen Nettowohlstand"** (englisch: Net Economic Welfare, NEW) vor.

wirtschaftlicher Nettowohlstand

Man geht dabei vom Bruttoinlandsprodukt aus und zieht die ,,sozialen Kosten" (z. B. für Umweltschutz, Landesverteidigung oder innere Sicherheit) ab. Leistungen, die keinen Marktpreis haben werden hingegen hinzuaddiert (z. B. Hausarbeit, Schwarzarbeit, Freizeitgestaltung).

[9] Quelle: Informationsdienst des Instituts der Deutschen Wirtschaft (IWD) 21/87

Rechnerisch ergibt sich der NEW nach folgender Formel:

Bruttoinlandsprodukt
– soziale Kosten
+ Leistungen, die keinen Marktpreis haben
= Net Economic Welfare

Problem

Problematisch ist allerdings die Messung der einzelnen Größen. Der Wert ehrenamtlicher Tätigkeit oder der Erziehungsleistung von Müttern und Vätern lassen sich nur schwer beziffern. Auch die Ausgaben für die Erhaltung der Umwelt sind nicht ohne Schwierigkeiten feststellbar.

Vorteile des Wachstums

- ***Grenzen des Wachstums***

Ein **höheres Bruttosozialprodukt** bedeutet mehr Produktion und auch mehr Arbeitsplätze. Die Betrachtung über einen längeren Zeitraum zeigt, dass bei positivem Wirtschaftswachstum auch die Zahl der Arbeitsplätze stieg. Bei Nullwachstum oder negativem Wachstum wurden Arbeitsplätze abgebaut.

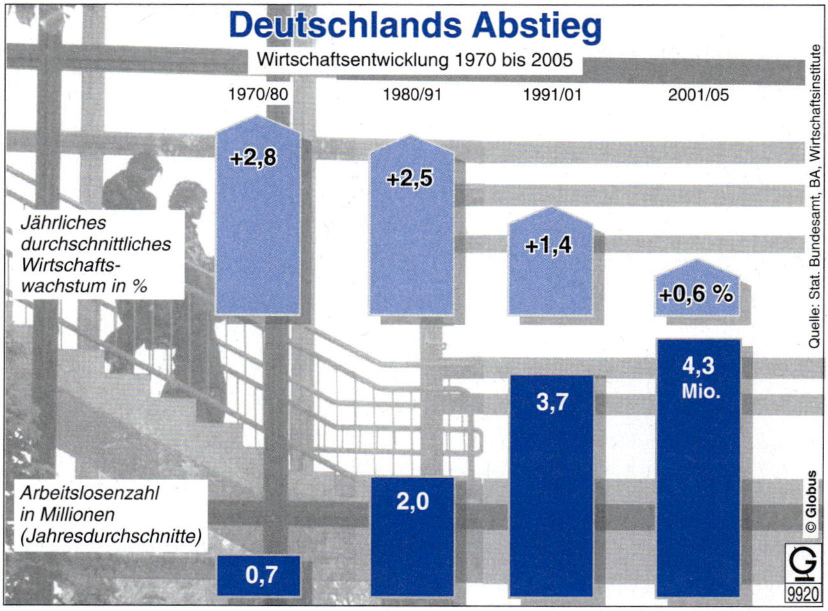

Abb. 11.19: Wirtschaftswachstum und Arbeitslosigkeit

Wachstum bringt mehr Güter und Dienstleistungen, einen steigenden Lebensstandard und materiellen Wohlstand, der für viele Menschen Grundlage für ihre persönliche Entfaltung ist.

In einer wachsenden Wirtschaft verfügt auch der Staat über höhere Einnahmen, er kann soziale Sicherheit gewährleisten, die Infrastruktur verbessern, das Bildungswesen ausbauen bzw. insgesamt die Versorgung mit öffentlichen Gütern intensivieren.

- ***Was ist der Preis für das Wachstum?***

Grenzen des Wachstums

Durch die erhöhte Produktion verbrauchen wir ständig mehr Energie und Rohstoffe. Eine Studie des „Club of Rome", einer losen Vereinigung von Wissenschaftlern und Unternehmern, sagte bereits 1972 voraus:

> *„. . . Wird das Wirtschafts- und Bevölkerungswachstum der letzten 100 Jahre unter heutigen Bedingungen auf der Erde weiter fortgesetzt, so wird um das Jahr 2050 die Weltwirtschaft wegen fehlender Ressourcen (Rohstoff- und Energievorräte) zusammenbrechen."*

Umweltzerstörung

Außerdem belasten wir Jahr für Jahr unsere Umwelt immer stärker mit Abgasen, Abwässern, Schwermetallen, Strahlen, Müll oder Lärm. Bereits heute sind gravierende Schäden festzustellen (vgl. auch Kapitel 2.3 Produktionsfaktoren).

- *In manchen Regionen sind fast 75 % des Waldbestandes durch Umwelteinflüsse beschädigt.*
- *Jedes Jahr gelangen rund fünf Milliarden Tonnen Klärschlamm, mehr als zwei Milliarden Tonnen flüssige und rund 1,5 Milliarden Tonnen Industrie-Abfälle, etwa 1 Milliarde Tonnen Stickstoff und Phosphor und mehr als 100.000 Tonnen Öl und 28.000 Tonnen hochgiftige Schwermetalle in die Nordsee.*
- *Mehr als 4,5 Milliarden Tonnen gefährlichen Sondermüll produziert unsere wachsende Wirtschaft jedes Jahr.*
- *Die Industrie liefert dem Verbraucher jährlich fast vier Milliarden Tonnen Glas, Papier, Kunststoff und Metall als Verpackung ins Haus, die es wieder zu entsorgen gilt.*
- *Viele unserer Flüsse und Seen stehen kurz vor ihrem biologischen Tod.*
- *Die Abgase der jährlich mehr werdenden Autos heizen die Atmosphäre auf, sodass der gefährliche Treibhauseffekt das Weltklima verändert.*

Ökonomie und Ökologie

Bedrohliche Konsequenzen ergeben sich und die wenigen Fakten zeigen deutlich den **Konflikt** zwischen **Ökonomie** (Wirtschaft) und **Ökologie** (Umwelt). Wir dürfen uns daher nicht nur auf das reine Wachstumsdenken beschränken, sondern der Erhalt einer lebenswerten Umwelt muss als Ziel stärker ins Bewusstsein von uns allen gerückt werden.

11.1.6 Kritik am Stabilitätsgesetz

Kritik am Stabilitätsgesetz

Die **Ziele des Stabilitätsgesetzes** bzw. das „magische Viereck" als Richtschnur für politisches Handeln **stoßen** in jüngerer Zeit **immer häufiger auf Kritik**. Zielvorstellungen aus den 60er-Jahren können die realen Probleme unserer heutigen Zeit nicht genügend berücksichtigen. Zunehmend mehren sich die Stimmen, die nach einer **Neuformulierung der Ziele** rufen, wie der Zeitungsartikel unten zeigt.

Ziele

Neue Ziele gewinnen Gewicht

BONN (uhl). Die Wirtschaftspolitiker der SPD-Bundestagsfraktion haben eine Erweiterung der wirtschaftspolitischen Ziele im Stabilitäts- und Wachstumsgesetz von 1967 gefordert. SPD-Politiker Uwe Jens sagte, eine Novellierung im Hinblick auf die neuen Länder, den EG-Binnenmarkt, den Ausbau der wirtschaftlichen Leistungsfähigkeit der Bundesrepublik sowie der Vereinbarkeit von Ökologie und Ökonomie sei erforderlich. So müßten die derzeitigen vier Ziele des Gesetzes, nämlich Preisstabilität, hoher Beschäftigungsstand, außenwirtschaftliches Gleichgewicht sowie stetiges und angemessenes Wachstum durch die Ziele der Erhaltung und Verbesserung der natürlichen Lebensgrundlagen, Erleichterung des wirtschaftlichen Strukturwandels, Abbau des regionalen Wirtschaftsgefälles, gleichmäßigere Einkommens- und Vermögensverteilung und einen vorsorgenden Verbraucherschutz ergänzt werden.

Zugleich müsse die Berichterstattung der Bundesregierung über die Auswirkungen der Wirtschafts- und Finanzpolitik auf ökologische, verbraucherpolitische und soziale Bereiche ausgebaut werden. Ferner müßten die öffentlichen Körperschaften für die wichtigsten Politikbereiche „mittelfristige Orientierungsrahmen setzen. Der Konjunkturrat der öffentlichen Hand sei in seinen Kompetenzen zu stärken und um den Bundesumwelt- und Bundesarbeitsminister zu erweitern. Schließlich fordert die SPD zur Vermeidung gravierender Störungen der gesamtwirtschaftlichen Entwicklung die mittelfristige Verstetigung der Ausgaben von Bund, Ländern und Gemeinden.

Ökologisches Gleichgewicht

Neben der Festschreibung **ökologischer Ziele**, dem **Schutz unserer Umwelt** und der **Schonung unserer Rohstoffreserven,** fordert man vor allem eine **gerechte Einkommens- und Vermögensverteilung** und eine gerechtere Verteilung der vorhandenen Arbeit. Das magische Viereck wird zum magischen Vieleck.

Magisches Vieleck

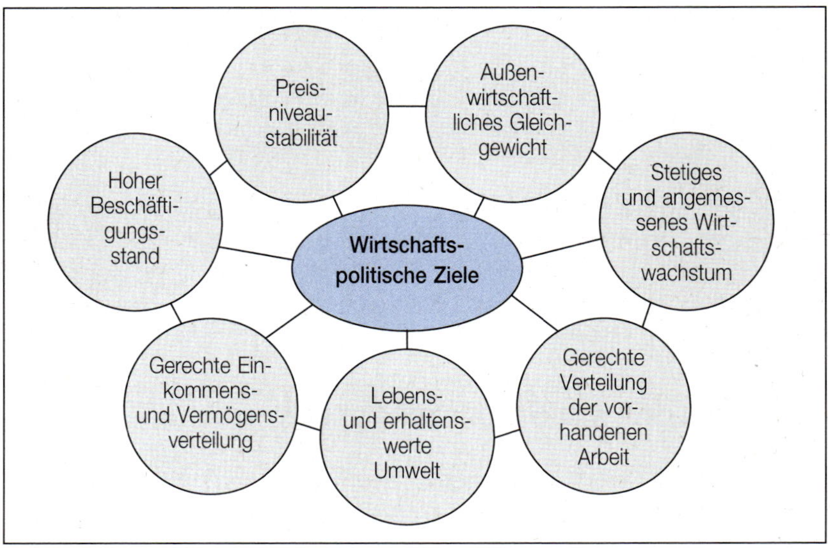

Abb. 11.20: Magisches Vieleck

gerechte Einkommensverteilung

Bei der Einkommensverteilung stellt sich jedoch die zentrale Frage, **welche Verteilung als gerecht anzusehen** ist:

- manche verstehen unter Gerechtigkeit, dass jeder den gleichen Anteil am Sozialprodukt erhält,
- andere dagegen finden es gerecht, dass jeder so viel erhält um seinen Bedarf decken zu können,
- wieder andere finden es gerecht, dass jeder nach Leistung, unabhängig von seiner individuellen Bedarfssituation, entlohnt wird.

Betrachtet man die Einkommen der Unternehmer, Arbeitnehmer, Rentner oder Arbeitslosenhaushalte, so ergibt sich – wertneutral ausgedrückt – eine sehr unterschiedliche Einkommenssituation.

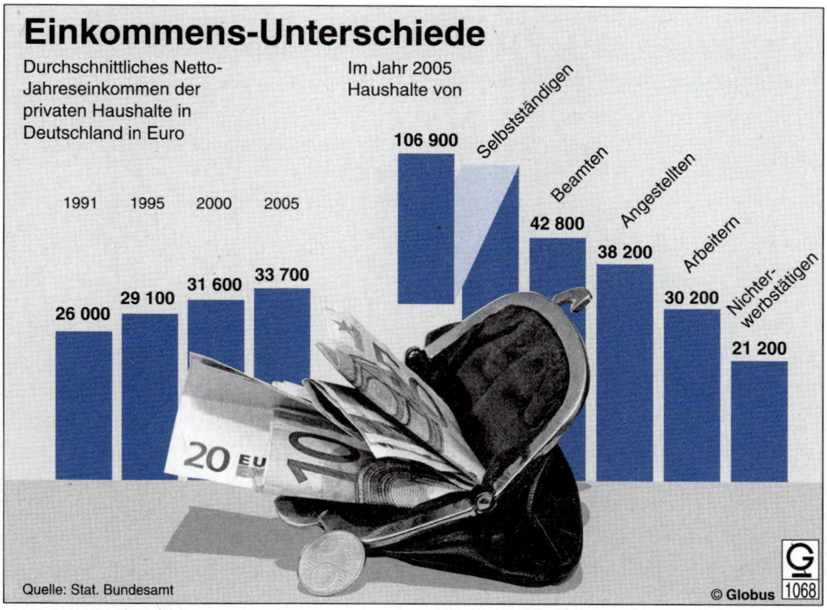

Abb. 11.21: Einkommensverteilung

Die Haushalte von Selbstständigen erzielen die höchsten Einkommen. Ihnen standen nach einer Untersuchung aus dem Jahr 2005 durchschnittlich 106.900 € zur Verfügung. Selbstständige müssen aber im Unterschied zu den sozialversicherten Berufstätigen in aller Regel für Alter und Krankheit finanziell selber vorsorgen. Am anderen Ende der Einkommens-Skala liegen die Haushalte von Arbeitslosen und anderen Nichterwerbstätigen. Ihr monatlich verfügbares Einkommen belief sich auf durchschnittlich 21.200 Euro. Die Statistik weist als Haushaltseinkommen alle Einkünfte aller Haushaltsmitglieder aus; neben Lohn oder Gehalt zählen auch Rente, Arbeitslosengeld, Kindergeld und Einkommen aus Vermögen dazu.

gerechte Einkommensverteilung

Über die Frage, wie weit sich eine Angleichung, also eine Verringerung der Einkommensunterschiede vollziehen muss, damit die Einkommensverteilung als gerecht empfunden wird, lässt sich sicherlich streiten. Sie **ist allgemein gültig nicht zu beantworten**.

Lohn- und Gewinnquote

Die Arbeitnehmer bzw. Gewerkschaften auf der einen Seite, die Arbeitgeber bzw. Arbeitgeberverbände auf der anderen Seite verstehen unter einer gerechten Einkommensverteilung in der Regel, dass sich die funktionale Verteilung des Volkseinkommens zu ihren Gunsten verändert. Maßstab dafür ist die **Lohnquote** bzw. die **Gewinnquote.**

Unter der Lohnquote versteht man den Anteil der Einkommen aus unselbstständiger Tätigkeit am Volkseinkommen:

$$\textbf{Lohnquote} = \frac{\text{Summe der Einkommen aus unselbstständiger Arbeit}}{\text{Volkseinkommen}} \cdot 100$$

Die Gewinnquote ist demnach der Anteil der Einkommen aus Unternehmertätigkeit und Vermögen am Volkseinkommen.

$$\textbf{Gewinnquote} = \frac{\text{Summe der Einkommen aus Unternehmertätigkeit und Vermögen}}{\text{Volkseinkommen}} \cdot 100$$

Die folgende Grafik zeigt die Veränderung über einen Zeitraum von 10 Jahren hinweg.

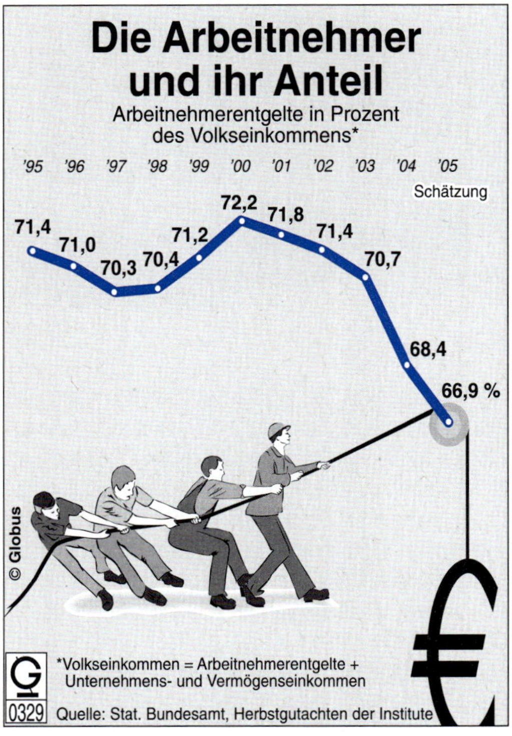

Abb. 11.22: Anteil der Arbeitnehmerentgelte am Volkseinkommen

Die Arbeitnehmer erhielten 2005 einen Anteil von 66,9 Prozent des Volkseinkommens. 33,1 Prozent fließen als Zinseinkommen und Unternehmensgewinne auf die Konten der „Kapitalisten". Das sind allerdings nicht nur die Einzelunternehmen und die „obersten Zehntausend", sondern auch alle Kleinaktionäre und sonstige Wertpapierbesitzer. Die Lohnquote lag im Jahr 2000 noch bei 72,2 % und sinkt seitdem Jahr für Jahr. Das liegt nicht nur daran, dass die Realeinkommen in den letzten Jahren kaum gewachsen sind, sondern auch an der hohen Arbeitslosigkeit. Denn wären mehr Menschen beschäftigt, würde auch die Lohnsumme höher ausfallen.

Eine wesentliche **Forderung der Arbeitnehmervertreter** ist eine **„gerechtere" Verteilung zwischen „Löhnen" und „Gewinnen"**. Sie fordern in den einzelnen Tarifverhandlungen für die Arbeitnehmer, dass der Anteil der Arbeitnehmer am Ertrag unserer Wirtschaft erhöht wird. Dies bedeutet konkret eine **höhere Lohn-** und eine **geringere Gewinnquote**. Daneben verlangen die Gewerkschaften im Rahmen ihrer Einkommens- und Vermögenspolitik:

Forderung der Gewerkschaft

- *Gleichberechtigung von Mann und Frau auch im Arbeitsleben durch gleichen Lohn für gleiche Arbeit,*
- *Absicherung betrieblicher Sozialleistung durch Gesetz oder Tarifvertrag,*
- *Sicherung von Urlaubsgeld und 13. Monatsgehalt für alle Arbeitnehmer,*
- *Erweiterung der staatlichen Sparförderung,*
- *Vermögensbildung der Arbeitnehmer durch Beteiligung am Produktivvermögen (z. B. Gewinnbeteiligung der Arbeitnehmer, Belegschaftsaktien etc.).*

Die **Unternehmer** treten für eine **Beibehaltung der Gewinnquote** ein. Dies ist nicht nur aus der Tatsache heraus zu erklären, dass sich niemand gerne etwas wegnehmen lässt, sondern gesamtwirtschaftlich aus Unternehmersicht auch folgerichtig, denn die Gewinne bilden die notwendige Voraussetzung für zukünftige Investitionen und somit auch für die Schaffung neuer Arbeitsplätze.

Die Frage nach einer **gerechten Einkommensverteilung** lässt sich aus den dargestellten Gründen leider **nicht exakt zahlenmäßig ausdrücken**.

Wiederholungsfragen

Wiederholungsfragen

1. *In welchem Gesetz werden die wirtschaftspolitischen Ziele für die Bundesrepublik Deutschland festgelegt? Wann trat dieses Gesetz in Kraft?*
2. *Nennen Sie die Ziele des Magischen Vierecks.*
3. *Warum bezeichnet man diese Ziele als „magisch"?*
4. *Was versteht man unter gesamtwirtschaftlichem Gleichgewicht?*
5. *Wann spricht man von einem sog. Zielkonflikt?*
6. *Was bedeutet gesamtwirtschaftliche Preisniveaustabilität?*
7. *Was versteht man unter Inflation?*
8. *Was ist ein Warenkorb und welche Bedeutung hat er für den Preisindex der privaten Lebenshaltung?*

Wiederholungsfragen

9. Erklären Sie den Begriff Reallohn bzw. Kaufkraft.
10. Nennen Sie mögliche Ursachen einer Inflation.
11. Erklären Sie den Begriff Lohn-Preis-Spirale bzw. Preis-Lohn-Spirale.
12. Unterscheiden Sie schleichende, trabende und galoppierende Inflation!
13. Welche Nachteile sind mit der Inflation verbunden?
14. Was versteht man unter Deflation und welche Folgen ergeben sich daraus?
15. Erklären Sie den Begriff Stagflation.
16. Was versteht man unter Vollbeschäftigung bzw. hohem Beschäftigungsgrad?
17. Wer gilt offiziell als arbeitslos?
18. Wie wird die Arbeitslosenquote berechnet?
19. Was versteht man unter Überbeschäftigung bzw. unter Unterbeschäftigung?
20. Wann herrscht in einer Volkswirtschaft außenwirtschaftliches Gleichgewicht?
21. Welche Bedeutung haben Exporte für die Bundesrepublik Deutschland?
22. Welche Leistungen werden vor allem in der Bundesrepublik Deutschland importiert?
23. Erklären Sie die Begriffe Handelsbilanz, Dienstleistungsbilanz, Kapitalbilanz und Leistungsbilanz.
24. Was versteht man allgemein unter dem Bruttoinlandsprodukt? Worin unterscheidet es sich vom Bruttosozialprodukt
25. Zeigen Sie grob die Gliederung der Entstehungs-, Verwendungs- und Verteilungsrechnung.
26. Wie wird die Wachstumsrate berechnet?
27. Unterscheiden Sie nominales und reales Bruttoinlandsprodukt.
28. Welche Kritik wird der Beschränkung auf vier Ziele im Stabilitätsgesetz angeführt?
29. Für welche Betrachtung ist die Lohnquote von Interesse?
30. Ist das Bruttoinlandsprodukt wirklich ein Maßstab für Wohlstand?

11.2 Konjunkturzyklen – das Auf und Ab unserer Wirtschaft

„Konjunkturmotor gerät ins Stocken“

„Wachstum verliert an Dynamik“

„Bundesregierung hofft auf positive Konjunkturentwicklung“

Aktuelle Schlagzeilen der jüngsten Zeit: Konjunktur, Konjunkturlage, Konjunkturentwicklung - diese Begriffe begegnen uns fast täglich in Presse, Rundfunk und Fernsehen. Viele wissen jedoch mit dem Begriff Konjunktur nichts anzufangen. „Ist doch auch egal“, wird mancher denken. „Das ist höchstens was für die Politiker, die sich ständig über Wirtschaftspolitik streiten“. Und außerdem: „Was geht mich das an?“ Eine solche Einstellung ist nicht nur leichtfertig, sondern auch falsch, denn die wirtschaftlichen Entwicklungen betreffen uns alle. Arbeitnehmer und Verbraucher, Unternehmer und Gewerkschaften, Azubis und Arbeitslose.

Was heißt Konjunktur?

Was aber steckt nun hinter diesem schillernden Ausdruck Konjunktur?

Wir wollen versuchen, einige Fragen zu beantworten.

- *Was heißt Konjunktur?*
- *Wie kann man die Konjunktur messen?*
- *Wie hat sich die Konjunktur in der Bundesrepublik in der Vergangenheit entwickelt?*
- *Welche Auswirkungen haben Konjunkturschwankungen?*
- *Wie ist die aktuelle Konjunkturlage?*

Werfen wir zunächst einen Blick in ein Wirtschaftslexikon um den Begriff etwas näher zu beleuchten: Dort ist Konjunktur beschrieben als

... *„jede Veränderung im Wirtschaftsablauf“ oder*

... *„der Zustand der Beschäftigung einer Volkswirtschaft“.*

Begriff der Konjunktur

Diese Standarddefinitionen sind noch recht allgemein gehalten, sie zeigen aber bereits, dass die Marktwirtschaft kein statisches Gebilde ist. Es gibt keinen Zustand, bei dem alle *wirtschaftlichen Größen* – z. B. *Kapazitätsauslastung der Betriebe, Verbraucherpreise, Zahl der Arbeitsplätze, Arbeitnehmereinkommen, Zinsen, Steuereinnahmen des Staates* oder *Gewinne der Unternehmer* – unverändert bleiben oder im Voraus genau zu berechnen sind.

Marktwirtschaft hat einen dynamischen Charakter. Betrachten wir die wirtschaftliche Situation in Deutschland über einen längeren Zeitraum, so begegnen wir Begriffen wie *„die Goldenen Zwanziger Jahre“*, *„Weltwirtschaftskrise“* oder *„das Wirtschaftswunder“*. Schon diese Beschreibungen deuten darauf hin, dass unsere Volkswirtschaft einem ständigen Auf und Ab unterliegt. Und dieses ständige Auf und Ab nennen wir Konjunktur.

Die wirtschaftlichen Schwankungen werden an der Veränderung des Bruttoinlandsprodukts bzw. des Bruttosozialprodukts gemessen.

Konjunkturzyklen

Vergleicht man die **Wachstumsraten** jeweils mit dem Vorjahr über einen längeren Zeitraum hinweg, so stellt man fest, dass sie bestimmten Veränderungen unterliegen. Diese **Schwankungen** bezeichnet man als **Konjunkturzyklen,** da sie in mehr oder weniger regelmäßigen Abständen zu beobachten sind.

Wachstumswellen

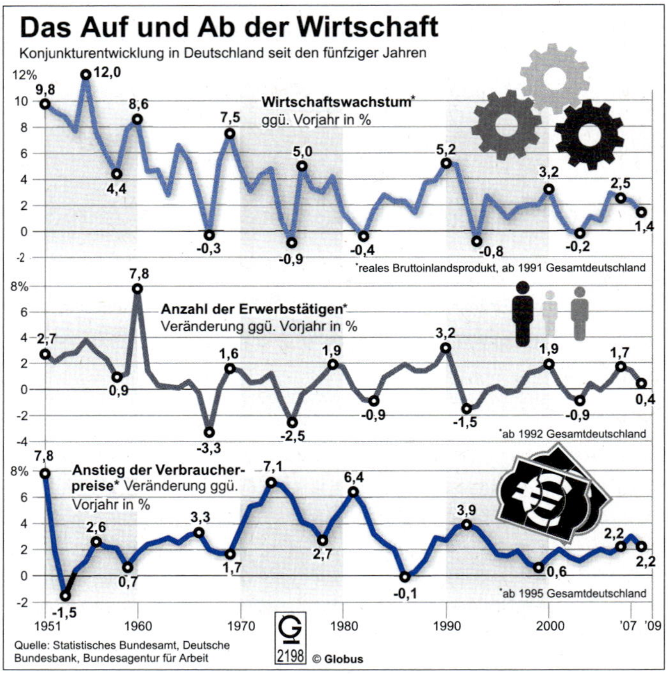

Abb. 11.23: Konjunkturentwicklung seit 1951

Konjunkturschwankungen

Die Abbildung zeigt auf der waagerechten Achse die Schwankungen der Wachstumsraten in der Bundesrepublik über einen Zeitraum von 1951 bis heute. Auf der senkrechten Achse sind die Prozentsätze abgetragen, um die das reale Bruttoinlandprodukt gewachsen ist.

Sucht man nun auf der waagerechten Achse zu jedem Jahr die entsprechende Wachstumsrate und verbindet die einzelnen Punkte zu einer Linie, so erhält man eine durch Auf- und Abwärtsbewegung gekennzeichnete wellen- bzw. zahlenförmige Kurve. Diese Wellen tauchen in mehr oder minder regelmäßigen Abständen auf.

Analysiert man eine der Wellen etwas genauer – von Wellenberg zu Wellenberg oder von Wellental zu Wellental – kann man vier Abschnitte unterscheiden (Abb. 11.24 auf der nächsten Seite).

Diese Abschnitte nennen die Volkswirte **Konjunkturphasen.**

Konjunkturzyklus

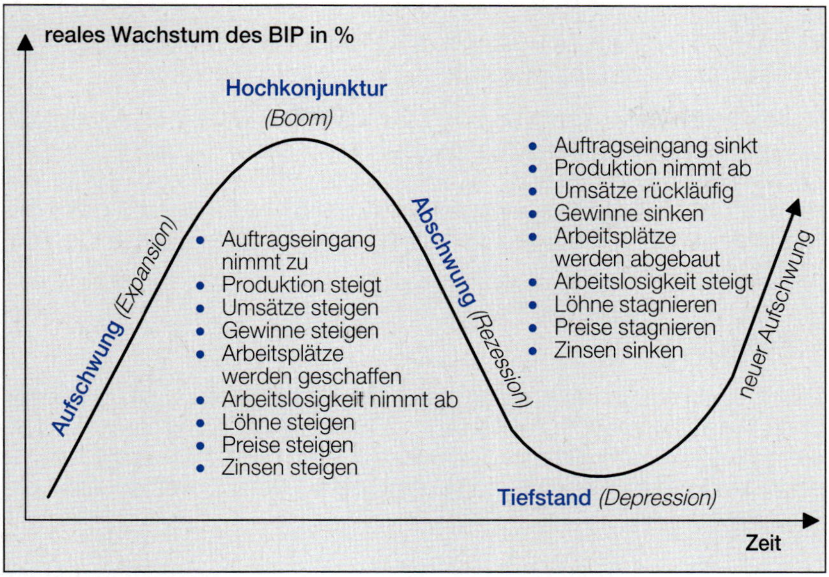

Abb. 11.24: Die vier Phasen eines Konjunkturzykluses

Konjunkturphasen sind die verschiedenen Abschnitte eines Konjunkturzykluses. Als Maßstab dient dabei die Wachstumsrate des Bruttoinlandsprodukts.

• *Konjunkturphasen*

Konjunkturphasen

In der Regel zeigen die Konjunkturschwankungen folgende Phasenabschnitte:

- ***Aufschwung*** *(Expansion),*
- ***Hochkonjunktur*** *(Boom),*
- ***Abschwung*** *(Rezession),*
- ***Tiefpunkt*** *(Depression).*

Jeder der vier **Konjunkturphasen** ist durch **typische Merkmale** gekennzeichnet:

• *Aufschwung*

Aufschwung

In einer Aufschwungphase steigt die private und oft auch die staatliche Nachfrage nach Konsum- und Investitionsgütern an. Dadurch nehmen die Aufträge der Unternehmen zu, die Auslastung der Betriebe verbessert sich und die Produktion in vielen Wirtschaftszweigen steigt an. Läger werden abgebaut, die Zahl der Kurzarbeiter sinkt und nach und nach werden immer mehr Arbeitslose wieder in den Produktionsprozess integriert. Die erhöhte Nachfrage führt allerdings auch zu steigenden Preisen.

Durch die Preissteigerung und den zunehmenden Bedarf an Arbeitskräften werden die Gewerkschaften bei den Tarifverhandlungen höhere Lohnabschlüsse durchsetzen können. Starke Produktionszuwächse führen zu höheren Unternehmensgewinnen, im Normalfall werden diese Gewinne in den Unternehmen wiederum investiert. Eine wachsende Wirtschaft ist die Folge.

- ***Boom***

Boom

Durch einen starken Anstieg der gesamtwirtschaftlichen Nachfrage erreichen viele Unternehmen eine fast 100%-ige Auslastung ihrer Produktionskapazitäten. Zunehmend werden Überstunden notwendig und in einzelnen Betrieben können sogar Arbeitskräfte knapp werden. Die Löhne steigen.

Die Unternehmer investieren kräftig, sie weiten ihre Kapazitäten aus um die steigende Nachfrage befriedigen zu können. Die Folge der hohen Nachfrage nach Gütern und Dienstleistungen sowie nach Arbeitskräften sind starke Preis- und Lohnsteigerungen.

- ***Rezession***

Rezession

Die Rezession ist gekennzeichnet durch abnehmenden Konsum, eine rückläufige Nachfrage, zurückgehende Aufträge bei den Unternehmern und dadurch sinkende Umsätze. In dieser Phase werden die Investitionen zurückgehen, da man die wirtschaftlichen Erwartungen allgemein pessimistischer einschätzt. In den Unternehmen bauen sich Lagerbestände auf, schließlich muss die Produktion gedrosselt werden, da die Kapazitäten nicht mehr voll ausgelastet sind.

Die Folge ist vielfach Kurzarbeit und in einigen Bereichen auch Arbeitslosigkeit. Manche Betriebe geraten bei fortgesetztem Abschwung in Existenzschwierigkeiten, die Zahl der Insolvenzen steigt an.

- ***Depression***

Depression

Die negativen Entwicklungen der Rezession setzen sich in der Depression verstärkt fort. Die Aufträge der Unternehmen gehen weiter zurück, es kommt zunehmend zu Unternehmerinsolvenzen, verbunden mit einem weiteren Ansteigen der Arbeitslosigkeit.

Die Lohnabschlüsse bei den Tarifverhandlungen fallen nur noch gering aus, die gesamtwirtschaftlichen Einkommen entwickeln sich nur langsam, dadurch kommt es zu einem Rückgang des privaten Konsums. Durch zurückgehende Nachfrage im Investitions- und Konsumgüterbereich sinken die Preise bzw. die Preissteigerungsrate. Die Stimmung in der Wirtschaft ist sowohl bei Produzenten als auch bei Konsumenten pessimistisch.

Zusammenfassung Konjunkturphasen

Volkswirtschaftliche Bestimmungsgrößen in verschiedenen Konjunkturphasen			
Aufschwung (Expansion)	**Hochkonjunktur (Boom)**	**Abschwung (Rezession)**	**Tiefpunkt (Depression)**
• Optimistische Stimmung, steigende Kapazitätsauslastung • Die Preise steigen langsam an • Investitionstätigkeit der Unternehmer wächst • Die Arbeitslosigkeit geht zurück • Konsumgüter- und Investitionsgüternachfrage steigen • Die Zinsen steigen allmählich	• Expansive Lohnpolitik, Vollbeschäftigung • Hohes Preisniveau, knappe Kredite, nachlassendes Wachstum • Es herrscht zwar Vollbeschäftigung, die Investitionsbereitschaft der Unternehmer geht jedoch leicht zurück • Aufgrund starker Nachfrage kommt es zu starken Preis-, Zins- und Lohnsteigerungen	• Rückgang der Nachfrage nach Konsum- und Investitionsgütern • Rückgang von Produktion, Absatz und Beschäftigung • Anstieg der Arbeitslosigkeit; • zunehmend Neigung zum Sparen • Nachlassende Investitionsneigung; • fallende Aktienkurse	• Niedrige Investitionsneigung, • sehr hohe Arbeitslosigkeit • Aktienkurse verharren auf einem tiefen Niveau • Preise sind relativ stabil und niedrig • pessimistische Grundstimmung

Ein typischer Konjunkturzyklus lässt sich in die Phasen Aufschwung, Boom, Rezession und Depression einteilen.

• ***Konjunkturindikatoren***

Indikatoren

So wie der Arzt den Zustand eines Patienten an bestimmten Merkmalen – z. B. an der Körpertemperatur, dem Blutdruck oder dem Pulsschlag – erkennen kann, kann man im übertragenen Sinne den Zustand einer Volkswirtschaft an bestimmten wirtschaftlichen Größen messen. Man nennt diese Größen **Konjunkturindikatoren,** da sie die jeweilige **konjunkturelle Lage** beschreiben.

Zu diesen Indikatoren gehören z. B. *die Inflationsrate, die Arbeitslosenquote, der Auftragseingang der Unternehmen, das Lohn- und das Zinsniveau.* Da die Werte der Indikatoren sich ständig verändern und in den verschiedenen Konjunkturphasen unterschiedlich ansteigen bzw. abfallen, kann man mit ihnen sowohl eine **Konjunkturdiagnose** als auch eine – in gewissem Umfang – **Konjunkturprognose** stellen.

Konjunktur-entwicklung

Eine Konjunkturdiagnose ist die Beschreibung des gegenwärtigen Konjunkturzustandes, unter einer Konjunkturprognose versteht man die Vorhersage über die künftige Konjunkturentwicklung. Aussagen über Konjunkturindikatoren sind insbesondere für Wirtschaftspolitiker wichtig, damit diese durch entsprechende Maßnahmen extreme Ausschläge der Konjunktur abschwächen können.

Vielfach unterscheidet man die Konjunkturindikatoren in zeitlicher Hinsicht in **Früh-, Gegenwarts-** und **Spätindikatoren**.

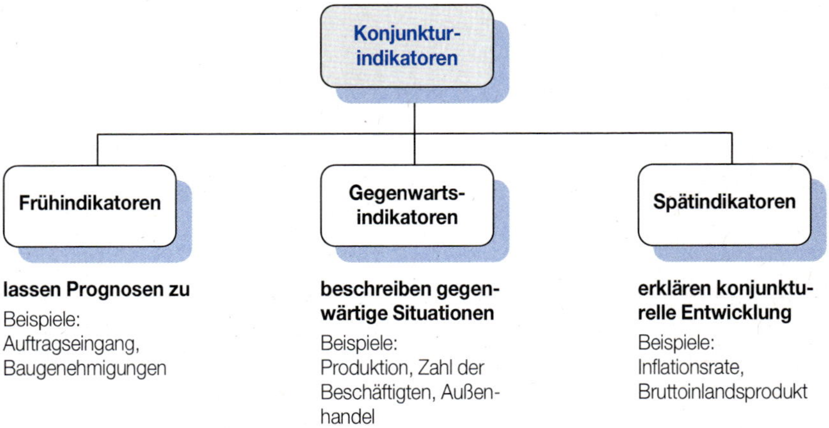

Abb. 11.25: Konjunkturindikatoren

Früh-indikatoren

Frühindikatoren lassen Rückschlüsse auf den künftigen Konjunkturverlauf zu. Sie zeigen relativ früh, wie sich die Wirtschaft in Zukunft entwickeln wird.

Wichtige Indikatoren sind dabei der Geschäftsklimaindex und der Index des Auftragseinganges (vgl. Abb. 11.26 auf Seite 501).

Zur Berechnung des Geschäftsklimaindexes ermittelt das IFO-Institut für Wirtschaftsforschung in München durch eine Fragebogenaktion bei rd. 200.000 Unternehmen die wirtschaftliche Erwartung der Unternehmer für die nächste Zukunft.

Der Index des Auftragseingangs wird von den statistischen Landesämtern aufgrund einer Mitteilung einer repräsentativen Auswahl von Unternehmen berechnet. Er erfasst die im jeweiligen Monat eingegangenen Bestellungen dieser Betriebe.

Die beiden genannten Indices werden vom Statistischen Bundesamt und der Deutschen Bundesbank laufend veröffentlicht.

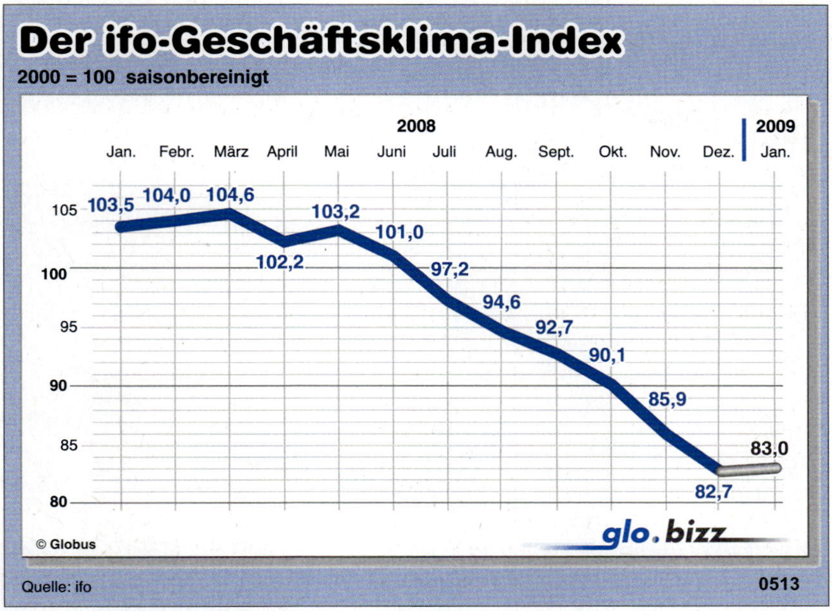

Abb. 11.26: Geschäftsklimaindex

Geschäftsklima

Beispiel: *Wenn sich Unternehmen über einen steigenden Auftragseingang freuen können, ist zu erwarten, dass sich – falls dieser Trend anhält – auch die Produktion, die Beschäftigung und der Umsatz positiv entwickeln. Man schließt dadurch auf einen sich ankündigenden Aufschwung.*

Beispiel: *Die Zahl der durch die unteren Baubehörden erteilten Baugenehmigung ist ein weiterer wichtiger Indikator insbesondere für das Baugewerbe. Steigt die Zahl der Baugenehmigungen, kann die Branche mit zusätzlichen Bauaufträgen rechnen.*

Gegenwartsindikatoren

Gegenwartsindikatoren laufen parallel zu aktuellen Wirtschaftsentwicklungen. Sie beschreiben den gegenwärtigen Zustand der Wirtschaftslage.

Wichtige Indikatoren dieser Gruppe sind der *Index der Produktion*, die *Kapazitätsauslastung* der Betriebe, die *Einzelhandelsumsätze* sowie die Höhe der *Ex- und Importe.*

Beispiel: *Während einer Rezession werden die Produktionszahlen des Betriebs zurückgehen. Die Kapazitäten sind nicht mehr ausgelastet und die Umsätze im Handel sinken aufgrund der rückläufigen Nachfrage. Während eines Aufschwunges kehren sich die Vorzeichen der oben genannten Indikatoren um.*

Spätindikatoren

Die **Spätindikatoren** zeigen die Veränderung am Ende einer durchlaufenen Konjunkturphase. Zu ihnen gehören der *Preisindex* der *Lebenshaltung*, die *Arbeitslosenquote* und die *Wachstumsrate* des Bruttosozialprodukts.

- ***Arten wirtschaftlicher Schwankungen***

Von den beschriebenen **eigentlichen Konjunkturschwankungen**, die in einem wiederkehrenden Rhythmus von etwa 4 – 7 Jahren auftreten und die gesamte Volkswirtschaft mehr oder minder stark erfassen, sind die **saisonalen Schwankungen** im Wirtschaftsablauf zu unterscheiden. Sie sind relativ kurzfristig und treten nur in einigen Branchen auf. Saisonschwankungen unterliegen z. B. die Bauindustrie, der Getränkehandel oder die Fremdenverkehrswirtschaft.

Kondratieff-Zyklen

Neben diesen Schwankungen glaubt man auch **extrem langfristige Schwankungen** feststellen zu können. Man stützt sich dabei auf eine Untersuchung des russischen Statistikers **Kondratieff**, der in einer 1926 erschienenen Untersuchung „lange Wellen" mit einer Zykluslänge von ca. 50 Jahren nachgewiesen hat. Diese **Kondratieff-Zyklen** werden durch tiefgreifende strukturelle Veränderungen in der Wirtschaft verursacht und durch gravierende revolutionäre technische Neuerungen oder Erfindungen ausgelöst.

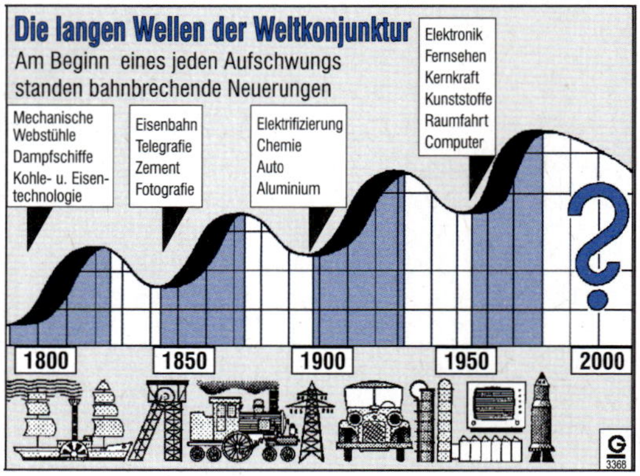

Abb. 11.27: Kondratieff-Zyklen

- **Zur Beschreibung der Konjunktur verwendet man Konjunkturindikatoren, wobei Frühindikatoren, Gegenwartsindikatoren und Spätindikatoren zu unterscheiden sind.**
- **Schwankungen im Wirtschaftsablauf vollziehen sich als saisonale, konjunkturelle und langfristige Änderungen.**

Wiederholungsfragen

Wiederholungsfragen

1. *Was versteht man unter dem Begriff Konjunktur?*
2. *Woran wird die Konjunktur gemessen?*
3. *Was sind typische Konjunkturindikatoren?*
4. *Beschreiben Sie die vier typischen Konjunkturphasen anhand von mindestens drei selbst gewählten Konjunkturindikatoren.*
5. *Nennen Sie je zwei Früh-, Gegenwarts- und Spätindikatoren.*

11.3 Die Geldpolitik der Europäischen Zentralbank

Gabi fährt von ihrer Arbeit als Bürokauffrau nach Hause. Im Auto hört sie in den Nachrichten folgende Meldung: „Frankfurt – Der Rat der Europäischen Zentralbank hat den Zinssatz für das nächste Wertpapierpensionsgeschäft um 0,5 Prozentpunkte gesenkt. Mit dieser Maßnahme will die Europäische Zentralbank ein deutliches Zinssignal im Euroland setzen. Die Leitzinssenkung sei der konjunkturellen Lage durchaus angemessen, so ein Sprecher der Bank."

Europäische Zentralbank

Wer nicht gerade zu den Wirtschaftsexperten unter uns gehört oder wer sich mit volkswirtschaftlichen Sachverhalten bisher nicht besonders intensiv beschäftigt hat, wird sich beim Studium der Meldung vielleicht einige Fragen stellen, z. B.

- *Was sind Wertpapierpensionsgeschäfte?*
- *Weshalb wurde der Zinssatz gesenkt?*
- *Welche volkswirtschaftlichen Auswirkungen werden von solchen Maßnahmen erwartet?*
- *Wer entscheidet eigentlich über Zinssenkungen?*
- *Warum spricht die Meldung von Leitzinsen und Zinssignal?*
- *Welche Rolle spielt die Europäische Zentralbank überhaupt in unserer Volkswirtschaft?*

Einige werden vielleicht auch denken: „*Was geht mich das an*"? – Eine sicherlich leichtfertige Einstellung, denn von Zinsveränderungen ist fast jeder von uns betroffen: Etwa wenn wir uns zur Finanzierung unseres neuen Autos einen Kredit aufnehmen müssen. Oder wenn unser sauer erspartes Geld, das auf der hohen Kante liegt, plötzlich weniger Zinsen abwirft. Das Zinsniveau in einer Volkswirtschaft hat darüber hinaus einen nicht unerheblichen Einfluss auf die Konjunktur, auf die Preise und letztlich auch auf die Beschäftigung. Diese wenigen Punkte sind eigentlich schon Grund genug um sich mit dem Thema ein wenig genauer auseinander zu setzen.

Im Folgenden wollen wir daher die Rolle der Europäischen Zentralbank in unserer Volkswirtschaft, ihren Aufbau, ihre wirtschaftspolitischen Ziele und die ihr dazu zur Verfügung stehenden geldpolitischen Kompetenzen etwas näher beleuchten.

11.3.1 Das Europäische System Zentraler Banken

Mit der 3. Stufe der Europäischen Währungsunion wurde am 1. Januar 1999 nicht nur der EURO als Buchgeld eingeführt, sondern es ging auch die alleinige Verantwortung für die Geld- und Währungspolitik auf das **Europäische System Zentraler Banken (ESZB)** über.

ESZB

Das ESZB besteht aus der **Europäischen Zentralbank (EZB) und** den **nationalen Zentralbanken** der an der Währungsunion teilnehmenden Staaten.

Zurzeit nehmen folgende Mitgliedstaaten der Europäischen Union (EU) an der gemeinsamen Währung teil:

- Belgien
- Deutschland
- Griechenland
- Spanien
- Frankreich
- Irland
- Italien
- Luxemburg
- Malta
- Niederlande
- Österreich
- Portugal
- Slowakei
- Slowenien
- Finnland
- Zypern

Bulgarien, die Tschechische Republik, Dänemark, Estland, Lettland, Litauen, Ungarn, Polen, Rumänien, Schweden und das Vereinigte Königreich sind Mitglieder der EU, nehmen aber zurzeit nicht an der gemeinsamen Währung teil.

Dänemark, Estland, Lettland und Litauen sind Mitglieder des Wechselkursmechanismus II (WKM II). Das bedeutet, dass die dänische Krone, die estnische Krone, der lettische Lats und der litauische Litas an den Euro gebunden sind. Es wird erwartet, dass in Zukunft mehr Länder dem WKM II beitreten werden.

Ziel des EZB

Durch die Übernahme der **geldpolitischen Verantwortung** wird die **Europäische Zentralbank** zu einem bedeutenden Träger europäischer Wirtschaftspolitik. Sie hat lt. Artikel 105 des Maastrichter Vertrages die **Aufgabe, die Preisstabilität** in den Ländern der Europäischen Union zu **gewährleisten**. Das EZB ist von Weisungen der Organe der Europäischen Gemeinschaft oder nationalen Regierungen unabhängig.

§ *Art. 108 EGV, Art. 7: Weisungsunabhängigkeit*

Bei der Wahrnehmung ihrer Befugnisse, Aufgaben und Pflichten darf weder die EZB noch eine nationale Zentralbank noch ein Mitglied ihrer Beschlussorgane Weisungen von Organen oder Einrichtungen der Gemeinschaft, Regierungen der Mitgliedsstaatem oder anderen Stellen einholen oder entgegennehmen. Die Organe und Einrichtungen der Gemeinschaft sowie die Regierungen der Mitgliedsstaaten verpflichten sich, diesen Grundsatz zu beachten und nicht zu versuchen, die Mitglieder der Beschlussorgane der EZB oder der nationalen Zentralbanken bei der Wahrnehmung ihrer Aufgaben zu beeinflussen.

Die Errichtung der Europäischen Zentralbank bedeutet aber nicht, dass die nationalen Zentralbanken – wie die Deutsche Bundesbank – überflüssig werden oder gar ihre Geschäfte einstellen. Die nationalen Zentralbanken sind vielmehr in das Europäische System Zentraler Banken integriert und wirken an der Umsetzung der geld- und währungspolitischen Entscheidungen auf nationaler Ebene mit (vgl. *§ 3 Bundesbankgesetz)*.

> *§ 3: Die Deutsche Bundesbank ist als Zentralbank der Bundesrepublik Deutschland integraler Bestandteil des Europäischen Systems der Zentralbanken. Sie wirkt an der Erfüllung seiner Aufgaben mit dem vorrangigen Ziel mit, die Preisstabilität zu gewährleisten, und sorgt für die bankmäßige Abwicklung des Zahlungsverkehrs mit dem Inland und dem Ausland.*

11.3.2 Die Europäische Zentralbank

Sitz

Die **Europäische Zentralbank** hat wie die Deutsche Bundesbank ihren **Sitz in Frankfurt am Main**. Ihr organisatorischer Aufbau weist starke Ähnlichkeiten zur Struktur der Deutschen Bundesbank auf.

An der Spitze stehen **drei Beschlussorgane**:
- der **Rat der Europäischen Zentralbank**,
- das **Direktorium** und
- der **erweiterte Rat**.

EZB-Rat

Oberstes Beschlussorgan der Europäischen Zentralbank ist der **EZB-Rat**. Ihm gehören neben dem EZB-Präsidenten, dem Vize-Präsidenten, vier weitere Direktoriumsmitglieder und die Präsidenten aller nationalen Zentralbanken der 16 Länder des Euroraums an.

Organe

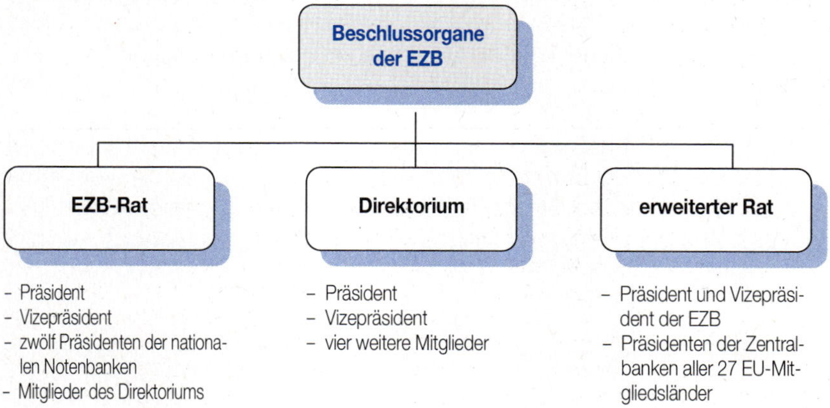

Abb. 11.28: Organe der EZB

Aufgaben

Die Hauptaufgaben des EZB-Rates liegen in der

- **Festlegung der Leitlinien der Geldpolitik**,
- **Steuerung der Geldmenge**,
- **Verwaltung der Währungsreserven**,
- **Gewährleistung des reibungslosen Zahlungsverkehrs** und der
- **Ausgabe der EURO-Banknoten**.

Dem Rat stehen dazu mehrere Instrumente zur Verfügung (vgl. Kap. 11.4.1).

Abstimmung

Im EZB-Rat hat **jedes Mitglied eine Stimme**. Geldpolitische Beschlüsse werden in der Regel mit einfacher Mehrheit gefasst. Bei Pattsituationen zählt die Stimme des Präsidenten doppelt. Der EZB-Rat tritt regelmäßig zweimal im Monat in Frankfurt am Main zusammen.

Direktorium

Geleitet und verwaltet wird die Europäische Zentralbank von einem sechsköpfigen **Direktorium**, das auch die laufenden Geschäfte führt. Es besteht aus dem EZB-Präsidenten, seinem Stellvertreter und vier weiteren Mitgliedern aus den Teilnehmerstaaten, die von ihren Regierungen auf Empfehlung des EU-Rates ernannt werden.

Umsetzung der nationalen Notenbanken

Das **Direktorium** führt die Entscheidungen des EZB-Rates aus und **erteilt** den **nationalen Notenbanken** die dazu **erforderlichen Weisungen**. Die nationalen Notenbanken setzen die Leitlinien und Entscheidungen „vor Ort" in den einzelnen Ländern um und sorgen für die reibungslose Abwicklung des nationalen und internationalen Zahlungsverkehrs. Gegenüber der Europäischen Zentralbank sind die nationalen Zentralbanken weisungsgebunden.

erweiterter Rat

An der 3. Stufe der Währungsunion nehmen zur Zeit noch nicht alle 25 EU-Mitgliedsstaaten teil. Daher wurde als drittes Organ der **„erweiterte Rat der EZB"** eingerichtet. Ihm gehören neben den EZB-Ratsmitgliedern auch die Zentralbankpräsidenten der Nicht-Euro-Länder an. Durch diese Erweiterung werden auch diese Länder in das System Europäischer Zentralbanken integriert.

Der erweiterte Rat hat keine geldpolitischen Entscheidungskompetenzen **sondern beratende Funktion**, insbesondere wenn es um die Aufnahme weiterer Teilnehmerländer oder um Stabilitätsfragen in den einzelnen Mitgliedsstaaten geht.

Die Europäische Zentralbank ist allein verantwortlich für die Geldpolitik in der Europäischen Währungsunion.

Sitz der Europäischen Zentralbank ist Frankfurt am Main.

Die Organe der Europäischen Zentralbank sind der EZB-Rat, das Direktorium und der erweiterte Rat.

Die Europäische Zentralbank ist von Weisungen der nationalen Regierungen und EU-Instituten unabhängig.

Die nationalen Zentralbanken existieren weiter und setzen die Entscheidungen der Europäischen Zentralbank um.

11.4 Die Geldpolitik

Was macht eigentlich den Wert des Geldes aus? Ein 500 Euro-Schein mitten in der Sahara oder auf einer einsamen Insel hat für seinen Besitzer überhaupt keinen Wert. Er kann sich für sein Geld nichts kaufen, da an diesen Plätzen keine Güter und Dienstleistungen angeboten werden. Erst durch die Möglichkeit, Geld gegen verschiedene Güter und Dienstleistungen einzutauschen, bekommt das Geld seinen Wert.

Wert des Geldes

Der **Wert des Geldes** wird also **bestimmt durch die Menge der Güter und Dienstleistungen**, die man dafür kaufen kann. Steigt die Geldmenge stärker als die Menge an Gütern und Dienstleistungen innerhalb der Volkswirtschaft, sinkt der Wert des Geldes. Das **Ziel stabilen Geldes** und damit eines möglichst störungsfreien Wirtschaftsablaufs lässt sich daher nur **erreichen**, wenn die Versorgung der Wirtschaft mit **Geld möglichst knapp** gehalten wird.

Geldmenge

Aus der Volkswirtschaftslehre ist bekannt, dass der **Wert des Gutes durch** seine **Knappheit bestimmt** ist. Die Größe zu definieren, die man als **Geldmenge** zu Grunde legt, ist allerdings nicht ganz einfach.

Bargeld und Buchgeld

Allgemein kann man sagen, dass zur Geldmenge die Mittel zu rechnen sind, die den Haushalten, den Unternehmen und dem Staat zum Kauf von Gütern und Dienstleistungen zur Verfügung stehen. Man spricht auch von der so genannten nachfragewirksamen Geldmenge.

Diese nachfragewirksame Geldmenge besteht aus **Bargeld** und **Buchgeld**. Bargeld sind Banknoten und Münzen. **Buchgeld** ist stoffloses Geld. Dazu gehören Guthaben und Einlagen auf Konten der Geschäftsbanken.

11.4.1 Geldmenge und geldpolitische Instrumente

Geldmengenbegriff

Geld existiert in unterschiedlichen Erscheinungsformen. Daraus resultieren die **drei Geldmengenbegriffe M_1, M_2** und **M_3**. steht für Money = Geld. Unterscheidungsmerkmal ist dabei die unterschiedliche Verfügbarkeit bzw. Liquidität.

> ***Beispiel****: Bargeld ist jederzeit verfügbar, Festgeldanlagen mit einer Laufzeit von drei Monaten sind erst nach Ablauf dieser Frist verfügbar.*

- Die **Geldmenge M_1** umfasst den Bargeldumlauf, also Banknoten und Münzen, das elektronische Geld auf im Voraus bezahlten Geldkarten und das jederzeit verfügbare Giralgeld auf den Kontokorrentkonten.
- Die **Geldmenge M_2** beinhaltet neben M_1 die Einlagen mit einer Laufzeit unter vier Jahren sowie Spareinlagen mit einer bis zu dreimonatigen Kündigungsfrist.
- Zur **Geldmenge M_3** gehören über M_2 hinaus u. a. noch bestimmte „Geldmengensubstitute" wie Geldmarktfonds und Schuldverschreibungen.

<table>
<tr><td>Münzen</td><td>Metallgeld</td><td rowspan="2">Bargeld</td><td rowspan="3">Umfasst alls Bargeldbestände von Nichtbanken sowie Sichteinlagen inländischer Nichtbanken</td><td rowspan="3">M_1</td><td rowspan="5">M_2</td><td rowspan="6">M_3</td></tr>
<tr><td>Banknoten</td><td>Stoffwertloses Geld.</td></tr>
<tr><td>Sichteinlagen</td><td>Buchgeld auf Girokonten bei Banken (täglich fällig)</td><td rowspan="4">Buchgeld</td></tr>
<tr><td>Termineinlagen</td><td>Einlagen inländischer Nichtbanken unter vier Jahren Laufzeit (Quasigeld)</td><td>Dieses Geld kann relativ schnell in Bargeld oder Sichteinlagen umgewandelt werden und damit die nachfragewirksame Geldmenge erhöhen.</td><td rowspan="3"></td></tr>
<tr><td>Spareinlagen</td><td>Einlagen mit bis zu dreimonatiger Kündigungsfrist</td><td>Auf Sparbüchern ist das Geld i.d.R. mindestens für drei Monate gebunden, da lediglich eine begrenzte Menge innerhalb der Kündigungsfrist abgehoben werden kann.</td></tr>
<tr><td>Geldmarktfonds, Schulodverschreibungen</td><td>langfristige Kapitalanlagen</td><td>Fondsanlagen sind i.d.R. sehr langfristig und dienen im Grunde nicht zur Sicherung der kurzfristigen Liquidität.</td><td></td></tr>
</table>

Geldmengenziel

Die Europäische Zentralbank versucht die Geldmenge der wirtschaftlichen Entwicklung anzupassen.

Es stehen zur **Beeinflussung der Geldmenge** je nach wirtschaftlicher Lage verschiedene Strategien und **Instrumente** zur Verfügung.

Sie zielen entweder darauf ab, die

- **Geldmenge zu begrenzen (restriktive Geldpolitik)** oder
- **auszuweiten (expansive Geldpolitik)**.

Politik des billigen Geldes

In einer Rezensionsphase wird die Europäische Zentralbank versuchen die Zinsen zu senken und mit einer **„Politik des billigen Geldes“** die Liquidität und somit die Kreditvergabemöglichkeiten der Geschäftsbanken zu erhöhen. Nach marktwirtschaftlichen Gesetzen führt ein erweitertes Angebot zu sinkenden Preisen in diesem Fall zu sinkenden Zinsen bei den Geschäftsbanken.

Die volkswirtschaftlich in dieser Situation wünschenswerten **sinkenden Zinsen** sollen die Unternehmen dazu bringen, verstärkt Kredite nachzufragen und zu investieren. Dadurch **steigt die gesamtwirtschaftliche Nachfrage**. Außerdem sollen die Haushalte mehr konsumieren und ihrerseits zur Nachfragestärkung beitragen. Beabsichtigt ist damit eine steigende Produktion und somit ein Anstieg der Beschäftigung.

Es ist jedoch zu bedenken, dass eine wachsende Geldmenge und ein erhöhtes Kreditvolumen eine Inflationsgefahr mit sich bringt.

Politik des knappen Geldes

In einer konjunkturellen Boomphase mit hohen Inflationsraten geht die Europäische Zentralbank den umgekehrten Weg. Sie wird versuchen die Zinsen zu erhöhen und mit einer **„Politik des knappen Geldes“** die Geldmenge zu begrenzen. Die Refinanzierung der Geschäftsbanken bei der Zentralbank verteuert sich und ihre Kreditvergabemöglichkeiten werden eingeschränkt.

Es ist zu erwarten, dass die Geschäftsbanken die höheren Zinsen an ihre Kunden weitergeben um Gewinneinbußen zu vermeiden. Kredite **werden daher knapper** und **teurer**.

Bei einem reduzierten und verteuerten Kreditangebot wird die Kreditnachfrage aus der Wirtschaft sinken. Die Zentralbank erreicht mit dieser Politik eine **Begrenzung der Geldmenge**. Unternehmen und Haushalte werden ihre kreditfinanzierten Investitionsgüter bzw. Konsumgüternachfrage reduzieren. Die gesamtwirtschaftliche Nachfrage geht zurück. Dies ist ein Beitrag zur Preisniveaustabilität.

Sinkender Konsum und zurückgehende Investitionen können jedoch auch die Beschäftigung in der Wirtschaft beeinträchtigen und Arbeitsplätze gefährden.

Die Europäische Zentralbank ist verantwortlich für die Geldpolitik im Europäischen Währungssystem.

Hauptaufgabe der Europäischen Zentralbank ist die Sicherung der Geldwertstabilität.

Der Rat der Europäischen Zentralbank beschließt über den Einsatz der geld- und kreditpolitischen Instrumente, die im Bundesbankgesetz festgelegt sind.

Mit ihrer Geldpolitik beeinflusst die EZB die Geldmenge.

Die Kreditvergabe unterliegt in unserer Marktwirtschaft den Gesetzmäßigkeiten von Angebot und Nachfrage.

Weiten die Kreditinstitute ihr Angebot an Krediten aus, wird der Preis dafür – wir sprechen vom Zins – sinken. Umgekehrt werden die Kreditzinsen steigen, wenn sich das Kreditangebot verknappt.

• *Die Instrumente der EZB*

Instrumente

Die **Geldmengensteuerung** der Europäischen Zentralbank erfolgt durch drei Instrumente. Die folgende Grafik zeigt diese Instrumente im Überblick.

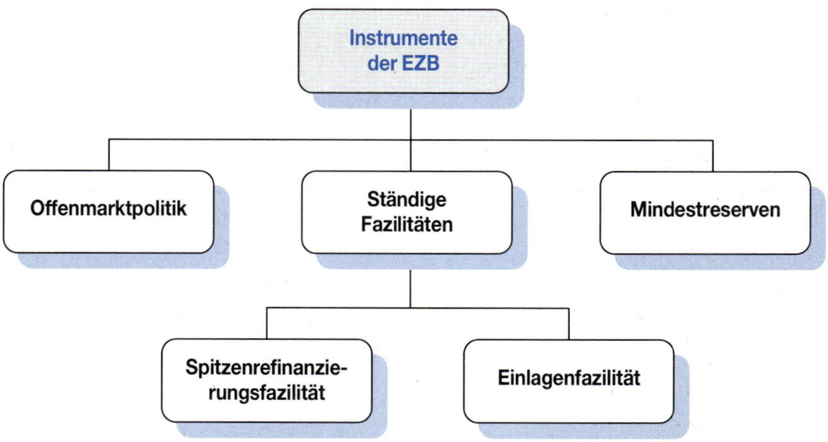

Abb. 11.29: Geldpolitische Instrumente der EZB

11.4.2 Offenmarktpolitik

Offenmarktgeschäfte

Kernpunkt des geldpolitischen Instrumentariums sind die Offenmarktgeschäfte. Dies sind Geschäfte, die am offenen Geld- oder Kapitalmarkt stattfinden, insbesondere der **An- und Verkauf von Wertpapieren** und **Devisen** und die **Gewährung von Krediten** an Geschäftsbanken.

Durch den Verkauf von Wertpapieren auf dem offenen Markt kann die Europäische Zentralbank dem Wirtschaftskreislauf Geld entziehen, durch den Kauf Geld in den Wirtschaftskreislauf pumpen.

Zur Wirtschaftsbelebung **kauft** die **Europäische Zentralbank Wertpapiere** von den Geschäftsbanken. Diese erhalten dafür Geld und erhöhen so ihre Liquidität (**Geldschöpfung**).

Bei Inflationsgefahr **bietet** die Europäische Zentralbank den Geschäftsbanken **Wertpapiere** zu günstigen Konditionen **an**. Diese zahlen in EURO und somit wird ihnen Liquidität entzogen (**Geldvernichtung**).

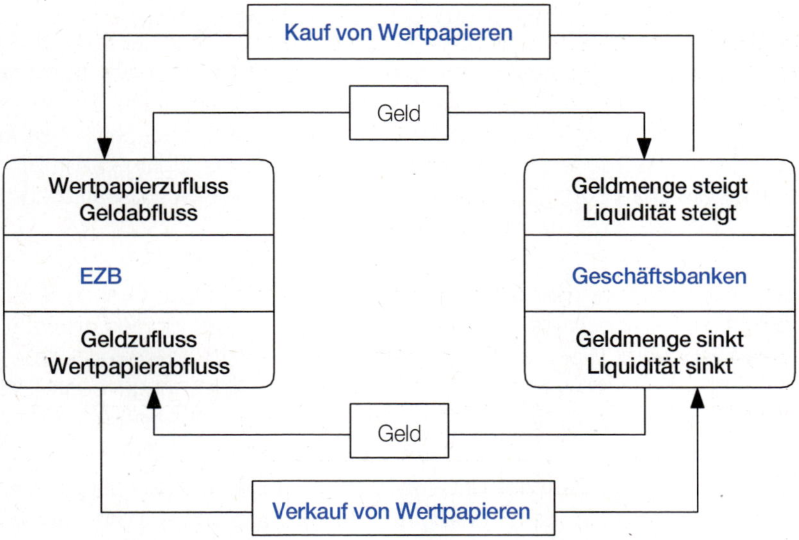

Abb. 11.30: Kauf und Verkauf von Wertpapieren durch die EZB

Der **An- und Verkauf von Wertpapieren** erfolgt in verschiedenen Formen. Zwei wichtige Instrumente im Rahmen der Offenmarktpolitik sind die

- **Hauptrefinanzierungsgeschäfte** (HRG) mit jeweils zweiwöchiger Laufzeit und die

- **längerfristigen Refinanzierungsgeschäfte** mit dreimonatiger Laufzeit.

Wertpapierpensionsgeschäfte

Beim An- und Verkauf gibt es für die Banken eine Rückkaufvereinbarung, sodass die Wertpapiere quasi **„in Pension"** gegeben werden. Man nennt dieses Instrument der Offenmarktpolitik daher auch **Wertpapierpensionsgeschäfte**.

Leitzins

Der **Zinssatz für die Hauptrefinanzierungsgeschäfte** hat die Funktion eines europäischen **Leitzinses**, da viele Kredite der Banken sich an der Entwicklung des Hauptrefinanzierungssatzes orientieren.

11.4.3 Ständige Fazilitäten

Bei den **Fazilitäten** handelt es sich um eine Art **Kontokorrentkonto**, das die Geschäftsbanken bei den Zentralbanken unterhalten. Sie können auf diesem Konto überschüssige Einlagen kurzfristig zu einem bestimmten Zinssatz bei der Zentralbank anlegen (**Einlagefazilität**) oder sich kurzfristig Liquidität verschaffen und ihr Kontokorrentkonto gegen Sollzinsen überziehen (**Spitzenrefinanzierungsfazilität**).

Für ihre Einlagen erhalten die Geschäftsbanken **Habenzinsen**, für die Inanspruchnahme von Krediten müssen sie **Sollzinsen** zahlen.

Die beiden Fazilitätssätze (Einlagefazilität und Spitzenrefinanzierungsfazilität) stecken auch eine Bandbreite oder einen Zinskanal für die Zinsen am Geldmarkt ab. Die Spitzenrefinanzierungsfazilität bildet die Obergrenze für den Handel mit Tagesgeld zwischen den Banken, die Einlagefazilität beschreibt die Untergrenze. Somit sind auch diese beiden Zinssätze europäische Leitzinssätze.

Erhöhung der Fazilität

Durch die **Erhöhung der Spitzenrefinanzierungsfazilitäten** kann die Europäische Zentralbank die Refinanzierungsmöglichkeiten für die Geschäftsbanken verteuern. Wenn die Geschäftsbanken diese Kunden weitergeben, wird sich das Zinsniveau allgemein erhöhen, die Geldmenge begrenzen und sich dämpfend auf die Konjunktur und die Inflation auswirken.

Senkung der Fazilität

Eine **Senkung der Spitzenrefinanzierungsfazilität** hat die gegenteilige Wirkung. Sie verbilligt die Kreditaufnahme der Geschäftsbanken bei der Zentralbank und wird das Zinsniveau senken. Diese Zinssenkung ist ein Konjunktursignal an die Wirtschaft. Die Europäische Zentralbank hofft, dass die Unternehmen die niedrigen Zinsen zu Investitionen nutzen.

Die Auswirkungen der Zinspolitik in unterschiedlichen Situationen zeigt die Abb. 11.31 im Überblick:

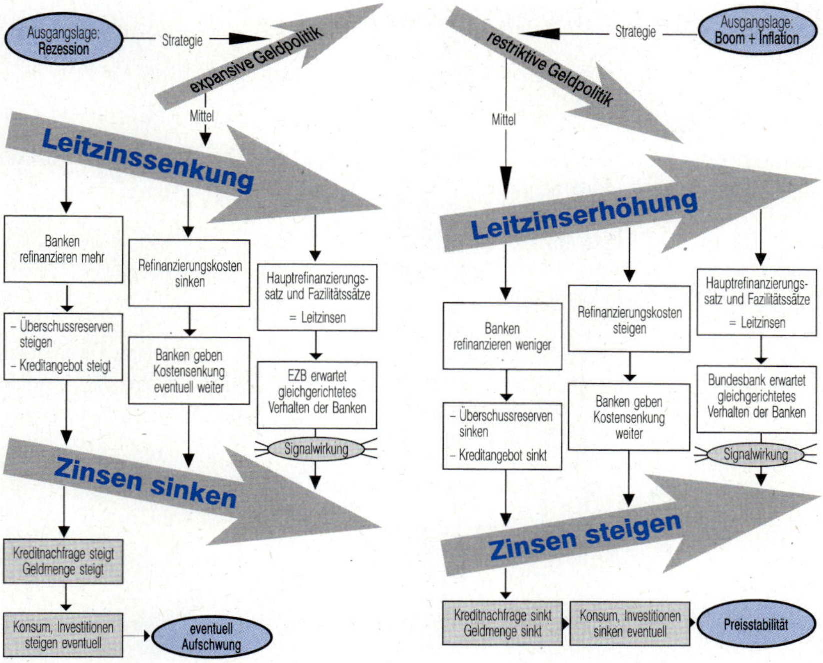

Abb. 11.31: Die Wirkung der Geldpolitik[10)]

- Mit einer expansiven Geldpolitik will die Europäische Zentralbank die Geldmenge ausweiten und die Wirtschaft beleben.
- Mit einer restriktiven Geldpolitik will die Europäische Zentralbank die Geldmenge begrenzen und die Inflation bekämpfen.
- Im Rahmen der Offenmarktpolitik kauft bzw. verkauft die Europäische Zentralbank Wertpapiere von bzw. an die Geschäftsbanken.
- Wertpapierpensionsgeschäfte sind Wertpapiergeschäfte mit Rückkaufvereinbarung.
- Der Zinssatz für Hauptrefinanzierungsgeschäfte im Rahmen der Offenmarktpolitik ist der entscheidende europäische Leitzinssatz.
- Ständige Fazilitäten sind „Girokonten der Geschäftsbanken" bei der Europäischen Zentralbank.
- Geschäftsbanken können ihr Konto gegen Sollzinsen „überziehen" (Spitzenrefinanzierungsfazilität). Dadurch steigt die Geldmenge.
- Geschäftsbanken können auf ihrem Konto verzinste Guthaben bilden (Einlagefazilität). Dadurch sinkt die Geldmenge.
- Die Zinssätze für die Spitzenrefinanzierungsfazilität und die Einlagefazilität bilden den Zinskanal um den Leitzins.

---

10) (Quelle: HOT – Zeitschrift für Unterricht und Ausbildung in Wirtschaftsfächern 2/99, Seite 38 © Kieser Verlag)

11.4.4 Mindestreservepolitik

Die Europäische Zentralbank kann von den Geschäftsbanken verlangen, dass sie Mindestreserven bei ihr unterhalten.

Mindestreserven sind verzinsliche Pflichtguthaben der Kreditinstitute bei der Europäischen Zentralbank.

Mindestreserven gab es auch schon vor der Europäischen Währungsunion, allerdings mussten die Geschäftsbanken die Mindestreserven zinslos bei der Bundesbank einlegen.

Bei den Mindestreserven handelt es sich um einen Anteil der Einlagen, die Banken von ihren Kunden erhalten. Die Höhe der Mindestreserve richtet sich nach der Art der Einlage in Form eines Prozentsatzes. Reservepflichtig sind

- Spareinlagen mit gesetzlicher Kündigung
- befristete Einlagen, d. h. Termingelder und
- Sichteinlagen, d. h. Einlagen auf Kontokorrent- und Girokonten.

Veränderung der Reservesätze

Durch die **Veränderung der Mindestreservesätze** lässt sich die **Kreditvergabemöglichkeit der Geschäftsbanken** und somit die Geldmenge **direkt beeinflussen. Je höher die Mindestreserven** sind, **desto knapper** wird **der Liquiditätsspielraum,** der den Banken zur Kreditvergabe zur Verfügung steht.

Je **niedriger die Mindestreservesätze** sind, **desto mehr Kapital können** die Geschäftsbanken als Kredit ihren Kunden anbieten. Hierzu ein kleines Beispiel:

Gehen wir davon aus, dass eine Bank über Sichteinlagen von 100.000 € verfügt und für Barabhebungen generell eine Kassenreserve von 10 % zurückbehält. Bei einem Mindestreservesatz von ebenfalls 10 % stehen ihr dann 80.000 € als freie Mittel zur Kreditgewährung zur Verfügung. Erhöht die Zentralbank den Mindestreservesatz von 10 % auf 20 %, bleiben der Bank von der Sichteinlage von 100.000 € nach Abzug der Kassenreserve von 10.000 € und der Mindestreserve von jetzt 20.000 € nur noch 70.000 € an freien Mitteln übrig.

S	Reservesatz 10 %		H
Kassenreserve	10.000	**Sichteinlage**	**100.000**
Mindestreserve	**10.000**		
frei zur Kreditgewährung	**80.000**		

S	Reservesatz 20 %		H
Kassenreserve	10.000	**Sichteinlage**	**100.000**
Mindestreserve	**20.000**		
frei zur Kreditgewährung	**70.000**		

Abb. 11.32: Variationen der Reservesätze

Die Veränderung der Mindestreserven beeinflusst auch die Erträge der Banken, wie die folgende Rechnung zeigt:

- *Termineinlage 100.000 €*
- *Kreditvergabe zum Zinssatz von 10 %*
- ***Mindestreserve 10 %**, Kassenreserve 10 %, Kreditvergabemöglichkeit 80.000 €*
  80.000 € zu 10 % = ***8.000 €***

- *Termineinlage 100.000 €*
- *Kreditvergabe zum Zinssatz von 10 %*
- ***Mindestreserve 20 %**, Kassenreserve 10 %, Kreditvergabemöglichkeit 70.000 €*
  70.000 € zu 10 % = ***7.000 €***

Um nach der Mindestreserveerhöhung die gleichen Erlöse von 8.000 € zu erwirtschaften, muss die Bank ihren Kreditzins auf **11,43 %** erhöhen:

70.000 € zu 11,43 % = **8.000 €**. Es ist allerdings zu beachten, dass die Bank für die Mindestreserve auch Zinsen erhält.

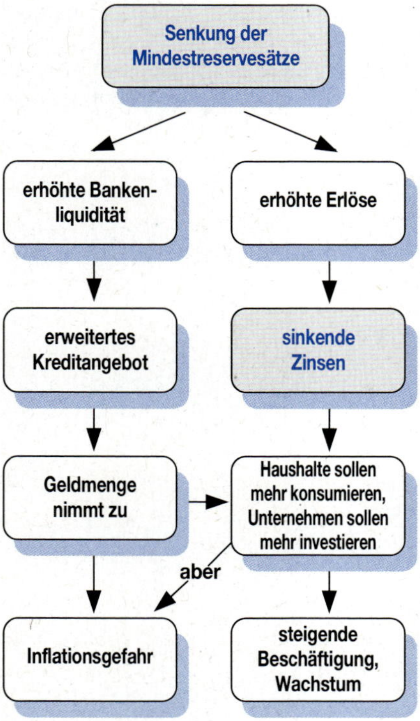

Abb. 11.33:
Mindestreservepolitik im Abschwung

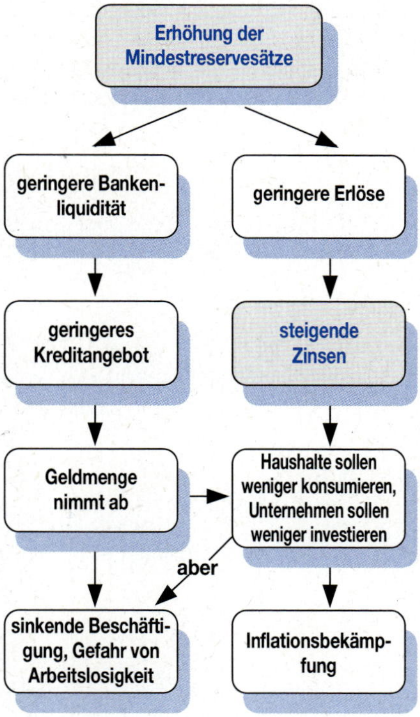

Abb. 11.34:
Mindestreservepolitik im Aufschwung

In der Rezession wird die EZB die Mindestreservesätze eher senken um über eine erhöhte Geldmenge die gesamtwirtschaftliche Nachfrage zu beleben. In Boomzeiten führt eine Erhöhung der Mindestreservesätze zur Verknappung der Kredite und somit zur Drosselung der gesamtwirtschaftlichen Nachfrage.

- Mindestreserven sind zinslose Guthaben, die die Geschäftsbanken bei der Europäischen Zentralbank unterhalten müssen.
- Die Höhe der Mindestreserven ist abhängig von der Art der Einlage.
- Im Rahmen der Mindestreservepolitik kann die Europäische Zentralbank die Reservesätze ändern.
- Eine Erhöhung der Mindestreserve führt zu einem verringerten Kreditvergabespielraum der Geschäftsbanken.
- Eine Senkung der Mindestreserve führt zu einem erweiterten Kreditvergabespielraum der Geschäftsbanken.

Den Einsatz der geldpolitischen Instrumente der Bundesbank in den jeweiligen Konjunkturphasen zeigt zusammenfassend die nachfolgende Grafik.

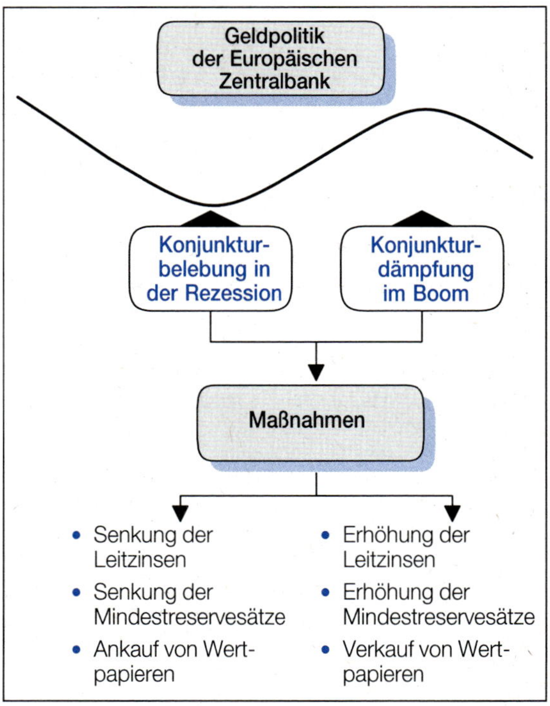

Abb. 11.35: Einsatz der geldpolitischen Instrumente im Überblick

11.4.5 Wirksamkeit der Instrumente der Europäischen Zentralbank

Grenzen

Die **Wirksamkeit** der geldpolitischen **Instrumente der Europäischen Zentralbank** ist in der Praxis **nicht garantiert**. Dafür gibt es mehrere Gründe:

- Banken müssen unter Wettbewerbsgesichtspunkten Zinssatzveränderungen nicht unbedingt an ihre Kunden weitergeben.
- Die Wirkung der Offenmarktpolitik ist begrenzt, da es sich bei Kauf und Verkauf um Angebote der Zentralbank handelt. Die Geschäftsbanken können nicht gezwungen werden, Wertpapiere zu erwerben oder zu veräußern.
- Unternehmen und Privatkunden entscheiden selbst, ob und in welcher Höhe sie Kredite in Anspruch nehmen wollen.
- Negative Zukunftserwartungen der Unternehmen führen trotz einer Politik des „billigen Geldes" nicht zu den gewünschten Investitionen.
- In Boomphasen wird unter Umständen die Kreditnachfrage trotz steigender Zinsen nicht zurückgehen, wenn die Unternehmen infolge optimistischer Zukunfts- bzw. Gewinnerwartungen verstärkt investieren wollen.
- In der Rezession bietet eine Senkung der Zinsen oder Mindestreserven nicht die Gewähr für eine Konjunkturbelebung. Unternehmen können nicht zu Investitionen gezwungen werden. Karl Schiller, der ehemalige Wirtschaftsminister der Bundesrepublik, sagte in diesem Zusammenhang einmal: „Man kann die Pferde zur Tränke führen, zum Saufen zwingen kann man sie aber nicht."
- Banken versorgen sich anderweitig mit Liquidität, z. B. in Amerika.

Wiederholungsfragen

Wiederholungsfragen

1. *Welche Aufgaben hat die Europäische Zentralbank?*
2. *Nennen Sie die geld- und kreditpolitischen Instrumente der Europäischen Zentralbank.*
3. *Welche Länder nehmen am System Europäischer Zentralbanken teil?*
4. *Welches Gremium bestimmt die Geld- bzw. Kreditpolitik der Europäischen Zentralbank?*
5. *Wo hat die EZB ihren Sitz?*
6. *Welche Leitzinsen kennen Sie?*

Wiederholungsfragen

7. *Beschreiben Sie die kredit- und konjunkturpolitische Wirkung*
   a) einer Leitzinserhöhung,
   b) einer Leitzinssenkung.
8. *Was sind Mindestreserven und worauf beziehen sie sich?*
9. *Welche wirtschaftlichen Auswirkungen hat eine*
   a) Erhöhung
   b) Senkung
   der Mindestreservesätze?
10. *Was versteht man unter „Offenmarktpolitik"?*
11. *Wie kann die Europäische Zentralbank im Rahmen der Offenmarktpolitik die Liquidität bzw. den Kreditvergabespielraum der Banken*
    a) erhöhen,
    b) senken?
12. *Erläutern Sie das Zitat von Karl Schiller: „... die Pferde saufen nicht" im Zusammenhang mit der Wirksamkeit der Kreditpolitik der Zentralbank während einer Rezessionsphase.*

11.5 Staatliche Wirtschaftspolitik

Rolle des Staates

Betrachten wir das Modell der freien Marktwirtschaft (vgl. Kap. 2.6): Adam Smith hatte dabei dem Staat lediglich die Rolle des Ordnungshüters zugedacht, der für die Aufrechterhaltung des Wettbewerbs und das freie Spiel der Marktkräfte zu garantieren hat. Wirtschaftliche Entscheidungen soll der Staat nach der klassisch liberalen Auffassung nicht treffen, wirtschaftliche Aktivitäten nicht entfalten und auf keinen Fall soll der Staat den Ablauf der Wirtschaft beeinflussen.

Staat in der sozialen Marktwirtschaft

Zwar treffen in unserer **sozialen Marktwirtschaft** in erster Linie die Unternehmen und Haushalte, die Anbieter und Nachfrager Entscheidungen darüber, was und wie viel produziert und konsumiert wird, doch der **Staat greift zunehmend regulierend in** das **Wirtschaftsgeschehen ein**. Das **Stabilitätsgesetz** verpflichtet ihn geradezu dazu (vgl. Kap. 11.1).

11.5.1 Der Staatshaushalt

Es gibt kaum einen wirtschaftlichen Vorgang, an dem nicht der **Staat** bzw. die Staatskasse – man bezeichnet sie auch als Fiskus – **in irgendeiner Form beteiligt** ist.

Vielfalt der Steuern

Bei jeder Tasse Kaffee oder Tee, beim Zucker zum Süßen oder beim Salzen der Frühstückseier, bei jedem Glas Bier, Cognac oder Sekt, beim Anzünden jeder Zigarette, bei jeder Tankfüllung Benzin und beim Kauf von Heizöl - überall steht unsichtbar im Hintergrund der Finanzminister und hält seine Hand auf.

Über die Steuern auf die genannten Güter kassiert der Staat kräftig mit. Doch noch nicht genug: Das Autofahren belegt er mit Kfz-Steuer, Betriebe mit Gewerbesteuer, den Abschluss von Versicherungsverträgen mit Versicherungssteuer, das Halten eines Hundes mit Hundesteuer; vom Grund und Boden erhebt er Grundsteuer; von Mieteinnahmen Einkommensteuer, von Löhnen und Gehältern Lohnsteuer, beim Verkauf von Grundstücken Grunderwerbsteuer und der Umschlag von Gütern und Dienstleistungen - auch der Kauf dieses Buches, mit dem Sie gerade arbeiten - ist in der Regel umsatzsteuerpflichtig.

Die Aufzählung ließe sich beliebig fortsetzen. Viele Kritiker sprechen bereits von einem „Steuer- und Abgabendickicht", in dem sich der Laie ohne fachmännische Hilfe nicht mehr zurechtfindet.

Viele Milliarden Euro füllen somit jährlich die Kassen von Bund, Ländern und Gemeinden. Doch sie bleiben nicht lange dort, sondern sie werden wieder benötigt um die zahlreichen Ausgaben des Staates zu finanzieren.

Staatseinnahmen/ Staatsausgaben

In der Regel reichen die Einnahmen nicht einmal aus um die Ausgaben zu bestreiten. Der Staat muss Kredite aufnehmen um seinen Aufgaben nachzukommen. Wichtige **Staatsaufgaben** sind u.a.

- *Bau von Wohnungen, Schulen, Kindergärten, Krankenhäusern, Universitäten, Straßen, Eisenbahnlinien, Telefonleitungen etc.;*
- *Bezahlung der Beamten, Angestellten und Arbeiter im öffentlichen Dienst;*
- *Aufrechterhaltung der öffentlichen Verwaltung (Ämter und Behörden);*
- *Unterhaltung von Polizei, Bundesgrenzschutz und Bundeswehr;*
- *Unterstützung bedürftiger Familien, sozial schwacher Personen, von Schülern und Studenten;*
- *Finanzierung staatlicher Subventionen (Unterstützung von Betrieben);*
- *Investitionen im Bereich des Umweltschutzes.*

Einnahmen und Ausgaben des Staates werden in sog. Haushaltsplänen (Etats) gegenübergestellt. Der Bundeshaushalt 2007 sieht Ausgaben in Höhe von 270,5 Mrd. Euro vor, davon müssen erneut rund 19,2 Mrd. € über zusätzliche Kredite finanziert werden. Die Neuverschuldung liegt damit erstmals seit Jahren wie vom Grundgesetz gefordert unter den Investitionsausgaben in Höhe von 24 Mrd. Euro.

Auswirkungen der Finanzpolitik

Wir wollen in diesem Zusammenhang untersuchen, welche Auswirkungen die staatliche Finanzpolitik auf den Ablauf der Wirtschaft hat. Dabei stellen wir fest:

- **Der Staat kann** der **Wirtschaft** – den Unternehmern, Arbeitnehmern, Verbrauchern – durch Erhöhung seiner Einnahmen (vor allem der Steuern) beträchtliche **Geldbeträge entziehen**;
- er **kann aber auch** über seine Ausgaben und Staatsaufträge erhebliches **Geld in die Wirtschaft pumpen**.

11.5.2 Prozyklische Fiskalpolitik

Einnahmen und Ausgaben

Bis zum Beginn der 30er-Jahre verfolgen die jeweiligen Wirtschaftsminister streng den Grundsatz des **Haushaltsausgleichs**. In jedem Jahr wurde eine **Übereinstimmung von Staatseinnahmen und Staatsausgaben** angestrebt. Der Staat hat sich wie ein Familienvater zu verhalten, der von seinen zu erwartenden Einkünften ausgeht und danach seine Ausgaben entsprechend ihrer Dringlichkeit finanziert.

Die **Staatseinnahmen verlaufen parallel zum Konjunkturzyklus**, da in der **Hochkonjunktur** die Konsumausgaben der Haushalte und die Investitionen der Unternehmen kräftig zunehmen und dem Staat dadurch **mehr Umsatzsteuer und Verbrauchsteuern** (Mineralölsteuer, Tabaksteuer, Branntweinsteuer etc.) **zufließen**. Durch die erhöhten Einkommen und Gewinne erhält er darüber hinaus auch mehr Einkommensteuer, Körperschaftsteuer und Gewerbesteuer.

Entwicklung parallel zur Konjunktur

In einer **Rezession** oder **Depression** lässt die gesamtwirtschaftliche Nachfrage nach, daher **nehmen** die **Staatseinnahmen** ab. Für die Fiskalpolitik bedeutet das: Staatseinnahmen und -ausgaben sind in guten Konjunkturzeiten hoch, in schlechten Konjunkturzeiten niedrig. Entsprechend kann der Staat **in Boomzeiten viel, in Rezessionszeiten wenig Geld ausgeben**. Die Folge dieser parallel zur Wirtschaftsentwicklung verlaufenden Haushaltspolitik des Staates ist eine **Verstärkung der Konjunkturzyklen**.

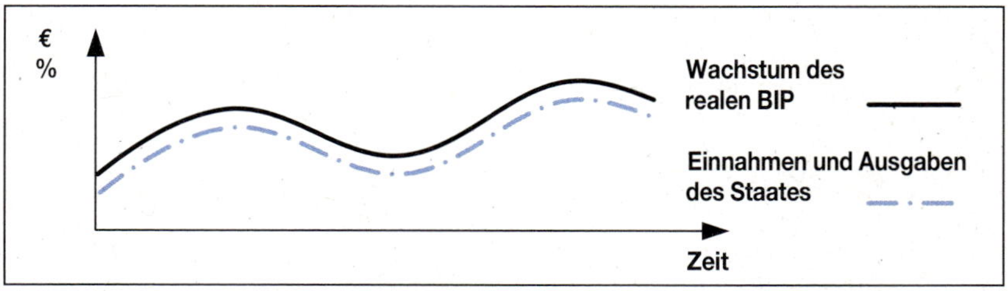

Abb. 11.36: Prozyklische Fiskalpolitik

11.5.3 Antizyklische Fiskalpolitik

Während der Weltwirtschaftskrise Anfang der 30er-Jahre rückte man vom Konzept der prozyklischen Fiskalpolitik ab. Der Engländer *John Maynard Keynes* erkannte, dass die Marktkräfte zur Beseitigung der Massenarbeitslosigkeit nicht ausreichten, sondern dass der Staat gezielte Maßnahmen zur Förderung der Beschäftigung ergreifen musste. Konkret muss er **in einer Rezession oder Depressionsphase die Wirtschaft beleben**. Umgekehrt soll er **im Boom die Konjunktur dämpfen**. Diese Zielsetzung entspricht der **Forderung des Stabilitätsgesetzes** nach einem gesamtwirtschaftlichen Gleichgewicht. Dieses Gesetz enthält eine Reihe von **Instrumenten**, die es Bund und Ländern ermöglichen, durch ihre Haushaltspolitik dem Konjunkturverlauf entgegenzusteuern, also eine **antizyklische Finanzpolitik** zu betreiben.

In Zeiten des **Konjunkturabschwungs** soll der Staat **zusätzliche Nachfrage schaffen** und **in** Zeiten **der Hochkonjunktur Nachfrage abbauen**.

In der Rezession kann der Staat die fehlende private Nachfrage durch **erhöhte staatliche Nachfrage** (vermehrte Staatsausgaben) kompensieren und über **Steuersenkungen** (z. B. der Einkommensteuer) für verstärkte private Nachfrage sorgen. In der **Hochkonjunktur** mit relativ hohen Preissteigerungsraten muss der Staat seine **Ausgaben kürzen** um die **Nachfrage zu reduzieren**. Durch **Steuererhöhungen kann** er die private Nachfrage einschränken.

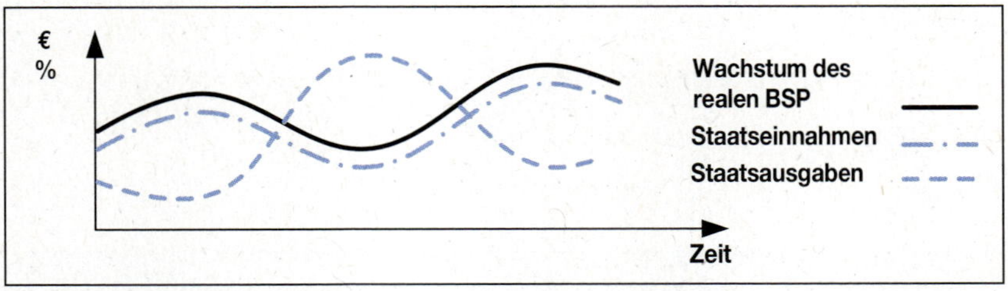

Abb. 11.37: Antizyklische Fiskalpolitik

Um die öffentliche Nachfrage **in der Rezession** zu erhöhen, soll die Regierung bewusst ein **Haushaltsdefizit in Kauf nehmen, während einer Hochkonjunktur hingegen** einen **Haushaltsüberschuss bilden**. Die Politik des bewussten Schuldenmachens zur Konjunkturbelebung nennt man auch **deficit-spending**. Die dazu notwendigen Kredite werden in Boomzeiten durch die erhöhten Staatseinnahmen wieder zurückgezahlt. Darüber hinaus ist bei einer solchen Konjunkturlage eine Rücklage (Konjunkturausgleichsrücklage) zu bilden, die zur Finanzierung zusätzlicher Staatsausgaben bei sich abschwächender Konjunktur verwendet werden kann.

deficit-spending

Maßnahmen laut Stabilitätsgesetz

Im Einzelnen sieht das **Stabilitätsgesetz** folgende **Maßnahmen** der antizyklischen Fiskalpolitik vor:

- ***im Abschwung bzw. in der Depression***
  - *Beschluss zusätzlicher Staatsausgaben um die öffentliche Nachfrage zu erhöhen;*
  - *Senkung der Einkommen- und Körperschaftsteuer um die private Nachfrage zu erhöhen;*
  - *Schaffung von Abschreibungsvergünstigungen für Investitionsausgaben; die Erhöhung der Abschreibungssätze bewirkt eine Steuerersparnis bei den Unternehmern, die zu zusätzlichen Investitionen führen soll;*
  - *Erweiterung von Finanzhilfen zur Erhaltung von Betrieben;*
  - *Auflösung der in der Hochkonjunktur gebildeten Konjunkturausgleichsrücklagen zur Erweiterung der Nachfrage;*
  - *zusätzliche Kreditaufnahme (deficit-spending).*

- ***im Aufschwung bzw. Boom***
  - *Beschränkung oder zeitliche Verschiebung von Staatsausgaben um die öffentliche Nachfrage zu vermindern;*
  - *Erhöhung der Einkommen- und Körperschaftsteuer um die private Nachfrage zu verringern;*
  - *Abbau der öffentlichen Kreditaufnahme durch Schuldentilgung;*
  - *Bildung von Konjunkturausgleichsrücklagen aus Steuermitteln, die bei der Bundesbank hinterlegt werden;*
  - *Aussetzung von Abschreibungsvergünstigungen um den Investitionsanreiz abzubauen;*
  - *Kürzung bzw. Abbau von Subventionen.*

- Prozyklische Konjunkturpolitik bedeutet, dass sich Staatseinnahmen und Staatsausgaben parallel zu den Konjunkturzyklen entwickeln, d.h. hohe Einnahmen und Ausgaben in Aufschwungszeiten, niedrige Einnahmen und Ausgaben während eines Abschwungs.
- Im Rahmen einer prozyklischen Fiskalpolitik wird streng auf den Ausgleich des Haushalts geachtet.
- Die antizyklische Fiskalpolitik will extreme Konjunkturschwankungen vermeiden, d.h. die Konjunktur im Boom dämpfen und in der Depression beleben.

- Im Rahmen der antizyklischen Fiskalpolitik soll der Staat im Aufschwung seine Ausgaben senken und seine Einnahmen erhöhen, im Abschwung die Ausgaben erhöhen und die Einnahmen senken.
- Durch eine antizyklische Fiskalpolitik entstehen im Aufschwung Haushaltsüberschüsse (Konjunkturausgleichsrücklagen) und im Abschwung Haushaltsdefizite (deficit-spending).
- Unter deficit-spending versteht man das bewusste Schuldenmachen des Staates zur Konjunkturförderung.

Wiederholungsfragen

Wiederholungsfragen

1. *Wo sind Staatseinnahmen und Staatsausgaben festgelegt?*
2. *Was versteht man unter dem Begriff Fiskalpolitik?*
3. *Erläutern Sie die Entwicklung von Staatseinnahmen und Staatsausgaben im Rahmen der prozyklischen Fiskalpolitik!*
4. *Erläutern Sie die Entwicklung von Staatseinnahmen und Staatsausgaben im Rahmen der antizyklischen Fiskalpolitik!*
5. *Was versteht man unter einer Konjunkturausgleichsrücklage?*
6. *Was versteht man unter deficit-spending?*
7. *Erläutern Sie die Möglichkeiten des Staates im Rahmen der antizyklischen Fiskalpolitik*
   a) im Aufschwung bzw. Boom,
   b) im Abschwung bzw. der Depression.

11.6 Internationale Wirtschaftspolitik

11.6.1 Die Europäische Union

Gründung der EU

In der Europäischen Union haben sich zunächst 6, dann 9, später 15, dann 25 und aktuell 27 Staaten zusammengeschlossen. Gründerstaaten sind Belgien, Bundesrepublik Deutschland, Frankreich, Italien, Luxemburg und Niederlande.

Mitglieder

Seit 1973 gehören Dänemark, Irland und Großbritannien, seit 1981 Griechenland und seit 1986 Portugal und Spanien der Gemeinschaft an. 1995 kamen Österreich, Finnland und Schweden hinzu. Im Jahr 2004 wurden zehn neue Staaten aufgenommen: Estland, Lettland, Litauen, Malta, Polen, Slowakei, Slowenien, Tschechien, Ungarn und Zypern. Seit 1.1.2007 sind Bulgarien und Rumänien Mitglied der Union. Die EU der 27 hat 453 Millionen Einwohner. Das sind fast zwei Drittel der Bevölkerung Gesamteuropas.

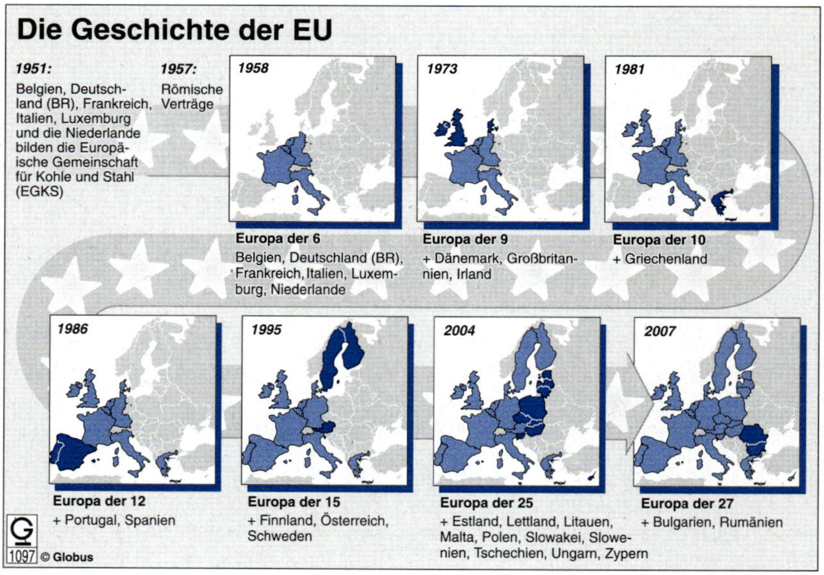

Abb. 11.38: Der Ausbau der Europäischen Union

Der Ursprung der Europäischen Union liegt über ein halbes Jahrhundert zurück. Damals, im Jahr 1951, wurde die Europäische Gemeinschaft für Kohle und Stahl (EGKS) gegründet. Sie bestand aus Deutschland, Frankreich, Italien sowie den Benelux-Staaten (Belgien, Niederlande, Luxemburg). Heute hat die EU 27 Mitgliedsstaaten. Zuletzt traten Anfang 2007 Bulgarien und Rumänien bei.

Die Bezeichnung EU (Europäische Union) fasst die Europäische Gemeinschaft für Kohle und Stahl (EGKS), die Europäische Wirtschaftsgemeinschaft (EWG) und die Europäische Gemeinschaft für Atomenergie (Euratom) zusammen. Die drei Gemeinschaften wurden jeweils durch gesonderte Verträge zu unterschiedlichen Zeitpunkten gegründet. Der erste Schritt zur wirtschaftlichen Integration Europas war die Gründung der EGKS (Montanunion) 1951. 1957 wurde in Rom durch den EWG-Vertrag die Europäische Wirtschaftsgemeinschaft gegründet. Zusammen mit der EWG errichtete man auch die Europäische Gemeinschaft für Atomenergie (Euratom) um die Forschung und Entwicklung zur friedlichen Nutzung der Kernenergie in den zusammengeschlossenen Ländern zu fördern.

Das **Ziel der Europäischen Union** ist ein gemeinsamer Binnenmarkt ohne Grenzen für den Verkehr von Personen, Waren, Dienstleistungen und Kapital, die Einführung einer gemeinsamen Währung, die europäische Unionsbürgerschaft, eine gemeinsame Außen- und Sicherheitspolitik und damit die politische Union der Mitgliedstaaten.

Dem Ziel einer gemeinsamen Europawährung ist man mit der Einführung des Euros in 13 Ländern bereits ein erhebliches Stück näher gekommen.

Die Organe der Europäischen Union

Organe der EU

Die Organe der EU sind

- das **Europäische Parlament** (gewählt von der Bevölkerung der Mitgliedstaaten),
- der **Rat der Europäischen Union** (Vertretung der Regierungen der Mitgliedstaaten),
- die **Europäische Kommission** (ausführendes Organ),
- der **Europäische Gerichtshof** (gewährleistet die Einhaltung der Rechtsvorschriften) und
- der **Europäische Rechnungshof** (kontrolliert die rechtmäßige Verwaltung des EU-Haushalts).

Diese Organe werden durch fünf weitere wichtige Einrichtungen ergänzt:

- den **Europäischen Wirtschafts- und Sozialausschuss** (vertritt die Standpunkte der organisierten Bürgergesellschaft in wirtschaftlichen und sozialen Belangen),
- den **Ausschuss der Regionen** (vertritt die Interessen regionaler und örtlicher Behörden),
- die **Europäische Zentralbank** (ist für Geldpolitik und für die Stabilität des Euros zuständig),
- den **Europäischen Bürgerbeauftragten** (setzt sich mit Beschwerden der Bürger über Missstände in der Verwaltung der EU auseinander) und
- die **Europäische Investitionsbank** (trägt durch die Finanzierung von Investitionsprojekten zur Umsetzung der Ziele der EU bei).

• Das Europäische Parlament

Europaparlament

Das Europäische Parlament ist das einzige direkt wählbare Organ der Europäischen Union. Im Juni 2004 haben die letzten Wahlen in den 25 Mitgliedstaaten stattgefunden. Nach dem Beitritt Bulgariens und Rumäniens hat das Parlament 785 Abgeordnete. Sie vertreten rund 490 Millionen EU-Bürger.

Das Parlament berät gemeinsam mit dem Ministerrat den Haushaltsentwurf der Kommission und verabschiedet ihn. Die Mittel für wichtige Bereiche wie Sozial- und Regionalpolitik, Forschung oder Umwelt kann das Parlament in begrenztem Maße erhöhen und ihre Verteilung ändern.

Die Abgeordneten können außerdem den Haushaltsplan insgesamt ablehnen. Rat und Parlament bilden also gemeinsam den Haushaltsgesetzgeber der EU.

Das EU-Parlament kann Gesetzentwürfe der Europäischen Kommission ändern oder sie zu Fall bringen, wenn der Ministerrat diese Änderungen nicht akzeptiert. Außerdem kann es Gesetzentwürfe verabschieden, wenn es Änderungsvorschläge des Rats billigt.

Völkerrechtliche Verträge der Gemeinschaft wie Beitrittsbeschlüsse und Assoziierungsabkommen können nur in Kraft treten, wenn das Parlament zugestimmt hat. Das ist ein wichtiges Mitwirkungsrecht bei der Erweiterung der Gemeinschaft.

Die Abgeordneten schließen sich in Fraktionen zusammen, die parteipolitisch ausgerichtet, aber übernational sind. Sie wählen aus seiner Mitte einen Präsidenten für jeweils die Hälfte einer Legislaturperiode, also für $2\frac{1}{2}$ Jahre. Der Sitz des Europäischen Parlaments ist Straßburg. Das Generalsekretariat mit rund 3.500 Mitabeitern befindet sich in Luxemburg. Weiterer Tagungsort ist Brüssel.

• Der Rat der Europäischen Union (Ministerrat)

Ministerrat

Dem Rat der Europäischen Union (nicht zu verwechseln mit dem Europäischen Rat der Staats- und Regierungschefs) gehören die jeweiligen Fachminister jedes Mitgliedstaates an. So gibt es den Rat der Außenminister, der Finanzminister, der Verkehrsminister usw. Er ist der wichtigste Gesetzgeber der Europäischen Union. Die Fachminister entscheiden über die Gesetzentwürfe (Verordnungen, Richtlinien), die die Europäische Kommission ausgearbeitet hat. Bei der Gemeinsamen Außen- und Sicherheitspolitik (GASP) wird der Rat der Außenminister vom Generalsekretär und dem Hohen Vertreter für die GASP unterstützt.

Beschlüsse

Der Vorsitz des Rates wird von den Mitgliedstaaten im Halbjahreswechsel wahrgenommen. Der Rat der Europäischen Union fasst Beschlüsse entweder einstimmig oder mit qualifizierter Mehrheit. Durch die verschiedenen Reformen des europäischen Vertragswerks wird zwar zunehmend durch Mehrheitsbeschlüsse entschieden. Aber nach wie vor müssen zentrale Bereiche, wie das Asyl- und Einwanderungsrecht, die Steuer- und Strukturpolitik sowie die gemeinsame Handelspolitik einstimmig beschlossen werden.

Anzahl der Stimmen

Bei Mehrheitsbeschlüssen verfügen die Mitgliedsländer über unterschiedliche Stimmengewichte. Große Staaten wie Deutschland haben mehr Stimmen als kleinere. So haben Deutschland, Frankreich, Großbritannien und Italien je 29 Stimmen, kleinere Mitgliedsländer wie Luxemburg je 4.

Deutschland, Frankreich, Großbritannien und Italien	29
Polen und Spanien	27
Rumänien	14
Niederlande	13
Belgien, Griechenland, Portugal, Tschechien und Ungarn	12
Bulgarien, Österreich und Schweden	10
Dänemark, Finnland, Irland, Litauen und Slowakei	7
Estland, Lettland, Luxemburg, Slowenien und Zypern	4
Malta	3
INSGESAMT	321

Stimmengewichte im EU-Ministerrat bei qualifizierten Mehrheitsentscheidungen (Stand Jan. 2007)

Die Bevölkerungszahl der Staaten wird – auf Antrag eines Mitgliedes – ebenfalls berücksichtigt. Eine Entscheidung setzt dann die Zustimmung von 62 % der Bevölkerungszahl und die Mehrheit der Mitgliedstaaten voraus.

Ministerrat

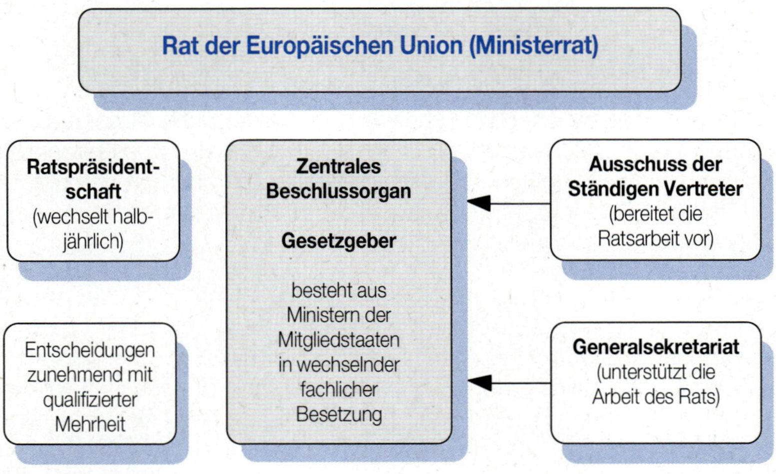

Abb. 11.39: Rat der Europäischen Union

• Der Europäische Rat

Europäischer Rat

Der Europäische Rat (ER) setzt sich aus den Staats- und Regierungschefs der Mitgliedstaaten der Europäischen Union zusammen. Er ist zu unterscheiden vom Rat der EU (EU-Ministerrat) und vom Europarat.

In der Entscheidungsstruktur der Europäischen Union nimmt der Europäische Rat eine Sonderstellung ein. Zusammenkünfte der Staats- und Regierungschefs waren in der EU zunächst nicht vorgesehen. Zu solchen „Gipfeltreffen" kam es vielmehr zu Beginn der 70er-Jahre. Rechtlich gesehen ist der Europäische Rat also keine Institution der EU. Trotzdem ist er die politisch wichtigste Instanz.

Gipfeltreffen

Der Europäische Rat tagt mindestens zweimal jährlich. Er löst oft strittige Fragen, die auf Ministerebene nicht geklärt werden konnten. Die Komplexität der Themen erfordert meist mehrtägige Beratungen. Deshalb werden neben den regulären Treffen immer häufiger so genannte „Sondergipfel" einberufen.

Den Vorsitz führt immer der Staats- oder Regierungschef des Mitgliedstaates, dem die Präsidentschaft übertragen wurde. Die Staats- und Regierungschefs werden auf ihren Tagungen von den Außenministern begleitet. Außerdem nimmt der Kommissionspräsident und ein weiteres Mitglied der Kommission an den Beratungen teil.

• Die EU-Ratspräsidentschaft

Ratspräsidentschaft

Die Geschäfte in der Europäischen Union müssen geführt werden. Deshalb übernimmt immer ein Mitgliedsstaat die EU-Ratspräsidentschaft für ein halbes Jahr. Die Ratspräsidentschaft ist für die laufende Arbeit verantwortlich und setzt damit Akzente der künftigen Politik. Am 1. Januar 2007 hat Deutschland für ein halbes Jahr die Ratspräsidentschaft übernommen. Danach folgen Portugal und Slowenien.

• Die Kommission

Initiative

Die EU- Kommission mit Sitz in Brüssel ist der eigentliche Motor der Europäischen Union. Sie erarbeitet die Vorschläge für die „Unionsgesetze" (Verordnungen, Richtlinien, Entscheidungen), die dem Parlament und dem Rat zur Entscheidung vorgelegt werden. Außerdem ist sie zuständig für den Haushaltsentwurf.

Exekutive

Als Exekutivorgan sorgt die Kommission für die Ausführung der europäischen Richtlinien und Verordnungen, des Haushalts und der Programme, die vom Rat und vom Parlament beschlossen werden. Gemeinsam mit dem Europäischen Gerichtshof ist die Kommission für die Befolgung des EU-Gemeinschaftsrechts verantwortlich. Bei der Kommission arbeiten etwa 24.000 Beamte.

Die derzeitige Kommission wurde vom Europäischen Parlament im November 2004 für eine Amtszeit von fünf Jahren gewählt. Ihr gehören aus jedem Mitgliedsland ein Kommissar bzw. eine Kommissarin an. **Kommissare**

Die Kommissare und Kommissarinnen sind den Interessen der Gemeinschaft verpflichtet: Ihre Arbeit ist unabhängig von den Interessen der jeweiligen Mitgliedsländern, aus denen sie stammen. Beschlüsse werden mit der Mehrheit der Kommissionsmitglieder gefasst. Der Präsident hat Richtlinienkompetenz. **Unabhängigkeit**

- ***Der Europäische Gerichtshof***

Der Europäische Gerichtshof ist das Rechtsprechungsorgan der Europäischen Union. Die Aufgabe des Europäische Gerichtshofs (EuGH) besteht darin, die Wahrung des EU-Rechts bei der Auslegung und Anwendung der Gründungsverträge der Europäischen Gemeinschaften sowie der von den Organen der Europäischen Union erlassenen Rechtsvorschriften (Richtlinien, Verordnungen etc.) zu sichern. Er hat seinen Sitz in Luxemburg. Im Gerichtshof ist jedes Mitgliedsland der EU mit einem Richter oder einer Richterin vertreten. Acht Generalanwälte unterstützen die Arbeit des Gerichts bei der Rechtsfindung. **EuGH**

Die Funktionen des EuGH:

Aufgaben des Gerichtshofs

- Als **Verfassungsgericht** entscheidet er bei Streitigkeiten zwischen den EU-Organen und bei der Kontrolle der Rechtmäßigkeit der Gesetzgebung der EU;
- als **Verwaltungsgericht** überprüft er, ob die Verwaltungsvorschriften und das Verwaltungshandeln der EU-Kommission und der Behörden der Mitgliedstaaten mit dem EU-Recht vereinbar sind;
- als **Arbeits- und Sozialgericht** entscheidet er bei Fragen, die die Freizügigkeit, die soziale Sicherheit der Arbeitnehmer und die Gleichbehandlung von Mann und Frau im Arbeitsleben betreffen;
- als **Strafgericht** überprüft er die Bußgeldentscheidungen der EU-Kommission;
- als **Zivilgericht** urteilt er bei Schadensersatzklagen und bei der Auslegung der Brüsseler Konvention über die Anerkennung und die Vollstreckung gerichtlicher Entscheidungen in Zivil- und Handelssachen.

Der EuGH kann von einem Mitgliedstaat, einem Organ der EU sowie von unmittelbar und individuell betroffenen natürlichen und juristischen Personen angerufen werden. Jede Bürgerin und jeder Bürger kann sich also an den EuGH wenden.

11.6.2 Der Internationale Währungsfonds

Gründung

Die Gründung des **Internationalen Währungsfonds** (IWF, engl.: International Monetary Found) wurde 1944 auf der wirtschafts- und finanzpolitischen Konferenz der Vereinten Nationen in Bretton Woods beschlossen. Er ist eine **Sonderorganisation der Vereinigten Nationen**, dem heute **über 180 Staaten** der Erde angehören.

Sitz des IWF ist die amerikanische Hauptstadt Washington.

• Aufgaben

Aufgaben des IWF

Der IWF will u.a.

- die internationale **Zusammenarbeit auf dem Gebiet der Währungspolitik intensivieren**,
- ein **stetiges Ansteigen** des **Welthandels** fördern,
- die **Liquiditätsversorgung der Weltwirtschaft** garantieren,
- seinen Mitgliedsländern **Hilfe bei Zahlungsbilanzschwierigkeiten** anbieten,[11)]
- die **Wechselkurse** der Währungen der Mitgliedsländer **stabil halten**.

Ziele des IWF

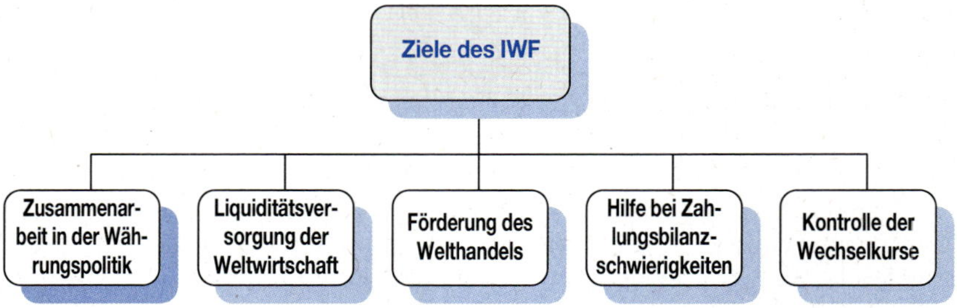

Abb. 11.40: Ziele des IWF

• Organisation

Gouverneursrat

Das oberste Organ des internationalen Währungsfonds ist der **Gouverneursrat**. In dieses Leitungsgremium entsendet jedes Mitgliedsland einen Gouverneur, im Allgemeinen den für die Währungspolitik zuständi-

---

11) Importiert ein Land ständig mehr Güter und Dienstleistungen als es exportiert, entsteht ein Handelsbilanzdefizit. Das Land benötigt mehr Devisen um seine Schulden im Ausland zu bezahlen, als es durch seine Exporte einnimmt.

gen Minister oder den Zentralbankpräsidenten.[12] Jährlich kommt der Gouverneursrat einmal zusammen um grundsätzliche Entscheidungen zu treffen.

Die laufenden Geschäfte des IWF führen die 24 Mitglieder des **Exekutivdirektoriums** unter Vorsitz des Geschäftsführenden Direktors. (Dieses Amt hatte von Mai 2000 bis März 2005 der jetzige Bundespräsident Horst Köhler inne).

Exekutivdirektorium

Zur Unterstützung des Gouverneursrates und um die Entwicklung des Weltwährungssystems zu überwachen, existiert ein ebenfalls aus 24 Mitgliedern bestehender **Interimsausschuss**.

- ***Arbeitsweise***

Der Fonds gewährt seinen Mitgliedern **Kredite**, damit sie ihren Zahlungsverpflichtungen nachkommen können. **Bedingung** ist dabei, dass die Länder Maßnahmen ergreifen um ihre Zahlungsschwierigkeiten zu beseitigen. Über die **Verknüpfung** der **Kreditgewährung** mit bestimmten **Bedingungen** kann der IWF zwar nicht die Politik seiner Mitgliedsländer bestimmen, doch er übt einen **gewissen Einfluss auf die** jeweilige **Regierung** aus. Seine Befugnisse sind darauf ausgerichtet, politische Maßnahmen zu kontrollieren, die den Wechselkurs einer Landeswährung beeinflussen sowie die Staatsfinanzen und die außenwirtschaftlichen Beziehung des Landes vor der Kreditvergabe zu prüfen und anschließend zu überwachen.

Kreditgewährung

Bei Eintritt in den Fonds zahlt jedes Land eine gewisse Summe, die so genannte **Quote, als Mitgliedsbeitrag** ein. Je mehr ein Land einzahlt, desto mehr kann es sich in Notzeiten ausleihen. Die Quote orientiert sich an der Leistungsfähigkeit der Wirtschaft des Landes (Bruttoinlandsprodukt, Außenhandelsvolumen) und entscheidet auch über das Stimmrecht des Landes in den Gremien des IWF. Das Land mit dem höchsten Beitrag kann daher die Politik des IWF entscheidend mitbestimmen. Die Bundesrepublik Deutschland verfügt derzeit über eine Quote von 6,11 % (Stand 2005). Drei Viertel der Quote werden in Landeswährung, ein Viertel in Sonderziehungsrechten (SZR) eingezahlt. Bei den Sonderziehungsrechten handelt es sich um künstliches Buchgeld bzw. um eine Korbwährung, die sich aus den wichtigsten Welthandelswährungen zusammensetzt. Diese Rechte werden auf Beschluss des Gouverneursrates zugeteilt und können zur Finanzierung von Außenhandelsdefiziten verwendet werden, da jede Notenbank sie im Rahmen bestimmter Höchstbeträge in Devisen umtauschen muss.

Quoten/ Sonderziehungsrechte

[12] Das Amt des deutschen IWF-Gouverneurs wird vom Präsidenten der Deutschen Bundesbank wahrgenommen.

11.6.3 Die Weltbankgruppe

Weltbankgruppe

Die in Washington D.C. angesiedelte Weltbankgruppe hatte ursprünglich den Zweck, den Wiederaufbau der vom zweiten Weltkrieg verwüsteten Staaten zu finanzieren. Sie umfasst die folgenden fünf Organisationen, die jeweils eine eigene Rechtspersönlichkeit besitzen:

- Internationale Bank für Wiederaufbau und Entwicklung (International Bank for Reconstruction and Development – IBRD)
- Internationale Entwicklungsorganisation (International Development Association – IDA)
- Internationale Finanz-Corporation (International Finance Corporation – IFC)
- Multilaterale Investitions-Garantie-Agentur (Multilateral Investment Guarantee Agency – MIGA)
- Internationales Zentrum für die Beilegung von Investitionsstreitigkeiten (International Center for the Settlement of Investment Disputes – ICSID)

Mitglieder

Der Begriff „Weltbank“ (im Gegensatz. zur „Weltbankgruppe“) umfasst nur die beiden ersten der fünf genannten Organisationen. Die Weltbank hat derzeit 184 Mitglieder und ist eine Sonderorganisation der Vereinten Nationen.

Organisation

Oberstes Entscheidungsgremium ist der Gouverneursrat, in den jedes Mitglied einen Gouverneur und einen Stellvertreter entsendet. Bei Abstimmungen hängt der Einfluss eines Landes von der Höhe seiner Beteiligung am Kapital der Bank ab. Leistungsstarke Mitglieder verfügen so über ein ungleich höheres Stimmgewicht. Die USA, Japan, Frankreich, Großbritannien und Deutschland kommen gemeinsam auf einen Stimmenanteil von 37,4 Prozent. Diese Machtverhältnisse zeigen sich auch in der Zusammensetzung des 24-köpfigen Exekutivdirektoriums, das die eigentliche Leitungsfunktion wahrnimmt.

Aufgabe

Hauptaufgabe der Weltbank ist heute die Bekämpfung der Armut in der Welt. Vor diesem Hintergrund fungiert sie als wichtigster Geldgeber für Projekte in der Entwicklungshilfe. Die Internationale Bank für Wiederaufbau und Entwicklung vergibt Kredite mit marktähnlichen Konditionen an Länder mit mittleren Einkommen und kreditwürdige arme Länder. Die 1960 gegründete Entwicklungsorganisation IDA konzentriert sich bei der Vergabe ihrer zinslosen Kredite mit Laufzeiten von bis zu 50 Jahren auf die ärmsten Staaten der Erde (Least Developed Countries, LDC). Der Großteil der Unterstützung kommt rund 1.800 konkreten Einzelprojekten zugute.

Arbeitsweise

Die Weltbank mit Büros in über 100 Ländern. Sie vergibt ihre Kredite allein für wirtschaftlich und technisch sinnvolle Projekte, die Erfolg versprechen. Gleichzeitig koppelt die Weltbank die Gewährung von Geldern an verschiedene Voraussetzungen, die die Entwicklungsländer mitunter zu erheblichen und umstrittenen strukturellen Anpassungen zwingen. Um ihre Arbeit zu ermöglichen, gibt die Weltbank Anleihen auf den Finanzmärkten aus und leitet dieses Kapital in Form von Krediten an arme Länder weiter.

Kritik

Die Förderpraxis der Weltbank wird oftmals von Umweltschutzorganisationen und Globalisierungsgegnern kritisiert. Zu oft würden Großprojekte wie Staudämme oder Pipelines gefördert, die verheerende Umweltschäden und Nachteile für die Bevölkerung zur Folge hätten und eher Konzernen aus den Industrieländern dienten als wirklich die Entwicklung zu fördern.

Wiederholungsfragen

Wiederholungsfragen

1. *Welche drei ursprünglichen Organisationen bilden die Europäische Union (EU)?*
2. *Nennen Sie die Mitgliedsstaaten der EU.*
3. *Welche Aufgaben haben*
   - *das Europaparlament,*
   - *der EU-Ministerrat,*
   - *der Europäische Rat (EU-Gipfel),*
   - *die EU-Kommission und*
   - *der Europäische Gerichtshof?*
4. *In welchen Ländern ist der Euro gesetzliches Zahlungsmittel?*
5. *Welche Aufgaben hat der IWF?*
6. *Nennen Sie die drei Institutionen, die in der Weltbankgruppe zusammengeschlossen sind und erläutern Sie ihre Aufgaben.*
7. *Was ist die Hauptaufgabe der Weltbankgruppe?*

Aufgaben und Fälle

Aufgaben und Fälle zur Sicherung des Lernerfolgs

1. Das Stabilitätsgesetz nennt vier Ziele, auf deren Erreichung die Bundesregierung hinarbeiten muss. Welche Aussage ist richtig?
   a) Die vier Ziele stehen grundsätzlich im Verhältnis einer Zielharmonie zueinander.
   b) Die Ziele sind grundsätzlich gleich zu gewichten und über die Förderung einzelner Ziele muss situativ je nach Bedürfnislage entschieden werden.
   c) Im Zentrum steht das gesamtwirtschaftliche Gleichgewicht.
   d) Die Bekämpfung der Arbeitslosigkeit hat immer Vorrang vor den anderen Zielen.
   e) Aufgrund der großen Bedeutung der Stabilität unserer Währung, steht das Ziel der Preisniveaustabilität im Vordergrund.
2. In einer Volkswirtschaft beträgt die Inflationsrate 1,3 %, die Arbeitslosenquote 9,8 %. Das Bruttoinlandsprodukt ist real um 0,8 % gewachsen.
   a) Erläutern Sie die grundsätzlichen Ziele der Wirtschaftspolitik, auf die die Bundesregierung und die Europäische Zentralbank in dieser wirtschaftlichen Situation hinwirken sollen.
   b) Erläutern Sie je zwei konkrete Maßnahmen, die
      1. die Bundesregierung
      2. die Europäische Zentralbank

      ergreifen können um die oben genannten Ziele zu erreichen.
3. Die volkswirtschaftliche Gesamtrechnung eines Landes weist für 2007 einen Preisindex der privaten Lebenshaltung von 112,8 Punkten aus. Das reale Bruttoinlandsprodukt betrug im gleichen Jahr 2.985 Milliarden €. Im Jahre 2008 stieg der Preisindex auf 113,2 Punkte an. Das reale Bruttoinlandsprodukt stieg auf 3.022 Milliarden €, nominal lag es bei 3.459 Milliarden €. Die Statistik weist darüber hinaus 38.640.000 Erwerbstätige und 4.612.000 Arbeitslose aus.
   a) Berechnen Sie die Preissteigerungsrate des Jahres 2008 in Bezug auf das Jahr 2007 und interpretieren Sie die Größe hinsichtlich der Erreichung des wirtschaftspolitischen Ziels der Preisniveaustabilität.
   b) Berechnen Sie die Arbeitslosenquote im Jahr 2008 und interpretieren Sie die Größe hinsichtlich der Erreichung des wirtschaftspolitischen Ziels der Vollbeschäftigung.
   c) Berechnen Sie den Anstieg des realen Bruttoinlandsprodukts im Jahr 2008 in Bezug auf das Jahr 2007 und interpretieren Sie die Größe hinsichtlich der Erreichung des wirtschaftspolitischen Ziels eines angemessenen Wachstums.

Aufgaben und Fälle

4. Interpretieren Sie die folgende Grafik und erläutern Sie den Zielkonflikt, auf den der Karikaturist aufmerksam machen will!

5. Die wirtschaftliche Entwicklung in einer Volkswirtschaft verläuft nicht kontinuierlich, sondern ist bestimmten Schwankungen unterworfen.
   a) Stellen Sie den Konjunkturverlauf in einem Koordinatenkreuz grafisch dar.
   b) Kennzeichnen Sie die typischen vier Konjunkturphasen in der Grafik.
   c) Beschreiben Sie die Ausprägung von vier Konjunkturindikatoren Ihrer Wahl in den jeweiligen Phasen.

6. Welche der folgenden Konjunkturphasen 1 bis 4 sind durch die idealtypischen Merkmale a) bis e) gekennzeichnet?

   [1] Expansion

   [2] Boom

   [3] Rezession

   [4] Depression

   a) Expansive Lohnpolitik, Voll-/Überbeschäftigung
   b) Niedrige Investitionsneigung, sehr hohe Arbeitslosigkeit
   c) Optimistische Stimmung, steigende Kapazitätsauslastung
   d) Hohes Preisniveau, knappe Kredite, nachlassendes Wachstum

Aufgaben und Fälle

e) Anstieg der Arbeitslosigkeit, Rückgang der Nachfrage nach Konsum- und Investmentsgütern

7. Welche der unten stehenden Maßnahmen a) bis e) des Staates sind unmittelbar geeignet,
   [1] Nachfrage nach Konsumgütern einzuschränken?
   [2] Nachfrage nach Konsumgütern auszudehnen?
   [3] Investitionsbereitschaft einzuschränken?
   [4] Investitionsbereitschaft zu fördern?
   a) Erhöhung der Einkommensteuer
   b) Senkung der Lohnnebenkosten
   c) Abbau von Subventionen
   d) Erhöhung des Kindergeldes
   e) Senkung der Abschreibungssätze
8. Welche der folgenden Maßnahmen einer antizyklischen Fiskalpolitik tragen zu einer Konjunkturdämpfung bei?
   a) Die Möglichkeiten zur Abschreibung von Industriegebäuden werden verbessert.
   b) Der Staat vergibt vermehrt Bauaufträge.
   c) Die Zahlung von staatlichen Sparprämien wird eingeschränkt.
   d) Die Bundesregierung bildet eine Konjunkturausgleichsrücklage.
   e) Staatliche Subventionen an Industriebetriebe werden abgebaut.
9. Welche der folgenden Instrumente einer antizyklischen Finanzpolitik gehören zur Ausgabenpolitik und sind gleichzeitig geeignet, einer Rezession entgegenzuwirken?
   a) Die Zahlung von staatlichen Subventionen.
   b) Die Tilgung von staatlichen Krediten.
   c) Das Konzept eines deficit-spending.
   d) Die Erweiterung der Tender im Wertpapierpensionsgeschäft.
   e) Eine lineare Senkung der Einkommen- und Körperschaftsteuer.
10. Welche der unten stehenden Maßnahmen sind tendenziell
   [1] konjunkturbelebend
   [2] konjunkturdämpfend
   [3] konjunkturneutral
   a) Erhöhung des Zinssatzes für die Spitzenrefinanzierungsfazilitäten

b) Erhöhung der Mindestreservesätze

c) Gewährung einer Investitionszulage für die Wirtschaft durch den Staat

d) Senkung des Zuteilungsvolumens im Rahmen der Offenmarktpoltik

e) Erhöhung des Finanzausgleichs des Bundes zu Gunsten der Länder

f) Erhöhung des Anteils der Länder am Umsatzsteueraufkommen.

11. Welche der nachfolgenden Sachverhalte stellen im Hinblick auf die Konjunktur einer Volkswirtschaft

[1] einen Frühindikator

[2] einen Spätindikator

[3] keinen Indikator dar?

a) Arbeitslosenquote

b) Gewinnerwartungen

c) Geburtenrate

d) Auftragseingänge

e) Geschäftsklima

f) Anzahl der Insolvenzen

12. In der Zeitung ist die Meldung zu lesen: „Die Europäische Zentralbank (EZB) hat beschlossen, die Geldmenge zu erhöhen. Sie wird deshalb Wertpapiere kaufen".

a) Welches Organ der EZB hat die Geldmengenerhöhung beschlossen?

b) Wie setzt sich das für die Beschlussfassung verantwortliche Organ zusammen?

c) Wer führt die Beschlüsse durch?

d) Begründen Sie, ob die EZB mit dieser Maßnahme eine expansive oder restriktive Geldpolitik betreibt.

e) Begründen Sie, ob die Zinsen durch diese Maßnahme steigen oder fallen werden.

f) Welche Wirkung verspricht sich die EZB von dieser Maßnahmen?

g) Zeigen Sie für ein weiteres Instrumentarium der EZB wie man die gleiche Wirkung hätte erzielen können.

13. Im Wirtschaftsteil einer Tageszeitung finden Sie die folgende Karikatur zu den geldpolitischen Beschlüssen der Europäischen Zentralbank.

Aufgaben und Fälle

a) Welches Gremium der Europäischen Zentralbank ist für die Geldpolitik zuständig?

b) Welche geldpolitischen Instrumente sind in der Grafik in erster Linie angesprochen?

c) Erläutern Sie die Wirkungsweise der in der Grafik angesprochenen geldpolitischen Maßnahmen!

14. In Zeiten hoher Inflationsraten erhöht die EZB die Leitzinsen. Die Zentralbank und die Bundesregierung kritisieren diese Maßnahme scharf, da sie beschäftigungspolitische Nachteile befürchten.
    a) Erklären Sie die Befürchtungen durch ihren Wirkungszusammenhang.
    b) Wie kann die Regierung den EZB-Beschluss rückgängig machen?

15. Ein Unternehmen zahlt 150.000,00 € auf ein Kontokorrentkonto ein. Die Bank behält grundsätzlich 20 % der Kontokorrenteinlagen als Reserve für eventuelle Barabhebungen zurück. Den Rest stellt sie unter Abzug der Mindestreserve ihren Kunden als Kredit zur Verfügung.
    a) Wie hoch ist die Kreditvergabemöglichkeit, wenn der Mindestreservesatz 15 % beträgt?
    b) Um wie viel Euro verändert sich der Kreditspielraum bei einer Erhöhung der Mindestreservesätze auf 18 %?
    c) Um wie viel Euro verändert sich der Kreditspielraum bei einer Senkung der Mindestreservesätze auf 12,5 %?

Aufgaben und Fälle

16. Wenn die EZB die Mindestreserven erhöht, entzieht sie den Banken Liquidität. Das Kreditangebot der Banken wird eingeschränkt und die Zinsen steigen. Die Nachfrage wird gedämpft und die Inflation bekämpft. Stellen Sie eine ähnliche Wirkungskette für die Offenmarktpolitik und die Spitzenfinanzierungsfazilität auf.

17. Vielfach wird die Meinung vertreten, die restriktiven Maßnahmen der Europäischen Zentralbank zur Begrenzung der Geldmenge greifen stärker als die expansiven Maßnahmen zu deren Erhöhung.
    Überprüfen Sie diese Aussage kritisch.

18. In der Nachrichtensendung eines Radiosenders ist zu hören, dass die Zahlungsbilanz der Bundesrepublik Deutschland seit einiger Zeit passiv sei.

    a) Was versteht man unter einer passiven Zahlungsbilanz?

    b) Welche Folgen hätte eine dauernde passive Zahlungsbilanz für die deutsche Wirtschaft?

    c) Welche Ursachen könnten der passiven Zahlungsbilanz zu Grunde liegen?

    d) Überlegen Sie, mit welchen Maßnahmen die Bundesregierung gegensteuern könnte.

12. Steuern und Versicherungen

Wandlungen in der Auffassung vom Staat und seinen Aufgaben lassen sich besonders deutlich aus den Ansprüchen der Bürger an das Leistungsangebot im öffentlichen Bereich ablesen. Lange Zeit hatte der Staat in erster Linie die allgemeinen Rahmenbedingungen für ein geordnetes Zusammenleben zu setzen und den Schutz nach außen zu sichern. In neuerer Zeit werden ihm eine Vielzahl zusätzlicher Aufgaben abverlangt. Die Sorge für Bildung und Ausbildung, die soziale Absicherung, die Mitwirkung bei der Versorgung mit Wohnraum sind hierfür nur einige Beispiele.

Auch im wirtschaftlichen Bereich wird der Staat zunehmend in die Pflicht genommen. Über die traditionelle Aufgabe der Bereitstellung und Verbesserung der Infrastruktur[1] hinaus hat er - entsprechend den allgemeinen Leitlinien der Wirtschaftspolitik - alles zu tun um wirtschaftliche Stabilität und ein angemessenes Wachstum zu sichern und die Prinzipien des Sozialstaates zu verwirklichen. In vielen Bereichen von Wissenschaft und Forschung, bei der Förderung von Sport und Kultur usw., gehören Hilfen des Staates inzwischen ebenfalls zu den Selbstverständlichkeiten.

Alle diese Aufgaben erfordern den Einsatz erheblicher finanzieller Mittel, die von der Allgemeinheit bzw. der Wirtschaft über Steuern, Gebühren, Beiträge und durch die Bereitschaft, dem Staat Kredite zu gewähren, aufgebracht werden müssen[2].

12.1 Steuererhebung und Staatsverschuldung

Höhe des Steueraufkommens

Die **Höhe des Steueraufkommens** ist abhängig von

- *der gesamtwirtschaftlichen Lage und*
- *dem geltenden Steuerrecht.*

Sind in unserer Wirtschaft viele Menschen beschäftigt, gibt es also wenig Arbeitslose, so trägt dies positiv zur gesamtwirtschaftlichen Lage bei; denn der Staat nimmt umso mehr Lohnsteuer ein, je mehr Beschäftigte in einem Arbeitsverhältnis stehen.

Wird das geltende Steuerrecht derart geändert, dass das **Umsatzsteuergesetz** künftig eine Mehrwertsteuererhöhung oder das **Einkommensteuergesetz** eine Erhöhung der Lohnsteuer vorsieht, so führt dies nach dem Wirksamwerden der Gesetzesänderungen zunächst zu erhöhten Steuereinnahmen. Mit diesen kann der Staat anstehende Aufgaben bewältigen,

---

[1] Straßenbau; Energieversorgung; Bau von Schulen, Universitäten, Kindergärten, Krankenhäusern usw.

[2] Quelle: Statistisches Bundesamt (Hrsg.) „Datenreport", Schriftenreihe der Bundeszentrale für politische Bildung, Band 195, Bonn 1983

doch längst nicht alle. – Reichen seine durch Einnahmen erzielten finanziellen Mittel nicht aus, so stehen ihm folgende Alternativen zur Verfügung:

- ***Beschränkungen der Ausgaben*** *auf einzelnen Gebieten, wie z. B. Kürzung der Ausgaben für die Verteidigung (weniger Flugzeuge, weniger Panzer) oder für die Bildung (weniger Schulen, weniger Professoren an den Universitäten, weniger Studentenwohnheime),*
- *weitere* ***Steuererhöhungen*** *(z.B. Erhöhung der Mineralölsteuer, der Tabaksteuer usw.) oder*
- *die* ***Aufnahme von Krediten****, also Verschuldung.*

Kreditaufnahme des Staates

Wer den geschichtlichen Werdegang des Staates verfolgt, der wird feststellen, dass der Staat schon immer gezwungen war, Kredite aufzunehmen, mit denen er seine Ausgaben finanzieren konnte. Die Höhe der jeweiligen Kreditaufnahme und somit die Höhe der Staatsverschuldung hat unter Wissenschaftlern zu gegensätzlichen Aussagen geführt.

So bezeichnete der englische Wissenschaftler ***David Ricardo*** *(1722–1823) die Finanzierung des Staates durch Kredite als die „schrecklichste Geisel, die je zur Plage der Nation erfunden worden sei". – Demgegenüber steht die Aussage des deutschen Soziologen und Finanzwissenschaftlers* ***Lorenz von Stein*** *(1815–1890): „Ein Staat ohne Staatsschuld tut entweder zu wenig für seine Zukunft oder er fordert zu viel von seiner Gegenwart."*

Die Möglichkeit einer konjunkturgerechten Kreditaufnahme ist verfassungsrechtlich vorgesehen.

> ***Grundgesetz, Art. 115 [Kreditbeschaffung]***
>
> *(1) ... Die Einnahmen aus Krediten dürfen die Summe der im Haushaltsjahr veranschlagten Ausgaben für Investitionen nicht überschreiten. Ausnahmen sind nur zulässig zur Abwehr einer Störung des gesamtwirtschaftlichen Gleichgewichts.*

Probleme der Staatsverschuldung

Die **Probleme der Staatsverschuldung** ergeben sich aus der Frage, wann die Grenze der staatlichen Kreditaufnahme als erreicht gilt; denn es ist nicht nur die gegenwärtige wirtschaftliche Lage zu beachten, sondern ebenso die künftige Leistungsfähigkeit des Staates zu berücksichtigen (siehe Abb. 12.1).

Aus diesen Aussagen lässt sich ableiten, dass jede Maßnahme, die der Staat ergreift, zuvor von verschiedenen gesellschaftlichen Gruppen diskutiert werden muss. So werden in der Regel vor einer Steuererhöhung in einem so genannten **Hearing** (= Anhörung) zu den geplanten Maßnahmen des Staates zu Worte kommen:

- ***Gewerkschaften****, wie die Vereinte Dienstleistungsgewerkschaft Verdi oder die IG-Metall,*
- ***Verbände****, wie der Bundesverband der Lohnsteuerhilfevereine oder der Deutsche Steuerberaterbund,*

- ***Institutionen***, *wie z.B. die Industrie- und Handelskammern,*
- ***Sachverständige***, *wie Professoren an deutschen Universitäten.*

Bundeshaushalt

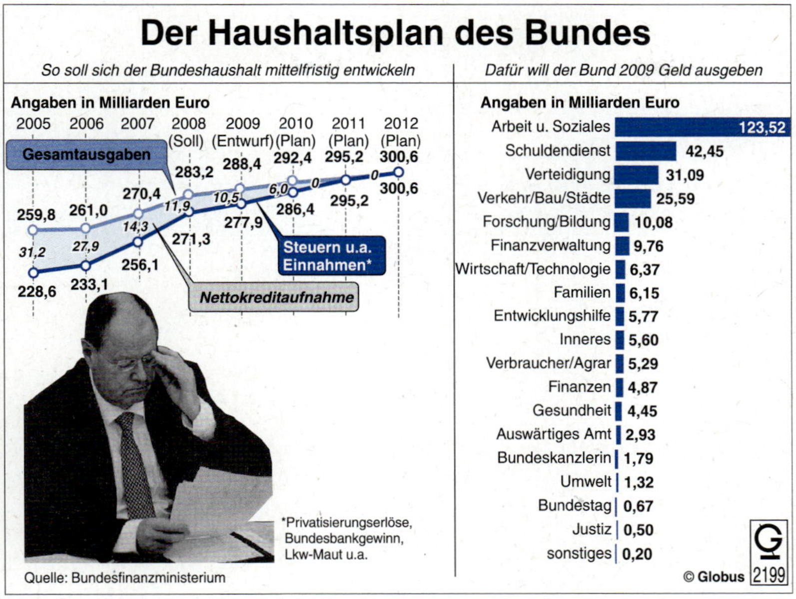

Der Haushaltsplan des Bundes für 2009

Der Haushaltsentwurf des Bundes sah für 2009 ursprünglich eine Neuverschuldung von 10,5 Mrd. Euro vor. Jetzt steht Deutschland wegen der Auswirkungen der Wirtschaftskrise und der Kosten der Konjunkturpakete vor einer Schuldenexplosion. Allein der Bund steuert auf eine Rekordneuverschuldung von mehr als 40 Milliarden Euro zu.

Abb. 12.1: Der Haushalt der Nation

Quelle: Statistische Angaben: Bundesfinanzministerium

Es ist bekannt, dass die erhöhte Produktion von Gütern und die erhöhte „Produktion" von Dienstleistungen zu einer Erhöhung des **Bruttoinlandsprodukts** führt. Erhöht sich diese Maßgröße, die geeignet ist, eine Aussage über das **Wachstum der Wirtschaft** zu machen, so führt dies auch gleichzeitig zu einer Erhöhung der Steuereinnahmen des Bundes.

Allerdings steigen die Steuern nicht zwingenderweise in gleicher Höhe wie etwa das Ansteigen des Bruttoinlandsprodukts. Um den unterschiedlichen Anstieg rechnerisch zu ermitteln, werden die beiden Größen ins Verhältnis gesetzt. Das Ergebnis ist die volkswirtschaftliche Steuerquote (StQ).

$$\textbf{Steuerquote} = \frac{\text{Steuereinnahmen in Mrd. €}}{\text{Bruttoinlandsprodukt in Mrd. €}} \times 100 = X\,\%$$

Jahr	1	2	3	4
Steuerquote	23,0	21,5	20,9	20,7
Gesamtes Steueraufkommen in Mrd. Euro	467,2	446,2	441,7	442,2

Steuerquote

Die **volkswirtschaftliche Steuerquote** stellt das Verhältnis zwischen dem jährlichen gesamten Steueraufkommen und dem Bruttoinlandsprodukt dar.

Aus der Übersicht ist zu erkennen, dass das Steueraufkommen im Jahre 3 von 441,72 auf 442,2 Mrd. Euro, also um 0,5 Mrd. €, d. h. um 0,11 % gestiegen ist.

12.2 Steuern – Gebühren – Beiträge

In einer Tageszeitung wird über die finanziellen Probleme der Kindergärten berichtet. Für eine deutsche Stadt wurde eine Übersicht über das „Investitionsprogramm zum Finanzplan 2005 bis 2015" veröffentlicht. Aus ihr kann abgeleitet werden, wie viele Ausgaben in diesen Jahren für Kindergärten getätigt werden sollten.

Aber nicht nur die Gemeinden haben ihre Aufgaben zu erfüllen, sondern auch die einzelnen Bundesländer, die beispielsweise die Gehälter der Lehrer zu zahlen haben und der Bund, der beispielsweise Forschungsvorhaben, Umweltprojekte oder den Straßenbau finanziert.

Aus diesem Grunde ist es notwendig, Steuern, Gebühren und Beiträge zu erheben.

- **Steuern** sind Geldleistungen, die **nicht** eine Gegenleistung für eine besondere Leistung darstellen und von einem öffentlich-rechtlichen Gemeinwesen zur Erzielung von Einnahmen allen auferlegt werden *(§ 3 Abgabenordnung = AO).* **Steuern**
- **Zölle** gelten ebenfalls als Steuern im Sinne der Abgabenordnung *(§ 23 AO).* **Zölle**

Die **Abgabenordnung** sieht zudem **steuerliche Nebenleistungen** vor. Es handelt sich dabei um: **Steuerliche Nebenleistungen**

- ***Verspätungszuschläge*** *(bei verspäteter Abgabe der Steuererklärung) i. S. v. § 152 AO;*
- ***Zinsen*** *(Verzinsung von hinterzogenen Steuern) i. S. v. §§ 233 bis 237 AO;*
- ***Säumniszuschläge*** *(wenn eine Steuer nicht bis zum Fälligkeitstag entrichtet wurde) i. S. v. § 240 AO;*
- ***Zwangsgelder*** *(im Falle von Vollstreckungen) i. S. v. § 329 AO;*
- ***Kosten*** *(z. B. wegen der von Amts wegen vorgenommenen Verwahrung von Zollgut oder wegen Schreibarbeiten) i. S. v. §§ 178 und 337 bis 345 AO).*

- **Gebühren** sind für bestimmte **öffentliche Gegenleistungen** zu zahlen (z. B. Postgebühren, Rundfunk- und Fernsehgebühren, Müllabfuhrgebühren, Gebühren für die Zulassung eines Kraftfahrzeuges). **Gebühren**
- **Beiträge** müssen gezahlt werden, damit **öffentliche Einrichtungen** ihre **Kosten abdecken** können. So müssen z. B. Sozialversicherungsbeiträge an die jeweiligen Träger (z. B. Krankenkasse) abgeführt werden. **Beiträge**

Im **Gegensatz** zu den **Gebühren** werden **Beiträge** auch dann erhoben, wenn von dem jeweiligen Beitragspflichtigen die Leistungen einer öffentlichen Einrichtung nicht in Anspruch genommen werden. So müssen Arbeitnehmer, die während des Jahres nie krank sind, dennoch monatlich einen Krankenversicherungsbeitrag zahlen.

Wiederholungsfragen

Wiederholungsfragen

1. *Wovon hängt die Höhe des Steueraufkommens ab?*
2. *Welche Alternativen stehen dem Staat zur Verfügung, damit er seine Ausgaben finanzieren kann?*
3. *Nennen Sie gesellschaftliche Gruppen, die vor geplanten Steuererhöhungen in einem Hearing zu Worte kommen können!*
4. *Welche Meinung vertreten David Ricardo und Lorenz von Stein zum Problem der Staatsverschuldung?*
5. *Nennen Sie im Staatshaushalt aufgeführte*
   a) Einnahmen des Staates
   b) Ausgaben des Staates!
6. *In welchem Bereich muss der Staat die meisten Ausgaben tätigen?*
7. *Wie ist die volkswirtschaftliche Steuerquote definiert?*
8. *In welcher Rechtsgrundlage ist geregelt, was Steuern sind?*
9. *Was sind*
   a) Steuern
   b) Gebühren
   c) Beiträge?
10. *Worin besteht der Unterschied zwischen Gebühren und Beiträgen?*
11. *Nennen Sie Beispiele für steuerliche Nebenleistungen!*
12. *Nennen Sie Beispiele für*
    a) Gebühren
    b) Beiträge!

12.3 Steuerarten

Steuerarten

Das Thema Steuern ist vor vielen Bundestags- oder Landtagswahlen Gegenstand der Diskussion. Dabei geht es immer wieder um die Frage, werden „die" Steuern nach einer Wahl erhöht oder nicht. Mit dem Wörtchen „die" sind dabei in der Regel Steuern gemeint, deren Erhöhung unsere persönliche Haushaltsplanung beeinflussen. Eine Erhöhung der Lohnsteuer führt unweigerlich zu einer geringeren Auszahlung des Nettogehalts eines Angestellten. Durch eine Erhöhung der Mehrwertsteuersätze werden alle Güter, wie z. B. Lebensmittel und Bekleidung und alle Dienstleistungen, wie z. B. die Beförderung mit öffentlichen und privaten Verkehrsmitteln (Bahn, Taxi) teuerer. Neben diesen beiden genannten Steuern gibt es jedoch eine Vielzahl weiterer **Steuerarten:**

Steuereinnahmen

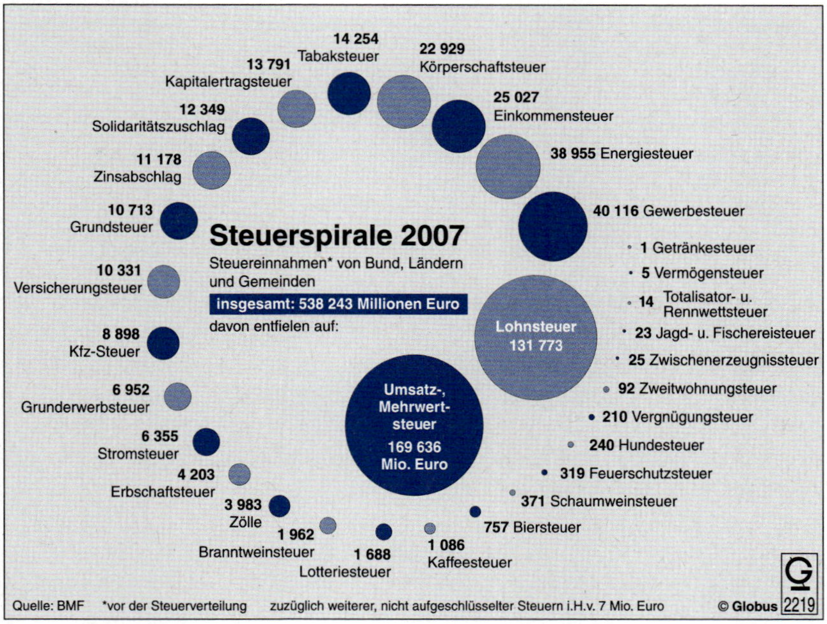

Abb. 12.2: Einnahmen aus verschiedenen Steuerarten

Um einen besseren Überblick zu erhalten, ist es sinnvoll, die Steuern nach verschiedenen Kriterien zu untergliedern (siehe Abb. 12.3 bis 12.5, nächste Seite).

Gemeinschaftsteuern

Artikel 106 GG regelt die **Verteilung des Steueraufkommens**. Die Verteilung der Gemeinschaftsteuern wird von Zeit zu Zeit durch Gesetze neu geregelt. So sind die Anteile von Bund und Ländern an der Umsatzsteuer neu festzusetzen, wenn sich das Verhältnis zwischen Einnahmen und Ausgaben des Bundes und der Bundesländer wesentlich anders gestaltet.

Art. 106 GG/ Steuerliche Ertragshoheit

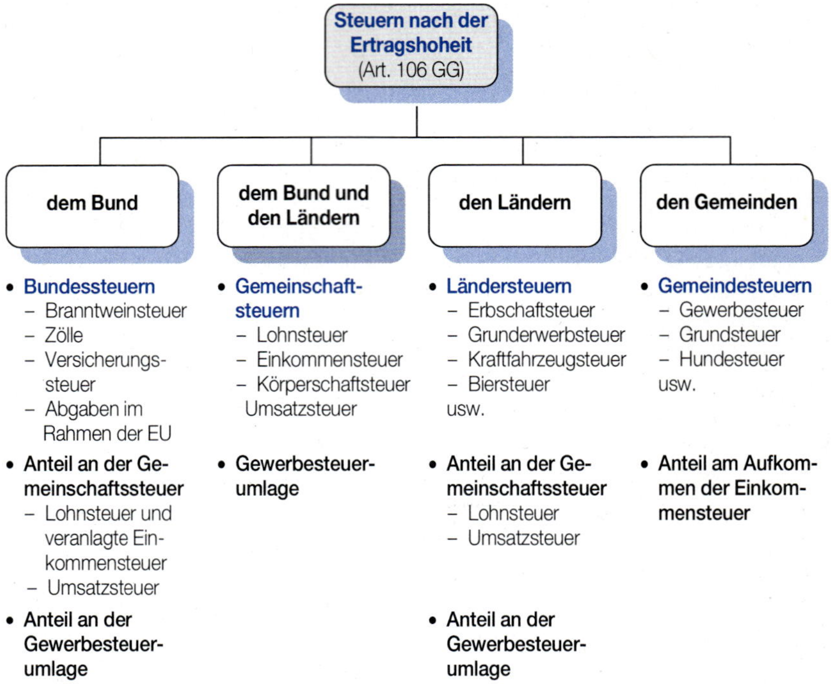

Abb. 12.3: Steuerverteilung zwischen Bund, Ländern und Gemeinden gemäß Art. 106 GG

Kirchensteuer

Die **Kirchensteuer** ist ebenfalls eine „Steuer nach der Ertragshoheit", die auf Grund von Kirchensteuergesetzen erhoben wird. Bei den Lohnsteuerpflichtigen berechnet der Arbeitgeber die Kirchensteuer nach dem am Wohnsitz des Arbeitnehmers geltenden Steuersatz. Dieser beträgt je nach Bundesland 8 % oder 9 % von der Einkommensteuer (Lohnsteuer). Zusammen mit der Lohnsteuer und dem Solidaritätszuschlag führt sie der Arbeitgeber an das Finanzamt ab.

Steuern nach dem Gegenstand

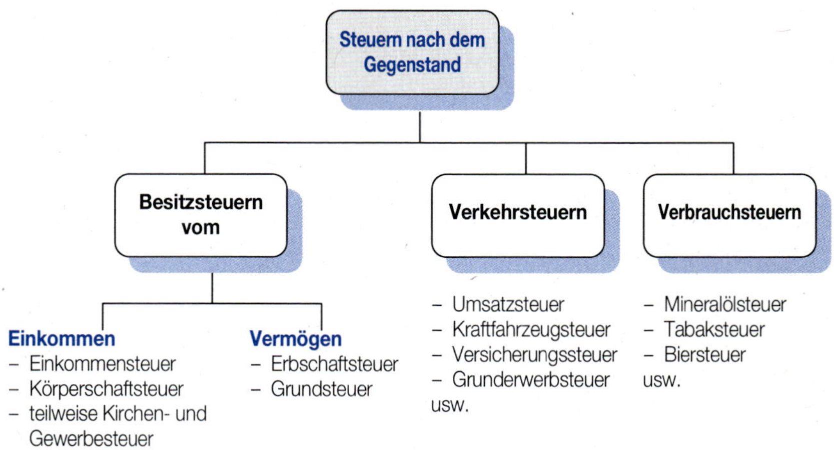

Abb. 12.4: Besitz-, Verkehr- und Verbrauchssteuern

- **Besitzsteuern** sind Steuern vom Einkommen und vom Vermögen.
- **Verkehrssteuern** sind Steuern, bei denen rechtliche und wirtschaftliche Vorgänge besteuert werden.
- **Verbrauchssteuern** sind Steuern, die für den Konsum von Gütern zu zahlen und bereits im Preis der Waren enthalten sind.

Direkte und indirekte Steuern

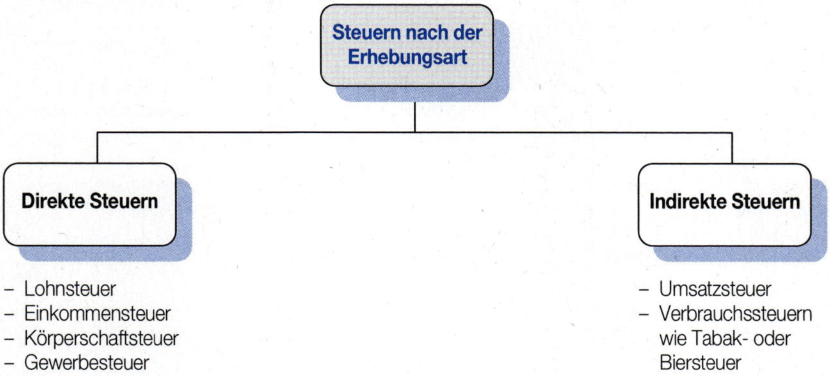

Abb. 12.5: Direkte und indirekte Steuern

- **Direkte Steuern** sind jene Steuern, bei denen die betreffende natürliche Person oder das betreffende Unternehmen (z. B. GmbH oder AG) direkt veranlagt wird und die von der Person oder dem Unternehmer **direkt** an den Fiskus (= Staatskasse, also über das Finanzamt) abzuführen sind. **Steuerschuldner** und **Steuerträger** sind **identisch**, d.h. die Person (bzw. das Unternehmen), die die Steuer im Sinne des Gesetzes schuldet, muss sie auch wirtschaftlich tragen, d. h. zahlen.

- **Indirekte Steuern** sind im Preis der Waren und Dienstleistungen enthalten und werden vom Endverbraucher getragen. Der entsprechende Steueranteil wird von dem verkaufenden Unternehmen an den Fiskus abgeführt. **Steuerschuldner** und **Steuerträger** sind also **nicht identisch.**

Jede Steuererhöhung wird zu politischen Diskussionen führen. Dennoch sind aus den verschiedensten Gründen Erhöhungen von bestimmten Steuern von Zeit zu Zeit erforderlich. Dabei ist zu beachten, dass allen Bürgern Steuergerechtigkeit widerfährt. Es gilt deshalb bestimmte Grundsätze der Besteuerung zu beachten.

Grundsätze der Besteuerung

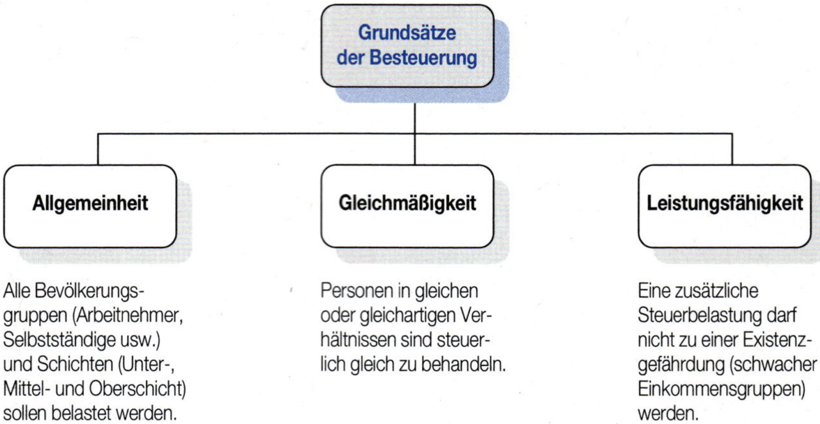

Abb. 12.6: Grundsätze der Besteuerung

Wiederholungsfragen

Wiederholungsfragen

1. *Nennen Sie stichwortartig Steuern, die in der „Steuerspirale" genannt sind!*
2. *Nach welchem Gesichtspunkt werden Steuern gemäß Artikel 106 GG untergliedert?*
3. *Nennen Sie stichwortartig Beispiele für Steuern, die zustehen*
   a) dem Bund,
   b) den Bundesländern,
   c) den Gemeinden!
4. *Nennen Sie Gemeinschaftssteuern!*
5. *Von welchem Betrag wird die Kirchensteuer berechnet?*
6. *Was sind*
   a) Besitzsteuern,
   b) Verkehrssteuern,
   c) Verbrauchssteuern!

   Nennen Sie jeweils zwei Beispiele!

Wiederholungsfragen

7. *Wodurch sind gekennzeichnet*
   a) direkte Steuern,
   b) indirekte Steuern?
8. *Nennen Sie jeweils zwei Beispiele für*
   a) direkte Steuern,
   b) indirekte Steuern!
9. *Um welche Art von Steuern handelt es sich, wenn Steuerschuldner und Steuerträger identisch sind?*
10. *Nennen und erläutern Sie die Grundsätze der Besteuerung!*

12.4 Steuern der Unternehmen

Die Frage, wie Unternehmen zu besteuern sind, führt immer wieder zu Auseinandersetzungen, insbesondere in den Parteien. Dabei geht es in der Diskussion um die Höhe der Besteuerung und um die Frage, ob eventuell bestimmte Unternehmensteuern völlig abgeschafft werden sollen.

Steuern der Unternehmen

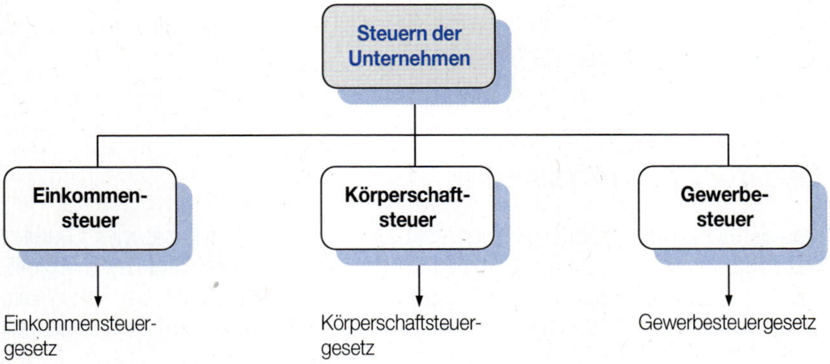

Abb. 12.7: Unternehmensteuern

Einkommensteuer

- **Einkommensteuer**: Sie besteuert das Einkommen von natürlichen Personen, also nicht von juristischen Personen, wie z. B. das der GmbH oder AG. Der Inhaber eines „Tante-Emma"-Ladens hat also beispielsweise Einkommensteuer aus Gewerbebetrieb an das Finanzamt abzuführen.

Körperschaftsteuer

- **Körperschaftsteuer**: Gemäß **Körperschaftsteuergesetz** (KStG) ist sie die „Einkommensteuer der juristischen Personen" und anderer Personenvereinigungen. Körperschaftsteuerpflichtig sind beispielsweise Kapitalgesellschaften, wie Aktiengesellschaften, Gesellschaften mit beschränkter Haftung) und Erwerbs- und Wirtschaftsgenossenschaften. Die Körperschaftsteuer beträgt 25 % des zu versteuernden Einkommens *(§§ 1, 23 KStG).*

Gewerbesteuer

- **Gewerbesteuer**: Gemäß **Gewerbesteuergesetz** (GewStG) unterliegt dieser Steuer jeder Gewerbebetrieb, soweit er im Inland betrieben wird. Unter einem **Gewerbebetrieb** ist ein gewerbliches Unternehmen im Sinne des Einkommensteuergesetzes zu verstehen *(§§ 2, 15 EStG, § 2 GewStG).* Besteuerungsgrundlage für die Gewerbesteuer ist der sog. Gewerbeertrag *(§§ 6, 7 GewStG).* Gemäß *§ 1 GewStG* erheben die Gemeinden die Gewerbesteuer als **Gemeindesteuer** (siehe hierzu auch *Art. 106 GG).*

12.5 Einkommensteuersystem

Hans Wohlauf ist Angestellter in einem Industriebetrieb in Frankfurt/M. Er wohnt in Darmstadt. Sein Bruttojahresgehalt beträgt 40.000 €. Außerdem erzielt er für ein vermietetes Zweifamilienhaus jährlich 28.000 € Mietzins und erhält am Jahresende von seiner Hausbank eine Mitteilung über Zinsen in Höhe von 3.000 €. – Herr Wohlauf betreibt außerdem ein Hobby. Er schreibt gelegentlich Beiträge für eine Tageszeitung. Dafür erhält er im Jahr insgesamt 2.100 € Honorar.

Für alle vier Einkünfte, die Herr Wohlauf jährlich erzielt, wird er einkommensteuerpflichtig gemäß *§ 2 EStG.*

12.5.1 Einkunftsarten

Einkunftsarten

Das Einkommensteuergesetz enthält Einkunftsarten, für die der Steuerpflichtige, wenn er diesen Einkunftsarten zuordenbare Einkünfte erzielt, Einkommensteuer zahlen muss. Steuerpflichtig sind natürliche Personen, die im Inland einen Wohnsitz oder ihren gewöhnlichen Aufenthalt haben *(§ 1 EStG).*

§ ***Einkommensteuergesetz §2 [Umfang der Besteuerung, Begriffsbestimmungen]***

(1) Der Einkommensteuer unterliegen

1. ***Einkünfte aus Land- und Forstwirtschaft***
   Beispiele: Einkünfte aus Teichwirtschaft, Imkerei, Jagd, Wald- und Forstwirtschaft;
2. ***Einkünfte aus Gewerbebetrieb***
   Beispiele: Einkünfte aus Bergbauunternehmen, Gewinneinkünfte aus einer OHG oder KG;
3. ***Einkünfte aus selbständiger Arbeit***
   Beispiele: Einkünfte aus freiberuflicher Tätigkeit wie selbständig ausgeübte künstlerische, schriftstellerische Tätigkeit, Einkünfte von Rechtsanwälten, Ärzten, Ingenieuren, Steuerberatern, Wirtschaftsprüfern, Architekten, Heilpraktikern, Krankengymnasten;
4. ***Einkünfte aus nichtselbständiger Arbeit***
   Beispiele: Gehälter, Löhne, Gratifikationen, Tantiemen, Ruhegelder, Witwen- und Waisengelder;
5. ***Einkünfte aus Kapitalvermögen***
   Beispiele: Gewinnanteile (Dividenden), Einnahmen aus der Beteiligung an einem Handelsgewerbe als stiller Gesellschafter, Zinsen aus Sparanteilen, die in den Beiträgen zu Versicherungen auf den Erlebens- oder Todesfall enthalten sind;
6. ***Einkünfte aus Vermietung und Verpachtung***
   Beispiele: Einkünfte aus Vermietung und Verpachtung von Grundstücken, Gebäuden, Schiffen, Rechten (Erbbaurecht, Mineralgewinnungsrecht);
7. ***Sonstige Einkünfte***
   Beispiele: Einkünfte aus Spekulationsgeschäften i.S.v. § 23 EStG, Amtszulagen, Überbrückungsgelder, Sterbegelder, Versorgungsbezüge von Abgeordneten.

Wenn man sich das Eingangsbeispiel dieses Kapitels durchliest wird man feststellen, dass Herr Wohlauf folgende Einkünfte bezieht, die der Einkommensteuer gemäß *§ 2 EStG* unterliegen:

1. Einkünfte aus nichtselbstständiger Arbeit: **Gehalt**
2. Einkünfte aus Vermietung und Verpachtung: **Miete**
3. Einkünfte aus Kapitalvermögen: **Zinsen**
4. Einkünfte aus selbstständiger Arbeit: **journalistische Tätigkeit**.

Steuerfreie Einnahmen

Neben den in *§ 2 EStG* aufgeführten Einkünften gibt es auch **Einnahmen**, die **steuerfrei** sind. Dazu zählen beispielsweise die Leistungen aus einer Krankenversicherung wie Mutterschaftsgeld, aus einer Pflegeversicherung oder der Arbeitslosenversicherung wie Arbeitslosengeld, Kurzarbeitergeld usw. *(§ 3 EStG).*

Wiederholungsfragen

Wiederholungsfragen

1. *Nennen Sie Steuern, die Unternehmen zu zahlen haben!*
2. *Was ist die Körperschaftsteuer?*
3. *Was ist Steuergegenstand der Gewerbesteuer?*
4. *Nennen Sie die Einkunftsarten gemäß § 2 EStG!*
5. *Um welche Einkünfte i.S.v. § 2 EStG handelt es sich in den folgenden Fällen:*
   a) *Einkünfte aus der Verpachtung von Schiffen,*
   b) *Witwengelder,*
   c) *Gewinneinkünfte eines Gesellschafters einer OHG,*
   d) *Einkünfte aus schriftstellerischer Tätigkeit,*
   e) *Einkünfte aus Jagd,*
   f) *Einkünfte von Heilpraktikern,*
   g) *Dividenden,*
   h) *Sterbegelder,*
   i) *Honorar eines Arztes?*
6. *Nennen Sie Einnahmen, die steuerfrei sind!*

12.5.2 Lohnsteuer und Antrag auf Einkommensteuerveranlagung

Jedes Jahr schenken Arbeitnehmer dem Staat Geld, weil sie aus Unkenntnis ihnen gesetzlich zustehende **Steuervergünstigungen** nicht oder nicht hinreichend nutzen. Es ist deshalb sicher für jeden Steuerpflichtigen von Interessen, sich zumindest **Grundlagenwissen des Steuerrechts** anzueignen, um so die gesetzlich vorgesehenen Vorteile nutzen zu können. Dabei stellen sich insbesondere folgende Fragen:

- *Wie lassen sich die vom Bruttolohn abgezogene Lohn- und Kirchensteuer und der Solidaritätszuschlag durch die Nutzung von Steuervorteilen verringern?*
- *Unter welchen Voraussetzungen lohnt ein Antrag auf Einkommensteuer-Veranlagung?*
- *Welche Abgabefristen für die Einkommensteuerveranlagung sind zu beachten?*
- *Welche Lohnsteuerklassen gibt es?*
- *Was ist auf der Lohnsteuerkarte eingetragen?*
- *Was sind Werbungskosten, Sonderausgaben und außergewöhnliche Belastungen?*
- *Wie berechnet sich das zu versteuernde Einkommen?*
- *Welche Informationen lassen sich aus den Zonen des Einkommmensteuertarifs ableiten?*

• *Wesen der Lohnsteuer*

Im vorangegangen Kapitel über Einkunftsarten war zu erfahren, dass Einkünfte aus nichtselbstständiger Arbeit, wie Gehalt, der Einkommensteuer unterliegen. – Konkret bedeutet dies, dass bei Einkünften aus nichtselbstständiger Arbeit die Einkommensteuer durch Abzug vom Arbeitslohn erhoben wird *(§ 38, Abs. 1 EStG)*. Das Gesetz bezeichnet also allgemein das Arbeitsentgelt eines Arbeitnehmers als **Arbeitslohn**. ***Arbeitslohn***

Da die Steuer vom Arbeitslohn zu erheben ist, nennt man sie **Lohnsteuer**. Sie ist nur eine **Erhebungsform der Einkommensteuer**, also keine Steuer eigener Art. ***Lohnsteuer***

Gemäß Einkommensteuergesetz ist der **Arbeitnehmer** der **Schuldner der Lohnsteuer**. Der Arbeitgeber hat aber die Lohnsteuer für Rechnung des Arbeitnehmers bei jeder Lohnzahlung einzubehalten. Dies geschieht, indem der Arbeitgeber die Lohnsteuer (den Solidaritätszuschlag und gegebenenfalls die Kirchensteuer) vom Arbeitslohn abzieht. Aus diesem Grunde spricht man vom sog. **Abzugsverfahren** *(§ 38 EStG)*.

Abzugsverfahren

Die Jahreslohnsteuer bemisst sich nach dem Arbeitslohn, den der Arbeitnehmer im Kalenderjahr bezieht (Jahresarbeitslohn). Sie wird nach dem Jahresarbeitslohn so bemessen, dass sie der Einkommensteuer entspricht, die der Arbeitnehmer schuldet, wenn er ausschließlich Einkünfte aus nichtselbstständige Arbeit erzielt *(§ 38 a EStG)*.

Bei der Ermittlung der Lohnsteuer werden die **Besteuerungsgrundlagen** des Einzelfalls durch

- die Einreihung der Arbeitnehmer in **Steuerklassen** *(§ 38 b EStG)*,
- Ausstellung von entsprechenden **Lohnsteuerkarten** *(§ 39 EStG)* sowie
- Feststellung von **Freibeträgen** und **Hinzurechnungsbeträgen** *(§ 39 a EStG)*

berücksichtigt *(§ 38 a EStG)*.

• *Steuerklassen*

Steuerklasse auf Lohnsteuerkarte vermerkt

Bei **Einkünften aus nichtselbstständiger Arbeit** wird die Einkommensteuer durch Abzug vom Arbeitslohn erhoben (Lohnsteuer). Der Arbeitgeber hat deshalb die Lohnsteuer für Rechnung des Arbeitnehmers bei jeder Lohnzahlung (direkt) vom Arbeitslohn einzubehalten. Für die Durchführung des Lohnsteuerabzugs werden unbeschränkt einkommensteuerpflichtige Arbeitnehmer in **Steuerklassen** eingereiht. *(§§ 38, 38 b EStG)*. Dabei gilt Folgendes:

Steuerklassen

- *In die **Steuerklasse I** gehören Arbeitnehmer, die*

  a) ledig sind,

  b) verheiratet, verwitwet oder geschieden sind und bei denen die Voraussetzungen für die Steuerklasse III oder IV nicht erfüllt sind.

- *In die **Steuerklasse II** gehören die unter Nummer 1 bezeichneten Arbeitnehmer, wenn bei ihnen der Entlastungsbetrag für Alleinerziehende (§ 24 b) zu berücksichtigen ist.*
- *In die **Steuerklasse III** gehören Arbeitnehmer*

  a) die verheiratet sind, wenn beide Ehegatten unbeschränkt einkommensteuerpflichtig sind und nicht dauernd getrennt leben und

     aa) der Ehegatte des Arbeitnehmers keinen Arbeitslohn bezieht oder

     bb) der Ehegatte des Arbeitnehmers auf Antrag beider Ehegatten in die Steuerklasse V eingereiht wird,

  b) die verwitwet sind, wenn sie und ihr verstorbener Ehegatte im Zeitpunkt seines Todes unbeschränkt einkommensteuerpflichtig waren und in diesem Zeitpunkt nicht dauernd getrennt gelebt haben, für das Kalenderjahr, das dem Kalenderjahr folgt, in dem der Ehegatte verstorben ist,

  c) deren Ehe aufgelöst worden ist, wenn

     aa) im Kalenderjahr der Auflösung der Ehe beide Ehegatten unbeschränkt einkommensteuerpflichtig waren und nicht dauernd getrennt gelebt haben und

     bb) der andere Ehegatte wieder geheiratet hat, von seinem neuen Ehegatten nicht dauernd getrennt lebt und er und sein neuer Ehegatte unbeschränkt einkommensteuerpflichtig sind, für das Kalenderjahr, in dem die Ehe aufgelöst worden ist.

- *In die **Steuerklasse IV** gehören Arbeitnehmer, die verheiratet sind, wenn beide Ehegatten unbeschränkt einkommensteuerpflichtig sind und nicht dauernd getrennt leben und der Ehegatte des Arbeitnehmers ebenfalls Arbeitslohn bezieht.*
- *In die **Steuerklasse V** gehören die unter Nummer 4 bezeichneten Arbeitnehmer, wenn der Ehegatte des Arbeitnehmers auf Antrag beider Ehegatten in die Steuerklasse III eingereiht wird.*
- *In die **Steuerklasse VI** gilt bei Arbeitnehmern, die nebeneinander von mehreren Arbeitgebern Arbeitslohn beziehen, für die Einbehaltung der Lohnsteuer vom Arbeitslohn aus dem zweiten und weiteren Dienstverhältnis.*

Als unbeschränkt einkommensteuerpflichtig im Sinne der Nummern 3 und 4 gelten nur Personen, die die Voraussetzungen des § 1 Abs. 1 oder 2 oder des § 1 a erfüllen.

• *Lohnsteuerkarte*

Ausstellung der Lohnsteuerkarte

Die Gemeinden haben den unbeschränkt einkommensteuerpflichtigen Arbeitnehmern für jedes Kalenderjahr unentgeltlich eine Lohnsteuerkarte nach amtlich vorgeschriebenem Muster auszustellen und zu übermitteln. Steht ein Arbeitnehmer gleichzeitig bei mehreren Arbeitgebern in einem Dienstverhältnis, so hat die Gemeinde eine entsprechende Anzahl Lohnsteuerkarten unentgeltlich auszustellen und zu übermitteln *(§ 39 EStG).*

> ***Beispiel:*** *Ein lediger Arbeitnehmer steht bei zwei Arbeitgebern in einem Arbeitsverhältnis. Die Gemeinde hat ihm dann eine Lohnsteuerkarte „Lohnsteuerklasse I" und eine Lohnsteuerkarte „Lohnsteuerklasse VI" unentgeltlich auszustellen und zu übermitteln.*

Eintragungen auf der Lohnsteuerkarte

Auf der **Lohnsteuerkarte** hat sie insbesondere **einzutragen**:

1. die **Steuerklasse** *(§ 39 (3 b) EStG)* in Buchstaben,
2. die Zahl der **Kinderfreibeträge** bei den Steuerklassen I bis IV.

Für die Eintragungen sind die **Verhältnisse zu Beginn des Kalenderjahres** maßgebend, für das die Lohnsteuerkarte gilt *(§ 39 (3b) EStG).*

Weicht die Eintragung auf der Lohnsteuerkarte von den Verhältnissen zu Beginn des Kalenderjahres zu Gunsten des Arbeitnehmers ab, so ist der Arbeitnehmer verpflichtet, die Eintragung der Steuerklasse und der Zahl der Freibeträge auf der Lohnsteuerkarte umgehend ändern zu lassen.

- ***Freibetrag beim Lohnsteuerabzug***

Freibetrag

Auf **Antrag** des Steuerpflichtigen trägt das Finanzamt auf der Lohnsteuerkarte einen vom Arbeitslohn abzuziehenden **Freibetrag** ein, u.a. von folgenden Summen:

1. ***Werbungskosten****, die bei den Einkünften aus nichtselbstständiger Arbeit anfallen, so weit sie den Arbeitnehmer-Pauschbetrag von 920 € übersteigen,*
2. ***Sonderausgaben*** *..., so weit sie den Sonderausgaben-Pauschbetrag von 36 € übersteigen (§ 39 a, Abs. 1 EStG),*
3. *den Betrag, der aufgrund der im Gesetz vorgeschriebenen bestimmten Bedingungen wegen* ***außergewöhnlicher Belastungen*** *zu gewähren ist,*
4. *die* ***Pauschbeträge*** *für* ***Behinderte und Hinterbliebene*** *(§ 33 b Abs. 1 bis 5 EStG) und*
5. *bis 8.*

Gemäß *§ 39 a (2) EStG* ist der Antrag hinsichtlich eines Freibetrages aus der Summe der

- Werbungskosten
- Sonderausgaben (ohne Vorsorgeaufwendungen) und
- außergewöhnlichen Belastungen (i.S. der *§§ 33 ff. EStG)*

nur zulässig, wenn die in *§ 39 a, Abs. 2 EStG* genannten Beträge insgesamt 600 € übersteigen (Bsp.: 3.000,– €).

- ***Einkommensteuerveranlagung***

Einkommensteuerveranlagung

Bekanntlich hat jeder Arbeitnehmer Lohnsteuer zu zahlen. – Ab einer bestimmten Einkommensgrenze werden Einkommensteuerpflichtige jedoch vom Finanzamt **zur Einkommensteuer veranlagt**. Dies gilt für verheiratete Arbeitnehmer, die mit ihrem Ehegatten im Inland wohnen und von ihm nicht dauernd getrennt leben und ihr gemeinsames Einkommen mehr als einen im Einkommensteuergesetz ausgewiesenen bestimmten Betrag im Jahr beträgt. Für alle anderen Arbeitnehmer gilt eine im EStG definierte andere niedrigere Einkommensgrenze. – Mit Einkommen sind die Einkünfte aus nichtselbstständiger Arbeit gemeint.

Liegt das Einkommen unterhalb dem im Einkommensteuergesetz ausgewiesenen Betrag, so kann es dennoch erforderlich sein, eine Veranlagung durchzuführen, wenn ein **Veranlagungsgrund** vorliegt. Dies ist beispielsweise der Fall,

- *wenn Einkünfte, von denen keine Lohnsteuer einbehalten worden ist (z. B. Dividenden aus Aktien), mehr als 410,– Euro betragen;*
- *wenn ein Arbeitnehmer von mehreren Arbeitgebern gleichzeitig Arbeitslohn bezogen hat (§ 46 EStG).*

Vorauszahlungen

Die Einkommensteuer entsteht grundsätzlich mit **Ablauf des Veranlagungszeitraums**. Allerdings gilt dieser Grundsatz nur solange, wie das Einkommensteuergesetz keine Sonderregelungen vorsieht. So muss der Steuerpflichtige Vorauszahlungen leisten, wenn sie mindestens 200,– Euro im Kalenderjahr und mindestens 50,– Euro für einen Vorauszahlungszeitpunkt betragen *(§ 37 (5) EStG).*

Der Steuerpflichtige hat am **10. März, 10. Juni, 10. September und 10. Dezember Vorauszahlungen auf die Einkommensteuer** zu entrichten, die er für den laufenden Veranlagungszeitraum voraussichtlich schulden wird. Die Einkommenssteuer-Vorauszahlung entsteht jeweils mit Beginn des Kalendervierteljahres in dem die Vorauszahlungen zu entrichten sind, oder, wenn die Steuerpflicht erst im Laufe des Kalenderjahres begründet wird, mit Begründung der Steuerpflicht *(§ 37 EStG).*

Vom **Bruttogehalt eines Arbeitnehmers** wird jeden Monat neben den vier Beiträgen zur Sozialversicherung (Kranken-, Pflege-, Arbeitslosen- und Rentenversicherung) auch die Lohn- und Kirchensteuer und der Solidaritätszuschlag abgezogen. Dabei bemisst sich die Höhe des Abzugs nach dem voraussichtlichen Jahreseinkommen, das ein Arbeitnehmer bezieht. Mit Ablauf des jeweiligen Kalenderjahres stellen viele Arbeitnehmer jedoch fest, dass sie auf Grund bestimmter Umstände, die im Laufe des Jahres eingetreten sind, jedoch nicht zwingenderweise absehbar waren, zu viel Lohnsteuer zahlen mussten. Es ist daher zu prüfen, ob ein Antrag auf Einkommensteuerveranlagung gestellt werden soll. Unabhängig davon kann der Arbeitgeber seinen Arbeitnehmern, die während des abgelaufenen Jahres ständig beschäftigt waren, zu viel einbehaltene Lohnsteuer erstatten (vgl. *§ 42 b Abs. 1 EStG).*

Lohnsteuer-Jahresausgleich

§ 42 b EStG Lohnsteuer-Jahresausgleich durch den Arbeitgeber

(1) Der Arbeitgeber ist berechtigt, seinen unbeschränkt einkommensteuerpflichtigen Arbeitnehmern, die während des abgelaufenen Kalenderjahrs (Ausgleichsjahr) ständig in einem Dienstverhältnis gestanden haben, die für das Ausgleichsjahr einbehaltene Lohnsteuer insoweit zu erstatten, als sie die auf den Jahresarbeitslohn entfallende Jahreslohnsteuer übersteigt (Lohnsteuer-Jahresausgleich).

Elektronische Lohnsteuerbescheinigung

Arbeitgeber mit maschineller Lohnabrechnung sind verpflichtet, die Lohnsteuerbescheinigung spätestens bis zum 28. Februar des Folgejahres nach amtlich vorgeschriebenem Datensatz durch Datenfernübertragung an die amtlich bestimmte Stelle zu übermitteln. Im Falle einer unterjährigen Beendigung des Dienstverhältnisses ist die Übermittlung im Laufe des Kalenderjahres zulässig *(§ 41b EStG).*

Bei diesem Verfahren handelt es sich um eine sog. elektronische Lohnsteuerbescheinigung. Das Verfahren selbst wird in Kurzform **ELSTER-Verfahren** genannt. ELSTER ist die Abkürzung für **EL**ektronische **ST**eurer**ER**klärung.

Für die Datenfernübertragung hat der Arbeitgeber aus dem Namen, Vornamen und Geburtsdatum des Arbeitnehmers ein Ordnungsmerkmal nach amtlich festgelegter Regel für den Arbeitnehmer zu bilden und zu verwenden. Die Finanzverwaltung stellt die zur Bildung dieses lohnsteuerlichen Ordnungsmerkmals (sog. eTIN) notwendigen Informationen zur Verfügung. Die Abkürzung „**eTIN**" bedeutet „**electronic Taxpayer Identification Number**". Dieses lohnsteuerliche Ordnungsmerkmal (sog. eTIN) ist in die elektronische Lohnsteuerbescheinigung aufzunehmen.

Wie kommt der Steuerpflichtige nun an eine eTIN? Zuständig ist gemäß Abgabenordnung das Bundesamt für Finanzen. Es teilt jedem Steuerpflichtigen zum Zwecke der eindeutigen Identifizierung in Besteuerungsverfahren ein einheitliches und dauerhaftes Merkmal (Identifikationsmerkmal) zu, das bei Anträgen, Erklärungen oder Mitteilungen gegenüber den Finanzbehörden anzugeben ist.

- **Natürliche Personen** erhalten eine **Identifikationsnummer**.
- **Wirtschaftlich Tätige** erhalten eine **Wirtschafts-Identifikationsnummer**. Diese beginnt mit den Buchstaben **DE** *(§§ 139a, 139c AO).*

Für Privathaushalte wird ab dem Kalenderjahr 2005 im Rahmen des ELSTER-Konzepts ein kostenloses Übertragungsprogramm für die elektronische Übermittlung von Lohnsteuerbescheinigungen angeboten werden.

Einkommensteuerveranlagung

Ein **Antrag des Arbeitnehmers auf Einkommensteuerveranlagung beim Finanzamt kann sich** insbesondere **lohnen**, **Antrag**

- wenn der Steuerpflichtige nicht ununterbrochen in einem Dienstverhältnis gestanden hat;
- wenn die Höhe des Arbeitslohns im Laufe des Jahres geschwankt und ein Lohnsteuer-Jahresausgleich noch nicht vom Arbeitgeber gemäß § 42b EStG durchgeführt worden ist;

- wenn sich die Steuerklasse oder die Zahl der Kinderfreibeträge im Laufe des Jahres zu Gunsten des Arbeitnehmers geändert hat;
- wenn Werbungskosten, Sonderausgaben oder außergewöhnliche Belastungen entstanden sind, für die kein Freibetrag auf der Lohnsteuerkarte eingetragen worden ist;
- wenn ein höherer Kinderfreibetrag zu berücksichtigen ist als auf der Lohnsteuerkarte bescheinigt wurde.

Steuerrechtliche Grundbegriffe

Wer einen Antrag auf Einkommensteuerveranlagung stellt, der muss wissen, welche ,,Größen" er steuerrechtlich geltend machen kann, um so die während des Ausgleichsjahres zu viel gezahlten Steuern zurückzuerhalten. Es ist deshalb erforderlich, bestimmte steuerrechtliche Grundbegriffe zu kennen, die im Einkommensteuergesetz und in der Abgabenordnung (= AO) geregelt sind.

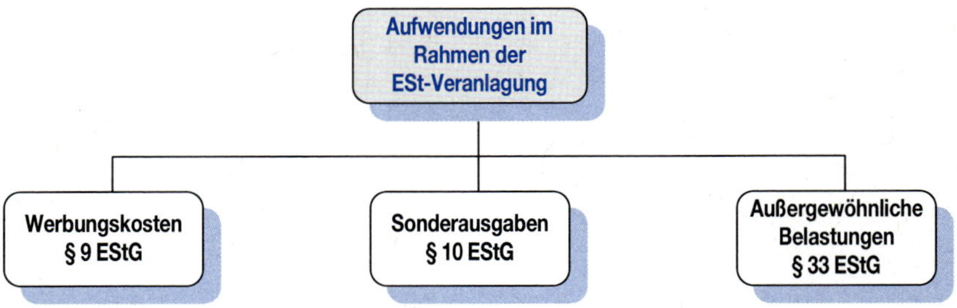

Abb. 12.8: Einkommensteuerveranlagung

Einkommensteuergesetz § 9 [Werbungskosten]

(1) Werbungskosten sind Aufwendungen zur Erwerbung, Sicherung und Erhaltung der Einnahmen. Sie sind bei der Einkunftsart abzuziehen, bei der sie erwachsen sind.

Werbungskosten

Beispiele für Werbungskosten, die während des Ausgleichsjahres anfallen und im Rahmen der Einkommensteuerveranlagung geltend gemacht werden können, sind beispielsweise

- *Aufwendungen des Arbeitnehmers für Fahrten zwischen Wohnung und Arbeitsstätte;*
- *Gewerkschaftsbeiträge;*
- *Mehraufwendungen, die einem Arbeitnehmer wegen einer aus beruflichem Anlass begründeten doppelten Haushaltsführung entstehen;*
- *Aufwendungen für Arbeitsmittel (Berufskleidung, Fachbücher, Fachzeitschriften, beruflich bedingter Bürobedarf wie Bleistifte, Hängeregisterschrank, Computer usw.).*

Hinweis: Gemäß *§ 1 (4) EStG* sind Personen, die im Inland weder einen Wohnsitz noch ihren gewöhnlichen Aufenthalt haben, beschränkt steuerpflichtig, wenn sie inländische Einkünfte i.S. des *§ 49* haben (z. B. Einkünfte aus einer im Inland betriebenen Land- und Forstwirtschaft).

Das Finanzamt erkennt aber nur beruflich bedingte Werbungskosten an. Deshalb ist beispielsweise nicht gesagt, ob ein Computer diesen Aufwendungen zugerechnet werden kann.

Werbungskosten müssen streng von den **Betriebsausgaben getrennt** werden.

Betriebsausgaben sind Aufwendungen, die durch den Betrieb veranlasst werden *(§ 4 (4) EStG).* ***Betriebsausgaben***

Beispiele:

- *Personalkosten,*
- *betriebliche Abschreibungen,*
- *Geldverluste durch Diebstahl.*

Nicht abzugsfähige Ausgaben sind in § 12 EStG näher benannt, so z. B. die Aufwendungen für die Bewirtung von Geschäftsfreunden in der Wohnung des Steuerpflichtigen (= sog. Kosten der Lebensführung).

Den Betriebsausgaben stehen die Betriebseinnahmen gegenüber *(§ 8 EStG).* Um **Betriebseinnahmen** handelt es sich, wenn folgende Voraussetzungen erfüllt sind: ***Betriebseinnahmen***

- *Dem Steuerpflichtigen müssen Güter zugeflossen sein.*
- *Die Güter müssen in Geld oder Geldeswert bestehen.*
- *Die Güter müssen im Rahmen der Einkunftsart gemäß § 2 Abs. 1 Satz 1 Nr. 4 – 7 zufließen (§ 8 EStG).*

Beispiele:

- *Einnahmen aus der Veräußerung von Waren,*
- *Schadensersatzleistungen von Versicherungen,*
- *vereinnahmte Zinsen,*
- *zusätzliches Geldgeschenk eines Mandanten an einen Rechtsanwalt aus Dankbarkeit für die erbrachte Dienstleistung.*

• *Sonderausgaben*

Sonderausgaben sind Aufwendungen, die aus **wirtschafts-** und **sozialpolitischen Gründen abzugsfähig sind** *(§ 10 EStG).* ***Sonderausgaben***

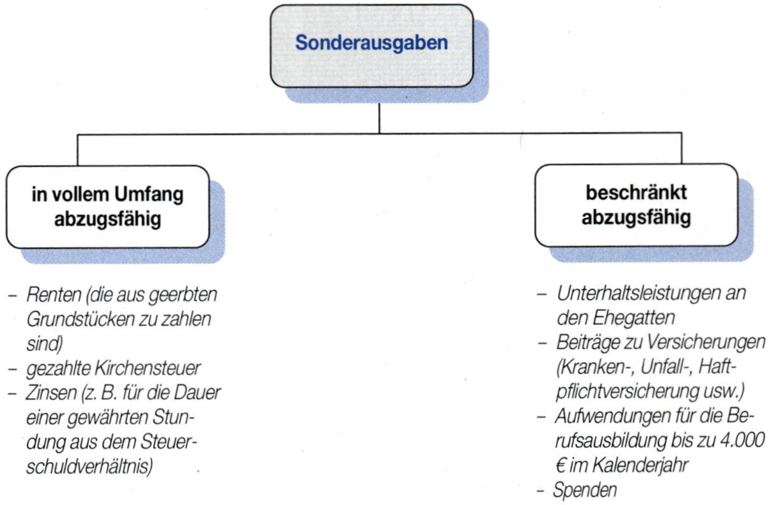

Abb. 12.9: Sonderausgaben

• *Außergewöhnliche Belastungen*

Außergewöhnliche Belastungen

Außergewöhnliche Belastungen: Erwachsen einem Steuerpflichtigen zwangsläufig größere Aufwendungen als der überwiegenden Mehrzahl der Steuerpflichtigen gleicher Einkommensverhältnisse, gleicher Vermögensverhältnisse und gleichen Familienstands (außergewöhnliche Belastung), so können diese Aufwendungen im Rahmen der Einkommensteuerveranlagung geltend gemacht werden. Dies bedeutet, dass eine Steuerermäßigung dadurch eintritt, dass die außergewöhnlichen Belastungen, ebenso wie die Sonderausgaben, von der Summe aller Einkünfte abgezogen werden.

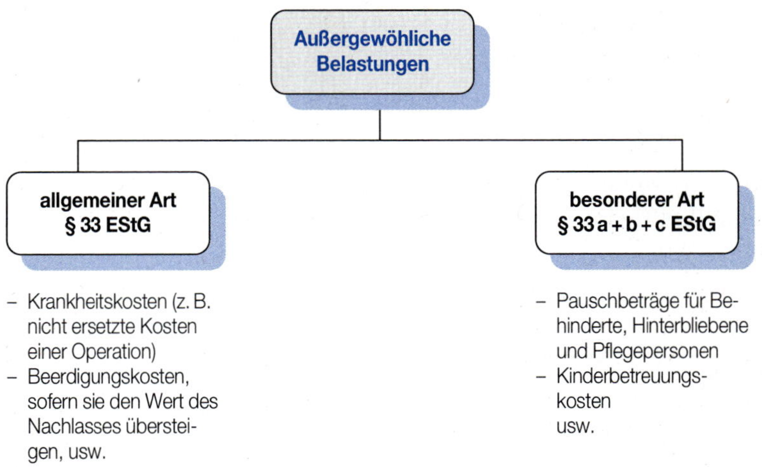

Abb. 12.10: Außergewöhnliche Belastungen

Wiederholungsfragen

Wiederholungsfragen

1. *Nennen Sie Beispiele für Einkünfte aus nichtselbstständiger Arbeit!*
2. *Wie lässt sich der Begriff Lohnsteuer begründen?*
3. *Ist die Lohnsteuer eine eigene Steuerart?*
4. *Nach welchem Verfahren wird die Lohnsteuer vom Arbeitgeber einbehalten?*
5. *Wie viele Steuerklassen sieht das Einkommensteuergesetz vor?*
6. *In welche Steuerklasse wird ein Lediger ohne Kinder eingereiht?*
7. *In welche Steuerklassen wird ein Arbeitnehmer eingereiht, der zwei Dienstverhältnissen nachgeht?*
8. *In welche Steuerklasse gehört ein Arbeitnehmer, wenn sein Ehegatte keinen Arbeitslohn bezieht?*
9. *Was versteht man unter der Elektronischen Lohnsteuerbescheinigung?*
10. *Welche Eintragungen hat die Gemeinde in der Lohnsteuerkarte vorzunehmen?*
11. *Unter welchen Voraussetzungen kann ein Einkommensteuerpflichtiger beim Finanzamt Freibeträge auf der Lohnsteuerkarte eintragen lassen?*
12. *Zu welchen Terminen müssen Arbeitnehmer, die zur Einkommenssteuer veranlagt werden, Vorauszahlungen leisten?*
13. *Worin besteht der Unterschied zwischen dem Bruttogehalt und dem Nettogehalt eines Arbeitnehmers?*
14. *Unter welchen Voraussetzungen kann sich eine Einkommensteuerveranlagung lohnen?*
15. *Nennen Sie Beispiele für Werbungskosten, die ein Arbeitnehmer im Rahmen der Einkommensteuerveranlagung geltend machen kann!*
16. *Nennen Sie Beispiele für Betriebsausgaben!*
17. *Unter welchen Voraussetzungen handelt es sich um Betriebseinnahmen?*
18. *Nennen Sie Beispiele für Sonderausgaben, die*
    a) in vollem Umfang abzugsfähig sind,
    b) beschränkt abzugsfähig sind.
19. *Nennen Sie Beispiele für außergewöhnliche Belastungen*
    a) allgemeiner Art,
    b) besonderer Art!

- **Einkommensteuertarif, Grundtabelle und Splittingtabelle**

Aus Kapitel 12.5.1. ist bereits bekannt, dass eine Person während des Kalenderjahres verschiedene Einkünfte erzielen kann, wie z. B. Gehalt, Zinseinkünfte aus Geldanlagen, Mieteinkünfte aus einer vermieteten Wohnung usw. Diese Einkünfte werden gemäß Einkommenssteuergesetz jeweils als einzelne Einkunftsart ausgewiesen. Insgesamt handelt es sich um sieben Einkunftsarten *(§ 2 EStG).*

Ein Arbeitnehmer, der während des Jahres regelmäßig Gehalt, also **Einkünfte aus nichtselbständiger Arbeit** bezogen hat, weiß, dass es sich auf dem eigenen Girokonto nicht um das Bruttogehalt handelt, das ihm überwiesen wurde, sondern um das sog. Nettogehalt. Vom Bruttogehalt wurden neben Sozialversicherungsbeiträgen, Lohnsteuer, Solidaritätszuschlag und evtl. Kirchensteuer abgezogen.

Während des laufenden Kalenderjahres können aber auch Werbungskosten, Sonderausgaben oder außergewöhnliche Belastungen anfallen, die zu Beginn des Kalenderjahres noch nicht bekannt waren. Aus diesem Grunde können diese Beträge nach Ablauf des Kalenderjahres, also ab Januar des auf das sog. **Ausgleichsjahr** folgende Kalenderjahr, im Rahmen der sog. Einkommensteuerveranlagung geltend gemacht werden. Konkret bedeutet dies: Man ermittelt die Summe aus Werbungskosten, Sonderausgaben und außergewöhnlichen Belastungen und zieht sie von den **Einkünften aus nichtselbstständiger Arbeit**, die monatlich bezogen werden, ab.

Einkünfte aus Kapitalvermögen wie z. B. Zinsen und Dividenden[3)], werden mit einer Kapitalertragsteuer, d. h. der sog. Abgeltungssteuer (= umgangssprachlich), versteuert. Dabei beginnt die Besteuerung dort, wo der **Sparer-Pauschbetrag** in Höhe von 801 € (1.602 € bei Verheirateten) überschritten wird. Der den Pauschbetrag überschreitende Betrag wird mit 25 %[4)] zuzüglich 5,5 % Solidaritätszuschlag und evtl. 8 % oder 9 % Kirchensteuer[5)], jeweils von dem ermittelten zu zahlenden Abgeltungssteuerbetrag, versteuert. Hat z. B. eine ledige und katholische Person Zinsen in Höhe von 2.001 € zu versteuern, so sind zunächst 801 € steuerfrei. Der Restbetrag in Höhe von 1.200 € ist mit 25 % zu versteuern. Es fallen 300 € zu zahlende Einkommensteuer an. Von diesem Betrag sind außerdem 5,5 % Solidaritätszuschlag (= 16,5 €) und 8 % Kirchensteuer (= 24 €) zu zahlen, insgesamt also 340,50 € an Steuern an das Finanzamt abzuführen.

Der Gesamtbetrag der Einkünfte, vermindert um die Sonderausgaben und die außergewöhnlichen Belastungen, ist das **Einkommen** *(§ 2 Abs. 4 EStG).*

Das Einkommen, vermindert um die Freibeträge nach *§ 32 Abs. 6 EStG* und um die sonstigen vom Einkommen abzuziehenden Beträge, ist das **zu versteuernde Einkommen**. Dieses bildet die Bemessungsgrundlage für die sog. tarifliche Einkommensteuer. Bei der tariflichen Einkommen-

[3)] Eine Dividende ist der Anteil am Gewinn einer Aktiengesellschaft pro Aktie
[4)] Siehe § 32 d EStG
[5)] Siehe § 51 a EStG

steuer handelt es sich um einen in Gruppen gestuften Einkommensteuertarif. Wer in das Einkommensteuergesetz schaut, der wird beispielsweise erfahren, dass Personen, die im laufenden Kalenderjahr ein zu versteuerndes Einkommen von 7.664 Euro erzielen – man nennt dieses Grundfreibetrag – keine Einkommensteuer zu zahlen haben. Bei steigendem zu versteuerndem Einkommen muss eine zunehmend höhere Einkommensteuer gezahlt werden *(§ 32 a EStG):*

Um festzustellen, wie hoch der im Ausgleichsjahr zu bezahlende Betrag an Lohnsteuer, Solidaritätszuschlag und Kirchensteuer tatsächlich gewesen wäre, muss also das zu versteuernde Einkommen berechnet werden. Für diese Betrachtungsweise soll das nachfolgende vereinfachte Schaubild dienen.

	Summe der Einkünfte gemäß § 2 EStG *(Nr. 1 - 7)*
–	Altersentlastungsbetrag (§ 24 a EStG)
=	Freibetrag für Land- und Forstwirte (§ 13 Abs. 3 EStG)
=	**Gesamtbetrag aus Einkünfte**
–	Sonderausgaben (§§ 10,10b, 10 c EStG)
–	außergewöhnliche Belastungen (§ 33m 33 a, 33 b, 33 c EStG)
–	wie Sonderausgaben abziehbare Beträge gemäß § 10 e EStG usw.
=	**Einkommen (§ 2, Abs. 4 EStG)**
–	Freibeträge gemäß §§ 31, 32 Abs. 6 EStG
–	Härteausgleich gemäß § 46 Abs. 3 EStG, § 70 EStDV
=	**zu versteuerndes Einkommen (§ 2, Abs. 5 EStG)**

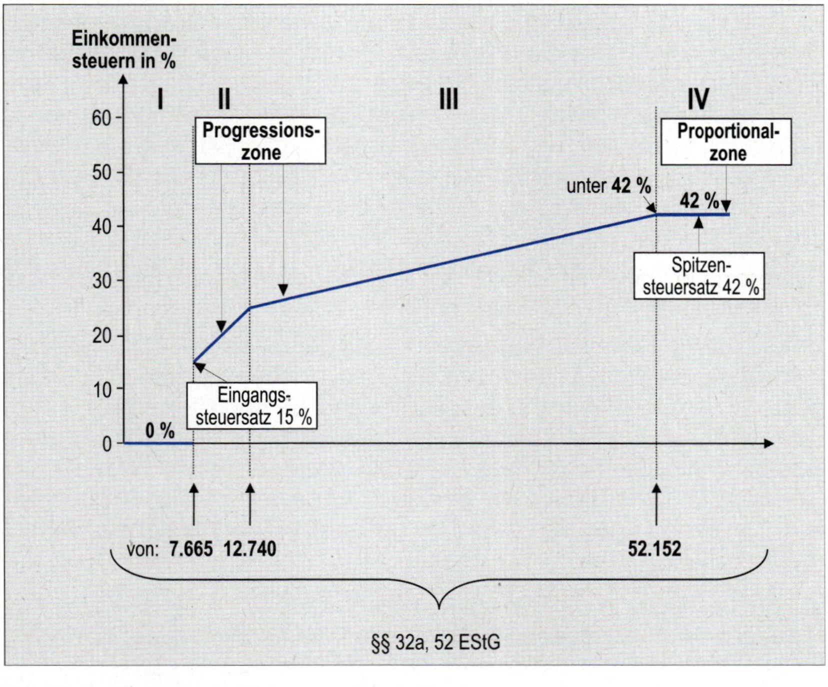

Abb. 12.11: Die Zonen des Einkommensteuertarifs

Ab einem Betrag 52.152 € ist das zu versteuernde Einkommen mit dem Spitzensteuersatz von 42 % zu versteuern. – Ab einem zu versteuernden Einkommen von 250.000 €, bei Verheirateten ab 500.000 €, sind zusätzlich 3 % Einkommensteuer zu zahlen (= sog. **Reichensteuer).**

Das zu versteuernde Einkommen bildet die Bemessungsgrundlage für die tarifliche Einkommensteuer, d.h. von seiner Höhe hängt es ab, wie viel Steuern ein Steuerpflichtiger tatsächlich zu zahlen hat.

Es wird deutlich, dass hierbei der Grundsatz gilt, dass Steuerpflichtige mit einem niedrigeren zu versteuernden Einkommen steuerlich weniger stark belastet werden sollen, als solche mit einem höheren zu versteuernden Einkommen. Aus diesen sozialpolitischen Gründen wird die Einkommensteuer in Tarife, d. h. in Zonen eingeteilt. Man spricht in diesem Zusammenhang vom sog. **Einkommensteuertarif**.

Tarifzonen

- *In **Zone I (= Nullzone)** bleibt das zu versteuernde Einkommen bis zu einem zu versteuernden Einkommen in Höhe von 7.664 Euro steuerfrei.*
- *Ab **Zone II (= Progressionszone I)** beträgt der Eingangssteuersatz 15 % ab einem zu versteuernden Einkommen von 7.665 Euro.*
- *Ab **Zone III (= Progressionszone II)** steigt der Einkommensteuersatz ab einem zu versteuernden Einkommen von 12.740 Euro bis zu einem Steuersatz unter 42 %.*
- *Ab **Zone IV (= obere Proportionalzone)** wird jedes zu versteuernde Einkommen ab 52.152 Euro mit einem gleichbleibenden Steuersatz von 42 % versteuert.*

Im Einkommensteuerrecht gibt es den so genannten **Grenzsteuersatz**. Dieser bedeutet, dass die ansteigende Prozentbelastung immer nur die Einkommenszuwächse betrifft. Sie bezieht sich also nicht auf das gesamte zu versteuernde Einkommen. Insofern hat auch eine sehr vermögende Person, die unter den Begriff Millionär unterzuordnen ist, einen Grundfreibetrag. Beispiel: Ein Grenzsteuersatz von 24 % beinhaltet die Feststellung, dass von einem Einkommenszuwachs von 100 Euro 24 Euro an Steuern zu zahlen sind. Ein Einkommenszuwachs kann durch zusätzliche Einkünfte, wie Einkünfte aus selbstständiger Arbeit oder Einkünfte aus Vermietung und Verpachtung, entstehen.

Unter bestimmten Voraussetzungen ist auf das zu versteuernde Einkommen eines unbeschränkt Steuerpflichtigen ein **besonderer Steuersatz** anzuwenden, so z. B. wenn er Arbeitslosengeld, Kurzarbeitergeld, Teilarbeitslosengeld, Insolvenzgeld, Winterausfallgeld, Mutterschaftsgeld usw. bezogen hat. Diese Einzelfälle bewirken, dass steuerfreie Einkünfte bei der Ermittlung des Steuertarifs erhöhend zu berücksichtigen sind. In diesem Fall spricht man von einem so genannten **Progressionsvorbehalt** *(§ 32 b EStG).*

Bei der Bemessung der Einkommensteuer spielt nicht nur die Frage eine Rolle, wie viel Einkunftsarten zu besteuern sind, sondern auch, ob es sich bei der Besteuerung um Alleinstehende oder Verheiratete handelt.

Wenn zu berechnen ist, wie hoch das zu versteuernde Einkommen ist, so muss man grundsätzlich zwei Tarife unterscheiden.

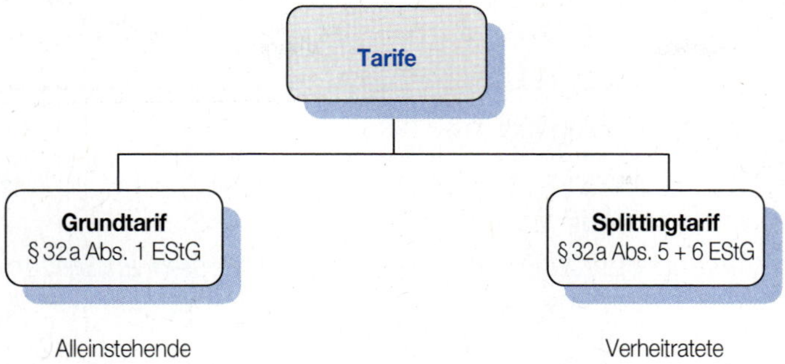

Abb. 12.12

Grundsätzlich gilt: Ehegatten werden nach dem Grundtarif veranlagt, wenn einer der Ehegatten getrennte Veranlagung wählt. Ehegatten werden nach Splittingtarif zusammen veranlagt, wenn beide Ehegatten die betreffende Veranlagungsart wählen. Bei der Zusammenveranlagung von Ehegatten werden die Einkünfte, die die Ehegatten erzielt haben, zusammengerechnet und die Ehegatten sodann gemeinsam als Steuerpflichtiger behandelt. Nun haben sie eine gemeinsame Steuererklärung abzugeben. Diese ist von beiden Ehegatten gemeinsam zu unterschreiben *(§ 26 f. EStG)*.

Grundsätzlich ist für einen einzelnen Steuerpflichtigen eine Einzelveranlagung durchzuführen. Für Witwer oder Witwen gilt jedoch im Einkommensteuerrecht, dass unter denen in *§ 32a Abs. 6 Nr. 1 EStG* genannten Voraussetzungen auch die Splittingtabelle angewendet werden kann.

Man wird sich nun fragen, warum es wichtig ist zu wissen, dass Verheiratete den Splittingtarif anwenden können. Der Splittingtarif wurde vom Gesetzgeber deshalb geschaffen, um die Bildung von Familie wirtschaftlich zu fördern.

Beispiel:

	Grundtarif in €			Splittingtarif in €		
zu versteuerndes Einkommen	**Einkommensteuer**	**Solidaritätszuschlag**	**Kirchensteuer 8 %**	**Einkommensteuer**	**Solidaritätszuschlag**	**Kirchensteuer 8 %**
42.224	10.045	552,48	803,61	6.313	347,20	505,02
*	*	+	*	*	*	*
*	*	*	*	*	*	*
45.608	11.339	623,64	907,12	7.267	399,66	581,33

Aus der Tabelle lässt sich erkennen, dass im Falle der Anwendung des Grundtarifs 10.045 € Einkommensteuer und bei Anwendung des Splittingtarifs 6.313 € Einkommensteuer fällig sind, wenn das zu versteuernde Einkommen 42.224 € beträgt.

Wieder-holungs-fragen

Wiederholungsfragen

1. *Nennen Sie mindestens drei Einkunftsarten gemäß § 2 Einkommensteuergesetz!*
2. *Während des Jahres können Werbungskosten anfallen im Zusammenhang mit Einkünften aus Zinsen. - Nennen Sie ein Beispiel für diese Werbungskosten!*
3. *Wie hoch ist der Sparerfreibetrag?*
4. *Welche Bedeutung hat der Sparerfreibetrag unter dem Gesichtspunkt der Besteuerung?*
5. *Wie werden die beiden Achsen in dem Schaubild (Koordinatenkreuz) bezeichnet, in dem die Zonen des Einkommensteuertarifs dargestellt sind?*
6. *Nennen und beschreiben Sie die einzelnen Zonen des Einkommensteuertarifs!*
7. *Schauen Sie in das Schaubild, in dem der Einkommensteuertarif 2005 dargestellt ist. Wie viel Prozent Steuern haben Einkommensteuerpflichtige ab dem Jahr 2005 zu zahlen, wenn ihr zu versteuerndes Einkommen*

   a) 38.000 Euro

   b) 11.500 Euro

   c) 41.200 Euro und

   d) 138.000 Euro

   beträgt?
8. *In welcher Zone des Einkommensteuertarifs sind keine Steuern zu zahlen?*
9. *In welcher Zone des Einkommensteuertarifs haben Einkommensteuerpflichtige in Abhängigkeit von ihrem zu versteuernden Einkommen 35 % Einkommensteuer zu zahlen?*
10. *Worüber gibt der Grenzsteuersatz Auskunft?*
11. *Was besagt ein Grenzsteuersatz von 33 %?*
12. *Was versteht man im Steuerrecht unter dem Progressionsvorbehalt?*
13. *Erklären Sie, warum der Gesetzgeber zwischen dem Grund- und Splittingtarif unterscheidet!*

12.6 Umsatzsteuer

Sigrid Roth und Arabella Kurzweil haben im Januar in Mainz ein Unternehmen gegründet. Gegenstand der Roth und Kurzweil PC und Telekommunikations-Vertriebs GmbH ist der Vertrieb von Hardware und Software und Telefonanlagen. Die beiden Jungunternehmerinnen haben

- *über ihre Hausbank beantragt, von der Kreditanstalt für Wiederaufbau einen zinsgünstigen Kredit mit einer Laufzeit von 8 Jahren zu erhalten,*
- *den Gesellschaftsvertrag notariell beurkunden lassen und die Eintragung ihrer Kapitalgesellschaft ins Handelsregister, Abteilung B, beim Amtsgericht beantragt und*
- *ein Gespräch im Finanzamt mit einer Sachbearbeiterin geführt um einige Fragen, die Umsatzsteuer-Zahlung betreffend, beantwortet zu bekommen, zumal sie mit einem Gesamtjahresumsatz von mindestens 200.000 Euro rechnen.*

Im Finanzamt stellen die beiden Jungunternehmerinnen u. a. folgende Fragen:

- *Welche Unternehmen sind verpflichtet, Umsatzsteuer zu zahlen?*
- *Was sind steuerbare Umsätze?*
- *In welchen Fällen ist Umsatzsteuer zu zahlen, wenn mit dem Ausland Handel betrieben wird?*
- *Unter welchen Voraussetzungen wird die Umsatzsteuer-Vorauszahlung erforderlich?*
- *Wann spricht man von Inland im umsatzsteuerrechtlichen Sinne?*
- *Was ist die sog. Zahllast?*

• Unternehmer sind möglicherweise umsatzsteuerpflichtig

Die beiden Frauen haben eine juristische Person des privaten Rechts, eine GmbH, also ein Unternehmen, gegründet. Damit ist die GmbH Unternehmer i.S.d. Umsatzsteuergesetzes.

Diese Rechtsgrundlage legt fest, wer umsatzsteuerrechtlich Unternehmer ist und deshalb möglicherweise umsatzsteuerpflichtig wird. So wird beispielsweise der Lieferer eines neuen Fahrzeuges gemäß *§ 2a UStG* als Unternehmer behandelt, sofern er nicht Unternehmer im Sinne des *§ 2 UStG* ist.

Wer als Unternehmer gilt, regelt *§ 2* des Umsatzsteuergesetzes (= UStG).

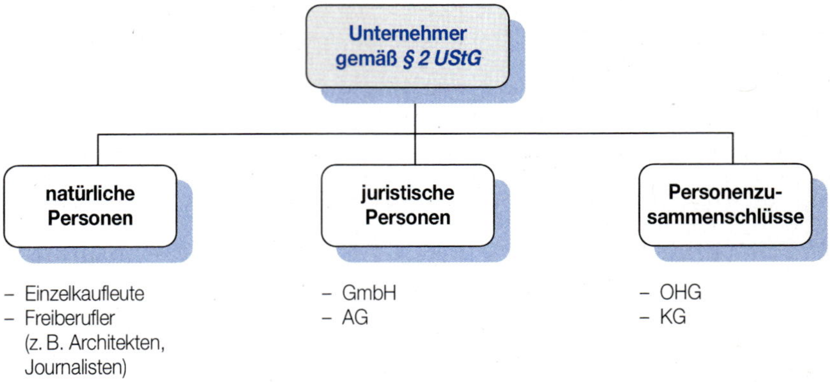

Abb. 12.13

• *Steuerbare Umsätze*

Die wirtschaftlichen Vorgänge, für die der Unternehmer umsatzsteuerpflichtig wird, werden **steuerbare Umsätze** genannt. Es handelt sich dabei um Umsätze, die in *§ 1 UStG* genannt sind (schauen Sie im UStG nach!).

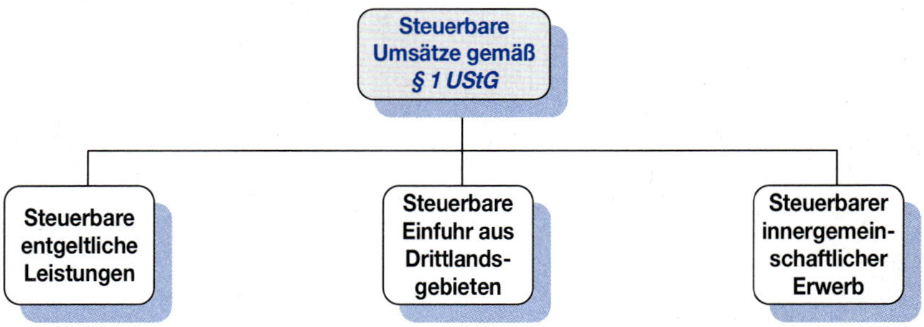

Abb. 12.14

1. Steuerliche entgeltliche Leistungen

Beispiele:
- *Lieferung einer Telefonanlage zum Preis von 7.200 Euro durch die Roth und Kurzweil ... GmbH nach Kiel.*
- *Pachtvertrag über Geschäftsräume in Bremen.*
- *Werkvertrag aufgrund der Reparatur einer Telefonanlage in München.*

2. Steuerbare Einfuhr aus Drittländern

Die Roth und Kurzweil PC und Telekommunikation-Vertriebs- GmbH kauft im Iran Verpackungshüllen für Personalcomputer ein. Da der Lieferant ***unverzollt und unversteuert*** *liefert, wird die Ware auf dem Landweg von dem Drittlandsgebiet (Iran) in Berlin zoll- und umsatzsteuerrechtlich zum freien Verkehr abgewickelt, d. h. die GmbH* *schuldet als Leistungsempfänger Zoll und Einfuhrumsatzsteuer. Deshalb liegt eine so genannte steuerbare Einfuhr vor. Einfuhrumsatzsteuer ist an das Zollamt abzuführen. Sie kann als Vorsteuer gegenüber dem Finanzamt geltend gemacht werden.*

3. Steuerbarer innergemeinschaftlicher Erwerb

Die Mainzer Roth und Kurzweil GmbH erwirbt bei einem Unternehmen in Italien Monitore für PCs im Wert von 20.000,00 Euro. Das deutsche Unternehmen erhält per Spedition die Lieferung aus Italien. Damit bewirkt das Mainzer Unternehmen einen innergemeinschaftlichen Erwerb von Monitoren.

- ***Umsatzsteuersätze im Gemeinschaftsgebiet***

Die beiden Unternehmerinnen haben im Finanzamt bisher erfahren, dass

- Umsätze im Inland und
- im Ausland besteuert werden können.

- Gemäß *§ 1 Absatz 2 Satz 2* ist **Ausland** das Gebiet, das nicht Inland ist.
- **Inland** ist das Gebiet der Bundesrepublik Deutschland und einzelne im UStG näher bezeichnete Gebiete, wie beispielsweise die Insel Helgoland.
- Das **Gemeinschaftsgebiet** umfasst das Inland und die Gebiete der übrigen Mitgliedstaaten der Europäischen Gemeinschaft.
- **Drittlandsgebiet** ist das Gebiet, das nicht Gemeinschaftsgebiet ist.

In den Ländern des Gemeinschaftsgebiets sind die Umsatzsteuersätze unterschiedlich hoch, so z. B. 19,6 % in Frankreich.

- ***Umsatzsteuersätze in Deutschland***

In Deutschland beträgt die Umsatzsteuer für jeden steuerpflichtigen Umsatz 19 % der Bemessungsgrundlage (Bsp.: Umsatz bei Lieferung nach Entgelt gemäß *§ 10 UStG)*. Neben diesem Prozentsatz gibt es noch den **ermäßigten Steuersatz von 7 %**[6)] für beispielsweise folgende Umsätze:

- die Aufzucht und das Halten von Vieh,
- die Anzucht von Pflanzen,
- die Leistungen der Theater, Orchester, Chöre, Museen,

[6)] Siehe hierzu aktuelles Steuerrecht im Umsatzsteuergesetz.

- Zirkusvorführungen,
- Leistungen der Körperschaften, die ausschließlich und unmittelbar gemeinnützige, mildtätige und kirchliche Zwecke verfolgen usw. (*§ 12 UStG*).

• *Umsatzsteuer – Mehrwertsteuer – Vorsteuer*

Wenn die Roth und Kurzweil GmbH Waren zum Wiederverkauf einkauft, so sind auf der **Eingangsrechnung** ausgewiesen:

- der Wert der Ware und
- die auf den Warenwert entfallende Umsatzsteuer.

Waren-Eingangsrechnung

Warenwert	2.000,– €
+ 19 % Umsatzsteuer	380,– €
= Rechnungsbetrag	2.380,– €

Buchung bei Zahlung durch die Bank

Wareneinkauf	2.000,– €	an Bank	2.380,– €
+ Vorsteuer	380,– €		

Die ausgewiesene Umsatzsteuer beim Wareneinkauf wird als **Vorsteuer** bezeichnet. Verkauft der Unternehmer Waren, so stellt er eine Ausgangsrechnung aus *(§ 15 UStG)*.

Waren-Ausgangsrechnung

Warenwert	1.000,– €
+ 19 % Umsatzsteuer	190,– €
= Rechnungsbetrag	1.190,– €

Buchung bei Lieferung gegen Barzahlung

Kasse	1.190,– €	an	Warenverkauf	1.000,– €
			+ Umsatzsteuer	190,– €

Ein Unternehmer zieht von der Steuer, die er aufgrund seiner Umsätze dem Finanzamt gegenüber schuldet, die Vorsteuer ab. Durch den Vorsteuerabzug wird erreicht, dass er nur den Nettoumsatz, d. h. den sog. **Mehrwert** versteuert. Aus diesem Sachverhalt ist der Begriff **Mehrwertsteuer** abgeleitet. Bestehen Auslandsbeziehungen, so ist die Einfuhrumsatzsteuer von der Umsatzsteuer für den Besteuerungszeitraum abzusetzen, in dem sie entrichtet worden ist *(§ 16 UStG)*.

Der Betrag, der an das Finanzamt abzuführen ist, wird **Zahllast** genannt.

> ***Beispiel:***
>
> | | |
> |---|---|
> | *Umsatzsteuer* | *24.000,- €* |
> | *- Vorsteuer* | *20.000,- €* |
> | ***= Zahllast*** | ***4.000,- €*** |

• Umsatzsteuer-Voranmeldung

Der Unternehmer hat bis zum 10. Tag nach Ablauf des Voranmeldungszeitraums eine Voranmeldung nach amtlich vorgeschriebenem Vordruck abzugeben, in der er die Umsatzsteuer-Vorauszahlung selbst zu berechnen hat *(§ 18 UStG).*

> ***Beispiel:***
>
> *Die Peter Kalt GmbH, Lebensmittel-Großhandel, Annastraße 12 b, 55124 Mainz, Telefon 40 30 20 11 hat beim Finanzamt Mainz-Mitte, Schillerstraße 13, 55116 Mainz bis spätestens 10. Oktober das Formular „Umsatzsteuer-Voranmeldung 2008" einzureichen. Die Steuernummer ist die 1246817954. Die an das Finanzamt abgeführte Umsatzsteuer im vergangenen Jahr betrug insgesamt 118.000,- €. In diesem Monat ermittelt das Unternehmen steuerpflichtige Umsätze zum Steuersatz von 19 % in Höhe von 72.010,- € und zum Steuersatz von 7 % insgesamt 9.264,- €. - Aus den Geschäftsbüchern geht hervor, dass die abziehbaren Vorsteuerbeträge aus Rechnungen von anderen Unternehmen 3.123,79 € betragen. Das Formular wird von der im Rechnungswesen tätigen Angestellten Iris Rand, Bogengasse 12, 65191 Wiesbaden, am 08. Oktober 2008 ausgefüllt.*
>
> - *Steuerpflichtiger Umsatz zum Steuersatz von 19 %:*
>   *19 % von 72.010,- € = 13.681,90 €*
> - *Steuerpflichtiger Umsatz zum Steuersatz von 7 %:*
>   *7 % von 9.264,- € = 648,48 €*
> - *Beträgt die Steuer für das vorangegangene Kalenderjahr mehr als 12.000,- €, ist der Kalendermonat Voranmeldezeitraum.*
> - *Die an das Finanzamt abzuführende Zahllast beträgt 1.368,90 € + 648,48 € - 3.123,79 € = 11.206,59 €.*

Wiederholungsfragen

Wiederholungsfragen

1. *Wer gilt als Unternehmer im umsatzsteuerrechtlichen Sinn?*
2. *Nennen Sie Beispiele für steuerbare Umsätze gemäß § 1 UStG!*
3. *Erläutern Sie, was im umsatzsteuerrechtlichen Sinn unter den Begriffen Inland, Ausland, Gemeinschaftsgebiet und Drittlandgebiet verstanden wird!*
4. *Welche Umsatzsteuersätze werden in Deutschland unterschieden?*
5. *Wie lautet grundsätzlich die Buchung im Fall des Wareneinkaufs, wie im Fall des Warenverkaufs eines Unternehmers?*
6. *Was ist die so genannte Zahllast?*
7. *Wann spätestens hat ein Unternehmer seine Umsatzsteuer-Voranmeldung beim Finanzamt einzureichen?*

12.7 Versicherungen

12.7.1 Entstehung und Entwicklung der sozialen Sicherung

Geschichtliche Entwicklung

Charly Brown schlägt die Tageszeitung auf und liest folgende Nachricht: „Jahrelang wurden die Krankenversicherungsbeiträge wegen steigender Kosten erhöht. In den letzten Monaten hat sich abgezeichnet, dass die Kosten immens weitersteigen. Jetzt hat der Bundestag einen Schlussstrich gezogen. Selbst die Opposition hat der Vorlage der Bundesregierung zugestimmt. Alle Krankenkassen werden geschlossen. Die Beitragszahler erhalten den im letzten Monat gezahlten Beitrag zurück. Zukünftig müssen alle Arbeiter, Angestellten, Beamten, aber auch die Auszubildenden ihre Arztkosten, Krankenhausaufenthalte, Krankentransporte und Medikamente selbst bezahlen. Nur so kann das verbleibende staatliche Sicherungssystem gerettet werden." Niemandstadt, 1. April.

Wer diese Zeilen ernsthaft liest, wird sicher zunächst geschockt sein. Gott sei Dank handelt es sich um eine Pressemitteilung am 1. April, also um einen Aprilscherz. – Wer aber geschichtlich interessiert ist, der wird wissen, dass es noch gar nicht so lange her ist, als die Arbeitnehmer im Falle von Krankheit durch kein soziales Sicherungssystem abgesichert waren. Aufgrund fehlender finanzieller Mittel konnten deshalb viele Kranke keine ärztliche Hilfe in Anspruch nehmen. Die Sterberate war – vergleichsweise zur heutigen Zeit – entsprechend hoch. Dies änderte sich im Jahr 1881, als der Reichskanzler Bismarck in der von ihm verfassten Thronrede, der so genannten **Kaiserlichen Botschaft** vom 17. November 1881, den **Grundstein** für unser heutiges **Sozialversicherungssystem** legte.

> *Trotz unterschiedlicher Forschungs- und Erkenntnisinteressen dürfte darüber, wie die Kaiserliche Botschaft in den geschichtlichen Zusammenhang und speziell in die Bismarcksche Innenpolitik einzuordnen ist, in wesentlichen Punkten Einigkeit bestehen. Dazu nur andeutungsweise: Zunächst ist hervorzuheben, dass Bismarck, obwohl durch seine äußere Politik stark in Anspruch genommen, auch auf dem Gebiet der Sozialpolitik eine ,,einsame Sonderstellung an der Spitze der preußisch-deutschen Machthierarchie" (Hans-Ulrich Wehler) einnahm und als Gestalter und Ideenträger in Erscheinung trat. Ausgeprägtes Problembewusstsein für die ,,Soziale Frage" belegt z. B. seine vielzitierte Äußerung gegenüber Moritz Busch (1881): ,,Der Staat muss die Sache in die Hand nehmen. Nicht als Almosen, sondern als Recht auf Versorgung, wo der gute Wille zur Arbeit nicht mehr kann. Wozu soll nur der, welcher im Kriege erwerbsunfähig geworden ist oder als Beamter durch Alter, Pension haben und nicht auch der Soldat der Arbeit? Diese Sache wird sich durchdrücken. Die hat ihre Zukunft. Es ist möglich, dass unsere Politik einmal zu Grunde geht, wenn ich tot bin. Aber der Staatssozialismus paukt sich durch. Jeder, der diesen Gedanken wieder aufnimmt, wird ans Ruder kommen."*
>
> *Quelle: Wilde, Klaus ,,Hundert Jahre Sozialversicherung in Deutschland". In: Aus Politik und Zeitgeschichte (Beilage zur Wochenzeitung das Parlament) B 47/81, 21.11.1981, Seite 4*

Kaiserliche Botschaft

Die von **Bismarck** im Reichstag verlesene Botschaft war für die damaligen Verhältnisse fast revolutionär. Sie blieb nicht ohne Auswirkungen. Die Prophezeiung, dass ,,diese Sache ihre Zukunft habe," wurde Wirklichkeit. Wenn heute Verbesserungen gefordert werden im Krankheitswesen, höhere Renten, höhere Ausbildungsbeihilfen für Studenten u. Ä., dann werden diese Forderungen in unserer **sozialen Marktwirtschaft** als berechtigte Forderungen dieses Wirtschaftssystems angesehen. Die Betonung liegt aber auf ,,heute"; denn vor Bismarck gab es keinerlei gesetzliche Absicherung im Krankheitsfall und auch keine gesetzlich garantierte Zukunftsabsicherung durch eine Rente oder Pension im Alter. Es dauerte auch einige Jahre, bis die Forderungen der ,,Kaiserlichen Botschaft" im Reichstag in Form von Gesetzen umgesetzt wurden.

Sozialversicherungsgesetze

Während der Zeit Bismarcks wurden drei **Sozialversicherungsgesetze verabschiedet**:

- *am 15. Juni 1883 das ,,Gesetz betreffend die **Krankenversicherung der Arbeiter**".*
- *am 06. Juli 1884 das ,,Gesetz betreffend die **Unfallversicherung**".*
- *am 22. Juni 1889 das ,,Gesetz betreffend die **Invaliditäts- und Altersversicherung**".*

Nach der Entlassung Bismarcks im Jahre 1890 kam es durch erweiterte Gesetzgebung sukzessiv (= nach und nach) zu einem weiteren Ausbau der einzelnen Sozialversicherungen. Während der Weimarer Republik wurden die bisherigen Sozialgesetze, die während der Bismarck'schen Zeit in Kraft gesetzt wurden, ergänzt durch das **Arbeitslosenversicherungsgesetz** vom 16. Juli 1927.

Am 1. Januar 1995 ist das Pflege-Versicherungsgesetz in Kraft getreten. Damit wurde die Pflegeversicherung als **fünfte Säule der Sozialversicherung** geschaffen.

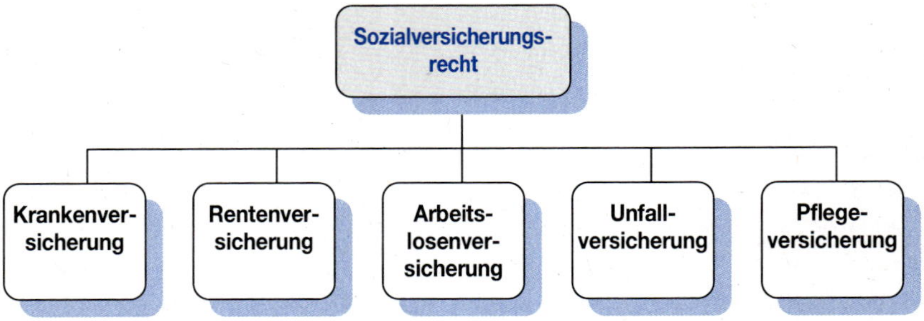

Abb. 12.15: Das soziale Netz

Soziale Sicherung

Das **System der sozialen Sicherung** hat sich bis heute ständig **weiterentwickelt**. Allerdings ist der Ausdruck „soziale Sicherheit" nicht mit dem Begriff „Sozialversicherung" gleich zu setzen. Der Begriff „soziale Sicherheit" ist umfassender.

Aus der Vielfalt der Leistungen unseres sozialen Sicherungssystems haben sich vier Bereiche herauskristallisiert.

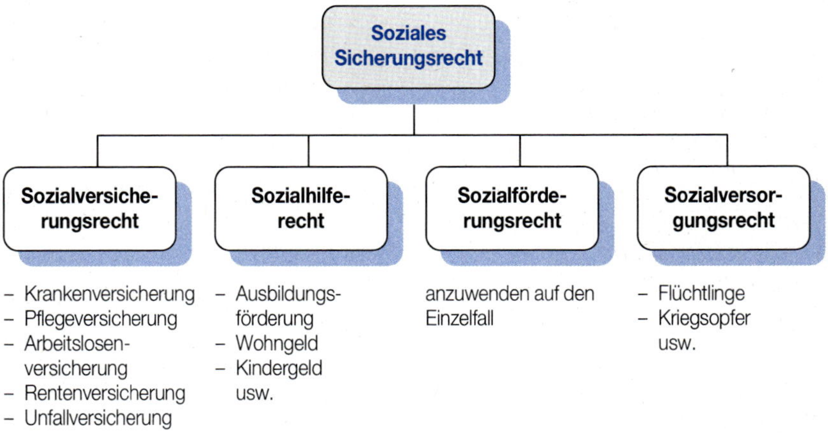

Abb. 12.16: Soziales Sicherungssystem

12.7.2 Zweige der Sozialversicherung

Der ledige 22-jährige Karl Waldbrand arbeitet bei dem Autohaus Jahn & Söhne in Bingen am Rhein im Bundesland Rheinland-Pfalz. Seine Gehaltsabrechnung im August sieht nach Gehaltserhöhung um brutto 300 € wie folgt aus:

Gehaltsabrechnung für August 20..

Arbeitnehmer/in: Karl Waldbrand		**Abteilung:** Rechnungswesen
Steuerklasse: I	**Konfession:** ev.	**Beschäftigt seit:** März 20..
Konto-Nr. 654321	**Bank:** Geldinstitut Wums AG	**BLZ:** 555999

Bruttogehalt	Vermögensw. Leistungen des Arbeitgebers	Gesamtbruttogehalt	Lohnsteuer	Solidaritätszuschlag 5,5 %	Kirchensteuer 9 %	Sozialversicherungsanteil des Arbeitnehmers	Nettogehalt	Überweisung
4.800 €	-	4.800 €	1.382,41 €	76,03 €	124,41 €	1.000,80 €	2.216,35 €	2.216,35 €

Sein Nettogehalt erscheint ihm verhältnismäßig niedrig. Deshalb bittet er den Mitarbeiter Frank Ulmer in der Personalabteilung darum, ihm zu erklären, wie die einzelnen Beträge zu Stande kommen.

Herr Ulmer teilt Karl Waldbrand mit, dass sich Lohnsteuer, Kirchensteuer und Solidaritätszuschlag aus der Monatslohnsteuer-Tabelle ablesen lassen. In unserem Bundesland beträgt die Kirchensteuer 9 %, in anderen Bundesländern hingegen nur 8 %.

Die Sozialversicherungsbeiträge, die Karl zu tragen hat, errechnen sich für die Arbeitslosen-, Kranken-, Pflegeversicherung- und Rentenversicherung in Prozenten vom Bruttogehalt, dividiert durch 2.

Nach Ablauf des Monats, in dem er das 23. Lebensjahr vollendet hat und er kinderlos geblieben ist, erhöht sich der Beitragssatz der **Gesetzlichen Pflegeversicherung** um einen Beitragszuschlag in Höhe von 0,25 % (= Beitragszuschlag für Kinderlose).

Am 1. Juli 2005 wurde aufgrund einer gesetzlichen Neuerung der Beitragssatz der Gesetzlichen Krankenversicherung (GKV) um 0,9 % gesenkt. Gleichzeitig sind ab diesem Tag von den Mitgliedern der GKV ein Beitrag zur Zahnersatzabsicherung in Höhe von 0,4 % und ein zusätzlicher Beitrag von 0,5 %, also insgesamt 0,9 % aufzubringen. Dieser gesamte zusätzliche Beitragssatz wird also ausschließlich vom Versicherten getragen. Die Arbeitgeber behalten lediglich den Zusatzbeitrag des Arbeitnehmers ein und führen diesen mit den übrigen Sozialversicherungsbeiträgen ab. – Halten wir also fest:

1. Von dem gesenkten Beitrag zur GKV zahlen sowohl der Arbeitgeber als auch der Arbeitnehmer – wie bisher – je die Hälfte des Gesamtbeitrags.

2. Die Zusatzleistung von 0,9 % hat nur der Arbeitnehmer aufzubringen. Sie wird also zusätzlich in Prozenten vom Bruttogehalt berechnet und vermindert das Nettogehalt.

Ermittlung der Sozialversicherungsbeiträge

Arbeitslosenversicherung	Krankenversicherung	Pflegeversicherung	Rentenversicherung	Summe der Versicherungsbeiträge in Prozent
2,8 %	15,5 %*)	1,7 %	19,9 %	**39,9 %**

*) Ab 1.7.2009: 14,9 %

Herr Waldbrand hat also eine Belastung von 39,9 % seines Bruttogehalts von 4.800 €, dividiert durch 2, an Sozialversicherungsbeiträgen. Außerdem muss er einen zusätzlichen nur von ihm zu zahlenden Beitrag zur Krankenversicherung in Höhe von 0,9 % des Bruttogehalts entrichten, also 43,20 €. Insgesamt ergibt sich dadurch eine Gesamtbelastung von 957,60 € + 43,20 € = 1.000,80 €.

Arbeitnehmer, die sich bei einem Unternehmen bewerben, handeln, bevor sie den Arbeitsvertrag unterschreiben, mit dem zukünftigen Arbeitgeber das Monats-Bruttogehalt aus. Jeder Arbeitnehmer, wie Karl Waldbrand, der bereits Arbeitnehmer in einem Betrieb ist, kann aus dem Gehaltsabrechnungsformular nicht nur das Bruttogehalt, sondern auch das Nettogehalt ablesen. In allgemeiner Form wird das Nettogehalt wie folgt errechnet:

Gehaltsabrechnung

Bruttogehalt

– *Sozialversicherungsbeiträge*
  - *50 % des Beitrags zur Krankenversicherung*
  - *0,9 % des Bruttogehalts als zusätzlichen Krankenversicherungsbeitrag*
  - *50 % des Beitrags zur Pflegeversicherung*
  - *0,25 % des Bruttogehalts als zusätzlichen Pflegeversicherungsbeitrag für Kinderlose ab der Vollendung des 23. Lebensjahres*
  - *50 % des Beitrags zur Arbeitslosenversicherung*
  - *50 % des Beitrags zur Rentenversicherung*

– *Steuern*
  - *Lohnsteuer*
  - *Solidaritätszuschlag 5,5 %*
  - *Kirchensteuer (bei Konfessionszugehörigkeit)*

= ***Nettogehalt***

Beiträge

Wie aus dem Schema zu erkennen ist, muss jeder Arbeitnehmer von Anfang an Sozialversicherungsbeiträge zahlen. Die Höhe des Beitrags in Prozenten vom Bruttolohn wird von Zeit zu Zeit neu festgesetzt. Den Beitrag für die Unfallversicherung hat der **Arbeitgeber** zu 100 % zu tragen.

Selbstverwaltungsprinzip

Die Sozialversicherung arbeitet nach dem **Selbsverwaltungsprinzip**. Sie steht unter **staatlicher Aufsicht** des Bundesversicherungsamtes in Berlin. Kraft Gesetzes sind Arbeitnehmer in den einzelnen Versicherungszweigen **pflichtversichert**. Deshalb ist die Sozialversicherung eine **gemeinnützige Zwangsversicherung**.

Pflichtversicherung

Nicht pflichtversichert sind in der Regel:

- Selbstständig Gewerbetreibende,
- Beamte, Richter und Berufssoldaten.

Ausgenommen von der persönlichen Versicherungspflicht sind auch Personen mit geringfügiger Beschäftigung (Kurzzeitjobs) oder geringfügiger Entlohnung.

Für pflichtversicherte Personen stellen sich folgende Fragen:

- *Welche **Leistungen** sind im Versicherungsfall zu erwarten?*
- *Von welchem **Träger** muss man im Versicherungsfall Leistungen fordern?*
- *Wie hoch ist der monatliche **Beitragssatz** vom Bruttolohn?*
- *Bis zu welchem monatlichen Bruttoeinkommen besteht Versicherungspflicht, d. h. wie hoch liegt die **Beitragsbemessungsgrenze**?*

Beitragsbemessungsgrenze (= BBG): Sie ist die Obergrenze bei der Berechnung der Beiträge in der Sozialversicherung. Der die Beitragsbemessungsgrenze übersteigende Bruttolohn bleibt unberührt, d. h. er ist beitragsfrei. Regelmäßig wird die Beitragsbemessungsgrenze vom Bundesminister für Arbeit und Sozialordnung gesetzlich festgelegt und dynamisiert.

> ***Beispiel:*** *Beträgt das Bruttogehalt eines Arbeitnehmers 5.800 €, so fällt ein Krankenversicherungsbeitrag bis zur Höhe der Beitragsbemessungsgrenze von 3.675 € an; d. h. konkret, dass der Arbeitnehmer ca. 15,5 % von 3.675 € zu zahlen hat. Der den die Beitragsbemessungsgrenze überschreitende Betrag, (also 5.800 € abzüglich 3.675 € = 2.125 €) ist versicherungsfrei.*

12.7.2.1 Krankenversicherung

Iris Schmalz ist Allergikerin. Alljährlich hat sie zwischen April und Juli heftige Schnupfen- und Hustenanfälle infolge ihres Heuschnupfens zu überstehen. Nachts kann sie nur schwerlich atmen. Sie kommt ohne Medikamente nicht mehr aus. Diese werden von dem Träger der Krankenversicherung, d. h. der Allgemeinen Ortskrankenkasse, in der sie versichert ist, bezahlt.

Heuschnupfen ist eine von vielen möglichen Krankheiten. Kranke Personen verursachen Krankheitskosten in unterschiedlicher Höhe. Die in Euro-Beträgen messbaren Kosten sind auf unterschiedliche Krankheitsursachen und Behandlungsmethoden zurückzuführen, was an nachfolgenden Beispielen verdeutlicht wird:

- *Ärztliche Behandlung durch praktischen Arzt wegen Grippe, Bauch- oder Kopfschmerzen usw.;*
- *Behandlung durch Fachärzte wie Augenarzt, Kinderarzt, Urologe, Internist usw.;*
- *Verschreibung von Arznei-, Verbands- und Heilmitteln;*
- *Gesundheitsvoruntersuchungen durch den Arzt um zu vermeiden, dass Krankheiten, wie Krebs, zu spät erkannt werden;*
- *Gesundheitsuntersuchungen (z. B. beim Internisten) wegen Herz- und Nierenerkrankungen usw.;*
- *Durchführung von Operationen im Krankenhaus wegen Krankheit, Unfall usw.;*
- *Von Ärzten verschriebene Kuren als Folge von schweren Krankheiten oder Massagen infolge von Bewegungsmangel oder falscher Sitzweise am Schreibtisch oder Computer;*
- *Mutterschaftsgeld, ärztliche Betreuung und Hilfe, Hebammenhilfe, Versorgung mit Arznei-, Verbands- und Heilmitteln usw.*

Jeder Pflichtversicherte zahlt einen Beitrag in Prozenten vom Monats-Bruttolohn (-gehalt), wobei Arbeitgeber und Arbeitnehmer sich den Betrag teilen (zzgl. 0,9 % für den Arbeitnehmer ab 1. Juli 2005). Übersteigt das Monatsgehalt die Beitragsbemessungsgrenze, so bleibt der diese Grenze übersteigende Betrag jedoch beitragsfrei. Dies bedeutet, dass ein Arbeitnehmer, dessen Gehalt so hoch ist wie die Beitragsbemessungsgrenze, den gleichen monatlichen Beitragssatz zu zahlen hat wie ein anderer Arbeitnehmer, dessen Gehalt beispielsweise die Beitragsbemessungsgrenze um 2.000,– € überschreitet.

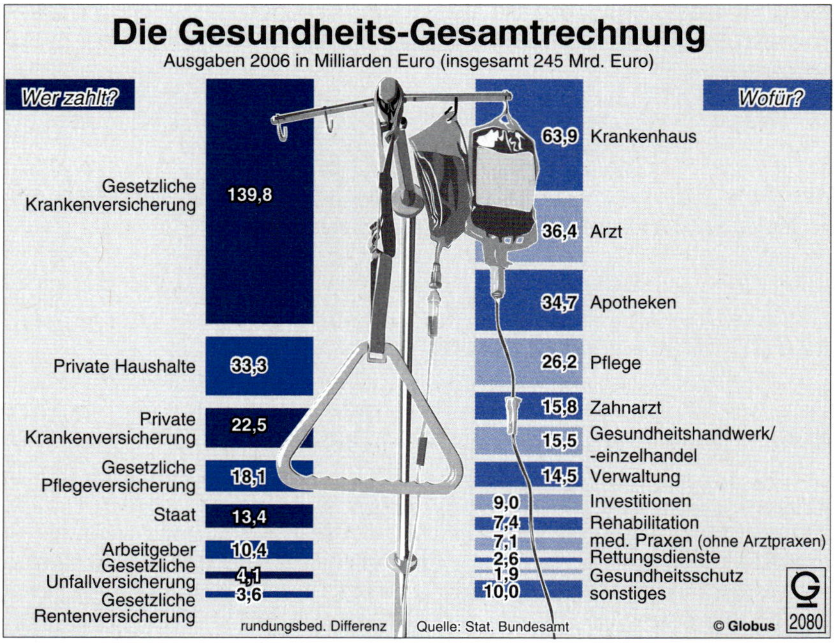

Abb. 12.17: Wohin das Geld geht

12.7.2.2 Pflegeversicherung

Arnold Grabowsky ist Pfleger in einem Krankenhaus. Freunden, die ihn nach seiner alltäglichen Arbeit befragen, berichtet er: Heute bin ich drei neuen Patienten begegnet, die in unsere Krankenanstalt eingeliefert wurden.

- *Es wurde ein 23-Jähriger eingeliefert. Er hatte einen Motorradunfall: hoffnungslos! Er wird sein ganzes Leben querschnittsgelähmt bleiben. Zur Zeit benötigt er unsere Hilfe auf vielfältige Weise. Wir müssen ihn waschen, ihm bei der Aufnahme der Nahrung behilflich sein, ihn an- und auskleiden und vieles mehr.*

- *Eine Frau begleitete ihren 44 Jahre alten Mann. Er ist seit zwei Jahren unfähig, seine Harn- und Stuhlausscheidung zu steuern. Es ist noch ungeklärt, ob er operiert werden wird oder ob Blasen- und Beckenbodentraining helfen werden, diese Krankheit wenigstens zu mindern.*

- *Eine 78-jährige Frau wurde eingeliefert. Sie hat keine Angehörigen mehr. Der Arzt geht davon aus, dass sie keine zwei Monate mehr überleben wird. Die Frau ist geistig noch fit, kennt ihre Situation und spricht aus, dass sie vor dem Sterben und dem Tod Angst habe. Wir Pflegepersonal sollen dieser Patientin in der Phase des Sterbens nicht nur mit liebevollen Handreichungen und Pflegebehandlungen beistehen, sondern sie auch seelisch beim Sterben begleiten.*

Solche und viele andere Situationen haben dazu geführt, dass am 1. Januar **1995 die Pflegeversicherung als fünfte Säule der Sozialversicherung** geschaffen wurde; denn alle Bürger unseres Landes können – unabhängig von ihrem Alter – in eine Situation geraten, in der sie pflegebedürftig werden. Dies bedeutet, dass sie auf Dauer wegen Krankheit oder Behinderung nicht mehr imstande sind, die sonst üblichen Dinge des täglichen Lebens – wie bisher – zu erledigen. Sie sind auf fremde Hilfe angewiesen.

Die Pflegeversicherung ist – ebenso wie alle anderen vier Sozialversicherungen – eine **Pflichtversicherung**. Alle in der Krankenkasse **versicherten Personen**, wie Arbeiter, Angestellte, Auszubildende, Studenten und Rentner, werden automatisch Mitglieder in der Pflegeversicherung. Personen, die freiwillig in der gesetzlichen Krankenversicherung versichert sind, können in der Pflegeversicherung bleiben. Sie können sich aber auch privat in einer privaten Pflegeversicherung pflegeversichern.

Die **Finanzierung der Pflegeversicherung** erfolgt – mit einem Unterschied – wie die der Kranken-, Arbeitslosen- und Rentenversicherung. Vom Brutto-Arbeitsentgelt hat der Arbeitgeber 1,7 % an die Pflegekasse abzuführen. Außerdem hat der **Arbeitnehmer**, sofern es sich um ein **kinderloses Mitglied** der Pflegeversicherung handelt, einen **Zuschlag** in Höhe **von 0,25 %** über dem Beitragssatz zusätzlich zu zahlen. dies gilt nicht für Mitglieder, die das 23. Lebensjahr **noch** nicht vollendet haben. *(§ 55 Abs. 3 SGB XI).* Diese ist bei der gesetzlichen Krankenversicherung errichtet. Als Höchstbeitrag, der abzuführen ist, gilt die Bemessungsgrenze der gesetzlichen Krankenversicherung. Der über die Beitragsbemessungsgrenze hinausgehende Bruttolohn bleibt also beitragsfrei.

Die **Leistungen** der Pflegeversicherung richten sich nach dem Grad der Pflegebedürftigkeit des Versicherten, sowie danach, ob ambulante, teilstationäre oder stationäre Pflege erforderlich ist. Der Grad der Pflegebedürftigkeit wird vom medizinischen Dienst festgelegt. Für die Gewährung von Leistungen sind pflegebedürftige Personen in **drei Pflegestufen** einzuordnen.

Die neuen Leistungen der Pflegeversicherung

Ab Juli 2008 werden die Leistungen der gesetzlichen Pflegeversicherung stufenweise angehoben.
Angaben in Euro pro Monat

Übernahme der Kosten für ambulante Pflegedienste (Sachleistungen)	bis Juni 2008	ab Juli 2008	ab 2010	ab 2012
Pflegestufe I	384	420	440	450
Pflegestufe II	921	980	1 040	1 100
Pflegestufe III*	1 432	1 470	1 510	1 550

*Härtefälle weiterhin 1 918 Euro pro Monat

Zuschuss für pflegende Angehörige, Nachbarn oder Freunde (Pflegegeld)	bis Juni 2008	ab Juli 2008	ab 2010	ab 2012
Pflegestufe I	205	215	225	235
Pflegestufe II	410	420	430	440
Pflegestufe III	665	675	685	700

Stationäre Pflege in Heimen	bis Juni 2008	ab Juli 2008	ab 2010	ab 2012
Pflegestufe I	1 023	unverändert	unverändert	unverändert
Pflegestufe II	1 279	unverändert	unverändert	unverändert
Pflegestufe III	1 432	1 470	1 510	1 550
Härtefälle	1 688	1 750	1 825	1 918

Quelle: BMG © Globus 2032

Abb. 12.18: Die drei Pflegestufen

12.7.2.3 Arbeitslosenversicherung

Jutta Schön arbeitet in dem großen Hard- und Software-Unternehmen Gigabyte GmbH. Auf einer Betriebsversammlung erfährt sie, dass weitere Konkurrenzunternehmen mit Billigprodukten auf den Markt gekommen sind, sodass die Gigabyte GmbH große Schwierigkeiten habe, ihre eigenen Produkte abzusetzen. Die Stellen von 8 im letzten Halbjahr in den Ruhestand gegangenen Arbeitnehmern seien nicht wieder besetzt worden. Mit einem weiteren Stellenabbau sei im Laufe des Jahres durch Entlassungen zu rechnen. Viele der von der Entlassung bedrohten Mitarbeiter haben trotz intensiven Bemühens noch keinen anderen Arbeitgeber gefunden. Es besteht die Gefahr der Arbeitslosigkeit.

Vielen Personen geht es so wie den von der Entlassung bedrohten Arbeitnehmern. Andere Personen sind seit kurzem oder schon längere Zeit arbeitslos. Deshalb stellt sich die Frage: Welche **Möglichkeiten der Arbeitsförderung bei Arbeitslosigkeit** gibt es in dem sozialen System der Bundesrepublik Deutschland? Die Frage kann man beantworten, indem man im **Sozialgesetzbuch II und III** nachschaut.

Das **SGB III** beinhaltet u. a., welche Leistungen die Träger der Arbeitsförderung verpflichtet ist zu erbringen. Träger der Arbeitsförderung ist die **Bundesagentur für Arbeit** in Nürnberg.

Die **Leistungen der Arbeitsförderung** sollen dazu beitragen, dass ein hoher Beschäftigungsstand erreicht und die Beschäftigungsstruktur ständig verbessert wird. Sie sind insbesondere darauf auszurichten, das Entstehen von Arbeitslosigkeit zu vermeiden oder die Dauer der Arbeitslosigkeit zu verkürzen. Dabei ist die Gleichstellung von Frauen und Männern als durchgängiges Prinzip zu verfolgen. Die Leistungen sind so einzusetzen, dass sie der beschäftigungspolitischen Zielsetzung der Sozial-, Wirtschafts- und Finanzpolitik der Bundesregierung entsprechen *(§ 1 SGB III).*

Die **Leistungen der Arbeitsförderung** sollen insbesondere

1. den Ausgleich von Angebot und Nachfrage auf dem Ausbildungs- und Arbeitsmarkt unterstützen,
2. die zügige Besetzung offener Stellen ermöglichen,
3. die individuelle Beschäftigungsfähigkeit durch Erhalt und Ausbau von Kenntnissen, Fertigkeiten sowie Fähigkeiten fördern,
4. unterwertiger Beschäftigung entgegenwirken und
5. zu einer Weiterentwicklung der regionalen Beschäftigungs- und Infrastruktur beitragen.

Die Bundesregierung und die Bundesagentur für Arbeit können Vereinbarungen über die beschäftigungspolitischen Ziele treffen.

Die Frage, wer Anspruch auf Arbeitslosengeld hat, lässt sich beantworten, wenn man in das Sozialgesetzbuch III schaut. Danach gilt gemäß *§ 118:* **Anspruch auf Arbeitslosengeld** bei Arbeitslosigkeit haben Arbeitnehmer, die

1. arbeitslos sind,
2. sich bei der Agentur für Arbeit arbeitslos gemeldet und
3. die Anwartschaftszeit erfüllt haben.

Das **Arbeitslosengeld** beträgt

- für Arbeitslose, die mindestens ein Kind haben, sowie für Arbeitslose, deren Ehegatte oder Lebenspartner mindestens ein Kind hat, wenn beide Ehegatten oder Lebenspartner unbeschränkt einkommensteuerpflichtig sind und nicht dauernd getrennt leben, **67 Prozent (erhöhter Leistungssatz)**;
- für die übrigen Arbeitslosen **60 Prozent (allgemeiner Leistungssatz)** des pauschalierten Nettoentgelts (Leistungsentgelt), das sich aus dem Bruttoentgelt ergibt, das der Arbeitslose im Bemessungszeitraum erzielt hat (Bemessungsentgelt). *(§ 129 SGB III i.V.m. § 32 Abs. 1, 3 bis 5 EStG).*

Arbeitslosengeld wird nur für einen begrenzten Zeitraum bezahlt. Die Bezugsdauer hängt in erster Linie von der Dauer der zuvor zurückgelegten versicherungspflichtigen Beschäftigung ab. So entsteht nach 12 Monaten Vorbeschäftigung ein Anspruch auf 6 Monate Arbeitslosengeld, nach 24 Monaten für 12 Monate. Eine Ausnahme gilt für Arbeitslose ab 55 Jahren: Für sie gibt es bei einer Vorbeschäftigung von 30 Monaten 15 Monate lang Arbeitslosengeld, bei 36 Monaten Vorbeschäftigung für 18 Monate. Länger als 18 Monate gibt es auch für diese älteren Arbeitslosen kein Arbeitslosengeld *(§ 130 SGB III)*.

Nach Ende der Bezugsdauer von Arbeitslosengeld im Sinne von dem SGB III kann das sog. Arbeitslosengeld II in Anspruch bezogen werden, wenn man die Voraussetzungen hierfür erfüllt. Geregelt ist der Bezug von Arbeitslosengeld II im **Sozialgesetzbuch II (Grundsicherung für Arbeitssuchende)**. Danach gilt, dass die Grundvoraussetzung für Leistungen zur Sicherung des Lebensunterhalts die **Bedürftigkeit** ist. Wer also ein nicht unerhebliches zu berücksichtigendes Einkommen oder Vermögen hat, kann kein Arbeitslosengeld II erhalten.

Das **Arbeitslosengeld II** beruht auf dem **Grundsatz von „Fördern und Fordern"**. Dem „Fördern" durch die Gewährung von Leistungen und durch das Bemühen um eine Wiedereingliederung in das Arbeitsleben stehen strenge Anforderungen gegenüber, bei deren Nichteinhalten Sanktionen drohen: Erwerbsfähigen Bedürftigen ist nach dem SGB II (mit gewissen, strengen Ausnahmen z. B. bei Erziehung oder Pflege von Angehörigen) jede gesundheitlich mögliche Arbeit zumutbar. Andererseits bleibt ein Teil des zum Arbeitslosengeld II hinzuverdienten Einkommens anrechnungsfrei. Damit soll ein Anreiz zur Aufnahme einer Berufstätigkeit gegeben werden, auch wenn diese nur geringfügigen Umfang hat.

Grundsätzlich sind für das Arbeitslosengeld II und die damit in Verbindung stehenden Angelegenheiten die örtlichen **Agenturen für Arbeit** zuständig. Möglich ist aber auch, dass **kommunale Stellen** diese Aufgaben, ganz oder zum Teil übernehmen.

12.7.2.4 Rentenversicherung

Anita Sindermann ist 57 Jahre alt. Seit 25 Jahren arbeitet sie in der Glasbläserei Josef Stil KG. Aufgrund der schlechten Absatzlage der verkauften Glasprodukte legt der Betriebsrat Arbeitnehmern und Arbeitnehmerinnen des Betriebes nahe, in den Vorruhestand zu gehen. Es ist zu erwarten, dass Personen in diesem Alter keinen neuen Arbeitsplatz mehr finden werden. Im Alter von 60 Jahren, erfährt Anita von der Arbeitnehmervertretung, können Mitarbeiter in normale Altersrente gehen.

Wer Beiträge in die Rentenversicherung gezahlt hat, hat Ansprüche auf die entsprechenden Leistungen.

Aus der gesetzlichen Rentenversicherung werden drei Arten von Renten gezahlt *(§ 33 SGB VI)*.

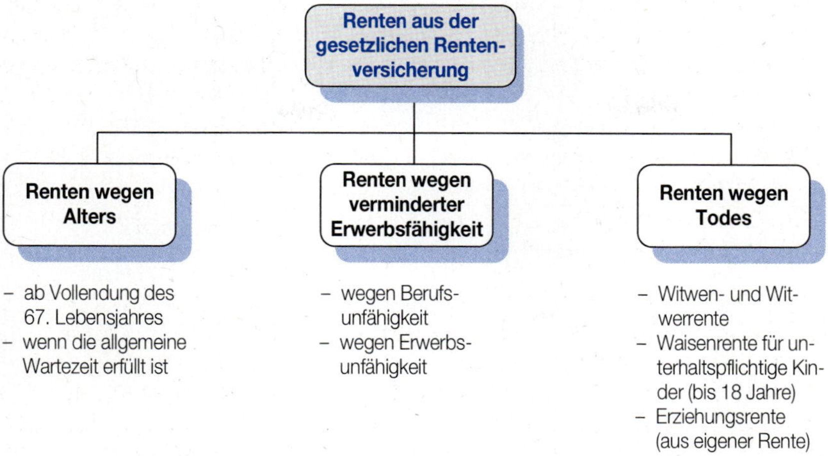

Abb. 12.19: Renten

Sozialgesetzbuch VI

Im Jahre 1992 ist das Rentenreformgesetz in Kraft getreten. Damit wurde das gesamte Rentenversicherungsrecht vollkommen neu geregelt und in das 6. Buch des Sozialgesetzbuches – Gesetzliche Rentenversicherung – aufgenommen.

Rentenanpassung

Gesunkene Geburtenzahlen und **steigende Lebenserwartung** waren die Gründe, die zur Umstellung des Rentensystems beigetragen haben.

- Zum 1. Juli eines jeden Jahres werden die **Renten angepasst**, indem der bisherige aktuelle Rentenwert durch den neuen aktuellen Rentenwert ersetzt wird *(§ 65 SGB VI).*

Im Jahr 2007 wurde das **Gesetz zur Anpassung der Regelaltersgrenze veröffentlicht**. Es berücksichtigt die demografische Entwicklung und dient zugleich der Stärkung der Grundlagen der Finanzierung der gesetzlichen Rentenversicherung. Beginnend mit dem Jahrgang 1947 wird die Regelaltersgrenze von dem Jahr 2012 an, bis zum Jahr 2029 nach und nach auf 67 Jahre angehoben.

Ab dem Geburtenjahrgang 1964 gilt die Regelaltersgrenze von 67 Jahren (§ 7 a SGB II).

Generationenvertrag

In der Rentenversicherung ist der **Generationenvertrag** von Bedeutung. Er besagt, dass die jungen Arbeitnehmer mit ihren Zahlungen in die Rentenversicherung ihren Beitrag leisten, damit die aus dem Arbeitsleben ausscheidenden Personen Rente erhalten können.

SGB II § 7a Altersgrenze		
Personen, die vor dem 1. Januar 1947 geboren sind, erreichen die Altersgrenze mit Vollendung des 65. Lebensjahres. Für Personen, die nach dem 31. Dezember 1946 geboren sind, wird die Altersgrenze wie folgt angehoben:		
für den Geburtsjahrgang	**erfolgt eine Anhebung um Monate**	**auf Vollendung eines Lebensalters von**
1947	1	65 Jahren und 1 Monat
1948	2	65 Jahren und 2 Monaten
1949	3	65 Jahren und 3 Monaten
1950	4	65 Jahren und 4 Monaten
1951	5	65 Jahren und 5 Monaten
1952	6	65 Jahren und 6 Monaten
1953	7	65 Jahren und 7 Monaten
1954	8	65 Jahren und 8 Monaten
1955	9	65 Jahren und 9 Monaten
1956	10	65 Jahren und 10 Monaten
1957	11	65 Jahren und 11 Monaten
1958	12	66 Jahren
1959	14	66 Jahren und 2 Monaten
1960	16	66 Jahren und 4 Monaten
1961	18	66 Jahren und 6 Monaten
1962	20	66 Jahren und 8 Monaten
1963	22	66 Jahren und 10 Monaten
ab 1964	24	67 Jahren

Versicherte haben Anspruch auf **Regelaltersrente**, wenn sie

1. die **Regelaltersgrenze** erreicht und
2. die **allgemeine Wartezeit** erfüllt

haben. Die Regelaltersgrenze wird mit Vollendung des 67. Lebensjahres erreicht (§ 35 f. SGB VI).

Versicherte haben Anspruch auf **Altersrente für langjährig Versicherte**, wenn sie

1. das 67. Lebensjahr vollendet und
2. die Wartezeit von 35 Jahren erfüllt

haben.

Die **vorzeitige Inanspruchnahme** dieser **Altersrente** ist nach Vollendung des 63. Lebensjahres möglich (§ 36 SGB VI).

• *Zusätzliche Eigenversorgung für das Alter*

Eigenvorsorge

Die gesetzliche Rente wird in Zukunft etwas langsamer steigen als heute. Dies liegt an der demografischen Entwicklung. Es werden in Deutschland zu wenige Kinder geboren. Gleichzeitig werden die Menschen immer älter, u. a. bedingt durch gesündere Lebensweise und die fortschreitende Medizin.

Immer weniger junge Menschen, die im Arbeitsleben stehen, zahlen in die gesetzliche Rentenversicherung ein. Gleichzeitig erhalten aus dem „Topf" der Rentenversicherung zunehmend mehr ältere Menschen ihren gesetzlich garantierten Rentenanspruch.

Der Sachverhalt, dass zu wenige Kinder geboren werden und die Menschen älter werden als die Vorgenerationen, wird aus der **Alterspyramide** des Statistischen Bundesamtes deutlich. Mit ihr wird der Altersaufbau der Bevölkerung in Deutschland grafisch verdeutlicht.

Altersaufbau der Bevölkerung in Deutschland am 31.12.1997

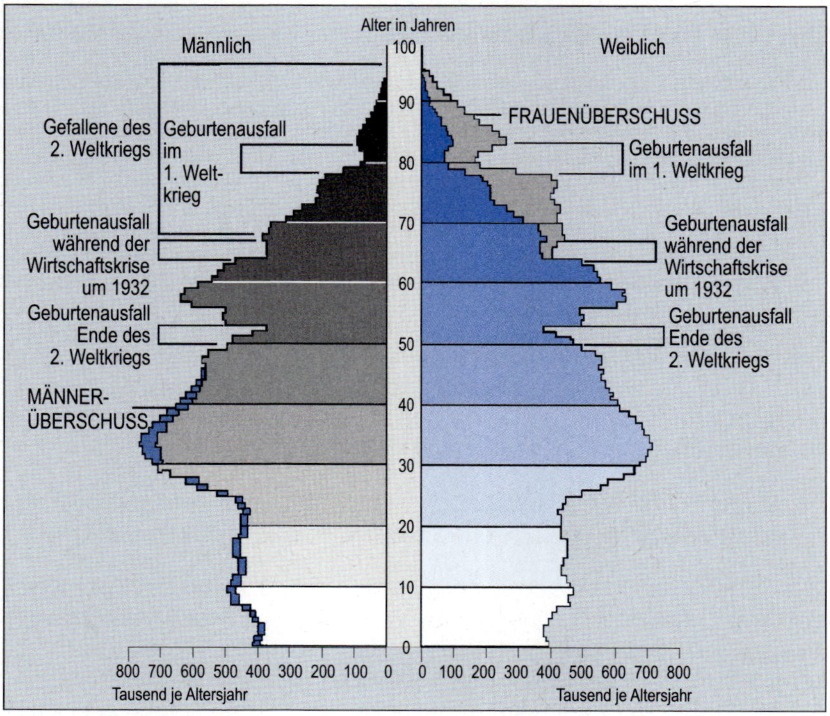

Abb. 12.20: Altersaufbau der Bevölkerung Deutschlands

Im täglichen Leben kann man feststellen, dass sich die Alterspyramide umdreht.

Wer zusätzlich etwas für seine Altersversorgung tun will, wird deshalb vom Staat unterstützt.

Niemand wird zur zusätzlichen Altersvorsorge gezwungen. Wer sich jedoch dazu entschließt, wird durch Steuererleichterungen und Zulagen gefördert.

Grundsätzlich werden Anlageformen gefördert, die im Alter durch lebenslange Zahlungen die staatliche Rente ergänzen. Mit Beginn der staatlichen Förderung werden von privaten Trägern wie Banken, Investmentgesellschaften und Versicherungen zahlreiche Anlageformen angeboten. Das können Rentenversicherungen oder Fonds- und Banksparpläne sein, die mit Auszahlungsplänen bis 85 Jahre und Absicherungen für das hohe Alter ab 85 Jahre (die so genannte Restverrentungspflicht) verbunden sind. Auch bereits bestehende Verträge zählen unter bestimmten Voraussetzungen dazu.

12.7.2.5 Unfallversicherung

Karl Hilfreich arbeitet als Fahrer in einem Industriebetrieb. Hier werden Chemikalien hergestellt. Herr Hilfreich hat regelmäßig die Aufgabe, in Containern und Flaschen hochgiftige, ätzende, explosionsgefährliche und krebserzeugende Stoffe zu transportieren. Es handelt sich dabei beispielsweise um das als sehr giftig eingestufte Phosgen, um das als giftig klassifizierte Acetonitril, um die als ätzend bekannte Salzsäure 35 %, um das explosionsgefährliche TNT (Trinitrololuol) und andere Gefahrstoffe. Auf einer Fahrt zu einem Hafen verunglückt Herr Hilfreich mit seinem LKW, weil ihn nachweislich ein betrunkener Autofahrer mit seinem PKW geschnitten hat. Die Ladung kippt um, Herr Hilfreich bricht sich den Arm, verletzt sich mit Glassplittern im Gesicht und atmet ätzende Rauchschwaden ein. Mit einem Krankentransportwagen wird dieser Arbeitnehmer in ein Krankenhaus gebracht, wo er ärztlich versorgt wird.

Herr Hilfreich hat einen Arbeitsunfall erlitten. Wie alle Arbeitnehmer ist auch er in der Unfallversicherung pflichtversichert, unabhängig von der Höhe des Bruttolohns, den er monatlich erhält. Den Beitrag zahlt der Arbeitgeber allein.

Nach dem Unfall ist es erforderlich, dem Träger der Unfallversicherung, d. h. der zuständigen Berufsgenossenschaft, den Unfall zu melden.

Der Arbeitnehmer Hilfreich kann nun die Leistungen dieser Pflichtversicherung in Anspruch nehmen. Dazu zählen beispielsweise Verletztenrente und medizinische und berufliche Rehabilitation (= Wiedereingliederungshilfen), Übergangshilfe, Berufshilfe usw. Sollte Herr Hilfreich sterben, so haben die Hinterbliebenen möglicherweise einen Anspruch auf Hinterbliebenenrente und Sterbegeld.

Im vorangegangenen Text haben Sie erfahren, dass es fünf **Sozialversicherungszweige** gibt. Im Nachfolgenden sind wesentliche Inhalte dazu in einer Übersicht dargestellt.

Sozialversicherung					
	Krankenversicherung - SGB V -	**Pflegeversicherung - SGB XI -**	**Arbeitslosenversicherung - SGB III -**	**Rentenversicherung - SGB VI -**	**Unfallversicherung - SGB VII -**
Leistungen	• Ärztliche und zahnärztliche Behandlung • Arzneimittelversorgung • Krankenpflege • Maßnahme für Früherkennung von Krankheiten u. a. • Mutterschaftsgeld	• Häusliche Pflege • Teilstationäre und stationäre Pflege • Pflegebetreuung • Kurzzeitpflege ↓ jeweils für Pflegestufe I + II + III	• Arbeitslosengeld • Berufsberatung • Arbeitsvermittlung • Förderung der beruflichen Qualifikation (Umschulung, Fortbildung)	• Renten an Versicherte bei Berufs- oder Erwerbsunfähigkeit • Altersruhegeld • Renten an Hinterbliebene	• Maßnahmen zur Wiederherstellung der Erwerbstätigkeit • Unfallrenten • Unfallverhütungsmaßnahmen
Träger	• Allgemeine Ortskrankenkassen • Ersatzkassen (z. B. für Angestellte) • Betriebskrankenkassen • Innungskrankenkassen	• Pflegekassen der Krankenkassen	• Bundesagentur für Arbeit in Nürnberg (ihr unterstellt sind die Landesarbeitsämter und die Arbeitsämter)	• Deutsche Rentenversicherung (Berlin) • Deutsche Rentenversicherung Knappschaft - Bahn - See (Bochum)	• Berufsgenossenschaften (für Städte, Länder und Bund bestehen eigene Versicherungen)
Beitragssatz	ca 15,5 % des Bruttolohns (Bruttogehalts)	1,7 % bzw. 1,95 %[8] des Bruttolohns (Bruttogehalts)	2,8 % des Bruttolohns (Bruttogehalts)	19,9 % des Bruttolohns (Bruttogehalts)	Zahlt der Arbeitgeber zu 100 %
Beitragsbemessungsgrenzen[7]	• West: 3.675 € • Ost: 3.675 €	• West: 3.675,00 € • Ost: 3.675,00 €	• West: 5.400 € • Ost: 4.550 €	• West: 5.400 € • Ost: 4.550 €	

7) 2009; sie werden jährlich geändert.

8) Kinderlose Mitglieder der Sozialen Pflegeversicherung müssen zusätzlich 0,25 % bezahlen, sofern sie das 23. Lebensjahr vollendet haben.

12.7.3 Private und staatliche Sicherungssysteme

Individualversicherung

Im Versicherungswesen wird die **Sozialversicherung** und die **Individualversicherung** unterschieden. Im Rahmen der Individualversicherung kann der Versicherungsnehmer frei entscheiden, ob er eine Versicherung abschließt und wenn, in welchem Umfang. Es besteht also kein gesetzlicher Zwang zum Abschluss einer Individualversicherung.

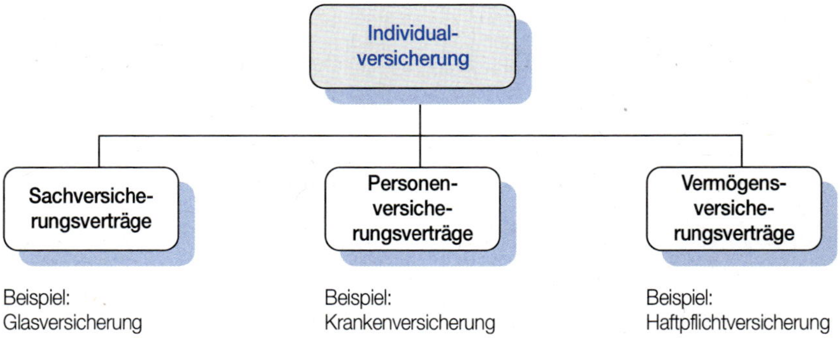

Abb. 12.21: Individualversicherungen

12.7.4 Gesetzliche und private Krankenversicherung

Gesetzliche und private Krankenversicherung

Grundsätzlich stehen die gesetzliche (= öffentliche) und private Krankenversicherung gleichberechtigt nebeneinander. Beiden Versicherungen ist – ebenso wie anderen privaten und öffentlichen Sicherungssystemen – der Gedanke der Selbsthilfe und Gemeinwohlförderung gemeinsam. Allerdings gibt es auch einige wesentliche Unterschiede.

gesetzliche Krankenversicherung	*private Krankenversicherung*
• ***Träger*** *sind die gesetzlichen Krankenkassen, Betriebs-, Innungs- und landwirtschaftliche Krankenkassen und Ersatzkassen.*	• ***Träger*** *sind Unternehmen, die die Rechtsform der AG oder des Versicherungsvereins auf Gegenseitigkeit besitzen.*
• *Die* ***Beiträge*** *werden bis zur Höhe der Beitragsbemessungsgrenze vom Bruttoverdienst errechnet.*	• ***Beiträge*** *werden erhoben in Abhängigkeit vom Alter, Geschlecht und Gesundheitszustand.*
• ***Leistungen*** *werden nach dem* ***Sachleistungsprinzip*** *bezahlt.*	• ***Leistungen*** *werden nach dem* ***Kostenerstattungsprinzip*** *bezahlt.*

Abb. 12.22: Gesetzliche und private Krankenversicherung im Vergleich

In der privaten Krankenversicherung entscheidet das Risiko über die monatliche Beitragshöhe. Je älter ein Versicherter beim Eintritt in die Versicherung ist, desto höher ist auch die von ihm zu zahlende Prämie, d. h. der von ihm zu zahlende Beitrag.

Wiederholungsfragen

Wiederholungsfragen

1. *Von wem wurde der Grundstein für unsere Sozialversicherung gelegt?*
2. *Inwiefern ist der Ausdruck „soziale Sicherheit" nicht gleichzusetzen mit dem Begriff „Sozialversicherung"?*
3. *Nennen Sie Personengruppen, die in der Sozialversicherung nicht pflichtversichert sind!*
4. *Welche Bedeutung hat die Beitragsbemessungsgrenze?*
5. *Nennen Sie Leistungen*
   a) der Arbeitslosenversicherung und
   b) der Unfallversicherung!
6. *Welche drei Renten werden grundsätzlich aus der gesetzlichen Rentenversicherung gezahlt?*
7. *Was ist der so genannte Generationenvertrag?*
8. *Was versteht man unter Rentenanpassung?*
9. *Nennen Sie die Träger der fünf Sozialversicherungszweige!*
10. *Nennen Sie Arten von Versicherungsverträgen, die im Rahmen der Individualversicherung abgeschlossen werden können!*
11. *Erklären Sie den Unterschied zwischen der gesetzlichen und der privaten Krankenversicherung!*

Aufgaben und Fälle

Aufgaben und Fälle zur Sicherung des Lernerfolgs

1. Um welche Einkunftsart gemäß *§ 2 EStG* handelt es sich in folgenden Fällen:
   a) Einkünfte einer Heilpraktikerin,
   b) Einkünfte aus Vermietung eines Schiffes,
   c) Einkünfte aus Spekulationsgeschäften,
   d) Dividenden aus Aktien?

2. Ordnen Sie jeweils die während eines Ausgleichsjahres entstandenen Aufwendungen a) bis f) zu! Unterscheiden Sie zwischen
   I. Werbungskosten
   II. Sonderausgaben
   III. Außergewöhnlichen Belastungen
   a) Beiträge zur Gewerkschaft
   b) Aufwendungen für ein Fachbuch
   c) Kirchensteuer
   d) Kinderbetreuungskosten
   e) Steuerberatungskosten eines Unternehmers
   f) Beiträge zu einer Bausparkasse

3. Wie hoch ist der Umsatzsteuersatz bei Umsätzen aus folgenden Gründen in Leipzig:
   a) Ein Möbelproduzent in Pirmasens produziert Schränke und beliefert deutsche Möbelhändler.
   b) Eine landwirtschaftliche Genossenschaft züchtet Pflanzen und verkauft diese an Einzelhandelsunternehmen zum Wiederverkauf.
   c) Die Karte für den Besuch eines Theaters kostet 14 €.
   d) Ein Reifenproduzent mit Sitz in Magdeburg beliefert ein Unternehmen der Automobilproduktion als Zulieferer.

4. Für ihre Arbeitsleistung als Sachbearbeiterin in der Vertriebsabteilung in einem Spielwaren Groß- und Außenhandelsunternehmen in Mainz bezieht die 21-jährige ledige und kinderlose Angestellte Johanna Ziegler 2.500 €. Der Beitragssatz für die gesetzliche Krankenversicherung beträgt 15,5 %, der für die gesetzliche Rentenversicherung 19,9 % und der für die gesetzliche Arbeitslosenversicherung 2,8 %. Der Beitragssatz für die gesetzliche Pflegeversicherung beträgt 1,7 %. Frau Ziegler ist römisch katholisch. Sie arbeitet seit Mai ... im Unternehmen.

Aufgaben und Fälle

Auszug aus der Lohnsteuertabelle		
Lohn/Gehalt in € bis	**Lohnsteuerklasse**	**Lohnsteuer**
2.500,00	I, IV II III V VI	**405,50** **372,58** **136,50** **759,33** **791,50**

a) Ermitteln Sie die Sozialversicherungsbeiträge, die das Bruttogehalt von Johanna verringern!

b) Wie hoch ist der in der Monatslohnsteuer-Tabelle ausgewiesene Lohnsteuerbetrag, den Johanna zu zahlen hat?

c) Wie viel Kirchensteuer hat Johanna zu zahlen, wenn in dem Bundesland Rheinland-Pfalz ein Kirchensteuersatz von 9 % zu Grunde gelegt wird?

d) Welches ist die Bezugsgröße zur Berechnung der Kirchensteuer?

e) Wie viel Prozent Solidaritätszuschlag sind zu entrichten?

f) Wie hoch ist für Johanna der betragsmäßig zu entrichtende Solidaritätszuschlag?

g) In welche Unterlagen ist der Solidaritätszuschlag einzutragen?

h) In welche Lohnsteuerklasse wäre Johanna einzureihen, wenn sie als ledige Frau ihr kleines Kind zu ernähren hat?

i) In welche Lohnsteuerklasse wäre Johanna einzureihen, wenn sie verheiratet wäre und ihr Mann ein Gehalt in gleicher Höhe bezieht?

j) Welche Lohnsteuerklasse wäre sinnvollerweise zu wählen, wenn Johanna verheiratet wäre, ihr Mann aber ein erheblich höheres Gehalt bezieht als sie?

k) Welche Konsequenz im Hinblick auf die Steuerklasse hätte es, wenn Johanna ihrem Arbeitgeber die Lohnsteuerkarte nicht vorlegt?

l) Wo hat Johannas Arbeitgeber die einbezahlte Lohnsteuer und den einbehaltenen Solidaritätszuschlag anzumelden?

m) Bis zu welchem Zeitpunkt hat die Abführung der Lohnsteuer und die des Solidaritätszuschlags durch den Arbeitgeber zu erfolgen?

n) Ermitteln Sie aus den Angaben in der Aufgabe und den bisherigen Lösungen das Nettogehalt von Johanna!

Aufgaben und Fälle

5. Der 38-jährige ledige und kinderlose Harald Schwarz, wohnhaft in Bingen, bezieht während des Jahres 13 Monatsgehälter in Höhe von monatlich 2.700 €. Seine monatlich abzuführende Lohnsteuer beträgt 462,41 €. Davon zu berechnen sind die 9 %-ige Kirchensteuer im Bundesland Rheinland-Pfalz und der 5,5%-ige Solidaritätszuschlag. – Im Rahmen seiner an das Finanzamt auf amtlichem Vordruck abzugebende Einkommensteuererklärung macht er geltend:

– Werbungskosten	2.100,00 €
– Beiträge und Spenden gemäß *§ 10 b EStG*	150,00 €
– Sozialversicherungsbeiträge (inkl. 0,9 % KV + 0,25 % PflV)	7.774,65 €
– Beitrag zur Haftpflichtversicherung	70,00 €

a) Wie hoch ist sein Bruttoarbeitslohn im Veranlagungsjahr?

b) Wie hoch ist die gezahlte Kirchensteuer (in Prozent von der Lohnsteuer) im Veranlagungsjahr?

c) Wie hoch ist der gezahlte Solidaritätszuschlag (5,5 % von der Lohnsteuer) im Veranlagungsjahr?

d) Wie viel Lohnsteuer hat er während des Veranlagungsjahres gezahlt?

e) Berechnen Sie das zu versteuernde Einkommen!

f) Wie viel Euro erhält Herr Schwarz nach Ablauf des Veranlagungsjahres und nach Einreichen des Formulares „Einkommensteuererklärung" vom Finanzamt zurück? – Schauen Sie sich hierzu den Auszug aus der Einkommensteuer-Grundtabelle an!

g) Als Lediger ist Herr Schwarz nach der Einkommensteuer-Grundtabelle zu besteuern gewesen. – In welcher Tabelle hätte man nachschlagen müssen, wenn Herr Schwarz verheiratet gewesen wäre und mit seiner Frau die Einkommensteuer gemeinsam veranlagt hätte?

Auszug aus der Einkommensteuer-Grundtabelle

zu versteuerndes Einkommen	Einkommensteuer
24.404	4.096
24.440	4.106
24.466	4.113
24.476	4.117
24.512	4.128

Stichwortverzeichnis

Fehlt auf Ihrem Schreibtisch nicht was?

„Die Büroberufe“ – die Zeitschrift für Ihre qualifizierte Ausbildung!

Mehr Erfolg in der Ausbildung, sicher in alle Prüfungen gehen, im Beruf jeden Tag überzeugen: „Die Büroberufe“ ist die ideale Informationsquelle für alle, die ihre berufliche Zukunft selbst in die Hand nehmen wollen.

Die Zeitschrift bietet ihnen jeden Monat aktuellste Informationen zu allen Fachgebieten, die für Bürokaufleute und Kaufleute für Bürokommunikation wichtig sind. Für das regelmäßige (Prüfungs-)Training enthält sie außerdem Übungsaufgaben, Wiederholungsfragen und Praxisfälle mit Lösungen.

Auf „Die Büroberufe“ können Sie sich verlassen, denn die Beiträge der Zeitschrift berücksichtigen die aktuelle Ausbildungsordnung und die Anforderungen der Berufspraxis.

Kleiner Preis, großer Nutzen:

- „Die Büroberufe“ ist preisgünstig.
- Selbst komplizierte Sachverhalte werden leicht nachvollziehbar beschrieben.
- Prüfungsaufgaben mit Lösungen ermöglichen eine optimale Prüfungsvorbereitung.
- Die vielen praktischen Tipps können Sie direkt anwenden.
- Die Autoren kommen aus der Ausbildungspraxis und wissen, was für Sie wichtig ist.

Die regelmäßigen Rubriken:

- Allgemeine Betriebswirtschaftslehre
- Bürobetriebslehre
- Buchführung/Kostenrechnung
- Bürokommunikation
- Textverarbeitung
- Recht
- Ausbildung und Beruf
- Business English
- Der Praxisfall
- Prüfungstraining
- Büroberufe aktuell
- Buch- und Softwaretipps
- Terminkalender

Jetzt kostenlos testen! Fordern Sie ein Probeheft an:

per Telefon: 06 21 / 635 02-0, per Fax: 06 21 / 635 02-22,
per E-Mail: bestellung@kiehl.de oder in Ihrer Buchhandlung!

kiehl

Kiehl Verlag · 67021 Ludwigshafen · www.kiehl.de